58,– DM

Wolfgang Mertens (Hg.)
Schlüsselbegriffe der Psychoanalyse

Wolfgang Mertens (Hg.)

Schlüsselbegriffe der Psychoanalyse

Verlag Internationale Psychoanalyse
Stuttgart

Verlag Internationale Psychoanalyse

Printed in Germany
Umschlagentwurf: Dieter Vollendorf, München
Gesetz von Mitterweger Fotosatz, Plankstadt
und Druckhaus Beltz, Hemsbach
Auf säure- und holzfreiem Werkdruckpapier
gedruckt und in Fadenheftung gebunden
von Druckhaus Beltz, Hemsbach
Einbandstoff: Garantleinen
Zweite durchgesehene Auflage, 1995

Die Deutsche Bibliothek – CIP-Einheitsaufnahme
Schlüsselbegriffe der Psychoanalyse / Wolfgang Mertens (Hg.).
– 2., durchges. Aufl. – Stuttgart :
Verl. Internat. Psychoanalyse, 1995
ISBN 3-608-91637-7
NE: Mertens, Wolfgang [Hrsg.]

Inhalt

II. Psychoanalytische Theorieansätze

III. Methodologische Positionen

IV. Psychoanalytische Grundbegriffe

V. Psychoanalytische Disziplinen

VI. Klinische Psychoanalyse

VII. Anwendungen der Psychoanalyse

VIII. Psychoanalyse in anderen Ländern

Teil B: Anhang

A. Institutionelle und ausbildungsmäßige Aspekte

Vorwort

In diesem Handbuch, Schlüsselbegriffe der Psychoanalyse, werden wichtige Theorieansätze, Konzepte und Anwendungen der Psychoanalyse von namhaften Psychoanalytikern aus dem In- und Ausland in ihrer theoretischen, methodischen und praktischen Bedeutung dargestellt und kritisch erläutert. Die jeweiligen Literaturempfehlungen sind als Anregung für Studierende gedacht und stellen eine Auswahl aus der mittlerweile nahezu unüberschaubar gewordenen Literatur dar. Selbstverständlich kann in einem Buch nur eine kleine Anzahl von Grundbegriffen und Anwendungsmöglichkeiten der Psychoanalyse zur Sprache kommen und aus diesem Grund bedeutet dieses Buch nur einen ersten Einstieg in die Psychoanalyse. Dennoch hoffe ich, daß der Anregungsgehalt und die Verständlichkeit der einzelnen Texte die Freude an der weiteren Beschäftigung mit der Psychoanalyse beim Leser wecken können.

Herrn Dipl.-Psych. Stefan Granzow danke ich für die fachkundige Betreuung des Manuskripts, Frau Brigitte Winter vom Verlag Klett-Cotta für die zügige Abwicklung und freundliche Unterstützung.

München, im Juni 1993 *Wolfgang Mertens*

Teil A

Handbuch in Schlüsselbegriffen

I. Zur Geschichte und Situation der Psychoanalyse in Deutschland

1. Geschichte der Psychoanalyse in Deutschland

ULRICH RÜGER

1. Von den Anfängen bis 1933

Die Geschichte der Psychoanalyse ist ohne die enge Beziehung ihres Begründers zu Deutschland, insbesondere zu Berlin, nicht zu denken. So spielte schon in der psychoanalytischen „Frühgeschichte" der langjährige Briefwechsel (1887–1902) zwischen Freud und dem zwei Jahre jüngeren Berliner HNO-Arzt Wilhelm Fließ eine außerordentliche Rolle; Freuds Entdeckungen und die allmähliche Entstehung theoretischer Konzepte lassen sich an dieser Korrespondenz eindrücklich verfolgen. Fließ spielte dabei nach Sulloway (1982, S. 271) die „Rolle als intellektueller Katalysator, der Freuds Aufmerksamkeit Mitte der 90er Jahre auf fruchtbare Ideen und Neuansätze lenkte ...".

Freud, der die Mitglieder seiner 1902 begründeten Wiener Mittwochs-Gesellschaft oft seinen auswärtigen Besuchern etwas entschuldigend vorstellte (vgl. Gay, 1989), sah die Zukunft der Psychoanalyse eher durch seine ausländischen Anhänger gesichert; nach dem endgültigen Abfall C. G.

Jungs, der bis dahin (1914) auch Präsident der 1910 in Nürnberg gegründeten Internationalen Psychoanalytischen Vereinigung (IPV) gewesen war, stützte er sich insbesondere auch auf Karl Abraham (1877–1925). Dieser leitete nach Beginn des Ersten Weltkrieges 1914 zunächst interimistisch die Vereinsgeschäfte der IPV, wurde dann 1924 offiziell zu deren Präsident (1. Vorsitzender) gewählt und blieb dies bis zu seinem Tod 1925.

Karl Abraham, ähnlich wie Freud ursprünglich von histologisch-embryologischen Interessen geleitet, arbeitete von 1901 bis 1904 als psychiatrischer Assistent in Berlin. Nach 1904 kam er während seiner längeren Tätigkeit am Burghölzli/Zürich, angeregt von Bleuler, mit Freud und der Psychoanalyse in Berührung. 1907 ließ er sich als Psychoanalytiker in Berlin nieder. Die Entwicklung der Psychoanalyse in Deutschland ist ohne die Person Karl Abrahams nicht denkbar, insbesondere nicht ohne seine Fähigkeit, gerade durch seine kritische Intellektualität, gepaart mit einem starken Optimismus, auch in weiten Kreisen der Gebildeten Interesse an den Ergebnissen der Psychoanalyse zu wecken. Freud bescheinigt ihm (Gay, 1989, S. 518) eine ausgesprochene „Prussianity" („Preußischkeit"); er war einer, der schon von früh an Fließ gegenüber kritisch eingestellt war und der auch später vor allzu ungesicherten Konzeptionen warnte, z. B. vor den ausgesprochen spekulativen Ideen des Wiener Freud-Schülers Otto Rank über „das Trauma der Geburt", die er in einem Brief an Freud vom 21.02.1924 scharf angriff (Zit.n.Gay, 1989, S. 531).

Bereits 1908 hatte sich Abraham mit interessierten Berliner Kollegen in seiner Wohnung regelmäßig getroffen; gegenüber Freud sprach er damals von der „Berliner Psychoanalytischen Vereinigung" (21.08.1908). Diese wurde mit der Gründung der Internationalen Psychoanalytischen Vereinigung 1910 als Berliner Ortsgruppe der IPV weitergeführt und dann 1920 unter der Bezeichnung „Berliner Psychoanalytische Vereinigung" ins Vereinsregister eingetragen, um die vereinsrechtlichen Voraussetzungen für die Verknüpfung mit der 1920 gegründeten Psychoanalytischen Poliklinik zu ermöglichen (vgl. Internationale Zeitschrift für Psychoanalyse, Bd. 6, 1920, S. 99). 1926 wurde eine Umbenennung der Vereinigung in „Deutsche Psychoanalytische Gesellschaft" (DPG) beschlossen.

Berlin entwickelte sich in der Weimarer Zeit an Wien vorbei zum „Nervenzentrum der Psychoanalyse in aller Welt" (Gay, 1989, S. 517) mit der vitalsten aller psychoanalytischen Organisationen. Demgegenüber hatte sich Freud nach Gay (a.a.O., S. 217), trotz seiner vielen ärztlichen Schüler in Wien, schon lange „intellektuell isoliert" gefühlt und erwog zeitweilig sogar eine Übersiedlung nach Berlin (Brief an Rank vom 8.09.1922, Zit. n. Gay, 1989, S. 436).

Die Leistungen der Berliner und der deutschen Psychoanalytiker können im folgenden nur kurz skizziert werden:

1920 wurde mit finanzieller Unterstützung von Max Eitingon (1881–1943) die erste psychoanalytische Poliklinik gegründet. Diese Poliklinik wurde Vorläufer und Vorbild einer Entwicklung, die Jahrzehnte später die psychoanalytische Versorgung in die allgemeine Krankenversorgung einbezog. Der von Fenichel 1930 verfaßte Zehnjahres-Bericht über die therapeutische Tätigkeit ist ungemein interessant und aufschlußreich, zumal es sich hier wahrscheinlich historisch um die erste Veröffentlichung aus dem Bereich der psychotherapeutischen Versorgungsforschung handelt (vgl. Deutsche Psychoanalytische Gesellschaft: Zehn Jahre Berliner Psychoanalytisches Institut, 1930).

Die Gründung dieser Poliklinik war mit dem Aufbau eines Ausbildungsinstitutes verbunden, in dem erstmals allgemeinverbindliche Richtlinien für die psychoanalytische Ausbildung konzipiert und festgelegt wurden (vgl. DPG, 1930), die in ihren Grundzügen Ausgangspunkt für alle späteren Ausbildungsrichtlinien geworden sind. Schließlich wurde 1927 von Ernst Simmel (1882–1947) im Sanatorium Schloß Tegel die erste psychoanalytische Klinik eröffnet, in der stationäre psychoanalytisch-psychotherapeutische Behandlungen durchgeführt werden konnten. Auch diese Einrichtung hatte Pioniercharakter; sie geriet aber zur Zeit der Weltwirtschaftskrise – übrigens ebenso wie die Psychoanalytische Poliklinik selbst (vgl. Dührssen, 1994) – in zunehmende ökonomische Schwierigkeiten; entsprechende, auch von Freud unterzeichnete Aufrufe um Unterstützung von offizieller Seite hatten keinen Erfolg, so daß die Klinik aus ökonomischen Gründen nicht mehr zu halten war und 1931 geschlossen werden mußte (Schultz und Hermanns, 1987).

Die große Anziehungskraft und Ausstrahlung des Berliner Instituts wird an den Namen der dort Tätigen deutlich (vgl.

ausführliche Liste bei Baumeyer, 1971); neben den bereits Genannten – Abraham, Eitingon, Simmel und Fenichel – sind hier als alte Berliner Felix Boehm (1881–1958) und Karen Horney (1885–1952) zu nennen. Hanns Sachs war bereits 1920 von Wien nach Berlin übergesiedelt und ging 1931 nach Boston. Nach der Machtübernahme des reaktionären Horthy-Regimes in Ungarn waren Franz Alexander (1891–1964) sowie Sandor Rado (1890 – 1972) nach Berlin gekommen; beide verließen 1931 Berlin, um in die USA zu gehen; Karen Horney folgte 1932 Franz Alexander nach Chicago nach. Melanie Klein, ebenfalls aus Ungarn stammend, siedelte bereits 1926 von Berlin nach London über; auf Carl Müller-Braunschweig (1881–1958) wird in Kapitel 2 einzugehen sein, und schließlich ist als Vertreter der jüngeren Generation Harald Schultz-Hencke (1892–1953) zu nennen, der bereits 1927 mit der „Einführung in die Psychoanalyse" seine Positionen verdeutlichte. Von den auswärtigen Mitgliedern darf insbesondere Georg Groddeck (1866–1934) aus Baden-Baden nicht unerwähnt bleiben, neben Franz Alexander einer der Väter der psychosomatischen Medizin.

1926 hatte Karl Landauer (der 1945 im KZ Bergen-Belsen umkam) die Frankfurter Psychoanalytische Arbeitsgemeinschaft gegründet, aus der 1929 unter seiner und Heinrich Mengs (1887–1972) Leitung das Frankfurter Psychoanalytische Institut hervorging. Hier waren u. a. Erich Fromm (1900–1980) und Frieda Fromm-Reichmann (1889 – 1957) tätig. Das Institut erhielt seinen besonderen Akzent durch die enge Verbindung mit dem Institut für Sozialforschung unter Max Horkheimer.

Mitte der 20er Jahre war die Psychoanalyse in Berlin fest etabliert, und als im Jahre 1926 in Berlin Freuds 70. Geburtstag in einem Festakt begangen wurde, hielten außer dem Psychoanalytiker Simmel der Internist Wilhelm His und der Schriftsteller Alfred Döblin Festreden. Prominente Teilnehmer waren u. a. der Chirurg August Bier und der Physiker und Nobelpreisträger Albert Einstein (vgl. Baumeyer, 1971).

2. Die Spaltung der Psychoanalyse in Deutschland 1950

Für die Entwicklung der Psychoanalyse insgesamt war dann von großer Bedeutung, daß die vor und nach 1933 emigrierten deutschen Psychoanalytiker ihre Berliner Erfahrungen mitnahmen und jeweils vor Ort umzusetzen versuchten.

Dies führte – auch außerhalb Deutschlands und unabhängig von den Besonderheiten der Entwicklung der deutschen Psychoanalyse im Dritten Reich (ausführliche Darstellung Kap. 2) – zu Auseinandersetzungen innerhalb der psychoanalytischen Bewegung.

Dieser Konflikt spitzte sich 1946 mit dem Buch von Alexander und French „Psychoanalytic Therapy" zu, in dem die Autoren für flexible Behandlungszeiten, unterschiedliche Stundenfrequenz und Intervall-Therapien plädiert hatten (vgl. Dührssen, 1994). Mit der Codifizierung der sogenannten Standardmethode durch Kurt Eissler 1953 wurde dieser Streit im Sinne der orthodoxen Psychoanalyse entschieden.

Der erste psychoanalytische Kongreß der Nachkriegszeit in Zürich 1949 war durch diese Auseinandersetzungen wesentlich beeinflußt, und der Konflikt innerhalb der IPV scheint stellvertretend an den in Deutschland verbliebenen Psychoanalytikern abgehandelt worden zu sein, die damals das erste Mal nach dem Krieg wieder an einer internationalen Tagung teilnehmen konnten. Die Kritik richtete sich dabei nach Thomä, (1986) gegen die „Abweichung von der tradierten Lehre. Genau hierfür bot sich Schultz-Hencke an, weil er tatsächlich abgewichen war ... Er hatte ... von jeher eigenständig an Aus- und Umbau von Freuds Theorie gearbeitet" (Thomä, 1986, S. 64). Bereits 1927 hatte er in seiner „Einführung in die Psychoanalyse" den Versuch unternommen, „Psychisches als erfahrungsnahe Beschreibung von Verhaltensvorgängen und nicht als metapsychologische Abstraktion zu erfassen" (Rudolf und Rüger, 1988) und hatte 1929 ein Lehrverbot am Psychoanalytischen Institut erhalten. Seine „Kritik an der Libidotheorie und an der Metapsychologie", die auf dem ersten Nachkriegskongreß der IPV in Zürich 1949 eine deutliche Ablehnung erfuhr, würde hingegen heute kein Aufsehen mehr erregen und von vielen Analytikern geteilt werden (Thomä, 1986, S. 63). Aber erst wenige Jahre nach dem Holocaust konnte insbesondere den deutschen Psychoanalytikern innerhalb der IPV eine freie Auseinandersetzung mit den Positionen des Gründers der Psychoanalyse nicht zugestanden werden. Carl Müller-Braunschweig galt dagegen als ein Analytiker, „der die Lehre Freuds bewahrt hatte und nicht den Anspruch stellte, diese während der Jahre der Isolierung weiterentwikkelt ... zu haben“ (Thomä, 1986, S. 63); von ihm initiiert, kam es 1950 zur Neugründung der Deutschen Psychoanalytischen Vereinigung (DPV), die auch von der IPV anerkannt wurde, und damit zur Spaltung der deutschen Psychoanalytiker, die von Thomä (1986) als ein „frühes Symptom der Vergangenheitsbewältigung“ gekennzeichnet wird.

Diese Spaltung hatte allerdings eine Besonderheit an sich: Auch nach dem Austritt von Müller-Braunschweig und acht weiteren Psychoanalytikern aus der DPG und der Gründung der DPV bestand die verbliebene DPG mehrheitlich nach wie vor nicht aus Anhängern Schultz-Henckes (vgl. Baumeyer, 1971). Müller-Braunschweig, der keine Führungspersönlichkeit war und eher jeweils mit „geliehener Autorität“ (der IPV) handelte, besaß nicht die Überzeugungskraft, die Mehrheit der psychoanalytisch orientierten Kollegen für die neue Gruppe zu gewinnen. Andererseits hatte Schultz-Hencke, der in der DPG nie – weder vor ihrer Auflösung 1938 noch nach 1945 – eine Führungsposition, z. B. im Vorstand der DPG, innehatte (im übrigen auch nicht im sog. Reichsinstitut! vgl. Baumeyer, 1971; Lockot, 1991), selber Zweifel an der Eigenständigkeit seiner Positionen; die von ihm 1947 erwähnte „neo-psychoanalytische Arbeitsgruppe“ erhielt niemals eine organisatorische Form und entwickelte nie ein echtes Eigenleben (Beese, 1988). Nach Müller-Braunschweigs Ausscheiden wurde Boehm Vorsitzender der DPG, der nicht zur neo-analytischen Gruppe zählte.

3. Die Weiterentwicklung bis zur Gegenwart

Die Nachkriegsgeschichte der Psychoanalyse in Deutschland ist damit durch Spaltung und Wiederanknüpfung an die internationale Entwicklung in gleicher Weise geprägt. Darüber hinaus sind aber einige weitere für die deutsche Nachkriegsentwicklung charakteristische Besonderheiten festzuhalten:

- die Gründung einer schulenübergreifenden psychoanalytisch orientierten psychotherapeutischen Fachgesellschaft 1949;
- die Einführung der analytischen Psychotherapie in die kassenärztliche Versorgung, unter Einbeziehung von nicht ärztlich vorgebildeten Psychoanalytikern;
- Besonderheiten bei der Etablierung der Psychoanalyse an den Universitäten.

Im August 1949 wurde die Deutsche Gesellschaft für Psychotherapie und Tiefenpsychologie (DGPT; heutiger Name: Deutsche Gesellschaft für Psychoanalyse, Psychotherapie, Psychosomatik und Tiefenpsychologie) gegründet. Erster Präsident wurde Viktor von Weizsäcker (1886–1957).

Inzwischen ist diese Gesellschaft von 61 Mitgliedern im Jahre 1951 auf 1.563 Mitglieder im Jahre 1993 angewachsen. Etwa die Hälfte der Mitglieder ist vom Grundberuf Arzt, die andere Hälfte hat einen anderen Ausgangsberuf, hiervon sind etwa zwei Drittel Diplom-Psychologen. Die Mitglieder der DPV und die der DPG stellen in etwa jeweils ein Viertel der Gesamtmitgliedschaft, die Jungianer (DGAP) etwa ein Zehntel. Die übrigen Mitglieder gehören keiner der drei genannten Gesellschaften an. Die Aufnahme als Mitglied setzt in der Regel eine abgeschlossene Weiterbildung an einem von der DGPT anerkannten Weiterbildungsinstitut voraus. Darüber hinaus kommt die starke Verankerung der Gesellschaft in den einzelnen psychoanalytischen Ausbildungs-Instituten auch in der satzungsmäßig festgelegten Zusammensetzung des erweiterten Vorstandes zum Ausdruck. Die DGPT versteht sich nicht ausschließlich als berufspolitische Vertretung der Psychoanalytiker, sondern hat auch als Bindeglied zwischen den einzelnen Fachgesellschaften eine wichtige Funktion.

1946 gelang es in Berlin Schultz-Hencke und Werner Kemper (1899–1975), die Versicherungsanstalt Berlin (VAB), deren damaliger Direktor der SPD-Sozialpolitiker Schellenberg war, für die Übernahme der Poliklinik zu gewinnen und dafür das Zentralinstitut für Psychogene Erkrankungen der VAB zu gründen. Hier konnten, ähnlich wie in der alten Poliklinik der Weimarer Zeit, aber auch des Reichsinstitutes, psychoanalytische und tiefenpsychologische Behandlungen kostenlos durchgeführt werden. An der Arbeit waren im übrigen Angehörige von beiden psychoanalytischen Gruppen beteiligt – auch noch lange Zeit nach der Spaltung der DPG 1950.

Die Erfahrungen des Zentralinstitutes (seit 1958 von der AOK Berlin getragen) und die von Mitarbeitern des Zentralinstitutes durchgeführten empirischen Überprüfungen der Behandlungserfolge (Dührssen, 1962; Dührssen und Jorswieck, 1965) bewogen schließlich die gesetzlichen Krankenkassen, generell die Kosten für analytische und tiefenpsychologisch fundierte Psychotherapie zu übernehmen (1967: erste Psychotherapie-Richtlinien, Einzelheiten siehe Beitrag von Hamburger und Halbach im Anhang).

Das starke Engagement vieler Psychoanalytiker in der Krankenversorgung, insbesondere auch die notwendigen Regularien für die Kostenübernahme, haben den Vorwurf des Medicozentrismus eingebracht (Parin und Parin-Matthey, 1983). Thomä (1986) begegnet diesem Vorwurf mit der Feststellung Freuds, wonach Psychoanalyse „für ihre Vertiefung und Weiterentwicklung immer noch an den Umgang mit Kranken gebunden ist“ (1933, S. 163).

Die Erfahrung mit sehr unterschiedlichen psychischen Störungsbildern führte zur Entwicklung modifizierter psychoanalytischer Behandlungsverfahren. Zu nennen sind hier die „Dynamische Psychotherapie (Dührssen, 1988) und Kurzpsychotherapie-Verfahren (vgl. A. E. Meyer, 1981); für strukurell gestörte Patienten wurde die „Niederfrequente psychoanalytische Langzeittherapie“ (Hoffmann, 1983) und die „Psychoanalytisch-interaktionelle Therapie“ (Heigl-Evers und Streeck, 1985) eingeführt. Schließlich sind insbesondere auch die analytisch orientierten Gruppenpsychotherapie-Verfahren, ursprünglich aus dem angloamerikanischen Raum stammend, in der Bundesrepublik rasch rezipiert und weiterentwickelt worden (vgl. Übersichten von Heigl-Evers (1972) sowie von Rüger (1993). Schließlich fanden auch psychoanalytisch orientierte familientherapeutische Verfahren im deutschsprachigen Raum Eingang. Als maßgebliche Vertreter sind hier Stierlin (1975) und Sperling et al. (1982) zu nennen.

Diese aus klinischen Erfordernissen resultierende Entwicklung im Bereich der Behandlungstechnik ging einher und wurde begleitet von einer Änderung bzw. Ausweitung der psychoanalytischen Neurosen- und Persönlichkeitstheorie: Gegenüber der Konfliktpathologie der klassischen Neurosentheorie gewannen das Konzept der strukturellen Störungen (Fürstenau 1977) und die bereits auf Melanie Klein zurückgehende Objektbeziehungstheorie zunehmend Bedeutung; letztere erlaubt es nach Körner und Rudolf (1990), „die Pathologie der frühen und aktuellen sozialen Beziehungen differenziert zu erfassen und zu behandeln". Nach den beiden Autoren hat schließlich die Selbstpsychologie erstmals wieder gegenüber der eher „behavioral" orientierten Ich-Psychologie eine „ganzheitliche und organismische Betrachtungsweise" berücksichtigt.

Eine Besonderheit in der deutschen Entwicklung stellt die stationäre Psychotherapie dar; an die Erfahrungen Simmels anknüpfend, wurden bereits Ende der 40er Jahre die ersten psychoanalytisch orientierten Kliniken gegründet, so 1948 durch Wiegmann die „Klinik für Psychogene Störungen" in Berlin, und unter Kühnels Leitung und Schwidders Mitarbeit entstand das Niedersächsische Landeskrankenhaus Tiefenbrunn bei Göttingen aus einer ehemaligen Psychiatrischen Landesklinik. Die erste stationäre universitäre Einrichtung entstand 1950 in Heidelberg. Die eingehende Übersicht von Schepank und Tress (1988) informiert über die Weiterentwicklung und den gegenwärtigen Stand der stationären Psychotherapie (siehe auch den Beitrag von Janssen, Kap. 42).

An den Universitäten fand die Psychoanalyse in der Nachkriegszeit nur vereinzelt und aufgrund besonderer örtlicher Bedingungen Eingang, in der Regel im Rahmen medizinischer Fakultäten, so z. B. 1949 in München (Cremerius), 1950 in Heidelberg (V. v. Weizsäcker, A. Mitscherlich), 1962 in Gießen (Richter); das Institut für Psychoanalyse der Universität Frankfurt wurde durch Mitscherlich gegründet. Besondere Bedeutung erlangte das Frankfurter Institut durch seine sozialwissenschaftliche Orientierung, wo in enger Zusammenarbeit mit dem Fachbereich Gesellschaftswissenschaften der Universität Frankfurt an die alte sozialwissenschaftliche Tradition der Psychoanalyse angeknüpft werden konnte (vgl. Kutter, 1989).

Mit der Novellierung der ärztlichen Approbationsordnung von 1970, an der der Internist und Psychosomatiker Th. v. Uexküll maßgeblich beteiligt war, wurde die „Psychosomatik und Psychotherapie“ als eigenständiges Fach in den medizinischen Fakultäten etabliert. Da die meisten Lehrstuhlinhaber Psychoanalytiker sind, wurde damit – allerdings nur indirekt und mittelbar – auch die Psychoanalyse in die Medizinischen Fakultäten eingeführt (ausführliche Darstellung bei Hoffmann et al., 1990). Ansonsten ist es allerdings sehr von den jeweiligen örtlichen Gegebenheiten abhängig, in welcher Form die Psychoanalyse an den übrigen Fakultäten Eingang gefunden hat. Fest etabliert scheint sie hier an keiner Stelle zu sein, auch wenn es im Bereich der Psychologie und Pädagogik einzelne psychoanalytisch ausgebildete Hochschullehrer gibt.

Literaturempfehlungen

Baumeyer, F. (1971). Zur Geschichte der Psychoanalyse in Deutschland. Zeitschrift für Psychosomatische Medizin, 17, 203–240.

Beese, F. (1987). Psychoanalyse in Deutschland – Rückblick und Perspektiven. In G. Rudolf, U. Rüger & H. H. Studt (Hg.), Psychoanalyse der Gegenwart (S. 15–29). Göttingen: Vandenhoeck & Ruprecht.

Dührssen, A. (1994). Ein Jahrhundert Psychoanalytische Bewegung in Deutschland. Göttingen: Vandenhoeck & Ruprecht.

Gay, P. (1989). Freud – Eine Biographie für unsere Zeit. Aus dem Amerikanischen von Joachim A. Frank, Frankfurt/M.: Fischer.

Thomä, H. (1986). Psychohistorische Hintergründe typischer Identitätsprobleme deutscher Psychoanalytiker. Forum der Psychoanalyse, 2, 59–68.

2. *Psychoanalyse im Nationalsozialismus*

Bernd Nitzschke

1. Psychoanalyse und Nationalsozialismus – zur Genese eines Forschungsthemas

Die Bemühungen, das „Schicksal" der Psychoanalyse in Deutschland bzw. das der Psychoanalyse in Österreich während der Zeit des Nationalsozialismus genauer zu erforschen, waren bis vor kurzem eher selten. Es lagen wohl, allerdings weit verstreut, Erinnerungen einzelner an jene Zeit vor; doch man kann davon ausgehen, daß sich das Bild der großen Mehrheit der Psychoanalytiker von diesem Teil ihrer Institutions- und Organisationsgeschichte bis Ende der 70er Jahre mehr auf Phantasien denn auf historische Fakten sützte, zumal die Ereignisse jener Zeit – insbesondere für deutsche Psychoanalytiker – mit einer erheblichen Schuld- und Schamproblematik belastet waren und sind.

Dieser Problematik begegnete man 1950 mit Hilfe einer Spaltung: Es kam zur Gründung der Deutschen Psychoanalytischen Vereinigung (DPV), bei deren Mitgliedern sich die Phantasie verfestigte, man habe sich nicht nur von der durch die NS-Zeit besonders belasteten Deutschen Psychoanalytischen Gesellschaft (DPG) getrennt, sondern eben auch von jenem Teil der eigenen Geschichte, der hinfort mit der DPG identifiziert werden konnte. Die Illusion, man habe „neu begonnen", erhielt noch dadurch Nahrung, daß die DPV – im Unterschied zur DPG – von der Internationalen Psychoanalytischen Vereinigung (IPV) als Zweigvereinigung wieder „anerkannt" worden war, was mißverständlich als Ausdruck einer Rehabilitierung erlebt werden konnte. Dieses Mißverständnis konnte noch verfestigt werden, weil aufgrund der von Jones (1957) verbreiteten Geschichtsklitterungen, die seine eigene Mitverstrickung in den 30er Jahren als IPV-Präsident in die Politik der Kompromißbereitschaft deutscher und internationaler Repräsentanten der Psychoanalyse gegenüber den NS- Machthabern (vgl. Nitzschke, 1990, 1991, 1992a) verdeckten, die Illusion entstanden war, das „Schicksal" der Psychoanalyse während der Hitler-Zeit sei auf weiten Strecken das Schicksal von „Opfern" gewesen, die sich allenfalls vergeblich zu wehren versucht, jedoch keinesfalls aktiv zu ihrem Schicksal beigetragen hätten. Nach dieser Legendengeschichte gab es wohl den einen oder anderen, der sich während der NS-Zeit besonders kompromittiert hatte, doch mit der Politik psychoanalytischer *Organisationen* hatte dies vermeintlich wenig zu tun. So fand man beispielsweise in Schultz-Hencke, der mit seinen Anhängern in der DPG verblieb, einen „Sündenbock", dessen bereits *vor* 1933 dissidente Psychoanalyse-Konzeption tatsächlich oder vermeintlich von den Zeitumständen zwischen 1933 und 1945 in besonderer Weise profitiert hatte (so die These von Thomä, 1963/64). Hatte man sich von Schultz-Hencke distanziert, so schien dies eine Distanzierung von allen während der NS-Zeit eingetretenen Deformationen der Freudschen Psychoanalyse zu bedeuten. Umgekehrt entstand bei den in der DPG verbliebenen Psychoanalytikern, die nach dem Kriege nicht mehr in die internationale Gemeinschaft der Psychoanalytiker aufgenommen wurden, die Phantasie, ungerechterweise sei die Bemühung, die Psychoanalyse in Deutschland über schwere Zeiten hinweg „gerettet" zu haben, nach dem Kriege nicht hinreichend anerkannt worden.

Die *systematische* Erforschung des „Schicksals" der Psychoanalyse während der Zeit des „Dritten Reichs" – und der erheblichen, aktiven Selbstbeteiligung der Psychoanalytiker an diesem „Schicksal" – begann erst relativ spät (vgl. Cocks 1985). Es war vor allem das Verdienst der Zeitschrift „Psyche" bzw. Helmut Dahmers, des vormaligen Redaktionsleiters dieser Zeitschrift, die Aufarbeitung einer aus dem Gedächtnis der Gemeinschaft der Psychoanalytiker verdrängten Geschichte unter *politischen* Gesichtspunkten eingeleitet zu haben (vgl. zusammenfassend Lohmann,

1984). Diese Bemühungen um Aufklärung stießen zunächst auf heftige Kritik, die im Vorwurf gipfelte, Dahmer sei ein marxistischer McCarthy, ein Nestbeschmutzer und womöglich kein „richtiger" Psychoanalytiker (vgl. Dahmer 1989). Wichtiger als diese emotionalen Reaktionen, die aufgrund der Zerstörung selbstentlastender Phantasien und Illusionen verständlich sein mochten, sind aber jene seither immer zahlreicheren Bemühungen, die Zeit zwischen 1933 und 1945 detaillierter (Brecht et al., 1985; Lockot, 1985, 1994; Reichmayr, 1990) zu erforschen.

2. Das „Schicksal" der Psychoanalyse unter Hitler

Neuere Arbeiten zur Geschichte des Nationalsozialismus lassen die Zeit zwischen 1933 und 1945 als durch zwei einander scheinbar widersprechende Tendenzen bestimmt erkennen: Unter der Folie der nationalsozialistischen „Weltanschauung" und deren rassentheoretischen Implikationen, die zu mörderischen Konsequenzen führten, also hinter dem bekannten *reaktionären* Gewand, läßt sich der Nationalsozialismus auch als ein großangelegter Versuch verstehen, eine rücksichtslose und von imperialen Ideen geprägte *Modernisierung* Deutschlands und Europas auf Kosten umschriebener Gruppen (von den Schwachen und „Lebensunwerten" in der eigenen Gesellschaft bis zu den „minderwertigen Rassen" in Gesamteuropa) durchzusetzen (vgl. Aly und Heim, 1991). Auch in Hinsicht auf das Verhältnis der Nationalsozialisten zur Psychoanalyse läßt sich diese Doppelung erkennen: Zum einen wurden im Mai 1933 psychoanalytische Werke öffentlich verbrannt. Zum anderen sollte die Psychoanalyse von „jüdischen" Einflüssen (was immer diese sein mochten) befreit werden, um sie in dieser – gemäß nationalsozialistischer Ideologie „gereinigten" – Form sodann in eine „deutsche Psychotherapie" zu integrieren. Der Leiter des „Deutschen Instituts für psychologische Forschung und Psychotherapie", in das die deutschen Psychoanalytiker schließlich, bei fortgesetzter Anerkennung ihrer Mitgliedschaft in der IPV, 1936 eingetreten waren, formulierte diese doppelbödige Einstellung gegenüber der Psychoanalyse im Gespräch mit dem „Völkischen Beobachter" vom 14. 5. 1939 so: Die Psychoanalyse könne als „ein sehr modernes medizinisches Fach" gelten, soweit es nur gelinge, den „Einfall der Juden in das Gebiet der Psychoanalyse" rückgängig zu machen (Göring – Faksimile-Abdruck bei Brecht et al., 1985, S. 141).

Dieser Strategie der unter der Prämisse nationalsozialistischer „Weltanschauung" operierenden Psychotherapie verdankten die im Deutschen Reich verbliebenen Psychoanalytiker ihre Möglichkeiten, weiter zu praktizieren. Eine von „jüdischen" Einflüssen „gereinigte" Psychoanalyse blieb erhalten, wobei sich Müller-Braunschweig als 2. Vorsitzender der DPG spätestens ab 1934 darum bemüht hatte, die Psychoanalytiker am Aufbau einer „deutschen" Psychotherapie aktiv zu beteiligen. Er verfaßte entsprechende Denkschriften und diskutierte deren Inhalt auch mit dem IPV-Vorsitzenden Jones (vgl. Brecht et al., 1985, S. 96). Die These, unter diesen Bedingungen könne in Hitler-Deutschland weiterhin, wenngleich unter Einschränkungen, Psychoanalyse betrieben werden, wurde vom IPV- Präsidenten Jones auf den Internationen Psychoanalytischen Kongressen in Luzern 1934, Marienbad 1936 und Paris 1938 öffentlich vertreten.

Während in privaten Mitteilungen (Briefen) die offiziellen Repräsentanten der Psychoanalyse von Freud bis Jones einhellig die Meinung vertraten, der Nationalsozialismus sei eine Form moderner Barbarei, und ein großer Teil der aus Deutschland emigrierten Psychoanalytiker frühzeitig – wenngleich ebenfalls wenig öffentlich – vor den Folgen der Anpassungsbereitschaft der DPG warnte, schieden sich die Geister hinsichtlich der Frage, wie mit den NS-Machthabern offiziell umzugehen sei. Im Interesse des Erhalts der psychoanalytischen Institutionen in Hitlers Machtbereich war man schließlich zu Kompromissen bereit, die in letzter Konsequenz zur Kollaboration führen mußten: Der Vorstand der DPG unter Vorsitz von Eitingon trat 1933 zurück, um den „Ariern" Boehm und Müller-Braunschweig Platz zu machen. Freud hatte in einem Brief an Eitingon (vgl. Brecht et al., 1985, S. 94) die Alternative hierzu – das Berliner

Institut (und damit die DPG) aufzulösen – ausdrücklich untersagt. 1935 traten aufgrund des Drängens ihrer „arischen" Kollegen und auf Empfehlung des IPV-Präsidenten Jones alle jüdischen Mitglieder „freiwillig" aus der DPG aus. Auch dieses Opfer diente dem Zweck, die psychoanalytischen Institutionen in Hitler-Deutschland zu erhalten. Mit dem Eintritt der Psychoanalytiker ins „Deutsche Institut" 1936 unter Vorsitz von M.H. Göring (einem Vetter des Reichsmarschalls), der unmißverständlich und öffentlich (Göring, 1936) erklärt hatte, daß an diesem Institut unter den Prämissen nationalsozialistischer „Weltanschauung" zu forschen und zu arbeiten sei, fand dieser Kurs der Anpassungsbereitschaft sein vorläufiges Ende – bevor sich die DPG 1938 selbst auflöste. Andererseits fanden aber gerade auch am „Deutschen Institut" Modernisierungsprozesse statt, die noch weit über 1945 hinaus Wirkung ausübten: Erstmals wurde Psychotherapie als mögliche Kassenleistung anerkannt; Laientherapeuten (sprich: Psychologen) wurden als Psychotherapeuten ausgebildet und in die Behandlungsrichtlinien einbezogen; die Diplomprüfungsordnung für Psychologen wurde unter maßgeblicher Beteiligung des „Deutschen Instituts" ausgearbeitet; und schließlich wurde der psychotherapeutische Ansatz insgesamt gegen die besonders eng an die nationalsozialistische Erb- und Rassenideologie gebundene Psychiatrie verteidigt (Cocks, 1985; Geuter, 1984).

Einer der ganz wenigen Psychoanalytiker, die frühzeitig, entschieden und *öffentlich* gegen die in Wien, London und Berlin von den Repräsentanten der Psychoanalyse betriebene Politik der Anpassung zwecks „Rettung" psychoanalytischer Institutionen protestierten, war Wilhelm Reich. Als Kommunist bekannt, wurde Reich von Max Eitingon, der zu diesem Zeitpunkt noch DPG-Vorsitzender war, sofort nach dem Regierungsantritt Hitlers aufgefordert, das Berliner Psychoanalytische Institut nicht mehr zu betreten, damit, falls Reich verhaftet werde, dies nicht in den Institutsräumen geschehe. Da man sich mit dem Namen Reichs bei den NS- Machthabern nicht kompromittieren wollte, bemühte man sich, nicht mit Reichs Ansichten identifiziert zu werden. Anläßlich des Internationalen

Psychoanalytischen Kongresses in Luzern 1934 wurde Reich – gegen seinen erklärten Willen – in einem entsprechenden Verzeichnis nicht mehr als Mitglied der DPG genannt. Im Unterschied zu jenen jüdischen Mitgliedern, die 1935 „freiwillig" aus der DPG austraten, war Reich zu derlei Kompromissen nicht bereit. Vielmehr zeigte er bereits im Frühjahr 1933 in einem Brief, mit dem er auf die Ankündigung Martin Freuds reagierte, „der Vertrag, wonach mein Buch 'Charakteranalyse' im ‹Internationalen Psychoanalytischen› Verlag demnächst herauskommen sollte, ‹werde› rückgängig gemacht" (Reich, 1935, S. 60), die Konsequenzen einer solchen Anpassungspolitik deutlich auf: Der eingeschlagene Kompromiß-Kurs bedeute eine „sinnlose Selbstopferung" (1935, S. 61) der Psychoanalyse.

Da Reich nicht bereit war, den von den offiziellen Repräsentanten der Psychoanalyse in Wien, London und Berlin eingeschlagenen Kurs zu billigen, versuchte man zunächst, ihn zur „freiwilligen" Zurückhaltung zu bewegen. Als Reich auch hierzu nicht bereit war, vielmehr *als Psychoanalytiker* und *im Namen der Psychoanalyse* auch weiterhin aus dem skandinavischen Exil *öffentlich* gegen die Machthaber in Deutschland Stellung bezog, begann ein Prozeß der Distanzierung gegenüber Reich, der *de facto* zur Ausgrenzung Reichs aus den psychoanalytischen Organisationen führte. Ein von Jones (1957) bzw. Friedrich (1990) behaupteter *Austritt* Reichs ist *de jure* bis heute nicht erwiesen und aller Wahrscheinlichkeit nach auch nicht erfolgt; zumindest wurde bisher keine Abschrift der von Reich verfaßten Austrittserklärung vorgelegt, während Reich das von interessierter Seite bereits 1934 ausgestreute Gerücht, er sei ausgetreten, frühzeitig zurückwies (vgl. Reich, 1935). In der im Korrespondenzblatt veröffentlichten Liste jener, die nach dem Luzerner Kongreß „freiwillig" die DPG verließen, fehlt jedenfalls der Name Reichs. Es darf angenommen werden, daß Reich *de jure* auch niemals *ausgeschlossen* wurde, da ein solcher Schritt ein offenes Bekenntnis gegen den Antifaschisten Reich zur Voraussetzung gehabt hätte, ein Schritt, der sehr wahrscheinlich noch nicht einmal in Berlin nach 1933 von den ehemaligen Kollegen Reichs gewagt worden ist.

Damit bleibt der „Fall“ Reich Stein des Anstoßes: Reich war Verfechter einer Psychoanalyse, die zur engagierten Auseinandersetzung auch mit der *politischen* Realität bereit war. Solchen Bestrebungen – als Psychoanalytiker und im Namen der Psychoanalyse politisch zu aktuellen Fragen Stellung zu nehmen – war schon 1932 auf dem Wiesbadener Kongreß widersprochen worden, da man fürchtete, „das Interesse an psychologischen Problemen“ könne „von dem an ökonomischen und soziologischen“, geschweige denn von dem an politischen Problemen, „verdunkelt“ werden, wie es im „Bericht“ Anna Freuds über den 12. Internationalen Psychoanalytischen Kongreß heißt (vgl. Brecht et al., 1985, S. 67). Denselben Standpunkt – nämlich den einer „weltanschaulich“ neutralen, „un“-politischen Psychoanalyse, demzufolge das politische Engagement eines Psychoanalytikers nur als dessen Privatangelegenheit zu tolerieren sei – vertrat 1934 in Luzern noch einmal der IPV-Präsident Jones mit Nachdruck. Da Reichs Auffassung der Psychoanalyse als eines Instruments für den *politischen* Kampf gegen den Faschismus dieser offiziösen Interpretation der Psychoanalyse entschieden widersprach, mußte man versuchen, Reichsche Positionen aus der Gemeinschaft der vermeintlich nur „wissenschaftlich“ denkenden und urteilenden Psychoanalytiker auszugrenzen. Dieses verhängnisvolle Verständnis der Psychoanalyse als einer „un“-politischen Wissenschaft harrt noch weiterer Aufklärung – womit die Politik psychoanalytischer Organisationen gegenüber den Herrschenden in Deutschland zwischen 1933 und 1945 bzw. der „Fall“ Reich nicht nur Steine des Anstoßes, sondern vielleicht auch Denkanstöße sein könnten.

Literaturempfehlungen

Aly, G. & Heim, S. (1991). Vordenker der Vernichtung. Auschwitz und die deutschen Pläne für eine neue europäische Ordnung. Hamburg: Hoffmann & Campe.

Brecht, K., Friedrich, V., Hermanns, L., Juelich, D. & Kaminer, I. (Hg.) (1985). „Hier geht das Leben auf eine sehr merkwürdige Weise weiter ...“ Zur Geschichte der Psychoanalyse in Deutschland. Hamburg: Kellner.

Cocks, G. (1985). Psychotherapy in the Third Reich. The Göring Institut. New York: Oxford University Press.

Geuter, U. (1984). Die Professionalisierung der deutschen Psychologie im Nationalsozialismus. Frankfurt/M.: Suhrkamp.

Huber, W. (1977). Psychoanalyse in Österreich seit 1933. Wien: Geyer.

Lockot, R. (1985). Erinnern und Durcharbeiten. Zur Geschichte der Psychoanalyse und Psychotherapie im Nationalsozialismus. Frankfurt/M.: Fischer.

Lockot, R. (1994). Die Reinigung der Psychoanalyse. Die Deutsche Psychoanalytische Gesellschaft im Spiegel von Dokumenten und Zeitzeugen (1933–1951). Tübingen: edition diskord.

Lohmann, H.-M. (Hg.) (1984). Psychoanalyse und Nationalsozialismus. Beiträge zur Bearbeitung eines unbewältigten Traumas. Frankfurt/M.: Fischer.

Nitzschke, B. (1991). Psychoanalyse als „un"-politische Wissenschaft. Die politischen Konsequenzen der „Weltanschauungs"-Debatte vor 1933 für das Verhalten einiger offizieller Repräsentanten der deutschen (DPG) und internationalen (IPV) Psychoanalyse während der Zeit des „Dritten Reiches". Zeitschrift für Psychosomatische Medizin und Psychoanalyse H 37, 31–44.

Nitzschke, B. (1992a). „... im Interesse unserer psychoanalytischen Sache in Deutschland". Die Ausgrenzung Wilhelm Reichs aus der „Internationalen Psychoanalytischen Vereinigung" – Marginalien zu einer Vereinsgeschichte oder Paradigma für den Prozeß der Institutionalisierung der Psychoanalyse unter (politisch) erschwerten Bedingungen? In J. Wiesse (Hg.), Chaos und Regel. Die Psychoanalyse in ihren Institutionen (76–131). Göttingen: Vandenhoeck & Ruprecht.

Nitzschke, B. (1993). Identität und Verfolgung – Antisemitismus und Modernitätshaß. Ein Beitrag zu Freuds Studie „Der Mann Moses und die monotheistische Religion". In S. Zepf (Hg.), „Die Erkundung des Irrationalen. Bausteine einer analytischen Sozialpsychologie nebst einigen Kulturanalysen (202–240). Göttingen: Vandenhoeck & Ruprecht.

Reich, W. (1935). Der Ausschluß Wilhelm Reichs aus der Internationalen Psychoanalytischen Vereinigung. Zeitschrift für Politische Psychologie und Sexualökonomie, 2, 54–61.

Reichmayr, J. (1990). Spurensuche in der Geschichte der Psychoanalyse. Frankfurt/M.: Nexus.

3. Psychoanalyse in den 90er Jahren

WOLFGANG MERTENS

1. Einleitung

In den 90er Jahren des vorigen Jahrhunderts wurden von Freud die Fundamente für die Psychoanalyse als Methode, Therapie und Theorie gelegt: So wurde die Methode der freien Assoziation entwickelt, das Konzept der Übertragung tauchte bereits in Umrissen auf, und im Zuge seiner Selbstanalyse entdeckte Freud einen der Schibboleths der Psychoanalyse, den Ödipuskomplex. Dieser galt zeit seines Lebens als Kernkomplex der Neurose. Die Geschlossenheit der Freudschen Theorie blieb – abgesehen von neopsychoanalytischen Revisionen in Deutschland und trotz Ich-Psychologie in den Vereinigten Staaten – bis in die 60er und 70er Jahre erhalten. Erst ab diesem Zeitpunkt stellte sich aufgrund objektbeziehungstheoretischer Einflüsse und des selbstpsychoanalytischen Ansatzes der Kohut-Schule eine Fragmentierung in der psychoanalytischen Theoriebildung ein: Die Berücksichtigung präödipal orientierter ätiologischer Auffassungen, die Ausweitung der Indikationsstellung für sogenannte frühe Störungen, die Zurückdrängung der Triebtheorie, die stärkere Einbeziehung der Selbst- und Selbstwertentwicklung bis hin zu den revolutionären Auffassungen der modernen Kleinkindforscher führten bei vielen Psychoanalytikern zu der Schlußfolgerung, daß das Freudsche triebtheoretische Paradigma durch andere psychoanalytische Perspektiven ergänzt oder gar ersetzt werden müßte. Die Folge war, daß sich innerhalb der psychoanalytischen Gemeinschaft ein theoretischer Pluralismus ergeben hat: Ursprünglich Freudsche Auffassungen stehen Seite an Seite mit denen von Winnicott, Bion, M.

Klein, Kohut oder Kernberg. Soweit nicht hermetisch abgeschlossene Schulbildungen dominieren, werden unterschiedliche Konzepte und Theorieansätze zumeist eklektizistisch verwendet, wobei häufig die verschiedenen psychoanalytischen Psychologien verschiedenen Entwicklungsabschnitten oder Pathologien zugeordnet werden (z. B. Gedo und Goldberg, 1973; Pine, 1990). Wenngleich auch einige der sich als eigenständig gerierenden Perspektiven in nuce bereits von Freud erörtert worden sind, gilt doch der Versuch einer Integration manchen Psychoanalytikern als fragwürdig (z. B. Richards, 1990; Zepf und Hartmann, 1990), weil hierbei die Unterschiedlichkeit theoretischer und methodischer Eigentümlichkeiten unberücksichtigt bleibt.

Der folgende, äußerst skizzenhafte Ausblick auf die Psychoanalyse in den 90er Jahren des 20. Jahrhunderts ist kein an Namen und vermutlichen geschichtlichen Strömungen orientierter Überblick, sondern ein Katalog von Wünschen, zu deren Realisierung sicherlich auch das Vertrauen in sich selbst bestätigende Prophezeiungen erforderlich ist. Die Auflistung von Optionen geschieht auch aus dem Blickwinkel einer Verbesserung psychoanalytischer Weiterbildung, wobei die tatsächlich vorhandenen Ressourcen im Rahmen einer nicht-universitär organisierten Weiterbildung an psychoanalytischen Instituten berücksichtigt werden müssen.

2. Organisation impliziter Theorien und Theorienvergleiche

Mit zu den wichtigsten Aufgaben der 90er Jahre wird es gehören, die impliziten Wissensbestände von Psychoanalytikern, die vor allem im klinisch angewandten Bereich existieren und in diesem auch ihre Anschaulichkeit und Anwendbarkeit erfahren haben, für die psychoanalytische Gemeinschaft zugänglich zu machen. In den 80er Jahren wurde bereits damit begonnen, in Gesprächszirkeln dieses Expertenwissen, das in keinem Lehrbuch auftaucht, einer Explikation und Systematisierung zuzuführen. Dieses implizite Anwendungswissen beherbergt eine Fülle an klinisch intuitiven Erfahrungen, die einer entsprechenden Systematisierung und Wissensorganisation bedürfen.

Mit einer weiteren, wichtigen Aufgabe ist bereits begonnen worden: Sie besteht in der Zusammenschau der mittlerweile vielfältigen, zumeist schulengebundenen Theorien und Propositionen sowie in einer Explikation der unterschiedlichen Vorannahmen z. B. bezüglich der Interaktion von Anlage und Umwelt, der primären Motivationskräfte, entwicklungspsychologischer Zeitpläne, Menschenbilder u.a.m. Symposien und Forschungsarbeiten, in denen verschiedene psychoanalytische Theorien bezüglich ihrer Gemeinsamkeiten und Unterschiede überprüft werden, schaffen die Grundlage für eine einigermaßen konsistente Theoriesprache; und im Zuge dieser Überprüfung kann sich z. B. herausstellen, daß viele auf den ersten Blick unvereinbare Konzepte den gleichen Sachverhalt mit verschiedenen Metaphern beschreiben. Dabei sind Lebendigkeit und Elastizität der psychoanalytischen Begriffsbildung zu berücksichtigen, die dem psychoanalytischen Anspruch einer ganzheitlichen Perspektive genügen, die multiple Sinnzusammenhänge erfassen kann.

Man darf diese Anmerkung deshalb auch nicht mit einer positivistischen Kritik an der Psychoanalyse verwechseln; die Forderung nach einer strikten Operationalisierung von Begrifflichkeiten und einer rigiden Formalisierung und Nomologisierung von Gesetzesannahmen ist hiermit nicht gemeint. Dieser Kanon einer stramm und aufrecht wirkenden Methodologie, die nach außen hin den Anschein von erfolgreicher Naturwissenschaft signalisieren soll, hat in der Psychologie in manche Sackgassen hineingeführt, aus denen sich positivistisch eingestellte Forscher erst allmählich zu befreien beginnen. Die (schizoide) Zerstückelung eines komplexen Themas in immer noch mehr Variablen, die zwangsläufige Kognitivierung der Theoriebestandteile, der nahezu vollständige Verlust an Anwendungsrelevanz und externer Validität sind gewiß keine anzustrebenden Ziele bei dem Versuch einer Empirisierung psychoanalytischer Problemstellungen.

Es gibt gegenwärtig Anzeichen dafür, daß empirisch-positivistische Forschungsbefunde von psychoanalytisch orientierten Forschern, gerade auch von jüngeren, begierig aufgegriffen werden, so als hätte man mit diesen Ergebnissen endlich den Stein der Weisen in der Hand und müßte sich nicht mehr länger mit auf den ersten Blick fragwürdigen und oftmals sich widersprechenden Theoriefragmenten abmühen. Michaelis (1990, S. 205) sieht sogar einen deutlichen Trend einer „Repositivierung" der psychoanalytischen Theorie, wenn er schreibt: „Was man beobachten kann, zählt (baby-watching), was man zählen kann, gilt (Computerauswertung von Gesprächsverläufen im psychoanalytischen Behandlungsprozeß)". Dabei wird in dem Bestreben nach Eindeutigkeit vergessen, daß ein Essential – vielleicht sogar das wichtigste – psychoanalytischer Tätigkeit gerade darin besteht, mit der Ambiguität seelischen, vor allem auch des unbewußten seelischen, Erlebens auf angemessene Weise umgehen zu lernen.

Lorenzer (1989, S.44f.) hat zu Recht von einer „Unterwerfung unter die Regeln der naturwissenschaftlichen Medizin" gesprochen, der einige Psychoanalytiker aus nicht reflektierten Motiven aufgesessen seien. Und so entbehre es auch nicht „einer eigenartigen Tragikomik, daß die Psychoanalyse im selben Zeitraum, in dem die Sozialforschung sich von den quantifizierenden Verfahren den qualitativen Inhaltsanalysen zuwendet, ihr Erstgeburtsrecht als hermeneutische Erfahrungswissenschaft um das Linsengericht einer Anerkennung als Naturwissenschaft zweiter Klasse verkauft". Ich finde es deshalb in guter psychoanalytischer Tradition sinnvoll, das von Wissenschaftstheoretikern verordnete empirisch-positivistische Procedere, dessen Anwendung als einziges Mittel der Wahrheitsfindung gepriesen wird, immer wieder zu problematisieren. Welche Interessen stehen dahinter? Ist diese Art von Wahrheit wirklich erstrebenswert, und wem nützt sie überhaupt? Dient die Drohgebärde, daß die Psychoanalyse auf empirischem Wege endlich ihre Effizienz beweisen müsse, weil sie ansonsten bald von der Konkurrenz überholt sein werde, nicht auch einem sehr partikularen Interesse, die eigenen (nicht selten neurotisch determinierten) Vorlieben der Gesamtheit vorschreiben zu wollen? Ein wissenschaftstheoretisch verbrämter Machtanspruch?

Aber so angemessen es auch ist, an der Bestimmung der klinisch praktizierten Psychoanalyse als einer tiefenhermeneutischen Sozialwissenschaft festzuhalten, deren Gegenstand „Konflikte zwischen unbewußten und bewußten Lebensentwürfen“ (Lorenzer, 1989, S. 45) sind, so darf dabei nicht die Notwendigkeit zur Revision und Weiterentwicklung psychoanalytischer Konzepte und einer Systematisierung der hauptsächlich auf klinisch-tiefenhermeneutischem Weg gewonnenen Erkenntnisse vergessen werden. Denn die Stimmen mehren sich, die in dem Festhalten an überholten metapsychologischen Konzepten, in dem Mangel an gehaltvoller empirischer Forschung und an der insgesamt doch verbesserungsbedürftigen psychoanalytischen Weiterbildung ernsthafte Gefahren für den Fortbestand der Psychoanalyse erblicken (z. B. in jüngster Zeit mit dem Ausdruck deutlicher Besorgnis um die Zukunft der Psychoanalyse in Amerika, Wallerstein, 1991 und Holt, 1992). Jegliche vorschnellen Operationalisierungs- und Definitionsbemühungen erscheinen allerdings solange noch fragwürdig, wie die Psychoanalyse aus verschiedenen Theorieansätzen besteht und keine einigermaßen einheitliche Psychodynamik und Persönlichkeitstheorie geschaffen hat (vgl. Zilberg et al., 1991). Immer notwendiger wird deshalb eine schulenübergreifende theoretische Abgleichung zentraler psychoanalytischer Standardkonzepte. Diese theoretisch konzeptuelle und empirische Arbeit kann nicht einigen wenigen überlassen werden, die hiermit hoffnungslos überfordert sind, sondern wegen des Fehlens einer institutionalisierten Forschungskultur, etwa im Sinne einer psychoanalytischen Hochschule, ist bei der Bewältigung dieser Aufgabe die Gemeinschaft aller praktisch tätigen Psychoanalytiker gefordert. Das wäre sicherlich für viele Psychoanalytiker ein – wenngleich auch nicht finanziell vergüteter – Ausgleich zu der gelegentlich als einseitig beklagten Arbeit hinter der Couch (wobei hier nur in Klammern angemerkt sei, daß eine Vielzahl von praktizierenden Analytikern auch lehrende Funktionen im Rahmen der Tradierung der Psychoanalyse an Weiterbildungs- und anderen Institutionen innehat).

Wenn sich nicht wenige Psychoanalytiker mit einigem Stolz als tendenzielle Außenseiter der Gesellschaft verstehen, dann sind auch Wege angezeigt, die sich nicht auf die herkömmlichen, institutionalisierten Möglichkeiten stützen. Die Grundzüge zeitgenössischer psychoanalytischer Forschung – und hiermit ist auch die tiefenhermeneutische Methodologie gemeint, die bislang, vor allem auch hinsichtlich ihrer Schwachstellen, noch zu wenig expliziert ist (vgl. z. B. Rubovits-Seitz, 1992) – sollten in den nächsten Jahren deshalb auch in das Curriculum psychoanalytischer Ausbildungsinstitute Eingang finden, um frühzeitig eine entsprechende „Haltung des genuin psychoanalytischen Forschens" psychisch zu verankern.

3. Interdiziplinäre Forschung – Verrat an der Psychoanalyse oder unbedingte Notwendigkeit?

Die tiefenhermeneutische Vorgehensweise schließt eine naturwissenschaftlich orientierte Forschung nicht aus. Dabei ist es freilich wichtig, sich der unterschiedlichen methodologischen Vorannahmen bewußt zu bleiben, weil ansonsten vorschnell verschiedene Erkenntnisebenen zusammengewürfelt werden (vgl. Bachrach, 1989, Körner, 1990). Im Sinne eines Multimethoden-Ansatzes können intraklinisch (d. h. im Verlauf einer psychoanalytischen Behandlung) und extraklinisch gewonnene Befunde miteinander verglichen werden, sofern man sich der methodologischen Differenzen bewußt bleibt. In diesem Zusammenhang taucht natürlich auch die Frage nach einer interdisziplinären Forschung innerhalb der Psychoanalyse auf.

Immer wieder und vor allem auch in den letzten Jahren ist der Psychoanalyse eine rigide und ängstliche Abschottung gegenüber Disziplinen (wie der kognitiven Psychologie, Entwicklungspsychologie, Neurobiologie, Neuropsychophysiologie, Erbgenetik u. a.) vorgeworfen worden, die aus ihrer Sicht wichtige Beiträge zu Phänomenen (wie Trauma, Gedächtnis, Affekt, Angst, Depression, Homosexualität usf.) zu liefern hätten, die seitens der Psychoanalyse keineswegs restlos zufriedenstellend erklärt sind. Begibt sich die Psychoanalyse, wie ihr jüngst Bräutigam (1990) vorgeworfen hat, in ein methodologisches Getto, wenn sie sich weigert, wichtige Forschungsbefunde anderer Wissenschaften vom Menschen zur Kenntnis zu nehmen? Vertritt sie deshalb auch zunehmend mehr hoffnungslos veraltete und wissenschaftlich überholte Auffassungen, z. B. über die Entstehung von psychischen Störungen, über das Erleben von Kindern, über die Funktionsweise des Gedächtnisses oder des Träumens?

Nun verhält es sich keineswegs so, daß überhaupt kein interdisziplinärer Austausch und keine Zurkenntnisnahme von Befunden aus anderen wissenschaftlichen Disziplinen stattfinden; zu erwähnen sind z. B. die Zeitschriften Psychoanalytic Psychology, Contemporary Psychoanalysis, Psychoanalysis and Contemporary Thought, in der häufig eine Konfrontation psychoanalytischer Ansätze mit z. B. psychologischen, sozialwissenschaftlichen, neurophysiologischen Theorien vorgenommen wird; in Erinnerung zu rufen sind auch die vielfältigen Forschungsbemühungen psychosomatisch orientierter Psychoanalytiker, die sich in den letzten Jahren intensiv mit den naturwissenschaftlich fundierten Krankheitsauffassungen ihrer medizinischen Kollegen auseinandergesetzt haben. Dabei enttäuschten aber auch so manche nichtpsychoanalytischen Forschungsansätze und -befunde: Der gewaltige, in den letzten zwanzig Jahren angesammelte Korpus der neurophysiologischen Hypothesen der experimentellen Traumforscher z. B. hat für den genuin psychoanalytischen Deutungsvorgang so gut wie keine Relevanz. Anders verhält es sich hingegen bei den Befunden der empirisch orientierten Kleinkindforscher, deren Übersetzung in psychoanalytische Auffassungen zu mancher durchaus sinnvollen Revision zwingt.

So wichtig für die Psychoanalyse der nächsten Jahre die Frage der Konfrontation ihrer theoretischen Modelle und Hypothesen mit denen anderer Wissenschaften – die ja vor allem in diesem Jahrhundert einen rapiden Wissenszuwachs erfahren haben – ohne Zweifel sein wird, so wenig darf darüber vergessen werden, daß die Psychoanalyse in der Tat eine methodologische Sonderstellung einnimmt. Ihr Gegenstandsbereich konstituiert sich primär aus der psychischen Wirklichkeit, die sich aus einer Vielzahl erinnerter und rekonstruierter Bedeutungszusammenhänge von in der

Regel konflikthafter Natur ergibt, die über ihre Inszenierung in der analytischen Situation dem Bewußtsein des Analysanden wieder zugänglich werden. Ein Trauma ist für Psychoanalytiker deshalb nicht ein von einem außenstehenden Beobachter feststellbares Ereignis und auch nicht durch das Ausfüllenlassen eines Fragebogens zur Erfassung kritischer Lebensereignisse zu eruieren. Was als Trauma erfahren wird, ist nur in Abhängigkeit von einem empfindenden Subjekt zu definieren, und dazu muß der Psychoanalytiker sich mit der Binnenperspektive seines Analysanden in Beziehung setzen und nach und nach die Auswirkungen zunächst noch unbewußter Traumatisierungen auf das Erleben seines Analysanden szenisch erfassen. Ist dies nun ein elitäres Selbstverständnis von Psychoanalytikern, die ihre Theorie zur „hermeneutischen Verschlußsache" (Bräutigam, 1990, S. 761) deklarieren und ihre Unwilligkeit, sich mit Nachbardisziplinen auseinanderzusetzen, mit einer methodologischen Sonderstellung rationalisieren?

Ich denke, daß es notwendig ist, die tiefenhermeneutisch gewonnenen und in ihrer individuellen Differenziertheit einzigartigen Seeleneinblicke nicht über den positivistischen Kamm einer Einheitswissenschaft zu scheren, so groß die Verlockung auch immer sein mag, zur Familie des modernen szientistischen Selbstverständnisses zu gehören. Andererseits kann es aber sinnvoll sein, einschlägige Forschungsbefunde von Nachbardisziplinen zur Kenntnis zu nehmen und sie mit psychoanalytischen Erkenntnissen zu konfrontieren, wobei keine Angst zu bestehen braucht, daß hierbei die Psychoanalyse allzu schlecht abschneiden könnte. Wer allerdings kurzerhand ein Zusammenwürfeln dieser Erkenntnisebenen verlangt, scheint sich über die methodologischen Differenzen bislang wenig Gedanken gemacht und vergessen zu haben, daß die Psychoanalyse bislang die einzige Wissenschaft ist, die sich mit einer außergewöhnlichen Differenziertheit und Intensität in die subjektive Erlebnis- und Phantasiewelt ihrer Analysanden einfühlt.

4. Aufarbeitung und Bewältigung der inneranalytischen Identitätsschwierigkeiten

Die Reklamierung, die Psychoanalyse sei in der alleinigen Position, über eine fruchtbare Erkenntnismethode der Wahrheitsgewinnung zu verfügen, könnte noch glaubwürdiger werden, wenn sie ihre selbstreflexive Haltung auch gegenüber ihrer eigenen Vereins- und Schulenbildung anwenden würde. Die z. B. in Deutschland noch immer bestehende Aufspaltung zwischen zwei Gesellschaften – Deutsche Psychoanalytische Gesellschaft und Deutsche Psychoanalytische Vereinigung – wirkt auf Außenstehende wie ein Bespiel dafür, daß auch manche Psychoanalytiker (oder nur die Funktionäre?) mit ihren hehren Zielen der Wahrheitssuche und Selbsterkenntnis offensichtlich nicht viel weiter gekommen sind als zwei miteinander rivalisierende Gruppierungen in einem x-beliebigen Verein. In den letzten Jahren ist eine Anzahl von Vermutungen darüber angestellt worden, welche unbewußten Gruppenphantasien dieser Orientierung zugrundeliegen können – z. B. „Wir sind die Opfer des Nationalsozialismus“, während der anderen Gruppe das Tätermotiv „Ihr seid die Angepaßten, die das psychoanalytische Anliegen verraten haben“, zugeschrieben wird – (vgl. Beland, 1987; Ermann, 1989; Rohde-Dachser, 1990). Die Analyse dieser Phantasien, deren Interpretationsvielfalt natürlich auch wiederum Anlaß für Ausgrenzungsstrategien und erneut entstehende Feindbilder sein kann, prinzipiell aber auf psychoanalytische Weise gemeinsame kollusive Themen zu reflektieren in der Lage ist, sollte deshalb Hand in Hand mit der Erforschung dessen gehen, was nun die tatsächlichen geschichtlichen Ereignisse waren (vgl. den Beitrag „Psychoanalyse im Nationalsozialismus“ von Nitzschke). Daß die Geschichte der psychoanalytischen Identität eng verwoben ist mit dem Außenseiter-Status des Judentums und daß aus dieser Konstellation konfliktreiche Identifizierungen und Ausstoßungen erwachsen, könnte ein weiterer Anstoß dafür sein, sich mit den psychischen Voraussetzungen und Folgen des Nationalsozialismus auch zukünftig zu befassen. Erst dann kann vermutlich die bis dato existierende kleinmütige Grenzziehung zwischen DPG und DPV überwunden und Außenstehenden der Eindruck vermittelt werden, daß Psychoanalytiker zwar streitbare und aggressive Individuen sind wie andere Menschen auch, aber dennoch die Potenz zur Konfliktfähigkeit und zum Erkennen und zur Überwindung von Spaltungsvorgängen besitzen.

5. Psychoanalytische Kulturtheorie und klinische Psychoanalyse können kooperieren

Nicht weniger unfruchtbar als die Spaltung zwischen den psychoanalytischen Gesellschaften sind die immer wiederkehrenden Vorwürfe „psychoanalytischer Kulturtheoretiker" an die psychoanalytischen Kliniker, aber auch umgekehrt die der Kliniker an die Kulturtheoretiker. Während die einen ihren Kollegen vorhalten, einer Therapeutisierung oder Medizinalisierung der Psychoanalyse aufzusitzen und darüber das viel wichtigere Anliegen Freuds, nämlich die Schaffung einer psychoanalytischen Kulturtheorie, zu vernachlässigen bzw. völlig zu vergessen, geben die anderen zu verstehen, daß ihnen die Beschäftigung mit gesellschaftstheoretischen Fragen zu abstrakt, vor allem aber menschlich und klinisch zu wenig befriedigend erscheint. Und wenn manche psychoanalytische Soziologen der Auffassung sind, ihren Kollegen Stellungnahmen zur Tagespolitik „jenseits der Couch" nahelegen zu müssen, so ist dies aus der Sicht der Kliniker nicht weniger überheblich, als wenn psychoanalytische Kliniker ihre soziologisch inspirierten Kollegen der Wichtigtuerei bezichtigen, die den Couchsessel lieber mit der Fernsehkanzel vertauschen möchten.

Dabei wird beim Vorwurf der Therapeutisierung auch übersehen, daß Außenstehende oftmals keine Ahnung davon haben, was für einen Zeitaufwand es für jemanden bedeutet, der seine klinische Tätigkeit ernst nimmt, auf die vielfältigen Probleme, die jeder einzelne Patient aufwirft, eine befriedigende Antwort zu finden. Wenn andererseits dem psychoanalytischen Gesellschaftstheoretiker intellektuell abgehobenes Soziologenkauderwelsch unterstellt wird, kann nicht realisiert werden, daß dessen Konzepte lebendiger würden, wenn sie mit klinischer Anschaulichkeit von seiten sich dafür interessierender Praktiker gefüllt werden könnten. Bei bekannten Ethnopsychoanalytikern liegt ja durchaus eine geglückte Verbindung vor, aber deren Arbeiten sind immer noch an den Fingern einer Hand abzuzählen. So wäre es statt dieses Grabenkriegs sinnvoller, sich die jeweiligen Fähigkeiten und Neigungen aus Neid und Rivalität nicht gegenseitig schlecht zu machen, sondern arbeitsteilig zu kooperieren. Auch hierbei ist zu überlegen, ob nicht während der psychoanalytischen Ausbildung Themen der psychoanalytischen Kulturtheorie stärker berücksichtigt werden sollten, als dies bislang an den meisten Instituten der Fall ist, auch wenn das Bestreben, ein guter Kliniker zu werden – und vor allem damit nach vielen Jahren einer kosten- und zeitintensiven Ausbildung auch Geld verdienen zu können – in der Regel Vorrang hat.

Die Beschäftigung mit gesellschaftstheoretischen und politischen Themen aus psychoanalytischer Sicht setzt heutzutage sicherlich eine viel größere Sachkenntnis voraus, als dies noch zu Beginn des Jahrhunderts der Fall war. Dennoch wäre es wünschenswert, wenn sich mehr Psychoanalytiker für kultur- und gesellschaftskritische Probleme engagieren würden. So haben z. B. folgende Themen erneut an Bedeutung gewonnen: die Identität der Deutschen und die Art und Weise ihrer Vergangenheitsbewältigung angesichts der Wiedervereinigung, das Wiedererstarken völkischer Ideale, Vorurteile und Haß gegenüber Ausländern und Fremden. Aber auch Themen, die über deutsche Belange hinausgehen, könnten dazu einladen, die psychischen Voraussetzungen zu erforschen, die z. B. für eine Einstellungsänderung im Hinblick auf Wirtschaftswachstum und Umweltqualität oder die Haltung zu den Ländern der Dritten Welt notwendig sind. Generell geht es hierbei um Fragen des Lebenssinns in einer Welt, die auf dramatische Weise, z. B. hinsichtlich des Bevölkerungswachstums, Energiefragen und klimatischer Verhältnisse, miteinander vernetzt ist.

6. Für eine Stärkung der analytischen Identität

Psychotherapie kann zum Alptraum nicht nur für Patienten, sondern auch für diejenigen Therapeuten werden, die schlecht ausgebildet sind und/oder ihre autodidaktischen Fähigkeiten überschätzt haben. Während – wie es bei jedem Handwerk der Fall ist –, eine sichere Identität in der Regel dazu führt, daß der „unmögliche Beruf" des Psychoanalytikers sogar Spaß macht und keineswegs psychische Kräfteauszehrung und frühen Tod mit sich bringen muß, wie gelegentlich behauptet wird, führt eine mangelhafte Ausbildung in psychoanalytischer Therapie nicht nur zu gravierenden Unzulänglichkeiten hinsichtlich der therapeutischen Aufgaben, sondern auch zu dem vielbeschriebenen Burn out –Syndrom und zum Überdruß am einst mit Interesse gewählten Beruf. Angesichts von Stimmen, die mit verführensollender Larmoyanz die aufwendige und langwierige Weiterbildung für Psychotherapie und Psychoanalyse beklagen, von einer Idealisierung der Klassiker sprechen, eine „Versorgungsirrelevanz" der Psychoanalyse diagnostizieren, sich über die Länge der Lehranalyse empören und, schließlich die Katze aus dem Sack lassend, für abgekürzte Verfahren zum Erlernen von Psychotherapie plädieren (die sich nur noch mit Mühe als tiefenpsychologisch fundierte Therapie bezeichnen läßt, viel eher jedoch als ein Verschnitt und Sammelsurium unterschiedlichster Therapieverfahren eingeschätzt werden muß), ist wieder einmal auf folgendes aufmerksam zu machen: Eine gründliche Ausbildung in psychoanalytischer Psychotherapie und die Erfahrung einer guten Lehranalyse sind unverzichtbare Bedingungen für den Erwerb einer psychoanalytischen Wahrnehmungseinstellung. Wer psychoanalytisch wahrnehmen, erleben und reflektieren kann, erlernt den Umgang mit Verfahren, die aus dem psychoanalytischen Standardverfahren abgeleitet worden sind, wie z. B. Kurz- und Fokaltherapien und tiefenpsychologisch fundierte Psychotherapie, in relativ kurzer Zeit. Und dies aus einem leicht nachvollziehbaren Grund: Auch für die zuletzt genannten Vorgehensweisen bleiben das szenische Verstehen, die Reflexion und Verarbeitung der Gegenübertragungseindrücke, die Diagnostik der Beziehung im Hier und Jetzt und die daraus resultierenden Interventionen die grundlegenden Fertigkeiten. Diese aber sind nicht von heute auf morgen zu erlernen, und derjenige, der für eine Verkürzung und Schrumpfung der analytischen Weiterbildung plädiert, sollte sich selbst daraufhin prüfen, ob hinter seiner Empfehlung die Mißgunst steht, jüngeren Kollegen eine gründliche Ausbildung in Psychoanalyse nicht zu gönnen und sie statt dessen mit einer schnell zusammengeschusterten Wald-und-Wiesen-Therapie abzuspeisen. Angesichts nicht übersehbarer berufspolitisch motivierter Tendenzen wird deshalb mit großem Nachdruck für eine Stärkung der psychoanalytischen Identität plädiert. Sie ist der sicherste Garant dafür, daß die Psychoanalyse auch über das Jahr 2000 hinaus erhalten bleibt und sich vielleicht sogar kräftig weiterentwickelt.

Literaturempfehlungen

Bachrach, H. M. (1989). On specifying the scientific methodology of psychoanalysis. Psychoanalytic Inquiry, 9, 282–304.

Barglow, P., Jaffe, C. M & Vaughn, B. (1989). Psychoanalytic reconstructions and empirical data: reciprocal contributions. Journal of the American Psychoanalytic Association, 37, 401–435.

Bernardi, R. (1992). On pluralism in psychoanalysis. Psychoanalytic Inquiry, 12, 506–525.

Colby, K. M. & Stoller, R. J. (1988). Cognitive science and psychoanalysis. Hillsdale, N. J.: Analytic Press.

Edelson, M. (1988). Psychoanalysis: A theory in crisis. Chicago: University of Chicago Press.

Fine, S. & Fine, E. (1990). Four psychoanalytic perspectives: A study of differences in interpretative interventions. Journal of the American Psychoanalytic Association, 38, 1017–1048.

Fürstenau, P. (1992). Progressionsorientierte psychoanalytisch- systemische Therapie. Zur Revision des Therapiekonzepts der Psychoanalyse. Forum der Psychoanalyse, 8, 17–31.

Holt, R. R. (1992). The contemporary crises of psychoanalysis. Psychoanalysis and Contemporary Thought, 15, 375–403.

Kernberg, O. F. (1993). The current status of psychoanalysis. Journal of the American Psychoanalytic Association, 41, 45–62.

Körner, J. (1990). Die Bedeutung kasuistischer Darstellungen in der Psychoanalyse. In G. Jüttemann (Hg.), Komparative Kasuistik (S. 93–103). Heidelberg: Asanger.

Leuzinger-Bohleber, M., Schneider, H. & Pfeifer, R. (Eds.). „Two butterflies on my head ..." Psychoanalysis in the interdisciplinary scientific dialogue. Berlin: Springer.

Meissner, W. W. (1989). A note on psychoanalytic facts. Psychoanalytic Inquiry, 9, 193–219.

Phillips, J. (1991). Hermeneutics in psychoanalysis: Review and reconsideration. Psychoanalysis and Contemporary Thought, 14, 371–424.

Pulver, S. E. (1993). The eclectic analyst, or the many roads to insight and change. Journal of the American Psychoanalytic Association, 41, 339–357.

Richards, A. (1990). The future of psychoanalysis. Psychoanalytic Quarterly, 59, 347–369.

Schafer, R. (1990). The search for common ground. International Journal of Psycho-Analysis, 71, 49–52.

Streeck, U. & Werthmann, H.V. (Hg.) (1990). Herausforderungen für die Psychoanalyse. Diskurse und Perspektiven. München: Pfeiffer.

Tress, W. (1992). Kommentare zu Peter Fürstenau: „Progressionsorientierte psychoanalytisch-systemische Therapie. 1. Vita brevis, ars longa. Forum der Psychoanalyse, 8, 77–81.

Wallerstein, R. S. & Weinshel, E. M. (1989). The future of psychoanalysis. Psychoanalytic Quarterly, 58, 341–373.

Zepf, S. (Hg.) (1990). „Wer sich nicht bewegt, der spürt auch seine Fesseln nicht ..." Anmerkungen zur gegenwärtigen Lage der Psychoanalyse. Frankfurt/M.: Nexus.

4. Psychoanalyse und akademische Psychologie

BERND NITZSCHKE

1. Gemeinsame Wurzeln, divergierende Methoden – Freuds Einstellung zur akademischen Psychologie

Psychoanalyse wie akademische Psychologie haben eine Reihe gemeinsamer Wurzeln. So beruft sich Freud wiederholt auf Fechner, dem er in Hinsicht auf solch wichtige psychoanalytische Konzepte wie „Lustprinzip" und „Todestrieb" wesentliche Anregungen verdankt. Andererseits ist Fechner – neben Wundt – einer der Stammväter der modernen, am Experiment – an der Messung von Quantitäten – orientierten Psychologie. Denkoperationen mit „imaginären" Quantitäten spielen wiederum in Freuds Metapsychologie eine entscheidende Rolle, wobei sich der Begriff der Quantität bei Freud bis zu dessen (neuro)physiologischer Ausgangsorientierung zurückverfolgen läßt.

Das Denken Darwins, d. h. die genetische Methode, derzufolge biologische Phänomene aufgrund von Entwicklungsgesetzen klassifizierbar und womöglich zu erklären sind, beeinflußte nicht nur die neuere Kinderpsychologie (Preyer, 1882), sondern in erheblichem Umfang auch Freud. Dessen psychosexuelle Phasenlehre bis hin zur Krankheitslehre betonen den genetischen Gedanken. Bereits in Lindners „Lehrbuch der empirischen Psychologie als inductiver Wissenschaft" (1868), das dem Schulunterricht in Freuds Gymnasialzeit zugrunde lag, wird die genetische Methode Darwins ausdrücklich gewürdigt – neben Herbarts Psychologie der Topik und Dynamik des Vorstellungslebens, die ihrerseits in Freuds Konzeption des psychischen Apparates Spuren hinterlassen hat. Herbarts spekulative Theorien über die Bewußtseinsschwelle dürften wiederum Fechners psychophysische Experimente zur Schwellenbestimmung mit angeregt haben (vgl. Heidelberger, 1993).

Als Medizinstudent hörte Freud über mehrere Semester hinweg Vorlesungen bei Brentano, der seinerseits als einer der ersten – noch vor Wundt in Leipzig – versucht hatte, ein „Institut für experimentelle Psychologie“ in Wien zu errichten, mit diesen Plänen aber an der dortigen Bürokratie gescheitert war. Brentano beeinflußte Freud, Husserl, aber auch den Experimentalpsychologen Stumpf, der lange Jahre dem Berliner Psychologischen Institut vorstand, aus dem Kurt Lewin hervorging, der seinerseits fruchtbaren Gebrauch von Freudschen Konzepten – etwa dem der Regression – zu machen verstand, zeitlebens mit Hochachtung von Freud sprach und nach der Emigration in die USA in der Topology Group stets auch mit Psychoanalytikern – etwa mit Erikson – kooperierte. Erikson wiederum gehört (neben Heinz Hartmann) zu jenen Psychoanalytikern, die durch eine ichpsychologische Konzeption zur (Wieder-) Anbindung der Psychoanalyse an die akademische Psychologie in den USA entscheidend beitrugen.

Als Medizinstudent hatte Freud vorübergehend den Plan gefaßt, in Berlin zu studieren, um bei Dubois-Reymond und Helmholtz zu hören, wie er am 24. 1. 1875 seinem Freund Silberstein schrieb (Freud, 1989, S. 98). Obgleich er diesen Plan nicht realisierte, kam Freud im physiologischen Labor dann doch noch mit einem prominenten Vertreter der Helmholtz-Schule in engen wissenschaftlichen Kontakt, nämlich mit Brücke. Die Zielsetzung dieser Gruppe bestand u. a. darin, mit Hilfe des Experiments als wissenschaftlicher Methode den Vitalismus aus der Physiologie zu verbannen. Freud übernahm manche Zielsetzungen der Gruppe um Helmholtz, deren am Experiment orientiertes Wissenschaftsverständnis auch für die beginnende akademische Psychologie grundlegend war. Freuds weitergehende Hoffnung, in Brückes Labor als Assistent Karriere machen und womöglich eines Tages Nachfolger Brückes werden zu können, erfüllte sich hingegen nicht. Er mußte das Labor – den klassischen Ort des Experimentators – mit dem Behandlungszimmer austauschen. Dort begann er, auf die *Worte* seiner Patienten zu hören – auf eine *gerichtete*, an den Arzt gerichtete Rede, deren *Bedeutung* er zu erfassen suchte, um jene Krankheitssymptome *zu verstehen*, die aus vergangenen zwischenmenschlichen Beziehungen resultierten, also auf die Kindheit zurückwiesen. Daraus entstand schließlich das therapeutische Programm Freuds: Das emotionale (Er-) Leben der Kindheit, oft weitgehend *vergessen*, sollte anhand von *Symbolen* (wie sie etwa im Traum auftauchen) entschlüsselt bzw. mit Hilfe der Neuauflage infantiler Beziehungsmuster (Übertragungen) hier und jetzt neu erlebbar und endlich in die erwachsene Struktur der Persönlichkeit integrierbar werden.

Sigmund Exner, der Nachfolger Brückes, gehörte zu den Mitherausgebern der von Ebbinghaus und König 1890 begründeten „Zeitschrift für Psychophysiologie und Physiologie der Sinnesorgane", also zu einem Kollegium, das federführend für die moderne Psychologie wurde. In dieser Zeitschrift erschien 1901 eine von William Stern, Begründer der Differentiellen Psychologie, verfaßte Rezension von Freuds „Traumdeutung" (1900). Stern begegnete Freud auch persönlich, und zwar 1909 in den USA anläßlich der dort durch den Wundt-Schüler Stanley Hall organisierten Jubiläums-Feier der Clark University. Eine solche Begegnung von Psychoanalyse und akademischer Psychologie zu ermöglichen, scheint für Hall zu jener Zeit offensichtlich kein Problem gewesen zu sein, da damals – wie auch in den nachfolgenden Jahrzehnten – die Psychoanalyse oft noch als eine mögliche „Schule" der akademischen Psychologie angesehen wurde. So argumentierte ja auch Stern in seiner Rezension: Freuds „Traumdeutung" sei ein wichtiger Beitrag zur Psychologie, allein die *Methode* (der Deutung), wie Freud sie vertrete, widerspreche allen Standards der akademischen Psychologie – wäre also zu verbessern oder zu ersetzen.

Trotz zwischenzeitlich heftiger und unsachlicher Polemik gegen die (Kinder-)Psychoanalyse im Jahre 1913 (vgl. Geuter und Nitzschke, 1989) blieb Stern auch späterhin um Kontakte mit Psychoanalytikern bemüht, pflegte er mit ihnen den kritischen wissenschaftlichen Diskurs. So lud er etwa Siegfried Bernfeld ein, 1931 auf dem Kongreß der „Deutschen Gesellschaft für Psychologie", zu deren Vorstand Stern gehörte, zum Thema Deutung zu sprechen (vgl. Bernfeld, 1932). Und trotz der öffentlichen Kritik Sterns an Freudschen Thesen war auch Freud weiterhin bereit, Stern zu treffen – so 1928 in Wien (vgl. Geuter und Nitzschke, 1989, S. 108), während die Kinderanalytikerin Anna Freud den Kinderpsychologen Stern 1922 in Hamburg besucht hatte (vgl. Andreas- Salomé, 1990, S. 223).

1895, zur Zeit seines Versuchs, eine Psychologie für Neurologen zu entwerfen, bemühte sich Freud ausdrücklich darum, „die Theorie an den Einzeltatsachen der neueren Experimentalpsychologie zu prüfen", wie es in einem Brief an Fliess heißt (Freud, 1985, S. 144). Und noch der Termin für den 1. Internationalen Psychoanalytischen Kongreß 1908 in Salzburg war, wie aus dem Einladungsschreiben C. G. Jungs hervorgeht, mit Bedacht gewählt worden, um den Teilnehmern des zuvor in Frankfurt stattfindenden 3. Kongresses für experimentelle Psychologie die Möglichkeit zu bieten, im Anschluß daran nach Salzburg zu reisen. Tatsächlich kamen aber nur wenige Experimentalpsychologen nach Salzburg, darunter Claparède, an dessen Genfer Institut später Piaget arbeitete, der selbst eine Lehranalyse (bei Sabina Spielrein) absolviert, kurze Zeit als Analytiker gearbeitet und auf dem 8. Internationalen Psychoanalytischen Kongreß 1922 in Berlin ein Referat gehalten hatte (vgl. Piaget, 1923).

In C. G. Jungs Assoziationsstudien – die denen glichen, die der junge Max Wertheimer (der später, wie Lewin, in Berlin wirkte) in Prag bei Hans Gross durchgeführt hatte – begrüßte Freud (1916/17, S. 107) eine „erste Brücke, die von der Experimentalpsychologie zur Psychoanalyse geschlagen" worden sei. Freuds Einstellung zur möglichen experimentellen Überprüfung psychoanalytischer Konzepte war also nicht durchweg negativ, wenn Freud auch 1934 an Rosenzweig schrieb, der versucht hatte, psychoanalytische Konzepte experimentell zu prüfen (und neben Murray und Rorschach der dritte, entscheidend von der Psychoanalyse mit beeinflußte Verfasser eines projektiven Tests wurde):

„Ich habe Ihre experimentellen Arbeiten zur Prüfung psychoanalytischer Behauptungen mit Interesse zur Kenntnis genommen. Sehr

> hoch kann ich diese Bestätigungen nicht einschätzen, denn die Fülle sicherer Beobachtungen, auf denen jene Behauptungen ruhen, macht sie von der experimentellen Prüfung unabhängig. Immerhin, sie kann nicht schaden.“ (zit. n. Faksimile-Abdruck in Rosenzweig, 1986, S. 37).

Dieser Brieftext zeigt, daß Freud der Ansicht war, er habe eine eigenständige Methode der *Beobachtung* entwickelt, die zu genügend verläßlichen Daten führe, aus denen hinlänglich gesicherte theoretische Schlußfolgerungen zu ziehen seien. Dabei verstand Freud die von ihm entwickelte Beobachtungsmethode als dem Gegenstandsbereich angemessen, der ihn interessierte, nämlich *unbewußte* Prozesse. Freud begriff denn auch die Psychoanalyse als eine *Theorie des Unbewußten*, der eine spezifische Beobachtungsmethode zugeordnet sei, die wiederum im Rahmen eines therapeutischen Settings entstanden war. Forschung (Beobachtung) unter der Bedingung dieses Settings war für Freud *ein Teil* der praktisch-therapeutischen Handlung, weshalb er zwischen Forschen und Heilen ein Junktim annahm.

Als Theorie des Unbewußten sah Freud in der Psychoanalyse „ein Stück Psychologie“, wenngleich er sie nur als „Unterbau“ oder als „Fundament“ (1926, S. 289) der Psychologie verstanden wissen wollte. An anderer Stelle beschreibt Freud aus seiner Sicht das Verhältnis von Psychoanalyse und akademischer Psychologie wie folgt:

> „Psychoanalyse ist auch Psychologie, und zwar eine Wissenschaft von den *unbewußten* Seelenvorgängen, während, was als akademische Psychologie gelehrt wird, sich auf die Berücksichtigung der *bewußten* Phänomene beschränkt. Zwischen den beiden braucht kein Gegensatz zu bestehen ...“ (1960, S. 433).

Freuds wissenschaftlicher Ehrgeiz bestand also darin, die mit Hilfe der von ihm entwickelten Beobachtungsmethode greifbaren und im Kontext einer eigenartigen zwischenmenschlichen Beziehung (psychoanalytisches Setting) auftretenden psychischen Phänomene zu interpretieren, um daraus eine Theorie abzuleiten, von der er annahm, sie könne der Psychologie ganz allgemein als „Fundament“ dienen. Dabei wäre allerdings hinzuzufügen: Auch die von

Freud entwickelte Beobachtungsmethode konnte nur aufgrund spezifischer theoretischer Vorannahmen entwickelt werden – und solche Vorannahmen (etwa hinsichtlich der Assoziationen) stammten wiederum aus der zeitgenössischen Psychologie. Eine der Formulierungen der Statuten der Wiener Psychoanalytischen Vereinigung von 1910 lautet denn auch, die „psychoanalytische Wissenschaft" sei dem „Gebiete der reinen Psychologie" zuzurechnen; in der „Medizin" und in den „Geisteswissenschaften" finde sie lediglich eine „Anwendung" (vgl. Faksimile-Abdruck der Statuten in Nunberg und Federn, 1967, S. 435).

Ein neuerdings aufgefundenes Dokument, nämlich ein Aufruf aus dem Jahre 1912 zur Gründung einer Gesellschaft für positivistische Philosophie, den Freud mitunterzeichnete (vgl. Kätzel, 1990), kann in diesem Zusammenhang als besonders wichtig angesehen werden. Neben Freud unterschrieben etwa die Mathematiker David Hilbert und Felix Klein oder die Physiker Ernst Mach und Albert Einstein. Dieser „Aufruf" richtete sich an alle, denen daran gelegen war, mit dem Aufbau einer *wissenschaftlichen*, nur den „Tatsachen" verpflichteten „Weltanschauung" zu beginnen. Die von Freud später (1927, 1933) eingenommene Position, die Psychoanalyse sei lediglich einer *wissenschaftlichen*, sonst keiner „Weltanschauung" verpflichtet, wird vor dem Hintergrund dieses wiederaufgefundenen Dokumentes aus dem Jahre 1912 verständlich. Diese Auffassung von der Psychoanalyse als einer „reinen" Wissenschaft (von den *unbewußten* affektiven Prozessen) führte schließlich auch zu jener Position, die Freud, Jones und die meisten anderen führenden Repräsentanten der Psychoanalyse während der Zeit des Nationalsozialismus einnahmen. Indem sie sich selbst – nicht als Bürger, wohl aber *als Psychoanalytiker* – zur politischen „Neutralität" verpflichteten, eine Position, die *offen* nur von wenigen, von Wilhelm Reich allerdings entschieden, angegriffen wurde, glaubten sie, die Psychoanalyse als Wissenschaft allen politischen Einflüssen gegenüber „rein" erhalten zu können.

2. Kontroversen und Berührungspunkte – zum Verhältnis von Psychoanalyse und akademischer Psychologie

Systematische Untersuchungen zum Verhältnis von Psychoanalyse und akademischer Psychologie sind bisher selten (eine der Ausnahmen: Waldvogel, 1992). Dabei ist der (mögliche) Einfluß der akademischen Psychologie auf die psychoanalytische Konzeptbildung weit weniger erforscht als umgekehrt die Rezption der Psychoanalyse durch akademische Psychologen (Brodthage und Hoffmann, 1981; Elliger, 1986) bzw. der Einfluß der Psychoanalyse auf Forschungskonzepte der akademischen Psychologie (Shakow und Rapaport, 1964). Daneben gibt es erste Versuche, unter historischen Gesichtspunkten den Einfluß älterer Psychologen auf Freud mit Freuds Einfluß auf ausgewählte akademische Psychologen in Beziehung zu setzen (Nitzschke, 1989). Neuerdings sind vermehrt Forschungsfelder zu beobachten, auf denen sich akademische Psychologen und Psychoanalytiker unter pragmatischen Gesichtspunkten treffen, etwa auf dem Gebiet der Psychotherapieforschung. Auch die sogenannten „baby watchers" wären in diesem Zusammenhang zu nennen, die affektiv-kognitive Prozesse von Kindern im Kontext sozialer Beziehungen untersuchen, wobei an dieser Stelle die Frage offen bleiben soll, inwieweit dabei infantil-*phantastisches* Erleben, also das beim späteren Erwachsenen (abgesehen von Traum und Psychose) weitgehend *unbewußte* Erleben, als Untersuchungsgegenstand impliziert ist.

Jene Psychoanalytiker, die Freuds Forschungsansatz nicht mehr unbedingt als eigenständiges, vielmehr als ein mit dem (vorherrschenden) Wissenschaftsverständnis der akademischen Psychologie vereinbares Paradigma begreifen, Psychoanalyse also im Sinne einer nomothetischen Realwissenschaft konzipieren, haben wohl insgesamt geringere Verständnisschwierigkeiten im Dialog mit akademischen Psychologen. Soweit diese Psychoanalytiker Anschluß an die akademische Psychologie suchen, bemängeln sie die aus ihrer Sicht vorhandenen „Nachteile" der psychoanalytischen Forschungsmethode, die in einer mangelhaften

„Überprüfung und Verifikation" der durch psychoanalytische „Fallstudien" ermöglichten „fruchtbaren" Hypothesen zu sehen seien (Hämmerling-Balzert, 1978, S. 1897). Das von Thomä und Kächele verfaßte „Lehrbuch der psychoanalytischen Therapie" (1985) enthält denn auch ein entsprechendes Plädoyer zur Abschaffung solcher „Nachteile" der psychoanalytischen Forschungsmethode, indem im Hinblick auf die Überprüfung psychoanalytischer Annahmen für den Anschluß an die Prüfmethoden der akademischen Psychologie eingetreten wird.

Die damit verbundene „szientistische" Auffassung der Psychoanalyse findet, wie oben dargestellt, gewiß Rückhalt in manchen Auffassungen Freuds. Historisch wurzelt diese „szientistische" Sicht der Psychoanalyse außerdem wesentlich in der Ichpsychologie, also in jener Phase der psychoanalytischen Theoriebildung, in der sich das Interesse von einer Theorie des Unbewußten mehr und mehr zum Interesse an einer Theorie der Entwicklung, Strukturbildung und Anpassung des Individuums an die äußere Realität wandelte. Man kann diesen Prozeß der Verschiebung im Werk Freuds selbst nachweisen: Je älter Freud wurde, desto mehr galt sein wissenschaftliches Interesse den Prozessen der Entwicklung und (therapeutischen) Konsolidierung des „Ich".

Neben dieser Interessenverschiebung bei Freud, die sich im Werk von dessen Tochter, Anna Freud, in einem programmatischen Titel kundgibt – „Das Ich und die Abwehrmechanismen" (1936) –, wäre in erster Linie auf Heinz Hartmann zu verweisen. Rapaport (1959) nennt ihn (neben Erikson) als einen Vorreiter auf dem Weg zur modernen Psychoanalyse.

Von Rapaport stammt schließlich ein erster großer Systematisierungsversuch zur Theorie und Methode der Psychoanalyse. 1960 erhielt Rapaport für diesen Versuch, im Rahmen einer Buchreihe, deren Zielsetzung es war, Theorien der *Psychologie* darzustellen, einen Preis der American Psychological Association (APA). Einen solchen Preis der APA erhielt 1982 auch Rapaports früherer Mitarbeiter, der Psychoanalytiker Roy Schafer, der gegen die scheinbar „veralteten" und „spekulativen" Annahmen der Freudschen

Metapsychologie mit einem eigenen, seiner Ansicht nach mit dem modernen Wissenschaftsverständnis leichter zu vereinbarenden Entwurf antrat.

In dem Maße, in dem das am Experiment und an gleichwertigen empirischen Prüfmethoden orientierte Wissenschaftsverständnis die moderne akademische Psychologie dominierte, ging der Einfluß anderer „Schulen" auf die akademische Psychologie zurück (zu denen lange Zeit, wenigstens potentiell, auch die Psychoanalyse gerechnet wurde). Noch Bühler hatte sich, als er die „Krise der Psychologie" (1927) beschrieb, kritisch mit der Psychoanalyse als einer möglichen „Schule" der Psychologie auseinandergesetzt. Und schon damals plädierte er dafür, die fruchtbaren Ergebnisse der Psychoanalyse in den Korpus der akademischen Psychologie zu integrieren – selbstverständlich gereinigt von der nach Bühlers Ansicht unzulänglichen Methodik und den daraus resultierenden Freudschen „Irrtümern". Immerhin beteiligten sich an den Bühlerschen Mittwoch-Kolloquien des Wiener Psychologischen Instituts auch solch bekannte Psychoanalytiker wie Heinz Hartmann, Siegfried Bernfeld oder René Spitz (vgl. Benetka, 1992). Als paradox imponiert in diesem Zusammenhang die Tatsache, daß zu jener Zeit, als Bühler über die Krise der Psychologie schrieb, die Psychoanalyse weitgehend noch von einem einheitlichen – nämlich dem Freudschen – Theorieverständnis beherrscht wurde, sich selbst also nicht als in einer „Krise" befindlich begriff. Inzwischen haben sich die Verhältnisse nahezu umgekehrt: Die akademische Psychologie kann heute in methodischer Hinsicht auf ein weitgehend akzeptiertes, einheitliches Paradigma verweisen, während sich die Psychoanalyse zwischenzeitlich – spätestens seit den 50er Jahren – einem Zustand annäherte, in dem kaum noch ein Begriff oder ein Konzept Freuds als unter Psychoanalytikern unumstritten gelten können.

Der zentrale Angriff auf die Freudsche Metapsychologie deckt dabei die eigentlichen Frontlinien auf: Ist die Psychoanalyse eine Wissenschaft der mit herkömmlich empirischen Methoden untersuchbaren affektiven Prozesse im und zwischen Menschen? Oder zielt sie auf phantastische Derivate der affektiven Prozesse, also auf ein unter den Bedingungen des Wachlebens mehr oder weniger „unbewußtes“ Erleben, dessen nähere Beobachtung eine eigenständige Methodik verlangt, zu der es auch gehört, daß Beobachter und Beobachteter vorübergehend die Grundbedingungen der Wachvernunft in Frage stellen bzw. diese Grundbedingungen einer besonderen emotionalen *Erfahrung* zugänglich zu machen versuchen, so daß das „Dritte“, das sie konstituieren, nämlich ihre „Beziehung“, als affektives Feld zum eigentlichen „Gegenstand“ einer *gemeinsamen* Beobachtung werden kann (vgl. Nitzschke, 1985)?

Literaturempfehlungen

Benetka, G. (1992). Psychoanalyse und akademische Psychologie. In K. Fallend & J. Reichmayr (Hg.), Siegfried Bernfeld oder Die Grenzen der Psychoanalyse (222–263). Basel, Frankfurt/M.: Stroemfeld/Nexus.

Brodthage, H. & Hoffmann, S. O. (1981). Die Rezeption der Psychoanalyse in der Psychologie. In J. Cremerius (Hg.). Die Rezeption der Psychoanalyse in der Soziologie, Psychologie und Theologie im deutschsprachigen Raum bis 1940 (135–253). Frankfurt/M.: Suhrkamp.

Elliger, T. J. (1986). S. Freud und die akademische Psychologie. Ein Beitrag zur Rezeptionsgeschichte der Psychoanalyse in der deutschen Psychologie (1895–1945). Weinheim: Deutscher Studien Verlag.

Lewin, K. (1937). Psychoanalyse und Topologische Psychologie. Schweizerische Zeitschrift für Psychologie, 21 (M›1962), 297–306.

Nitzschke, B. (Hg.) (1989). Freud und die akademische Psychologie. Beiträge zu einer historischen Kontroverse. München: Psychologie Verlags Union.

Rapaport, D. (1959). Die Struktur der psychoanalytischen Theorie. Versuch einer Systematik. Stuttgart: Klett 1960.

Shakow. D. & Rapaport, D. (1964). The influence of Freud on American psychology. New York: International Universities Press.

Waldvogel, B. (1992). Psychoanalyse und Gestaltpsychologie. Historische und theoretische Berührungspunkte. Stuttgart: frommann-holzboog.

5a. Kritik an der Psychoanalyse – Mangel an empirischer Forschung*

Morris N. Eagle

In der Geschichte der amerikanischen Psychologie gab es für die akademische Forschungsgemeinschaft eine Periode, die von einem beträchtlichen Enthusiasmus für die Möglichkeiten und den Wert direkter experimenteller Prüfung psychoanalytischer Hypothesen geprägt war (z. B. Sears, 1944; Fisher und Greenberg, 1985; Kline 1981). Gleichwohl reagierten Psychoanalytiker und psychoanalytische Theoretiker auf solche Studien eher zurückhaltend – und folgten damit einer Tradition, die ihren Anfang mit einer Entgegnung Freuds auf eine Mitteilung des amerikanischen Psychologen Rosenzweig nahm. Rosenzweig (1943) informierte Freud darüber, daß die Ergebnisse experimenteller Untersuchungen eine der psychoanalytischen Hypothesen bestätigten. Freuds Antwort war: „Ich habe Ihre experimentellen Studien zur Verifikation der psychoanalytischen Behauptungen mit Interesse geprüft. Ich kann auf solche Bestätigungen keinen großen Wert legen, weil die Fülle zuverlässiger Beobachtungen, auf der diese Annahmen beruhen, sie von einer experimentellen Verifikation unabhängig machen. Immerhin: Es kann auch nicht schaden" (zitiert in MacKinnon und Dukes, 1964, S. 703).

Ich glaube, daß diese Skepsis gegenüber der Beweiskraft experimenteller Forschung zu einem großen Teil berechtigt ist. Häufig leidet die experimentelle Arbeit an einem Mangel von „ökologischer Validität". Im Labor wird das jeweils zu untersuchende psychoanalytische Phänomen außerhalb des natürlichen Lebenskontextes simuliert, und die experimentellen Studien stehen mit den psychoanalytischen Hypothe-

* Aus dem Amerikanischen übersetzt von Jane Haushofer.

sen, die sie zu prüfen vorgeben, in einer ungeklärten, nur vagen Verbindung. So wurden beispielsweise im Rahmen einer Studie bestimmte Hypothesen, die sich auf das psychoanalytische Konzept der Verdrängung bezogen, überprüft, indem man untersuchte, ob mit emotionalen Begriffen verbundene Assoziationen schneller vergessen werden, als von neutralen Begriffen ausgelöste Assoziationen (z. B. Levinger und Clark, 1961), oder ob angenehmes Material besser erinnert werden kann als unangenehmes (Rapaport, 1961[1]). Experimente dieser Art sollten hinsichtlich ihrer Aussagekraft in bezug auf das psychoanalytische Konzept der Verdrängung tatsächlich mit Skepsis betrachtet werden.

Ich selbst vertrete die Ansicht, daß die Gesamtheit der experimentellen Studien, die sich die Prüfung verschiedener psychoanalytischer Theorien zum Ziel setzten, kaum Resultate erbracht hat. Ich weiß eigentlich von keiner einzigen Studie, in der die Realität des zentralen psychoanalytischen Prozesses der Verdrängung, geschweige denn seine pathologische Bedeutung für die Ätiologie der Neurose, wirklich überzeugend demonstriert werden konnte (vgl. Erwin, 1984[2]; Kline, 1981[3]).

Die meisten Studien, die zur Unterstützung psychoanalytischer Hypothesen zitiert werden, dienen lediglich dem *Beweis oder der Bestätigung der aufgestellten, zu überprüfenden Behauptungen. Die Experimente werden also mit der Intention durchgeführt, die Existenz eines Phänomens oder Prozesses, das oder den man in Zusammenhang mit der psychoanalytischen Theorie bringt, aufzuzeigen oder zu verifizieren* (vgl. auch Fisher und Greenberg, 1985, sowie Kline, 1981). Die Resultate dieser Studien sind für die Modifikation, Weiterentwicklung oder das Wachstum der psychoanalytischen Theorie ohne Bedeutung. So gesehen, können sie auch keine heuristische Funktion übernehmen.

---

[1] In einer Zusammenfassung und Kritik der frühen Studien zu dieser Thematik.

[2] Erwin legt eine gründlichere Ausarbeiteung dieses Standpunktes vor.

[3] Kline nimmt einen entgegengesetzten Standpunkt ein.

Zusammenfassend erscheint es mir angemessen, zu behaupten, daß die direkte experimentelle Prüfung psychoanalytischer Hypothesen bis heute praktisch keinen Einfluß auf die Entwicklung der zentralen Aspekte der psychoanalytischen Theorie gehabt hat.

Indirekte Überprüfung psychoanalytischer Behauptungen

Es scheint ironisch, ist aber meiner Ansicht nach zutreffend, daß diejenige Forschung, die *keine direkte* experimentelle Testung psychoanalytischer Behauptungen beabsichtigt, deren Ergebnisse für die Psychoanalyse also nur *indirekt* relevant sind, bisher einen wesentlich größeren Einfluß auf die Entwicklung der psychoanalytischen Theorie nehmen konnte, als die Versuche direkter experimenteller Überprüfung. Ich beziehe mich dabei auf die Daten von Untersuchungen, die relativ unabhängig von der psychoanalytischen Theorie und ohne die Absicht, psychoanalytische Annahmen zu testen, durchgeführt wurden.

Ein gutes Beispiel für diesen Forschungsansatz ist die Untersuchung der Mutter-Kind-Bindung. Bereits an anderer Stelle (Eagle, 1987) habe ich erörtert, wie die Erforschung der Mutter-Kind-Bindung – das klassische Tierexperiment von Harlow (1958) mit eingeschlossen – Freuds (1940) Hypothesen zur Objektbeziehung als im Grunde genommen unhaltbar vorgeführt hat. Freud behauptete, daß sich die Bedeutung des Objektes für das Kind und die Bindung des Kindes an das Objekt ausschließlich aus der Rolle, bzw. den Aufgaben des Objektes, den Hunger zu stillen und die libidinösen Bedürfnisse zu befriedigen, konstituiere. Die Evidenz der Forschungsergebnisse in diesem Bereich untersützte hingegen Fairbairns (1952) Behauptung, daß die Libido eher auf der Suche nach dem *Objekt* als auf der Suche nach *Lustempfindungen* sei, und auch Bowlbys 1969) Annahme, daß die Mutter-Kind-Bindung bei einem großen Teil der Arten, und eben auch beim Menschen, auf der Basis eines autonomen Triebes entstehe.

Obwohl der größte Teil der Forschung zur Mutter-Kind-Bindung sehr wahrscheinlich keinen *direkten* Einfluß auf die Richtung der psychoanalytischen Theorie nehmen konnte, so läßt sich doch zeigen, wie die Forschungsergebnisse zu einem kleinen Paradigmenwechsel im psychoanalytischen Zeitgeist, der die theoretischen Entwicklungen in Nordamerika prägte (Eagle, 1991), führten. Die Triebtheorie wurde allmählich von den Selbst-Theorien und den Theorien über die Objektbeziehungen abgelöst. Viele der Untersuchungen zur Mutter-Kind- Bindung wurden relativ unabhängig von psychoanalytischen Annahmen durchgeführt. Und doch hatten die Ergebnisse einen indirekten Einfluß auf die psychoanalytische Theorie – weit mehr als alle vorhergehenden Versuche, psychoanalytische Hypothesen einer direkten experimentellen Prüfung zu unterziehen. Die Gründe dafür sind nicht schwer zu verstehen: Die nur indirekt in Bezug zur Psychoanalyse stehenden Forschungsansätze weisen eine evidente „ökologische Validität" auf und befassen sich zusätzlich mit einer für die Psychoanalyse offensichtlich relevanten Thematik, nämlich der Bildung von Objektbeziehungen.

Aus diesem Zusammenhang zwischen der experimentellen Erforschung der Mutter-Kind-Bindung und der Entwicklung der psychoanalytischen Theorie läßt sich meiner Ansicht nach viel lernen. Psychoanalytische „Puristen" haben immer wieder die Ansicht vertreten, daß ausschließlich klinische Daten aus der konkreten, psychoanalytischen Situation für die psychoanalytische Forschung Bedeutung haben dürften. Während Daten dieser Art eine zentrale Bedeutung für die Entwicklung psychoanalytischer Theorien zur *Behandlung* haben, ist es hingegen nicht bewiesen, daß sie zu einen exklusiven Status bei der Formulierung genereller psychoanalytischer Theorien zur Persönlichkeitsentwicklung, sowie zur Natur und Ätiologie der Psychopathologie berechtigt wären. Psychoanalytische Theorien sind immer verschiedenen Einflüssen ausgesetzt gewesen – nicht nur den Erkenntnissen anderer wissenschaftlicher Disziplinen, sondern auch den vorhandenen kulturellen Werten und Überzeugungen, also dem Zeitgeist (vgl. Cushman, 1990, sowie Kirschner, 1990). Da dieser Prozeß der dauernden

Beeinflussung ohnehin stattfindet, wäre es meiner Ansicht nach für psychoanalytische Theoretiker konstruktiv und nützlich, hinsichtlich der Implikationen von Forschungsergebnissen anderer Disziplinen zu offenen und kritischen Beurteilungen zu kommen.

Das hat auch für die psychoanalytische *Ausbildung* Bedeutung, Analytiker/innen sollten nicht nur in psychoanalytischer Praxis und Theorie gut ausgebildet und kenntnisreich sein, sondern zusätzlich – wenn auch in geringerem Ausmaß – in den verwandten Disziplinen. Auch wenn die meisten Analytiker/innen keine Forschung betreiben (oder bedeutsam zur Theorie beitragen), können sie doch davon profitieren, wenn sie lernen, Forschungsergebnisse intelligent zu verwenden – d. h., wenn sie darin ausgebildet werden, die Implikationen von Forschungsergebnissen aus dem psychoanalytischen Bereich oder aus benachbarten Fachgebieten für die psychoanalytische Theorie und Praxis erkennen und auswerten zu können. In Nordamerika arbeiten die meisten psychoanalytischen Ausbildungsinstitute selbständig und unabhängig; sie sind also nicht Teil der Universität und stehen auch nicht mit ihr in Verbindung. Das hat zu einer exzessiven insularen Beschränktheit beigetragen und auch zu dem relativen Mißerfolg bei der Entwicklung einer Reihe von Werten (unter denen die empirische Untersuchung, ein gesunder Skeptizismus und die Berücksichtigung systematischer empirischer Beweisbarkeit eine prominente Stellung einnehmen sollten) geführt. Es ist nicht sehr wahrscheinlich, daß sich der institutionelle Status der Ausbildungsstätten bald ändert. Dennoch kann man versuchen, die Ausbildung in den bestehenden Instituten zu modifizieren und zu erweitern[4].

---

[4] Kürzlich nahm ich an einer Konferenz teil, die von der Abteilung für Psychoanalyse der Amerikanischen Psychologischen Vereinigung und der Amerikanischen Psychoanalytischen Vereinigung gemeinsam gefördert und von den Vorsitzenden beider Organisationen begleitet wurde. Alle Teilnehmer der Konferenz stimmten darin überein, daß die Ausbildung in psychoanalytischen Ausbildungsinstituten in der oben beschriebenen Weise modifiziert und erweitert werden müßte.

Die aktuelle Forschung und der psychotherapeutische Prozeß

Obwohl Fallstudien in der psychoanalytischen Literatur nach wie vor eine zentrale Stellung einnehmen, bemühten sich während der vergangenen zwanzig oder dreißig Jahre eine Reihe von Forschern konsequent und beharrlich um eine relativ systematische und strenge psychoanalytische Forschung, besonders im Rahmen des psychotherapeutischen Prozesses. In Nordamerika zählen zu diesen psychoanalytischen Forschern u. a. Dahl (1974), Luborsky und seine Mitarbeiter (1984; 1988), Shevrin (1988), Silverman und seine Mitarbeiter (1983), Silberschatz und seine Mitarbeiter (1988), Strupp (1986), sowie Weiss und Sampson und ihre Mitarbeiter (1986). Auf dem Kontinent leisteten u. a. Thomä und Kächele (1987) wichtige Forschungsbeiträge.

In Nordamerika beziehen sich die meisten Forschungsansätze, die sich mit der psychoanalytischen Therapie beschäftigen, auf den psychotherapeutischen *Prozeß*, und nur wenige befassen sich mit den *Ergebnissen und Folgen* einer Psychotherapie[5]. Es stellt sich nun die Frage, inwieweit die Forschungsergebnisse der oben aufgeführten Forscher überhaupt Einfluß auf die klinische Praxis und die theoretischen Entwicklungen nehmen konnten. Bei Weiss & Sampson und ihren Mitarbeitern (1986) besteht beispielsweise zwischen Forschung, Theorie und Praxis ein relativ enger Zusammenhang. Weiss und Sampson entwickelten die von ihnen so bezeichnete „Kontroll-Bewältigungs"-Theorie der psychoanalytischen Behandlung, bieten Workshops zur Einführung in ihre Behandlungsmethode an und führen konsequent ein Forschungsprogramm durch, das in direktem Bezug zu ihren theoretischen Annahmen und ihrer Praxis steht. Auf diese Weise unterstützt ihre Forschung ihr Behandlungskonzept mit empirischem Material. Dieses Behandlungskonzept geht davon aus, daß Patienten mit einem „unbewußten Plan" in die Behandlung kommen, wie sie sich von

[5] Die Arbeit von Kantrowitz und ihren Mitarbeitern (1990 a, b, c), die sich mit dem Ergebnis und Follow-Up der psychotherapeutischen Behandlung auseinandersetzt, bildet eine aktuelle Ausnahme.

ihren „unbewußten pathogenen Überzeugungen" befreien können, und daß sie den Therapeuten unbewußten „Prüfungen" unterziehen, um herauszufinden, ob es möglich ist, abgewehrtes Material in die Beziehung zum Therapeuten einzubringen, und ob ihre pathogenen Überzeugungen durch die Antworten des Therapeuten bestätigt oder nicht bestätigt werden. Weiss & Sampson nehmen an, daß ein positiver Verlauf des therapeutischen Prozesses zuverlässig daraus herzuleiten sei, daß der Therapeut die Prüfungen seines Patienten bestanden habe und der Patient die emotionale Gewißheit entwickeln könne, daß seine unbewußten pathogenen Überzeugungen nicht bestätigt werden. Wie bereits zuvor erwähnt, beschäftigen sich Weiss & Sampson in ihrer Forschung mit dem psychotherapeutischen Prozeß und setzen sich mit den Ergebnissen und Folgen der Psychotherpaie kaum systematisch auseinander. Obwohl Silberschatz und Curtis (1986) in ihrer aktuellen Arbeit ihr Forschungsinteresse zunehmend auf die Ergebnisse therapeutischer Arbeit richten, bleibt in diesem Bereich noch viel zu leisten.

Ein weiterer Bereich, dessen Klärung zusätzliche Forschung notwendig machen würde, wird von der Frage nach der Reichweite des Kontroll-Bewältigungs-Konzeptes, bzw. nach dem Ausmaß der Patienten, auf die es angewendet werden kann, angedeutet. Obwohl Weiss und Sampson ihr Konzept als eine *generalisierbare* Theorie zur psychodynamischen Behandlung präsentieren, läßt sich, da ihre Forschung in erster Linie auf Einzelfallstudien beruht, über die *Generalisierbarkeit* der Ergebnisse relativ wenig aussagen.

Luborsky et al., (1988) veröffentlichten kürzlich ein Buch, das eine Zusammenfassung ihrer Forschungsergebnisse aus einer Reihe von Jahren darstellt. Demnach ist der kritische Faktor, der entscheidend für ein positives, abschließendes Ergebnis einer Therapie verantwortlich ist, die Erfahrung des Patienten von einer *helfenden Beziehung* zwischen ihm und dem Therapeupten. Der Patient sollte den Therapeuten als hilfreich und ihn unterstützend erleben können und zugleich die Erfahrung machen können, daß er seine Bemühungen und seinen Kampf *gemeinsam* mit dem Therapeuten unternimmt und ausficht.

Unter Verwendung der Methode des Zentralen Beziehungskonfliktthemas (core conflictual relationship theme = CCRT) berichten Luborsky und Christoph, daß die zentralen Bedürfnisse und Wünsche des Patienten auch in einer erfolgreichen Behandlung relativ stabil blieben. Was sich jedoch ändern könne, sei

1. ein Wechsel von negativen zu mehr positiv erfahrenen und erwarteten Reaktionen von anderen auf diese Wünsche und Bedürfnisse, und
2. eine damit zusammenhängende Entwicklung von negativen zu positiveren Reaktionen des eigenen Selbst.

Bringt man diese Resultate mit der oben erwähnten Bedeutung der helfenden Beziehung zwischen Patient und Therapeut zusammen, so läßt sich vermuten, daß es dem Patienten in einer erfolgreichen Behandlung gelingen sollte, seine Wünsche und Bedürfnisse, die in der Vergangenheit mit Konflikten, Angst und der Erwartung von Zurückweisung assoziiert waren, zum Ausdruck zu bringen. Im Rahmen der Therapie erfährt der Patient die Antworten des Therapeuten als hilfreich und unterstützend und kann so die Erfahrung positiver Reaktionen seitens anderer machen – und, in der Konsequenz, auch positivere Reaktionen bei sich selbst erleben.

Zwischen den Forschungsergebnissen von Luborsky et al., (1988) und den Berichten von Weiss und Sampson (1986) über die positiven Konsequenzen, die sich für die Therapie ergeben, wenn der Therapeut die Prüfungen des Patienten bestanden hat, gibt es Übereinstimmungen. Beide Ergebnisreihen scheinen als ausführliche Ausarbeitungen an das frühe Konzept von Alexander und French (1946) zur „korrektiven emotionalen Erfahrung" und an die noch früheren Vorschläge und Anmerkungen von Ferenczi und Rank (1925) anzuknüpfen (ohne natürlich notwendigerweise sämtliche Bestandteile dieser Ausführungen zu übernehmen, wie z. B. die Annahme der beabsichtigten und direkten Manipulation der Übertragung durch die Übernahme verschiedener Rollen seitens des Therapeuten).

Um diese Zusammenstellung psychotherapeutischer Forschung in Nordamerika abzuschließen, möchte ich noch kurz die Arbeit von Strupp und seinen Mitarbeitern vorstellen. Erst kürzlich (1989) hat Strupp die Ergebnisse seiner Forschung aus nahezu dreißig Jahren zusammengefaßt. Obwohl seine Terminologie abweichend ist, gleichen seine Erkenntnisse auf verblüffende Weise den Annahmen von Weiss und Sampson und Luborsky. Strupp geht davon aus, daß die therapeutische Behandlung besonders dann eine positive Entwicklung nehmen kann, wenn der Therapeut *nicht* auf die erwartete und normale Art und Weise auf die Äußerungen und Handlungen des Patienten antwortet (wenn er also z. B. auf provokatives und feindseliges Verhalten des Patienten, das bei anderen normalerweise Feindseligkeit und Abweisung auslöst, nicht ablehnend oder auf irgend eine Art negativ reagiert). Zugleich muß der Therapeut versuchen, das Verhalten des Patienten zu verstehen und mit dem Patienten dann über seine Deutung sprechen[6].

Die Übereinstimmungen zwischen den Folgerungen Strupps, Luborskys Betonung der hilfreichen Beziehung und Weiss und Sampsons Annahmen zur Bedeutung des erfolgreichen Bestehens der vom Patienten auferlegten Prüfungen und der Nicht-Bestätigung seiner unbewußten pathogenen Überzeugungen, sind offensichtlich. Strupp fügt allerdings einen Aspekt hinzu, der besonders gut in diesen Kontext paßt, indem er die Notwendigkeit, die gefundenen Forschungsergebnisse in die *Ausbildung* von Therapeuten einfließen zu lassen, betont. Angesichts der Tatsache, daß „Therapeuten, die die Kriterien für einen “guten Therapeuten„ erfüllen, keineswegs die Norm sind“ und daß „mehr oder weniger ernsthafte Defizite allgemein auftreten, sogar bei erfahrenen und anerkannten Therapeuten“ (S. 723) hält Strupp (1989) diese Einbindung von Erkenntnissen aus der aktuellen Forschung für besonders wichtig.

---

[6] Strupp betont ausdrücklich die therapeutische Bedeutsamkeit des empathischen Verstehens des Therapeuten und knüpft damit an Kohut (1971, 1977, 1984) an, der diesem Faktor eine vorrangige Bedeutung in der Therapie zuschreibt.

Die Beziehung zwischen Forschungsergebnissen und Theorienwechsel

Kürzlich habe ich ein Kapitel zusammengestellt und abgeschlossen, das in einem Buch mit dem Titel „Warum verändern sich Menschen nicht? Neue Perspektiven des Widerstands und der Verweigerung“ erscheinen soll. In meinem Kapitel behandele ich die psychoanalytische Perspektive der Frage, warum Menschen sich nicht ändern. Während ich dieses Kapitel schrieb, war ich verblüfft über die Diskrepanzen zwischen der klinisch-theoretischen Literatur einerseits und den Entdeckungen der Forschung andererseits. So nimmt zum Beispiel in der klinischen und theoretischen Literatur das Konzept des Widerstands eine sehr dominante Rolle im Verständnis des therapeutischen Prozesses ein – und das gilt besonders für den Fall, daß der therapeutische Fortschritt ausbleibt[7].

In der Tat stellen für viele Analytiker der Umgang mit Widerständen und deren Analyse einen Großteil der analytischen Arbeit dar. Andererseits findet man in den psychotherapeutischen Forschungsprogrammen von Luborsky, Weiss & Sampson, Strupp und den jeweiligen Mitarbeitern, sowie weiteren Forschern, kaum einen Hinweis auf die Widerstandsanalyse als kritischen Faktor im psychotherapeutischen Prozeß. Strupp (1989) vertritt die Ansicht, daß Deutungen, die auf den Widerstand des Patienten abzielen, häufig eine herabsetzende, beschuldigende Qualität haben[8].

---

[7] Andere verwandte Konzepte beziehen den Wiederholungszwang, die negative therapeutische Reaktion und den Masochismus mit ein.

[8] Die Beschäftigung mit dem Phänomen des Widerstands spielt im Werk von Weiss und Sampson und auch in der Arbeit von Strupp durchaus eine Rolle, jedoch wird hier der Widerstand anders als in der traditionellen psychoanalytischen Theorie verstanden. Widerstand hat bei diesen Forschungsprogrammen wenig mit der Annahme einer anhaltenden Vorherrschaft triebhafter infantiler Wünsche, der Annahme von Wiederholungszwängen oder aber mit anderen verwandten Konzepten zu tun. Der Widerstand des Patien-

Ich zitiere diese Betrachtungen des Widerstandes nur als *ein* klares Beispiel für die Diskrepanz zwischen Theorie und Forschungsergebnissen. Ebenso wie Strupp bin ich davon überzeugt, daß sich weitere Beispiele finden lassen. Meistens entsteht zwischen den Entwicklungen in der psychoanalytischen Therapie und den Entdeckungen der empirischen Forschung keine enge Verbindung. Oft sind ja auch beide Bereiche von unterschiedlicher Dynamik angetrieben. Betrachtet man beispielsweise Kohuts Theorie der Selbst-Psychologie, die, zumindest in Nordamerika, die psychoanalytische Welt im Sturm eroberte, so läßt sich feststellen: Die wachsende Popularität und Vorherrschaft der Selbst-Psychologie, besonders ihrer ätiologischen Theorie über die Ursprünge von narzißtischen Persönlichkeitsstörungen, haben wenig oder gar nichts mit den Ergebnissen irgendeiner Forschung zu tun. In Hinblick auf den Theorienwechsel in der Psychoanalyse beobachtete Gedo (1984), daß Psychoanalytiker sich eher an ihrer persönlichen klinischen Erfahrung und an „zwingenden Narrativen“ als an den Ergebnissen systematischer empirischer Untersuchungen orientieren.

An anderer Stelle (Eagle, 1991) habe ich bereits die Dynamik des Theorienwechsels in der Psychoanalyse diskutiert und bin zu dem Schluß gekommen, daß eine Veränderung von psychoanalytischen Theorien zwar häufig einen indirekten Einfluß der Forschung in den verwandten Disziplinen reflektiert, daß der Wechsel in der Theorie jedoch in weit größerem Ausmaß von verschiedenen soziologischen Faktoren und der Politik der psychoanalytischen Institute abhängt. Wie Farrell (1981) betont, sind Theorienwechsel in allen Fachrichtungen von sowohl soziologischen Faktoren wie auch empirischen Forschungsergebnissen beeinflußt. Allerdings unterscheiden sich die Disziplinen durch den jeweiligen, relativen Anteil dieser zwei Einflußbereiche. In

---

ten wird eher als Funktion seiner Ängste und Befürchtungen verstanden, so z. B. als Ausdruck der Angst, durch den Therapeuten eine erneute Traumatisierung zu erleben, oder die unbewußten pathogenen Überzeugungen durch den Therapeuten bestätigt zu finden.

der Psychoanalyse scheinen die soziologisch-politischen Faktoren eine relativ dominante Rolle zu spielen. Dieser Stand der Dinge wird nicht so einfach und schnell zu ändern sein. Veränderungen werden sich nur durch eine *Modifikation* der psychoanalytischen Ausbildung durchsetzen lassen. Es geht meiner Ansicht nach nicht darum, daß sich eine große Anzahl von Forschern der aktiven Forschung verschreibt – das wird ohnehin nicht passieren und wäre vielleicht auch noch nicht einmal wünschenswert. Bei den meisten Fachrichtungen nimmt die nüchterne Forschung ohnehin zu viel Raum ein. So gesehen, erscheint es sinnvoller, die psychoanalytische Ausbildung dahingehend zu verändern, daß Analytiker lernen, die Ergebnisse der psychoanalytischen Forschung und die Entdeckungen verwandter Disziplinen auszuwerten und intelligent zu nutzen[9]. Eine solche Modifikation der Ausbildung würde allerdings eine Veränderung und Erweiterung des für die psychoanalytische Ausbildung und die psychoanalytischen Institute charakteristischen Ethos' und des Wertesystems verlangen.

Literaturempfehlungen

Barron, J., Eagle, M., & Wolitzky, D. L. (in press). The interface of psychology and psychoanalysis. Washington, DC: American Psychogical Association.

Eagle, M. (1981). Interests as object relations. Psychoanalysis and Contemporary Thought, 4, 527–565.

Eagle, M., & Wolitzky, D. L. (1989). The idea of progress in psychoanalysis. Psychoanalysis and Contemporary Thought, 12, 27–72.

[9] Als ein weiteres Beispiel für die Bedeutung der Forschung in verwandten Fachgebieten möchte ich auf die wichtigen Aspekte, die die jüngere Forschung zum Thema der Verfestigung von Beziehungsmustern herausarbeiten konnte, hinweisen. Die Wiederholung nichtangepaßter Beziehungsmuster ist ein zentrales Thema jeder Theorie der Psychopathologie und ihrer Behandlung, die Psychoanalyse mit eingeschlossen. Es gibt eine wachsende Anzahl von Forschungsprojekten zur Bindungsthematik (vgl. u. a. Ainsworth et al., 1978; Main et al., 1985), deren Ergebnisse, so glaube ich, für die Psychoanalyse von großer Bedeutung sind.

Edelson, M. (1984). Hypothesis and evidence in psychoanalysis. Chicago: University Chicago Press.
Fisher, S., & Greenberg, R. P. (1985). The scientific credibility of Freud's theory and therapy. New York: Basic Books.
Gill, M. M., & Hoffmann, I. Z. (1982). Analysis of the transference (Vol. 2). Now York: International Universities Press.
Grünbaum, A. (1984). The foundations of psychoanalysis: A philosophical critique. Berkeley & Los Angeles, CA: University of California Press.
Leuzinger-Bohleber, M., Schneider, H. & Pfeifer, R. (Eds.) (1992). "Two butterflies on my head...". Psychoanalysis in the interdisciplinary scientific dialogue. Berlin: Springer.
Masling, J. (Ed.) (1982). Empirical studies of psychoanalytic theories. Vol. 1. Hillsdale, N. J.: Analytic Press.
Masling, J. (Ed.) (1986). Empirical studies of psychoanalytic theories. Vol. 2. Hillsdale, N. J.: Analytic Press.
Masling, J. (Ed.) (1990). Empirical studies of psychoanalytic theories. Vol. 3. Hillsdale, N. J.: Analytic Press.

5b. Kritik der institutionalisierten Psychoanalyse

Johannes Cremerius

1. Historischer Abriß

Freud und seine Schüler haben, als sie die Psychoanalyse 1910 institutionalisierten, keinen Berufsverband, vergleichbar z. B. der Physikalischen Gesellschaft, gegründet, sondern eine machtpolitische Organisation, die „Psychoanalytische Bewegung". Sie sollte die Psychoanalyse „mittels eines größeren Aufgebotes von Personen und anderer Methoden als der wissenschaftlichen Arbeit" gegen Feinde schützen (Freud/ Jung, 1974, S. 317). Aber sie sollte auch dafür sorgen, daß die Mitglieder „wirklich Freuds psychoanalytisches Verfahren" anwenden würden (Ferenczi, 1910/11, S. 58). Um dies zu garantieren, rüstete sie den Präsidenten mit der Vollmacht aus, Mitglieder zu ernennen und abzusetzen und sie zu verpflichten, ihre Schrift vor der Publikation genehmigen zu lassen (Jones, 1955, S. 90). In diesem Sinne formulierte Freud 1914: „Ein Oberhaupt ... müsse es geben, das zur Unterweisung und Abmahnung bereit sei" (1914, S. 85). Um seine Ideen vor Vergänglichkeit zu schützen, sollte die „Bewegung" sein Werk „gegen Persönlichkeiten und Zwischenfälle verteidigen, wenn ich nicht mehr da bin" (Jones, 1955, S. 187f.).

In diesem Geist organisierte sich die psychoanalytische Ausbildung. Psychoanalytiker sollte sich nur der nennen dürfen, der diese Ausbildung absolviert hatte, und nur der sollte Mitglied der psychoanalytischen Vereinigung werden dürfen. Damit wurde die Psychoanalyse zum Privateigentum derselben. Sie legt seitdem fest, was Psychoanalyse ist und wie ein analytisches Ausbildungsinstitut organisiert sein muß. Um Freuds Wunsch nach Dauer zu erfüllen, verpflichtet sie ihre Mitglieder auf „die von Freud gegründete Wissenschaft der Psychoanalyse" (DPV-Satzung), hebt somit den lebendigen Strom wissenschaftlicher Entwicklung auf und macht aus den Paradigma des Gründervaters eine Konserve.

2. Die Folgen dieser Entwicklung für das Ausbildungssystem

Als Konsequenz dieser Entwicklung bildete sich ein Ausbildungssystem heraus, das wie ein Initiationsritus funktioniert. Anstatt den aufklärerischen und emanzipatorischen Geist der psychoanalytischen Theorie auf das Ausbildungssystem anzuwenden, verfestigt die Institution dasselbe in ein rigides machtpolitisches Reglement. Dazu bedient sie sich zweier Methoden, des Zulassungsverfahrens und der Lehranalyse.

Das *Zulassungsverfahren*, rational als Methode der Selektion der für den Beruf geeigneten Personen begründet, kann diese Aufgabe nicht erfüllen, weil es keinen Konsensus darüber gibt, was geprüft werden soll: die Analysierbarkeit des Bewerbers, seine psychische Struktur, seine Psychopathologie oder die Eignung für den Beruf. Diese Kriterien sind durchweg schwer definierbar, daher jedweder Interpretation ausgesetzt. Für den einen sollte weitgehende Normalität vorliegen, für den anderen ist gerade das ein Ausschlußkriterium. Und über die Frage, was einen guten Analytiker ausmache, gibt es soviele Ansichten wie Interviewer. Da es also keine festen Kriterien gibt, entscheiden letztlich „primitive physiognomische" (Bernfeld) Gesichtspunkte nach der Art „he is like me – not like me" über die Zulassung. So verfehlt das Verfahren sein vorgegebenes Ziel, erreicht jedoch dasjenige, welches die „psychoanalytische Bewegung" im geheimen verfolgt, nämlich nur solche Bewerber zuzulassen, die sich ihm unterwerfen und bereit sind, sich mit dem System zu identifizieren. Das Ergebnis, immer wieder beklagt, ist, daß eigenwillige, kritische, vor allem wissenschaftlich interessierte junge Menschen unterrepräsentiert sind. Ein Initiationsritual liegt vor (Balint, 1947,

S. 317), insofern der Kandidat ein Explorationsverfahren akzeptieren muß, das ihn im Prinzip schutzlos jedweder Willkür des Befragers aussetzt.

Die Institution ist offensichtlich nicht daran interessiert, den Wert des Verfahrens sachlich zu prüfen. Bis heute hat sie es versäumt, eine qualifizierte Effizienzprüfung, d. h. einen Vergleich zwischen dem ursprünglichen Interviewurteil und der späteren Beurteilung des Kandidaten durch seine Ausbilder, durchzuführen. Die beiden einzigen Studien zu diesem Problem sind insofern unbefriedigend, weil die Autoren keine zureichenden Daten von den befragten Instituten erhielten (Lewin und Ross, 1960; Console, 1963).

So wie die Institution im Zulassungsverfahren den Geist der Psychoanalyse mißachtet und verletzt, so tut sie es auch in der *Lehranalyse*. Die Lehranalyse gilt als das zentrale, unerläßliche Stück der psychoanalytischen Ausbildung. Unerläßlich, weil die Erfahrung lehrt, daß nur der den Beruf erfolgreich und unbeschadet ausüben kann, der einmal in einer persönlichen Analyse seine Konflikte und Komplexe wie ein Patient kennengelernt und bearbeitet und zum anderen die Wirkung der Psychoanalyse am eigenen Leibe erfahren hat. Wenn die Institution diese Erwartungen an die Lehranalyse stellt und sie aufrechterhalten will, muß sie sie an den Ansprüchen messen, die sie an eine therapeutische Analyse stellt (A. Freud, 1938). Diese Ansprüche gibt sie jedoch auf, indem sie Verhältnisse schafft oder toleriert, die eine korrekt durchgeführte Analyse von der Qualität einer therapeutischen Analyse verunmöglicht. Sie toleriert z. B., daß dem Kandidaten bei Beginn seiner Analyse sein Lehranalytiker kein Unbekannter ist. Der Kandidat erhält im Feld des Institutes Nachrichten über dessen privates Leben wie über dessen Vorstellungen von Psychoanalyse; letzteres dadurch, daß Lehranalytiker in der Regel auch Dozenten sind und/oder publizieren. Dieser Nachteil der Lehranalyse ist nicht zu eliminieren. Er hebt aber das Essential der korrekt durchgeführten Analyse, die Anonymität des Analytikers, auf. Das weitaus bedeutendere Essential, das sie aufhebt, ist das der Unabhängigkeit der beiden Protagonisten voneinander wie von äußeren Mächten: Der Kandidat ist von seinem Lehranalytiker abhängig, der Beginn und Beendigung derselben melden muß. Von seinem Plazet hängt ab, ob der Kandidat sein Berufsziel erreicht oder nicht. Der Lehranalytiker hat also Sanktionsgewalt.

Seinerseits ist wiederum auch der Lehranalytiker unfrei: durch den Lehranalytikerstatus ist er zur Einhaltung der Statuten verpflichtet. Dies bringt ihn in das unauflösbare Dilemma, gleichzeitig die Analyse im Sinne einer *Berufseignungsprüfung* und als therapeutische Analyse führen zu müssen. In kritischen Momenten der Analyse gerät er folgerichtig in einen Loyalitätskonflikt: erfährt er z. B. von seinem Kandidaten etwas, was die Institution als Ausschlußgrund erklärt, nehmen wir z. B. die Homosexualität, ist er zur Meldung verpflichtet. Aus diesem Konflikt gibt es keinen Ausweg. Gleichviel was er tut, ob er meldet oder nicht, ist der analytische Prozeß zerstört: meldet er, verrät er seinen Patienten und zerstört die Voraussetzung absoluter Diskretion, meldet er nicht, korrumpiert er die Methode, die Komplizenschaft gegenüber Dritten ausschließt.

Beides, fehlende Anonymität des Lehranalytikers wie reale Abhängigkeit, hebt die Maxime auf, daß die Analyse in einem Phantasieraum, an Imagines, stattfinden soll. Das Wissen des Kandidaten um die genannten Realitäten macht ein Durcharbeiten seiner Äußerungen auf der Phantasieebene wie deren Deutung auf derselben unmöglich. Auch kann ihm der Wiederholungscharakter nur schwer evident werden.

In der Theorie der Technik vertreten wir den Standpunkt, daß die Analyse den Analysanden von seinen infantilen Bindungen befreien soll. Diese Arbeit (Bewußtmachung des Ödipuskomplexes) kann die Lehranalyse nicht leisten, weil sie ja gerade die Ödipussituation wiederholt: es bestehen Abhängigkeit und reale Angst, d. h. Signalangst. So wird die *Ödipussituation* agiert. Aber nicht nur das. Die Lehranalyse zwingt den Kandidaten, sekundäre Abwehrmechamismen einzuführen, um sich zu schützen. Er muß Realität verleugnen und zusätzlich zu der in der psychoanalytischen Arbeit notwendigen Ichspaltung eine weitere Ichspaltung, jetzt eine pathologische, einführen. Es wiederholt sich also die Eltern-Kind-Situation: Dur darfst nicht fragen, Du darfst nicht wissen. Diese Situation verunmöglicht gerade die Durcharbeitung jener Anteile, die für das Gelingen einer Analyse entscheidend sind, der negativen Übertragung, der frühen libidinösen und destruktiven Impulse, der präödipalen Störungsanteile.

Die Folgen für den Reifungs- und Entfaltungsprozeß des Kandidaten sind offenkundig: ungelöste infantile Einstellungen und unaufgelöste *Übertragungsbindungen* persistieren. Sie führen in der psychoanalytischen Gemeinschaft entweder zu lebenslänglichen Abhängigkeiten vom Lehranalytikeer oder zu lebenslangen Feindseligkeiten gegen ihn. Hier liegt die Ursache von sektenhaften, „religiösen" Gruppenbildungen, von Spaltungs- und Abfallbewegungen. Aber nicht nur das private Unbewußte des Kandidaten bleibt partiell verborgen, auch sein gesellschaftliches Unbewußte wird nicht erhellt. Das ist die Ursache jener Blinheit gegenüber den Mängeln, Widersprüchen und Paradoxien innerhalb der eigenen Vereinigung: Während die psychoanalytische Theorie aufklärerisch-emanzipatorische Prinzipien vertritt, leben wir in den psychoanalytischen Vereinigungen mit einer Doppelmoral, indem wir intern all das praktizieren und tolerieren, was wir extern anklagen und veruteilen. In diesem Klima findet die Ausbildung zu einem Beruf statt, von dem wir nicht müde werden, mit Freud zu fordern, daß er auf Wahrheit beruhe (Cremerius, 1986; 1987; 1989).

3. Kritik am psychoanalytischen Lehrbetrieb

Bedingt durch die *Isolation der Ausbildungsinstitute* gegenüber den Forschungsergebnissen in den anderen Humanwissenschaften nehmen sie am Prozeß des wissenschaftlichen Denkens nicht mehr teil. Aufgrund der unaufgelösten Übertragungsbeziehungen der Analysanden von ihren Lehranalytikern und der daraus folgenden *Clanbildung* um dieselben entstehen sektenhaft abgeschlossene Überzeugungen. Die affektiven Bindungen lassen eine vorurteilsfreie Aufgeschlossenheit gegenüber neuen Tendenzen innerhalb der psychoanalytischen Gemeinschaft nur schwer aufkommen. Während in der wissenschaftlichen Literatur der

Eintritt der Psychoanalyse in das Stadium der Normalwissenschaft (Kuhn) gesucht wird, werden in vielen örtlichen Ausbildungsinstituten bereits überholte Theoriestücke weiterhin vermittelt (Kernberg, 1984, schreibt ihnen das Niveau von Berufsschulen zu) und Freuds Krankengeschichten als Lehrstücke korrekter Technik gelesen.

Der Ausblick ist ein Rückblick auf Freuds Desiderate des Jahres 1926: die psychoanalytischen Institute sollen zu Forschungsinstituten ausgebaut werden, in denen neben Psychoanalyse auch Biologie, Psychiatrie, Kulturgeschichte, Mythologie, Religionspsychologie und Literaturwissenschaft gelehrt werden sollen. Damit dies Wirklichkeit werden kann, muß die psychoanalytische Vereinigung eine wissenschaftliche Vereinigung werden. Dies ist aber nur möglich, wenn die Vorbereitung des künftigen Analytikers in voller Freiheit und Unabhängigkeit geschieht, d. h. z. B die Lehranalyse durch eine persönliche Analyse außerhalb der institutionalisierten Auflagen stattfindet.

Literaturempfehlungen

Balint, M. (1947. Über das psychoanalytische Ausbildungssystem. In ders.; Die Urformen der Liebe und die Technik der Psychoanalyse (S. 307–333) Bern, Stuttgart: Huber – Klett 1966.

Bird, B. (1968). On candidate selection and its relation to analysis. International Journal of Psychoanalysis, 49, 513–526.

Console, W. (1963). A study of one hundred consecutive applications. Report to the American Psychoanalytic Association. Zit. nach Bird (1968.

Cremerius, J. (1986). Spurensicherung. Die „Pychoanalytische Bewegung“ und das Elend der psychoanalytischen Institution. Psyche, 40, 1063–1091.

Cremerius, J. (1987). Wenn wir als Psychoanalytiker die psychoanalytische Ausbildung organisieren, müssen wir sie psychoanalytisch organisieren. Psyche, 41, 1067–1096.

Cremerius, J. (1989). Lehranalyse und Macht. Forum der Psychoanalyse, 5, 190–208.

Ferenczi, S. (1910/11). Zur Organisation der psychoanalytischen Bewegung. In M. Balint (Hg.), Schriften zur Psychoanalyse (S. 48–58). Frankfurt/M.: S. Fischer 1970.

Freud, A. (1938). Psyche, 24 (1970), 565– 576.

Freud, S. (1914d). Zur Geschichte der psychoanalytischen Bewegung. G W X, 43–113.

Freud, S. & Jung, C. G. Briefwechsel. hrsg. von W. McCuire und W. Sauerländer. Frankfurt/M.: Fischer, 1974.

Jones, E. (1953–57). Das Leben und Werk von Sigmund Freud. 3 Bände. Bern: Huber 1960–1962.

Kernberg, O. F. (1984). Changes in the nature of psychoanalytic training and standards of the training. In R. S. Wallerstein (Ed.), Changes in analysts and in their training. The International Psychoanalytic Association Monograph Series, 4, 56–62.

Kernberg, O. F. (1985). Institutional problems of Psychoanalytic education. Journal of the American Psychoanalytic Association, 33, 799–834.

Lewin, B. & Ross, H (1960). Psychoanalytic education in the United States. New York: Norton.

5c. Kritik der Psychoanalyse-Kritik

Thomas Köhler

1. Definition von Psychoanalyse-Kritik

Dieser Begriff soll sich hier nicht auf den Diskurs innerhalb oder auch außerhalb psychoanalytischer Kreise über einzelne Thesen der von den Kontrahenten ansonsten anerkannten Theorie beziehen, etwa zur Bedeutung realer frühkindlicher Traumen. Vielmehr seien im folgenden unter Psychoanalyse-Kritik alle jene Arbeiten zusammengefaßt, welche der von Freud entwickelten Erkenntnismethodik jeglichen Wert absprechen, die dabei erhaltenen Einsichten ablehnen und die darauf basierende Form der Therapie für nutzlos oder gar schädlich halten.

2. Berechtigung und Notwendigkeit einer kritischen Auseinandersetzung mit der Psychoanalyse

Vom Verfasser dieses Beitrages wird der – nicht unkontroverse – Standpunkt vertreten, daß auch die Psychoanalyse sich anhand üblicher wissenschaftlicher Kriterien begründen muß; dazu gehören die innere Stimmigkeit des Theoriegebäudes, Widerspruchsfreiheit gegenüber anerkannten Aussagen anderer Disziplinen wie etwa Biologie oder Allgemeine Psychologie sowie der Nachweis prinzipieller Übereinstimmung verschiedener Untersucher bei der Betrachtung und Interpretation desselben Phänomens. Allerdings macht der komplexe Charakter der psychoanalytischen Aussagen ein Rekurrieren auf die naiven experimentalpsychologischen Schemata, wie häufig bei der Widerlegung psychoanalytischer Thesen angewandt, unmöglich, sondern erfordert eine eigene, bis jetzt so gut wie nicht entwickelte Methodologie. Geht man von dieser – wie noch einmal betont, in Analytikerkreisen keineswegs allgemein anerkannten – Prämisse aus, so ist Psychoanalyse-Kritik im obigen Sinne nicht nur legitim, sondern sogar im Rahmen des wissenschaftlichen Diskurses unerläßlich. Dies gilt umso mehr, als mögliche Einwände gegen das Verfahren und die Gültigkeit der so gewonnenen Befunde weder von Freud noch von späteren Analytikergenerationen hinreichend diskutiert wurden.

3. Formen der Psychoanalyse-Kritik und kritische Anmerkungen dazu

Allerdings muß man nun konstatieren, daß die Vertreter der Psychoanalyse- Kritik zum Großteil die anerkannten Regeln dieses Diskurses außer Acht lassen und die Psychoanalyse nach anderen als rationalen Kriterien beurteilen. Insbesondere finden sich im Rahmen dieses Schrifttums fast durchgehend persönliche Angriffe auf Freud und eine Bewertung seiner Lehre unter dem Gesichtspunkt ihrer Übereinstimmung mit gängigen Moralvorstellungen sowie mit Menschenbildern, die naivem Wunschdenken oder religiösen und politischen Überzeugungen entspringen; hinzu kommt häufig fehlerhafte Darstellung der Theorie und inkorrekte Wiedergabe von Originalzitaten.

Psychoanalyse-Kritik setzt mehr oder weniger gleichzeitig mit breiterer Kenntnisnahme der Freudschen Schriften ab etwa 1905 ein und findet ihre erste schriftliche Ausformung angesichts der Krankengeschichte von Dora („Bruchstück einer Hysterie-Analyse“, Freud, 1905e). Auf wiederholte Ablehnung der Rezensenten stieß dort die ausführliche Erörtung sexueller Angelegenheiten mit der Patientin im Rahmen der Analyse (vgl. die bei Köhler, 1989, S. 148f. in größeren Ausschnitten wiedergegebenen Rezensionen). Ab circa 1920 erscheint dann eine erhebliche Anzahl von Monographien, die sich kritisch mit der Psychoanalyse auseinandersetzen. Bald nach der Machtergreifung der Nationalsozialisten wird unter der Herausgeberschaft von

C. G. Jung ein Heft des „Zentralblatts für Psychotherapie“ publiziert, dessen Beiträge die Aufgabe von Psychotherapie unter den neuen politischen Gegebenheiten zu formulieren versuchen und hier insbesondere eine klare Distanzierung von der Freudschen Psychoanalyse vornehmen, welcher positiv die Ideen Jungs entgegengestellt werden. Wesentliche Punkte des Anstoßes bilden der Freudsche Versuch einer rationalen Analyse des Unbewußten, der biologische Reduktionismus der psychoanalytischen Sexualtheorie sowie der negative, „entwertende“ Charakter des zugrundeliegenden Menschenbildes. Speziell das Übersichtsreferat des Herausgebers mit dem Titel „Zur gegenwärtigen Lage der Psychotherapie“ (Jung, 1934) akzentuiert diese Kritikpunkte und gipfelt in Schmähreden gegen Freuds Auffassungen. In den verbleibenden Jahren der NS-Zeit ist die Psychoanalyse in Deutschland so gut wie nicht Gegenstand der Diskussion.

Während in der ersten Nachkriegszeit Psychoanalyse-Kritik eher sporadisch betrieben wird, läßt sich etwa ab den 60er Jahren im angloamerikanischen Raum eine homogene Gruppe von Freud-Kritikern ausmachen, für die die 1959 erstmals erschienene Arbeit von La Piere, *The Freudian Ethic* (1974) vorbildlich wirkte und die wesentlichen Argumente vorgibt: Freud und seine Psychoanalyse werden für eine Reihe vermeintlicher Mißstände und moralischer Fehlhaltungen verantwortlich gemacht, etwa für nachgiebige Erziehungsmethoden, Liberalität des Strafvollzugs und sexuelle Freizügigkeit. Bei einer Reihe weiterer Autoren wird diese extrem rechts-konservative Stoßrichtung sogar noch deutlicher, insbesondere bei Sokoloff (1971) sowie später bei der englischen Autorin *E. M. Thornton* (1983). Deren Versuch, die Freudsche Theorie als Produkt eines kokaingeschädigten Hirnes mit speziellen perversen Interessen dazurstellen, ist durch ein Ausmaß von Quellenentstellung, insbesondere von Freud-Zitaten gekennzeichnet, wie es selbst im Rahmen der diesbezüglich wenig zurückhaltenden Anti-Freud-Literatur ungewöhnlich ist (ausführliche Kommentare zu Thornton und den anderen rechts-konservativen Anti-Freud-Autoren finden sich in Köhler, 1989, S. 50 ff. bzw. S. 93ff.).

Ähnliches gilt auch für den prominentesten Psychoanalyse-Kritiker, *Hans Jürgen Eysenck*, dessen scheinbar rein wissenschaftlich geführte Kritik nicht selten an zuvor falsch wiedergegebenen Freudschen Thesen ansetzt. So wird etwa Freud unterstellt, alle *Fehlleistungen* auf das Wirken unbewußten, verdrängten Materials zurückzuführen (Eysenck, 1985, S. 144ff.), eine inkorrekte Darstellung, welche auch der sehr viel ernster zu nehmende Psychoanalyse-Kritiker *Grünbaum* (1988, S. 311ff.) gibt. Tatsächlich betrachtet Freud Fehlleistungen – und möglicherweise nur einen Teil derselben – lediglich als psychisch determiniert, wobei die wirksamen Faktoren bewußter, vorbewußter und in einigen Fällen auch unbewußter Natur sein können (vgl. Freud, 1916–17a, S. 58ff.; siehe dazu auch Köhler, 1990, S. 291ff.).

Es ist jedoch zu betonen, daß es daneben auch durchaus seriöse Psychoanalyse-Kritik gibt, die sich auf die Dauer kaum ungestraft ignorieren läßt. Hierzu gehören etwa der schon erwähnte Grünbaum sowie im deutschen Sprachraum vor allem *Eschenröder* (1986), deren Einwände gegen Theorie und Praxis der Psychoanalyse formal sehr viel korrekter vorgebracht werden und keineswegs einer rasche weltanschauliche Einordnung erlauben. Eschenröder ist allerdings vorzuwerfen, unreflektiert fehlerhafte Behauptungen der kritischen Freud-Biographik zu übernehmen, was der Arbeit einen unverkennbar tendenziösen Charakter verleiht.

Diese *kritische Freud-Biographik* mit ihren Hauptvertretern *Ellenberger* (1973) und *Sulloway* (1982) ist insofern auch der Psychoanalyse-Kritik zuzurechnen, als sie eine Korrektur des speziell in der *Selbstdarstellung* (Freud, 1925d) entwickelten Geschichtsbildes bezüglich *Originalität* und *Rezeption der Psychoanalyse* unternimmt und so Freuds Glaubwürdigkeit in Zweifel zieht. Die dabei auftretende Diskrepanz der Geschichtsversionen wird dann auch von einigen Autoren, speziell Thornton und Eysenck, im Sinne eines ad hominem-Arguments gegen den Begründer der Psychoanalyse ins Feld geführt. Textvergleiche zeigen jedoch, daß inkorrekte Handhabung von Quellenmaterial, unter anderem eine unrepräsentative, interessengeleitete

Auswahl von Belegstellen, auch der kritischen Freud-Biographik vorgeworfen werden muß (vgl. Köhler, 1989). Gleichwohl verdient insbesondere Sulloways Arbeit als pointierte historiographische Antithese genaue Kenntnisnahme.

Zusammenfassend läßt sich bereits im ersten Hinsehen konstatieren, daß die breite Anti-Freud-Literatur zum großen Teil keineswegs die vorgebrachten Ansprüche erfüllen kann, mit korrekter wissenschaftlicher Argumentation Freuds Psychoanalyse zu „widerlegen"; vielmehr hat ein eigentlicher Diskurs noch gar nicht eingesetzt.

4. Ausblick: Anforderungen an Psychoanalyse-Kritik

Diese Anforderungen sind trivial und müssen nur deshalb expliziert werden, weil man sich bisher so konstant über sie hinweggesetzt hat: Zum einen muß die Theorie allein nach Erklärungswert, innerer Stimmigkeit und empirischer Fundierung beurteilt werden, nicht danach, inwieweit sie Wunschvorstellungen vom Menschen entspricht. Noch elementarer ist die Forderung, die Regeln des wissenschaftlichen Diskurses einzuhalten, allen voran jene, eine korrekte Wiedergabe der kritisierten Position zu leisten.

Ebenso trivial ist die Erwartung an die Gegenseite, an die Psychoanalytiker, Kritik zur Kenntnis zu nehmen, sie nicht a priori als illegitim, inkompetent oder gar als pathologisch abzuqualifizieren. Daß die oben geschilderten grotesken Formen von Psychoanalyse-Kritik über lange Zeit so prächtig gedeihen konnten, ist nicht zuletzt den Analytikern zuzuschreiben, die dazu viel zu selten klar Stellung bezogen haben. Freuds Schriften wenden sich an weite Kreise, stellen Thesen zur Debatte, die über den engen klinischen Bereich hinausgehen, und jeder darf sich – auch öffentlich – Gedanken dazu machen. Der Diskurs muß darin bestehen, daß diese Gedanken wiederum kritisch reflektiert und gegebenenfalls durch Verweise auf Freuds Schriften, auf andere Publikationen und – möglichst in sehr beschränktem Maße – durch Berufung auf die Praxis entkräftet werden.

Literaturempfehlungen

Cremerius, J. (Hrsg.) (1981). Die Rezeption der Psychoanalyse in der Soziologie, Psychologie und Theologie im deutschsprachigen Raum bis 1940. Frankfurt/M.: Suhrkamp.

Ellenberger, H. F. (1973). Die Entdeckung des Unbewußten. Bern: Huber.

Eschenröder, Ch. (1986). Hier irrte Freud. Zur Kritik der psychoanalytischen Theorie und Praxis. 2. Auflage. München: Psychologie-Verlags-Union.

Grünbaum, A. (1988). Die Grundlagen der Psychoanalyse. Eine philosophische Kritik. Stuttgart: Reclam.

Köhler, Th. (1989). Abwege der Psychoanalyse-Kritik. Zur Unwissenschaftlichkeit der Anti-Freud-Literatur. Frankfurt/M.: Fischer Taschenbuch Verlag.

Köhler, Th. (1990). Das Werk Sigmund Freuds. Band 1. Von der hypnotischen Suggestionsbehandlung zur Theorie des Traumes. 2. Auflage. Heidelberg: Asanger.

Köhler, Th. (1993). Das Werk Sigmund Freuds. Band 2. Sexualtheorie, Trieblehre, klinische Theorie and retapsychologie, Heidelberg; Asanger.

Sulloway, F. J. (1982). Freud – Biologe der Seele. Jenseits der psychoanalytischen Legende. Köln: Hohenheim.

6a. Auseinandersetzung der Psychoanalyse mit anderen Therapieformen (Verhaltenstherapie und Psychoanalyse)

Eva Jaeggi

1. Historisches: prinzipielle theoretische Auseinandersetzungen

Verhaltenstherapie betrachtet psychische Störungen als „falsch gelerntes Verhalten", das mittels der in der behavioristisch orientierten Forschung gefundenen Lerngesetze „umgelernt" werden kann. Ziel der Therapie ist die Veränderung symptomatischen Verhaltens ohne den vermeintlichen „Umweg" von Selbstreflexion und allgemeiner Umstrukturierung der Persönlichkeit. Die Geschichte der Verhaltenstherapie kann man, in ihren Grundlagen, mit der Geschichte des Behaviorismus beginnen lassen. Man kann aber auch – und dies ist das üblichere – die Entwicklung der ersten spezifisch therapeutischen Methoden Ende der fünfziger Jahre als den Anfang der Verhaltenstherapie sehen. Wo immer man aber den Anfang setzt: die Verhaltenstherapie (bzw. Verhaltenstheorie) mußte sich jederzeit mit ihrem schärfsten Konkurrenten, der Psychoanalyse, auseinandersetzen. In weiten Teilen war diese Auseinandersetzung von feindlichen Abgrenzungen getragen. In den letzten Jahren ist der Ton sachlicher geworden, differenziertere Überlegungen haben den groben Vorwürfen wie „Unwissenschaftlichkeit und Scharlatanerie" vs. „oberflächliche Symptomkuriererei" Platz gemacht.

Wir finden schon in den zwanziger Jahren in den USA ähnlich gelagerte Auseinandersetzungen zwischen Psychoanalytikern und Behavioristen, wobei aber auch der Anregungswert, den die Psychoanalyse auf die Verhaltenstheoretiker hatte, nicht unterschätzt werden darf. Eine Zeitlang dachte man daran (z.B. Dollard und Miller, 1950), die dauernd beklagte „Unwissenschaftlichkeit" der Psychoanalyse (im positivistischen Sinne) durch eine Art „Übersetzung" ihrer Begrifflichkeit in die Lerntheorie aufheben zu können.

Diese Versuche erbrachten aber wenig Erkenntnisgewinn, ganz speziell nicht für die Psychoanalyse. Erst Eysenck (1952) führte einen schärferen Ton in die Debatte ein. Seiner Meinung nach hatte die bisherige psychoanalytische Therapie überhaupt keine Erfolge aufzuweisen, die über eine Spontanremissionsquote hinausgingen. Dies, so argumentierte er, war erklärlich, da ihre Konzepte eben reine Phantasieprodukte seien und keinerlei Kontakt mit der Realität menschlichen Lernens und Verhaltens, wie die Wissenschaft der Psychologie sie experimentell erforscht hatte, aufwiesen. Später versuchte er mit statistischen Mitteln nachzuweisen, daß nur verhaltenstherapeutische Methoden eine äußerst hohe Erfolgsquote (zwischen 80 und 95 %) hätten und kaum je zu Rückfällen führten. Diese Ergebnisse wurden von Bergin und Lambert (1970) in akribischen Nachuntersuchungen widerlegt. Es sieht so aus, als hätte auch Eysenck selbst um die Brüchigkeit seines Zahlenmaterials gewußt und vor allem vorgehabt, der Verhaltenstherapie mit einem „Fanfarenstoß" zum Durchbruch zu verhelfen.

Natürlich blieb von psychoanalytischer Seite, wo man den Streit nicht unbedingt gesucht hatte, die Reaktion nicht aus. Sie war jedoch eher in Kongreßbeiträgen und inoffiziellen Debatten zu erleben als in offiziellen Formulierungen (Schorr, 1984). Die Vorwürfe oberflächlicher Symptomkuriererei, seelenloser Konditionierung u.ä.m. standen dabei im Vordergrund.

2. Integrationsbemühungen auf technischer Basis

Erst Weitzman, selbst ein Psychoanalytiker, befaßte sich 1967 auf ernstzunehmener wissenschaftlicher Basis mit der Methode der Systematischen Desensibilisierung, die übrigens im allgemeinen Bewußtsein bis heute die dominierendste der Verhaltenstherapie blieb. (Systematische Desensibilisierung = die in vivo oder in der Phantasie erfolgende Exposition angsterregender Gegenstände/Situationen nach Angstquantität hierarchisch geordnet; in tiefer Entspannung soll eine Habituation an diese angstauslösenden Reize eingeübt werden, wobei die Angstminderung von der Vorstellungsebene auf die Realsituation übertragen wird.) Weitzmann versuchte aufzuzeigen, daß die Wirksamkeit dieser Methode auch psychoanalytisch erklärlich sei, weil die regressive (entspannte) Haltung, in der man sich in der Phantasie oder auch real mit dem angsterregenden Gegenstand befasse, Abwehr schwäche und so implizit eine Auseinandersetzung mit zentralen angstauslösenden Konflikten möglich werde.

Von solchen Überlegungen her war es nicht weit zu einem noch versöhnlicheren Ton, den Wachtel, ein amerikanischer Psychoanalytiker, anschlug (Wachtel, 1977). Er machte den Versuch, eine Form der Integration der beiden Therapierichtungen mit Gewinn für beide zu finden. Dieser Versuch entstand auf dem Boden einer ichpsychologisch orientierten Psychoanalyse, vor allem aber der handlungstheoretischen Neuformulierung psychoanalytischer Konzepte durch Roy Schafer (1976).

Wo, wie bei der Ich-Psychologie, adaptives Verhalten und die relative Autonomie von Ichfunktionen im Vordergrund stehen und, wie bei Schafer, die Qualität des „Tuns" gegenüber dem „Erleiden" betont wird (unter Abschaffung der Metapsychologie, z. B. des Konzepts vom dynamischen Unbewußten): da ist der Boden bereitet für eine solche Integration.

Die mit den siebziger Jahren beginnende „kognitive Wende" der Verhaltenstherapie (auch: ihre Vermischung mit den Kognitiven Therapiemethoden von Beck und Ellis) sowie die immer schon mit kognitivem Material arbeitende Systematische Desensibilisierung machte es ichpsychologisch orientierten Psychoanalytikern leicht, Verbindungen zwischen der Verhaltenstherapie und der Psychoanalyse herzustellen. So zeigte auch Wachtel auf, wie bei der Systematischen Desensibilisierung Abwehrkonstellationen angegangen werden können und wie durch methodische Variationen (i. S. gelenkter Assoziation zu den angsterregenden Vorstellungsinhalten) die Patienten in ihre zentrale Problematik hineingeführt werden können. Er war beeindruckt von der in der Verhaltenstherapie seit Beginn üblich gewesenen Erfolgskontrollforschung und von der Präzision der durch quasi-experimentelle Variation isolierbarer Wirkvariablen erfolgenden Wirksamkeitsforschung. Diese Art wissenschaftlicher Genauigkeit empfahl er auch den Psychoanalytikern. Aktivierende Techniken, die er in seinen Therapien selbst einsetzte (z. B. das Rollenspiel), befürwortete er deshalb, weil sie die von Schafer immer wieder betonte Handlungsseite des Patienten ansprächen und erlebbar machten.

In Deutschland hat Wittmann (1980), ein Verhaltenstherapeut, versucht, wichtige psychoanalytische Konzepte in verhaltenstherapeutisches Vorgehen zu integrieren. Er stellte ein psychoanalytisch gestaltetes Erstinterview unter Wahrung des psychoanalytisch konzeptualisierten Patient- Therapeut-Verhältnisses vor, aufgrund dessen dann verhaltenstherapeutische Techniken einzusetzen sind. In einer von ihm so benannten „Technikverkettung" sollen kognitiv-explorative und behaviorale Techniken einander folgen — immer im Rahmen eines psychoanalytischen Problemverständnisses.

3. Argumente gegen eine Integration

Diese Art von Integrationsbemühung wird von Autoren, die beide Systeme theoretisch und praktisch recht gut kennen, eher skeptisch betrachtet (Plänkers, 1986; Jaeggi, 1987; 1989). Deren zentrale Argumentation ist allerdings nicht pragmatisch ausgerichtet, sondern knüpft in weiten Teilen an die alte Behaviorismuskritik an.

Als prinzipiell unvereinbar sehen diese Autoren die objektivierende Sichtweise der Verhaltenstherapie mit der dem subjektiven Erleben verpflichteten Sichtweise der Psychoanalyse. Selbstreflexion als Methode der Erkenntnisgewinnung, so argumentieren sie, widerspräche der Wissenschaftsauffassung von Behaviorismus und Kognitivismus. Diese objektivierende Sichtweise der Verhaltenstherapie schließt auch die sogenannte Kognitive Verhaltenstherapie (Plänkers, 1986) ein: bedeutet doch die Konzentration auf die „Korrektur" der Gedanken (Beck, Ellis, Meichenbaum) eine Herauslösung von Gedanken bzw. Verhalten aus dem größtenteils unbewußten Gesamterlebnis, so daß „... die Subjektivität des Patienten parzelliert und seine unbewußte Geschichte methodisch draußen gelassen wird" (Plänkers, 1986, S. 203).

Sehr klar weist Plänkers auch Ansätze innerhalb der kognitiven Therapie zurück, in den neuerdings auch bei den Verhaltenstheoretikern und Kognitivisten aufscheinenden Konzepten des Unbewußten (z. B. automatisierte Gedanken nach Beck) ein Verbindungsglied zwischen Verhaltenstherapie und Psychoanalyse zu sehen (s. auch Jaeggi et al., 1990). Das von den kognitiven Therapeuten verwendete Unbewußte sei rein deskriptiv, sozusagen ein „leerer Raum" (so wie das Janet'sche Unbewußte, siehe auch Lorenzer, 1984), während das dynamische Unbewußte der Psychoanalyse sich auf einen verdrängten Triebkonflikt beziehe.

Jaeggi verweist auf die Unvereinbarkeit der Störungsmodelle: das Konfliktmodell der Psychoanalyse und das Funktionsdefizitmodell der Verhaltenstherapie schließe letztlich Technikklitterungen aus (Jaeggi, 1987). Versuche man sie dennoch, so würden wesentliche Bestandteile der Psychoanalyse, die Entfaltung einer Übertragungsneurose und die Bearbeitung des Widerstandes, unmöglich. Beides sei erst durch den Heurismus des Konflikt-Konzepts sowie durch die Methode der freien Assoziation wahrnehmbar und analysierbar.

Von diesem eher klassischen Modell der Psychoanalyse her gedacht, bleiben also zwischen den beiden Therapieformen nur wenig Berührungspunkte.

4. Empirische Vergleichsstudien

Aufbauend auf einer Reihe von empirischen Untersuchungen zur Effizienz der Verhaltenstherapie gerade bei sehr schweren Störungen (Garfield, 1980) plädiert daher Plänkers für eine Art Integration der beiden Therapieformen nur dort, wo Ich-Funktionen stabilisiert werden müssen. Wie diese Integration aussehen soll, und ob es überhaupt nötig ist, dabei über das verhaltenstherapeutisch-kognitive Konzept hinauszugehen, bleibt allerdings offen. Jaeggi warnt in jedem Fall davor, radikal unterschiedliche Sinnkonstruktionen, wie Verhaltenstherapie und Psychoanalyse sie bieten, zu vermengen. Sie würden Patient und Therapeut gleichermaßen verwirren und in undurchschaubarer Art die therapeutische Situation verkomplizieren.

Es gibt eine Reihe von Therapievergleichsstudien zwischen Verhaltenstherapie und Psychoanalyse, die häufig annähernd gleiche Erfolgsquoten für beide Schulen aufzeigen. (Bei Ausnahmen von diesem Ergebnis schneiden die Psychoanalytiker eher schlechter ab). Infolge der hohen Stundenzahl bei der klassischen Analyse ist es allerdings schwer möglich, Psychoanalyse in ihrer „typischen" und damit eventuell effizientesten Form mit anderen Schulen zu vergleichen. So werden in der berühmtesten Vergleichsstudie (Sloane, 1975) durchschnittlich 13–14 Behandlungsstunden über eine Dauer von 4 Monaten verglichen.

In dieser sehr sorgfältig durchgeführten Studie ergab sich eine für Verhaltenstherapeuten erstaunliche (aber erfreuliche) Konkordanz im Therapeutenverhalten beider Schulen. Verhaltenstherapeuten wurden von unabhängigen Beurteilern als ebenso empathisch, selbstkongruent und kontaktfähig eingestuft wie ihre psychoanalytischen Kollegen. Auch gaben sie erstaunlicherweise nicht weniger Interpretationen ab als Psychoanalytiker. Dieses Ergebnis korrigierte in der wissenschaftlichen Öffentlichkeit zwar das Bild des Verhaltenstherapeuten als eines seelenlos-kalten Konditionierers, zeigte aber wieder einmal in aller Deutlichkeit auf, wie schwer es ist, von der therapeutischen Theorie her auf das praktische Tun zu schließen. Es könnte sich schlußfolgern lassen, daß gerade in den Kurzformen, in denen Psychoanalyse praktiziert wird, unabhängig von der Theorie, eine Art allgemeiner Interventionsstil gepflegt wird, der sich in einer Reihe von Punkten nicht wesentlich von anderen Therapieschulen, wie eben z. B. der Verhaltenstherapie, unterscheidet. (In einigen Punkten, z. B. dem der Direktivität, gab es übrigens auch in der Sloane-Studie signifikante Unterschiede.)

Die sehr kritische Grenzziehung zwischen den beiden Schulen, wie sie von Plänkers und Jaeggi vorgenommen wird, bezieht sich vermutlich eher auf die klassische Analyse mit ihrem spezifischen Setting und den bekannten Kommunikationsregeln.

Literaturempfehlungen

Frank, K. A. (1992), Combining action techniques with psychoanalytic therapy. International Review of Psycho-Analysis, 19, 57–79.

Jaeggi, E. (1987). Einen Goldschatz bewahren – das Problem der Integration verschiedener Therapien in die Psychoanalyse. In M. Springer-Kremser & R. Ekstein (Hrsg.), Wahrnehmung, Fantasie, Wirklichkeit (S. 52–70). Wien: Deuticke.

Jaeggi, E. (1989). Die Vorrangigkeit des Weges vor dem Ziel – oder: Beziehung und Deutung im Vergleich von Verhaltenstherapie und Tiefenspychologie. In T. Reinelt & W. Datler (Hrsg.), Beziehung und Deutung im psychotherapeutischen Prozeß. Aus der Sicht verschiedener Schulen (S. 161–180). Berlin: Springer.

Jaeggi, E., Rohner, R. & Wiedemann, P. M. (1990). Gibt es auch Wahnsinn, hat es doch Methoden. Eine Einführung in die Klinische Psychologie aus sozialwissenschaftlicher Sicht. München: Piper.

Plänkers, T. (1986). Anmerkungen zu Integrationsversuchen von Psychoanalyse und Verhaltenstherapie. Verhaltenstherapie und psychosoziale Praxis, 2, 199–209.

Schorr, A. (1984). Die Verhaltenstherapie. Ihre Geschichte von den Anfängen bis zur Gegenwart, Weinheim: Beltz.

Sloane, R. B. et al. (1975). Psychotherapy versus behavior therapy. Cambridge: Harvard University Press (dt.: Analytische Psychotherapie und Verhaltenstherapie. Stuttgart: Enke, 1981).

Wachtel, P. L. (1977). Psychoanalysis and behavior therapy. New York: (dt.: Psychoanalyse und Verhaltenstherapie. Stuttgart: Klett-Cotta, 1981).

Wittmann, L. (1980). Verhaltenstherapie und Psychodynamik. Therapeutisches Handeln jenseits der Schulgrenzen. Weinheim: Beltz.

6b. Auseinandersetzung der Psychoanalyse mit anderen Therapieformen (Körpertherapie und Psychoanalyse)

Günter Heisterkamp

1. Grundlegungen

1.1. Selbstbewegung

Die Frage der Integration körper- und bewegungstherapeutischer Verfahren in die analytische Behandlung ist umstritten. Um die Verständigungsschwierigkeiten so klein wie möglich zu halten, möchte ich mich mit dem Leser auf einer beschreibungsnahen Begriffsebene treffen. Als ein in der Adlerschen Entwicklungslinie der Tiefenpsychologie stehender Analytiker gehe ich von der Grundannahme einer immanent „schöpferischen" Selbstbewegung aus. Alle Ausdrucksbewegungen des Seelischen, sowohl die mentalen als auch die materialen, lassen sich als integrale Momente einer originären Lebensbewegung (Selbstbewegung) verstehen. Ihre Behinderungen und Gefährdungen, ihre notdürftigen Sicherungen sowie die Behandlung ihrer Blockierungen bilden den Gegenstand dieses Artikels.

1.2. Mit-Bewegung

Wie man in der Nachfolge von Adler (z.B. 1933a, b), Winnicott, Kohut u.a. den Begriff der Selbstbewegung zum Dreh- und Angelpunkt einer Neurosentheorie machen kann, so kann man die Mit-Bewegung als analoges Behandlungsprinzip herausstellen. Es zentriert die Therapie um die sich aktualgenetisch immer wieder ausformende Selbstbewegung des Patienten und um die mitschwingende Teilhabe des

Therapeuten an diesem Prozeß. Dabei läßt sich der Analytiker in das lebensstiltypische Bewegungsmuster des Analysanden einbeziehen. An den Stellen, wo die Lebensbewegung des Patienten beeinträchtigt ist, kann der Therapeut in der eigenen Mit- und Selbstbewegung stellvertretend diese Beeinträchtigungen seines Patienten spüren (Heisterkamp, 1993). Das folgende Beispiel zeigt, wie aus der ganzheitlichen Mit-Bewegung eine massive Selbstblockierung des Patienten spürbar wird und wie ihm durch das Aufgreifen leibhaftiger Ausdrucksbewegungen geholfen werden kann, sich selbst mehr wahrzunehmen.

Es handelt sich um einen Ausschnitt etwa aus der achtzigsten Sitzung der Therapie eines vierzigjährigen Patienten mit der Diagnose einer narzißtischen Persönlichkeitsstörung. Wie so häufig beginnt er die Sitzung mit einer monologisierenden und intellektualisierenden Betrachtung seiner augenblicklichen Verfassung, die nach dem beruflichen Zusammenbruch und dem Scheitern seiner Ehe wirklich desolat ist. Seinen Kopf hat er ein- und seine Schulter hochgezogen, sein Nacken ist verspannt und sein Atem kaum sichtbar. Eine Hand hat er in den Nacken gelegt, so als müßte er sich selber stützen. Während seiner Ausführungen steigt mein Kopfdruck, verflacht mein Atem, werde ich müde, schweife ich ab, legt sich eine bleierne Lähmung über mich, sterbe ich selber innerlich immer mehr ab.
Er ist mit meinem Vorschlag, meine Hand unter seinen Nacken zu legen, einverstanden. Nachdem ich ihn auf diese Weise unterstütze, hört er allmählich auf zu reden. Sein Atem wird tiefer, und er verfällt in einen tranceähnlichen Zustand, in dem er einen noch undefinierbaren Ton abgibt. Dabei spüre ich ein leichtes Andrängen seines Kopfes an meine Hand. In der anschließenden Bearbeitung dieser Phase scheint es ihm plausibel, daß er sich mit der Bewußtseinstrübung vor der Wiederbelebung belastender Gefühle und Affekte zu schützen versucht und daß seine leichte Kopfbewegung eine präverbale Aufforderung ist, ihn dabei nicht alleine zu lassen. Ich schlage deswegen eine Intensivierung meines Haltangebots vor, indem ich mich hinter ihn setze und seinen Kopf in meine Hände nehme: Der Atem wird stärker, der Ton lauter, die Qualität seines stimmlichen Ausdrucks prägnant. Es ist jetzt unverkennbar das Jammern eines verlorenen Kindes. Allmählich fängt er an, seinen ganzen Körper von der einen zur anderen Seite hin- und herzuschaukeln und bezieht schließlich auch den Kopf mit ein. Die Schaukelbewegung intensiviert sich allmählich und das Jammern wird immer lauter.
Als er sich allmählich beruhigt hat, kann er es nicht fassen: „Ich habe nie daran gedacht, aber das ist mir jetzt ganz deutlich eingefallen, wie ich früher immer im Bettchen lag, wenn ich ganz alleine war. Dann

habe ich diese Schaukelbewegungen immer gemacht. Gleichzeitig habe ich in der einen Hand den Teddy gehabt, und den hab ich an mich gedrückt, und mit der anderen Hand habe ich das Bettlaken in die Hand genommen und über meinen Körper gezogen. Ich war von oben bis unten völlig zugedeckt, dann habe ich mich so geschaukelt." Dann kommt ihm, wie er meint, eine ganz verrückte Idee. Er erinnert sich an eine Situation, wo er sich schrecklich allein gefühlt hat, wo er geschrien hat, wo auch diese Bewegungen ihn nicht mehr beruhigen konnten, er aus dem Bett gestiegen ist und hinter der Türe gesessen hat und die Leute auf der anderen Seite der Türe, die durch sein Schreien aufmerksam geworden waren, versucht haben, ihn durch die Türe hindurch zu beruhigen. „Und wissen Sie, wo meine Eltern waren? Im Konzert! Jetzt kommt mir die verrückte Idee, ob ich vielleicht nur deswegen Musiker geworden bin, um mit diesen schrecklichen Gefühlen des Alleinseins fertig zu werden."

Überlegungen zum Für und Wider der Körperpsychotherapie müssen an dem dialogischen Geschehen der Mit-Bewegung mit der blockierten Selbstbewegung des Patienten orientiert sein. Was immer ein Therapeut tut oder läßt, es findet seine Bedeutung in der Beziehung zum Patienten. Wenn sein Tun und/oder Lassen eine Form wechselseitiger Be-Nötigung bewirkt, sind wir gewohnt, von mangelnder Abstinenz zu sprechen, da der Therapeut den Patienten zur Selbstsicherung gebraucht bzw. sich in diesem Sinne von ihm gebrauchen läßt. Sein Tun und/oder Lassen wird als abstinent angesehen, wenn er es in den Dienst des Therapieprozesses stellt und den Patienten dabei unterstützt, sich aus den notgeborenen Selbstbehinderungen zu befreien. Allerdings wirkt der Abstinenzbegriff im Sinne seiner defensiven Tradition fort, insofern er den Umstand verschleiert, daß die Behandlung nicht nur im Sinne einer Wiederholung der frühkindlichen Manipulation, sondern ebenso im Sinne einer Wiederholung der frühkindlichen Entbehrung entgleisen kann (Moser, 1989a, 1990; Roth, 1986). Diese Überlegungen ließen sich über Winnicott und Balint bis hin zu Ferenczi zurückverfolgen.

Vor diesem Hintergrund wird sowohl die Sorge, die aus den Kritikpunkten Bittners (1986, 1988, 1989) an der Körperpsychotherapie spricht, als auch ihre Vereinseitigung deutlich. Wenn er vor Manipulierung, Überrumpelung, Erotisierung, Verwöhnung, Infantilisierung, Desymbolisierung und Einengung warnt, drückt er die für jeden Therapieprozeß geltende Sorge um die Selbstfindung und Selbstentfaltung des Patienten aus. Seine Kritik vereinseitigt sich jedoch, wenn er körpertherapeutisches Handeln per se als Form der Be-Nötigung und verbal-analytisches Handeln per se als Form der Befreiung betrachtet. So ist es widersinnig zu behaupten, daß ein Bewegungstherapeut, der seinem Patienten z. B. vorschlägt, sich im Praxisraum seinen Platz zu suchen, diesen manipuliere, oder daß ein Körpertherapeut, der seinem Patienten z. B. den Kopf hält, diesen infantilisiere, während man selber seine Patienten bittet, sich auf die Couch zu legen, sich an die analytische Regel zu halten usw.

2. Erweiterungen

2.1. Ergänzung

Die organismischen Momente der Selbstbewegung geraten in herkömmlichen Fallbeispielen systematisch in den Hintergrund, es sei denn, daß psychosomatische Symptome die Aufmerksamkeit direkt erzwingen.

Zur Veranschaulichung sei auf das Beispiel von Mentzos zum Abwehrmechanismus der Verschiebung auf Seite 192 dieses Buches verwiesen. Es gewinnt seine Stringenz aus der prägnanten Deutungsfigur einer blockierten selbstbewegung, die im Bild der Nagellackphobie ihren treffenden bildlichen Ausdruck findet. Die den symbolischen Erfassungsformen von „Fassade“ oder „Überlackierung“ entsprechenden körperlichen Ausformungen werden allerdings nicht beachtet. Wenn die Patientin Angst erlebt, in ihrer gesamten Lebendigkeit erstickt zu werden, dann läßt sich mit Sicherheit annehmen, daß diesem mentalen Erleben leibhafte Formen erstickter und erstickender Lebendigkeit entsprechen: z. B. ein flacher Atemrhythmus, eine verkürzte Ausatmung, ein Luftanhalten und Luftschlucken, eine Erstarrung der Brustmuskulatur usw.

Mit der Vernachlässigung der materialen Momente der Selbstbewegung schleicht sich eine subtile Überbewertung der geistigen Momente (als Subjekt) und eine entsprechende Unterbewertung der leiblichen Momente (als Objekt) in die Behandlung ein (Ware, 1984). Da man die körperlichen Ausdrucksbewegungen als die Keimformen jeder Selbstbewegung ansehen kann, eröffnen sie dem Therapeuten und dem Patienten basale Formen des Verstehens.

So könnte die obige Patientin, die unter Erstickungsangst leidet, leibhaftig erfahren, wie sie selbst ihre eigenen Lebensäußerungen, sobald sich Eigenes in ihr regt, durch Schlucken unterdrückt und aufgrund dieser Wahrnehmungsgrundlage fundiert verstehen, daß diese Selbstunterdrückung ein Ausläufer ihrer frühkindlichen Überlebensstrategie ist.

2.2. Vertiefung

Wenn der Therapeut systematisch auch die leiblichen Momente der Selbstbewegung, die des Patienten und die seinigen in der Gegenübertragung, in das Spektrum seiner freischwebenden Aufmerksamkeit nimmt und den verkümmerten, unterdrückten oder verkrampften Bewegungsimpulsen durch das Angebot von Handlungsproben einen geschützten Entfaltungsraum bietet, werden immer wieder hochbedeutsame Schlüsselerlebnisse erinnert, deren tiefenpsychologischer Sinn sich unmittelbar in der sich „herausbildenden" Szene erschließt (Becker, 1989; Peter, 1989). Ebenso könnte der Therapeut durch eigene organismisch fundierte Selbsterfahrungen den Frequenzbereich seiner eigenen Mit-Bewegung erheblich erweitern.

2.3. Nacherfassung

Lichtenberg (1987, S. 138) verweist an einem Beispiel aus seiner Praxis auf beobachtbare Lebensäußerungen (z. B. Mundbewegungen), die durch die Methode der freien Assoziation unzugänglich blieben und „jenseits der Deutung" existierten. Ich stimme seiner Vermutung zu, daß es sich hier um präverbale Erfahrungsniederschläge handelt, die in der späteren Entwicklung keine Neuaufzeichnung in symbolischer Form erfahren haben. In der Körper- oder Bewegungstherapie gibt es viele Möglichkeiten, auch noch diesen quasi inkorporierten „Assoziationen" zu folgen und sie in ihren Bedeutungen erspürbar, sprachlich faßbar und analytisch bearbeitbar werden zu lassen:

So kann der Therapeut dem Patienten vorschlagen, seinen Mund einmal eine längere Zeit, möglichst ohne zu sprechen und vielleicht bei geschlossenen Augen, zu bewegen; er kann ihm vorschlagen, seinem Atem einen Ton zu geben; und er kann ihm eine Probehandlung vorschlagen, nämlich den Handballen auf die sich bewegenden Lippen zu legen. Ich erinnere mich an einen Patienten, der bereits in der Säuglingszeit zum heftig umkämpften Streitobjekt in einer latent aggressiven Mutter-Tochter-Symbiose wurde und der bei dieser Szene über einen Würgereflex eine verzweifelte, im aktuellen Handeln immer noch wirksame Zerreißprobe wiederbelebte, nämlich zwischen der Not, an der Brust der ihn vereinnahmenden Mutter erstickt zu werden, und der Not, mit der Trennung von der Mutterbrust unmittelbar seiner dominanten Großmutter ausgeliefert zu sein.

Wenn Kritiker die Vielfalt therapeutischer Interventionen grob spalten in ein verbales Verstehen auf der einen und ein Ersetzenwollen der primären Bezugspersonen auf der anderen Seite, dann wird mit dieser Selektion die Fülle nonverbaler Symbolisierungen auf dem breiten Spektrum zwischen abstrakter Versprachlichung und konkreter Verwirklichung übersehen.

2.4. Unterstützung

Von Ferenczi (1982), dessen mutige Erkundungen zur aktiven Technik ab 1919 und zur Entspannungstechnik ab 1929 erst heute richtig gewürdigt werden können (Mertens, 1990), und Adler, der 1929 dem Therapeuten „die verspätete Übernahme der mütterlichen Funktionen“ (1981, S. 89) zudachte, über die Linie Balint, Winnicott und Bion, in der sich die „holding“ und „containing function“ des Therapeuten herausbildete, und über den vollziehenden tätigen Aspekt bei Fürstenau (1979, S. 44ff.), die Rollenübernahme bei Sandler (1976) und die Revision des Begriffes „Agieren“ durch Klüwer (1983 und des Übertragungsbegriffes durch Thomä (1984) bis hin zur projektiven Identifizierung, deren therapeutische Umsetzung nach Ogden (1988) und Zwiebel (1988) als Formen des Aufnehmens, Haltens und Umformens verstanden werden, zieht sich eine breite Entwicklungslinie durch die Tiefenpsychologie, die auf die stellvertretende Übernahme von Entwicklungs- bzw. Ichfunktionen für den frühgestörten Patienten abzielt. Man kann hier verschiedene Funktionen unterscheiden: die annehmende, die haltende, die antwortende, die ordnende, die bestätigende und die vorsorgende. Die Realisierung dieser Funktionen erweist sich aber besonders bei frühgestörten Patienten als extrem erschwert: Sie spüren keine eigenen Entfaltungstendenzen mehr und sind auch oft nicht einmal mehr durch sprachlich vermittelte Empathie erreichbar. In diesen Fällen bieten die körperlichen Ausdrucksmomente oft einen letzten Zugang zu den verkümmerten Residuen der originären Lebensbewegung. Dann kann die stellvertretende Unterstützung nur noch leibhaftig vermittelt werden (Roth, 1986).

2.5. Vereindeutigung

Adler (1973) hat bereits 1908 auf die prototypische Bedeutung des zärtlichen Kontaktes in der frühen Kindheit hingewiesen und dessen Beeinträchtigungen mit den Störungen in Verbindung gebracht, die wir heute als ichstrukturelle Frühstörungen zu klassifizieren gewohnt sind. So finden z. B. viele verbale Verstrickungen erst ihren tiefen psychologischen Sinn, wenn sie in einen nonverbalen Handlungsdialog überführt werden.

Ein anschauliches Beispiel bieten Patienten (s. o.), die den Therapeuten mit schier endlosen Tiraden zu fesseln suchen und durch verbale Deutungen kaum erreichbar sind. Indem der Therapeut den Patienten „nur" die Hand unter den Nacken legt, kann dieser oft unmittelbar spüren, wie er sich beruhigt und wie sein Redezwang nachläßt. Diese leibhaftige Erfahrung bringt er dann nicht selten spontan mit seinen Verlassenheitsängsten in Verbindung, wenn sie nicht sogar in diesem Prozeß wiederbelebt werden. Die vereindeutigende und entschlüsselnde Bedeutung des körperlichen Kontaktes wirkt sich – ganz im Gegensatz zu den häufig geäußerten Befürchtungen – besonders heilsam in Kontakten mit Patientinnen aus, deren Sicherungen gerade in der Erotisierung der Beziehung liegen (Heisterkamp, 1991a, Moser, 1989a,b,1990).

2.6. Belebung

Der letzte Punkt betrifft die Psychohygiene des Analytikers. Wie geht es ihm, wenn er im ohnehin asketischen Setting viele Stunden täglich mit Patienten arbeitet, deren Lebendigkeit von frühester Kindheit an durch massive Abwehr- und Sicherungsformen erstorben ist? Wenn er mit seinem Patienten unter ein Minimum an interaktiver Bezogenheit gerät, entfremdet er sich seiner eigenen Arbeit (Moser, 1987). Es ist eine einhellige Erfahrung aller mir bekannten körpertherapeutisch arbeitenden Analytiker, daß ihnen ihre Arbeit in dieser Form mehr Freude bereitet. Mehr noch. Die freudige Anteilnahme an der wiedererwachenden Lebendigkeit des Patienten ist ein bis heute weitgehend vernachlässigter Wirkfaktor der Psychotherapie (Heisterkamp, 1990).

3. Entwicklungen

Nach meiner Meinung kann eine Integration leiborientierter Verfahren die analytische Behandlungstheorie erweitern: um eine systematische Beachtung der leiblichen Selbstbewegungen als urtümliche Formen präverbalen Kontaktes und als prototypische Formen des Verstehens; um die Konzeption organismischer Formen der Abwehr und Sicherung; um die Entwicklung und Verwendung von Behandlungsmethoden zur Wiederbelebung inkorporierter Kindheitserinnerungen; um Verfahren der Nacherfassung präverbaler Erfahrungsniederschläge; um leibhafte Formen der stellvertretenden Unterstützung der in frühesten Phasen der Entwicklung nachhaltig behinderten Patienten; um eine Sensibilisierung für die Wiederholung frühkindlicher Entbehrungen des Patienten und des Therapeuten im herkömmlichen Setting, um die Entdeckung der Freude als einem wichtigen Wirkfaktor in der Psychotherapie. Diese Zusammenfassung könnte auch eine Perspektive künftiger Entwicklungen der Psychoanalyse sein.

Literaturempfehlungen

Becker, H. (1989). Konzentrative Bewegungstherapie. Stuttgart: Thieme, 2. überarbeitete Auflage.

Bittner, G. (1986). Vernachlässigt die Psychoanalyse den Körper? Psyche, 40, 709–734.

Bittner, G. (1988). Heilende „Körpererfahrung"? In H.-G. Rechenberger & H.-V. Werthmann (Hg.), Psychotherapie und innere Medizin (S. 135–144). München: Pfeiffer.

Bittner, G. (1989). Psychoanalyse und Körper. In H.-V. Werthmann, (Hg.), Unbewußte Phantasien (S. 285–300). München: Pfeiffer.

Heisterkamp, G. (1991a). Zur Körperarbeit in der analytischen Psychotherapie. Praxis der Psychotherapie und Psychosomatik, 36, 77–87.

Heisterkamp, G. (1993). Heilsame Berührungen. Praxis leibfundierter analytischer Psychotherapie. München: Pfeiffer.

Moser, T. (1989a). Körpertherapeutische Phantasien. Frankfurt/M.: Suhrkamp.

Moser, T. (1989b). Psychoanalyse und Körper. In H.-V. Werthmann (Hg.), Unbewußte Phantasien (S. 301–318). München: Pfeiffer.

Moser, T. (1990). Formen der Gegenübertragung in der psychoanalytisch orientierten Körpertherapie. Psychoanalyse im Widerspruch, 2, 42–65.

Peter, H. (1989). Integration von Psychoanalyse und Bioenergetik in der Person und Rolle des Therapeuten. In Schweizerische Gesellschaft für Bioenergetische Analyse und Therapie, Körper und Seele (S. 11–23). Dortmund: Alternativ-Verlag.

Roth, N. (1986). Nachwort. In T. Moser, Das erste Jahr (S. 149–196). Frankfurt/M.: Suhrkamp.

Ware, R. C. (1984). C. G. Jung und der Körper: Vernachlässigte Möglichkeiten der Therapie? In U. Sollmann (Hg.), Bioenergetische Analyse (S. 225–251). Essen: Synthesis.

II. Psychoanalytische Theorieansätze

7. Triebtheorie

Bernd Nitzschke

1. Triebtheorie – Freuds Begriff und Konzept

Freud spricht in der Regel nicht von der Triebtheorie, sondern von der „Trieblehre ... der Psychoanalyse" (1923a, S. 229), deren Endfassung er, verknappt, jedoch sehr instruktiv, im zweiten Kapitel des „Abriß der Psychoanalyse" (1940, S. 71) darstellt. Dort heißt es, das „Ziel" des „*Eros*" sei „Bindung", die Herstellung „immer größerer Einheiten". Als Gegensatz des Eros wird der „*Destruktionstrieb*" genannt, dessen „Ziel" es sei, „Zusammenhänge aufzulösen", bestehende Einheiten zu „zerstören".

Gegensätze, die Freud in früheren Fassungen seiner Trieblehre aufgestellt hatte (Sexualtrieb versus Selbsterhaltungstrieb; Ich-Libido versus Objekt-Libido), werden in der Endfassung der Trieblehre (vgl. zu deren Entwicklung Nagera, 1974) unter dem Begriff des Eros subsumiert, dessen Kontrahent, der Destruktionstrieb, auch als „*Todestrieb*" bezeichnet wird, als dessen „Ziel" die Auflösung organischer Einheit, deren Rückverwandlung in den anorganischen Zustand angenommen wird, ein Ziel, das mit dem Tod lebender Systeme identisch ist.

Auf das „Mit- und Gegeneinanderwirken" der beiden „Grundtriebe", auf deren konflikthaften Gegensatz, der als Einheit im Widerspruch zu denken wäre (vgl. das Konzept der Triebmischung), führt Freud „die ganze Buntheit der Lebenserscheinungen" zurück. Mit dem Postulat dieser beiden „Grundtriebe" hat Freud für „den Bereich des Lebenden" ein Analogon zu jenem „Gegensatzpaar von Anziehung und Abstoßung" zu schaffen versucht, das seiner Ansicht nach die Bewegungen der Kräfte im „Anorganischen" bestimmt (1940a, S. 71).

Zeitlebens glaubte Freud, es könne dereinst gelingen, physikalisch-chemische (physiologische) Prozesse zu ermitteln, die als Grundlage der Triebe in Frage kämen. Eine *psychoanalytische* Untersuchung des Triebgeschehens beginnt jedoch nicht auf dieser physiologischen Ebene, sondern erst dort, wo sich *psychische* Vertretungen der Triebkräfte bemerkbar machen: im Unbewußten, als Affekt- und Vorstellungsrepräsentanzen (Wünsche und Phantasien). Bevor Triebabkömmlinge kompromißhaft im Bewußtsein auftauchen können, in einer mit Rücksicht auf Vernunft und kulturelle Normen veränderten Gestalt, sind weitere Transformationen notwendig, deren Dynamik und Ökonomie Freud unter einem topologischen Aspekt (ubw – vbw – bw; später ergänzt durch den strukturellen Aspekt Es – Ich – Über-Ich) beschrieben hat. Damit verbunden ist das Konzept der Trieb-*Energien*, das sowohl für die Triebtheorie und deren Teilaspekte (z. B. die Libidotheorie) wie für die Metapsychologie insgesamt konstitutiv ist.

Die Trieb-Energie wird im Sinne einer Quantität eingeführt und in *Analogie* zur physikalischen Energie gedacht. In einem ersten Entwurf (Freud, 1985), in dem der *Begriff* Trieb noch nicht auftaucht, wird die Quantität als nervöse Erregung angesprochen. Später, nach Einführung des Begriffs Trieb, faßt Freud die durch Triebreize ausgelöste Erregung als „Arbeitsanforderung für das Seelenleben" (1905d, S. 67) auf, das von der Tendenz beherrscht werde, das Erregungsniveau nach Möglichkeit konstant zu halten. Nach einer Störung des Gleichgewichts durch aus somatischer Quelle entstehende Trieb-Reize ist das lebende System demnach genötigt, den eingetretenen Spannungszustand auszugleichen, einen inneren Gleichgewichtszustand (wieder) herzustellen (vgl. die Konzepte des Lustprinzips und des Wiederholungszwangs sowie die Freudsche Auffassung vom Konservativismus der Triebe). Das Trieb-Ziel – die Wiederherstellung des Gleichgewichtszustandes, psychologisch formuliert: die Erfüllung eines Wunsches, das Erleben einer Befried(ig)ung – wird, Freud zufolge, mit Hilfe eines Trieb-Objekts erreicht, womit in der Regel ein anderer Mensch gemeint ist (beim neugeborenen Kind die Mutter), der jedoch auch ersetzt werden kann, z. B. durch den eigenen Körper oder das eigene Selbst (vgl. das Konzept des sekundären Narzißmus). Wichtig ist, daß Freud die Verbindung zwischen der Triebquelle, dem psychologischen Charakter des Triebes als Drangzustand und dem Triebziel als relativ festgefügt postuliert, während er die Beziehung zum Trieb-Objekt als relativ locker kennzeichnet. Dies wäre so zu interpretieren, daß die manifesten Formen der Triebbefriedigung innerhalb konkreter Objektbeziehungen als stark gesellschaftlich beeinflußt angesehen werden können, während der naturhafte Ablauf des Triebprozesses durch die ersten drei genannten Aspekte zu charakterisieren wäre. Die Entwicklung im Sinne einer strukturellen und funktionellen Differenzierung der Persönlichkeit ist, laut Freud, Folge adäquater Wunschbefriedigung, aber auch Folge der Verarbeitung phasenspezifisch notwendigen *Verzichts* auf Formen der Wunschbefriedigung (vgl. Übergang vom Lust- zum Realitätsprinzip, vom Primär- zum Sekundärvorgang). Nach Freuds Meinung führt der *mißlungene* Verzicht auf archaische Formen der Wunschbefriedigung im Falle der Neurose zu einem besonders rigiden, allerdings auch brüchigen Abwehrsystem gegenüber den Trieb-Wünschen (vgl. das Konzept der Wiederkehr des Verdrängten), während im Falle der Perversion entsprechend archaische Triebwünsche tendenziell ausgelebt und im Falle der Psychosen halluzinatorisch befriedigt werden können. Entsprechend begreift Freud Therapie als eine Form der Nacherziehung, in deren Verlauf Fixierungen an infantile Triebwünsche und Triebojekte aufgehoben und Neigungen zu malignen Formen der

Regression (Rückkehr zu archaischen, selbst- und/oder fremdschädigenden Formen der Wunschbefriedigung) unnötig werden sollten.

Anhand dieser kurzen Skizze ist zu erkennen, daß die Triebtheorie in Freuds Denken einen zentralen Stellenwert einnimmt. Nicht nur die Metapsychologie, sondern auch die Entwicklungs- wie die Krankheitslehre (einschließlich der Abwehrtheorie) und die Therapiekonzeption, ja sogar die Kulturtheorie („Kultur“ als Resultat bewältigten Triebverzichts) sind mit Hilfe zahlreicher Verstrebungen konzeptionell an die Triebtheorie gebunden, weshalb diese als das Fundament der *Freudschen* Psychoanalyse bezeichnet werden muß, dessen Zerstörung auch den klinisch-therapeutischen Bau zum Einsturz bringen muß. Soweit Angriffe gegen die Metapsychologie, die offen oder verdeckt stets die Triebtheorie meinen (vgl. Opatow, 1989, S. 647), der Freudschen Psychoanalyse das Fundament entziehen, bringen sie den ganzen Bau zum Einsturz. Sie erlauben es allenfalls, die so erhaltenen Bruchstücke zu einer neuen Theorie zusammenzufügen, wie dies etwa bei Schafer (1976) geschieht.

2. Einsprüche, Revisionen, Interpretationen – die Triebtheorie als Ausgangspunkt der Kritik an Freuds Psychoanalyse

Versteht man die Freudsche Triebtheorie als einen Versuch, die der gesellschaftlich-historisch organisierten „Psyche“ des Menschen durch „Natur“ (d. h. durch den Körper) vorgegebenen Grenzen aufzuzeigen, um auf *vernünftigen* Wegen „Einsicht“ in die erste Natur zu gewinnen, so läge in dieser Theorie auch ein Hinweis auf die *Grenzen der Machbarkeit* (des Menschen). Weiterhin könnte man Freuds Triebtheorie als einen Versuch interpretieren, ein Bollwerk gegen Tendenzen des Verfalls der Aufklärung zum Szientismus und des Verfalls der Romantik zum Mystizismus zu errichten. „Abfallbewegungen“ erklärte Freud (1914d, S. 91) denn auch als vom Widerstand gegen die Triebtheorie motivierte Versuche, die Psychoanalyse entweder zur Oberflächenpsychologie zu verharmlosen (z. B. Adler) oder ihre Inhalte zu mystifizieren (z. B. Jung). Freuds Auseinandersetzungen Ende der 20er und zu Beginn der 30er Jahre mit Schultz-Hencke, der die Libidotheorie völlig verwarf, und mit Wilhelm Reich, der sie zunächst verdinglicht und später mystifiziert vertrat, zeigen, daß die Triebtheorie auch späterhin Stein des Anstoßes blieb. Noch in den 60er Jahren wurden die gegen Schultz-Hencke erhobenen Vorwürfe mit Hinweisen auf dessen „Ablehnung der Libido-Theorie und der Metapsychologie" (Thomä, 1963/64, S. 52) gerechtfertigt. Zwanzig Jahre später formulierte derselbe Autor, Schultz-Henckes „Kritik an der Libidotheorie und an der Metapsychologie" könne „heute" kein Ärgernis mehr erregen, da diese Position inzwischen „von vielen Analytikern geteilt" werde (Thomä und Kächele, 1985, S. XII). Soweit Thomä und Kächele den „Tod der Metapsychologie" (1985, S. 369) verkünden, besteht die Gefahr, mit der Abschaffung der Libidotheorie möglicherweise gar die *Freudsche* Theorie des Unbewußten zu beseitigen, ganz zu schweigen vom Ignorieren des Freudschen Konzepts der Psychosexualität zugunsten einer besonderen Betonung narzißtischer Bedürftigkeit (vgl. Nitzschke, 1990a). Diese Gefahr haben Thomä und Kächele inzwischen offenbar auch selbst erkannt, ohne jedoch – bei anhaltender „Kritik an der Triebenergetik" (1988, S. 30) – mit überzeugenden Argumenten dieser Gefahr entgegentreten zu können. Was hat dazu geführt, daß „heute" bestimmte Positionen der Dissidenten von einst, die wie Schultz-Hencke wegen ihrer Kritik an Freuds Triebtheorie auf administrativem Wege aus psychoanalytischen Organisationen ausgegrenzt worden waren, *innerhalb* der Mainstream-Psychoanalyse nachträglich akzeptiert, vielleicht gar mehrheitsfähig werden konnten?

Ende der 50er Jahre hatte Rapaport (1959) den Versuch unternommen, die psychoanalytische Theorie systematisch darzustellen. Für ein Sammelwerk wichtiger Theorien der modernen Psychologie sollte auch die psychoanalytische Position aufgezeigt werden. Rapaport hatte diesen Auftrag übernommen, um in der Tradition der Ichpsychologen Hartmann und Erikson einen Systematisierungsvorschlag zu formulieren, der es erlauben sollte, die Psychoanalyse an das herrschende wissenschaftliche Paradigma der akademischen Psychologie heranzuführen. Vier enge Mitarbeiter Rapaports – Holt, Gill, Klein und Schafer – setzten später solche Versuche der Systematisierung fort, wobei sie über Rapaport hinausgingen (der noch an der Metapsychologie Freuds festgehalten hatte), um – mit jeweils unterschiedlichen Argumenten – Freuds Libidotheorie, Triebtheorie und Metapsychologie endgültig zu verabschieden (vgl. die kritische Zusammenfassung der gegen die Freudsche Metapsychologie vorgebrachten Argumente bei Mertens, 1981).

Mertens weist darauf hin, daß die Akzeptanz eines einheitswissenschaftlichen Standpunkts weitreichende Konsequenzen für die Psychoanalyse haben müsse, und zwar: „strikte Formalisierung und Nomologisierung ihrer Gesetzesannahmen"; „Operationalisierung ihrer Begriffe"; Versuche, ihre Hypothesen „im Rahmen eines empirisch-nomothetischen Wissenschaftsverständnisses" zu überprüfen (1981, S. 39). Solche Konsequenzen ziehen Thomä und Kächele (1985, S. 25 ff.), die der von Mertens (1981) gebotenen Literaturübersicht kaum neues Material hinzufügen, jedoch, anders als Mertens, entschieden für eine Anpassung der Psychoanalyse an das wissenschaftliche Credo der akademischen Psychologie plädieren, wobei sie sich insbesondere gegen den von Lorenzer (1974) vertretenen Standpunkt abgrenzen, der die Triebtheorie im Rahmen eines Verständnisses der Psychoanalyse als hermeneutischer Erfahrungswissenschaft in modifizierter Form beibehalten will. Bei der gegen Metapsychologie und Triebpsychologie vorgebrachten Kritik wird in der Regel auf die wissenschaftshistorische Herkunft der von Freud benutzten Begriffe und Konzepte verwiesen, die in einem nächsten Schritt sodann als „veraltet" abgelehnt werden. Tatsächlich ist Freuds Metapsychologie in unterschiedlichen Denksystemen verwurzelt. Das muß aber nicht notwendig heißen, sie sei nur als ein Patchwork unterschiedlicher Gedankensysteme zu begreifen. Man könnte auch versuchen, sie als eine eigenständige und neuartige Komposition zu verstehen. Versuche schließlich, die Triebtheorie als veraltet und mit Hinweisen auf die Fortschritte der Wissenschaften zu kritisieren, etwa mit Verweis auf Kybernetik, Informations- und Systemtheorie (vgl. zusammenfassend König, 1981), sind insofern beliebig, als mit gleicher Argumentation, also mit Verweis auf neuere Theorien – z. B. auf das neurobiologische Modell der Autopoiese (Sies und Brocher, 1990) –, die Triebtheorie Freuds auch *gerechtfertigt* werden könnte. Schließlich ist die vielzitierte Rede vom „szientistischen Selbstmißverständnis der Metapsychologie“ (Habermas, 1968, Kap. 11) auch nur scheinbar originell, solange als Behauptung unterstellt wird, was als Faktum erst noch zu erweisen wäre: nämlich daß Freud mit der Metapsychologie nichts anderes intendierte als eine naturwissenschaftliche Theorie herkömmlichen Verständnisses, um bei diesem Vorhaben schließlich zu scheitern. Ein aufgeklärteres, komplexeres Verständnis der Metapsychologie referiert hingegen Schmidt-Hellerau (1995).

Der Versuch, die Psychoanalyse vollständig dem Szientismus zu unterwerfen, wurde wohl erst von Heinz Hartmann begonnen und über Rapaport bis zu Thomä und Kächele fortgeführt. Andererseits wurden derartige Bemühungen bereits frühzeitig – und zwar in direkter Replik auf Hartmann (1927) – kritisiert. Dies geschah schon in den 20er Jahren, als Grünbaum das *szientistische Mißverständnis* der *Freudschen* Psychoanalyse durch den Ichpsychologen Heinz Hartmann aufdeckte, um weitergehend zu schreiben:

> Sucht man nämlich die allgemeinen Merkmale des psa. Begriffapparates zu bestimmen, so findet man, daß die entsprechenden Kategorien ... alle das Stigma der psa. Realität des Unbewußten ‹tragen›. Die Kategorien in diesem Sinne sind dann auch für die Psa. nicht nur Formen des Wahrnehmens und des Begreifens der psychischen Realität, sondern zu gleicher Zeit Ordnungsfunktionen, die der Realität selbst inhärent sind. Dies ist auch der letzte erkenntnistheoretische Grund, warum in der Psa. das Verstehen und Erklären ineinandergreifen und ineinandergehen, so daß sie im Idealgebilde jenseits des Gegensatzes der geisteswissenschaftlichen und naturwissenschaftlichen Psychologie liegt. (1928, S. 210).

Nach Grünbaum generiert die Psychoanalyse eine „besondere Wissensform“. Diese gründe in einer „Umzentrierung des Erkenntnisbegriffes selbst in der Richtung vom bloß wissenschaftlichen Wissen auf die tätige Teilnahme des Subjektes an dem Gegenstand, auf Durchdringung der ganzen personalen Einheit mit dem Erkenntnisstoff" (1928, S. 205). Und gerade *deshalb* sei psychoanalytisches Wissen nicht vergleichbar mit dem szientistischen Wissensideal, weshalb von anderen, so wäre hinzuzufügen, immer wieder der Vorwurf gegen die Psychoanalyse (insbesondere gegen deren Theorie des Unbewußten und gegen deren Triebenergetik) erhoben worden ist, sie sei „un"-wissenschaftlich, was, das Wissens-Ideal des Szientismus vorausgesetzt, auch stimmig sein mag.

Wenn die Psychoanalyse eine *eigenständige* Wissensform konstituiert, die, wie Grünbaum bemerkt, dem Gegenstand und der Methode der Psychoanalyse angemessen ist – nämlich dem „Unbewußten" und der praktischen Methode, dieses zu erkunden und auf den Begriff zu bringen –, dann wäre die Triebtheorie (speziell: die Libidotheorie; erweitert: die Metapsychologie) möglicherweise selbst unter Rückgriff auf die *Methode* der Freudschen Psychoanalyse einer weitergehenden Entschlüsselung zu unterziehen. Möglicherweise kommen nämlich in der Triebtheorie gerade die unbewußten, körpernahen Phantasien zum begrifflichen Ausdruck, über die Freud nicht nur *sprach*, die er vielmehr auch erlebte (Selbstanalyse) und mit miterlebte (Fremdanalyse). Unter dieser Perspektive wahrgenommen, wäre die Triebtheorie als *eigenständiges* Symbolsystem zu würdigen, das mehr als die Summe der Teile ist, aus denen es sich, in wissenschaftshistorischer Perspektive betrachtet, zusammensetzt. Dieses eigenständige Symbolsystem könnte Wirklichkeit nicht nur abbilden, sondern, aufgrund der vorgegebenen Kategorien, auch entschlüsseln helfen – so wie es selbst erst noch zu entschlüsseln wäre als Ausdruck einer (selbst-)beobachteten Welt der Gefühle, die allemal auf Beziehungen zwischen dem eigenen und dem fremden Körper verweisen (vgl. Nitzschke, 1985), und zwar auch auf Beziehungen *vor* aller „Kultur", die durch *spontane* Triebwünsche, infantile Lust, gestiftet werden, worauf Stekel (1885) bereits vor Freud hingewiesen hatte (vgl. Nitzschke, 1992b).

Literaturempfehlungen

Brocher, T. & Sies, S. (1986). Psychoanalyse und Neurobiologie. Stuttgart: Frommann-Holzboog.
Freud, S. (1905d). Drei Abhandlungen zur Sexualtheorie. GW V, 29–145.
Freud, S. (1915c). Triebe und Triebschicksale, GW X, 209–232.
Freud, S. (1923a). „Psychoanalyse" und „Libidotheorie". GW XIII, 211–233.
Freud, S. (1940a). Abriß der Psychoanalyse. GW XVII, 67–138.
Görlich, B. (1987). „So muß denn doch die Hexe dran". Über die Erkenntnisfunktion der Freudschen Metapsychologie. In J. Belgrad, B. Görlich & G. Schmid Noerr (Hg.), Zur Idee einer psychoanalytischen Sozialforschung (S. 27–50). Frankfurt/M.: Fischer.
Mertens, W. (Hg.) (1981). Neue Perspektiven der Psychoanalyse. Stuttgart: Kohlhammer.
Nagera, H. (Hg.) (1974). Psychoanalytische Grundbegriffe. Eine Einführung in Sigmund Freuds Terminologie und Theoriebildung. Frankfurt/M.: Fischer.
Nitzschke, B. (1985). Der eigene und der fremde Körper. Bruchstücke einer psychoanalytischen Gefühls- und Beziehungstheorie. Tübingen: Konkursbuchverlag Claudia Gehrke.
Nitzschke, B. (1992b). Wilhelm Stekel, ein Pionier der Psychoanalyse – Anmerkungen zu seinem Leben und Werk. In E. Federn & G. Wittenberger (Hg.), Aus dem Kreis um Sigmund Freud. In den Protokollen der Wiener Psychoanalytischen Vereinigung (176–191). Frankfurt/M.: Fischer.
Schmidt-Hellerau, C. (1995). Lebenstrieb & Todestrieb. Libido & Lethe. Stuttgart: Verlag Internationale Psychoanalyse.

8. *Psychoanalytische Objektbeziehungstheorien**

OTTO F. KERNBERG

1. Versuch einer Definition

Psychoanalytische Theorien, die sich mit Objektbeziehungen befassen, bilden ein breites Spektrum theoretischer Ansätze. So unterschiedlich diese Theorien auch sind: Sie alle betonen die fundamentale Bedeutung internalisierter Objektbeziehungen für die Ausformung und Festlegung motivationaler Systeme, die strukturelle Organisation des psychischen Apparates, die Schicksale der Entwicklung von Übertragung und Gegenübertragung und den sich daraus ergebenden deutenden Zugang. Am besten kann eine Objektbeziehungstheorie definiert werden, wenn man angibt, was sie ein- und ausschließt.

Eine sehr weite Definition könnte behaupten, daß die Psychoanalyse aufgrund ihrer besonderen Natur ohnehin schon eine Objektbeziehungstheorie ist: Jegliche psychoanalytische Theoriebildung beschäftigt sich mit dem Einfluß früher Objektbeziehungen auf:

1. die Genese unbewußter Konflikte,
2. die Entwicklung der psychischen Struktur und
3. die Reaktualisierung oder Inszenierung von vergangenen, pathogen internalisierten Objektbeziehungen, die in den Übertragungen der psychoanalytischen Situation auftauchen.

Dieser Definitionsversuch wird jedoch der Spezifität des Konzeptes der Objektbeziehungstheorie nicht wirklich gerecht.

---

* Aus dem Amerikanischen übersetzt von Jane Haushofer.

Eine zweite – die restriktivste oder am engsten gefaßte – Definition könnte sich auf die sogenannte „Britische Schule“ beziehen. Besonders hervorzuheben wären hierbei Melanie Klein (1935, 1940, 1946, 1957), Ronald Fairbairn (1954) und Donald Winnicott (1958, 1965, 1971). Obwohl historisch angemessen, schließt eine derart restriktive Definition die wichtigen Beiträge seitens der Ichpsychologie von Erik Erikson (1950, 1956, 1959), Edith Jacobson (1964, 1971), Margaret Mahler (Mahler und Furer, 1968, Mahler et al., 1975), Hans Loewald (1960, 1980), Otto Kernberg (1976, 1980, 1984) und Joseph Sandler (1987) aus und läßt auch die interpersonellen psychoanalytischen Ansätze von Harry Stack Sullivan (1953, 1962) und Greenberg und Mitchell (1983; Mitchell, 1988) unberücksichtigt.

Eine dritte Definition könnte den Ansatz der Britischen Schule mit den Ideen der oben erwähnten Theoretiker verbinden. Demnach könnten dann psychoanalytische Objektbeziehungstheorien die Internalisierung, Strukturierung und klinische Reaktivierung der frühesten dyadischen Objektbeziehungen in das Zentrum ihrer motivationalen (genetischen und entwicklungsmäßigen), strukturellen und klinischen Formulierungen stellen. Der Vorstellung der Internalisierung von Objektbeziehungen liegt dabei folgende Annahme zugrunde: Bei allen Interaktionen, die sich zwischen dem Kind und den bedeutsamen elterlichen Personen abspielen, ist das, *was das Kind internalisiert*, nicht das Bild oder die Repräsentanz des anderen, sondern *die Beziehung zwischen dem Selbst und dem anderen* – in Form einer Interaktion zwischen Selbstrepräsentanz und Objektimago oder Objektrepräsentanz. Auf der Basis dieser inneren Struktur werden in der intrapsychischen Welt sowohl reale wie auch phantasierte Beziehungen zu bedeutsamen Anderen repliziert. Diese dritte Definition bildet den Rahmen für die folgenden Ausführungen.

2. Kontroverse Auffassungen – offene Fragen

Die Objektbeziehungstheorien unterscheiden sich anhand einiger Hauptkriterien: Eines der wichtigsten ist dabei, in welchem Ausmaß die Theorie mit der traditionellen Freudschen Triebtheorie, nach der Objektbeziehungen im motivationalen System menschlichen Verhaltens als Ersatz für die Triebe betrachtet werden, im Einklang steht, oder ob sie sich im Widerspruch zu Freud befindet. In dieser Hinsicht vertreten Melanie Klein, Margaret Mahler und Edith Jacobson eine mit Freud in Übereinstimmung stehende Position, indem sie Freuds duale Triebtheorie mit einer Objektbeziehungstheorie verknüpfen. Für Fairbairn und Sullivan hingegen treten die Objektbeziehungen selbst an die Stelle von Freuds Trieben und bilden das hauptsächliche motivationale System. Die zeitgenössische interpersonelle Psychoanalyse, wie sie von Greenberg und Michell (1983) und Mitchell (1988) vertreten wird, basiert auf einer Integration der Konzepte von Fairbairn (1954) und Sullivan (1953, 1962) und betont die grundsätzliche Unvereinbarkeit von Modellen psychisch-motivationaler Systeme, die auf Trieben beruhen, und solchen, die sich auf Objektbeziehungen gründen, Winnicott (1958, 1965, 1971), Loewald (1960, 1980) und Sandler (1987) nehmen – jeder aus anderen Gründen – eine in der Mitte liegende Haltung ein: Sie bezeichnen den affektiven Rahmen der Mutter-Kind-Beziehung als bedeutsame Determinante für die Entwicklung und Ausformung der Triebe. Kernberg (1976, 1984), der an Freuds dualer Triebtheorie festhält, betrachtet die Triebe als übergeordnete motivationale Systeme, deren wesentliche Komponenten Affekte sind.

Eine mit diesen Differenzen zusammenhängende Kontroverse bezieht sich auf den Ursprung der Aggression und deren Rolle als Verursacher des Verhaltens. Diejenigen Theoretiker, die die Annahme angeborener Triebe zurückweisen (Sullivan) oder die Libido mit der Suche nach Objektbeziehungen gleichsetzen (Fairbairn), verstehen Aggression als Folge der Frustration libidinöser Bedürfnisse; das trifft besonders auf traumatische Erfahrungen während der frühen Mutter-Kind- Dyade zu. Dagegen gehen Theoretiker, die an Freuds dualer Triebtheorie festhalten, davon aus, daß Aggression angeboren ist und eine wichtige Rolle für die Gestaltung der frühen Interaktionen spielt. Zu dieser Gruppe zählen in besonderem Maße Melanie Klein, in gewissem Ausmaß auch Winnicott und die Vertreter der ichpsychologischen Objektbeziehungstheorien. Es sollte erwähnt werden, daß Fairbairn, obwohl er theoretisch die Annahme angeborener Aggression zurückweist, gleichwohl in der klinischen Praxis der Strukturierung aggressiv besetzter internalisierter Objektbeziehungen und ihrer Deutung in der Übertragung beträchtliche Aufmerksamkeit widmet.

Eine weitere Streitfrage ist das Ausmaß, in dem tatsächliche Erfahrungen mit bedeutsamen anderen Personen während der frühesten und frühen Kindheit durch das Zusammenwirken unbewußter Phantasien und der Bildung psychischer Strukturen, die die intrapsychischen Konflikte reflektieren, transformiert werden. Für die Britische Schule – Winnicott, Fairbairn und Melanie Klein mit eingeschlossen, trotz des Nachdrucks, den die beiden erstgenannten Autoren dieser Schule dem Wirklichkeitsaspekt der frühen Interaktionen zwischen Mutter und Kind verliehen haben – resultieren die Auswirkungen der unbewußten Phantasien auf die Entwicklung der psychischen Strukturen und die defensive Neugestaltung strukturierter, internalisierter Objektbeziehungen in einem Auseinanderklaffen zwischen tatsächlicher früher Erfahrung und den unbewußten, in der Übertragung reaktivierten Objektbeziehungen, wobei die Anhänger Melanie Kleins auf der phantasmatischen Natur der internalisierten Welt von Objektbeziehungen bestehen. Im Gegensatz dazu gehen die Vertreter der interpersonellen Psychoanalyse – besonders Sullivan (1953, 1962), Fromm-Reichmann (1950, 1959) und Guntrip (1961, 1968, 1971) – davon aus, daß frühe, internalisierte Objektbeziehungen mit relativ geringem Strukturwandel aufrechterhalten werden, so daß Übertragungsentwicklungen eher als Widerspiegelung von internalisierten Objektbeziehungen gedeutet werden sollten, die mit den in der Vergangenheit stattgefundenen tatsächlichen traumatischen Beziehungen eine relativ große Ähnlichkeit aufweisen. Jacobson, Mahler, Sandler und Kernberg nehmen in dieser Hinsicht eine Mittelposition ein und betonen besonders Umformungen des Charakters und Fixierungen, die mit internalisierten Objektbeziehungen in Zusammenhang stehen.

3. Methodische und behandlungstechnische Unterschiede

Die verschiedenen Theorien unterscheiden sich auch hinsichtlich ihrer Methoden, d. h. hinsichtlich des Ausmaßes, in dem Übertragungen im wesentlichen als Aktivierungen der intrapsychischen Konflikte des Patienten gedeutet werden, oder ob Übertragung und Gegenübertragung als untrennbar miteinander verbunden angesehen werden, wobei die Übertragung des Patienten zum Teil durch die Gegenübertragung und die Persönlichkeit des Analytikers geformt wird. Diese Position sieht die Patient-Analytiker-Dyade als eine neue, potentiell wachstumsfördernde Erfahrung, die einen wichtigen Beitrag zur Lösung der unbewußten Konflikte des Patienten leistet.

Melanie Klein und ihre Anhänger sowie Edith Jacobson, Margaret Mahler und Otto Kernberg stehen der klassischen Methode nahe, bei der der Aspekt der intrapsychischen Konflikte betont und die Nutzung von Elementen der Gegenübertragung begrenzt wird. Kernberg widmet allerdings der Gegenübertragung dennoch besondere Aufmerksamkeit, besonders bei der Behandlung schwerer Charakter-Pathologien. Die interpersonelle Psychoanalyse, wie sie von Guntrip (1961, 1968), der von Fairbairn und Winnicott beeinflußt wurde, sowie Greenberg und Mitchell (1983; Mitchell, 1988) repräsentiert wird, legt besonderen Nachdruck auf die wechselseitige Beeinflussung von Übertragung und Gegenübertragung und betont die mit der Persönlichkeit des Therapeuten in Zusammenhang stehenden Realitätsaspekte der therapeutischen Interaktionen.

In einigen Merkmalen unterscheiden sich alle Objektbeziehungstheorien von anderen Ansätzen. Kernbergs ichpsychologische Objektbeziehungstheorie weicht von der traditionellen Ichpsychologie insofern ab, als sie von einer unauflöslichen Integration von Trieben und Objektbeziehungen ausgeht, dergestalt, daß sich jeder Triebabkömmling aus einer Selbstrepräsentanz und einer Objektrepräsentanz zusammensetzt, wobei die Verbindung aus einer affektiven Disposition besteht. Für Jacobson, Mahler und Kernberg stellen Affekte nicht einfach Entladungen von Trieben dar, sondern aufrechterhaltene Spannungszustände, die die in die Beziehung zwischen Selbst- und Objektrepräsentanzen eingebetteten Triebabkömmlinge repräsentieren. Im Gegensatz dazu geht die traditionelle Ichpsychologie von einer wesentlich lockeren Verbindung zwischen Triebabkömmlichen und Objektbeziehungen aus.

Zusätzlich fokussiert die ichpsychologische Theorie der Objektbeziehungen die frühen, präödipalen Entwicklungsstadien, wohingegen die traditionelle Ichpsychologie die ödipalen Konflikte betont. Die traditionelle Ichpsychologie betrachtet das Zusammenspiel von Antrieb und Abwehr unter dem Aspekt unpersönlicher Abwehrmechanismen, die gegen diffuse Triebabkömmlinge gerichtet sind, wohingegen die ichpsychologische Theorie der Objektbeziehungen das Gleichgewicht zwischen Antrieb und Abwehr mit den Begriffen triebimpulshaft oder defensiv aktivierter Objektbeziehungen in der Übertragung (und Gegenübertragung) beschreibt (Kernberg, 1987, 1988). Zu guter letzt fokussiert die ichpsychologische Theorie der Objektbeziehungen die strukturellen Charakteristika der frühen Ich-Es-Matrix noch vor der Konsolidierung der dreigeteilten Struktur – besonders, wenn es um die Erforschung schwerer Psychopathologien geht: im Gegensatz dazu neigt die traditionelle Ichpsychologie dazu, sämtliche Psychopathologien im Rahmen des dreiteiligen Strukturmodelles zu erforschen (Arlow und Brenner, 1964).

Die interpersonelle Objektbeziehungstheorie weist bedeutsame Parallelen zu Kohuts Selbstpsychologie (1971, 1972, 1977) auf. Fairbairn, Winnicott, Kohut und Sullivan betonen einheitlich die realen Aspekte guten bzw. schlechten mütterlichen Verhaltens sowie den Einfluß befriedigender früher Beziehungen zwischen Mutter und Kind für den Aufbau der Struktur eines normalen Selbst. Ein grundlegender Unterschied zwischen allen Objektbeziehungstheorien – den Ansatz der interpersonellen Psychoanalyse mit eingeschlossen – und Kohuts Selbstpsychologie besteht jedoch darin, daß Kohuts Entwicklungsmodell sich auf die schrittweise Konsolidierung eines archaischen, grandiosen Selbst konzentriert und die „schlechten“ Beziehungen gar nicht als internalisierte Objektbeziehungen konzeptualisiert; Kohut betrachtet die Aggression als Desintegrationsprodukt, nicht als Teil strukturierter, internalisierter Objektbeziehungen. Im Gegensatz dazu betonen die Objektbeziehungstheorien – sogar diejenigen, die es ablehnen, Aggression als Trieb aufzufassen (repräsentiert z. B. durch Fairbairn und Sullivan) – die Bedeutung der Internalisierung „schlechter" Objektbeziehungen, d. h. aggressiv besetzter, dissoziierter Repräsentanzen des Selbst und der Objekte. Diese unterschiedlichen Formulierungen haben signifikante Auswirkungen auf die Behandlungstechnik, insbesondere auf die Konzeptualisierung und Handhabung negativer Übertragungen.

Abschließend soll der Gegensatz zwischen Objektbeziehungstheorien und den französischen Ansätzen – sowohl der Lacanschen Psychoanalyse (Roudinesco, 1990) wie auch des „Mainstreams" (Oliner, 1988) – verdeutlicht werden. Letzterer hat enge Verbindungen zur traditionellen Psychoanalyse aufrechterhalten, die britischen Objektbeziehungstheorien mit eingeschlossen. Lacan (1966) konzeptualisiert das Unbewußte als eine natürliche Sprache und fokussiert die kognitiven Aspekte der unbewußten Entwicklung; insofern widmet er den Affekten, die ein dominierendes Element der Objektbeziehungstheorien darstellen, wenig Aufmerksamkeit. Gleichzeitig betont Lacan, indem er eine sehr frühe ödipale Strukturierung aller Mutter-Kind-Interaktionen postuliert, archaische ödipale Entwicklungen, was seine Formulierungen implizit mit denen Melanie Kleins verbindet. Auch die Hauptströmung französischer Psychoanalyse fokussiert die archaischen Aspekte der ödipalen Entwicklung, legt aber wesentlich größeren Nachdruck auf die traditionelle duale Triebtheorie Freuds und auf die affektive Natur des frühen Ich-Es (Chasseguet-Smirgel, 1986). Da aber weder die Lacansche Psychoanalyse noch die Hauptströmung der französischen Psychoanalyse von spezifischen strukturellen Konsequenzen der internalisierten dyadischen Objektbeziehungen ausgeht, stimmt keine von ihnen mit der Definition überein, die für diesen Beitrag den Rahmen des Feldes der Objektbeziehungstheorien absteckt.

4. Gemeinsamkeiten

Theorien der Objektbeziehungen haben einige zusätzliche Kriterien gemeinsam. Sie alle wenden ihre Aufmerksamkeit dem Einfluß von Erlebnissen in den frühen Entwicklungsstadien auf die Ausformung des psychischen Apparates zu. Sie alle sind an der normalen wie auch an der pathologischen Entwicklung des Selbst und der Bildung der Identität interessiert, und sie akzeptieren die Existenz einer internalisierten Welt von Objektbeziehungen als Teil ihrer Konzeptualisierung des psychischen Apparates. Insofern sie die Beziehung zwischen vergangenen und aktuellen intrapsychischen und interpersonellen Objektbeziehungen behandeln, stellen sie Verbindungen zur Familienstruktur und Gruppenpsychologie her. Ihr Interesse für die affektiven Aspekte der Beziehung zwischen Selbst und Objekt und zwischen Selbst- und Objektrepräsentanzen führt zu einer besonders intensiven Beschäftigung mit dem Ursprung und den Schicksalen früher Affekte, was wiederum als Bindeglied zwischen Objektbeziehungstheorien, empirischer Forschung zur Affekt-Entwicklung und Neurophysiologie fungiert.

Alle Objektbeziehungstheorien fokussieren besonders die Inszenierung internalisierter Objektbeziehungen in der Übertragungsanalyse und betonen die Funktion der Gegenübertragungsanalyse für die Entwicklung von Deutungsstrategien. Sie befassen sich insbesondere mit schweren Psychopathologien, einschließlich psychotischer Patienten, die psychoanalytischen Techniken noch zugänglich sind, Borderline-Fällen, schweren narzißtischen Charakterpathologien und Perversionen. Theorien der Objektbeziehungen erforschen primitive Abwehrvorgänge und Objektbeziehungen sowohl bei schweren Psychopathologien als auch – bei allen Patienten – in Zuständen massiver Regression.

Literaturempfehlungen

Greenberg, J. R. & Mitchell, S. A. (1983). Object relations in psychoanalytic theory. Cambridge, MA: Harvard University Press.

Kernberg, O. F. (1976). Objektbeziehungen und Praxis der Psychoanalyse. Stuttgart: Klett-Cotta 1981.

Kernberg, O. F. (1987). An ego-psychology object relations theory approach to the transference. Psychoanalytic Quarterly, 56, 197–221.

Maze, I. R. (1993). The complementarity of object-relations and instinct theory. International Journal of Psychoanalysis, 74, 459–470.

Mitchell, S. A. (1988). Relational concepts in psychoanalysis. Cambridge, MA: Harvard University Press.

Opatow, B. (1993). On the drive-rootedness of psychoanalytic ego psychology. International Journal of Psychoanalysis, 74, 437–457.

Rothstein, A. (Ed.) (1985). Models of the mind. Their relationships to clinical work. Madison: International Universities Press.

9. Narzißmus-Theorien

HERIBERT WAHL

1. Zum Problem einer Definition: Erblast eines Begriffs

Umgangssprachlich bezeichnet Narzißmus meist negativ bewertete Eigenschaften und Verhaltensweisen wie übermäßige Selbstbezogenheit, Geltungsstreben, Überheblichkeit. *Moralphilosophisch* gilt Narzißmus als krankhafte Selbstliebe. Eine einheitliche Auffassung, was *psychologisch* unter Narzißmus zu verstehen sei, dürfte in der Psychoanalyse der Gegenwart nicht zu erreichen sein. Jeder Definitionsversuch scheitert an der Vieldeutigkeit des Begriffs, die ihm seit seiner Rezeption anhaftet, und an der Vielfalt heterogener Konzepte und Theorien, die von Freud und seinen Kollegen (Abraham, Ferenczi, Sadger, Rank u. a.) an bis heute entwickelt wurden. Sie beleuchten immer nur unterschiedliche Aspekte und Ausschnitte jener komplexen psychischen Phänomene, die mit dem „Selbst"-Bezug des Menschen zu tun haben.

Mit dem griechischen Mythos vom schönen Jüngling Narkissos, der an der unstillbaren Liebe zu seinem unerreichbaren Spiegelbild im Wasser zugrunde geht, ist das Thema angeschlagen und in der westlichen Kultur unendlich variiert worden. Deren zwiespältiges Erbe und Schwanken zwischen einschränkend-abwertenden und überhöhend-verherrlichenden Tendenzen prägt auch den wissenschaftlichen Zugriff der Psychoanalyse auf Entstehen und Wirkweisen, Strukturen und lebensgeschichtliche Schicksale des Narzißmus.

Der *klinisch-therapeutische* Ansatz beim gestörten Selbst-Erleben bot zwar die Gelegenheit zur Rehabilitierung eines

„normalen Narzißmus".Es bleibt jedoch die Ironie dieser Geschichte, daß sich die Neubewertung nur schwer durchsetzen konnte; zwei Gründe spielen zusammen: mit dem Krankheitsbegriff „Narzißmus", den die Psychiatrie im Sinn einer sexuellen Perversion gebraucht, übernimmt die junge Psychoanalyse auch den kulturgeschichtlichen Bedeutungshof. Zugleich soll der Begriff äußerst unterschiedliche normale und pathologische Phänomene – vom Schlaf über Verliebtsein bis zur Psychose – einheitlich als *Besetzungsvorgänge* mit „narzißtischer Libido" erklären. Durch diese Gleichsetzung von ökonomischer Triebauffassung und affektiven Konzepten wie Selbst(wert)gefühl, Selbstachtung, Selbstliebe usw. überträgt sich die moralisierende Abwertung des „triebhaft-egoistischen" Narzißmus unterschwellig auf die Selbst-Beziehung überhaupt. Ob die Entscheidung der Selbstpsychologie, den mißverständlichen Narzißmus-Begriff ganz aufzugeben, das Problem seiner Erblast „bereinigt", bleibt eine offene Frage. Einige markante Stationen und Weggabelungen in der Geschichte der psychoanalytischen Narzißmus-Theorien sind daher nachzuzeichnen, um die aktuelle Diskussion zu verstehen.

2. Narzißmus – der Mythos im Gewand der Metapsychologie

2.1. Vom Autoerotismus zum Narzißmus – Das Ich als „libidinöses Objekt"

Schon vor seiner Hauptschrift „Zur Einführung des Narzißmus" (1914c) verstand Freud etwa die Homosexualität psychogenetisch als spezifische Wahl des Sexualobjekts nach dem „narzißtischen Typ", d. h. nach der Ähnlichkeit mit der eigenen Person. Später spricht er von einer *narzißtischen Phase*, einer normalen Entwicklungsstufe zwischen dem „uranfänglichen Autoerotismus" der sexuellen Triebe und der Objektliebe: man liebt zuerst den eigenen Körper, sich selbst oder andere Objekte, die einem selbst „ähnlich" sind. Damit ist die *Selbstliebe* als bloße *Vorstufe der reiferen Objektliebe* begriffen, die später die narzißtische Einstellung zugunsten nichtegoistischer Beziehungen aufgibt. Diese folgenschwere Festlegung wird heute theoretisch, klinisch wie entwicklungspsychologisch in Frage gestellt.

Zwar leitet Freud („Totem und Tabu", 1912–1913) auch den magisch-animistischen Glauben von „Primitiven", Kindern und Neurotikern an die „Allmacht der Gedanken" vom narzißtischen „Zwischenstadium" ab. Doch hält er zugleich fest: Diese „narzißtische Organisation", in der die Sexualtriebe das schon entwickelte Ich besetzen, wird nie mehr aufgegeben -- auch wenn äußere Objekte für die Libido gefunden sind!

In der Auseinandersetzung mit C. G. Jung bildet Freud die „Vorstellung einer ursprünglichen Libidobesetzung des Ichs" und erläutert diesen *„primären Narzißmus"* mit seinem berühmten Vergleich vom Protoplasmatierchen: wie dieses seine Pseudopodien, so schickt der primäre Narzißmus seine Besetzungen zu den Objekten aus und zieht sie wieder ein (sekundärer Narzißmus). Ichlibido und Objektlibido – Liebe zu sich und zu anderen – geraten in einen konkurrierenden Gegensatz: „Je mehr die eine verbraucht, desto mehr verarmt die andere." (Freud, 1914c, S. 140f.)

Libido-ökonomisch scheint damit das Schicksal der Selbstliebe besiegelt; aus der Perspektive des Realitätsprinzips wird sie zum reinen Egoismus, der krank werden läßt, wenn man nicht anfängt zu lieben (vgl. a.a.O., S. 152) – nicht sich, sondern andere!

2.2. Vom Narzißmus zum Ich: Freud und die Ichpsychologie

Daß Freud bereits 1914, also lange vor „Das Ich und das Es" (1923b), wichtige Elemente einer „Ichpsychologie" und damit einer Theorie narzißtischer Störungen erarbeitete, wurde zunächst – bis auf wenige Ausnahmen (Ferenczi, Tausk u. a.) – kaum aufgegriffen (May-Tolzmann, 1990). Diese Einsichten (z. B. das Ichideal als Erbe der einstigen narzißtischen Vollkommenheit) vertieft Freud in „Massenpsychologie und Ich-Analyse" (1921c): neben und vor der libidinösen Objektbesetzung stellt die idealisierende *Identifi-*

zierung (wie der bewunderte Vater sein wollen) die andere, sogar frühere Form der „Gefühlsbindung an eine andere Person" dar (1921c, S. 115) und läßt Gruppenphänomene wie auch Ich-Deformationen als Beziehungen zwischen Ich und *inneren* (z. B. idealisierten) Objekten verstehen.

Die Erforschung des Narzißmus rückte mit diesen archaischen Ursprüngen des Ich auch andere Konflikte, Wünsche, innerseelische Funktionsweisen und Objektbeziehungen als die Libido-Konflikttheorie ins Blickfeld, die z. T. erst heute zum Tragen kommen.

Eine gewisse terminologische Klärung versucht die nachfreudsche *Ichpsychologie*, indem sie die bei Freud synonymen Ausdrücke Ich, Selbst, Person differenziert und unter Narzißmus die libidinöse bzw. aggressive Besetzung allein des *Selbst* versteht (Hartmann); sein Verhältnis zu den Selbstrepräsentanzen wie zu den psychischen Strukturen von Ich, Es und Über-Ich bleibt jedoch ungeklärt. Interessant, aber wenig aufgegriffen sind spätere Vorschläge, das Selbst operational als „Bezugsrahmen" für die innere Wahrnehmung anzusehen; es als „dritte Kraft" (neben Trieb und Realität) und autonomen Faktor der Persönlichkeitsentwicklung zu postulieren, der das Leitthema für die späteren Variationen der „primären Identität" vorgibt (Lichtenstein, 1964); oder das „experiencing self" als Sitz von Empfindungen, Gefühlen und Identifikationen vom „erkennenden Ich" abzuheben und dem Selbst die Gestaltung der Objektbeziehungen zuzuschreiben (Levin, 1969).

3. Vom „primären Narzißmus" zur „primären Liebe" und zur Objektbeziehung

3.1. Vom primären Geliebtwerden zur aktiven Liebe

Bereits *Ferenczi* (1913) betont die Möglichkeit, daß der Narzißmus keine zu überwindende Stufe auf dem Weg zur Objektliebe darstellt, sondern ein eigenes Schicksal hat und neben der Objekterotik erhalten bleibt, auch wenn die Sehnsucht nach fusionär-narzißtischer Allmacht sich mit der Anerkennung der Realität allmählich verringert.

Sein Schüler Michael *Balint* setzt schon 1935 radikal einem theoretisch unstimmigen und klinisch unfruchtbaren primären Narzißmus den *primären Wunsch* des Neugeborenen entgegen, absolut und bedingungslos *geliebt zu werden*. Erst dessen Frustration führt zu einem sekundären narzißtischen Rückzug auf sich selbst. Neben diesem – erzwungenen – Umweg zur Liebe, der nie voll befriedigen kann, ist der andere Weg die „aktive Objektliebe", die auf den Partner eingeht, um von ihm wiedergeliebt und befriedigt zu werden (1969, S. 91).

Diese interaktionale Sicht ermöglicht nicht allein einen empathischen Zugang zur Aggression – „man wird schlecht durch Leiden" (1969, S. 58f.), d. h. durch versagte primäre Liebe. Auch therapeutisch eröffnen sich neue Wege: die Annahme der wiederbelebten, weil nie anerkannten primären Liebeswünsche stößt in einen seelischen Bereich vor, der „weder Trieb- noch Konfliktform" aufweist, in dem vielmehr ein „Mangel, der behoben werden muß", erlebt wird – die sog. „Grundstörung" (1968, S. 32).

Als gegensätzliche Schicksale der primären Liebe beschreibt Balint 1959 plastisch zwei „narzißtische Charaktertypen": den „Oknophilen", der sich ängstlich an Objekte klammert, und den „Philobaten", der vor ihnen in die „freundlichen Weiten" flieht.

3.2. Von Narziß zu Ödipus

Béla *Grunbergers* Programm lautet dagegen: „Vom Narzißmus zum Objekt" (1971). Auch er lehnt Freuds Konkurrenztheorie von Selbst- und Objektliebe ab und modifiziert die klassische Trieblehre. In seiner Ausweitung des Narzißmus zu einer eigengesetzlichen psychischen Dimension, die in der pränatalen Existenz gründet, geht es um die dialektische Verschränkung und schließliche Synthese mit dem Trieb – im Unbewußten durch den Phallus als „narzißtische Vollkommenheit" dargestellt. Beide Größen – triebhaftes Ich und narzißtisches Selbst – liegen freilich von Geburt an im Dauerkonflikt, um dieses „narzißtische Trauma" der Vertreibung aus dem fötalen Paradies der Zeitlosigkeit, der Allmacht, Unverwundbarkeit und Unsterblichkeit durch „narzißtische Zufuhr" von außen zu heilen. Dem Ziel der „narzißtischen Wiederherstellung" der grandiosen vorgeburtlichen Einheit dient – wie Kultur, Über-Ich und Neurose – auch die Psychoanalyse, die daher das Selbst stärken und narzißtisch aufwerten muß – freilich nicht in einem wechselseitigen Dialog der Anerkennung, sondern als unerbittliche, triebversagende „Spiegelhaltung", um den Kranken gegen seine Allmachtsillusion zur Entwicklung reifer, d. h. objektaler Beziehungen zu bringen. Am Ende aller narzißtischen Wege steht (auch) bei Grunberger das ödipale Objekt bzw. Realitätsprinzip: „Wo Narziß war, soll Ödipus werden." (1974, S. 523).

Trotz klinisch und theoretisch wichtiger Beiträge (zur Integration von Trieb und narzißtischem Faktor; zum frühen Über-Ich) ist zu fragen, ob in diesem Panorama – vom pränatalen narzißtischen Glücksgefühl bis zum Phallus-Symbol narzißtischer Vollkommenheit – nicht Metapsychologie in ungeschichtliche Psycho-Mythologie umschlägt, welche die soziokulturell bewirkten Selbst-Deformationen nicht mehr ausmachen läßt.

3.3. Normaler und pathologischer Narzißmus: die Objektbeziehungstheorie

Der seit Freud normative Weg „vom Narzißmus zum Objekt" wird ersichtlich verschieden begangen und ausgebaut. Die von Melanie *Klein* ausgehende, in sich differenzierte *„Objektbeziehungstheorie"* prägt auch die Diskussion um den Narzißmus und die Behandlung narzißtischer Persönlichkeitsstörungen.
Bereits Melanie Klein hatte einen primären Narzißmus aufgegeben, als sie in ihren Kinderanalysen zunehmen die psychische Welt innerer Objekte und deren archaische Beziehungsformen entdeckte. Andere Kinder- und Entwicklungsforscher sprachen zwar von einem objektlosen oder Vor-Objekt- Stadium (Spitz) oder einer autistischen Phase (Mahler), konzentrierten sich jedoch ebenfalls auf die frühesten, symbiotisch-dyadischen Beziehungen zwischen Mutter und Kind.

Auf dieser Linie trifft Otto F. *Kernberg* (1975) seine scharfe Unterscheidung zwischen dem *normalen*, gesunden Narzißmus in jeder Entwicklung (mit ihrer komplexen „Mechanik" von Differenzierung, Spaltung und Reintegration der „guten" und „bösen" Selbst- und Objektrepräsentanzen) und einem *pathologischen* Narzißmus. Dieser beruht auf übermäßiger (konstitutioneller) oraler Aggression und frühen Spaltungen und erweist sich als Abwehrstruktur, die zur Ausbildung eines unrealistisch-krankhaften „Größenselbst“, zu kalter Mißachtung und Entwertung anderer und zu pathologischer Zerstörungswut führt. Weil hier das reale und das ideale Selbst mit dem beneideten idealen Objekt zu einem grandios überhöhten Selbstkonzept verschmolzen sind, um die strukturellen Defekte zu kompensieren, kann der schwer narzißtisch Gestörte nach Kernberg weder normale Abhängigkeit (z. B. vom Analytiker!) ertragen noch Dankbarkeit empfinden oder trauern – er muß sein eigenes Ideal sein, und noch jede Idealisierung eines anderen ist nur verkappte Aggression.

Dieser infantil-unreifen Haltung, die nichts Gutes annehmen kann, sondern aus Neid, Haß und Wut alles zerstören muß, ist analytisch allein mit strikter „*Neutralität*“ zu begegnen, damit in konsequenter Deutung der Übertragung (v. a. der aggressiven Anteile) die strukturellen Spaltungen überwunden und nicht-narzißtische, reife Beziehungen zu Objekten möglich werden.

4. Vom Narzißmus zum Selbst und zum Selbstgefühl

4.1. Auf dem Weg zu einer Psychologie des Selbst: der Narzißmus als eigenständige Entwicklungslinie

Der frühe Heinz *Kohut* (1971) beschreibt seine klinischen Entdeckungen zunächst noch mit Hilfe der narzißtischen Libido-Besetzung archaischer Objekte, nennt diese jedoch bereits „*Selbst-Objekte*“, weil sie vom archaischen Selbst noch nicht als getrennt und unabhängig erlebt werden. Auch am Konzept des primären Narzißmus hält er fest – wohl als Gegengewicht zum Programm progressiver Ablösung und Trennung von Selbst und Objekten, dem er eine eigenständige Entwicklungslinie des Narzißmus entgegengestellt: Parallel zu den Triebphasen und zur Ich-Differenzierung gibt es „Formen und Umformungen des Narzißmus“ (1966) von ganz archaischen und zerbrechlichen in mehr und mehr stabile, kohäsive, reife Selbst-Strukturen und Erlebnisweisen – wie auch die Objektliebe sich aus archaisch-primitiven zu realistischeren Formen entwickelt.

Mit dieser Neudimensionierung ist nicht nur Freuds Konkurrenz-Modell überwunden, sondern die Erklärungskraft der Libido- und Triebkonflikt-Theorie für die *Selbst-Entwicklung* überhaupt erschöpft, wie sie Kohut konzipiert: Aus der unvermeidlichen Versagung des anfänglichen Verschmolzenseins mit der Mutter bilden sich die „normalen" Grundkonfigurationen des *„Größenselbst"* und der *„idealisierten Eltern-Imago"*. Aus diesen wiederum erwachsen, wenn die Frustration optimal bleibt und nicht traumatische Ausmaße annimmt, durch allmähliche Verinnerlichung und Umwandlung „reife" narzißtische Ziele, Strebungen und Ideale sowie jene späten Errungenschaften eines „transformierten" Narzißmus, welche die Identität eines Menschen ausmachen: schöpferische Begabung und Arbeit; Empathie; Fähigkeit, die eigene Endlichkeit zu akzeptieren („kosmischer Narzißmus"); Sinn für Humor; Weisheit (1966).

Für die klinisch-therapeutischen Folgerungen und die Rolle der *Empathie*, die sich aus dieser weder trieb- noch ichpsychologisch faßbaren Sicht von Narzißmus als Selbst-Entwicklung ergeben, verweise ich auf den Artikel → Selbstpsychologie.
Kohut (1972) behauptet, das vorurteilshafte emotionale Klima zu überwinden, das im altruistischen Wertsystem des jüdisch-christlichen Abendlandes wurzle und die Sorge um das eigene Wohl als narzißtischen Egoismus herabsetzte. Jedenfalls rehabilitiert er die unterschlagene Hälfte im biblischen Gebot, den Nächsten zu lieben „wie sich selbst", auch von der psychoanalytischen Theorie her.

4.2. Narzißmus und Affekt: die Regulierung des Selbstwertgefühls

Im Rückgriff auf die bei Freud libidotheoretisch verdeckte *affektive* Bedürfnis- und Erfahrungsdimension versteht man unter Narzißmus die Summe aller positiv gefärbten Gefühlszustände, die mit der Selbstrepräsentanz verbunden werden, den „positiven Anteil am Gesamtniveau des Selbstwertgefühls" (Holder und Dare, 1982, S. 795). *„Wohlbefin-*

den" stellt sich ein, wenn narzißtische Anteile die „gegennarzißtischen Faktoren" (die negativen Selbstzustände) überwiegen. In Ablösung vom Triebkonzept gelten also narzißtische Störungen als Abweichungen vom angestrebten „Idealzustand des Wohlbefindens" (Joffe und Sandler, 1967). Diese Diskrepanzen zwischen dem idealen und dem realen Selbst werden als seelischer Schmerz erlebt, wenn das vom Lustprinzip unabhängige „*Sicherheitsstreben*" bzw. „Sicherheitsprinzip" (Argelander, 1971) beeinträchtigt ist.

Aufgebaut wird das Selbstgefühl in den komplexen emotionalen Interaktionen mit der Mutter, wobei deren „*Spiegelung*" – Kohuts „Glanz im Auge der Mutter" – dem Kind seine ersten Selbstwahrnehmungen vermittelt (vgl. Winnicott; Lacan; Lichtenstein).

Diese grundlegende Interdependenz von affektiver Erfahrung, Triebwunsch und Objektbeziehung in der Ausbildung des „narzißtischen" Systems der Selbst(wert)regulation (Henseler 1973) prägt und begleitet die gesamte Entwicklung, wie das die direkte Kind-Mutter-Beobachtung (Lichtenberg; Stern u. a.) eindrucksvoll bestätigt.

Auf die differenzierte Theoriebildung in der französischen Psychoanalyse (neben der Schule Lacans z. B. Green, 1983) kann hier nur verwiesen werden.

5. Im „Zeitalter des Narzißmus"? Zur soziokulturellen und sozialwissenschaftlichen Relevanz von Narzißmus-Theorien

Während Freud (1930a) das „ozeanische Gefühl" des primären Narzißmus in seiner vaterzentrierten Religionspsychologie aussparte, wohl aber die gruppenpsychologischen Effekte etwa des „Narzißmus der kleinen Differenzen" herausstellte, erfährt das Narzißtische seit den siebziger Jahren einen (selber „narzißtischen"?) Boom in gesellschaftskritischer Diagnose und kulturgeschichtlicher Neubewertung. Sie gilt so unterschiedlichen Phänomenen wie dem sozialpsychologischen „Helfersyndrom" (Schmidbauer, 1971), bestimmten Religionsformen (Scharfenberg,

1973), Suizidhandlungen (Henseler, 1975) oder literarisch-ästhetischen Gestaltungen (Dettmering, 1981) und äußert sich als sozio- und psychohistorische Kulturanalyse (Richter, 1979) und Zivilisationskritik (Lasch, 1982) ebenso wie in der pädagogischen Diskussion um einen „narzißtischen Sozialisationstypus" (Häsing u. a., 1981), um nur einige herauszugreifen. Ihre psychoanalytische Würdigung hängt ebenso von der Seriosität im Umgang mit den jeweiligen Konzeptionen ab wie vom Standpunkt, den man zu dem so mißbräuchlichen und mißbrauchten Narzißmus-Begriff und seinen theoretischen und praktischen Schicksalen einnimmt.

Literaturempfehlungen

Balint, M. (1969). Die Urformen der Liebe und die Technik der Psychoanalyse. Frankfurt/M.: Fischer.

Freud, S. (1914c). Zur Einführung des Narzißmus. GW X, 137–170.

Köhler, L. (1978). Über einige Aspekte der Behandlung narzißtischer Persönlichkeitsstörungen im Lichte der historischen Entwicklung psychoanalytischer Theoriebildung. Psyche, 32, 1001–1058.

Kohut, H. (1971). Narzißmus. Frankfurt/M.: Suhrkamp 1973.

Kohut, H. (1975). Die Zukunft der Psychoanalyse. Frankfurt/M.: Suhrkamp.

Mertens, W. (1981). Psychoanalyse. Stuttgart: Kohlhammer (Kap. 2.3; 3.4; 4.3).

Pulver, S. E. (1972). Narzißmus: Begriff und metapsychologische Konzeption. Psyche, 26, 34–57.

Wahl, H. (1985). Narzißmus? Von Freuds Narzißmustheorie zur Selbstpsychologie. Stuttgart: Kohlhammer.

10. Selbstpsychologie

Lotte Köhler

1. Ausgangsproblematik

Die Selbstpsychologie ist eine Richtung innerhalb der Psychoanalyse, die in den sechziger Jahren von Heinz Kohut entwickelt wurde, als Patienten, die an Hysterie oder Zwangsneurose erkrankt waren immer seltener wurden. Es mehrte sich hingegen die Zahl der Patienten, die an diffusen Beschwerden wie Arbeitsstörungen, Neigungen zu perversen Handlungen oder hypochondrischen Ängsten, an Gefühlen von Leere, Sinnlosigkeit oder Depression litten. Diese Patienten besserten sich nicht, wenn ihnen die Übertragung als Ausdruck auf den Analytiker gerichteter Triebwünsche oder als Abwehr gegen Triebkonflikte gedeutet wurde. Sie litten, wie Kohut herausfinden sollte, an einer Störung des Selbst. (Anmerkung 1)

Kohuts Patientin, Fräulein F. fühlte sich trotz beruflichen Erfolges und guter sozialer Kontakte stets als Außenseiterin und war sich der Realität ihrer Gefühle und Gedanken nicht sicher. Kohut fiel auf, daß die Patientin wütend und vorwurfsvoll wurde, sobald er gegenüber ihren Äußerungen mehr als eine Zusammenfassung dessen, was sie gesagt hatte, anbot. Sie beschuldigte ihn dann mit schriller Stimme, daß er damit alles, was sie aufgebaut hätte, zerstöre und die Analyse kaputt mache. Alle Deutungen, die dieses Verhalten als Widerstand gegen ödipale Übertragungswünsche zu interpretieren versuchten, steigerten die Wut der Patientin nur. Eine empathische Einstellung gegenüber der Patientin führte Kohut schließlich zu der Annahme, daß sie, wenn sie mit schriller Stimme ihre Bedingungen durchsetzen wollte, in der Übertragung den Anspruch eines kleinen Kindes geltend zu machen suchte, Recht zu haben. Die Mutter der Patientin war depressiv gewesen. Die Patientin hatte bei ihr weder Freude noch Zustimmung hervorrufen können, die Mutter blieb auf sich selbst bezogen. Die Patientin war sich als Erwachsene der Realität ihrer Gefühle nicht gewiß, weil diese in ihrer frühen Kindheit nicht geteilt und gespiegelt worden waren. Dieses Defizit konnte nun analytisch angegangen werden. Die Übertragung war nicht durch infantile Triebregungen, sondern durch die Wiederbelebung des Wunsches geprägt, ein ihr wichtiger Mensch möge ihr *Selbsterleben* teilen, spiegeln und validieren.

2. Wichtige Gesichtspunkte der Selbstpsychologie

Dieses Beispiel beleuchtet einige für die Selbstpsychologie wichtige Gesichtspunkte:

Psychische Realität und Empathie: Von Belang für die Analyse ist einzig die *psychische*, innere Realität des Patienten. Diese ist nur durch einen empathischen Erkenntniszugang, d. h. durch stellvertretende Introspektion erfaßbar. Eine Betrachtungsweise vom objektiv-neutralen Gesichtspunkt aus würde das Erleben des Patienten lediglich aus der Sicht des äußeren Beobachters, nicht jedoch von innen her erschließen.

Selbstobjektübertragung: Man muß bei Übertragungen zwei Objektqualitäten unterscheiden: solche, bei denen der Analytiker objektal, als „Zentrum eigener Initiative" und abgegrenzt vom Patienten erlebt, zur Zielscheibe von infantilen Triebwünschen wird, und solche, bei denen diese Abgrenzung fehlt und der Analytiker die Funktion hat, der Aufrechterhaltung des Selbstgefühls und der Selbstregulation des Patienten zu dienen. Für diese in der Selbstpsychologie zentrale Übertragungsform prägte Kohut den Begriff der „Selbstobjektübertragung".

Spiegelndes Selbstobjekt und idealisierte Elternimago: Ein Selbstobjekt ist demnach ein Objekt, ohne das die eigene Selbstregualtion nicht aufrechterhalten werden kann. Ein Selbstobjekt wird wie ein Teil des eigenen Selbst erlebt, es soll verfügbar sein wie etwa die eigene Hand. Es gibt zwei Arten von Selbstobjekten: spiegelnde, die das dem Kind angeborene Gefühl von Lebenskraft, Größe und Vollkommenheit erwidern und bestätigen, und solche, die sich aus der idealisierten Elternimago ableiten, zu denen das Kind aufblicken und mit denen bzw. deren Ruhe, Unfehlbarkeit und Omnipotenz es verschmelzen kann.

Das bipolare Selbst: Aus diesen Übertragungen leitete Kohut die Struktur des Selbst ab. Es besteht nach seiner Auffassung aus folgenden Komponenten: einem Pol, aus dem die Grundstrebungen nach Macht und Erfolg hervorgehen, einem Pol, der die idealisierten Ziele beherbergt, und einem Zwischenbereich von Begabungen und Fertigkeiten, die durch den Spannungsbogen aktiviert werden, der sich zwischen Ehrgeiz und Idealen herstellt. „Wenn das Selbst sich in der Wechselwirkung von ererbten und Umweltfaktoren einmal herauskristallisiert hat, strebt es nach der Verwirklichung seines spezifischen Handlungsprogrammes, das bestimmt wird durch das spezifische Muster seiner Strebungen, Ziele, Fertigkeiten und Begabungen und durch die Spannungen, die zwischen diesen Bestandteilen bestehe." (Kohut und Wolf, 1978; dt. 1980, S. 669)

Die grundlegende Neuerung der Selbstpsychologie gegenüber der Trieb- und Strukturtheorie der Psychoanalyse besteht darin, daß das Selbst und seine sog. Selbstobjektbedürfnisse als zentrale Motivationsfaktoren angesehen werden. Viele Übertragungsphänome können erheblich besser analysiert und durchgearbeitet werden, wenn man sie nicht als Ausdruck von Triebwünschen, sondern von Selbstobjektbedürfnissen ansieht.

Entwicklungslinie des Selbst und der Selbstobjekte: Während nach klassischer psychoanalytischer Auffassung die Entwicklung vom Narzißmus zur Objektliebe, von symbiotischem Erleben zur Ausbildung getrennter Selbst- und Objektrepräsentanzen führt, postuliert die Selbstpsychologie daneben eine eigene, weitere Entwicklungslinie für das Selbst und die Selbstobjekte, die von archaischen zu reifen Formen führt (Wolf, 1980). Die Funktion des Selbstobjektes bleibt während des ganzen Lebens zum psychischen Überleben notwendig. Sie wird durch die Ausbildung einer objektalen Objektrepräsentanz nicht etwa abgelöst. Ziel einer Analyse im Sinne der Selbstpsychologie ist demgemäß nicht, den Patienten aus etwaigen Verschmelzungen oder anderen symbiotischen Bindungen zu lösen, so daß er seine emotionale Abhängigkeit vom Objekt aufgeben kann und Objektkonstanz erreicht, sondern vielmehr die Reifung der Selbstobjektbeziehung. Als deren Folge wird das Selbst des Patienten kohäsiver, seine Empathie nimmt zu, was ihm ermöglicht, ein Objekt auch als Zentrum eigener Initiative zu akzeptieren.

Reaktivierung von Selbstobjektbedürfnissen in der Übertragung: Eine nicht gelungene Interaktion zwischen dem Kind und seinen Selbstobjekten führt zu einem beschädigten Selbst. Wenn ein Patient mit einem beschädigten Selbst eine psychoanalytische Behandlung beginnt, reaktiviert er diejenigen Bedürfnisse, die in der frühen Kindheit aufgrund bestimmter mißlungener Interaktionen zwischen dem sich entwickelnden Selbst und den Selbstobjekten unerwidert geblieben sind – eine Selbstobjektübertragung stellt sich her, wobei drei Formen unterschieden werden können: die Spiegelübertragung, die idealisierende Übertragung und die Zwillingsübertragung. Solange diese Übertragung nicht gestört ist, befindet sich der Patient in einem narzißtischen Übertragungsgleichgewicht mit dem Analytiker. Ähnlich aber wie auch z. B. die Mutter nicht fähig war, alle Bedürfnisse des Kindes empathisch zu erfassen und darauf zu reagieren, ist auch der Analytiker nicht imstande, stets zu verstehen, was im Patienten vor sich geht und adäquat darauf zu reagieren. Der Patient erleidet somit eine Frustration, das narzißtische Übertragungsgleichgewicht bzw. die Selbstobjektübertragung erleidet einen Bruch.

Kohut hat verschiedene Möglichkeiten beschrieben, wie Patienten auf ein Zerbrechen der Selbstobjektübertragung reagieren können: mit narzißtischer Wut oder regressiven Schwankungen, wie beispielsweise ekstatischen, tranceartigen, religiösen Gefühlen oder hypomanischer Erregung bei Zerbrechen einer idealisierenden Übertragung; oder kaltem, herablassendem Verhalten, affektierter Sprache und Gestik, unrealistischem, phantastischem Handeln bei Zerbrechen einer Spiegelübertragung. Bei noch weiterer Regression können Spannungszustände, hypochondrische Ängste um körperliche und geistige Gesundheit auftreten sowie Eigenstimulation, perverse Phantasien und Handlungen zu beobachten sein. Für die Prognose wichtig sind jeweils das Ausmaß und die Dauer einer solchen Regression.

Durcharbeiten der Selbstobjektübertragung: Hat sich ein Bruch der Selbstobjektübertragung ereignet, ist es wichtiger, den Auslöser aufzuspüren, der oft in minimalem Empathieversagen lag, als auf den Inhalt der reaktiven Wut oder der Regression einzugehen. Fühlt sich der Patient verstanden, wird die empathische Bindung wiederhergestellt. Er kann in immer neuen kleinen Schritten erfahren, welche Erwartungen er an den Analytiker als Selbstobjekt hatte. Dessen empathische Einstellung läßt die Frustrationen einen anderen Verlauf nehmen als in den vorangegangenen Früherlebnissen und den später immer wieder reproduzierten Erfahrungen. Dem empathischen *Verstehen* folgen in späteren Phasen der Analyse rekonstruktiv-genetische *Erklärungen*. Auf diese Weise kann der Patient früher erfolgte Abspaltungen und/oder Verdrängungen von Selbstanteilen aufgeben und sie in kleinen Schritten integrieren. Bei optimaler Frustration übernimmt der Patient durch transmutierende Verinnerlichung die Ausübung der Funktionen, die zunächst der Analytiker als Selbstobjekt für ihn wahrnahm. Er baut Strukturen auf, die zu einem kohäsiven Selbst führen.

3. Rezeption der Selbstpsychologie

Solange Kohut seine Gedanken in Begriffen der Triebtheorie ausdrückte, das Selbstobjekt beispielsweise als ein mit narzißtischer Libido besetztes Objekt definierte, fand er große Aufmerksamkeit, Interesse und Zustimmung. Erst als er mit seinem zweiten Buch (1977) einen Paradigmenwechsel vollzog, indem er den Motivationsprimat nicht mehr den Trieben, sondern dem Selbst zusprach, wurde ihm namentlich aus jenen analytischen Kreisen viel Ablehnung zuteil, für die Psychoanalyse Konfliktanalyse ist. Selbstpsychologische Ansätze finden insbesondere dort erfolgreich Anwendung, wo Probleme einer gestörten Selbstobjekt-Matrix zu bearbeiten sind, wie beispielsweise in der Sozialarbeit, im Verständnis von Literatur, in der Biographieforschung sowie in der Ethnologie oder der Erforschung der Folgen sozialer Umbrüche oder Entwurzelungen, die ebenfalls eine Fragmentierung des Selbst zur Folge haben können. Kohuts Mitarbeiter und Schüler, von denen hier nur M. Basch, A. Goldberg, J. Lichtenberg, A. und P. Ornstein, M. Stolorow, P. Tolpin und E. Wolf genannt seien, setzen, u. a. mit jährlichen Tagungen und wissenschaftlichen Veröffentlichungen, sein Werk fort.

Anmerkung 1: Die Krankheitsbezeichnung „narzißtische Persönlichkeitsstörung" meint etwas ähnliches, trifft aber den Kern der Störung nicht: Narzißmus ist gemäß der von Hartmann (1950) gegebenen Definition die libidinöse Besetzung des Selbst – (siehe Kap. 9 Narzißmustheorien). Aus triebtheoretischer Sicht ist demnach nicht das Selbst, sondern nur seine *Besetzung* pathologisch. Daß Kohut bereits in seinem ersten Buch (1971) eine weitere Bedeutung vertrat, geht aus dessen Titel „The Analysis of the Self" hervor, den der deutsche Übersetzer allerdings auf „Narzißmus" reduzierte.

Literaturempfehlungen

Kohut, H. (1971). The analysis of the self. New York: International Universities Press (dt.: Narzißmus. Frankfurt/M.: Suhrkamp 1973).

Kohut, H. (1977). Introspektion, Empathie und Psychoanalyse. Frankfurt/M.: Suhrkamp.

Kohut, H. (1977). The restauration of the self. New York: International Universities Press (dt.: Die Heilung des Selbst. Frankfurt/M.: Suhrkamp 1979).

Kohut, H. (1984). How does analysis cure? Chicago: University of Chicago Press (dt.: Wie heilt die Psychoanalyse? Frankfurt/M.: Suhrkamp 1989).

Kohut, H. & Wolf, E. S. (1978). The disorders of the self and their treatment. An outline. International Journal of Psycho-Analysis, 59, 413–425 (dt.: Die Störungen des Selbst und ihre Behandlung. In U. H. Peters (Hrsg.) (1980). Die Psychologie des 20. Jahrhunderts, Bd. X (S. 667–682). Zürich: Kindler.

Kohut, H. & Elson, M. (Hrsg.) (1993). Auf der Suche nach dem Selbst. Kohuts Seminare zur Selbstpsychologie und Psychotherapie mit jungen Erwachsenen. München: Pfeiffer.
Ornstein, P. (Ed.) (1978). The search for the self. Selected writings of Heinz Kohut. Vol. 1, 2. New York: International Universities Press.
Ornstein, P. (Ed.) (1991). The search for the self. Selected writings of Heinz Kohut. Vol. 3, 4. New York: International Universities Press.
Wolf, E. S. (1980). On the developmental line of selfobject in relations. In A. Goldberg (Ed.) (1980). Advances of self psychology (pp. 117–130). New York: International Universities Press (dt.: Zur Entwicklungslinie der Selbstobjektbeziehungen. Zeitschrift für Psychoanalyse, 2/3, 222–237 1982.
Wolf, E. S. (1988). Treating the self. Elements of clinical self psychology. New York: Guilford Press.

11. Psychoanalyse und Cognitive Science

Henri Schneider

Als „Cognitive Science“ oder „Kognitionswissenschaft“ wird eine Forschungsrichtung bezeichnet, die sich aus mehreren Disziplinen entwickelt hat: der Kognitiven Psychologie, der Künstlichen Intelligenz (Artificial Intelligence, AI), der Linguistik, der Philosophie und den Neurowissenschaften (für einen aktuellen Überblick s. z. B. Posner, 1989). Varela (1990, S. 15) umschreibt die Cognitive Science als „naturwissenschaftliche Analyse von Erkennen und Wissen in all ihren Dimensionen und Funktionsweisen.“ Im folgenden zeichne ich Varelas Unterscheidung von vier Stadien der Entwicklung der Cognitive Science kurz nach und benütze seine Analyse als Hintergrund für die Diskussion einiger Versuche, Ansätze aus der Cognitive Science für die Psychoanalyse fruchtbar zu machen.

1. Varelas Analyse der Entwicklung der Cognitive Science

Das erste Stadium der Entwicklung der Kognitionswissenschaft, das Varela die „Gründerjahre“ (1943–1953) nennt, ist durch Forschungen gekennzeichnet, die die Logik heranzogen, um die Denk- und Erkenntnisfähigkeit des Gehirns zu erklären. Die Ideen, die in dieser Zeit entwickelt wurden, bildeten gleichzeitig eine der entscheidenden Grundlagen für die Konstruktion des digitalen Computers.

Das zweite Stadium der Entwicklung der Kognitionswissenschaft, dessen Beginn Varela im Jahre 1956 ansetzt, kann durch das Stichwort „regelgeleitete Symbolverarbeitung“ gekennzeichnet werden. Die grundlegende Einheit dieses Ansatzes ist das Symbol, d. h. ein Element, das ein Ding in der Welt repräsentiert. Kognition wird als Rechnen mit symbolischen Repräsentationen definiert. Diese werden als physikalisch im Gehirn oder in einer Maschine verwirklicht gedacht, wobei eine grundlegende Annahme dieses Ansatzes darin besteht, daß die Ebene der symbolischen Repräsentationen vom zugrundeliegenden Substrat unabhängig ist. Damit ist gemeint, daß die Gesetzmäßigkeiten, nach denen symbolverarbeitende Prozesse ablaufen, unabhängig davon gelten, ob diese Prozesse in einem menschlichen Gehirn oder in einem Computer verwirklicht sind.

Die Wurzeln des Ansatzes, den Varela dem dritten Stadium der Entwicklung der Kognitionswissenschaft zuordnet, gehen zwar teilweise auch bis in die „Gründerjahre" zurück. Seit dem Ende der siebziger Jahre jedoch macht dieser Ansatz, der heute in der Regel als „Konnektionismus" bezeichnet wird, eine stürmische Entwicklung durch. Zum neuen Interesse an diesem Ansatz haben die gleichzeitige Wiederentdeckung der Ideen der Selbstorganisation in Physik und nicht-linearer Mathematik und die Verfügbarkeit schnellerer Computer beigetragen. Ein wichtiger Ausgangspunkt für den konnektionistischen Ansatz ist die Feststellung, daß sich in wirklichen Gehirnen weder Regeln noch eine zentrale Verarbeitungseinheit finden (wie dies der Architektur der heute üblichen Computer entsprechen würde), sondern weitverzweigte Verknüpfungen zwischen Neuronengruppen. Die grundlegende Einheit des konnektionistischen Ansatzes bildet demnach das, was Rumelhart (1989, S. 134) „something close to an abstract neuron" nennt: einfache (unintelligente) „Knoten", die durch „Verknüpfungen" untereinander zu einem Netzwerk verbunden sind. Konnektionistische Netzwerke weisen die Eigenschaft auf, daß intelligente Leistungen aus dem Zusammenwirken der einzelnen Komponenten „emergieren" (vgl. Hofstadter, 1988).

Der Ansatz des vierten Stadiums wird von Varela als „handlungsbezogen" bezeichnet. In dieser Sichtweise wird nicht mehr davon ausgegangen, daß innere Strukturen etwas repräsentieren, was in der Außenwelt als solches gegeben ist. Vielmehr ist die einzige Bedingung für die „Konstruktion" der Realität durch ein System, daß diese Konstruktion erfolgreiches Handeln ermöglicht. Varela illustriert diesen handlungsbezogenen Ansatz, für den er sich u. a. auf Heidegger und Gadamer bezieht (vgl. Winograd und Flores, 1989; Clancey, 1991), anhand – teilweise eigener – neurobiologischer Forschungen zur Farbwahrnehmung. Während bei vielen Vögeln die Farbwahrnehmung mit vier Grundfarben zu arbeiten scheint, beruht diese beim Menschen auf drei Grundfarben. Diesen Unterschieden in den der Farbwahrnehmung zugrundeliegenden neuronalen Mechanismen, die sich im Laufe der Evolution entwickelt haben, entsprechen unterschiedliche „Farbeigenschaften der von diesen Arten bewohnten Welt“ (Varela, 1990, S. 108).

2. Die „Pionierzeit“ der Auseinandersetzung der Psychoanalyse mit der Cognitive Science

Die überwiegende Mehrzahl der Versuche, Ansätze aus der Cognitive Science in der Psychoanalyse anzuwenden, sind dem zweiten Stadium, der „regelgeleiteten Symbolverarbeitung“, zuzuordnen. Am konsequentesten wird diese Perspektive von Colby und Stoller (1988, S. 130) vertreten: „Cognitive Science is characterized by the computational theory of mind, in which mental systems are not just described in symbols but viewed as literally consisting of symbols.“ In den sechziger und siebziger Jahren lag die Attraktivität der Cognitive Science für die psychoanalytische Theoriebildung unmittelbar darin, daß sich – anfänglich v. a. im Bereich der AI – eine elaborierte Sprache entwickelt hatte, die es ermöglichte, intrapsychische Prozesse wissenschaftlich zu beschreiben und damit Teile der Metapsychologie in aktuelle Formulierungen zu „übersetzen“ (z. B. Erdelyi, 1985; Wegman, 1985). Zusätzlich hatte die Existenz des Computers eine Funktion als „sustaining myth“ (Turkle, 1988), indem die Tatsache, daß eine Maschine Schach spielen, also „denken“ konnte, und daß Computerwissenschaftler vom „Gedächtnis“ einer Maschine sprachen, dazu beitrug, das Tabu der behavioristischen Psychologie zu brechen, sich wissenschaftlich mit nicht unmittelbar beobachtbaren Prozessen zu beschäftigen.

In der Cognitive Science spielt das Umsetzen von theoretischen Modellen in Computerprogramme und in zunehmendem Maße auch deren Realisierung in Form von Robotern eine wichtige Rolle für die Theoriebildung (die Entwicklung von „autonomous agents“ könnte für die Psychoanalyse deshalb von Interesse sein, weil in diesem Forschungsbereich das epistemologische Problem der Repräsentation unmittelbare praktische Relevanz erhält; s. z. B. Pfeifer und Verschure, 1992). Die Technik der Computersimulation wird auch im Bereich der psychoanalytischen Theorie angewendet. Dabei wird ein theoretisches (verbalsprachlich formuliertes) Modell eines Bereiches des menschlichen Erlebens und Verhaltens in einem iterativen Verfahren als Computerprogramm spezifiziert und in Simulationsläufen getestet. Dadurch, daß die im Modell verwendeten Konzepte für das Schreiben des Programms explizit formuliert werden müssen und diese Präzisierungen auf das theoretische Modell zurückwirken, trägt diese Form der Theoriebildung dazu bei, komplexe Vorgänge differenzierter zu verstehen.

Colbys (1981) Programm PARRY simuliert das Antwortverhalten eines paranoiden Patienten in einem psychiatrischen Interview. Die der Simulation zugrundeliegende Theorie erklärt paranoides Verhalten als Versuch, mit durch Scham und Kränkung ausgelösten negativen Emotionen umzugehen. Clippinger (1977) generierte den Text einer Patientin in einer kurzen Dialogsequenz aus einer psychoanalytischen Sitzung nach. Das der Simulation zugrundeliegende theoretische Modell ist durch die Interaktion von fünf Regulierungskontexten (kognitiven Operationszentren) gekennzeichnet. Diese enthalten Programme, die auf ein bestimmtes Muster hin die Aktion eines anderen Kontexts unterbrechen, um den Gesichtspunkt des jeweiligen Kontexts zu „vertreten“. Clippingers Modell kann als Erweiterung und Ausdifferenzierung des psychoanalytischen Strukturmodells verstanden werden. Moser, Pfeifer, W. Schneider und von Zeppelin (1983) modellierten das Entstehen von Träumen, die in Psychoanalysen berichtet wurden. Das theoretische Modell geht davon aus, daß der Träumer der Realisierung einer gewünschten Interaktion so nahe wie möglich zu kommen sucht, dabei aber gleichzeitig Randbedingungen einhalten muß. Im Computerprogramm sind die einzelnen Verarbeitungsschritte, die zum Traum führen, explizit formuliert (stellt z. B. der „Traummonitor“ bei der Generierung eines Traumsegments zu hohe Angst fest, setzt er

Transformationsmechanismen ein, die eine menschliche Figur z. B. durch einen Gegenstand ersetzen.

Auch wenn die inhaltliche Bedeutung der in der „Pionierzeit“ der Auseinandersetzung der Psychoanalyse mit der Cognitive Science entwickelten Theorien und Simulationsmodelle durch ihre (historisch bedingte) Festlegung auf den Ansatz der regelgeleiteten Symbolverarbeitung eingeschränkt wird, hat in dieser Phase eine Entwicklung ihren Anfang genommen, die sich für die psychoanalytische Forschung als wichtig erweisen könnte. Einerseits wurden Modellvorstellungen aus der Cognitive Science im Rahmen der Psychoanalyse „weitergedacht“, und andererseits wurde methodisches Wissen über die Entwicklung und Überprüfung komplexer Modelle kognitiver und affektiver Prozesse erarbeitet. Es ist diese Verbindung von Ausdifferenzierung psychoanalytischer Modelle und intensiver empirischer Untersuchung intrapsychischer und interaktiver Prozesse (z. B. in der Psychotherapie), die mir für die psychoanalytische Forschung vielversprechend scheint.

3. Der Beitrag der Cognitive Science zur psychoanalytischen Forschung

Seit einigen Jahren werden Ansätze aus der Cognitive Science vermehrt für die intensive empirische Untersuchung komplexer intrapsychischer und interaktiver Prozesse herangezogen. Diese Verlagerung des Interesses hängt zum Teil mit Entwicklungen innerhalb der Cognitive Science zusammen. Auf der einen Seite wurde durch die Relativierung des Ansatzes der Symbolverarbeitung – insbesondere durch die Abkehr von der Annahme einer vom zugrundeliegenden Substrat unabhängigen Ebene der symbolischen Repräsentation – die Aussicht in Frage gestellt, intrapsychische Prozesse auf der Symbolebene „allgemeingültig“ formalisieren und auf diesem Weg der Psychoanalyse wissenschaftliche Anerkennung verschaffen zu können. Auf der anderen Seite bilden Lernprozesse ein zentrales Forschungsanliegen des konnektionistischen Ansatzes, so daß sich konnektionistische Modelle eignen könnten, um Veränderungsprozesse in intrapsychischen Strukturen differenzierter zu konzeptualisieren. In der Diskussion um die psychoanalytische Theorie zeichnet sich gleichzeitig und von verschiedenen Ausgangspunkten her (z. B. Spence, 1987; Peterfreund, 1990) zunehmend die Ansicht ab, daß die Psychoanalyse eine „kohärente Theorie der Therapie" (Eagle, 1988, S. 209) benötigt. Diese Zielsetzung müßte unter den Aspekten der wissenschaftlichen Rationalität (Chertok und Stengers, 1989/1992) und der Psychologie der Praxis (z. B. – Polkinghorne, 1992; vgl. Moser, 1991) reflektiert werden. Hier beschränke ich mich jedoch darauf, einige Beispiele aufzuführen, die zeigen, in welcher Weise Modelle und Methoden aus der Cognitive Science dazu beitragen könnten, einzelne Aspekte intrapsychischer Prozesse differenzierter zu artikulieren und intensiver zu untersuchen.

Auf der Grundlage eines breiten Spektrums von Konzepten aus der Cognitive Science entwickelten Moser, von Zeppelin und W. Schneider (1991) ein neues Modell der Regulierung kognitiv-affektiver Prozesse, das es ermöglicht, therapeutisch relevante Prozesse im Patienten präziser zu konzeptualisieren. Zum Beispiel beschreibt das Modell, wie verschiedene Regulierungskontexte bei der Bildung eines „*ad hoc*-Modells" für das Generieren einer Interaktionssequenz zusammenwirken (in dieses *ad hoc*-Modell gehen inkompatible Wünsche und Regeln unterschiedlicher Priorität ein), oder wie erlebte Situationen mit gleicher „affektiver Kodierung" der Erinnerung zugänglich werden.
Für die empirische Untersuchung der Veränderung kognitiv-affektiver Prozesse in Psychoanalysen definierte Leuzinger-Bohleber (1989) ausgehend vom theoretischen Modell Clippingers (1977; s. oben) problemlösende Prozesse im Umgang mit Träumen, die jeweils einem Regulierungskontext zugeordnet sind. Beurteiler schätzten diese kontextspezifisch umschriebenen Strategien (z. B. das Mitberücksichtigen von „unwichtigen" Gedanken) in Transkripten der Anfangs- und Endphase von fünf Psychoanalysen ein.

In einem vielzitierten Artikel benützen Teller und Dahl (1986; s. auch Dahl, 1988) das Konzept des Frame (Minsky, 1975), um in vom Patienten geschilderten Episoden redundante Ereignisabfolgen erkennbar zu machen. Galatzer-Levy (1988) findet im Modell des "simulated annealing"

(Kirkpatrick, Gelatt und Vecchi, 1983) eine Sprache, die es ermöglicht, neue Aspekte des Durcharbeitens ins Blickfeld zu rücken. Das Modell, das in Analogie zum physikalischen Prozeß des Vergütens von Metallen entwickelt wurde, beschreibt, wie ein System bei adäquatem Absenken der „Temperatur" optimale Lösungen für komplexe Probleme sucht. In ihrem Übersichtsartikel loten Caspar, Rothenfluh und Segal (1992) die konzeptuellen Möglichkeiten aus, die der konnektionistische Ansatz für die Klinische Psychologie bereitstellt; breiten Raum nimmt darin die Diskussion des Wiederholungszwangs ein. Ein weiterer Aspekt der Psychotherapie wurde von Schneider und Wüthrich (1992) in einem Modell gefaßt, das konnektionistischen Vorstellungen nahesteht: das Modell der Veränderung eines Beziehungsschemas beschreibt den Prozeß, durch den die Validierung (Bestätigung) bestimmter neu auftauchender Gefühle in der therapeutischen Interaktion zum Entstehen eines neuen Interaktionsmusters beiträgt.

Ein Modell der Emotionserzeugung, das der mikroskopischen Beschreibung der Entstehung von Emotionen in einer aktuellen Situation zugrundegelegt werden kann, wurde von Pfeifer und Leuzinger- Bohleber (1992) ausgearbeitet.

Methodische Ansätze aus der Cognitive Science tragen zur Entwicklung von Vorgehensweisen bei, anhand derer ein theoretisches Modell intrapsychischer und interaktiver Prozesse nachvollziehbar mit Beobachtungen in Beziehung gesetzt werden kann. Eine aus der Cognitive Science übernommene Grundidee (VanLehn, Brown und Greeno, 1984) besteht darin, das theoretische Modell auf verschiedenen Abstraktionsebenen explizit zu spezifizieren, um die Argumentation vom Modell bis zur Beschreibung des Materials einer Nachprüfung zugänglich zu machen. So unterscheiden Bänninger-Huber, Moser und Steiner (1990; Bänninger-Huber, 1992) in ihrer Untersuchung von „prototypischen affektiven Mikrosequenzen", d. h. kurzen (5 bis 30 Sekunden dauernden) interaktiven Sequenzen, die für die affektive Selbst- und Beziehungsregulierung als relevant erachtet werden, folgende Ebenen: *high-level* Konzepte (z. B. Selbstregulierung, Dialogstörung), *low-level* Konzepte (z. B. kommunikative Affekte, Selbstgefühle), *high-level*

Daten (z. B. Lächeln, Lachen, Abwendung; diese Phänomene sind der direkten Beobachtung zugänglich, hängen aber mehr oder weniger stark von Konzepten des Beobachters ab) und *low-level* Daten (verbale und nonverbale Daten, die objektiv erfaßt werden können; z. B. mit dem Facial Action Coding System [FACS] kodierte mimische Ausdrucksmuster).

In mehreren der bisher beschriebenen Beispiele werden Modelle und Methoden der Cognitive Science angewendet, um einzelne Aspekte des psychotherapeutischen Prozesses differenzierter zu verstehen. Diese „Werkzeuge" können auch benützt werden, um die Denkweise des Analytikers zu untersuchen. Ähnlichkeiten zwischen einer Übertragungssituation, einer frühkindlichen Situation und einer aktuellen Beziehungssituation des Patienten werden vom Analytiker normalerweise auf intuitive und globale Weise wahrgenommen. Pfeifer und Leuzinger-Bohleber (1986) verwenden das Konzept des TOP (Thematic Organization Point), um die Repräsentation, die sich die Analytikerin von diesen Situationen bildet, präziser zu erfassen, indem diese Situationen jeweils unter den gleichen Aspekten (welche Ziele verfolgt die Patientin? welche Pläne werden generiert? welche Erwartungen bestehen? usw.) beschrieben werden. Rothenfluh (1988) modellierte den Prozeß des Aufbaus eines „situativen Modells" des Patienten durch den Diagnostiker am Beispiel der Borderline-Störung. Moser (1989) entwikkelte eine Modellvorstellung von Ebenen der Informationsverarbeitung des Analytikers, um die Bedeutung näher zu bestimmen, die die Metapsychologie für die psychoanalytische Tätigkeit hat.

4. Die Bedeutung der Cognitive Science für die Psychoanalyse

Auf der Grundlage von Varelas (1990) Analyse der Entwicklung der Cognitive Science und einer Auseinandersetzung mit einigen Versuchen, Ansätze aus der Cognitive Science für die psychoanalytische Forschung fruchtbar zu machen, läßt sich die Bedeutung der Cognitive Science für die zukünftige Entwicklung der psychoanalytischen Theorie zusammenfassend in drei Stichworten kennzeichnen.

Etablieren einer „Forschungskultur". Ähnlich wie in den fünfziger Jahren die Existenz des Computers als „sustaining myth" dazu beitrug, die wissenschaftliche Beschäftigung mit inneren Zuständen und Prozessen (wieder) zu legitimieren, könnte heute die Existenz der Cognitive Science mithelfen, daß sich eine kompetente und anregende „Forschungskultur" des Umgangs mit komplexen Modellen intrapsychischer Prozesse entwickelt (s. Turkle, 1988).

Bereitstellen von Werkzeugen. Modelle und Methoden aus der Cognitive Science könnten sich als geeignet erweisen, um einzelne Bereiche des psychoanalytischen Wissens differenzierter zu artikulieren.

Unterstützen der epistemologischen Diskussion. Aufgrund der Herausbildung einer handlungsbezogenen Sichtweise, die sich im Augenblick vollzieht (s. Varela, 1990, S. 120f.), könnte die Cognitive Science der Psychoanalyse neue Anstöße für die Diskussion zwischen hermeneutischen und naturwissenschaftlichen Ansätzen vermitteln.

Literaturempfehlungen

Colby, K. M. (1981). Modeling a paranoid mind. The Behavioral and Brain Sciences, 4, 515–560.

Erdelyi, M. H. (1985). Psychoanalysis: Freud's cognitive psychology. New York: W. H. Freeman.

Minsky, M. (1990). Mentopolis. Stuttgart: Klett-Cotta.

Moser, U. (1989). Wozu eine Theorie der Psychoanalyse? Gedanken zum Problem der 'Metapsychologie'. Zeitschrift für psychoanalytische Theorie und Praxis, 4, 154–174.

Leuzinger-Bohleber, M., Schneider, H. & Pfeifer, R. (Eds.). (1992). „Two butterflies on my head". Psychoanalysis in the interdisciplinary scientific dialogue. Berlin: Springer.

Teller, V. (1988). Artificial intelligence as a basic science for psychoanalytic research. In H. Dahl, H. Kächele & H. Thomä (Eds.), Psychoanalytic process research strategies (pp. 163 –177). Berlin: Springer.

Turkle, S. (1988). Artificial intelligence and psychoanalysis: A new alliance. In S. R. Graubard (Ed.), The artificial intelligence debate: False starts, real foundations (pp. 241–268). Cambridge, MA: MIT Press.

12. Psychoanalyse der Geschlechterdifferenz

Christa Rohde-Dachser

1. Die Geschlechterdifferenz bei Freud

Freud hat zusammen mit der allgemeinen Theorie der Psychoanalyse seit 1925 in mehreren Veröffentlichungen (1925j, 1931b, 1933a) auch eine spezifische *Theorie der weiblichen Entwicklung* dargestellt. Dabei postulierte er, daß beide Geschlechter von Geburt an männlich sind (d.h. die Mutter *aktiv* lieben), und daß beide von einer jeweils gleichen körperlichen Ausstattung ausgehen. Mit der Entdeckung des Geschlechtsunterschieds wird das Mädchen dann mit dem ihm fehlenden Penis konfrontiert. Es erlebt dies als einen gravierenden körperlichen Mangel, den es der Mutter anlastet. Dies führt dazu, daß es sich von der Mutter ab- und dem Vater zuwendet (sog. *„Objektwechsel“*). Die Erwartung des Mädchens ist nunmehr, vom Vater einen Penis und – wenn sich diese Hoffnung später als unrealistisch herausstellt – von ihm ein Kind (als Penisersatz) zu bekommen. Damit ist auch der Weg des Mädchens in die Weiblichkeit vorgezeichnet. Da das Mädchen keine Kastrationsangst kennt, weil es sich für bereits kastriert hält, läuft es in den Ödipuskomplex ein „wie in einen Hafen“ (Freud 1933a, S. 138). Der Untergang des weiblichen Ödipuskomplexes bleibt dabei ungewiß. Die im Vergleich zum Jungen mangelhafte Ausprägung des weiblichen Ödipuskomplexes führt für das Mädchen zu einem eher schwach entwickelten Über-Ich. Auch der weibliche Penisneid bleibt erhalten, häufig zusammen mit einem „Männlichkeitskomplex“, d.h. dem Versuch, die durch die Anatomie verweigerte „Männlichkeit“ auf Umwegen doch noch zu erreichen.

Freuds Feststellungen über die weibliche Entwicklung stießen von Anfang an auf Widerspruch. Es waren vor allem Karen Horney (1923) und Ernest Jones (1927), die die Frau nicht als „homme manqué", sondern eher als „femme frustrée" sahen. Sie argumentierten, daß das Mädchen bereits von früh an seine Vagina kenne, Freuds Theorie, daß es in der Kindheit für beide Geschlechter nur die Vorstellung des Penis als Geschlechtsorgan gebe („phallischer Monismus"), allein von daher irrig sei. Außerdem entspringe die Hinwendung des Mädchens zum Vater seiner „natürlichen" Weiblichkeit und nicht primär einer Kastrationsenttäuschung. Für andere Analytiker (z.B. Karl Abraham, 1921, Helene Deutsch, 1944/45) vollzog sich die Entwicklung der Frau statt dessen nach dem von Freud beschriebenen „anatomischen Schicksal" (Freud 1924d, S. 400). Eine genauere Darstellung der damals sehr lebhaften Kontroverse gibt Fliegel (1986).

2. Neuere Versuche einer psychoanalytischen Definition der Geschlechterdifferenz

Der von Freud initiierte Streit über die Weiblichkeitstheorie kam mit dem Erstarken des Nationalsozialismus und der Emigration vieler Analytikerinnen und Analytiker aus Deutschland zum Erliegen und ist erst mit dem Erstarken der Frauenbewegung in den siebziger Jahren wieder aufgeflammt. Bahnbrechend hierfür war in den USA Nancy Chodorow, die mit ihrem Buch „Das Erbe der Mütter" (1978) – anders als Freud – von einer *Asymmetrie der Geschlechter* ausging, die für sie darauf zurückzuführen ist, daß Jungen und Mädchen in aller Regel von einer Frau „bemuttert" werden. Mütter erleben dabei ihre Söhne von Anfang an eher als *getrennte Objekte,* die Töchter eher als eine Erweiterung ihres eigenen Selbst. Aus der Sicht Chodorows kommt der Vater zu dieser Mutter-Kind-Beziehung als Dritter hinzu, hat aber mit Abstand nicht die Bedeutung, die Freud ihm zugesprochen hat. Auch der von Freud postulierte Objektwechsel des Mädchens wird von Chodorow anders beschrieben. In ihrer Schilderung sind es die

Jungen, die sich im Zuge ihrer männlichen Entwicklung von der Mutter abwenden und mit dem Vater identifizieren müssen. Jungen müssen in diesem Prozeß gleichzeitig einen großen Teil jener Gefühle verdrängen, die der Mutter-Sohn-Beziehung ursprünglich anhafteten. Das Mädchen braucht keine solche Verdrängung zu leisten. Es strebt von daher mit dem Vater und später mit einem geliebten Mann wieder eine gefühlsmäßige Beziehung an, wie es sie mit der Mutter bereits hat. Väter (und später Männer) können diesem weiblichen Wunsch wegen ihrer andersgearteten geschlechtlichen Entwicklung aber nur bedingt entsprechen. Frauen bleiben in ihrer Suche deshalb emotional oft unbefriedigt. Sie erfüllen sich ihren Wunsch dann in der Beziehung zu einem eigenen Kind, in der der Vater wieder der weitgehend ausgeschlossene Dritte bleibt.

Olivier (1980) sieht die Beziehung von Mutter und Tochter demgegenüber eher als eine heterosexuelle „weiße Wüste", in der die Tochter für die Anerkennung ihrer Weiblichkeit dringend auf den Vater angewiesen ist. Da der Vater aber in der Regel real nicht anwesend ist, kann er allein von daher diese Anerkennung nicht in gebührendem Umfang leisten. Aus diesem Grunde suchen Frauen auch später immer wieder nach der Bestätigung ihres Frauseins durch den Mann, auf den sie auf diese Weise oft ein Leben lang angewiesen bleiben. Beide Autorinnen – Chodorow ebenso wie Olivier – ziehen aus ihren Beobachtungen den Schluß, daß Väter zusammen mit Müttern bereits an der Wiege des Kindes stehen sollten, um die Mutter auf diese Weise von ihrer Rolle als alleinigem Primärobjekt zu entlasten.

Eine andere Begründung für die Idealisierung des Vaters durch das Mädchen liefert Chasseguet-Smirgel, die 1964 in einem Überblick über die Psychoanalyse der weiblichen Sexualität eine ausgezeichnete Einführung in den damaligen Stand der Diskussion lieferte. In späteren Veröffentlichungen (z.B. 1975, 1986) vertrat sie zunehmend die Vorstellung, daß es die frühe Erfahrung der Abhängigkeit von einer aus der Sicht des Kindes „allmächtigen" Mutter sei, die eine der grundlegenden narzißtischen Kränkungen jedes Menschen darstelle. Jungen und Mädchen wollen dieser Beziehung deshalb gleichermaßen entrinnen. Dabei wird der Vater vor allem in der Funktion des Retters und Befreiers aus der Mutter-Kind-Dyade beschrieben (so auch Mahler, Pine und Bergmann 1975). Insbesondere für die Entwicklung des Mädchens gilt, daß es im Zuge seiner Individuation den Vater idealisiert und seine Enttäuschungen der Mutter anlastet. Die Neigung des Mädchens und später der Frau zur fortbestehenden Idealisierung des Vaters bzw. einer männlichen Ersatzfigur bei gleichzeitiger Abwertung des Weiblichen hat nach Chasseguet-Smirgel hier ihren Ursprung.

Von einer Reihe von Psychoanalytikerinnen und Psychoanalytikern (z.B. Großmann und Stewart, 1977) wird der von Freud der Frau attestierte (und klinisch immer wieder beobachtbare) Penisneid heute ebenfalls nicht mehr mit einer universellen Kränkung verbunden, sondern mit dem *Wunsch nach weiblicher Individuation* (bzw. dem Fehlschlagen dieser Individuation). Er gilt dann entweder als Anzeichen einer latenten Verweigerung, den Geschlechtsunterschied überhaupt anzuerkennen (z.B. Fast, 1984), als Ausdruck der fortbestehenden Bindung an eine verbietende Mutter-Imago (z.B. Torok, 1964) oder allgemein als Symbol des Wunsches des Mädchens, sich von der Mutter innerlich zu lösen.

Mit dem zunehmenden Interesse an einer Neuformulierung weiblicher Entwicklung und Identitätsbildung trat auch die Frage nach einer geschlechtsspezifischen *Entwicklung des Jungen* stärker in den Vordergrund (z.B. Friedman und Lerner, 1986). Das gleiche gilt für die Rolle des Vaters (Stork, 1986). Eine theoretische Aufarbeitung des Vater-Sohn-Verhältnisses diesseits und jenseits des Ödipuskomplexes findet sich u.a. bei Blos (1985). Darüber hinaus gibt Mertens (1992, 1993) eine umfassende Darstellung der mittlerweile recht umfangreichen psychoanalytischen Befunde über die geschlechtsspezifische Entwicklung von Jungen und Mädchen.

3. Die Verflechtung der Psychoanalyse mit dem patriarchalischen Geschlechterarrangement

In enger Verbindung mit diesen Versuchen, die psychoanalytische Theorie über die Geschlechterdifferenz zu differenzieren und der Zeitentwicklung anzupassen, gibt es innerhalb einer stärker feministisch orientierten Psychoanalyse Ansätze, jene unbewußten Phantasien aufzuklären, die die patriarchalische Gesellschaft bis heute festschreiben und auch in psychoanalytischen Theorien wiederkehren. Dazu gehört einmal Jessica Benjamin (1988), die nach den Wurzeln weiblicher Unterwerfung in heterosexuellen Beziehungen fragt. Sie nimmt dabei u.a. auf Daniel Stern (1985) Bezug, der in seiner Beschreibung der Selbstentwicklung des Säuglings darstellt, wie Säuglinge sich von den ersten Lebensmonaten an bereits als getrenntes Selbst erleben. Benjamin zeigt, wie dieses Selbst beim Mädchen später häufig in eine sadomasochistisch getönte sexuelle Beziehung zu einem Mann einmündet, in der die Selbstautonomie abgetreten wird, um auf diese Weise eine Liebe zu gewinnen, die der Vater dem Mädchen, das sich mit ihm als begehrenden Subjekt identifizieren wollte, verweigert hat.

In Frankreich unternahm Luce Irigaray (1974) einen beeindruckenden Versuch, Lacans Lehre vom phallischen Diskurs, in dem die Frau lediglich als Bezeichnetes (und nicht als eigener Signifikant) vorkommt, zu dekonstruieren. Dabei zeigt sie in einer betont weiblichen Sprache, wie Lacans Philosophie als Ausdruck einer männlichen Phantasie verstanden werden kann (von ihr als „Phallologelei“ bezeichnet), die dazu dient, den phallischen Diskurs zu stützen.

In Deutschland hat u.a. Rohde-Dachser (1991) die enge Verflechtung der Psychoanalyse Freuds und seiner Nachfolger mit unbewußten Phantasien nachgewiesen, die für das Patriarchat konstitutiv sind. In diesen Phantasien erscheint die Frau nicht als selbständiges Vis-à-vis des Mannes, sondern als ein von ihm kreiertes Bild, das geschaffen wird, um das Männliche zu definieren und zu bestätigen. Aus psychoanalytischer Sicht sind solche Weiblichkeitskonstruktionen Abwehrkonstruktionen, in denen u.a. auch

Schmerz, Neid, Kastrations- und letzlich Todesangst aus der männlichen Selbstrepräsentanz heraus auf die Frau projiziert werden, um sie auf diese Weise als „das Weibliche“ zu bewahren, zu bekämpfen oder zu verachten.

In jüngster Zeit (1990) hat Judith Butler, eine Soziologin aus den USA, nachzuweisen versucht, daß die Beschäftigung mit der Geschlechterdifferenz selbst ein Diskursprodukt ist und als solches dekonstruiert werden kann. Sie bezieht sich dabei ausführlich auch auf die einschlägige psychoanalytische Diskussion. Für die Psychoanalyse könnte dies der Anlaß sein, ihre bis heute weiter tradierten traditionellen Vorstellungen über die Geschlechterdifferenz ausdrücklicher noch als bisher darauf hin zu hinterfragen, was Gechlechtsunterschied in unserer heutigen Gesellschaft *bedeutet* und damit gleichzeitig die eigene Aufklärung weiterzutreiben. Ansätze dazu sind bereits gemacht.

Literaturempfehlungen

Benjamin, J. (1988). Die Fesseln der Liebe. Psychoanalyse, Feminismus und das Problem der Macht. Basel: Roter Stern 1990.

Butler, J. (1990). Das Unbehagen der Geschlechter, Frankfurt/M.: Suhrkamp 1991.

Chasseguet-Smirgel, J. (Hg.) (1964). Psychoanalyse der weiblichen Sexualität. Frankfurt/M.: Suhrkamp 1979.

Chodorow, N. (1978). Das Erbe der Mütter. Psychoanalyse und Soziologie der Geschlechter. München: Psychologie, 2. Aufl. 1988.

Dinnerstein, D. (1976). Das Arrangement der Geschlechter. Stuttgart: Deutsche Verlagsanstalt 1979.

Freud, S. (1933). Die Weiblichkeit. Vorlesungen zur Einführung in die Psychoanalyse. GW XV, 119–145.

Mertens, W. (1992/1993). Entwicklung der Psychosexualität und der Geschlechtsidentität. Bd. 1 und 2. Stuttgart: Kohlhammer.

Mitscherlich, M. (1985). Die friedfertige Frau. Frankfurt/M.: Fischer.

Rohde-Dachser, Ch. (1991). Expedition in den dunklen Kontinent. Weiblichkeit im Diskurs der Psychoanalyse. Heidelberg: Springer.

III. Methodologische Positionen

13. Empirisch-nomothetische Forschung

Gerhard Reister und Wolfgang Tress

1. Voraussetzungen

Forschung in der Psychoanalyse beruhte lange Zeit nahezu ausschließlich auf klinisch-hermeneutischer Empirie; klinisch, insofern Datenmaterial der therapeutischen Situation entstammte, und hermeneutisch, weil den manifesten Phänomenen Bedeutung im semantischen Sinn zugemessen wurde. Gemäß dem Freudschen Junktim von Forschen und Heilen (Freud, 1972a, S. 293) verstand und versteht sich der wissenschaftlich tätige Psychoanalytiker als teilnehmender Beobachter in der interaktiven Dyade des therapeutischen Prozesses; aus dieser Position heraus versucht er zu einer theoretisch- begrifflichen Durchdringung der klinischen Praxis auf der Folie des psychotherapeutischen Narrativs zu kommen.

Dieser methodologische Ansatz einer lebenspraktischen und kulturwissenschaftlichen Bedeutungsanalyse hat von jeher und zuletzt besonders kompetent in der Person von Adolf Grünbaum (1984, 1986, 1987) zur Kritik herausgefordert. Die scientific community vermißt in der Psychoanalyse objektivierbare und operationalisierbare Kriterien, um postulierte Kausalzusammenhänge gemäß der Popperschen Maxime (1963, S. 27) falsifizieren zu können. Dahinter steht ein (natur-) wissenschaftliches Ideal, das Messen und Zählen weit über der rein deskriptiven und konzeptuellen Bearbeitung der unmittelbaren klinischen Erfahrung ansiedelt. Eingefordert werden die Beachtung und Erfüllung des Standards der empirisch-operationalisierenden Grundlagenforschung mit ihren statistischen Methoden; nur dadurch könne die objektive Wahrheit abgebildet werden, und daran bemesse sich die Wissenschaftlichkeit der Psychoanalyse (so vor allem Grünbaum, 1987). Hinter solchen Forderungen steht seit Descartes die Vorstellung, der Wissenschaftler könne das Ding-an-sich letztlich doch erkennen und es beschreiben, sofern er nur ganz exakt hinschaue (vgl. Tress, 1985).

Es stehen sich hier also zwei grundsätzlich unterschiedliche Diskursuniversen gegenüber, die, so meinen wir, sich gegenseitig fruchtbar aufeinander beziehen könnten, anstatt den jeweils anderen Modus der Erkenntnis pauschal als entweder unwissenschaftlich oder problemblind zu diskreditieren. Jenseits der Forderungen nach einer positivistischen Einheitswissenschaft geht es um die Frage, wo, bezogen auf die Wissenschaft Psychoanalyse, die Möglichkeiten und Grenzen sowohl der gesetzeswissenschaftlichen Kausalanalyse wie der empirischen Hermeneutik liegen.

2. Zum Verhältnis klinisch-intentionaler und kausalwissenschaftlicher Erkenntnis

Die empirische Grundlage der Psychoanalyse ist das szenische Gefüge intentionaler Kommunikationshandlungen in der analytischen Situation, in der *beide*, Analytiker und Analysand, zielgerichtet aufeinander Einfluß zu nehmen suchen (Tress, 1989, S. 185). Im Umgang der Protagonisten miteinander erschließen sich Motive, Meinungen, Bedürfnisse und Handlungen im Hier und Jetzt, deren lebensgeschichtliche und konzeptuelle Vernetzungen durch die dynamische Deutung sinnstiftend deutlich und für die Beteiligten verstehbar werden. In der intentionalen

Beschreibung der psychoanalytischen Situation werden also keine kausalen Ereignisketten, sondern zwischenmenschliche emotionale Einflußnahmen, ihre Reflexionen und deren Rückwirkungen auf den Behandlungsprozeß begrifflich faßbar. Darin wird der Analytiker zum Beteiligten, zum Co-Subjekt (Tress, a.a.O). in einem interaktionell-dyadischen Austauschprozeß, in welchem sich Übertragung und Gegenübertragung szenisch manifestieren. Es begegnet uns hier eine authentische Realität verinnerlichten und intersubjektiven intentionalen Handelns auf der Folie unbewußter, lebensgeschichtlich geformter Prozesse.

Diese kommunikative Szene läßt sich in keinem Fall labor-experimentell reproduzieren und bleibt so einer kausalwissenschaftlichen Erklärung verschlossen. Denn die nomothetisch-objektivierende Forschung auf operationaler Grundlage hat den Anspruch, aus der Distanz des Forschers zu kausalen und funktionalen Gesetzmäßigkeiten vorzudringen. Intentionale und szenische Daten aber lassen sich nicht mit der Kategorie der Kausalität erfassen. Ebensowenig lassen sich Sinnzusammenhänge objektivieren. Die begrifflich-hermeneutische Forschung *in* der Psychoanalyse kann so als Methode nur auf die psychoanalytische Untersuchung und Behandlung im psychoanalytischen Setting zurückgreifen.

3. Empirisch-nomothetische Ansätze in der Psychoanalyseforschung

Diesem grob skizzierten methodologischen Ansatz der empirischen Hermeneutik in der Psychoanalyse steht der gesetzeswissenschaftliche, nomologisch-deduktive und entscheidungsstatistische Diskurs gegenüber (vgl. Tress, 1988). Empirisch-operationale Datenreihen bieten die Möglichkeit zu numerischer und korrelativer Deskription, die gesetzmäßige Kausalzusammenhänge offenlegen kann.

So weisen z. B. Konkordanzanalysen an ein- und zweieiigen Zwillingen eindeutig das Gewicht erblicher Belastungen für psychoneurotische Erkrankungen nach (Schepank, 1974; Heigl-Evers und

Schepank, 1980/82). – Untersuchungen psychoanalytischer Therapien durch Weiss und Sampson (1986) zeigten, daß bisher Verdrängtes von Patienten dann reichlich berichtet wurde, wenn der Therapeut vorher einen Test bestanden hatte, worin er sich gerade nicht den pathologischen Erwartungen und Ängsten des Patienten gemäß verhalten hatte.

Solche Forschungsergebnisse über die Ätiologie psychogener Erkrankungen und über ihre Psychotherapie identifizieren bedeutsame Kausalmomente, die für die individuelle therapeutische Arbeit Rahmenbedingungen darstellen können. Voraussetzung für das Zustandekommen dieser Resultate ist das Heraustreten des psychoanalytischen Forschers aus der interaktiven Dyade der analytischen Situation, der Wechsel von der Erzähl- zur Beobachtungsperspektive. Kächele (1992) hat darauf hingewiesen, daß erst die Einführung eines Dritten psychoanalytische Forschung nach gesetzeswissenschaftlichen Standards möglich mache; denn dadurch erst werde das therapeutische Geschehen in der Person des Beobachters öffentlich und kritisierbar (Grünbaum, 1987). Dazu bedarf es expliziter, von der Forschergemeinschaft geteilter, valider und reliabler Anweisungen zur Datenerhebung, mit deren Hilfe der therapeutische Prozeß auf Mikroebene untersucht werden kann.

In Wirklichkeit hat die Phase der nomologischen Psychotherapieforschung mit der Etablierung audiovisueller und psychophysiologischer Aufzeichnungsverfahren längst begonnen (so Thomä und Kächele, 1988, S. 26f.). Durch sie erst ist der Wechsel von der Erzähl- zur Beobachtungsperspektive möglich geworden.

So können lediglich anhand von Tonbandtranskripten des therapeutischen Gesprächs mithilfe der Methode des „Core Conflictual Relationship Theme“ (CCRT; Luborsky, 1984) der zentrale Beziehungswunsch des Patienten und darauf von ihm erwartete oder befürchtete Reaktionen seitens dritter Personen genau beschrieben werden. Im Rahmen des „Pennsylvania Psychotherapy Project“ kamen Luborsky und Mitarbeiter mit dem CCRT zu wichtigen klinischen Gesetzmäßigkeiten: Die Wahrscheinlichkeit des therapeutischen Erfolges war um so größer, je präziser der Therapeut den zentralen Beziehungswunsch seines Patienten verbalisieren konnte. Gleiches galt für eine positive therapeutische Allianz als allgemeinen Psychotherapiefaktor.

Wortschatzanalysen, die an der Ulmer Textbank mit den Therapieprotokollen von Luborsky durchgeführt wurden, zeigten die Bedeutung des Eingehens auf das emotionale Vokabular des Patienten durch den Therapeuten schon in den ersten Stunden: Je intensiver dies geschah, umso erfolgreicher verliefen die Therapien (Hölzer et al., 1991).

Die von Kächele und Grawe initiierte „Psychotherapeutische Einzelfall- Prozeßforschung" (PEP) erforscht mit ca. 15 Arbeitsgruppen, die je ein empirisches Verfahren (darunter viele qualitative) gewählt haben, minutiös immer dieselben zwei transkribierten Therapieverläufe (30 Sitzungen).

Eines der vielversprechendsten Forschungsinstrumente interaktiver therapeutischer Prozesse ist das von Lorna Smith Benjamin (1974) entwickelte SASB (Structural Analysis of Social Behavior) (Henry et al., 1986; Tress et al., 1990; Tress, 1993). In diesem Verfahren werden gedankliche Einheiten des mittels Videokamera registrierten therapeutischen Gespräches unter Berücksichtigung der Sprachmelodie und der Mimik und Gestik in einem dreifachen Rating (transitiv – intransitiv, Zuneigung – Ablehnung und Abhängigkeit – Unabhängigkeit) gekennzeichnet. Man gelangt derart zu einem sehr tiefen Einblick in die „funktionelle Histologie" des psychotherapeutischen Geschehens und erhält eine schnelle Rückmeldung darüber, inwieweit der Therapeut die Kommunikation des Patienten so beantwortet hat, wie er sie theoretisch und technisch beantworten wollte.

Nachdem die psychotherapeutische Ergebnisforschung für theoretisch gut fundierte Therapiemethoden wie die Psychoanalyse insgesamt positive Resultate erbracht hat, scheint allgemein Konsens darüber zu bestehen, daß die wissenschaftliche Aufgabe der Psychotherapieforschung mittelfristig darin besteht, mit empirischen Mitteln sehr akribisch zu beschreiben, was in den einzelnen Therapien tatsächlich vor sich geht. Dabei rangiert die minutiöse Bearbeitung von Einzelfällen vor statistischen Gruppenvergleichen. Insbesondere der qualitativen Einzelfallforschung steht ein weites Feld zur Bearbeitung zur Verfügung.

Für den empirisch-nomothetischen Zugang in der Psychotherapieforschung gilt, daß operationale Variablen in ihrer regelhaften und idealermaßen gesetzmäßigen Verknüpfung die sinnrationalen Handlungsmuster und ihre qualitativen Veränderungen im biographischen Entwicklungsverlauf oder im therapeutischen Prozeß abbilden. Auf diese Weise werden wirkliche Naturgesetze deutlich, für die die kausalanalytische Methode die allein angemessene ist; oder es erschließen sich Muster- und Regelstrukturen der Soziogenese oder des Behandlungsprozesses mit typischen psychosozialen Mustern und Regeln, bei denen letztlich offenbleiben muß, ob es sich tatsächlich um Naturgesetzlichkeiten der Spezies Mensch handelt.

Damit sind aber auch gleichzeitig die Grenzen für den empirisch-nomothetischen Forschungsansatz in der Psychoanalyse und Psychotherapie abgesteckt. Wir erfahren günstigenfalls etwas *über* die Ätiologie der Neurosen und *über* den therapeutischen Prozeß. Das, was sich im interaktionell-dyadischen Austauschprozeß der analytischen Situation mit seinen unbewußten Anteilen ereignet, läßt sich mit diesem methodischen Zugang nur höchst rudimentär abbilden. Interpretation und Verstehen der szenischen, intentionalen Kommunikationshandlungen beider Akteure, das Zumessen von Be-Deutung, die Konstruktion eines biographischen Narrativs, die Klärung intersubjektiver Sinnzusammenhänge: All dieses erfordert die Anwendung der psychoanalytischen Methode.

Daraus ergibt sich ein systematisches Ergänzungsverhältnis von operational-funktionaler Regelwissenschaft und hermeneutisch-intentionaler Handlungswissenschaft (Tress, 1988, S. 274) als zwei verschiedener Methodologien unseres Diskursuniversums. Beide müssen nicht gegeneinander ausgespielt werden, sondern können partiell miteinander in Kontakt treten.

Literaturempfehlungen

Grünbaum, A. (1984). The foundations of psychoanalysis: A philosophical critique. Berkeley: University of California Press (dt.: Die Grundlagen der Psychoanalyse. Aus dem Englischen von Ch. Kolbert. Stuttgart: Reclam 1988).

Grünbaum, A. (1987). Psychoanalyse in wissenschaftstheoretischer Sicht. Konstanz: Universitätsverlag.

Kächele, H. (1992). Von der klinischen zur systematischen Forschung. In W. Tress (Hg.), Psychosomatische Medizin und Psychotherapie in Deutschland. Göttingen: Vandenhoeck & Ruprecht, 73–82.

Tress, W. (1985). Psychoanalyse als Wissenschaft. Psyche, 39, 385–419.

Tress, W. (1988). Forschung zu psychogenen Erkrankungen zwischen klinisch-hermeneutischer und gesetzeswissenschaftlicher Empirie: Sozialempirische Marker als Vermittler. Psychotherapie und medizinische Psychologie, 38, 269–275.

Tress, W. (1989). Adolf Grünbaum und die psychoanalytische Wahrheit. In F.-W. Eickhoff und W. Loch (Hg.), Jahrbuch der Psychoanalyse, Bd. 25 (S. 167–199). Stuttgart: frommann-holzboog.

Tress, W. (Hg.) (1993) SASB. Die Strukturale Analyse Sozialen Verhaltens. Heidelberg: Asanger

Tress, W., Henry, W. P., Strupp, H. H., Reister, G. & Junkert, B. (1990). Die strukturale Analyse sozialen Verhaltens (SASB) in Ausbildung und Forschung. Ein Beitrag zur „funktionellen Histologie" des psychotherapeutischen Prozesses. Zeitschrift für Psychosomatische Medizin, 36, 240–257.

Weiss, J., Sampson, H. & The Mount Zion Psychotherapy Research Group (1986). The psychoanalytic process: Theory, clinical observations, and empirical research. New York; Guilford Press.

14. Tiefenhermeneutik und Kohärentismus

Wolfgang Tress und Gerhard Reister

1. Voraussetzungen

Alltagsbewältigung geschieht vor dem Hintergrund impliziten Wissens, einem dichten, oft unregelmäßigen und gegenläufigen Gewebe aus Meinungen, Überzeugungen und Vermutungen. Dem entspricht eine praktische Erkenntnistheorie, in der als unausgesprochene Geschäftsgrundlage unseres sozialen Alltagshandelns wir, die Partner einer Lebensgemeinschaft, übereinstimmen müssen, um sinnträchtige Mitteilungen überhaupt austauschen zu können. Auch jedes wissenschaftliche Begründungsspiel, getragen von Methode und Argument, von Theorie und empirischer Erfahrung, wurzelt in den Erkenntniswegen unserer Vorzugsrealität, dem *Alltag*: Zu ihm führt uns jedes explizierende Begründungsspiel wieder zurück. Aus seinem Grund heraus bauen die Wissenschaften kritisierbare Methodologien des Wissensschaffens, Erkenntnistheorien mithin, um Gewußtes und Erkanntes als solches auszuweisen (Tress, 1987b). Hier nun konkurrieren entgegengesetzte erkenntnistheoretische Positionen.

2. Fundamentalismus und Kohärentismus

Einmal spricht der sogenannte *Fundamentalismus* von an und für sich gegebenen Tatbeständen in der Welt, die wir wahrnehmen und uns in der Anschauung vergegenwärtigen. Die hierher gehörige Korrespondenztheorie der Wahrheit lehrt, der Akt der Wahrnehmung erzeuge in unserem Inneren korrespondierende Abbilder einer davon unabhängig existierenden äußeren Wirklichkeit. Wahrnehmungen aber haben den Erkenntnisstatus von Meinungen. Aber wie kann man gerechtfertigt eine Meinung haben, ohne daß deren Rechtfertigung mit einer Meinung zu dieser Meinung zu tun hat (Davidson, 1983)? Alternativ entwirft deshalb der Kohärentismus (Kurthen, 1989) ein holistisches Modell des Wissens, wonach sämtliche Feststellungen über irgendwelche Tatbestände der Welt aus zwischenmenschlichen intersubjektiv-intentionalen Zusammenhängen hervorgehen, und zwar direkt als konsistente, d. h. widerspruchsfrei miteinander vernetzte Aussagesätze. Am Anfang der Erkenntnis steht keine sinnliche Wahrnehmung, stehen keine Rohdaten oder Basissätze, sondern vorgängige Texturen von Aussagesätzen, die sich in ihrem Wahrheitsgehalt holistisch gegenseitig stützen. Der „Input aus der Welt" spricht selbst nicht zu uns. Er veranlaßt uns stattdessen, mittels des Inventars der intentionalen Beschreibungen und in Auseinandersetzung mit vorbestehenden Sinn- und Bedeutungszusammenhängen zu neuen Feststellungen zu gelangen. Diesen eignet Bedeutung und Wahrheit insoweit, als sie sich in bereits existente Netze aus konzeptuellen Bezügen und sachlogischen Verweisungen einfügen (goodness of fit), entweder unmittelbar oder nach einem Prozeß wechselseitiger Akkomodation.

Ein so expandierendes Gewebe ineinander verflochtener Sätze gilt vorläufig als empirisch brauchbare Beschreibung intersubjektiv-objektiver Gegebenheiten, solange die praktische Brauchbarkeit der Satzsysteme sich in handlungsrelevantes Wissen niederzuschlagen scheint. Wahre Aussagen geben unserer wissenschaftlichen Auseinandersetzung mit der Wirklichkeit einen neuen Impuls. Sie erlauben planvolleres Eingreifen und bislang nicht mögliches Verändern.

3. Alltägliches und psychoanalytisches Verstehen

Etwas von einer anderen Person im Umgang mit ihr zu verstehen, setzt voraus, daß wir den anderen als unseresgleichen, d. h. als erlebnis-, handlungs- und mithin argumentationsfähig anerkennen. Er ist nicht unser Objekt, sondern einer wie wir selbst, er gehört (auch als Partner im analytischen Setting) zu unserer *Sprach- und Lebensgemeinschaft*. Innerhalb dieses Rahmenwerkes erst begreifen wir alles Menschliche, den anarchisch-dionysischen Untergrund wie die Sphäre apollinischer Vernunft, über sinnvolle Satzgefüge, die wir angesichts ihrer lebenspraktischen Bewährung als vorläufig wahr gelten lassen.

Zugleich aber sind die Äußerungen einer Person stets in der Perspektive ihrer einzigartigen biographischen Vorerfahrungen gegeben, ihnen eignet eine unverwechselbar private Komponente: Im persönlichen Alltagswissen sedimentiert alle Erfahrung in zusammenhängenden, nach ihrer Relevanz und nach bestimmten Typen gefügten Sinnstrukturen. Alltagswissen existiert subjektiv immer nur in einer individuell-biographischen Brechung, angereichert mit privaten Konnotationen. Die oben dargelegte Gemeinsamkeit unserer Meinungen und Profile des Wissens enthüllt sich nun als notwendig harmonisierende Idealisierung, sie untersteht unverzichtbar einem Normalitätsideal.

Um dahinter den subjektiv gemeinten Sinn im Handeln und Erleben eines anderen Menschen zu erfahren, müssen wir uns ganz im Sinne der *verstehenden Soziologie* von Max Weber (1982) auf eine noch unreflektierte kommunikative Praxis mit unserem Gegenüber einlassen. Schon sozialwissenschaftlich setzt dies einen tiefgreifenden Selbstaufklärungsprozeß des Forschers voraus.

Ein zentrales Konzept an dieser Stelle ist jenes der *Rationalität*, nämlich der Verstehbarkeit, der sinnhaften Deutbarkeit von (Sprach-)Handlungen aufgrund des praktischen Syllogismus. Rational ist solches menschliches Tun, welches sich angesichts bestimmter Wünsche und Motive sowie bestimmter Meinungen über die konkrete Handlungssituation als sinnvolles, vernünftiges Handeln interpretieren läßt. Der *praktische Syllogismus* und mit ihm die Rede von der Handlungsrationalität erweisen sich im übrigen als dem Begriff der Person und ihrer *Handlungsfreiheit* definitorisch inhärent. Die Validierung sinnrationaler sozialwissenschaftlicher Interpretationen folgt aus der Sicherheit einer Interpretengemeinschaft, die impliziert, man hätte anstelle des beforschten Handlungssubjektes, erfüllt von dessen Wünschen, Absichten und Kognitionen, ebenso gehandelt wie jenes. Scheinbar irrationale Verhaltensweisen offenbaren sich als rationales Handeln dann, wenn man ungewöhnliche bis bizarre Absichten und Meinungen (vgl. das Konzept der bösen Brust bei M. Klein), aber auch Modalitäten der Schlußfolgerung in das Kalkül des praktischen Syllogismus einsetzt. Genau das tut der Psychoanalytiker, wenn er aus der Metapsychologie wie der klinischen Neurosenlehre die erforderlichen Anregungen bezieht, um sinnrationale Deutungen neurotischen Verhaltens und Erlebens zu entwerfen.

So müssen auch wahre *psychoanalytische Interpretationen* zum zuvor bestehenden Gesamt (Alltagsmeinungen der Lebensgemeinschaft von Analysand und Analytiker – Lehrmeinungen der psychoanalytischen scientific community – subjektbezogene Meinungen, auf die sich Analytiker und Analysand im Laufe der Therapie einigen) passen, wobei es sich im veränderungsrelevanten Fall um einen dialektischen Prozeß der gegenseitigen Infragestellung von zunächst widersprüchlicher neuer Deutung und bereits erarbeiteter oder ungefragt unterstellter Einsichten handeln wird. In einer gebrauchstheoretischen Sicht von Bedeutung fördern wahre psychoanalytische Einsichten neue Perspektiven zutage, in denen eine gemeinsame Wirklichkeit von Analysand und Analytiker aufscheinen. Zugleich ermäßigen sich die Wiederholungszwänge im beiderseitigen Agieren. Das analytische *Setting* fördert das Äußern von Begierden, Wünschen, Phantasien etc., die in der Konvention anderer lebenspraktischer Situationen manifest zurücktreten. Unsere psychoanalytischen Theorien dienen dazu, dieses vermeintlich irrationale Chaos zu strukturieren. Dazu liefert „die Hexe“ *Metapsychologie* sinnstiftende Erzählfolien und therapeutische Mythen. So wird die Biographie des Patienten aus neuen narrativen Sinneinheiten ein weiteres Mal geschaffen. Deutungen bewähren sich, insoweit sie dem Patienten für seine Gegenwart (auch in Gemeinschaft mit dem Analytiker) wie für seine Zukunft tragbare Lebensentwürfe an die Hand geben.

Mit dieser Auffassung verzichten wir auf die irreführende fundamentalistische Metapher von an sich bestehenden seelischen Wirklichkeiten im Patienten. Die Wirklichkeit wird vielmehr neu intersubjektiv konstituiert. So schreibt auch Wittgenstein (1958), wir fänden am Anfang und am Ende der Begründung keine unbegründeten Axiome, sondern unbegründete Handlungsweisen in ästhetischer Deutlichkeit. Dann verstummt aller Zweifel am je konkreten Wissen (Tress, 1985; 1987a).

4. Kohärentistische *Tiefenhermeneutik*

Mithin steht die Psychoanalyse als sinnverstehende Erkenntnismethode sowohl den ethno-methodologischen Verfahren wie auch der psychologischen *Biographik* nahe. Sie konzentriert sich auf die Erkenntnis von Individualität und weiß um das dialektische Verhältnis, in welchem das Besondere und das Allgemeine zueinander stehen. Einzelne Lebensläufe enthüllen sich so als individuelle Ausformungen von allgemeinen Bedingungen, an denen potentiell der Forscher immer schon teilhaben muß, um seinen Gegenstand begreifen zu können. Idiographische Studien wie die der Psychoanalyse erhellen somit Allgemeines (z.B. im Sinne der Metapsychologie und der Neurosenlehre) in seiner individuellen Profilierung.

In der psychoanalytischen Praxis suchen wir nach der je besonderen Konstellation von allgemeinen Interaktionstypen, die in einmaliger Abschattung die subjektive Welt der inneren Objekte, eine individuelle Psychodynamik und Psychopathologie unbewußt konstituieren. Ohne schon vorgegebene metapsychologische Theorien heranzuziehen, ergibt dabei die ethnographische Phänomenologie des therapeutischen Geschehens, daß der Mensch in seinem Handeln fast immer mehr und auch anderes tut, als er selbst zu tun vermeint. In diesem Widerspruch von Selbst- und Fremdwahrnehmung, von subjektivem Erleben und äußerlich beobachtbarem Verhalten verankert Freund (1915e) methodisch das Unbewußte. Er verpflichtete damit die Psychoanalyse methodologisch auf den praktischen Syllogismus im Sinne der sozialwissenschaftlichen Handlungserklärung, freilich mit Hilfe von aus dem Bewußtsein exkommunizierten Wünschen, Meinungen und szenischen Phantasien. Freud erklärte den Vorgang der Verdrängung selbst zur sinnrationalen Handlung, genauer zur Konfliktlösung, und suspendierte derart das oben erwähnte Normalitätsideal der verstehenden Soziologie. Hierdurch etablierte er die Psychoanalyse als *tiefenhermeneutische Erfahrungswissenschaft* des zweiten Textes, der unbewußten Phantasien und Inszenierungen.

Psychoanalyse als *Tiefenhermeneutik* operiert wie *Hermeneutik* generell mit einem Korpus von Regeln, welcher die Auslegung einer Gesamtheit von sprachlichen oder quasi sprachlichen Erscheinungen anleitet, denen gleichsam semantische oder symbolische Bedeutung zugesprochen werden kann. Zur Deutung bieten sich Träume ebenso wie neurotische Symptome, Riten, Mythen, Kunstwerke oder Glaubensinhalte an. Daraus erwächst die Chance, Kommunikationsstörungen im Patienten selbst aufzuheben (Habermas, 1968). Der Analytiker verhilft als Interpret dem Patienten dazu, die eigene Sprache zu begreifen und privatsprachlich verstümmelte Symbole in die Ausdrucksweise der öffentlichen Kommunikation zurückzuführen.

Zu diesem Ziel läßt sich der Analytiker auf eine widerständige infantile Szene unter dem Diktat des Wiederholungszwanges ein und erschließt sie durch den Einsatz eigener Entwürfe kindlicher Szenen, überwiegend sensomotorisch kodiert im Kreislauf von Empfindungen, inneren Bildern und Handlungsimpulsen (vgl. Zepf und Hartmann, 1989). Die nun beginnende, immer nur vorläufige (Re-)Symbolisierung traumatischer Kommunikationen, an denen zunächst auch der Analytiker teilhaben muß, vergegenständlicht und be-greift unbewußte Handlungszwänge, die dadurch zukünftig handhabbar werden. Aus unbewußten, aber wirkmächtigen Überzeugungen des Patienten werden nun Hypothesen zur inneren und äußeren Welt, die der Patient an der Erfahrung innerhalb der therapeutischen Beziehung vielleicht erstmals überprüfen kann. Im kooperativen Austausch mit dem Analytiker resubjektiviert der Patient als Co-Interpret des Übertragungs-Gegenübertragungs-Feldes bislang unbewußte Gewißheiten und erringt derart die Freiheit zu kreativen Entwürfen und zur

Erprobung alternativer Erlebnis- und Kommunikationsmuster.

Literaturempfehlungen

Davidson, D. (1983). A coherence theory of truth and knowledge. In D. Henrich (Hrsg.), Kant oder Hegel (S. 423–438). Stuttgart: Klett-Cotta.

Habermas, J. (1968). Erkenntnis und Interesse. Frankfurt/M.: Suhrkamp.

Kurthen, M. (1989). Noch einmal: Ist die Psychoanalyse eine Wissenschaft? Fundamentalismus und Kohärentismus als „Wissenschaftstheorien der Psychoanalyse". Zeitschrift für psychosomatische Medizin, 35, 241–255.

Tress, W. (1985). Psychoanalyse als Wissenschaft. Psyche, 39, 385–412.

Tress, W. (1987a). Die intentionale Beschreibung als Grundfigur psychoanalytischer Erkenntnis. Psychotherapie und medizinische Psychologie, 37, 133–141.

Tress, W. (1987b). Sprache – Person – Krankheit. Berlin: Springer.

Weber, M. (1982). Gesammelte Aufsätze zur Wissenschaftslehre. Tübingen: Mohr.

Wittgenstein, L. (1958). Philosophische Untersuchungen. Frankfurt/M.: Suhrkamp.

Zepf, S. & Hartmann, S. (1989). Psychoanalytische Praxis und Theoriebildung: Verstehen und Begreifen. Berlin: Springer.

IV. Psychoanalytische Grundbegriffe

15. Das Unbewußte

ALFRED SCHÖPF

1. Das Unbewußte vor Freud

Die Annahme des Dynamisch-Unbewußten gilt als entscheidendes Kriterium, welches tiefenpsychologisch orientierte Auffassungen des Seelischen, darunter in engerem Sinne die psychoanalytische, von anderen Richtungen der Psychologie unterscheidet. Die Vorgeschichte des Begriffs des Unbewußten spielt sich in einem umfassenderen philosophisch-literarisch wissenschaftlichen Kontext ab als dem der Psychologie. Entscheidend für die Idee des Unbewußten dürfte die Spannung zwischen Aufklärung auf der einen und Romantik und Lebensphilosophie auf der anderen Seite geworden sein. Das Programm der Aufklärung, unser Wissen auf eine sichere Basis zu stellen, setzt beim Bewußtsein an und beabsichtigt innerhalb dessen durch Selbstreflexion eine Scheidung in klare und deutliche Vorstellungen versus dunkle und unklare vorzunehmen (Kant, 1798). Diese Grenzziehung, welche das Bewußtsein dem Licht der Vernunft unterstellt, schafft nicht nur den Begriff des aufgeklärten Selbstbewußtseins oder der bewußten Produktivität des Ichs, sondern auch das Problem seiner Vorgeschichte im Sinne eines dunkel bewußten, vorbewußten Zustandes, den Schelling (1807) „bewußtloses Produzieren" nennt und Fichte (1798) mit dem Ausdruck „Trieb" interpretiert. Für das bewußte Ich entsteht daher die Notwendigkeit, seine Nachtseite, nämlich die Geschichte seines Hervorgangs aus dem Nichtich oder Trieb (welche in Natur, Leib und Seele wirksam werden) zu begreifen, eine Aufgabe, die sich die Romantik zu eigen macht. Für sie wird durch die aufklärerische Zerlegung des Begriffs des Bewußtseins in bewußtes Bewußtsein und bewußtloses der Begriff des „Unbewußten" bei Carus (1846) zu einem Schlüsselbegriff und zentralen Forschungsbereich. Methodisch gesehen tritt das Problem auf, welcher Wissensart das Unbewußte, speziell das seelisch Unbewußte zuzuordnen ist. Im Gefolge der Aufklärung hat es Herbart (1816) in dem Begriff des aufgeklärten Wissens von der Natur einzubeziehen versucht und eine Art Vorstellungsmechanik entwickelt, die Drang, Hemmung und Verdrängung prinzipiell mathematisch berechenbar machen sollte. In dieser Linie hat auch Fechner (1860) seine äußere und innere Psychophysik angesiedelt. Die Romantik hingegen, insbesondere bei Carus, hat das Seelische dem Bereich des Lebendigen zugeordnet, welches durch eine andere Art von Wissen zu erfassen sei, nämlich eine „Ahndung" und Deutung des Lebendigen von seinen Zielen (dem Telos) her.

Wichtig wird in diesem Zusammenhang die lebensphilosophische Wende bei Schopenhauer (1818). Sie trennt die Ebene aufklärbaren Wissens vom Seelischen als Welt der Vorstellung von der dahinter liegenden Ebene des Ursprungs aus dem Leben als Welt des Willens. Damit werden Erscheinung und Wesen, Oberfläche und Tiefe zu zwei Dimensionen des Seelischen. Die unbewußte Ebene des Lebens wird als Wille verstanden, der sich auf der Vorstellungsebene als Begehren nach Objekten äußert. Beim frühen Freud findet sich eine direkte Anknüpfung an Schopenhauer in der Auffassung des Unbewußten, wenn er die Abwehr im neurotischen Konflikt als Wille und den libidinösen Wunsch als Gegenwille bezeichnet.

2. Das Unbewußte bei Freud, Jung und Adler

Zu Freuds Lebzeiten war der Topos des Unbewußten zu einer gängigen Vorstellung geworden, vor allem durch seine Popularisierung in der Philosophie von Hartmann (1889). Er war auch im psychologischen Gebrauch durch Fechner, Janet, Dessoir u. a. etabliert. Seine Phänomenologie wurde meist durch die Erfahrung von doppelten Bewußtseinszuständen in Hypnose, Traum, Delirien und Halluzinationen etc. belegt. Bei Freud gewinnt er jedoch ein neues psychologisches Profil durch gezielte Anwendung bei der Erklärung psychischer, insbesondere neurotischer Erkrankungen. Bei der Behandlung der Hysterikerin Anna O. durch Breuer wird für Freud erkennbar, daß sie an „Reminiszenzen" traumatischer Ereignisse leidet, also an Vorstellungen mit schmerzlich-peinlichen Affekten, die sie nicht weiß und doch weiß. Für Freud wird daher die Vorstellung wichtig, daß ein Nichtwissen im Sinne des Vergessenhabens mit einer strukturierenden Wirksamkeit aufgrund eines alterierten Zustands des Wissens verbunden sein kann. Er postuliert eine Tendenz der Verdrängung, später der Abwehr, die dieses Wissen vom Zusammenhang mit dem Bewußtsein trennt, und kann aufgrund dieses Kriteriums zwischen Zuständen unterscheiden, die phänomenal oder in deskriptivem Sinne unbewußt sind (wie z. B. der einfache Vorgang des Vergessens) und das Kriterium nicht erfüllen und solchen, die es erfüllen und daher in systematischem Sinne als unbewußt bezeichnet werden müssen.

Auf die Frage, ob das systematisch Unbewußte als seelischer Bereich vorzustellen ist oder ob es seelischen Funktionen zuzuordnen ist, versucht schon der frühe (von Freud später selbst nicht akzeptierte) „Entwurf" (1895 in Freud, 1950a) eine Antwort zu geben. Er unterscheidet zwischen den Systemen Wahrnehmung und Erinnerungsspuren (und dies meint Gedächtnis, aber nicht Erinnerung) sowie dem Bewußtsein als Schiedsrichter über Reales in Wahrnehmung und Denken. Das systematisch Unbewußte ist den Erinnerungsspuren zuzuordnen, deren Verbindungswege zum Bewußtsein blockiert sind.

Neben der Frage des therapeutisch-technischen Zugangs zum Unbewußten, nämlich wie Zensur bzw. Abwehr oder Widerstand zu überwinden sind, stellt sich für Freud die Frage, wie sich theoretisch ein Wissen von ihm rechtfertigen läßt. In seinen metapsychologischen Schriften versucht er, diesem Problem gerecht zu werden, indem er drei grundsätzliche Betrachtungsweisen des Seelischen unterscheidet, die es möglich machen sollen, dieses unbewußt strukturierende Wissen erkennbar zu machen. Die *topische* Betrachtungsweise arbeitet mit der Vorstellung eines anderen Ortes des Seelischen, d. h. sie stellt die systematische Trennung verräumlicht in verschiedenen psychischen Orten dar. Die *dynamische* Betrachtungsweise unterstellt Kräfte und Motive, die am Werke sind und im Falle des systematisch Unbewußten als Abwehr und Wunsch in Konflikt geraten. Am problematischsten ist sicher die *ökonomische* Betrachtungsweise, weil Freud mit ihr den Versuch macht, seine Seelenvorstellung dem naturwissenschaftlichen Denken im Sinne Herbarts und Fechners einzugliedern. Er unterstellt eine psychische Energie und versucht, die Konflikte des Unbewußten als quantitativ bestimmbare und meßbare Veränderungen in der Besetzung des Wunsches durch diese Energie und der Gegenbesetzung der Abwehr zu erklären.

Insgesamt kann man sagen, daß in Freuds erster Topik eine in einem räumlichen Modell veranschaulichte Auffassung des Unbewußten mit den weiteren Stufen des Vorbewußten und Bewußten vorherrscht. Im Spätwerk verändert sich diese Auffassung, weil Freud wohl die Gefahr der Verdinglichung bemerkt hat, welche in dieser substantivischen Auffassung des Unbewußten und seiner Vorstellung als seelischem Bereich lag. Im Strukturmodell mit seinen Funktionen Es, Ich, Überich, welches an das Modell des Leibes angelehnt ist, verschwindet die ältere Auffassung zugunsten der Annahme seelischer Funktionen, denen Eigenschaften im Sinne von bewußt, vorbewußt oder unbewußt zugeschrieben werden. Der theoretische Grund liegt in der Konzeption des Ichs, weil Freud bemerkte, daß ihm, je nach der Funktion, die es ausübt, einmal das Adjektiv bewußt, ein andermal das Adjektiv vorbewußt oder unbewußt zugeschrieben werden kann.

Freuds Auffassung unbewußter psychischer Prozesse wird deutlicher, wenn man sie mit denen anderer tiefenpsychologischer Richtungen seiner Zeit vergleicht, nämlich denjenigen von Jung (1934) und Adler (1920). Freuds anfängliche Gleichsetzung des Unbewußten mit dem Verdrängten ist durch Jung kritisiert worden, insofern dieser neben den zurückgedrängten Inhalten ein Unbewußtes annahm, welches nie die Schwelle des Bewußtseins überschritten habe. Freud hat daraufhin in seiner zweiten Topik seine Auffassung korrigiert und um dieses erweitert. Entscheidender aber ist zweifelsohne, daß Jung in seiner Auffassung direkt an die Romantik und die Konzeption des Unbewußten bei Carus anknüpft. Demzufolge ist es nicht ein (lebensphilosophisch verstandener) blinder Drang, der wie bei Freud, durch Gesetze einer Vorstellungs- und Energieverteilungsdynamik psychisch repräsentiert wird, sondern ein seinshafter Seelengrund, der sich in Form einer angeborenen, sinn- und zielgerichteten Tätigkeit (i. S. des aristotelischen Telos) entwickelt, welcher Selbst genannt wird. Während Freuds unbewußtes Es für das bewußte Ich der Möglichkeit nach aufklärbar ist, behält bei Jung des unbewußte Selbst eine unergründliche Tiefe gegenüber dem bewußten Ich.

Der Ausweitung der Stellung des Unbewußten bei Jung steht eine Einschränkung seiner Bedeutung bei Adler gegenüber. Es beinhaltet nach ihm lediglich die Ziele, welche das Ich gegenüber der Realität (im Sinne des Gemeinschaftsgeistes) nicht aufrechterhalten kann, die es aber als Fiktion aus Gründen des Machtanspruchs festhält. Diese werden daher unbewußt verfolgt, weshalb unbewußt mit neurotisch gleichzusetzen ist.

3. Kritik der Annahme des Unbewußten

Einsprüche gegen die Wissenschaftlichkeit der Annahme des Unbewußten sind von bestimmten Richtungen der Psychologie wie dem Behaviorismus, aber auch der Gestaltpsychologie gekommen. In seiner radikalsten Form bei Skinner (1954) hat sich der Behaviorismus zwar die Infragestellung der Zuverlässigkeit der Introspektion durch den Freudschen Begriff des Unbewußten zunutze gemacht, er selbst aber lehnt die Berücksichtigung mentaler Zustände als relevanter seelischer Faktoren ab und schlägt vor, die Psyche methodisch als „black box" zu behandeln. Bei Reduktion des Seelischen auf Reiz-Reaktions-Zusammenhänge verliert der Begriff eines seelisch Unbewußten jeden Sinn.

Aber auch in der Akt- oder Gestaltpsychologie hat er einen problematischen Status. In bezug auf die subjektive Erlebniswelt spielt zwar die Struktur „Figur vor Hintergrund" eine wichtige Rolle, aber der Hintergrund ist aufgrund der Verweisungszusammenhänge eher vor- oder mitbewußt als im strengen Sinne unbewußt zu denken. In bezug auf die objektiv-physikalische Welt kann in der Gestaltpsychologie allenfalls als unbewußt betrachtet werden, was an physischen Reizen unterhalb der Schwelle der Wahrnehmung bleibt. Diese (in der Tradition der äußeren Psychophysik Fechners) meßbaren Frequenzen bilden jedoch, da sie nicht wahrgenommen werden, kein seelisch Unbewußtes. Die Gestalttherapie Perls' (1976) hat dagegen im Begriff der Blockierung der Gefühle aus ihrer tiefenpsychologischen Vorgeschichte einen Ansatzpunkt beibehalten, unzugängliche seelisch repräsentierte Dimensionen zu denken.

4. Wissenschaftstheoretische Aspekte

In den wissenschaftstheoretischen Diskussionen fallen die Stellungnahmen zum Begriff des Unbewußten sehr unterschiedlich aus, je nachdem, ob sich die Wissenschaftstheoretiker einer naturwissenschaftlich-erklärenden Richtung zugehörig fühlen, wie die Logischen Positivisten und die Kritischen Rationalisten oder eine hermeneutisch bzw. strukturalistisch verstehende Richtung vertreten. In der ersten gerät die Annahme unbewußter Prozesse dann in den Verdacht der Unwissenschaftlichkeit, wenn sie nicht durch operationale Definitionen mit beobachtbarem Verhalten verknüpft und experimentell überprüft werden kann. Insbesondere gilt die substantivische Fassung des Unbewußten als unhaltbar und ohne Erklärungswert, da sie die Vorstellung einer geistigen Hinterwelt nahelegt, in der ein fiktiver Homunkulus die Seele lenkt (Flew, 1956). Hingegen ist die Annahme unbewußter, weil unbemerkter seelischer Prozesse nicht strittig. Für diese Richtung ist es entscheidend, daß zwischen einem beobachtbaren Ereignis und einem unbewußten Datum ein Kausalzusammenhang hergestellt werden kann, der durch ein Kausalgesetz abgesichert ist. Dabei können nicht nur physische Zustände den Begriff des unbewußten Datums erfüllen, sondern durchaus auch mentale Zustände wie z. B. eine Angstphantasie (Grünbaum, 1988). Wesentlich ist allerdings, daß diesem unbewußten mentalen Ereignis der Status der Beobachtbarkeit für einen extraklinischen objektiven Beobachter zukommt. Die bevorzugten kausalen Erklärungsmodelle für unbewußte Prozesse sind funktionale Erklärungen, die an biologische Vorgänge angelehnt sind, oder kausal teleologische, die Erklärungen von Handlungen aus Motiven geben, die als Ursachen betrachtet werden (Stegmüller, 1969).

Die hermeneutischen Richtungen der Wissenschaftstheorie (Ricoeur, 1969; Habermas, 1968 u. a.) und die strukturalistischen (Lacan, 1966; Derrida, 1967) rekonstruieren das Unbewußte nicht im Ausgang von Daten, wie sie einem objektiven Beobachter erscheinen, sondern vom Sinn, den sie für das Erleben des Subjekts und den mit ihm kommunizierenden teilnehmenden Beobachter haben. Als Indikatoren für unbewußte Prozesse gelten Lücken, Amnesien, Widersprüche und wahnhafte Verzerrungen, die im Sinnzusammenhang auftauchen und im Vergleich dazu als unsinnig erscheinen. Durch Deutung sollen die fehlenden oder widerstreitenden Motive erschlossen und das Unbewußte als der „andere Sinn“ erwiesen werden. Dabei muß die Deutung an den Reaktionen des Analysanden überprüft werden.

Metapsychologisch wird das so verstandene Unbewußte entweder vom Sinn der Handlung her rekonstruiert (Schafer, 1976) und gilt als latente Handlungsintention. Ihr kann als eigenständiger Erklärungstypus das teleologische Erklären (v. Wright, 1971) zugeordnet werden, welches eine Handlung vom Glauben und der Absicht des Handelnden her erklärt. Oder aber es wird im Ausgang vom Sinn der

Sprache als andere, verschobene oder verdichtete Sprachdimension begriffen (Lacan, 1966). Das Unbewußte gilt dann als strukturiert wie eine Sprache. Diese kann mit linguistischen Methoden im Anschluß an Jakobsons (1956) Gesetze der Auswahl von Signifikanten (paradigmatische Dimension) und ihrer Verknüpfung (syntagmatische Dimension) entschlüsselt werden. Derrida spricht im Zusammenhang des Unbewußten von der Differenz zweier Schriftsysteme in der Wahrnehmung und den Erinnerungsspuren.

Jenseits der wissenschaftstheoretischen Diskussion um die Möglichkeit der Rechtfertigung des Unbewußten gibt es in neuerer Zeit einige Ansätze, unbewußte Prozesse empirisch durch begleitende Prozeßforschung nachzuweisen und zu rechtfertigen. So hat die Ulmer Gruppe (Thomä und Kächele, 1985/ 1988) Korrelationen zwischen therapeutischen Interventionen, die sich auf unbewußte Konflikte als Krankheitsursachen beziehen, und Veränderungen in der manifesten Symptomatik als Wirkung herzustellen versucht. Die Richtung der Percept-Defense-Forschung (Dixon, 1981; Henschel und Smith, 1980 u. a.) untersucht die Prozesse des Wahrnehmungsaufbaus, wobei sie in Figur-Hintergrund-Konstellationen nicht nur Gestaltungsprozesse der Wahrnehmung am Werk sieht, sondern emotionale Prozesse, bei denen die Abwehr einer Emotion durch eine andere eine wesentliche Rolle spielt. Der Aufbau der Wahrnehmung wird somit als dynamischer Vorgang gesehen, den Abwehraktivitäten modellieren. Durch Verfahren wie die Meta-Contrast-Technik (MCT) und den Defense-Mechanism-Test (DMT) sollen diese Aspekte des Dynamisch-Unbewußten experimentell nachgewiesen werden.

Literaturempfehlungen

Adler, A. (1920). Zur Rolle des Unbewußten in der Neurose. In ders., Praxis und Theorie der Individualpsychologie. Frankfurt/M.: Fischer, 4. Auflage 1974.

Ellenberger, H. F. (1973). Die Entdeckungt des Unbewußten. 2 Bände. Bern: Huber.

Freud, S. (1950a). Aus den Anfängen der Psychoanalyse. Frankfurt/M.: Fischer 1975.

Freud, S. (1915e). Das Unbewußte. GW X, 263–303.
Gödde, G. (1991). Schopenhauer als Vordenker der Freudschen Metapsychologie. Psyche, 45, 994–1035.
Jung, C. G. (1934). Die Beziehungen zwischen dem Ich und dem Unbewußten. Olten: Walter 1971.
Laplanche, J. & Pontalis, J. B. (1973). Das Unbewußte. In: Das Vokabular der Psychoanalyse (S. 562–565). Frankfurt/M.: Suhrkamp.
Möller, H. J. (1978). Psychoanalyse – erklärende Wissenschaft oder Deutungskunst. Münschen: Fink.
Ricoeur, P. (1969). Die Interpretation. Ein Versuch über Freud. Frankfurt/M.: Suhrkamp.
Schafer, R. (1976). Eine neue Sprache für die Psychoanalyse. Stuttgart: Klett-Cotta 1982.
Schöpf, A. (1982). Sigmund Freud. München: Beck.
v. Wright, G. H. (1974). Erklären und Verstehen. Frankfurt/M.: Suhrkamp.
Wythe, L. L. (1960), The unconscious before Freud. London: Tavistock Publications.

16. Das Ich

MICHAEL JERON

Der Begriff „Ich“ wird von Freud in einem doppelten Sinne verwendet: zum einen für die ganze Person, das Individuum als Subjekt; zum anderen in einer spezifisch tiefenpsychologischen Bedeutung, die von der alltagssprachlichen zwar zu unterscheiden, aber nicht zu trennen ist: als „psychische Instanz“ mit bestimmten Funktionen und in Abgrenzung von den anderen Instanzen („Es“ und „Überich“). Diese Bedeutung ist Kulturgut geworden. Die Entwicklungsgeschichte dieses Schlüsselbegriffes ist zugleich die Geschichte der Psychoanalyse.

1. Das Ich als Apparat und Energie

Das Seelenleben einer Person besteht anfänglich aus einer im Biologischen gegründeten psychophysiologischen Ausstattung mit (Trieb-)Energie, dem Es. Zu diesem gehört ein sensomotorisches System, durch das hindurch die Kommunikation zwischen Innen- und Außenwelt stattfindet. „Unter dem Einfluß der Außenwelt auf das Es“ differenziert sich das Ich als dessen „adaptiver Apparat“ heraus (vgl. Freud 1895d, 1923b). Freud denkt hier also im Modell einer Membran: das Ich ist die „Rindenschicht“ des Es und unterwirft„ … von der bewußten Wahrnehmung her immer größere Bezirke und tiefere Schichten des Es seinem Einfluß …“ (1938b, S. 129). *Zugleich* denkt Freud „in Energien“: das Ich ist eine Organisation, verantwortlich für *quantitative* Prozesse, und es ist „das Reservoir der Libido“ (Freud, 1923a, S. 231). In der ersten Triebtheorie (bis ca. 1915) ist die Rede von „Ichtrieb“, gleichbedeutend mit Selbsterhaltungstrieb, dem vor allem *Abwehrfunktionen* gegen die Impulse des Sexualtriebs zugesprochen werden.

Der „energetische“ Gesichtspunkt hat in der klinischen (= praxisbezogenen) Psychoanalyse nicht das Gewicht erlangt wie in der Metapsychologie und ist wie die Triebtheorie heute in den Hintergrund gedrängt worden. Freuds Grundgedanke bleibt jedoch auch in seinen weiteren Konzeptionen des Ichs wesentlich: Konstanz und Veränderung des Ichs sind Wirkungen von Besetzungen, die selbst wiederum zugleich vom Ich gesteuert werden. Das Ich ist sowohl *Produkt* als auch *Urheber* („Subjekt“) von intrapsychischen Prozessen und dabei zum allergrößten Teil unbewußt; darauf insistiert Freud.

2. Zur Genese des Ichs

In „... das dunkelste Problem ... die Entwicklung des Ichs ...“ (1895d, S. 448) kann Freud mit der „Einführung des Narzißmus“ (1914d) etwas Licht bringen. Zu der ersten Ebene einer Erklärung der Genese des Ichs (als adaptiver Apparat, der sich unter dem Einfluß der Außenwelt entwickelt) fügt er jetzt eine zweite Ebene hinzu: er geht weiterhin aus von der anfänglichen Einheit (Es=Ich), die jegliche psychische (Besetzungs-/Trieb)Energie enthält, im ursprünglichen, „primären“ Narzißmus.

Die Besetzungsenergie kann auf das Ich selbst als ein Liebesobjekt gerichtet werden – was zu seiner Entwicklung beiträgt, im Übermaß diese aber blockiert – oder auf „Objekte“ (nicht im dinglichen Sinn, sondern als „bedeutsame Andere“). Im Übermaß führt letzteres zu einer „Verarmung des Ichs“ mit Idealisierung des Objektes – ein Charakteristikum für den „Neurotiker“. Ausgelöst durch Enttäuschungen oder den Verlust des Objektes können die Besetzungen wieder auf das Ich zurückgezogen werden: „sekundärer Narzißmus“. Andererseits bildet sich das Ich gerade durch Objektbesetzungen: durch die Entwicklung von intrapsychischen (Objekt-)„Repräsentanzen“ und vor allem durch (unbewußte) *Identifizierung* mit ihnen, wodurch sie zu einem Bestandteil des Ichs werden. Damit ist der Ausgangspunkt sowohl für die psychische Instanz eines *Überichs* als auch einer *„Objektbeziehungstheorie"* in der Psychoanalyse gesetzt: aufgrund der zentralen Bedeutung der Identifizierung für die Ich-Entwicklung definiert Freud (1923b) das Ich (genauer: seinen Charakter) dann auch als „Niederschlag aufgegebener Objektbesetzungen" (S. 257). Damit ist der Übergang von einer „Ein-Personen"- zu einer „Zwei-Personen-Psychologie" geschaffen.

Die Entwicklung des Ichs ist daher nur unter dem Gesichtspunkt der Intersubjektivität und Interaktion angemessen zu verstehen: das Ich ist *gleichzeitig* konstituiert durch Verinnerlichung von Beziehungen und deren Subjekt (in des Wortes doppelter Bedeutung: als Unterworfener und als Akteur).

3. Das Ich als Struktur

Beide Aspekte sind in der Strukturtheorie (ab 1920, vor allem 1923b) enthalten, in der das Ich als eine Struktur bestimmt wird eben als *psychische Instanz mit bestimmten Funktionen* und einer vorherrschenden Tendenz. Diese Definition gilt auch heute noch als Fundament der Psychoanalyse, denn Freuds *Konflikt*psychologie läßt sich kaum einfacher und einprägsamer beschreiben denn als permanenter Widerstreit zwischen Wünschen (Triebimpulsen des Es), verinnerlichten Normen (Überich-Anforderungen) und den Notwendigkeiten der (inneren wie äußeren) Realität, zwischen denen das Ich vermitteln muß, nicht zuletzt aus Gründen der Selbsterhaltung (die für Freud die erste und basale Funktion des Ichs ist und bleibt).

Alle Funktionen, die zum Ich gehören und seine Definition „als Funktion" bestimmen (vgl. Brecht und Drews, 1975), dienen letztlich der Selbsterhaltung: Steuerung und Motorik; Abwehr; Angst; Affekt(steuerung); Wahrnehmung; und andere kognitive Funktionen wie Gedächtnis, Symbolisierungsfähigkeit, Denken; Realitätsprüfung; Anpassung; Konfliktlösung und Synthetisierung. Von Nunberg (1929), der die synthetisierende (=vermittelnde und integrierende) Funktion des Ichs untersuchte, stammen auch die deskriptiven Kriterien der „Ichstärke“ bzw. „Ichschwäche“ und die (im weiteren Sinne) dazugehörende „Ambivalenztoleranz“, die gerade für die Differentialdiagnose von Persönlichkeitsstörungen Bedeutung erlangten.

Das Ich ist bei der (lebenslangen) Herausforderung der Vermittlung, „Synthese“, Integration ständig vom Scheitern bedroht. Die Erscheinungsformen dieses Scheiterns werden in der klinischen Theorie beschrieben. Sie reichen von

- *Psychosen* (die Freud wegen ihres fast vollständigen Rückzugs von der Realität „narzißtische Neurosen“ nannte und bei denen Bion (1957) die Zerstörungdes Denkens und die „Zerstückelung des Ichs“ beschrieben hat) über
- *psychosomatische Störungen* (in denen z. B. Symbolisierungsfähigkeit und Affektsteuerung mißlingen) und
- *Charakter-* und *Persönlichkeitsstörungen* (in denen „ichstrukturelle Defizite“ eine zentrale Rolle spielen) bis zu
- (Syptom-)*Neurosen* (in denen ein scheiternder Konfliktlösungsversuch zur Symptombildung führt).

Insofern ist jede Psycho-Pathologie auch immer eine Ich-Pathologie. Der Ich-Begriff und damit die Ich-Psychologie sind also für die Metapsychologie und die klinische Theorie der Psychoanalyse von grundlegender Bedeutung, auch wenn sie oft nicht mehr eigens thematisiert werden, sondern integriert sind.

4. Zur Ichpsychologie

Neben Freuds Arbeiten zum Ich wird mit „Ichpsychologie“ in einem eingeschränkten Sinn eine bestimmte Richtung in der Psychoanalyse bezeichnet, die sich schon ab ca. 1926 darauf konzentrierte, die Entwicklung des Freudschen Denkens „vom Es hin zum Ich“ fortzuführen. Sie widmete sich dabei der differenzierten Untersuchung bestimmter Ich-Funktionen und der Weiterentwicklung des Ich-Begriffs mit dem Ziel, Unklarheiten und Mehrdeutigkeiten bei Freud aufzulösen, so z. B. durch die folgenreiche Unterscheidung zwischen Ich und Selbst bei Hartmann (1948). Allerdings führte die Eliminierung der umfassenden Bedeutung des Ichs *als ganze Person* zugunsten einer Einschränkung auf seine Funktionen zu einem akademisch trockenen und abstrakten Konstrukt, in dem das (Selbst-)Erleben eines Individuums nicht mehr erkannt werden konnte.

Verbunden mit Hartmanns Namen, dominierte die Ichpsychologie vor allem in den USA ab den 40er Jahren. Dabei waren gesellschaftliche und wissenschaftspolitische Einflüsse bedeutsam, etwa die Zerstörung der Psychoanalyse in Europa (außer England) durch den Nationalsozialismus, das Vorherrschen eines empiristischen Positivismus in den USA sowie die dort schon damals weit fortgeschrittene berufspolitische Dominanz der Psychiatrie in der Psychoanalyse („Medizinalisierung") und die Bemühungen einiger Psychoanalytiker, der Psychoanalyse durch Anpassung an herrschende Standards in der scientific community wissenschaftliche Anerkennung zu verschaffen. Auch innerhalb der Theorie wurde zur zentralen Aufgabe des Ichs die Anpassung, der „adaptive Aspekt", durch den z. B. Abwehrmechanismen gegen archaische, das Ich zerstörende Konflikte bei schweren Neurosen verständlicher wurden.

Anpassung wurde allerdings häufig nur im passiven Sinn an eine (immer stärker soziologisch aufgefaßte) Realität verstanden. Darauf bezog sich die Kritik an der Psychoanalyse als Anpassungspsychologie, der der kulturkritische Stachel gezogen worden war (vgl. Adorno, 1972). Andererseits hat die Ichpsychologie durch die Betonung des genetischen und des adaptiven Aspekts des Ichs die psychoanalytische Entwicklungspsychologie und (in Kombination mit ihr dann) die Differentialdiagnose und Behandlungstechnik vor allem von Persönlichkeitsstörungen entscheidend geprägt. Dies ließe sich am Beispiel der Arbeiten von Blanck und Blanck (1974, 1979) ebenso aufzeigen wie an den noch einflußreicheren von Kernberg (1975, 1976, 1984).

5. Erweiterungen

Kernberg ist zugleich ein hervorragender Zeuge für die wachsende Bedeutung der Objektbeziehungspsychologie, in der die zweite Ebene der Ich-Genese (über Identifizierungen als Niederschlag aufgegebener Objektbesetzungen also) weiterentwickelt wurde. Ganz kanpp läßt sich sein Grundmodell der Ichentwicklung skizzieren als ein Prozeß wachsender Differenzierung und Individuierung; ausgehend von einer undifferenzierten Matrix („Symbiose") bilden sich während der Mutter-Kind-Dyade und der frühen Triangulierung als Niederschlag der Beziehungserfahrungen Selbst- und Objektrepräsentanzen (zusammen mit ihrer affektiven bzw. triebhaften Tönung: Beziehungsrepräsentanzen). Das ist der objektbeziehungstheoretische Aspekt.

Der ichpsychologische Aspekt betont die Integration der Selbstrepräsentanzen zu einem *Selbst* als dem Gesamt dieser (unbewußten) Vorstellungen. Erst mit dem Erreichen der „Selbstkonstanz" (und parallel der Objektkonstanz) als Voraussetzungen für das Erreichen der ödipalen Triade könne dann das Freudsche Strukturmodell mit seinem Ich-Begriff sinnvoll angewandt werden (vgl. Gedo und Goldberg, 1973), denn erst jetzt sind psychische Identität und Einheit des Ichs ausgestaltet. In der ichpsychologischen Auffassung ist diese Einheit von Beginn an vorhanden, allerdings undifferenziert. Für viele Psychoanalytiker ist dieses Modell zum Verständnis sowohl der „normalen" (Ich)-Entwicklung wie ihrer Störungen unverzichtbar geworden.

Bei Melanie Klein (1935, 1946) dagegen muß diese Einheit durch Integration der „Ich-Kerne" und Überwindung der anfangs dominierenden Spaltungsprozesse überhaupt erst hergestellt werden. Letztere sind weniger auf der sonst vorrangigen Linie von Selbst und Objekt organisiert als auf der von „gut – schlecht" mit dem Ziel, gegen die „psychotischen Selbstzerstörungsängste" gute Selbst- wie Objektanteile zu bewahren (mit denen das frühe, unentwickelte Ich sich identifizieren kann). Von den Ängsten der Lebensbedrohung eines sich im Anfangsstadium seiner Entwicklung befindlichen Ichs handelt letztlich die bekannte „paranoid-schizoide Position". Unter dem Begriff der „depressiven Position" beschreibt Klein die Entstehungsbedingungen und Schwierigkeiten bei der Bewahrung bzw. Wiederherstellung eines (inneren!) „Liebesobjekts", im Grunde also die – immer brüchige – Liebesfähigkeit des Ichs. Aus der „Schwächung des Ichs" und dem Verlust seiner Liebesfähigkeit leitet sie viele Pathologien ab, z. B. Formen schwerer Depressivität.

Bezüglich der Depression kommt Grunberger (1971) zu einem ähnlichen Ergebnis, obwohl er ein Modell bevorzugt, das betontermaßen vom „primären Narzißmus" ausgeht: darunter versteht er eine „konfliktfreie, allmächtige Daseinsweise" in einem *seelisch* vorgeburtlichen Zustand, in dem Bedürfnisse schon erfüllt seien, bevor sie als solche überhaupt wahrgenommen werden können. Der unvermeidliche Zusammenbruch dieses „narzißtischen Paradieses" ist die grundlegende narzißtische Wunde, die „in den Tiefen der Seele jeder Mensch gewiß hat" (S. 249). Die notwendige Umorientierung auf die Besetzung des Körpers, der Triebe und damit auf die Objekte stellt die zentrale Herausforderung dar für die psychische Entwicklung eines Ichs, das Grunberger vor allem als ein Regulationsprinzip versteht. In diesem Sinn ist der Titel seines Buches „Vom Narzißmus zum Objekt" Programm, gerade für die Ichentwicklung.

Aus der Unreife des schwachen, sich erst entwickelnden Ichs gegenüber seinen Herausforderungen, zuerst der narzißtischen Wunde, dann auch der unvermeidlichen Versagungen der Triebansprüche leitet Grunberger wesentliche Pathologien ab: ohne die daher notwendige „narzißtische Bestätigung" durch ein „idealisiertes Objekt" wird die eigene Unzulänglichkeit dem Ich unerträglich und führt zu Beeinträchtigungen.

Anhand der schweren Depression beschreibt er z. B. den Teufelskreis zwischen einem „archaischen" Ichideal, das alle narzißtische Bestätigung aufsaugt und einem dadurch verarmten, schwachen Ich, das sich dafür auch noch verachtet und entwertet.

Die Theorien von Klein und Grunberger verzichten sowohl auf eine explizite (metapsychologische) Unterscheidung zwischen Ich und Selbst als auch auf eine explizite (klinische) Ausarbeitung des strukturellen Niveaus der Ich-Funktionen, die z. B. Kernberg betont. Seine Definition des *„Selbst“* als dem Gesamt der Selbstrepräsentanzen, das als eine Unterstruktur ins Ich eingebettet ist und den Charakter der Person darstellt, nimmt eine Mittelstellung ein. Die „Selbstpsychologie“ von Kohut (1977, 1984) wiederum geht noch weiter und ersetzt den Begriff des Ichs durch den des Selbst.

6. Vom Ich zum Selbst

Hartmann (1950a) hatte das Selbst als ein psychoanalytisches Konzept eingeführt, um Unklarheiten in Freuds Narzißmustheorie zu beseitigen; allerdings beseitigte er damit auch die Kreativität des Freudschen Grundgedankens zur Ichentwicklung (vgl. Laplanche & Pontalis, 1967, S. 185f.). Anstatt vom Ich als Objekt (der narzißtischen Besetzung) sollte von nun an vom Selbst (im Sinne von Selbstbild) die Rede sein. Im Zuge der enthusiastischen Verbreitung der Narzißmustheorie Kohuts ersetzt das Selbst zunehmend das Ich: Psychoanalyse „auf dem Weg zum Selbst“ (Thomä, 1980).

Ursprünglich die Gesamtheit von Selbstrepräsentanzen, das Selbstverhältnis des Subjekts (Narzißmus) und die Nähe zum Selbsterleben einer Person betonend, „erbt“ das Selbst dann genau jene Bedeutung des Ichs als Gesamtperson und leibseelische Einheit, die dem Ich in der Ichpsychologie gerade abgesprochen wurde. Es bleibt dadurch nicht mehr Objekt innerseelischer Prozesse, sondern wird zu deren Subjekt (was bei Freud für das Ich galt) und unterliegt einer Ontologisierung: es wird zur Substanz (vgl. Treurniet, 1980) und zum Subjekt in der Person gemacht, zum „Homunkulus“ (Thomä, 1980).

Wie so oft in der Geschichte der Psychoanalyse ergeben sich theoretische Probleme aus der Verallgemeinerung einer *klinischen* Theorie, die ursprünglich aus praktischen Herausforderungen entstand. So scheiterte Kohuts Narzißmustheorie, die für das Verständnis einer bestimmten Form narzißtischer Persönlichkeitsstörungen wesentliche Erkenntnisse und therapeutische Hilfen entwickelte, als „Selbstpsychologie" an dem Anspruch, *jede* Pathologie auf „unbefriedigte Selbstobjekt-Bedürfnisse" vollständig zurückführen zu können.

Vorsichtiger, aber nicht weniger anspruchsvoll ist Denekes (1989) Modell vom Selbst konzipiert. Er beschreibt das Selbst als ein Persönlichkeitssystem für die Regulation des Selbstgefühls der Person; es ist rückbezüglich (d. h., jede intern repräsentierte Erfahrung verändert zwangsläufig rückwirkend unser Selbstverständnis), intentional (man kann nicht nicht(s) wollen) und autoregulativ. Die zentrale Aufgabe der Autoregulation, die ein genuin unbewußter Prozeß ist, „der sich in jedem Moment ereignet" (S. 589), besteht dabei in der Bewahrung des Identitätserlebens.

Dabei geht Deneke von Ergebnissen der Kleinkindforschung aus (z. B. Stern, 1985), die *dem Säugling* nicht nur für die Entwicklung der Fähigkeit zu innerer Balance (=Selbstzustände) eine große Eigenaktivität zusprechen, sondern auch die Folgerung nahelegen, daß die anfängliche Selbst-Objekt-Matrix gar nicht so undifferenziert und die Annahme eines primären Narzißmus in Frage zu stellen ist.

7. Ausblick

Ob die psychoanalytisch orientierte Kleinkindforschung eine Lösung des Problems bringen wird, daß es *die* Psychoanalyse nicht mehr gibt, sondern verschiedene (klinische) Theorien, muß offen bleiben. Auch die Entwicklungspsychologie gewinnt ihre Begriffe nicht aus unmittelbarer Anschauung, sondern ist implizit immer sowohl der Methode (und ihren Beeinflussungen) als auch der Theorie der Forscher verhaftet. Es ist aber anzunehmen, daß sie einen ebenso bedeutsamen Einfluß auf die Wechselwirkung zwischen psychoanalytischem Ich-Begriff und Behandlungstechnik gewinnen wird wie vormals die Ichpsychologie.

Ob z. B. bei einer „ichstützenden" Therapie (noch) von Psychoanalyse gesprochen werden sollte/kann, entscheidet sich nicht so sehr an dem (meistens ohnehin impliziten) Ich-Begriff als an dem Verständnis und der Handhabung anderer psychoanalytischer Schlüsselbegriffe wie Abwehr, Konflikt und Übertragung.

Unzweifelhaft gilt für die Psychoanalyse weiterhin, daß „die psychische Instanz, die wir am besten zu kennen glauben und in der wir uns am ehesten selbst erkennen, das sogenannte Ich" (Freud, 1938b, S. 54) eben nicht „Herr im eigenen Hause" ist, sondern es nur unter den „für die Ich-Funktionen günstigsten psychologischen Bedingungen" (Freud, 1937b, S. 96) gelingt, daß aus Es Ich werden kann.

Literaturempfehlungen

Deneke, F.-W. (1989). Das Selbst-System, Psyche, 43, 577–608.
Brecht, K. & Drews, S. (1975). Psychoanalytische Ich-Psychologie. Frankfurt/M.: Suhrkamp.
Freud, S. (1923b). Das Ich und das Es. GW XIII, 234–289.
Freud, S. (1940a). Abriß der Psychoanalyse. GW XVII, 63–139.
Kernberg, O. (1984). Severe personality disorders. New Haven: Yale University Press (dt.: Schwere Persönlichkeitsstörungen. Stuttgart: Klett-Cotta 1988).
Laplanche, G. & Pontalis, G. B. (1967). Das Vokabular der Psychoanalyse. 2 Bde. Frankfurt/M.: Suhrkamp 1972.

17. Trauma und Traumatisierung

CHRISTIANE SCHRADER

1. Definitionen

Der Traumabegriff stand am Anfang von Freuds Erforschung der Neurosen. Zeitgenössische Ideen fortführend, übernahm er ihn für den Bereich des Psychischen.

Ursprünglich in der Medizin auf körperliche Strukturen bezogen, bezeichnet der Begriff Trauma eine *Wunde*, die durch äußere Krafteinwirkung entstanden ist. Ab Mitte des 19. Jahrhunderts wurde in der psychiatrisch-neurologischen Forschung die ätiologische Bedeutung und pathogenetische Wirkung traumatischer *Schockerlebnisse* diskutiert.

Freud verstand die hysterischen Symptome zunächst als Folge verdrängter traumatischer Erlebnisse, als deren wiederbelebte und entstellte Darstellung. Er bezeichnete erschütternde Erlebnisse eines Menschen, die psychisch nicht verarbeitet werden konnten, und die begleitenden, aber *unbewältigten Affekte* (Schreckaffekt, Angst, Scham, psychischer Schmerz) als psychische Traumen (1893a). Besondere Bedeutung für die Verursachung psychischer Störungen gewannen jedoch *traumatische Kindheitserlebnisse*, die das unreife Ich des Kindes und die in der Entwicklung befindlichen Strukturen frühzeitig beeinträchtigen. Freuds bestimmend gebliebene Definition beschreibt das psychische Trauma – von Alter und Entwicklungstand des Individuums unabhaängig – als *plötzliche Reizüberflutung*, die die gewohnte Funktionsweise des psychischen Apparates außer Kraft setzt und das Ich mit einem Zustand *totaler Hilflosigkeit* konfrontiert (1920g, 1926d). Diese Formulierung fokussiert die intrapsychischen Vorgänge im traumatischen Moment eines unfaßbaren Erlebnisses, das allenfalls *nachträglich* verarbeitet werden kann.

Seither hat sich die Perspektive auf den gesamten *Prozeß der Traumatisierung* ausgedehnt. Über die akute traumatische Situation samt den unmittelbaren Reaktionen hinaus umfaßt dieser die mittelbaren Bewältigungsversuche, aber auch die späterhin und ggfls. andauernd erforderlichen Anpassungsprozesse an die „inneren" Traumafolgen (Sandler et al., 1987).

Aus dieser Sicht gewann die Untersuchung von individuell *prädisponierenden Faktoren* an Bedeutung, die das Ich spezifisch oder umfassend schwächen und für Traumen verletzlich machen. Interpersonelle und Umwelteinflüsse fanden – über ihre traumatische oder labilisierende Potenz hinaus – in ihrer unterstützenden Rolle bei den Bewältigungsversuchen psychischer Traumen vermehrt Beachtung (z. B. Tress, 1986).

2. Aspekte der psychoanalytischen Traumaforschung – und ihrer Konzeptualisierungen

Beginnend mit Freud selbst, wurde der Traumabegriff immer wieder ergänzt und erweitert. Anfangs führte Freud spätere Neurosen – in einem zweiphasigen Modell – zurück auf reale sexuelle Verführungstraumen in der Kindheit und deren nachträgliche intrapsychische Wiederbelebung nach der Pubertät, sofern „spätere Traumen", auch äußerlich unscheinbare Ereignisse, die Erinnerung an die infantile Szene reaktivierten (1896b). Mit der weiteren Erforschung der unbewußten Phantasietätigkeit und der psychosexuellen Entwicklung des Kindes wurden Verführungs- und Realtraumen zwar nicht generell, aber in ihrer fundamentalen neurosenätiologischen Bedeutung zugunsten der unbewußten Phantasien und Triebkonflikte relativiert. Damit wurde das traumatische Potential der vermeintlichen Realisierung unbewußter konflikthafter Wünsche und entsprechender Ängste erkannt. So kann z. B. die „Realisierung" eines ödipal-feindseligen Beseitigungswunsches aufgrund des Todes des Vaters zu einer verdrängten Mörderphantasie führen, die erst durch ein späteres Erlebnis reaktiviert wird (Goldschmidt, 1986).

Auswirkungen von Kriegen und Katastrophen zeigen, daß *extremtraumatische Erfahrungen* die Widerstandskraft jedes Menschen zerstören und seine psychischen Strukturen irreversibel schädigen können. Besonders die Folgen der Judenverfolgung und -vernichtung durch die Nazis haben dies auf unmißverständliche Weise deutlich gemacht. Ihre Folgen reichen über die Generationsgrenzen hinweg.

Theoretische und empirische Untersuchungen der Entwicklung von Säuglingen und Kindern – via Direktbeobachtung und Kinderanalyse – haben die von Kris (1956) eingeführte Unterscheidung von *Schock-* und *Streß-Traumen* evident gemacht. Letztere treten ein, wenn sich die Bewältigungsmöglichkeiten schrittweise durch wiederholte traumatische oder beeinträchtigende Erlebnisse erschöpft haben. Von den Spitzschen Untersuchungen ausgehend, wurden die erschreckenden Auswirkungen von *Deprivationstraumen* durch frühe Objektverluste und mangelnde Fürsorge bis hin zur Verwahrlosung belegt.

Das Interesse an der präödipalen Ich-Entwicklung und die klinische Konfrontation mit Patienten mit Charakterstörungen, Borderline-Struktur, narzißtischen Störungen und anderen Ich-Modifikationen hat die Diskussion um die ätiologische Bedeutung früher Traumen weiter vertieft und die Frage aufgeworfen, wie traumatische Erlebnisse der präverbalen Zeit verarbeitet werden und sich in der analytischen Situation manifestieren (Lichtenberg, 1989).

Freud hatte bereits die narzißtischen Kränkungen, die die Ich-Entwicklung frühzeitig beeinflussen, hervorgehoben (1939a). Ferenczi erkannte (1933) die Identifizierung mit dem Angreifer als Traumafolge, die den intraspsychischen Versuch deutlich macht, das passiv Erfahrene aktiv zu kontrollieren. Khan (1963) hat spätere Charakterstörungen auf *kumulative Traumata* zurückgeführt. Er bezeichnet damit einen Prozeß der Wechselwirkungen von wiederholten Mikrotraumen und sukzessiven Reaktionen des Säuglings und Kleinkindes, der eintritt, wenn die Mutter ihre Reizschutz- und Haltefunktion nicht ausreichend erfüllt. Auch in der aktuellen Diskussion stehen Fragen nach traumatisierend erlebten Interaktionen und Objektbeziehungen *und* deren Zusammspiel mit neurotischen Konflikten und Verarbeitungsmodi im Vordergrund (Müller-Pozzi, 1982; Henningsen, 1990).

3. Trauma und Traumatisierung: Konzepte zwischen „Außenwelt" und „Innenwelt"

Die Differenzierung der psychoanalytischen Traumaforschung und die damit verbundene Erweiterung des Traumabegriffs erschwert die Unterscheidung von beeinträchtigenden, aber nicht unbedingt überwältigenden Erlebnissen ebenso wie die Abgrenzung von Konflikten, Belastungen und anderen Faktoren, die die menschliche Entwicklung und die Genese psychischer Störungen beeinflussen. Sie regt zur kritischen Reflexion an, zumal sich im gegenwärtigen Sprachgebrauch nicht selten die inflationäre Tendenz findet, jedes psychisch irgendwie bedeutsame Ereignis als traumatisch zu apostrophieren. In Reaktion hierauf wird einerseits für eine rigorosere Begriffsverwendung plädiert oder aber für eine Konzentration der Forschung auf massive Traumata (Cooper, 1986). Andererseits entspricht die „Elastizität" des Traumabegriffs seinen kontextabhängigen Bedeutungen (Sandler et al., 1987), so z. B. bei der Erforschung der Wechselwirkungen körperlicher und psychischer Traumatisierungen, bei der Untersuchung ihrer Bedeutung und Verarbeitung in verschiedenen Lebensabschnitten und bei der Frage nach den generationsübergreifenden Auswirkungen extremer Traumatisierungen.

Trotz des in der Geschichte der Psychoanalyse wechselhaften Interesse am psychischen Trauma bleibt seine Herausforderung bestehen: Psychische Traumen sind in der menschlichen Entwicklung ubiquitär, aber in Art und Ausmaß und in ihren individuellen Folgeerscheinungen verschieden. Sie führen nicht nur zu traumatischen Neurosen oder „posttraumatischen Belastungsstörungen" (DSM-III), die ständige schmerzliche und ggfls. erneut traumatische Erinnerungen, Wiederholungsträume und andere Symptome und Einschränkungen beinhalten. Sie münden auch in hochspezifische Phantasiebildungen, Ich-Modifikationen und Störungen der Objektbeziehungen und des Selbstwertgefühls ein. Sie tragen zu psychosomatischen Störungen, Perversionen und Charakterstörungen bei. In klinischer wie theoretischer Hinsicht wirft der Traumabegriff die kritische Frage nach dem *Ineinandergreifen von äußerer und innerer Realität* auf. Er bleibt somit eines der wesentlichen konzeptuellen Bindeglieder, das die lebensgeschichtlichen Ereignisse, einschließlich der Erfahrungen mit den Primärobjekten, mit den Auswirkungen auf die „innere Welt" des Individuums verbindet. Zu ihren Tauma-Auffassungen befragte Analytiker hoben ebenfalls äußere Ereignisse *und* das damit verbundene Erleben als traumarelevant hervor (Sandler et al., 1987). Denn es geht nicht, wie die zuletzt wieder aufgelegte Diskussion um die Verführungstheorie nahelegt (z.B. Miller, 1983), um eine alternative Entscheidung zwischen unbewußter Phantasie und Realität, sondern darum, den Verbindungen und Wechselwirkungen zwischen beiden nachzugehen.

Literaturempfehlungen

Bergmann, M. S. & Jucovy, M. E. (Hg.) (1995). Kinder der Opfer – Kinder der Täter. Psychoanalyse des Holocaust. Frankfurt/M.: S. Fischer.

Berna-Glanz, R. & Dreyfuß, P. (Hg.) (1984). Trauma, Konflikt, Deckerinnerung. Jahrbuch der Psychoanalyse, Beiheft 8. Stuttgart: frommann-holzboog.

Blum, H. P. (1987). The role of identification in the resolution of trauma. Psychoanalytic Quarterly, 56, 609–627.

Furst, s. S. (Ed.) (1967). Psychic Trauma. New York: Basic Books.

Grubrich-Simitis, I. (1987). Trauma oder Trieb – Trieb und Trauma. Psyche, 41, 992–1023.

Hennigsen, F. (1990). Psychisches Trauma. – Psychische Realität. Zeitschrift für psychoanalytische Theorie und Praxis, 5, 204–227.

Jiminéz, J. P. (1988). Die Wiederholung des Traumas in der Übertragung. Katharsis oder Durcharbeiten? Forum der Psychoanalyse, 4, 186–203.

Lichtenberg, J. (1989). Modellszenen, Affekte und das Unbewußte. In E. Wolf et al. (Hg.), Selbstpsychologie nach Heinz Kohut (S. 75–106). München: Verlag Internationale Psychoanalyse.

Lorenzer, A. (1966). Zum Begriff der traumatischen Neurose. Psyche, 20, 481–492.
Müller-Pozzi, H. (1982). Trauma und Neurose. In R. Berna-Glantz & P. Dreyfus (Hg.), Trauma, Konflikt, Deckerinnerung (S. 102–120). Stuttgart: frommann-holzboog.
Rothstein, A. (Ed.) (1986). The reconstruction of trauma. Workshop series of the American Psychoanalytic Association; Monograph 2.
Sandler, J., Dreher, A. U., Drews, S., Fischer, R., Klüwer, R., Muck, M., Vogel, H. & Will, C. (1987). Psychisches Trauma. Ein psychoanalytisches Konzept im Theorie-Praxis-Zusammenhang. Materialien aus dem Sigmund-Freud-Institut, Nr. 5.
Tress, W. (1986). Das Rätsel der seelischen Gesundheit. Traumatische Kindheit und früher Schutz gegen psychische Störungen. Göttingen: Vandenhoeck & Ruprecht.
Waldhorn, H. R. & Fine, B. D. (Eds.) (1974). Trauma and symbolism. New York: International Universities Press.

18. Neurotischer Konflikt

Joachim Hohl

1. Die Bedeutung des Konflikts in der Psychoanalyse

Von ihren ersten Anfängen an ist das Thema des Konflikts konstitutiv für die Psychoanalyse. So hebt Freud schon 1895, in seinen frühen „Studien zur Hysterie", die Bedeutung des Konflikts bei der Entstehung der Neurosen hervor: die Störung der Patienten habe in dem Moment begonnen, als „ein Fall von Unverträglichkeit in ihrem Vorstellungsleben vorfiel", d. h. als „ein Erlebnis, eine Vorstellung, Empfindung an ihr Ich herantrat, welche einen so peinlichen Affekt erweckte, daß die Person beschloß, einfach zu vergessen, weil sie sich nicht die Kraft zutraute, den Widerspruch dieser unverträglichen Vorstellung mit ihrem Ich durch Denkarbeit zu lösen" (1895d, S. 61f.). Von da an blieb dieser „Widerspruch" in seinen verschiedenen Formen und in seinen diversen begrifflichen Fassungen zentral für die Theorie und die Praxis der Psychoanalyse. Sie betrachtet den Menschen als Konfliktwesen, dessen gesamte Existenz geprägt ist durch die letztlich unaufhebbare Gegensätzlichkeit von naturnahen Bedürfnissen, alltäglichen Verhaltensanforderungen und sozialen Normen. Eine geglückte Balance zwischen den verschiedenen Zwängen und Strebungen kommt eher ausnahmsweise zustande, sie bleibt lebensgeschichtliche Aufgabe und kann keineswegs theoretisch vorausgesetzt werden. Für Freud sind schon die allerersten Anfänge der menschlichen Entwicklung von Konflikten geprägt: Unvermeidbare Frustrationen in der Beziehung zur Mutter rufen beim Säugling Unlust hervor, sein „Haß" auf die Welt wird zur Triebkraft der Differenzierung von

Drinnen und Daußen, von Subjekt und Objekt (vgl. Freud, 1915a, S. 228f.).

2. Die Konzeption des neurotischen Konflikts bei Freud

Der neurotische Konflikt ist zunächst dadurch bestimmt, daß es sich um einen Konflikt handelt, der unbewußt ist, oder genauer: um einen Konflikt zwischen Strebungen, die ganz oder teilweise unbewußt sind. Wenngleich viele dieser Strebungen ihren Ursprung in der Außenwelt haben, spielt sich der neurotische Konflikt doch „im" Individuum ab – der neurotische Konflikt ist ein intrapsychischer Konflikt, sein Schauplatz ist der „psychische Apparat". Während sich der neurotische Konflikt auf der biographisch-psychologischen Ebene als mehr oder minder deutlich erfahrener Widerspruch von Bedürfnissen und Verhaltensanforderungen darstellt, handelt es sich vom Standpunkt der Metapsychologie aus um einen Konflikt zwischen verschiedenen Instanzen (Ich/Über-Ich versus Es) oder Trieben (Sexual- versus Ich-Triebe). Der Prototyp des neurotischen Konflikts ist der Gegensatz von naturnahen, sexuellen bzw. aggressiven Bedürfnissen und sozialen Ge- oder Verboten – in der Sprache der Metapsychologie also zwischen dem „Ich" bzw. dem „Über-Ich" einerseits und dem „Es" andererseits. Der neurotische Konflikt ist damit keineswegs per se pathologisch, er ist vielmehr der ubiquitäre Ausdruck des Widerspruchs von Individuum und Gesellschaft; seine Existenz verweist darauf, daß die Interessen und Bedürfnisse der Individuen nicht ohne Rest in der Form ihrer jeweiligen Vergesellschaftung aufgehen.

Zur Neurose wird dieser Konflikt, wenn unter dem Druck sich verstärkender Bedürfnisse oder zunehmender Versagungen bestimmte Minimalgrenzen der Befriedigung unterschritten werden und die bis dahin funktionierenden Techniken der Erlebnisverarbeitung versagen; klinisch äußert sich dies im Auftreten von Symptomen und erlebnismäßig im Entstehen von Leidensdruck. Versteht man mit Freud das neurotische Symptom als den Versuch, einen zugrundeliegenden Konflikt zu lösen, dann stellt es sich als sinnvolle, kreative Anpassungsleistung dar, die es dem Patienten ermöglicht, mit widersprüchlichen Bedürfnissen weiterzuleben – wenn auch mehr schlecht als recht.

Der für Freud zentrale Konflikt jedes Individuums liegt dort, wo das Kind im Laufe seiner Entwicklung von einer dyadischen zu einer triangulären Beziehungsform übergehen muß; Freud bezeichnet diesen Konflikt als „Ödipuskomplex“ und betrachtet ihn fortan als „Kernkomplex“, d. h. Grundkonflikt der Neurose. Entwicklungspsychologisch gesehen hat das Auftreten eines „richtigen“ neurotischen Konflikts eine wichtige Voraussetzung: Um in Widerspruch zueinander geraten zu können, müssen die strukturellen und die dynamischen Komponenten der Psyche über ein gewisses Minimum hinaus entwickelt und voneinander differenziert sein; bei einer gelungenen psycho-sozialen Entwicklung ist dies etwa mit dem Eintritt in die ödipale Phase – also im Alter von vier bis fünf Jahren – der Fall.

Gegen Freuds Konfliktauffassung, die für die gesamte psychoanalytische Tradition maßgebend blieb, lassen sich nun einige Einwände vorbringen:

1. Freud neigt dazu, die Bedeutung des Ödipuskomplexes für die menschliche Entwicklung zu verabsolutieren; die Konzentration auf das ödipale Drama läßt andere, zeitlich früher liegende Konflikte und Entwicklungsphasen in den Hintergrund treten (vgl. 3.2.).
2. Auch die biographisch späteren, nach-ödipalen Konflikte haben in der klassichen Auffassung keinen rechten Stellenwert; ihnen kommt lediglich eine Auslösefunktion zu, ansonsten werden sie als Reaktualisierungen der infantilen Konflikte betrachtet. Diese Sichtweise führt dann leicht dazu, daß spätere Konflikte in ihrer Bedeutung für das Leben des Analysanden unterschätzt werden.
3. Da die Psychoanalyse im Verlauf ihrer Entwicklung historisch und soziologisch weitgehend naiv blieb, tendierte sie dazu, einen spezifischen Konflikttyp bzw. ein spezielles Konfliktverlaufmuster als generell und überhistorisch gültig zu mißdeuten.

Im folgenden nun sollen einige Modifikationen skizziert werden, welche die klassische Auffassung vom neurotischen Konflikt im Lauf der Zeit erlebt hat.

3. Neuere Entwicklungen der psychoanalytischen Konfliktauffassung

3.1. Konflikt zwischen Instanzen versus Konflikt von Handlungen

Roy Schafer geht bei seiner Kritik der psychoanalytischen Metapsychologie davon aus, daß diese der therapeutischen Praxis der Psychoanalyse diametral entgegengesetzt ist: Mit ihren reifizierenden Kategorien und ihren mechanistischen Modellen abstrahiere sie völlig von der spezifischen Qualität ihres Gegenstandes, des Analysanden als konkreten, d. h. denkenden, fühlenden und handelnden Menschen. Schafers Kritik zielt darauf ab, die verdinglichenden Konzepte der Metapsychologie auf das zurückzuführen, was seiner Meinung nach ihr tatsächliches Substrat ausmacht, nämlich die Handlungen realer Individuen. Im Rahmen seines handlungstheoretischen Ansatzes gelangt er auch zu einer Neuformulierung des Konflikts; statt ihn als Widerspruch zwischen „Trieben" oder „Instanzen" zu fassen und im „psychischen Apparat" des Individuums zu lokalisieren, beharrt er darauf, daß auch rein intrapsychische Konflikte stets Konflikte zwischen verschiedenen Handlungen sind. Es geht ihm darum, das Individuum nicht nur in der therapeutischen Praxis, sondern auch in der Theorie als aktiven Produzenten statt als bloßen Schauplatz von Konflikten zu sehen: „In den Begriffen der Handlungssprache formuliert, bedeutet der Ausdruck 'Konflikt' daß ein Mensch eine komplexe Handlung ausführt, deren einzelne Komponenten für ihn in widersprüchlicher oder paradoxer Beziehung zu einander stehen" (Schafer, 1978, S. 14, Übers.: J. H.). Es müsse das Ziel der psychoanalytischen Therapie sein, dem Analysanden zu dem Bewußtsein zu verhelfen, daß noch seine ich-fremdesten und abgespaltensten Produktionen eben seine Produktionen sind. Zu diesem

Zweck brauche die Psychoanalyse eine integrierende Theorie, die nicht ihrerseits – und im heimlichen Bündnis mit dem Analysanden – diesen als Objekt statt als aktives Subjekt konzipiere.

3.2. Neurotischer Konflikt versus „narzißtische Wunde"

Seit einiger Zeit gewinnen auch in der psychoanalytischen Diskussion in der BRD – vor allem unter dem Einfluß der Schriften Kohuts (1973, 1979) – narzißmustheoretische Ansätze an Bedeutung. Mit diesen verlagert sich das theoretische Interesse zunehmend von den „klassischen" Problemen der Triebentwicklung und der Triebkonflikte hin zum Problem der Entwicklung des „Selbst" und der „Identität". Der in ödipale Konflikte verstrickte „schuldige Mensch" wird als Gegenstand der Therapie abgelöst von dem an seiner narzißtischen Entwicklung gescheiterten „tragischen Menschen" (Kohut, 1979). Damit verbunden ist eine Verlagerung des therapeutischen Schwerpunkts: Der neurotische Konflikt verliert an Bedeutung, er tritt zurück zugunsten eines früherworbenen „narzißtischen" Defizits. Mit Eagle läßt sich gegen diese theoretische Gegenüberstellung von „Konflikt" und „Defekt" einwenden, daß es sich dabei letztlich um einen Scheingegensatz handelt: So wie jeder neurotische Konflikt auf die Dauer zu einer Veränderung psychischer Strukturen führt, geht auch umgekehrt jede strukturelle Veränderung immer mit dynamischen Konflikten einher (vgl. Eagle, 1988, S.156f.).

3.3. Generelles versus gruppenspezifisches Konfliktkonzept

Vergleichende ethnopsychoanalytische Untersuchungen belegen (etwa Parin et al., 1963; vgl. auch Reiche, 1972), daß die psychische Struktur des Individuums und damit auch die Art seiner Konflikte und Neurosen keineswegs überall auf der Welt dieselbe ist. Cremerius, Trimborn und Hoffmann haben gezeigt (1979), daß dies nicht nur im interkulturellen

Vergleich gilt: Die Untersuchung verschiedener Patientengruppen innerhalb der damaligen westdeutschen Gesellschaft fördert beträchtliche Unterschiede zwischen den jeweiligen psychischen Strukturen sowie den Mustern und Verläufen psychischer Konflikte zutage.

So finden Trimborn und Hoffmann bei ihren vom Lande kommenden Patienten deutlich weniger stark internalisierte Konflikte, als es die klassische Konfliktvorstellung erwarten ließe; die Verfasser bringen es mit der auf dem Lande herrschenden, noch weitgehend traditionell-kollektiven Lebensform in Verbindung, daß der neurotische Konflikt hier viel stärker den Charakter eines externen Realkonfliktes zwischen den verschiedenen Familienangehörigen annimmt bzw. behält.
Cremerius fragt nach den Gründen dafür, daß neben den Angehörigen der Unterschicht auch die der Oberschicht in den Praxen der Analytiker so deutlich unterrepräsentiert sind. Es zeigt sich, daß bei dieser Gruppe neurotische Konflikte zwar durchaus auftreten, aber längst nicht die Brisanz und die zur Therapie motivierende Bedeutung haben wie in der Mittelschicht. Denn aufgrund ihrer sozio-ökonomischen Position verfügen Patienten aus der Oberschicht über eine Vielzahl von Kompensationsmöglichkeiten; darüberhinaus haben sie von allen sozialen Gruppen die besten Möglichkeiten, latente pathogene Konflikte soziofunktional in ihrer gesellschaftlichen Rolle unterzubringen. Diese Bedingungen machen es in den meisten Fällen unwahrscheinlich, daß neurotische Konflikte sich zu manifesten Störungen fortentwickeln.
Ganz anders liegen die Verhältnisse bei den Patienten der Unterschicht; das Scheitern der therapeutischen Bemühungen bei Angehörigen dieser Schicht führt Cremerius nicht – wie es sich im Anschluß an die Arbeiten von Bernstein (1970) eingebürgert hat – auf divergierende Sprachformen oder eine oberflächliche, schichtspezifisch bedingte „Fremdheit“ zwischen Therapeut und Patient zurück; auch nicht darauf, daß bei Unterschicht-Patienten etwa gar kein neurotischer Konflikt vorliegen würde – sondern darauf, daß aufgrund der unterschicht-typischen frühkindlichen Sozialisation eine psychische Struktur entsteht, in der bestimmte Bedürfnisse so früh unterdrückt werden, daß sie nie zur vollen Entfaltung gelangen. So entstehen im Verlauf der frühen Entwicklung gewisse „umweltbedingte Defektzustände“, die später zum Scheitern der Therapien führen.
Die zuletzt zitierten Arbeiten zeigen die Notwendigkeit auf, die Pathologie des Individuums mit seiner Schicht- bzw. Gruppenzugehörigkeit ins Verhältnis zu setzen. Damit ist auch die Richtung angegeben, in die das traditionelle psychoanalytische Konfliktkonzept weiterzuentwickeln wäre; denn erst wenn dieses sensibel wird

für unterschiedliche, soziostrukturell variierende Lebensbedingungen, wird es auch tauglich zum Verständnis solcher sozialer Gruppen, denen die Psychoanalyse bislang fern stand.

4. Ausblick

Bereits seit einigen Jahrzehnten mehren sich also die Zweifel darüber, ob das strukturelle Modell von Es, Ich und Über-Ich zur Erklärung und Klassifikation von psychischen Konflikten noch ausreichend ist oder ob es durch neue Modellvorstellungen zu ersetzen ist. Bei dem klassischen Modell muß eine Trennung zwischen den drei Instanzen der Persönlichkeit stattgefunden haben; außerdem muß die Ich-Organisation einen bestimmten Entwicklungsstand erreicht haben, damit Verdrängung als Abwehrmechanismus stattfinden kann. Die strukturelle Terminologie, die zwar auch heute noch bei einigen Analytikern Verwendung findet (siehe z. B. Brenner, 1976), ist entsprechend objektbeziehungstheoretischer Vorstellungen einer Sichtweise gewichen, bei der von präödipalen Konflikten gesprochen wird, die lange vor dem ödipalen Konflikt entstehen (z. B. Kernberg, 1976, Mahler, 1979; Modell, 1984).

Das Konfliktmodell im Rahmen objektbeziehungstheoretischer Konzeptualisierungen benützt als Grundeinheit die Interaktionserfahrungen eines Kindes mit seinen Eltern, also die Selbst-Objekt-Beziehungen, in denen konflikthafte Erfahrungen grundgelegt werden, vor allem wenn es sich um immer wiederkehrende Beziehungsmodi handelt.

Objektbeziehungstheoretiker, wie dann später auch Selbsttheoretiker, machten darauf aufmerksam, daß es außer den psychosexuellen und aggressiven Triebimpulsen des ödipalen Erlebens noch andere Bedürfnisse gibt, die für die gesunde Entwicklung des Kindes eine herausragende Bedeutung haben; der pathogene Faktor wird hier nicht nur in der moralischen Verurteilung der kindlichen Triebimpulse gesehen, sondern vor allem in der Unfähigkeit der Eltern, in bestimmten Entwicklungsphasen angemessen auf Bedürfnisse ihres Kindes einzugehen.

In den letzten Jahren haben verschiedene Autoren die Unterscheidung von ödipalem Konflikt und präödipal erworbenem Defizit in Frage gestellt (z. B. Kris, 1977; 1984, 1988; Mentzos, 1982, 1991). Kris unterschied zwischen dem divergenten und dem konvergenten (ödipalen) Konflikt und arbeitete heraus, daß auch das sog. präödipale Defizit auf einem divergenten Konflikt beruht. Dieser zeichnet sich durch ein Entweder- Oder-Dilemma aus, das sich im Erleben als eine strikte Polarität von zwei Impulsen oder Seinszuständen charakterisieren läßt: Entweder bin ich autark oder ich bin total abhängig; entweder bin ich dominant oder ich bin verachtenswert; bei Annäherung droht der totale Selbstverlust, bei Autonomie das vollständige Alleinsein. Mit anderen Worten, es kommt zu einem undialektischen Auseinanderfallen von divergenten Gefühlszuständen, die aufgrund des Entweder-Oder-Dilemmas keine Aufhebung erfahren. Zumeist findet man beim Patienten beide Konfliktarten im Wechselspiel miteinander. Beim konvergenten Konflikt verhindern Angst, Scham und Schuldgefühle das Bewußtwerden der unbewußten Impulse; die Aufrechterhaltung der divergenten Konflikte geht auf die Abwehr depressiver Affekte zurück, denn die Äußerung des einen Erlebens würde den völligen Verlust der anderen Seinsweise nach sich ziehen. Die Auflösung der konvergenten Konflikte geschieht in der Regel mit Hilfe der Übertragungsanalyse und der Einsicht; die Bewältigung der divergenten Konflikte geschieht in einem langsamen Lernvorgang des Analysanden, in dem es zu einem allmählichen Aufgebenkönnen der bislang unvermittelten Extreme kommt.

Literaturempfehlungen

Cremerius, J., Hoffmann, S. O. & Trimborn, W. (1979). Psychoanalyse, Über-Ich und soziale Schicht. Die psychoanalytische Untersuchung der Reichen, der Mächtigen und der sozial Schwachen. München: Kindler.

Eagle, M. (1988). Neuere Entwicklungen in der Psychoanalyse. Eine kritische Würdigung. München: Verlag Internationale Psychoanalyse.

Kernberg, O. F. (1988). Schwere Persönlichkeitsstörungen. Theorie, Diagnose, Behandlungsstrategien. Stuttgart: Klett-Cotta.
Kris, A. O. (1977). Either/or dilemmas. Psychoanalytic Study of the Child, 32, 91–117.
Kris, A. O. (1984). The conflicts of ambivalence. Psychoanalytic Study of the Child, 39, 213– 234.
Kris, A. O. (1988). Some clinical applications of the distinction between divergent and convergent conflicts. International Journal of Psychoanalysis, 69, 431–441.
Psychoanalytisches Seminar Zürich (Hg.) (1981). Die neuen Narzißmustheorien: Zurück ins Paradies? Frankfurt/M. Syndikat.

19. Der Traum

Andreas Hamburger

1. Die via regia zum Subjekt

Oft schon ist versucht worden, Freuds Theorie des Traums auf einen Nenner zu bringen. Zwar gibt es die Freudsche Grundformel: „Der Traum ist die (verkleidete) Erfüllung eines (unterdrückten, verdrängten) Wunsches" (Freud 1900a, S. 166). Doch sollte man nicht übersehen, daß Freud nicht nur eine, sondern eine ganze Reihe von Traumtheorien vorgelegt hat. Man könnte die Abfolge seiner Theorien als Weg von der Neurologie zur Theorie des Subjekts beschreiben. Im „Entwurf einer Psychologie" von 1895 (Freud 1950c) versuchte Freud, das Phänomen des Traumbewußtseins durch ein Reflexbogenmodell neuronaler Erregungsabläufe zu erklären. Das wichtigste Ergebnis dieses Versuchs war sein Scheitern. Freud machte nun einen neuen, phänomenologischen Ansatz, den Traum zu begreifen. Dieser Ansatz, verbunden mit seiner revolutionären selbstanalytischen Durchführung, bildet die Basis von Freuds erstem Hauptwerk, der „Traumdeutung" (Freud 1900a). In deren berühmten 7. Kapitel findet sich noch das ursprüngliche neurophysiologische Modell, zur metaphorischen Neurologik verdichtet: es ist nun eine sprachlogische statt einer reflexmechanischen Beschreibung gewählt (vgl. Derrida, 1967; Hamburger, 1987, Kap. 3.2). In den „Vorlesungen" wird das „infantile Ich" als Autor der Traumwünsche in den Vordergrund gestellt: Unversehens ist der Traumwunsch zum Traumsubjekt geworden (Freud, 1916–17). Später hat Freud sein gefährdetes naturwissenschaftliches Weltbild dadurch zu stützen versucht, daß er das mechanistisch-neurologische Modell der Seele durch ein evolutionsbiologisches ersetze. Nach dieser „biologischen Wende“ (Sulloway, 1979) wird der Traum nicht mehr als mechanischer Ablauf, sondern als Funktion eines biologisch sinnvollen Organismus rekonstruiert (Freud, 1933a). Bedenkt man, daß Freud der Auffassung war, auch Erfahrungen der Kulturgeschichte schlügen sich in der genetischen Ausstattung nieder, so läßt sich jedoch auch hier ein Bezug zu einer Theorie des Subjekts herstellen.

Nach Freuds Tod ließ das philosophische Interesse in der Psychoanalyse nach, und es begann eine Zeit der klinisch-pragmatischen Ausarbeitung der Ichpsychologie. Eine der meistbeachteten Arbeiten dieser Phase war der Aufsatz von Erikson (1954), der die Aufmerksamkeit auf den manifesten Traum und seine Implikationen für die Persönlichkeitsstruktur, das Abwehrniveau, die Stellung im Lebenszyklus und die kulturelle Identität des Träumers lenkte. Mit großer Akribie hat French (1954) der Traumserie eines Patienten ein ganzes Buch gewidmet, wobei er die verschiedenen kognitiven Ebenen des Traums differenziert. Er betrachtet den Traum als problemlösendes Denken im Schlaf. Die Traumarbeit ist ein Muster von handlungslogischen Entwürfen, die vom praktischen Situationserfassen über bildhafte Zwischenschritte zum manifesten Traum führen. Der Bezug auf eine interpersonelle Theorie des Traums, der schon bei French zugrundeliegt und als „kommunikative Funktion des Traums“ von Kanzer (1955) und Bergmann (1966) verdeutlicht wurde, ist in neuerer Zeit vor allem von Morgenthaler (1984, 1986) betont worden. Meltzer (1983, 1986) formuliert aus kleinianischer Sicht die Perspektive einer Traumästhetik (vgl. Hamburger, 1987, Kap. 3.4.5.).

Neben diesem Diskussionsstrang hat sich aber auch eine Forschungsrichtung etabliert, die – aufbauend auf den Ergebnissen der experimentellen Schlaf- und Traumforschung – psychophysiologische Befunde mit der psychoanalytischen Traumtheorie verknüpfen will; Forschungsschwerpunkt ist hier etwa die Theorie des Gedächtnisses (Palombo, 1978; Koukkou und Lehmann, 1980). Ein in dieser Forschungsrichtung wesentlicher Aspekt ist die Neubestimmung des Primärprozesses. Man geht nicht mehr, wie Freud, von einer archaisch- triebhaften Tiefenstruktur aus, sondern von einem Nebeneinander von kognitiven und optisch-sinnlichen Informationsverarbeitungsprozessen, die beide lebensgeschichtlich entwicklungsfähig sind (Noy, 1979) und im Traum integriert werden (Fosshage, 1983).

Das nomothetisch-naturwissenschaftliche und das ideographisch-geisteswissenschaftliche Weltbild, die Freud immer wieder verbinden wollte, haben verschiedene Forschungsrichtungen akzentuiert. Ein neuer Versuch eines Brückenschlags, dessen Zukunftsaussichten jedoch noch nicht absehbar sind, liegt in der Methodik der nichtempirischen Deduktion logisch stringenter Verlaufsmodelle des Traumprozesses (siehe Kap. 11: „Psychoanalyse und Cognitive Science"). Leuzinger-Bohleber (1987, 1989) wagt den Versuch, Traumsequenzen in der streng formalisierten Computersprache der Forschung zur künstlichen Intelligenz darzustellen und diskutiert dabei aus neuer Sicht Theoreme der psychoanalytischen Traumtheorie. Diese Forschungsrichtung ermöglicht auch einen Dialog genuin psychoanalytischer Traumtheorie mit der Neurophysiologie (vgl. Koukkon und Lenzinger-Bohleber, 1992).

2. Stile der Deutung

Freuds Technik der Traumanalyse war entstanden aus dem klinischen Interview, verbunden mit seinen Erfahrungen in der Mikroskopie: der geschulte Beobachter sucht solange und geduldig in dem Material, das sich im Blickfeld darbietet, bis es sich als Struktur identifizieren läßt. „Geschult" heißt hier: erfahren, durch viele – auch vergebliche – Versuche belehrt. In dieser Tradition steckt ein hermeneutisches Prinzip: der stets erneute Versuch, durch Bildung vorläufiger Hypothesen eine noch versteckte Struktur herauszupräparieren. Freud ähnelt dem Archäologen, der Scherben sammelt, stets registrierend, wo und in welcher Lage er sie gefunden hat; aus dem Fortgang des Forschungsprozesses zieht er Rückschlüsse auf den umgekehrten Vorgang, den er rekonstruieren muß, will er die Gestalt des ehedem intakten Gefäßes begreifen: den Vorgang seiner Zertrümmerung. Freud ähnelt dem Detektiv, der Aussagen sammelt, wohl wissend, daß sie zum Teil irreführrend gemeint sind, und der hinter den Faktenbehauptungen stets verschiedene Redeabsichten unterstellen muß.

Aus einer anderen Tradition ging C. G. Jung an die Technik der freien Assoziation heran. Er entlehnte Techniken der experimentellen Psychologie, indem er eine Versuchsanordnung definierte, in der unter kontrollierten Bedingungen eine abgeschlossene Kette freier Assoziationen erzeugt wurde, die sich dann – ohne weitere Mithilfe des Befragten – als um einen „Komplex", einen Strukturkern herum gruppiert erweisen sollte. Schon in dieser forschungsmethodischen Nuance zeigt sich die divergierende Richtung zwischen den beiden großen Traumtheoretikern: Freud blieb der Forscher-im-Diskurs, während Jung zum Künder des Invarianten wurde.

Im Sinne der oben erwähnten Wendung zur interpersonellen Theorie des Traums hat sich auch die Deutungstechnik gewandelt. Morgenthaler bezieht jede Traumerzählung auf den Kontext, in den sie eingebettet ist: „Erzählt mir ein Analysand einen Traum, fällt mir immer als erstes ein: Weshalb erzählt er mir diesen Traum jetzt?" (Morgenthaler 1984, S. 79). Donald Meltzer entwickelt seine Traumtheorie aus Bions Theorie des Denkens. Für Bion ist die Fähigkeit zu träumen gleichbedeutend mit einem Prozeß der seelischen Verdauung, der Entwicklung strukturierter Vorstellungsrepräsentanzen („Alpha-Elemente"). Das ist in der kindlichen Entwicklung nur möglich, wenn die Mutter als „Container" für die nicht-traumfähigen, überwältigenden Spannungszustände zur Verfügung steht. Diese mütterliche Funktion ist durch traumhafte Einfühlung und Offenheit gegenüber den projektiven Identifikationen des Kindes und durch die Fähigkeit, sie entgiftet zurückzuspiegeln, gekennzeichnet. Analog sieht Meltzer den Traumdeutungsprozeß: „Der Analytiker erlaubt dem Patienten, einen Traum in ihm zu erzeugen" (Meltzer 1983, S. 90).

Eine besondere Rolle in der psychoanalytischen Behandlungstechnik spielte schon seit einer frühen Arbeit von Stekel (1911) der *Initialtraum*. In diesem ersten Traum, der in einer Analyse berichtet wird, sollte in nuce der zentrale Konflikt enthalten sein (vgl. auch die Kritik von Schultz 1973 sowie Grunert 1975)

3. Traum- und Schlafforschung

Seit der Entdeckung der spontanen Augenbewegungen im Schlaf und ihre Korrelation mit der Traumtätigkeit (Dement und Kleitman, 1957) glaubte man, den physiologischen Indikator des Traumschlafs gefunden zu haben. Diese Annahme war zwar bald entscheidend eingeschränkt (es gibt fast ebenso häufig Träume auch in anderen Schlafstadien), doch baute nichtsdestoweniger eine umfangreiche Schlaf- und Traumforschung darauf auf. Die Verlockung war zu groß, endlich etwas Meßbares in der Hand zu haben, mit dem man das alte Menschheitsthema Traum einkreisen zu können glaubte. In der Psychoanalyse wird in breiter Übereinstimmung als „Traum" die subjektive Erinnerung an Schlafgedanken bzw. -erlebnisse, ja sogar oftmals enger noch: die Mitteilung dieser Erinnerung verstanden. Die Psychoanalyse versucht nicht, in falsch verstandenem Objektivismus den „Traum an sich" zu erfassen. Die Schlaf- und Traumforschung ist aus dieser Sicht als Grundlagenforschung relevant, ersetzt jedoch nicht den interpretativen Zugang: Trotz hohen Forschungsaufwands hat sie für die psychoanalytische Traumtheorie wenig Nutzen gebracht. Vielmehr liefert sie geradezu ein Musterbeispiel dafür, wie wenig eine noch so genaue Vermessung physiologischer Funktionsabläufe über die Sinnprozesse aussagt, die mit ihnen parallelisiert werden. Das Erlebnis „Traum" kann nicht erforscht werden durch eine physiologische Beschreibung des gleichzeitigen Schlafzustands. Um dem Inhaltsaspekt näher zu kommen, hat sich in der kognitionspsychologischen Traumforschung eine inhaltsanalytische Methode eingebürgert, die, grob gesagt, darin besteht, Teilsätze des erzählten Traumtextes auf bestimmte Affektanteile hin zu bewerten und die auf Skalen abgebildeten Ergebnisse aufzusummieren. Sie wird ergänzt durch szenische Kriterien, etwa Auszählung von Figuren, differenziert nach Geschlecht und Alter. Beide Methoden berücksichtigen aber nicht die Ablaufscharakteristik der meisten Träume, ihren Prozeßcharakter. Der Komplexität und Prozeßhaftigkeit des Traumphänomens bemüht sich die psychoanalytisch-psychologische Forschung derzeit z. T. mit sehr aufwendigen Einzelfall-Forschungsmethoden näherzukommen. Hier sei als Beispiel die Traumsimulationstheorie genannt, die versucht, in einem Computermodell kognitiver Verläufe den Generierungsprozeß einzelner Träume abzubilden (Zeppelin und Moser, 1987; Leuzinger-Bohleber, 1987).

4. Klinische Besonderheiten

Auf Besonderheiten des Träumens bei bestimmten Personengruppen ist in der psychoanalytischen Literatur vielfach hingewiesen worden: so etwa auf die spezifische Funktion und Relevanz von Kinderträumen (vgl. Hamburger, 1987). Kohut (1984) spricht davon, daß Selbstzustandsträume mit dem klassischen psychoanalytischen Traummodell nicht erklärbar seien. In einem anderen Bezugsrahmen stellt Grunert (1977, 1982) dar, daß bestimmte Träume – wie allgemein Tagträume – dazu dienen, narzißtische Kränkungen wettzumachen; hier hat der manifeste Traum die Funktion, das Selbst unverletzt darzustellen; eine ausschließliche Deutung von latenten Triebwünschen könnte die Gefahr der narzißtischen Entwertung erneuern. Auf besondere Aspekte des Traums bei narzißtischen Persönlichkeiten und Borderline-Patienten geht auch Rohde-Dachser (1983) ein.

Literaturempfehlungen

Eckes-Lapp, (1980). Psychoanalytische Traumtheorie und Trauminterpretation. Grundlagen für den Umgang mit Träumen und Symbolen. Göttingen: Verlag für Medizinische Psychologie im Verlag Vandenhoeck & Ruprecht (Materialien zur Psychoanalyse und analytisch orientierten Psychotherapie, Beilheft 3).

Freud, S. (1990a) Die Traumdeutung. GW II/III.

Hamburger, A. (1987). Der Kindertraum und die Psychoanalyse. Ein Beitrag zur Metapsychologie des Traums. Regensburg: Roderer.

Mertens, W. Einführung in die psychoanalytische Therapie, Bd. 3. Stuttgart: Kohlhammer (1991).

Morgenthaler, F. (1986). Der Traum. Fragmente zur Theorie und Technik der Traumdeutung. Frankfurt/M.: Qumram.

20. *Abwehr*

Stavros Mentzos

1. Definition

Unter Abwehr versteht man im psychoanalytischen Kontext alle diejenigen – zumeist unbewußt, automatisch verlaufenden – Prozesse bzw. Mechanismen, welche der Entlastung des Ichs von unlustvollen Gefühlen und Affekten (bzw. dazugehörigen kognitiven Inhalten) dienen. Diese Entlastung – und das ist das Wesentliche – erfolgt mittels Unbewußtmachung oder Vermeidung der Bewußtmachung. Es geht an erster Stelle um Abwehr von Angst, aber auch von Trauer, seelischem Schmerz, depressivem Affekt, Scham, Schuldgefühlen, Wut usw. Da die Affekte, die hier abgewehrt werden, zunächst eine eigentlich „sinnvolle" Signalfunktion haben (sie signalisieren auf diese unlustvolle und dadurch eindringliche Weise dem Ich, daß „etwas nicht in Ordnung" ist), könnte man zu der Schlußfolgerung gelangen, daß die Abwehrmechanismen daher dysfunktionale und maladaptative Vergänge sein müssen. Dies ist jedoch nur zum Teil richtig. Wie noch zu zeigen sein wird, stellen vielfach die Abwehrmechanismen trotz ihrer verdeckenden Funktion oft unter den gegebenen Umständen beachtenswerte Ich-Leistungen dar, und zwar aus folgenden Gründen:

Die verdrängende oder sonst unbewußtmachende Funktion solcher Mechanismen gehört zu einer übergeordneten Trieb- (bzw. Bedürfnis-)Abwehrorganisation, welche nicht nur die Komponente der Abwehr (im engeren Sinne), sondern auch eine indirekte (wenn auch manchmal nur symbolische) und auf jeden Fall kompromißhafte *Befriedi-*

gung und Entladung von aufgestauten Spannungen und notdürftige *Kompensierung* von Mängel und Defiziten enthält.

Dazu ein kurzes Beispiel: Eine verheiratete Frau mit einer Nagellack-Phobie litt unter der auch ihr selbst abstrus erscheinenden Befürchtung, Nagellack könnte in ihre Mundhöhle und dann in ihre Luftröhre geraten und sie dadurch ersticken. Die Assoziationen der Patientin ermöglichten die Einsicht, daß Nagellack für künstliches Verdecken individueller Besonderheiten und Eigenarten mit einer Fassade stehe. Die Patientin, die in einer spannungsreichen Ehe lebte, konnte ihre Wutgefühle gegen ihren Mann kaum bewußt erleben. Die nach Entladung drängenden Affekte und die brüchig gewordene Beziehung zu ihrem Mann mußte daher ständig „überlackiert" werden. Die Patientin geriet jedoch nun in Angst, ihr eigenes Selbst dabei zu verlieren und zu „ersticken". Diese eigentliche Furcht konnte aber hier nicht offen erlebt, mußte verdrängt und dann auf den Nagellack, selbstverständlich unbewußt, gleichsam verschoben werden. Dieser Abwehrmechanismus der *Verschiebung* (den ich später als einen relativ reifen Prozeß und der dritten Ebene angehörend einordnen werde) diente jedoch nicht nur der Unbewußthaltung der eigentlichen Gefahr, sondern ermöglichte der Patientin gleichzeitig zumindest eine indirekte, kompromißhafte *Ausdrucksgebung* des Konfliktes und der damit zusammenhängenden Angst. Aber auch die Unbewußthaltung (also die „reine" Abwehr) als solche kann innerhalb der Gesamtökonomie und Bewältigung der Krise für die Patientin zunächst und für eine bestimmte Zeit nützlich und dringend notwendig gewesen sein, um dem Ich Zeit zu geben, die recht komplizierte und u. U. existentiell gefährliche psychosoziale Gesamtsituation zu meistern.

Gerade diese letztgenannten Aspekte der Abwehrorganisationen machen die begriffliche Trennung zwischen (neurotischer) Abwehr einerseits und Bewältigungsmechanismen bzw. „Coping" andererseits so schwierig. Diese Frage wird uns bald näher beschäftigen.

Abwehrmechanismen entstehen keineswegs aus dem Nichts. Sie stellen vielmehr zunächst „normale" Ich-Funktionen dar, welche unter Belastungen in abgewandelter, oft einseitig akzentuierter Form zur Wirkung kommen. So entsteht aus der einfachen bewußten *Unterdrückung* bestimmter kognitiver Inhalte und begleitender Affekte die automatisch einsetzende unbewußte *Verdrängung*. Schwer lösbare intrapsychische Konflikte werden oft notgedrungen in dieser Weise „neurotisch" verarbeitet, wobei aber die dadurch zu erreichende Entlastung „sehr teuer bezahlt" werden muß. Je länger solche rigiden, unteroptimalen Pseudolösungen anhalten und je mehr sie weit weg von der bewußten Kontrolle des Ichs liegen, desto mehr überwiegen die Nachteile und umso mehr müssen zusätzliche, oft komplizierte Mechanismen eingesetzt werden, um diese „Folgekosten" zu kompensieren. (Einfache magische Wiedergutmachungen im Rahmen einer Zwangsneurose reichen z. B. nicht aus, so daß sie durch lange, qualvolle Zwangsrituale ergänzt werden müssen etc.)

2. Die Problematik der „Reife" der Abwehrmechanismen und die Abgrenzung vom „Coping"

Anna Freud (1936) hat als eine der ersten eine systematische Darstellung der Abwehrmechanismen geleistet. In der Folgezeit haben verschiedene Autoren ähnliche Klassifikationsversuche unternommen. Am interessantesten erscheinen mir diejenigen zu sein, welche den Reifegrad der Abwehrmechanismen zugrundelegen. So hat z. B. Moser (1964) die Verdrängung ins Zentrum der sog. reifen Abwehrmechanismen gestellt. Diese Mechanismen „arbeiten" mit *Gegenbesetzung*, d. h. mit Entzug und Ablenkung der Aufmerksamkeit. Wenn sie jedoch zu versagen drohen, werden andere und weniger „reife" Formen der Abwehr mobilisiert, die aus einer weniger differenzierten Stufe der Ich-Organisation stammen (sie arbeiten mit *Spaltung*). Ich stelle im folgenden eine solche hierarchische, nach dem Reifegrad aufgebaute Klassifikation dar, die sich an den ursprünglich von Vaillant (1971) stammenden Vorschlag anlehnt. Ich möchte aber neben vielen Ergänzungen und Modifizierungen auch vorab einige Bedenken zum Ausdruck bringen.

Wenn von „primitiven", „unreifen" – im Gegensatz zu differenzierten und reifen – Abwehrmechanismen die Rede ist, dann wird implizit angenommen, daß bei verschiedenen Personen unter *denselben* Belastungen und Konflikten recht unterschiedliche Antworten möglich seien: Einige (womöglich nur leicht neurotische oder sog. „normale“) Menschen entwickeln reife (d. h. die Realität nicht grob verzerrende) Reaktionen bzw. Mechanismen, während andere (schwerer gestörte, z. B. auch psychotische) Menschen nur undifferenzierte, primitive, unreife, die Realität grob verzerrende Mechanismen einsetzen können. Dies mag z. T. und bis zu einem gewissen Grad richtig sein. Es ist aber auch danach zu fragen, ob nicht gröbere, schwierigere Probleme ebenfalls, und zwar entsprechend ihrer Schwere oder Kompliziertheit, sog. undifferenzierte Abwehrmechanismen mobilisieren bzw. „brauchen“. Vielleicht gilt also hier die Regel: „Auf einen groben Klotz gehört ein grober Keil!“ Diese Überlegung erinnert an die zur Zeit sehr in der psychosomatischen Forschung aktualisierte Diskussion über das Coping (also die Bewältigungsmechanismen) bzw. über die Beziehungen zwischen Coping und Abwehr. (Eine sehr gute, klare und ausführliche Darstellung findet man bei Rüger, Blomert und Förster, 1990). Im dort referierten Bewältigungsmodell von Haan werden Coping und Abwehr als komplementäre Prozesse gesehen: Reichen die Coping- Mechanismen nicht aus, um den Affekt über Motivpläne zu kanalisieren, so wird er zur Störgröße. Dann springen die Abwehrmechanismen ein. „In diesem Fall wird die Person zugunsten der Aufrechterhaltung ihres inneren Gleichgewichts ('self integrity') – das innerseelische Gleichgewicht hat immer Vorrang! – und auf Kosten ihrer intersubjektiven Balance bestimmte Aspekte der Realität verzerren oder ausblenden; das manifeste Verhalten wirkt in diesem Falle schlecht koordiniert“ (a.a.O., S. 31; Übers.: S. M.). Reicht auch die Abwehr nicht aus, so komme es ggfls. zu einer Fragmentierung durch Abspaltungen etc.: „The person will cope if he can, defend if he must, and fragment if he is forced“ (a.a.O. S. 32). (Die Person wird Bewältigungsmechanismen anwenden, wenn sie kann, Abwehrmechanismen, wenn sie muß, und Fragmentierung, wenn sie dazu gezwungen wird.) Meine Vermutung, daß die Art der zum Einsatz kommenden Mechanismen auch von der Schwere, dem Ausmaß und der Art der Belastung abhängen, erhält übrigens eine weitere Stütze durch die Beobachtung, daß auch bei äußerst extremen psychischen Belastungssituationen sogar in diesem Fragmentierungsprozeß noch der Versuch eines organismischen Überlebens in einer seelisch nicht mehr erträglichen Belastungssituation gesehen werden kann. (ebd.)

3. Systematik

1. Auf einer ersten Ebene stehen die vorwiegend bei Psychosen vorkommenden Abwehrmechanismen, welche eine grobe Verzerrung der Realitätswahrnehmung implizieren:

a) Die *psychotische Projektion* stellt nicht nur (wie klassisch angenommen) das Hineinprojizieren eigener unerwünschter Impulse in eine andere Person (Externalisierung des „Bösen") dar, sondern gleichzeitig auch die vermutlich einzig noch mögliche Beziehung (Verfolger – Verfolgter), die gerade durch das implizierte Aggressive die hier notwendige Distanz schafft (vgl. Mentzos, 1991; Lempa, 1988; Menzos 1992). In diesem Sinne dient oft das Paronoide der Erhaltung einer (notdürftigen) Beziehung – so paradox dies auch klingen mag!

b) Die *psychotische Verleugnung* der Realität (in Abgrenzung von der Verdrängung als Unbewußtmachung von intrapsychischen Vorgängen) spielt eine große Rolle beim Größenwahn, Liebeswahn usw., also bei psychotischen Symptombildungen, in welchen ebenfalls nicht nur die Abwehr des Unlustvollen und Ängstigenden, sondern auch die kompromißhafte Erfüllung des Erwünschten und Sicherheit Bietenden enthalten sind.

c) Die in der normalen Entwicklung für die Selbstkonstituierung sehr wichtige *Internalisierungsfähigkeit* (das In-sich-Hineinnehmen und Assimilieren gewisser Objekt-Aspekte) wird u. U. als undifferenzierte, regressive, globale *Introjektion* eingesetzt, so z. B. um die schmerzliche Trennung vom Objekt rückgängig zu machen.

d) *Spaltungsvorgänge* sind häufige und z. B. bei Borderline-Zuständen regelmäßig vorkommende Abwehrvorgänge. Widesprüchliche Ich- Zustände, z. B. auf dieselbe Person bezogene Schuldgefühle und Gefühle der Wut, werden voneinander getrennt gehalten und können, wie Kernberg (1976) gezeigt hat, sich nicht miteinander verbinden oder einander modifizieren. Solange diese Affekte vollkommen voneinander getrennt werden können, taucht auch keine Angst auf.

2. Der zweiten Ebene werden die relativ „unreifen" Mechanismen zugeordnet, welche aber keine grobe Verzerrung der Realitätswahrnehmung implizieren wie diejenigen der ersten Ebene. Darunter fallen:

a) die *nichtpsychotische Projektion*, eine der häufigsten Abwehrmechanismen;

b) die *Identifikation* als Abwehr. Sie ist gleichsam der „reifere" Nachfolger der unreifen Introjektion. Konkret nimmt sie die Formen z. B. der Identifikation mit dem Angreifer (A. Freud) oder der Identifikation mit dem klinischen Bild einer körperlichen Erkrankung bei der hysterischen Symptombildung an.

3. Die dritte Ebene enthält die „reifen" psychoneurotischen Abwehrmechanismen:

a) Die *Intellektualisierung* stellt die Tendenz dar, den kognitiven Aspekt eines Vorganges zu betonen und in den Vordergrund zu stellen, um dadurch das Emotionale zu vermeiden.

b) Die *Affektualisierung* stellt das Gegenteil der Intellektualisierung dar. Es handelt sich um eine Emotionalisierung und Dramatisierung, die insbesondere durch das Einsetzen von Gegenemotionen die eigentlichen (aber unlustvollen oder gefürchteten) Emotionen abdrängt (z. B. hysterische Inszenierungen).

c) Die *Rationalisierung* stellt die nachträgliche, sekundäre Rechtfertigung von Verhaltensweisen durch Scheinmotive dar.

d) Die *Affektisolierung* ist die Trennung zwischen Vorstellung und dazugehörigem Affekt.

e) *Ungeschehenmachen* und *Reaktionsbildungen*: Damit werden unerlaubte oder angsterzeugende oder unlustvolle Impulse und Tendenzen durch die Entwicklung entgegengerichteter Tendenzen, Attitüden, Handlungen abgewehrt. Im Falle des Ungeschehenmachens erfolgt eine jeweilige punktuelle „Wiedergutmachung“ mittels symbolischer oder magischer Handlungen. Im Falle der Reaktionsbildungen entstehen konstante dauerhafte Gegenhaltungen, die u. U. zu Charakterzügen und und Charaktermerkmalen werden.

f) *Verschiebung* – Diesen Abwehrmechanismus habe ich eingangs am Beispiel der Nagellack-Phobie erläutert.
g) *Verlagerung* meint den Vorgang, durch den eine libidinöse oder – viel häufiger – aggressive Spannung statt am Urheber des Affektes an einem anderen Objekt entladen wird. Eine Variation des Verlagerungsmechanismus stellt das autoaggressive Verhalten dar, bei dem die Aggression nicht nach außen abgeführt werden kann und sich nach innen, gegen das eigene Selbst, richtet.
h) *Verdrängung* im engeren Sinne findet z. B. bei den Amnesien oder bei den Skotomisierungen („Übersehen“ bestimmter innerer oder äußerer Realitäten) statt. Verdrängung im weiteren Sinne stellt dagegen die Funktion fast aller bis jetzt geschilderten (reiferen) Abwehrmechanismen dar, nämlich das Unbewußtmachen. Ähnliches gilt für die *Regression* und die *Ich-Einschränkung* (A. Freud), welche beide oft als weitere spezielle Abwehrformen aufgeführt werden, die aber eigentlich Bestandteile oder Funktionen oder Folgen fast aller bis jetzt dargestellten Abwehrmechanismen sind.

Nicht unter die Abwehr, sondern unter die normalen Bewältigungsmechanismen möchte ich (im Hinblick auch auf die oben diskutierte Beziehung zwischen Abwehr und Coping) einordnen: Die *humorvolle* Bewältigung schwieriger Situationen (bei der die Betrachtung bestimmter Aspekte des Konfliktes von einer Metaebene her das Auch-darüber-lachen-Können ermöglicht) und die sog. *Sublimierung* bei der auf eine direkte Triebbefriedigung verzichtet werden kann zugunsten einer andersartigen, nicht nur zugelassenen, sondern auch dem eigenen Selbst gerechten Befriedigung. M. E. verdient allerdings nur eine in diesem Sinne definierte Sublimierung die Bezeichnung Bewältigungsmechanismus, und nicht jede Unterdrückung von Bedürfnissen zugunsten von sozial akzeptierten Verhaltensweisen. Das letztere würde ich eine Unterwerfung als eine Form von Reaktionsbildung nennen.

Einer besonderen Erwähnung bedarf die *interpersonelle Abwehr – das psychosoziale Arrangement*. Je mehr die äußere soziale Realität und insbesondere auch die Bezugspersonen nicht nur in der Vorstellung und Phantasie, sondern auch *faktisch* innerhalb eines Abwehrvorganges miteinbezogen werden, desto mehr Gewicht bekommt der psychosoziale Aspekt. Besonders durch „Ausnutzung" komplementärer neurotischer Tendenzen und Bedürfnisse entstehen die sehr wichtigen und sehr häufigen psychosozialen Arrangements (Mentzos, 1976), die von Heigl-Evers (1972) auch „psychosoziale Kompromißlösungen" genannt wurden. Diese (freilich unbewußten) Arrangements, diese Kollusionen (Willi, 1975) bleiben unbemerkt, solange wie sie gut „funktionieren". Früher oder später werden sie allerdings zumeist dysfunktional. Zu diesem Zeitpunkt der Dekompensation einer psychosozialen Abwehr schalten sich – ersatzweise – andere Abwehrmechanismen ein, welche dann zur Manifestation von neurotischen oder psychosomatischen Symptomen führen, einen erhöhten Leidensdruck mit sich bringen und oft auch Anlaß zum Aufsuchen des Psychotherapeuten werden.

Bei meinem Versuch (Mentzos, 1976) einer Typologie psychosozialer Abwehrkonstellationen habe ich als eine besondere, große und auch vom Soziologischen her interessante Form die institutionalisierte Abwehr abzugrenzen versucht. Das ist die mehr oder weniger unbewußte Verzahnung zwischen Zielen und Funktionen von Institutionen einerseits und neurotischen Abwehr- und Befriedigungsmodi des einzelnen andererseits. Verschiedene soziale Gebilde können dadurch stabilisiert werden, daß sie neben sachlichdienlichen oder auch machtpolitischen Zwecken und Zielen die neurotischen Abwehr- und Kompensationsbedürfnisse des einzelnen zusätzlich mitbedienen. Auch die psychosozialen „Funktionen" der inzwischen anachronistischen Institution des Krieges beruhen zum großen Teil auf solchen institutionalisierten Abwehrkonstellationen (vgl. Mentzos, 1993)

Literaturempfehlungen

Freud, A. (1936). Das Ich und die Abwehrmechanismen. München: Kindler (1964).

Heigl-Evers, A. & Heigl, F. (1979). Die psychosozialen Kompromißbildungen als Umschaltstelle innerseelischer und zwischenmenschlicher Beziehungen. Gruppenpsychotherapie und Gruppendynamik, 14, 310–325.

Kernberg, O. (1981). Objektbeziehungen und Praxis der Psychoanalyse. Stuttgart: Klett-Cotta.

Mentzos, S. (1976) Interpersonelle und institutionalisierte Abwehr. Frankfurt/M.: Suhrkamp, 2. Auflage 1988.

Mentzos, S. (1991). Psychodynamische Modelle in der Psychiatrie. Göttingen: Vandenhoeck & Ruprecht.

Mentzos, S. (Hg.) (1992). Psychose und Konflikt. Göttingen: Vandenhoeck & Ruprecht.

Mentzos, S. (1993. Der Krieg und seine psychosozialen Funktionen. Frankfurt/M.: Fischer.

Rüger, U., Blomert, A. F. & Förster, W. (1990). Coping. Göttingen: Vandenhoeck & Ruprecht.

Vaillant, G. E. (1971). Theoretical hierarchy of adaptive ego mechanisms. Archives of General Psychiatry 25, 107–118.

21. *„Frühe“ Triangulierung*

Michael Ermann

1. Einleitung

Aus der Sicht des Beobachters ist der Mensch als soziales Wesen seit Anfang seines Lebens in ein Netz von Beziehungen zu vielerlei Personen eingebunden, auf die er, wie neuere Entwicklungsbeobachtungen zeigen, mehr oder weniger unterschiedlich reagiert. Man kann aber nicht davon ausgehen, daß er von Anbeginn über differenzierte mehrpersonale Objektvorstellungen verfügt, die sein innerseelisches Erleben bestimmen. Die Grundstruktur *reifen* sozialen Erlebens, selbst Teil einer (Dreier-)Gruppe von Menschen zu sein, die untereinander in Beziehung stehen, bildet sich nach psychoanalytischer Auffassung mit dem Ödipuskomplex. Die Vorstufen dieser Entwicklung sind – trotz Vorläufern bei Freud (1921c) und in der umstrittenen Theorie des „frühen“ Ödipuskomplexes bei Melanie Klein (1928) – erst in den letzten Dezennien in den Blickpunkt des psychoanalytischen Interesse gerückt. Dabei hat sich das Konzept einer „frühen“ – d. h. präödipalen – Triangulierung als außerordentlich anregend für die klinische Theorie erwiesen. Es hat das Verständnis psychopathologischer Erscheinungen, speziell des „mittleren“ strukurellen Entwicklungsniveaus (Kernberg, 1970) und die Dynamik der Autonomiebildung im Verlaufe psychoanalytischer Prozesse bereichert. Darüber hinaus hat die Bedeutung des Vaters für die präödipale Entwicklung in diesem Zusammenhang eine entwicklungstheoretische Neubewertung erfahren.

2. Entwicklungstheoretischer Rahmen

Die psychoanalytische Objektbeziehungstheorie unterscheidet verschiedene Formen der Bezogenheit des Subjektes zu seiner erlebten Umwelt, seinen „Objekten“. Für die früheste Zeit des Lebens wird im allgemeinen ein monadisches (symbiotisches) Erleben angenommen, eine kurze Phase, in der nicht zwischen dem eigenen Selbst und den umgebenden Objekten unterschieden wird, sondern in der die (personale) Umwelt als Teil der eigenen Person erlebt wird. Darauf folgt, so das Grundmodell der Entwicklung, eine Phase, in der Selbst und Objekt getrennt voneinander erlebt werden, eine dyadische Struktur von Beziehungserleben. In der dritten Entwicklungsphase erlebt sich das Selbst in Beziehung zu mehreren Objekten, die ihrerseits miteinander in Beziehung stehen. Die einfachste Form dieser Erlebnisstruktur ist das Dreieck. Sie bildet die Grundform des Erlebens von Gruppe und Gesellschaft.

Der in diesen Konzepten angenommene *Entwicklungsprozeß* vom monadischen über das dyadische zum triangulären Erleben läßt sich als Triangulierungsprozeß beschreiben. Dabei wird die Betrachtung zumeist auf den Schritt von der Dyade zum Dreieck eingeschränkt und – angesichts der davorliegenden Triangulierungsprozesse durchaus willkürlich – *„frühe“ Triangulierung* genannt. Damit ist ein zentraler Entwicklungsschritt im Verlaufe des Trennungs-Individuations-Prozesses gemeint, der zuerst von Abelin (1971) aus der Arbeitsgruppe Margret Mahlers beobachtet wurde: die Einführung des Vaters als alternatives Objekt gegenüber der Mutter, dem Objekt, das bis dahin das Erleben der Dyade beherrscht. Dieser Schritt führt zu einer triadischen *Form der Objektbeziehung*, zur *„frühen“ Triangulation*. Die Loslösung aus der Dyade mit der Verwendung eines Dritten in der zweiten Hälfte des zweiten Lebensjahres und das Erreichen der frühen Triangulation ist die Voraussetzung für den Eintritt in die ödipale Entwicklungsstufe und leitet diese ein. Der Unterschied gegenüber der Ödipuskonstellation besteht in der prägenitalen Triebqualität der Beziehungen und darin, daß die Stufe der frühen Triangulation triadisch strukturiert ist, d. h. eine 3-Personen-Szene darstellt, aber nicht triangulär ist, weil die Beziehung zwischen den beiden Objekten (Mutter-Vater) erlebnismäßig noch eine geringe Rolle spielt und psychisch wenig repräsentiert ist.

Es ist allerdings zu beachten, daß diese „frühe" Triangulierung vor dem Ödipuskomplex durchaus nicht als die erste Stufe eines triangulären Erlebens betrachtet werden kann. Mit dem Konzept des Übergangsobjektes, eines ersten Objektes im Sinne einer intrapsychischen Repräsentanz, welches von der Mutter unterschieden wird und diese doch repräsentiert, hat Winnicott (1951) ein Modell zum Verständnis der ersten Schritte der Trennung aus der Dyade mit Hilfe eines alternativen Objektes entwickelt. Übergangsobjekte sind jedoch dingliche und nicht menschliche Objekte: Kissen, Zipfel, Schnüre u.v.a. Sie werden vom Kind gewählt, d. h. – aus subjektiver Sicht – geschaffen, und „beleben" den intermediären Raum, der sich beim ersten Erleben der Getrenntheit zwischen dem Kind und der Mutter auftut.

Man kann auch die frühen Objektspaltungen als Triangulierungen in einem weiteren Sinne betrachten. Sie führen zu primitiven Differenzierungen zwischen guten und schlechten Teilobjekten. Diese Vorstellung (Green, 1975) ist vor allem für die Konzepte Melanie Kleins und ihrer Schule prägend. Sie nimmt an, daß schon die ersten Beziehungserfahrungen zwischen Mutter und Kind dreidimensionalen Charakter haben. M. Klein (1928, 1945) führt in ihrer Theorie über die Frühstadien des Ödipuskomplexes aus, daß die Frustration des Abstillens zur Ausgestaltung der unbewußten triangulären Phantasie führt, die Mutter trage einen feindseligen Penis in sich. In der Weiterentwicklung dieser Auffassung beschreibt Lazar (1988), daß frühe Beziehungserfahrung, etwa das Erleben „Brustwarze im Mund" beim Stillen, die Beziehung zwischen Mutter und Kind durch ein aus dieser Erfahrung von beiden geschaffenes „Verbindungsobjekt" strukturiert. Die Dyade sei danach eine Illusion. Man muß bei diesen ersten Triangulierungsprozessen aber beachten, daß hier nicht ganzheitliche Objekte als „Drittes" verwendet werden, sondern Teilobjekte, die

Funktionen und Bedürfnisse repräsentieren und als subjektive Objekte betrachtet werden können.

Man kann die Frage der Beziehung des Neugeborenen und kleinen Kindes zu seiner Umwelt nicht betrachten, ohne die Ergebnisse der Säuglingsbeobachtungen zu berücksichtigen, die die psychoanalytischen Anschauungen über die Frühentwicklung erheblich verändert haben. Es ist heute gesichert, daß der Säugling über differenzierte Fähigkeiten der Wahrnehmung und Kommunikation verfügt (Stern, 1985). Bereits in Frühphasen des Lebens werden durchaus neben der Mutter auch andere Personen als von ihr unterschieden wahrgenommen. Die Reaktionen des Säuglings auf Mutter und Vater unterscheiden sich bereits in den ersten Lebensmonaten erheblich (vgl. Lamb, 1976). Man muß also annehmen, daß bereits früh auch Engramme bestehen, die aus unterscheidbaren Beziehungen stammen. Diese Befunde machen eine Theorie des subjektiven Erlebens, die vor allem auch unbewußte Erlebnisweisen mit einbezieht, aber nicht entbehrlich.

3. Die grundsätzliche Bedeutung der Triangulierung

Unabhängig von der objektbeziehungstheoretischen Konzeption der frühen Triangulation haben Triangulierungen eine grundsätzliche Bedeutung für das Verständnis des seelischen Geschehens. Die Triade stellt neben der Monade und der Dyade einen Grundmodus des Erlebens dar. Das Tertium comparationis, der gemeinsame Bezugspunkt außerhalb der Beziehung zwischen Selbst und Objekt, repräsentiert zugleich Trennung *und* Bindung und führt über die Zweierbeziehung (Trennung *oder* Bindung) hinaus. Die Möglichkeit, sich in den Dritten hineinzuversetzen und das Objekt aus seiner Sicht zu betrachten, diese von Winnicott (1971) als Kreuzidentifikation und von Fischer (1980) als Metaperspektive beschriebene Funktion des triadischen Erlebens, verändert die ursprüngliche dyadische Beziehung und hat dadurch eine entwicklungsstiftende Wirkung. Sie prägt auch den psychoanalytischen Prozeß mit seinen Regeln, seinem Rahmen und dem Prinzip Deutung als ein Drittes. Verallgemeinernd kann man die Triangulierung, die Orientierung auf ein Drittes, als ein Paradigma des dialektischen Grundprinzips der Psychoanalyse betrachten.

Dieses Prinzip kann in allen Phasen des Lebens als Mechanismus zur Bewältigung von Spannungen und Konflikten eingesetzt werden. Sofern damit ausgereifte Entwicklungspositionen überwunden werden, ist die Triangulierung ein unentbehrlicher Entwicklungsmechanismus. In dieser Funktion wurde die „frühe Triangulierung" von Abelin beschrieben. Wenn aber die Triangulierung eingesetzt wird, um unlösbaren Entwicklungsaufgaben der aktuellen Entwicklungsphase zu entgehen, dient sie der *progressiven Abwehr* (siehe Kap. 20). Damit ist die defensive Vorwärtsentwicklung unter Nutzung biologischer Reifungsschritte gemeint. So kann z. B. die Sexualreifung defensiv genutzt werden, um die in einer oral besetzten Beziehung enthaltenen Versorgungskonflikte unter Einbezug einer dritten Person zu sexualisieren und sich ihnen damit zu entziehen. Bei solchen defensiven Triangulierungen ist die Orientierung auf ein Drittes ein „Vorgriff" auf reifer erscheinende Entwicklungspositionen. Diesen Positionen fehlt aber die entwicklungsmäßige Basis; sie sind nicht tragfähig und bilden die Grundlage für spätere Regressionen. Es sind *Pseudo-Triangulationen*, die die darunterliegende Störung verdecken. Die Ausbildung eines „strategischen Ödipuskomplexes" (Rohde-Dachser, 1987) stellt eine solche Formation auf Borderline-Niveau dar, eine triadische Sexualisierung von Teilobjektbeziehungen (Green, 1975). Entsprechend läßt sich ein defensiver Ödipuskomplex beschreiben, der als Sexualisierung der „frühen" Triangulation auf mittlerem strukturellem Entwicklungsniveau zu verstehen ist.

4. Das klinische Konzept der „frühen Triangulierung"

Im Zusammenhang mit dem Studium der Trennung-Individuation (Mahler et al., 1975) hat sich Abelin (1971, 1975, 1986) mit der präödipalen Funktion des Vaters für die kindliche Entwicklung befaßt. Er sieht sie als Katalysatorfunktion für Lösung und Wiederannäherung. Spätere Arbeiten (Buchholz, 1990; Ermann, 1985, 1989; Rotmann, 1978, 1985; Stork, 1974, 1986 u. a.) haben das Verständnis erweitert.

Die Ausgangsposition ist die symbiotisch erlebte Dyade, die – recht unabhängig von der tatsächlichen Eigenart der realen Mutter der Kindheit – durch eine archaisch-bedrohliche Mutterimago geprägt ist, die besitzergreifen, allmächtig, ja verschlingend phantasiert wird[1]. Dem steht der Vater (bzw. eine andere wichtige Person) zunächst als unbedeutenderes, zumeist deutlich schwächer erlebtes Objekt gegenüber. Mit beginnender Differenzierung zwischen Selbst und mütterlichem Objekt vermehrt sich die Angst vor Wiederverschmelzung; Frustrationen der späten oralen und beginnenden anal-sadistischen Phase und projizierte Enttäuschungswut kommen hinzu und schaffen in der Beziehung zur Mutter ein zunehmend konflikthaftes Klima. Dadurch rückt die Vaterimago in eine weniger konflikthafte Position; sie wird zunehmend idealisiert, mit Schutz- und Rettungsphantasien ausgestattet und vor allem in der Übungsphase im realen Vater externalisiert. Dieser Prozeß entspringt also mehr der entwicklungsmäßigen Not und ihrer Abwehr als den tatsächlichen Eigenschaften der konkreten Eltern, doch er stimuliert die Loslösung durch Hinwendung zum Vater.

Der erste Schritt ist dabei der Aufbau einer triadischen Struktur zwischen dem Selbst und zwei noch unklar und vage miteinander verbundenen Objekten. Sie ist mit oralen und anal-aggressiven Bedürfnissen und Phantasien besetzt, während sexuelle Inhalte eine geringe Rolle spielen. Der zentrale Vorgang besteht jedoch in einem zweiten Schritt:

[1] Diese Vorstellung der frühen Mutterimago ist umstritten (vgl. Rohde-Dachser, 1990); mir scheint dabei die Unterscheidung zwischen konkreter Mutter der Kindheit und der phantasmatischen Mutter-Imago, in der sich primäre und kollektiv-unbewußte Entwicklungsphantasien mit Aspekten der realen Mutter und anderer wichtiger Bezugspersonen verdichten, nicht genügend beachtet zu werden.

der Identifizierung mit dem Vater, der eine positive Beziehung zur Mutter aufrechterhält (Abelin, 1986). Diese Identifizierung vermindert die Trennungsaggressionen gegenüber der Mutter, ermöglicht Wiederannäherung und verändert die Beziehung zu ihr. Mit zunehmender Identifizierung mit der Beziehung des Vaters zur Mutter wird jedoch die Beziehung zwischen den Eltern zum beherrschenden Thema. Auf diese Weise werden die zunächst alternativ erlebten, nebeneinander bestehenden dyadischen Beziehungen miteinander in Verbindung gesetzt, zum ödipalen Dreieck ausgestaltet und in die Dynamik der genitalen Triebentwicklung einbezogen.

Die Aufgabe dieser Entwicklungsphase ist komplex. Sie umfaßt die Errichtung kohärenter Selbst- und Objektvorstellungen und die Verknüpfung zwischen den Objekten. Dieser Prozeß ist eng mit der Entwicklung der Geschlechtsidentität beim Übergang von der prägenitalen zur genitalen Triebentwicklung verbunden. Er stellt Mädchen und Jungen vor unterschiedliche Entwicklungsaufgaben.

Abelin (1986) nimmt an, daß beim Jungen die Identifizierung mit der Beziehung des Vaters zur Mutter auch zur Identifizierung mit dem Vater als Mann führt und die Basis der männlichen Kernidentität bildet. Das Mädchen könne sich in dieser Hinsicht nicht mit dem Vater identifizieren, weil es keinen Phallus besitze. Für sie sei die Identifizierung mit der Beziehung der Mutter zu einem anderen Säugling der entscheidende Schritt zur weiblichen Kernidentität, also die Identifizierung mit erlebter Mütterlichkeit oder, wie Abelin (1986) es nennt, die Identifizierung mit einer Madonnenkonstellation. Dieser Annahme steht die Vorstellung gegenüber, daß sich auch das Mädchen mit der Beziehung zwischen Vater und Mutter identifiziert (Ermann, 1989), und zwar mit der Mutter, die vom Vater geliebt wird, wie das Mädchen ihn liebt und sich in seiner Weiblichkeit von ihm bestätigt fühlt. Diese Identifizierung wird dadurch bestärkt, daß die Beziehung zur Mutter als dem primären weiblichen Objekt, nicht völlig aufgegeben werden muß, wenn die Identifikation mit dem Vater, der mit der Mutter in Verbindung steht, gelingt, sondern als Basis in die weibliche Kernidentität eingeschmolzen wird.

5. Pathologische Ausgänge der frühen Triangulierung

Die präödipale Funktion des Vaters beginnt nicht erst mit der frühen Triangulierung, sondern diese baut auf dem Erleben einer bestätigenden dyadischen Vorerfahrung mit dem Vater auf. Seine Präsenz und Verfügbarkeit neben der Mutter ist Bedingung für einen gelingenden Triangulierungsprozeß. Für die Verinnerlichung einer hinreichend guten Beziehung des Vaters zur Mutter ist außerdem die Qualität der Beziehung zwischen beiden maßgeblich. Hinzu kommt, daß die Hinwendungen zum Vater als dem Dritten eine Wiederannäherung an die Mutter nicht ausschließen und den für diese Prozesse zentralen Loyalitätskonflikt nicht unlösbar werden lassen dürfen. Das erfordert eine libidinös und narzißtisch befriedigende, gleichgewichtige Beziehung zwischen den Eltern. Damit wird deutlich, daß der Prozeß der frühen Triangulierung auf vielfältige Weise störbar ist.

Pathologische Lösungen der Triangulierungsdynamik führen zur Regression, zur Fixierung, zur narzißtischen Ersatzbildung oder zur Abwehr durch Progression. Im *regressiven* Abwehrmodus werden Teilobjektbeziehungen und Bedingungen an Übergangsobjekte wiederbelebt. Sie können in die gleichzeitig stattfindende Sexualentwicklung einbezogen werden und der Entwicklung von Perversionen Vorschub leisten (McDougall, 1978). *Fixierungen* der Triangulierungsdynamik bewirken einen fortbestehenden Kampf zwischen Verschmelzungswunsch und Verschmelzungsangst in der prägenitalen Mutterbeziehung. Einerseits bleiben symbiotische Erlebnismodi vorherrschend. Sie werden von Frauen und Männern als überwiegend prägenitale Bedürfnisse auf spätere Partnerschaften übertragen, mit der Bereitschaft zur Dekompensation, wenn die Dyade, z. B. durch die Geburt von Kindern, gestört wird. Andererseits bleibt eine Tendenz zur Triangulierung erhalten, eine beständig abgewehrte Orientierung hin zum Dritten als Rudiment einer unerfüllten „Vatersehnsucht“. Bei Männern, die in der frühen Triangulierung fixiert sind, führt das zu einer homoerotischen Latenz, bei Frauen zur Bindungsbereitschaft an idealisierte Vaterfiguren. Im *narzißtischen*

Verarbeitungsmodus kann die mißlingende Triangulierung durch das Beziehungsgefüge Objekt-Subjekt-Körper ersetzt werden; auf dieser Basis können sich psychovegetative Störungen entwickeln (Ermann, 1987) oder, bei zusätzlicher Regression, psychosomatische Organerkrankungen (Reiff, 1988). Auch narzißtische Charakterstörungen können auf Störungen der Triangulierung beruhen, wenn Phantasien als Drittes in die Loslösungsdynamik eingebracht und zu Größenphantasien ausgestaltet werden. Sie können, wie die Dynamik der Spielsucht zeigt (Kind, 1988), auf dingliche Selbstobjekte projiziert werden, um die Ambivalenz zwischen Verschmelzungsangst und Verschmelzungswunsch aufzuheben. Schließlich kann das Scheitern der Triangulierung *progressiv* verarbeitet werden. Das führt zu Verschränkungen der präödipalen mit der ödipalen Dynamik, die für die meisten „reiferen" neurotischen Störungen typisch sind: Ein ödipal strukturierter Vordergrund, der Belastungen nicht standhält und im Verlauf rasch einsetzender Regression den nicht-triangulären, prägenitalen Charakter der Störungen erkennbar werden läßt.

Literaturempfehlungen

Abelin, E. L. (1975). Some further observations and comments on the earliest role of the father. International Journal of Psycho-Analysis, 56, 293–302.

Ermann, M. (1985). Die Fixierung in der frühen Triangulierung. Forum der Psychoanalyse, 1, 93–110.

Ermann, M. (1989). Das Dreieck als Beziehungsform. Praxis der Psychotherapie und Psychosomatik 34, 261–269.

Lazar, R. A. (1988). Vorläufer der Triangulierung. Forum der Psychoanalyse, 4, 28–39.

Rotmann, M. (1978). Die Bedeutung des Vaters in der Wiederannäherungsphase. Psyche, 32, 1105–1147.

Schon, L. (1995). Entwicklung des Beziehungsdreiecks Vater - Mutter - Kind. Triangulierung als lebenslanger Prozeß. Stuttgart: Kohlhammer.

Stork, J. (1974). Fragen an den Vater. Freiburg: Alber.

22. *Ödipuskomplex*

Wolfgang Mertens

Viele Jahre galt die Anerkennung des Ödipuskomplexes als identitätsstiftendes Essential innerhalb der psychoanalytischen Gemeinschaft. Diese Eindeutigkeit hat sich in der gegenwärtigen psychoanalytischen Theorie aufgelöst. Auch so manche Schüler Freuds glauben an die ätiologische Bedeutung dieses Komplexes für psychische Störungen nicht mehr so recht, sondern behaupten, daß andere, zumeist in einem viel früheren Lebensalter grundgelegte Erfahrungen zu Defiziten im psychischen Funktionsaufbau führen. Die durch die relative Eigendynamik des Ödipuskomplex ausgelösten psychischen Konflikte scheinen entsprechend dieser Sichtweise nur noch eine nachgeordnete Bedeutung zu haben und brauchen auch nicht bei jedem Menschen aufzutreten. Zwingen der Fortschritt der psychoanalytischen Theoriebildung, wie z. B. objektbeziehungstheoretische und selbstpsychologische Ansätze, und entwicklungspsychologische Erkenntnisse zu erheblichen Revisionen? Können die neueren entwicklungspsychologischen und klinischen Konzeptualisierungen der ödipalen Situation noch mit dem alten Begriff des Ödipuskomplexes bezeichnet werden?

1. „Auch bei mir“

Im allgemeinen psychoanalytischen Schrifttum wird in der Regel davon ausgegangen, daß Freud zum ersten Mal in der Traumdeutung, die im Jahr 1900 veröffentlicht wurde, auf das Drama des Königs Ödipus verweist, um auf sexuelle und aggressive Strebungen des Kindes gegenüber seinen Eltern aufmerksam zu machen. Bekannt ist aber auch, daß Freud die mythische Figur des Ödipus erstmals im Rahmen seiner Selbstanalyse in einem Brief vom 15. Oktober 1897 an seinen Freund, den Berliner Arzt Wilhelm Fließ, benützt:

„Ganz ehrlich mit sich zu sein, ist eine gute Übung. Ein einziger Gedanke von allgemeinem Wert ist mir aufgegangen. Ich habe die Verliebtheit in die Mutter und die Eifersucht gegen den Vater auch bei mir gefunden und halte sie jetzt für ein allgemeines Ereignis früher Kindheit ... Wenn das so ist, so versteht man die packende Macht des Königs Ödipus trotz aller Einwendungen, die der Verstand gegen die Fatumsvoraussetzung erhebt und versteht, warum das spätere Schicksalsdrama so elend scheitern mußte ... Jeder der Hörer war einmal im Keime und in der Phantasie ein solcher Ödipus“ (1985c, S. 293).

Wie sich heutzutage rekonstruieren läßt (vgl. z. B. Anzieu, 1990a, b; Rudnitzky, 1987; Sulloway, 1982; Vogt, 1986) hat sich aber Freud schon viel früher mit der Figur des antiken Königs Ödipus befaßt und wohl auch identifiziert.

Nicht nur der Briefwechsel zwischen Sigmund Freud und Wilhelm Fließ in den Jahren 1887 bis 1904 liefert Hinweise dafür, daß das Drama des Königs Ödipus Freud offensichtlich schon als jungen Mann beschäftigt hat, sondern auch andere Ereignisse stützen diese Vermutung. So teilt z. B. der 28jährige Freud seiner Verlobten Martha Bernays mit, daß er nunmehr alle schriftlichen Aufzeichnungen bis auf die Familienbriefe vernichtet habe. Nicht die Tatsache, daß dies für Biographen, wie z. B. Jones, eine bedauerliche Handlung Freuds gewesen ist, zieht nach Rudnytsky (1987) in diesem Zusammenhang das Interesse auf sich, sondern der Umstand, daß Freud viele Jahre, bevor die Psychoanalyse das Licht der Welt erblicken, bevor er zu einem der berühmtesten Männer des 20. Jahrhunderts werden wird, die Idee von der „Entwicklung des Helden“ gegenüber seiner Verlobten ausspricht. Und dieser Held, der Freud vermutlich vorgeschwebt hat, war kein geringerer als Ödipus.

„Auch bei mir“: Die Entdeckungen, die Freud in seiner Selbstanalyse machte, führten nicht nur zu revolutionären

Einsichten in menschliche Konflikte, sondern auch zu einer gänzlich neuen Sicht des Arzt-Patient-Verhältnisses. Während die in der Tradition Descartes begründete Erkenntnishaltung einer absoluten Trennung von erkennendem Subjekt und zu erkennendem Objekt auch eine autoritäre Überlegenheit des Arztes oder des Forschers konstituierte, brachte die durch die Selbstanalyse eingeleitete, tendenzielle Überwindung der Subjekt-Objekt-Spaltung eine radikal neue Beziehungs- und Erkenntnishaltung mit sich. Der Analytiker wird zum teilnehmenden Beobachter und benützt seine – mit Hilfe der Selbstanalyse geschulten – gefühlshaften Eindrücke als Erkenntnisinstrument.

2. Der vollständige Ödipuskomplex

Freuds Charakterisierung des vollständigen Ödipuskomplexes (bestehend aus dem sogenannten positiven und negativen Anteil) bot vielfältige Möglichkeiten, verschiedene neurotische Phänomene, wie z. B. Unterwürfigkeit, Passivität, ständiges Konkurrierenmüssen, zu verstehen; bei übertriebener Passivität z. B. wird der positive Ödipuskomplex mit dem negativen Ödipuskomplex abgewehrt; bei ständigem mit Männern Konkurrierenmüssen wird der negative Ödipus (mit vertrauensvollen, homoerotischen, anlehnenden Tendenzen) mit dem forcierten positiven Ödipus abgewehrt (vgl. Kuiper, 1962; Mitscherlich-Nielsen, 1962). Hysterische, zwangsneurotische, phobische Symptombildungen und Charakterhaltungen und entsprechende Störungen, wie beeinträchtigte Sexualität, Beziehungs- und Arbeitsprobleme, waren mit Hilfe der Annahme eines unvollständig aufgelösten Ödipuskomplexes psychodynamisch und ätiologisch erklärbar.

Nach Rangell (1973, S. 199) besteht der Ödipuskomplex aus verschiedenen Kombinantionen von Komponenten, die eine geometrische Zahl klinischer Möglichkeiten ergeben. Wenn man zum positiven und negativen Ödipuskomplex noch „die reziproken Affekte der Eltern gegenüber dem Kind hinzuzählt, und zwar gegenüber der Tochter wie dem Sohn, so beginnt man, das menschliche Konfliktpotential in seiner ganzen Fülle zu erfassen. Heterosexuelle und homosexuelle Liebe, homoaggressive und heteroaggressive Impulse vom Kind gegen beide Eltern und von jedem Elternteil gegen jedes Kind durchziehen wie ein Gewebe oder Netz alle Familienbeziehungen".

3. Die konstituierenden Elemente des Ödipuskomplexes

Nach Freud lassen sich die Bestimmungsstücke des Ödipuskomplexes in der Bisexualität erblicken, die sowohl eine homosexuelle als auch eine heterosexuelle Objektwahl erlaubt, in der infantilen Sexualität, die sich in prägenitalen Partialtrieben manifestiert und in der Bildung des Über-Ichs (mit den Verboten des Inzests und des Patrizids), das von Freud als Erbe des Ödipuskonfliktes bezeichnet wurde. Aus heutiger Sicht müssen die folgenden theoretischen Weiterentwicklungen bei der Betrachtung des Ödipuskomplexes berücksichtigt werden: die Einbeziehung ichstruktureller Voraussetzungen (z. B. Rohde-Dachser 1987), wie sie sich vor allem in der präödipalen Mutter-Kind-Beziehung ergeben; die Tatsache einer frühen Triangulierung, die eine ödipale Triangulierung erst ermöglicht; die Revision der Sichtweise über die Entstehung der Geschlechtsidentität (z. B. Mertens, 1992); die Erforschung der bewußten und unbewußten ödipalen Konflikte der Eltern („Laios" und „Iokaste"), die komplementär zu den kindlichen Strebungen sind; die Existenz von Über-Ich-Vorläufern und damit auch die Relativierung der väterlichen Sozialisierungsleistungen; die Weiterentwicklung der Sozialisationsperspektive anhand der Thematisierung der Adoleszenz und des Erwachsenenalters (z. B. Blos, 1990) und schließlich die Kritik an der androzentrischen Sichtweise und eine Neukonzeptualisierung der weiblichen Sozialisation (z. B. Rohde-Dachser, 1991).

Ichpsychologische und objektbeziehungstheoretische Betrachtungen und Konkretisierungen der Entwicklung in den ersten drei bis vier Lebensjahren führten zu einer genaueren Bestimmung des psychischen Entwicklungsniveaus des Kindes, das für das Erleben eines „reifen Ödipuskomplexes" eine notwendige Voraussetzung ist. Indikatoren dieses Entwicklungsstandes sind z. B. eine adäquate Bewältigung der Trennungsangst, die Festigung eines basalen Sicherheitsgefühls und Vertrauens, die Konsolidierung des Gefühls für das eigene Selbst, die Überwindung des Stadiums der Teil-Objektbeziehungen, das Erreichthaben von Ambivalenztoleranz und damit eine Verringerung von Spaltungsprozessen, die Fähigkeit zur besseren Affektkontrolle und zum Alleinsein, die Ablösung von frühen Abwehrmechanismen und der allmähliche Erwerb der Fähigkeit zur Verdrängung.

Unter dem Blickwinkel familienstrukureller und -dynamischer Aspekte kann sich der sogenannte reife Ödipuskomplex nur innerhalb einer vollständigen Dreieckskonstellation oder Triade entwickeln (Rohde-Dachser, 1987). Vater, Mutter und Kind müssen sich als die drei Pole dieser Struktur als einigermaßen voneinander getrennte Individuen wahrnehmen und erleben können; zwischen diesen drei Personen müssen reziproke und positive Beziehungen bestehen mit einer entwickelten Beziehungsrepräsentanz. Das Kind muß es ferner zulassen können, die Beziehung zwischen den Eltern auch als sinnlich sexuell zu erleben und damit auch den Geschlechts- und Generationsunterschied zu realisieren. Psychoanalytiker werden heutzutage häufig mit Patienten konfrontiert, die einen unreifen, sogenannten strategischen Ödipuskomplex (Rohde-Dachser, 1987) aufweisen. Hierunter sind Sozialisationsschicksale von Individuen mit unvollständigen familiären Dreieckskonstellationen zu verstehen. Ich- und Triebentwicklung des Kindes sind nicht synchron verlaufen; zum Erleben einer reifen ödipalen Dreieckskonstellation fehlen wichtige ichstrukturelle Voraussetzungen beim Kind und zumeist auch bei den Eltern (Chasseguet-Smirgel, 1986; Hirsch, 1988).

4. Der weibliche Ödipuskomplex

Obwohl Freud die Möglichkeit eines anderen Verlaufs des Ödipuskomplexes beim Mädchen offen gelassen hatte, wurden seine Ansichten von vielen seiner Schüler doch als eherne Gesetzmäßigkeiten festgeschrieben und anderslautende Hypothesen (wie z.B. von Horney oder Jones) verworfen. Dies änderte sich erst in den 60er und 70er Jahren, als auf breiter Front das androzentrische Denken vieler Psychoanalytiker einer immer stärker werdenden Kritik unterzogen wurde. Eine wichtige Erkenntnis war z.B., daß das kleine Mädchen schon im ersten und zweiten Lebensjahr eine weibliche Kern-Geschlechtsidentität entwickelt und nicht erst – wie Freud postuliert hatte – im ödipalen Alter. Im klinischen Kontext zwar häufig rekonstruierbar, stellt der berühmt berüchtigte Penisneid aus heutiger Sicht nurmehr eine Entwicklungsmetapher dar. Deshalb konnte auch die Annahme, das Mädchen müsse die genitale Zone wechseln (von der Klitoris zur Vagina) nicht aufrechterhalten werden. Ebenso muß die psychologische Begründung des Objektwechsels mit Hilfe des Konzepts des Penisneides als falsch zurückgewiesen werden. Das heterosexuelle Begehren des Vaters von seiten des Mädchens erfolgt aus vielen anderen Gründen, und nur in bestimmten klinischen Fällen mag die Enttäuschung an der Mutter wegen des vorenthaltenen Penis ein Motiv unter anderen sein. Immerhin hat Freud aber die heterosexuelle Partnerorientierung nicht als eine biologisch natürwüchsige Selbstverständlichkeit eingeschätzt – wie dies im gesunden Menschenverstand bis zum heutigen Tag der Fall ist –, sondern ihre biographische Schicksalshaftigkeit und damit auch ihre soziale und historische Vermitteltheit ansatzweise geahnt. Auch die These, daß das Mädchen kein dem Jungen entsprechendes Über-Ich entwickelte, ist heute der Auffassung gewichen, daß Über-Ich und Über-Ich-Vorläufer nicht weniger ausgeprägt sind, daß aber die Inhalte und die Strukturen des Über-Ichs andere sind als beim Knaben (vgl. Bernstein, 1983), vor allem deshalb, weil das Mädchen ein anderes Identifikationsschicksal mit seiner Mutter erlebt als der Junge. Die Neukonzeptualisierung des weiblichen Ödipuskomplexes macht – wie auch beim Jungen – eine Einbeziehung von diffizilen entwicklungspsychologischen und familiendynamischen Voraussetzungen erforderlich.

5. Der Beginn der Ödipussituation

Seit M. Klein (1927) „Frühstadien des Ödipuskonfliktes" postulierte, ist die Auseinandersetzung darüber, wann denn nun genau die ödipalen Impulse des Kindes beginnen, nicht abgerissen. Zwar ist M. Klein aus heutiger Sicht darin beizupflichten, daß schon im ersten Lebensjahr protogenitale Manifestationen beim Kind zu beobachten sind, doch fehlt in den ersten drei oder vier Lebensjahren noch die konsequent empfundene Rivalität gegenüber dem gleichgeschlechtlichen Elternteil auf dem Hintergrund phallischer Triebimpulse (mit den entsprechenden Ängsten und Vergeltungsphantasien), die ein wesentliches Kriterium des klassischen Ödipuskomplexes ist; es fehlt auch ein Erkennen der sexuellen Beziehung zwischen den Eltern.

Chasseguet-Smirgel (1988) beschrieb „eine archaische Matrix des Ödipuskomplexes" und verstand darunter den primären Wunsch eines Kindes, eine dem Bauch der Mutter analoge Welt zu finden, in der es keine Geschlechtsunterschiede, keine Konfrontation mit dem Realitätsprinzip, keine Neid- und Haßgefühle auf Rivalen gibt. Dieser Wunsch nach einem utopischen Ort, in dem nur das Lustprinzip waltet, ist noch fundamentaler als der von M. Klein beschriebene Impuls, in der Phantasiewelt den Penis des Vaters und die Kinder im Bauch der Mutter zu zerstören.

Thematisieren diese Arbeiten die innere Beziehungs- und Phantasiewelt eines Kindes weitgehend ohne Präzisierung ichstruktureller Entwicklungskomponenten, so wird in anderen Arbeiten versucht, den Ödipuskomplex entsprechend dem bis dahin erreichten Entwicklungsstand eines Kindes genauer zu diagnostizieren. In Abhängigkeit vom jeweils erreichten Niveau der Persönlichkeitsorganisation läßt sich differenzieren, welche spezifischen Impulse und Abwehrmöglichkeiten bei einem Individuum mit einem Borderline- oder neurotischen Organisationsniveau auftreten (z.B. Rohde-Dachser, 1987; Hirsch, 1988). Diese Einbeziehung des Entwicklungsstandes der Ichfunktionen und der Geschlechtsidentität ermöglicht eine gründliche Neukonzeptualisierung des weiblichen und des männlichen

Ödipuskomplexes (vgl. Mertens, 1993). Die Differenzierung entsprechend ichstruktureller Entwicklungskomponenten läßt auch folgende Unterscheidung noch zwingender werden: Zwar existiert die ödipale *Situation* für ein Kind schon ab dem Zeitpunkt, an dem seine Eltern unbewußte Phantasien über ihr Kind produzieren, ödipale *Impulse* im eigentlichen Sinn können aber beim Kind erst zu einem späteren Zeitpunkt entstehen. Das bedeutet aber auch, daß die ödipalen Konflikte der Eltern die gesamte Familiendynamik beeinflussen, mit der ein Kind von klein auf konfrontiert wird. Viele interpersonelle Konflikte, die das Kind lange vor dem ödipalen Konflikt erlebt, sind aus der Sicht der Eltern ödipal; nachträglich, d. h. mit dem Erlebenkönnen des ödipalen Konflikts, werden aber auch die früheren interpersonellen Auseinandersetzungen und Konflikte als ödipal interpretiert.

6. Laios und Iokaste

Nicht nur die Tatsache, daß Freud sich auf die relativ späte, hellenistische Fassung des Ödipusmythos, auf das Drama des Sophokles, bezog, als er den Ödipuskomplex beschrieb, sondern auch seine ausschnitthafte Betrachtungsweise dieses Dramas hat die Frage nach den Konsequenzen dieser selektiven Verwendung für die Freudsche Theoriebildung nach sich gezogen.

Eine dieser Konsequenzen war die nahezu vollständige Ausblendung der Vorgeschichte des Dramas und damit auch der Eltern des Ödipus.

Devereux (1953) war einer der ersten Autoren, der die Vernachlässigung des elterlichen Verhaltens in der Freudschen Rezeption des Ödipusdramas angesprochen und die ausschließliche Betonung der Triebwünsche des ödipalen Kindes in Übereinstimmung mit der geringen Meinung, die Eltern im 19. Jahrhundert über Kinder hatten, gesehen hat.

Heutzutage muß man davon ausgehen, daß die alleinige Thematisierung der kindlichen Triebwünsche eine unvollständige psychoanalytische Sichtweise darstellt (z. B. Eissler, 1968; Rangell, 1955, 1973). Es gibt, wie Ross (1982) aufgezeigt hat, bei nahezu allen Männern, die Väter werden, ein regressives Potential an aggressiven und pathologischen Phantasien und Handlungsbereitschaften, die sich vor allem dem männlichen Kind gegenüber in direktem Verhalten, im besonderen auch auf passive Weise, wie in dem nahezu allgegenwärtigen Problem der väterlichen Abwesenheit, äußern.

Laios ist der Prototyp des schlechten Vaters: Als Kleinkind wurde Laios selbst verlassen. Labdakus, sein Vater und König von Theben, starb, als Laios ein Jahr alt war. Als sein Onkel den Thron für sich beanspruchte, wurde Laios ausgesetzt und gezwungen, durch Griechenland zu wandern, bevor er nach Theben zurückkehren durfte, um König zu werden. Laios zeigte – so Ross (1982) – die gleiche Konstellation von Charaktereigenschaften, die moderne psychoanalytische Forscher mit Vater-Abwesenheit in Zusammenhang gebracht haben: Störungen der Geschlechtsidentität, Probleme mit der Impulskontrolle, unmodulierte Aggressivität, kognitive Beeinträchtigungen und pathologischen Narzißmus.

Ohne die Zurkenntnisnahme der Vorgeschichte muß das Drama des Ödipus geheimnisvoll und offensichtlich auch unmotiviert wirken. Letztlich steht aber entsprechend dieser Lesart hinter Ödipus eine Geschichte von Generationen, in der eine unheilvolle Konvergenz von enttäuschenden und verletzenden Handlungen und Fehlwahrnehmungen zwischen Vater und Sohn zum Ausdruck kommt, die schließlich in einem tragischen Desaster endet. Aufgrund der unterschiedlichen Machtverteilung und Reflexionsmöglichkeiten in der Eltern-Kind-Beziehung müssen die Taten des Laios und der Iokaste aber stärker gewichtet werden. Als eine analytische Allegorie betrachtet, stellt der Ödipus-Mythos deshalb nicht nur die phantasmatische Fiktion eines vier- bis fünfjährigen Knaben dar, sondern auch das Ergebnis einer schlechten Vater- und Elternschaft über Generationen hinweg.

Nach Van der Sterren (1952) ist der ödipale Haß des Knaben auf seinen Vater nur die oberste, manifeste Schicht, hinter der das latente Thema des noch viel stärkeren Hasses auf die Mutter lauert. Denn im Mythos willigt die Mutter Iokaste ein, daß Laios ihren Sohn aussetzen und umbringen will. Und später heiratet sie den zurückgekehrten Ödipus und kümmert sich nicht um das Inzesttabu. Aus einer zeitgenössischen, interaktionellen Sichtweise müssen deshalb die Dialektik elterlicher und kindlicher Phantasien und Impulse berücksichtigt und der Ödipuskomplex als Ergebnis der unbewußten Interaktionsthemen betrachtet werden, die zwischen Eltern und Kind nicht zur Sprache kommen dürfen. Dabei hat sich der Fokus der im engeren Sinn sexuellen und aggressiven Wünsche mehr auf die Seite der Eltern verlagert; zwar begehrt das Kind seine Eltern im psychosexuellen Sinn, aber die Sexualisierung und Aggressivierung dieser Beziehung geht von den Eltern aus, so daß genaugenommen psychosexuelle (und sexualisierte), aggressive und narzißtische Themen und Phantasien zwischen Eltern und Kind ausgehandelt und abgewehrt werden müssen.

So wichtig die objektbeziehungstheoretische und selbstpsychologische Ergänzung der elterlichen „laioshaften" und „iokastehaften" Einstellungen, Affekte und Impulse gegenüber dem Kind für das ödipale Drama auch ist, so dürfen dennoch die triebhaften Bedürfnisse des Kindes nicht völlig ausgeklammert werden. In einigen neueren, populärpsychologischen Abhandlungen verkommt das dialektische Spannungsverhältnis zwischen naiv triebhafter Körperlichkeit des Kindes und triebhaftem Erleben der Eltern zu einer einseitigen Schuldzuweisung in Form einer kausalistischen Verführungstheorie bei gleichzeitiger Entsexualisierung des Kindes.

Familiendynamisch betrachtet, ist deshalb ein Kind von klein auf mit den ödipalen Phantasien seiner Eltern konfrontiert und muß darauf reagieren; entwicklungspsychologisch dauert es allerdings einige Jahre, bis es eigene ödipale Impulse erleben kann; die wichtigsten Entwicklungslinien sind hierbei die sich entfaltende Psychosexualität und die der Objektbeziehungen.

7. Ödipus und Wahrheit

Freud und viele Interpreten vor und nach ihm haben das Drama des König Ödipus von Sophokles als Paradigma für den mutigen Weg der beharrlichen Selbstreflexion und des unbeirrten Suchens nach der Wahrheit aufgefaßt. So stellen die Nachforschungen von Ödipus (z. B. nach Chasseguet-Smirgel (1986, S. 8), die Suche nach seinen Ursprüngen, nach seiner Abstammung und damit die Erkenntnis des doppelten Unterschieds zwischen den Geschlechtern auf der einen und den Generationen auf der anderen Seite dar. Das Drama beginnt bekanntlich damit, daß das Orakel in Delphi die Rettung der Stadt Theben, die von einer Seuche heimgesucht wird, verspricht, sofern der Mörder des Königs Laios gefunden werden kann. König Ödipus begibt sich auf dem Höhepunkt seiner Macht auf die Suche nach Wahrheit und zeigt damit auch seine Bereitschaft, Schuld und Verantwortung für die Vergangenheit auf sich zu nehmen. Diese unerbittliche Aufklärungsarbeit hat Freud (1916–17a, S. 344) mit dem Verlauf einer Analyse verglichen, in dem Schritt für Schritt unbewußte Regungen und Phantasien dem Bewußtsein des Analysanden zugänglich werden: „Das Werk des attischen Dichters stellt dar, wie die längst vergangene Tat des Ödipus durch eine kunstvoll verzögerte und durch immer neue Anzeichen angefachte Untersuchung allmählich enthüllt wird; es hat insofern eine gewisse Ähnlichkeit mit dem Fortgang einer Psychoanalyse."

Seitdem haben Generationen von Psychoanalytikern im Drama des König Ödipus das Paradigma der schrittweisen Aufdeckung der Biographie eines Analysanden erblickt. So wie Ödipus sich gegenüber der allmählichen Enthüllung von Geschehnissen beharrlich mit einer Selbsttäuschung nach der anderen zu wehren versucht, obwohl die Tatsache des Vatermords und des Mutterinzests immer deutlicher wird, so weigert sich auch ein Analysand viele Stunden in der Analyse, der Wahrheit seiner biographischen Erfahrungen ins Auge zu sehen, wobei diese freilich komplexer zu sehen sind, als die formelhaften Kürzel Aggression und Inzest auszusagen vermögen.

Aber bemüht sich Ödipus tatsächlich ausschließlich um die Entdeckung der Wahrheit, oder versucht er nicht immer wieder, diese zuzudecken und nicht ans Licht kommen zu lassen? Denn mehrere Fakten müßten doch eigentlich stutzig machen: Als Ödipus in Theben ankommt, muß er etwas über den Tod von Laios gehört haben, der soeben von ihm erschlagen wurde; ebenso ist anzunehmen, daß die Worte des delphischen Priesters: „Du wirst deine eigene Mutter heiraten und Kinder mit ihr zeugen, und den Vater, der dich gezeugt hat, töten" von Ödipus niemals vergessen worden sind. Diesem Schicksal versucht er ja auch zu entkommen, indem er außer Landes geht. Unwahrscheinlich ist deswegen, daß Ödipus sich nicht an diesen Orakelspruch erinnert, als er den Alten an der Weggabelung erschlägt. Nachdem Ödipus das Rätsel der Sphinx gelöst hat, heiratet er die ältere, ihn an seine Mutter erinnernde Witwe Iokaste. Warum fallen ihm nicht die Worte des delphischen Orakels ein? War er geblendet von dem Ruhm, daß man ihm ein Königreich und eine Königin zur Frau anbot, daß er keine Fragen mehr stellte und blindlings in alles einwilligte, ohne darüber nachzudenken?

Steiner (1985, 1990) hat die These aufgestellt, daß die klassische Auslegung, nach der Ödipus seine Taten begann, ohne von vatermörderischen und inzestuösen Impulsen in ihm zu wissen, um die Sichtweise ergänzt werden müsse, daß Ödipus zur gleichen Zeit sehr wohl darum wußte, was er tat, und es dennoch nicht unterließ. Damit gleiche er jenem Patienten, im Grunde aber jedermann, der die unangenehmen Aspekte von Realität nicht wahrhaben wolle und die Augen davor verschließe. Neben dem Bemühen um Aufdekkung der ödipalen Impulse – und damit auch der Wahrheit – gibt es nach dieser Auffassung ebenso das Bestreben von Ödipus, Iokaste und Kreon, sich blind gegenüber der Realität zu stellen und damit schmerzliche Gefühle, die sich aus dem Abtrauern der ödipalen Ansprüche, der Anerkennung der Generationsgrenzen, des Verzichts auf ödipale Grandiosität und Einzigartigkeit ergeben, zu vermeiden, um weiterhin in einer illusionären Verkennung der Wirklichkeit leben zu können. Nach diesem Autor sei diese Einstellung, die Wahrheit zuzudecken, keineswegs nur ein individuelles pathologisches Schicksal, sondern vor allem bei vielen politischen Führungsfiguren eine weitverbreitete Haltung mit gravierenden sozialen und politischen Konsequenzen.

8. Für ein revidiertes Verständnis des Ödipuskomplexes

Die Theorie vom Ödipuskomplex implizierte in der ursprünglichen Freudschen Fassung ein nahezu ausschließlich intrapsychisches Geschehen im Kind. Es gelang nicht, die Polarität Verführung von seiten der Eltern versus kindliche Triebphantasien als familiendynamisches Geschehen zu begreifen, wobei freilich sexuelle Verführung nur eine von mehreren traumatisierenden Sozialisationsbedingungen darstellt. Das Zusammenwirken von Laios-, Iokaste- und Ödipuskomplex läßt psychische Pathologie als ein vielseitig determiniertes Geschehen erkennen, bei dem sich von der Geburt eines Menschen an interpersonelle und familiendynamische Prozesse ereignen. Auch die Unterscheidung von traumatischer Neurose und Psychoneurose – dort der Einfluß eines oder mehrerer Traumata, hier die Auswirkungen eines intrapsychischen Konflikts – ist letztlich wohl nur beim Vorliegen von Extremtraumatisierungen sinnvoll. Denn Sozialisation aus psychoanalytischer Sicht kann häufig nicht ohne Traumatisierungen gedacht werden; zu erinnern ist hierbei vor allem an die sogenannten kumulativen Traumata (z. B. in Form wenig einfühlsamer Eltern, die auf wichtige Entwicklungsbedürfnisse ihrer Kinder nicht angemessen reagieren, aber z. B. auch überfordernde Delegationen), an ein Individuationstrauma (wo die Ablösung und Individuation des Kindes nicht gelingen, vgl. Müller-Pozzi, 1985), an ein Verlusttrauma (wenn ein Elternteil oder ein Geschwister krank wird oder gar stirbt, z. B. Furman, 1986), an universelle Traumata (wie die Geburt eines Geschwisters, die Entdeckung des anatomischen Geschlechtsunterschieds oder das Gewahrwerden des Sterbens) und schließlich auch an die in der Gegenwart intensiv diskutierten Traumatisierungen aufgrund sexueller und körperlicher Mißhandlung. Bei nahezu jedem anfänglich lediglich als psychoneurotisch eingestuften Fall stößt man über kurz oder lang auf dahinterliegende Traumatisierungen, so daß es sinnvoll erscheint, traumatisierende Sozialisationsbedingungen als Basis für das Entstehen eines psychoneurotischen Konflikts anzunehmen; die Angst eines Kindes vor seinen eigenen Triebimpulsen und Phantasien läßt sich somit aus heutiger Sicht nicht mehr allein intrapsychisch begreifen, auch wenn dieser Konflikt auf den ersten Blick als verinnerlichter Trieb-Abwehr-Konflikt erscheint. Somit ist auch hinreichend deutlich geworden, daß der Ödipuskomplex des vier-, fünf- oder sechsjährigen Kindes nicht mehr ohne die zugrundeliegende familliendynamische ödipale Konstellation, die die ödipalen Konflikte der Eltern mit einschließt, betrachtet werden kann.

Literaturempfehlungen

Anzieu, D. (1990a, b). Freuds Selbstanalyse. Bd, I. und II. München: Verlag Internationale Psychoanalyse.

Bergmann, M. (1990). Im Schatten des Moloch. Praxis der Psychotherapie und Psychosomatik, 35, 57–70.

Bischof, N. (1985). Das Rätsel Ödipus. Die biologischen Wurzeln des Urkonfliktes von Intimität und Autonomie. München: Piper.

Blanck, G. (1984). The complete oedipus complex. The International Journal of Psycho-Analysis, 65, 331–339.

Blos, P. (1990). Sohn und Vater. Diesseits und Jenseits des Ödipuskomplexes. Stuttgart: Klett-Cotta.

Groen-Prakken, H. (1991). Oidipus' Scham – Über den Einfluß beschämender Ereignisse in den ersten Lebensjahren auf den späteren Lebenslauf. Zeitschrift für psychoanalytische Theorie und Praxis, VI, 35–46.

Grunberger, B. (1988). Von der Analyse des Ödipus zum Ödipus des Analytikers. In ders., Narziß und Anubis. Die Psychoanalyse jenseits der Triebtheorie (S. 25–53). München: Verlag Internationale Psychoanalyse.

Jappe, G. (1992). The oedipal deed or the curse of knowledge. In M. Leuzinger-Bohleber, H. Schneider, R. Pfeifer (Eds.), „Two butterflies on my head..." Psychoanalysis in the interdisciplinary scientific dialogne (pp. 75–86). Berlin: Springer.

Loewald, H. W. (1979). The waning of the oedipus complex. Journal of the American Psychoanalytic Association, 27, 751–775. (dt.: Das Dahinschwinden des Ödipuskomplexes. In ders., (1986) Psychoanalyse. Aufsätze aus den Jahren 1951–1979 (S. 377–400). Stuttgart: Klett-Cotta.

Loewald, H. W. (1985). Oedipus complex and development of self. Psychoanalytic Quarterly, 54, 435–443.
Pollock, G. H. & Ross, J. M.: (eds.) (1988). The Oedipus Papers. Classics in Psychoanalysis. Monograph 6, Madison, Conn.: International Universities Press.
Quinodoz, D. (1991). „Ich habe Angst, mein Kind zu töten“ oder: ausgesetzter Ödipus, adoptierter Ödipus. Zeitschrift für psychoanalytische Theorie und Praxis, VI.
Rohde-Dachser, Ch. (1987). Ausformungen der ödipalen Dreieckskonstellationen bei narzißtischen und Borderline-Störungen. Psyche, 41, 773–779.
Simon, B. (1991). Is the oedipus complex still the cornerstone of psychoanalysis? Three obstacles to answering the question. Journal of the American Psychoanalytic Association, 39, 641–668.
Stork, J. (Hg.) (1987). Über die Ursprünge des Ödipuskomplexes (S. 109–119). Stuttgart: frommann-holzboog.
Tömmel, S. (1988). Ödipus oder Prometheus – soziopsychoanalytische Überlegungen zur „vaterlosen Gesellschaft“. Luzifer-Amor, 1, 88 – 112.
Vogt, R. (1986). Psychoanalyse zwischen Mythos und Aufklärung oder das Rätsel der Sphinx. Frankfurt/M.: Edition Qumran/Campus.

V. Psychoanalytische Disziplinen

23. Psychoanalytische Neurosenlehre

Stavros Mentzos

1. Der nosologische Krankheitsbegriff

Die Psychoanalyse entstand innerhalb der Medizin und wurde von einem Arzt gegründet. Jedoch nicht nur deswegen, sondern auch aus anderen, theoretischen und praktischen Gründen hat sie sich von Anfang an auch als eine Krankheitslehre präsentiert und den immensen Fundus ihrer Beobachtungen, Einsichten und Erklärungsmodelle in den Dienst einer (kausal erklärenden und verstehend begreifenden) Erfassung von „Gesundheitsstörungen", also Erkrankungen im medizinischen Sinne gestellt. Der revolutionäre Bruch Freuds mit der somatisch-medizinischen Betrachtungsweise darf zwar nicht übersehen werden: Die Symptome oder Charakterzüge und Verhaltensweisen, die wir „Neurosen" nennen, sind keine auf somatischen Vorgängen beruhenden „Erkrankungen", sondern das Resultat einer besonderen Verarbeitung intrapsychischer Konflikte. Die der Symptombildung zugrundeliegende Psychodynamik und die hier wirksamen Abwehrmechanismen können, wenn auch weniger ausgeprägt, im alltäglichen Erleben und

Verhalten des sog. „Normalen" gleichfalls nachgewiesen werden. Die Trennungslinie zwischen „Normalem" und „Pathologischem" wurde unscharf, die Gegenüberstellung beider Pole wurde etwas relativiert. Unabhängig davon wurde durch die psychoanalytische Aufdeckung das Augenmerk von der oberflächlichen, minutiösen Beschreibung äußerer Erscheinungen auf die bei weitem wichtigere intrapsychische Dynamik gelenkt: Als die Hysterie noch am Ende des vorigen Jahrhunderts als eine neurologische Erkrankung galt, schrieb man monumentale Monographien, in denen man in unzähligen Kapiteln die einzelnen klinischen Formen (je nachdem, ob der kleine Finger, die Atemwege oder das Sehvermögen von dieser „neurologischen Affektion" getroffen waren) darstellte. Dagegen konnte Sigmund Freud schon 1895 in einem Beitrag von bedeutend kleinerem Umfange zeigen, worin die gemeinsame wesentliche „Störung" bestand, welche allen diesen Erkrankungsformen zugrunde liegt (Freud, 1895d).

Aber weder die Ausweitung und erfolgreiche Anwendung der psychoanalytischen Theorie in zahlreichen Bereichen außerhalb der Medizin, noch die grundsätzlich neue Orientierung auf die nunmehr psychodynamische Erfassung psychischer und psychosomatischer Erkrankungen vermochten das Bedürfnis nach einem nosologischen Krankheitsbegriff zum Verschwinden zu bringen, und zwar nicht nur aus traditionellen, sondern auch aus anderen Gründen. Die faszinierende Aufdeckung der Psychogenese der sogenannten „Neurosen" sowie die Ausweitung des dabei gewonnenen Verständnisses für intrapsychische Prozesse auch außerhalb der Medizin vermochten also nicht die ordnende Typologisierung überflüssig zu machen. Die Bemühungen um eine systematische psychoanalytische Krankheitslehre ließen nicht nach, trotz dabei immer wieder deutlich werdenden großen Schwierigkeiten. Der in der psychoanalytischen Psychosomatik später aufkommende Streit um die „Spezifizität" (die Frage also, ob für eine bestimmte Symptomatologie, für ein bestimmtes körperliches psychosomatisches Syndrom der Konflikt oder die Charakterstruktur oder weder das eine, noch das andere spezifisch sei), erwies sich auch schon beim Klassifizieren der rein psychischen

Erkrankungen (der Psychoneurosen, der Psychosen sowie des zwischen beiden liegenden großen Spektrums der nicht mehr psychoneurotischen, aber noch nicht psychotischen Störungen) als eine recht hartnäckige Problematik.

2. Die Problematik der Klassifikation

Die ersten Entwürfe und Bemühungen stammen von Sigmund Freud selbst und sind vorwiegend ätiologisch orientiert. Daraus resultiert auch seine damalige scharfe Gegenüberstellung von Aktualneurosen, (deren Ätiologie in einer somatischen Dysfunktion der Sexualität gesucht wurde) einerseits und Abwehr-Neuro-Psychosen (die bemerkenswerterweise Hysterie und Psychosen in einer Gruppe unterbrachte (!) und bei denen die Psychogenese im Vordergrund stand) andererseits. Innerhalb dieser letzteren, also der psychogenen Erkrankungen, unterschied er dann nicht nur zwischen Psychoneurosen und Psychosen. Die Perversionen wurden von diesen beiden Erkrankungsformen scharf abgegrenzt. Hierbei bildeten Ausmaß der Regression, Fixierung in einer bestimmten Entwicklungsphase sowie Art des zugrundeliegenden Konfliktes die Hauptkriterien. Hysterie und Phobie wurden mehr im Zusammenhang mit einem nicht bewältigten ödipalen, Zwangsneurosen mehr mit einem analen Konflikt in Zusammenhang gesehen.

Das Erbe des Ende der 20er Jahre in den Hintergrund getretenen Konzeptes der Aktualneurosen traten die psychosomatischen Affektionen an, deren Psychogenese übrigens genau wie die der Perversionen mit präödipalen Konflikten in Verbindung gebracht wurde.

Sowohl Freud als auch seine Nachfolger gingen explizit oder implizit davon aus, daß es sich bei allen diesen Störungen um „Krankheitseinheiten“ handele (d. h. Krankheitsbilder mit gleichen Symptomen, gleichen Ursachen, gleichem Verlauf und Ausgang). Den Höhepunkt dieser Systematisierungsversuche stellt das eindrucksvolle Werk von Fenichel (1945) dar, heute noch eine besonders wertvolle, unverzichtbare Darstellung psychoanalytischer Theorie und therapeutischer Erfahrung. Seine Systematik weist jedoch nicht zu übersehende Schwächen auf. Sie ist recht inkonsistent, indem sie auf wechselnde Unterscheidungskriterien aufbaut. Ähnliche Schwächen zeigen auch alle anderen Klassifikationen, und gerade diese Schwierigkeiten haben vielfach zu einer Art von diagnostischem „Nihilismus", einem Verzicht auf fast jegliche diagnostische Einschätzung geführt. Trotz vieler anderer, beachtenswerter Systematisierungsversuche, z. B. auch außerhalb der „orthodoxen" Psychoanalyse (einen solchen Versuch stellt z. B. die von Schultz-Hencke initiierte und von Schwidder vervollständigte Klassifikation der Variationen der „Gehemmtheiten" dar), ist in der Zeit nach Fenichel die Tendenz deutlich geworden, bei Darstellungen der psychoanalytischen Neurosenlehre den Schwerpunkt auf den *allgemeinen* Teil zu setzen und den speziellen, nosologischen Teil relativ klein zu halten. Während z. B. bei Fenichel der spezielle Teil fast vier Fünftel des umfangreichen Werkes in Anspruch nimmt, legt die von Wolfgang Loch (1983) herausgegebene Krankheitslehre der Psychoanalyse den Schwerpunkt auf die allgemeinen Erörterungen zum neurotischen Konflikt, zu Abwehrmechanismen, zu Entwicklungsstufen etc. (In nur 100 von ca. 400 Seiten beschäftigen sich die Autoren speziell mit Psychoneurosen, Psychosen und Psychosomatosen.)

Schwierigkeiten scheinen aber nicht nur die Verfasser von systematischen Darstellungen über die spezielle Neurosenlehre zu haben. Ähnliche Schwierigkeiten haben auch alle Psychoanalytiker im Hinblick auf die Diagnostik des einzelnen, konkreten Falles. Mit Hilfe der psychoanalytischen Interviewtechnik und auf dem Hintergrund eines konfliktorientierten psychodynamischen Modells gelingt es ihnen zwar in Zusammenarbeit mit dem Patienten, ein oft ziemlich genaues Bild von den hier relevanten Konflikten, Traumatisierungen, Spannungen, Sensibilisierungen, Hemmungen, Abwehrmechanismen und psychogenetischen Zusammenhängen zu gewinnen. Bei dem Versuch einer typologisierenden Einordnung dieser Ergebnisse zeigt sich jedoch oft, daß alle diese Befunde und Dimensionen schwer oder kaum unter einer eindeutigen speziellen Neurosen-Diagnose unterzubringen sind.

Die am weitesten gehende Infragestellung der „Neurose" als „Krankheitseinheitsbegriff", stellt m. E. das nicht seltene Phänomen des *Symptom- und Syndromwechsels dar* (vgl. Mentzos, 1992, S. 127–140), d. h. des Aufeinanderfolgens oder Alternierens verschiedener Syndrome bei der gleichen Person. Beim Wechsel von diffusen Angstzuständen zu „reiferen" Phobien mag es noch angehen. Das „Umschlagen" aber einer Zwangsneurose in eine Schizophrenie (oder auch das wiederholte Alternieren zwischen beiden), der Wechsel zwischen Neurodermatitis und Psychose, oder das Auftreten einer ausgeprägten Zwangssymptomatik bei hysteroid wirkenden Persönlichkeiten spotten dem Begriff der Krankheitseinheit als Basis für ein Klassifikationsmodell. Der konkrete Fall bzw. der konkrete Mensch läßt sich in keiner diagnostischen Schublade unterbringen!

Man könnte darüber zwar vielleicht einerseits froh sein. Auf der anderen Seite aber dienen solche klassifikatorischen, ordnenden Bemühungen (hoffentlich) nicht nur unseren persönlichen, intellektualisierenden, zwanghaften Tendenzen, sondern auch einer realistischen, praxisbezogenen Notwendigkeit: Das Bedürfnis nach Komplexitätsreduktion und übersichtlicher Einordnung ist für das weitere Vorgehen schon deswegen erforderlich, weil Fachleute sich schnell verständigen und gegenseitig informieren müssen. Des weiteren ist die Systematisierung unserer Beobachtungen und unserer Erfahrungen einem schnelleren Verstehen des Patienten dienlich: Würden sich die aus dem therapeutischen Umgang mit Patienten gewonnenen Einsichten beliebig verteilen und auflösen, und zwar ohne daß irgendwelche allgemeinen Aussagen über typische Regelmäßigkeiten möglich wären, so müßte man praktisch immer wieder quasi am Nullpunkt anfangen und wäre überfordert mit der Bewältigung der ohnehin enormen Komplexität des Geschehens.

3. Eine dreidimensionale Diagnostik: Struktur, Konflikt und Modus des Verarbeitens

Aus dieser Lage heraus resultierten die Bemühungen um eine flexible Diagnostik und Klassifikation, die eine gewisse

Orientierung erlauben, ohne dabei den konkreten Menschen auf das Prokrustesbett der Krankheitseinheit festzunageln oder in eine endgültige diagnostische Schublade (für eine bestimmte „Neurose“) unterzubringen. Dabei erwies es sich als nützlich, mehrere Dimensionen gleichzeitig zu berücksichtigen, die zum Teil voneinander unabhängig sind, sich aber auch u. U. gegenseitig beeinflussen *können*. Ich habe selbst, von Überlegungen, Beobachtungen und begrifflichem „Experimentieren“ mit dem fragwürdig gewordenen Konzept der Hysterie (Mentzos, 1980) ausgehend, einen ersten Entwurf einer Neurosenlehre skizziert (Mentzos, 1982), die den Begriff der „Krankheitseinheit Neurose“ als überholt ansieht und den Vorschlag enthält, unsere Diagnostik auf mindestens *drei Dimensionen* zu stützen. Diese drei Dimensionen (oder Ebenen) beziehen sich erstens auf die Art des zugrundeliegenden *Konfliktes*, zweitens auf die vorhandene *Ich-Beschaffenheit* bzw. *Struktur* und schließlich drittens auf das, was ich den *Verarbeitungsmodus* nenne. Mit diesem letzteren Begriff versuche ich nicht nur die manifeste Symptomatik, sondern auch die darunter liegende Psychodynamik jeweils in ihrer Gesamtheit zu erfassen. Ein Grundgedanke dabei ist, daß diese drei Dimensionen relativ locker, flexibel, wenn auch nicht völlig beliebig und nicht voneinander völlig unabhängig variiert werden können. Der zweite Grundgedanke ist, daß man sich die einzelnen Verarbeitungsmodi als *im Prinzip* überall mögliche „Verteidigungslinien“ (Abwehr- und/oder Kompensations-„Taktiken“) vorstellen muß, welche u. U. verlassen oder auch neu besetzt werden können. Mit Hilfe eines solchen flexiblen diagnostischen Modells ist es m. E. möglich, sowohl die sog. atypischen Neurosen – welche im klinischen Alltag häufiger als die sog. typischen sind! – zu erfassen, als auch das rätselhafte „Springen“ von einem Syndrom zum anderen in seiner inneren Logik psychodynamisch zu verstehen, einzuordnen und für unser eigenes Verständnis wie eventuell auch für das Verständnis des Patienten selbst nützlich zu machen.

Das Neue an diesem Modell besteht nicht so sehr in dem Vorschlag einer mehrdimensionalen Diagnostik. Dies geschieht schon vielerorts und seit jetzt längerer Zeit, so etwa, wenn man von einer sowohl symptom- als auch strukturorientierten Diagnose spricht – wobei offenbar Struktur einer Kombination von Ich-Beschaffenheit plus Konfliktart darstellt, während das Symptom mehr dem Verarbeitungsmodus entspricht. Mir hingegen geht es insbesondere darum, daß die auf diesen drei Dimensionen erfaßten Vorgänge sich auch voneinander relativ unabhängig entwickeln und somit eine Flexibilität der Erfassung ermöglichen können. Gleichzeitig impliziert freilich mein Modell auch eine Vorläufigkeit und Instabilität der Diagnose, was ich jedoch nicht als einen Nach-, sondern eher als einen Vorteil betrachte: Der Weg zu einem jeweils neuen, vertieften Verständnis und die Erfassung der dynamischen Entwicklung innerhalb der Therapie bleibt offen! Wichtig ist mir schließlich, daß die Erfassung der hier relevanten Prozesse auf den genannten drei Dimensionen nicht nur individualpsychologisch, sondern maßgebend auch auf die Objektbeziehungen bezogen erfolgen kann und soll. Aus dieser Intention heraus entwickelt sich zur Zeit eine neue psychodynamisch orientierte Klassifikation psychotischer und nichtpsychotischer Störungen, in der die einzelnen klinischen Bilder und die dazu gehörigen Abwehrkonstellationen, je nach ihrer Nähe zum (narzißtischen) Selbst-Pol oder wiederum zum Objekt-Pol eingeordnet werden. Auf diese Weise lassen sich z. B. zwischen den Extremen: *Autismus* und *Fusion* die Syndrome: Verfolgungswahn, Beziehungswahn, Liebeswahn, ekstatisches Bild, einordnen. Nach diesem Prinzip lassen sich auch Borderline-Typen, affektiv-psychotische Bilder, sog. abnorme Persönlichkeiten sowie psychoneurotische Bilder sinnvoll psychodynamisch klassifizieren (Publikationen in Vorbereitung).

Literaturempfehlungen

Fenichel, O. (1945). Psychoanalytische Neurosenlehre. 3 Bände. Olten: Walter 1974.

Hoffmann, S. O. & Hochapfel, G. (1987). Einführung in die Neurosenlehre und psychosomatische Medizin. Stuttgart: Schattauer.

Loch, W. (Hrsg.) (1983). Die Krankheitslehre der Psychoanalyse. Stuttgart: Hirzel.

Mentzos, S. (1980). Hysterie. München: Kindler.
Mentzos, S. (1982). Neurotische Konfliktverarbeitung. Frankfurt/M.: Fischer.
Mentzos, S. (Hg.) (1992). Psychose und Konflikt. Göttingen: Vandenhoeck & Ruprecht.

24. *Psychoanalytische Psychosenforschung*

Frank Schwarz

1. Einleitung

Die psychoanalytische Psychosenforschung hat eine lange Tradition, die bis in die Anfänge der Psychoanalyse zurückreicht. Angesiedelt im Grenzbereich zwischen Psychoanalyse und Psychiatrie, ist sie jedoch nach wie vor in beide Gebiete nicht ausreichend integriert. Zudem ist sie durch den Umstand belastet, bislang noch über keine umfassende theoretische Grundlage zu verfügen, die als Voraussetzung des therapeutischen Handelns dienen könnte. Der Grund dafür ist vorwiegend in der Heterogenität und Komplexität des Gegenstandes zu suchen, aber auch in der nur zaghaft voranschreitenden Forschung, deren Aufgabe darin besteht, in subtiler Weise psychopathologische Phänomene mit psychodynamischem Verständnis anzugehen.

Dieser Beitrag begrenzt sich exemplarisch auf die Psychosen des schizophrenen Formenkreises, mit denen sich die Psychoanalyse sehr ausführlich befaßt hat. Bezüglich der affektiven Psychosen sei auf aktuelle Übersichten verwiesen (Benedetti, 1987 a, b; Matussek, 1990). Auch ihnen gehörte schon früh das Interesse psychoanalytischer Forscher, die sich insbesondere der Melancholie zuwandten. Später wurde die Situation teilweise etwas unübersichtlich, da oft Hinweise auf eine klare diagnostische Einordnung wie in neurotische und endogene Depression fehlten. Ihre Beachtung ist aber aufgrund der inzwischen bekannten unterschiedlichen Psychodynamik notwendig.

2. Psychodynamik und Psychotherapie schizophrener Psychosen

Die psychoanalytische Erforschung der schizophrenen Psychosen läßt sich durch die gesamte Entwicklung der Psychoanalyse verfolgen. Regelmäßig wurde sie von den jeweiligen Weiterentwicklungen beeinflußt, und sie hat ihrerseits der psychoanalytischen Theorie und Praxis wichtige Anstöße geben können. Obwohl Freud nur wenige therapeutische Erfahrungen mit Schizophrenen hatte, trug er Wesentliches zur Theoriebildung bei. Im Laufe seiner mehr als vierzigjährigen Beschäftigung mit diesem Thema entwickelte er drei psychodynamische Schizophreniemodelle. Im ersten Modell sah er keinen prinzipiellen Unterschied zwischen Neurose und Psychose (1894a; 1896b). Beide Erkrankungen faßte er nach dem Trieb-Abwehr-Konzept in ihrer Symptombildung als Abwehr gegen die Wiederkehr des Verdrängten auf. Der Unterschied lag für ihn allerdings darin, daß er die Neurose durch den Abwehrmechanismus der Verdrängung, die Psychose durch den der Projektion kennzeichnete.

Das zweite Modell von Freud (1911c, 1912a) entstand im Zusammenhang mit der Entwicklung seiner Libidotheorie und basiert auf dem metapsychologischen Konstrukt der libidinösen Besetzung. Diese werde bei der Psychose von der Außenwelt bzw. von den Objekten abgezogen. Unter der Voraussetzung einer Fixierung der Libido auf der frühen narzißtischen Stufe komme es im Falle eines Konfliktes bei der Schizophrenie zu einer Regression auf dieses Stadium und damit zu einer libidinösen Überbesetzung des Ichs. Mit dieser Hypothese erklärte Freud die Phänomene des Weltuntergangserlebnisses, des Größenwahns und der Hypochondrie. Das Erlebnis des Weltuntergangs sah er als Projektion der inneren Katastrophe in Zusammenhang mit dem Rückzug der Libido von der Außenwelt, den Größenwahn führte er auf die von den Objekten abgezogene, ins Ich investierte Libido zurück. Halluzinationen und Wahn galten ihm als Restitutionsversuche bei der libidinösen Wiederbesetzung von Außenwelt und Objekten. Fenichel (1945) wies beim Größenwahn ergänzend auf den Aspekt der Regression zur primärnarzißtischen Omnipotenz hin. Wegen des libidinösen Rückzugs von den Objekten hielt Freud die Schizophrenen für unfähig, eine Übertragung auszubilden. Deshalb seien sie der psychoanalytischen Behandlung nicht zugänglich.

Das dritte Schizophreniemodell Freuds (1940e) wurde aus der psychoanalytischen Ichpsychologie heraus konzipiert. Freud stellte nun die Störung des Ichs in den Mittelpunkt und nahm einen Konflikt zwischen Ich und Außenwelt an, bei dem die innere psychische Realität über die äußere Welt dominiert und die Psychose die verleugnete Realität zu ersetzen versucht. Dieses Phänomen bezeichnete Freud als Ich-Spaltung in der Psychose, bei welcher gleichzeitig zwei widersprüchliche Haltungen, zwei Ich-Zustände bestehen, von denen der eine einem Wunsch, der andere der Realität entspricht.

Ein Autor wie Pao (1979) mißt vor allem dem zweiten Freudschen Schizophreniemodell, dessen wesentliche Aussage von Freud während seiner jahrzehntelangen Auseinandersetzung mit der Psychodynamik schizophrener Psychosen beibehalten wurde, bleibenden Wert bei. Dieses zweiphasige Konzept der „Dekathexis" und „Rekathexis" als Erklärung für die schizophrene Symptombildung hat seine Aktualität behalten, wie gegenwärtige Diskussionen zeigen (Freeman, 1985). Die ichpsychologischen Ansätze Freuds sind ebenfalls in vielfältiger Weise aufgegriffen worden. Sein Spaltungskonzept wurde insbesondere von Melanie Klein (1960/61) und ihren Nachfolgern fortgeführt, z.B. von Rosenfeld (1966) und Grotstein (1977). Während Rosenfeld die Spaltung mehr im Zusammenhang mit dem akuten psychotischen Geschehen untersuchte und sie im Dienste der Abwehr von Verwirrtheitszuständen verstand, interessierte sich Grotstein mehr für ihre Rolle bei der Entwicklung der von ihm sogenannten schizophrenen Persönlichkeit. Dabei erfolge die frühe traumatische Abspaltung eines ganzen Persönlichkeitsbereichs, die zu einer affektiven Verarmung der übrigen Persönlichkeit führe bzw. die gesamte Persönlichkeitsentwicklung beeinträchtige. Die klinische Manifestation bestehe hauptsächlich in Entfremdungserlebnissen. Die eigentliche psychotische Symptomatik wurde als Wiederauftauchen abgespaltener Erlebnisbereiche aufgefaßt.

Eine ichpsychologische Weiterentwicklung findet sich auch bei Federn (1952), der unter Einbeziehung des zweiten Modells von Freud nicht wie dieser eine übermäßige libidinöse Besetzung des Ichs postulierte, sondern im Gegensatz dazu eine mangelhafte Besetzung der Ich-Grenzen, also eine Ich-Schwäche, die ihm zur Erklärung sämtlicher psychotischer Phänomene diente. Federn gehört außerdem zu den zahlreichen Autoren, die zu Recht die Annahme Freuds, Schizophrene seien zur Übertragung nicht fähig, korrigierten. Von grundlegenderer Bedeutung sind aber die ichpsychologischen Ausführungen Hartmanns (1964). Seine wichtige Unterscheidung zwischen Ich und Selbst ermöglichte eine sinnvolle Umformulierung der Freudschen Position. Hatte Freud von einer libidinösen Überbesetzung (Hyperkathexis) des Ichs gesprochen, so nannte Hartmann diesen Vorgang eine Überbesetzung des Selbst bzw. der ebenfalls von ihm begrifflich eingeführten Selbst-Repräsentanzen. Gleichzeitig differenzierte er die Störung verschiedener Ich-Funktionen bei schizophrenen Psychosen, speziell unter dem Aspekt der selektiven Regression.

Die Arbeiten von Edith Jacobson (1971) schließen an die von Hartmann an. Sie betonte die Verschmelzung von Selbst- und Objekt-Repräsentanzen bei schizophrenen Psychosen, die sie in geringerem Ausmaß auch bei affektiven Psychosen postulierte. Weiter nahm sie Verschmelzungsvorgänge zwischen Über-Ich sowie Ich-Ideal einerseits und den Selbst- und Objekt-Repräsentanzen andererseits an. Auf der Grundlage dieser Thesen ergab sich ein erweitertes Verständnis für die Identitätsstörung Schizophrener. Die Wahnbildung verstand sie als regressive Wiederbelebung primitiver Selbst- und Objekt-Imagines, die mit realistischen Erinnerungen fusionieren und neue Einheiten bilden.

Das Werk von Jacobson leitet zu den aktuellen Beiträgen der Objektbeziehungstheorie für die Psychodynamik schizophrener Psychosen über. Stellvertretend für diese Richtung seien die auf den Untersuchungen von Margaret Mahler basierenden Konzepte von Pao (1979) und Mentzos (1988) genannt. Nach Pao ist die mit einem „organismischen

Unbehagen" des Säuglings einhergehende gestörte Mutter-Kind-Beziehung Ausgangspunkt für die spätere „organismische Panik" in der Psychose, welche er als deren wesentliches initiales Ereignis auffaßt. Mentzos hingegen nimmt eine Fixierung in der symbiotischen Phase nach Mahler mit der fehlenden Trennung von Selbst- und Objekt-Repräsentanzen an. Daraus resultiere der spätere Konflikt zwischen Verschmelzungs- und Individuationstendenzen. Der Autor schlägt sich dabei in der seit vielen Jahren kontrovers geführten Konflikt-Defizit-Debatte auf die Seite der Konflikt-Hypothese.

Schließlich ist noch die Anwendung psychoanalytischer Narzißmuskonzepte auf die Psychodynamik schizophrener Psychosen zu erwähnen. Sie erfolgte schon durch Arieti (1974) und Matussek (1985) und ist vor allem von Pollack (1989) ausgearbeitet worden. Seine ausführliche Darstellung der möglichen Konsequenzen, die sich aus der Selbst-Psychologie von Kohut für das Schizophrenieverständnis ergeben, berücksichtigt vor allem Aspekte der Stabilisierung bzw. Fragmentierung des Selbst in Abhängigkeit von einer Selbstobjekt-Beziehung.

In dieser kurzen Übersicht mußte auf die Besprechung einer Reihe wichtiger Arbeiten über Psychogenese und Anlässe bei schizophrenen Psychosen verzichtet werden. Auch die Autoren, welche aus den erwähnten Modellen heraus therapeutische Strategien für schizophrene Patienten entwickelten, können nicht im einzelnen aufgeführt werden (Übersichten bei Matussek, 1976 und Benedetti, 1987a,b). Ebenso muß von einem näheren Eingehen auf die weitläufige Literatur über Familiendynamik und analytische Familien- (Übersicht bei Dell, 1981) und Gruppenpsychotherapie (Übersicht bei Sandner, 1986) Abstand genommen werden.

3. Ausblick

Die psychoanalytische Psychosenforschung hat sowohl bei den schizophrenen als auch bei den affektiven Psychosen zu einem vertieften psychodynamischen Verständnis geführt, mit dessen Hilfe sich wirkungsvolle Therapieansätze entwickeln ließen. Um hier zu einem weiteren Fortschritt zu gelangen, ist vor allem eine Verbesserung der theoretischen Grundlagen erforderlich, wobei die psychoanalytischen Erkenntnisse durch Ergebnisse aus anderen Gebieten wie der Psychiatrie oder Sozialpsychologie zu ergänzen sind. Obwohl sie dieser weiteren Verbesserung bedarf, ist festzuhalten, daß die analytische Psychotherapie von Psychosen mit ihrer differenzierten Indikation und Zielsetzung innerhalb der zahlreichen Behandlungsmöglichkeiten bei Psychosen eine wichtige Position einnimmt. Die durch sie erreichbaren spezifischen intrapsychischen Veränderungen lassen sich weder mit organisatorischen Rehabilitationsmaßnahmen und noch mit Trainingsprogrammen oder Medikamenten erzielen. Die analytische Psychosentherapie versteht sich aber auch nicht als Konkurrent dieser Möglichkeiten, sondern kooperiert mit ihnen.

Literaturempfehlungen

Benedetti, G. (1987a). Analytische Psychotherapie der affektiven Psychosen. In K. P. Kisker, H. Lauter, J. E. Meyer, C. Müller & E. Strömgren (Hg.), Psychiatrie der Gegenwart, Bd. 5 (S. 369–385). Berlin: Springer.

Benedetti, G. (1987b). Schizophrenien. Psychotherapeutische Behandlungsmethoden. In K. P. Kisker, H. Lauter, J. E. Meyer, C. Müller & E. Strömgren (Hg.), Psychiatrie der Gegenwart, Bd. 4 (S. 285–323). Berlin: Springer.

Dell, P. F. (1981). Untersuchung der Familientheorien zur Schizophrenie: Eine epistemologische Konfusion. Familiendynamik, 6, 310–332.

Janzarik, W. (Hg.) (1988). Persönlichkeit und Psychose. Stuttgart: Enke.

Matussek, P. (Hg.) (1976). Psychotherapie schizophrener Psychosen. Hamburg: Hoffmann & Campe.

Matussek, P. (1990). Beiträge zur Psychodynamik endogener Psychosen. Berlin: Springer.

Mentzos, S. (1991). Psychodynamische Modelle in der Psychiatrie. Göttingen: Vandenhoeck & Ruprecht.

Mentzos, S. (Hg.) (1992). Psychose und Konflikt. Zur Theorie und Praxis der analytischen Psychotherapie psychotischer Störungen. Göttingen: Vandenhoeck & Ruprecht.

Sandner, D. (Hg.) (1986). Analytische Gruppentherapie mit Schizophrenen. Göttingen: Verlag für Medizinische Psychologie im Verlag Vandenhoeck & Ruprecht.

Stierlin, H., Wynne, L. C. & Wirsching, M. (Hg.) (1985). Psychotherapie und Sozialtherapie der Schizophrenie. Berlin: Springer.

25. *Psychoanalytische Entwicklungspsychologie*

Hans-peter Kapfhammer

1. Ausgang und Problemstellung

Der Entwicklungsgedanke ist integrales Definitionsmerkmal des psychoanalytischen Vorgehens, das aktuelle seelische Zustände eines Individuums in vielschichtige Erlebnisdeterminanten aufzulösen und sukzessiv auf frühkindliche Bedingungsgefüge zurückzuführen sucht. Freud (1920a) war sich hierbei der widersprüchlichen Spannung zwischen einer retrospektiven Analyse und einer prospektiven Sichtweise sehr wohl bewußt. Stellt sich im einen Fall die Entfaltung eines bestimmten Erlebnisthemas als folgerichtiges und notwendiges Ergebnis einer kontinuierlichen Entwicklung dar, imponiert im anderen Fall eine große Unsicherheit, wie sich die möglichen Entwicklungspfade in einer nach vorne gerichteten Zeitdimension gestalten werden. Sollen zudem aus den analytischen Daten, die sich in der klinischen Arbeit trotz einer subtilen Detailkenntnis notgedrungen auf nur wenige Individuen stützen können, Allgemeinaussagen über die menschlichen Entwicklungsprozesse angestrebt werden, entsteht leicht die Gefahr eines zu stark verzerrenden subjektiven Bias.

Freud (1905d) betonte deshalb schon früh die Notwendigkeit einer systematischeren Beobachtung kindlichen Verhaltens und Erlebens als eines entscheidenden komplementären Ansatzes einer psychoanalytischen Entwicklungspsychologie. Von wenigen zufälligen Einzelbeobachtungen abgesehen, beschränkte er sich selbst aber auf den Standpunkt der klinischen Rekonstruktion. Hierin prägten ihn bedeutsame theoretische Vorannahmen, die sich auf die menschlichen Entwicklungsanfänge, die Gesetzmäßigkeiten des Entwicklungsverlaufs und insbesondere auf ein Modell der Pathogenese von seelischen Störungen bezogen. So begriff er den Säugling als eine von Umwelteinflüssen zunächst noch weitgehend abgeschlossene Monade, unfähig zu differenzierten Wahrnehmungen und Kontakten, ausschließlich bestimmt von endogenen Triebimpulsen, die auf eine sofortige Wiederherstellung der organismischen Homöostase durch Spannungsabfuhr drängen. Spezifische Befriedigungs- und Versagungserlebnisse dieser vorrangig sexuellen Triebbedürfnisse stellen den eigentlichen Motor für die Persönlichkeitsentwicklung des Kindes dar. Sie bilden die Basis für seine erste Kontaktaufnahme zur Umwelt, führen zu typischen Beziehungsmustern mit seinen Eltern, motivieren aber auch seine engere kognitive Entwicklung. Ein biologischer Reifungsplan determiniert eine feste Abfolge von Phasen, in denen ein Wechsel der Triebziele bedeutsame psychobiologische, aber auch psychosoziale Anpassungsleistungen des Kindes erzwingt. Zentrale, phasenbezogene Triebkonflikte und individuelle Lösungsmuster bilden auch den Kristallisationskern für spätere psychopathologische Bilder im Erwachsenenalter.

Freud ging davon aus, daß die Entwicklung des neurotischen Menschen auch die „normale" Entwicklung darstelle, die Pathogenese die Ontogenese rekapituliere bzw. sie umkehre. Dieser Standpunkt begründete sein pathogenetisches Modell der Fixierung-Regression in kritischen Entwicklungsphasen. In den Anfangsjahren dominierte seine Überzeugung, in der psychoanalytischen Rekonstruktion schließlich auf ein originäres Trauma zu stoßen und dessen durch Verdrängungsarbeit über die Zeit konservierte pathogenetische Motivkraft in kathartischer Wiederbelebung zu entschärfen (Freud, 1896). Infolge zunehmender Einsichten in das Übertragungsgeschehen der analytischen Therapie revidierte er seine Hypothese der realen Verführung (Freud, 1887–1904) und entdeckte den pathogenetischen Einfluß universaler Phantasien des „Familienromans" (Freud, 1909c). Er erkannte in den häufig mit hoher Evidenz berichteten frühkindlichen Ereignissen seiner Patienten nicht so sehr unverfälschte Bilder einer realen biographischen Vergangenheit, sondern sich konflikthaft verdichtende, sich im Verlauf der ontogenetischen Entwicklung wiederholt umstrukturierende „Deckerinnerungen“ (Freud, 1901b).

2. Festschreibung und Explikation

Die entwicklungspsychologische Grundposition Freuds blieb bis in die 40er Jahre mehr oder weniger unverändert für die psychoanalytische Theorienbildung bestimmend. Hartmann und Kris (1945) erneuerten nochmals die ursprüngliche Freudsche Forderung nach der notwendigen komplementären Ergänzung einer genetisch-rekonstruktiven durch eine prospektiv-beobachtungsorientierte Dimension für eine psychoanalytische Entwicklungspsychologie. Rapaport und Gill (1959) räumten dem „genetischen Standpunkt“ einen explizit metapsychologischen Stellenwert ein und trugen hiermit zu einer Auftrennung in erlebnisnahe und erlebnisferne psychoanalytische Betrachtungen der Entwicklungsprozesse bei. Dies hatte zur Folge, daß die Ende der 40er und Anfang der 50er Jahre an verschiedenen klinischen und universitären Einrichtungen psychoanalytisch konzipierten Beobachtungsstudien (Yale Child Study Center: Kris; Denver's Child Development Council: Spitz; Menninger Foundation: Escalona, Heider, Murphy; New York Master Children's Center: Mahler; Hampstead Child Therapy Clinic: Anna Freud) sich einem großen Dilemma gegenübersahen. Einerseits sollten die in den systematischen Untersuchungen gewonnenen empirischen Daten einer direkten Validierung metapsychologischer Konzepte, d. h. genetischer Propositionen dienen. Andererseits führte eine nicht kritisch hinterfragte Orientierung an den wissenschaftstheoretischen Vorannahmen Freuds zu den motivationalen Ausgangs- und Verlaufsbedingungen der menschlichen Entwicklung leicht zu einer zirkulären Umdeutung der beobachteten Sachverhalte und damit zu einer bedauerlichen Verkennung des eigentlich kreativen Potentials in diesen Ergebnissen.

Die häufig mit einem klinisch-therapeutischen Zusatzanspruch geplanten Untersuchungen gingen von dem traditionellen psychopathologischen Modell der traumatischen Fixierung in frühkindlichen Entwicklungsstadien aus.

In der theoretischen Überzeugung, seelische Störungen des Erwachsenenalters stellten im wesentlichen eine Wiederholung normativer Entwicklungskonflikte der Kindheit dar, verstand sich dieser kinderanalytische Therapieansatz konsequent als eine prophylaktische Frühintervention. So überrascht es auch nicht, daß weder die Ergebnisse der Beobachtungsstudien noch die kinderanalytischen Einsichten eine merkliche Modifikation der Therapiepraxis in den Psychoanalysen erwachsener Patienten bedingten.

Betrachtet man einzelne entwicklungspsychologische Positionen, wie sie diverse Schulen während der frühen und mittleren Jahrzehnte der psychoanalytischen Bewegung eingenommen haben, so lassen sich vorab einer kritischen Würdigung der impliziten theoretischen Annahmen und Schlußfolgerungen trotzdem grundlegende Konzepte festhalten, die m. E. auch für eine modernere psychoanalytische Entwicklungspsychologie anregend sind. Hierzu zählen u. a. das Plädoyer für ein in zentralen Phantasie- und Affektdispositionen differenziertes innerseelisches Erleben des Kleinkinds (Melanie Klein), die Konstruktion von Entwicklungslinien einzelner seelischer Funktionen aus ontogenetischen Vorstufen (Anna Freud), der Nachweis einer biologisch programmierten, in diskontinuierlichen Schüben verlaufenden, jedoch auf einen interaktionellen Kontext angewiesenen Entwicklung (Spitz), die Erkenntnis von einer ursprünglich konfliktfreien, nicht triebbestimmten Exploration der sozialen und materiellen Umwelt durch das Kleinkind (Hartmann), die Betonung eines eigenständigen, „präödipalen" Organisationsprozesses der intrapsychischen Strukturbildung in beobachtbaren Trennungs- und Individuationsschritten (Mahler), das epigenetische Prinzip im Lebenszyklus mit sukzessiven Transformationen früher Entwicklungsabschnitte und neu auftretenden psychobiologischen und -sozialen Integrationsforderungen mit einem je eigenständigen Potential sowohl zu krisenhaftem Erleben als auch zu personalem Wachstum (Erikson).

3. Anstoß und Dilemma

Mit zunehmender Öffnung der psychoanalytischen Praxis für Patienten, deren seelische Störungen nicht mehr die Strukturiertheit klassischer Neurosen aufwiesen, wuchs gleichzeitig auch ein starkes Bedürfnis nach entwicklungspsychologischen Konzepten, die ein besseres klinisches Verständnis versprachen, aber auch modifizierte therapeutische Vorgehensweisen begründen halfen. Als bedeutsamste entwicklungstheoretische Paradigmata erwiesen sich bei diesen „Frühstörungen" das Modell der Trennung und Individuation nach Margaret Mahler sowie das Modell der frühen Trieb- und Affektentwicklung nach Melanie Klein. Das Bemühen um eine Korrespondenz zwischen klinischen und entwicklungspsychologischen Befunden reichte von einer klinisch fruchtbaren Analogisierung (Kernberg, 1980) bis hin zu einer unilinearen Reduktion definierter psychopathologischer Bilder im Erwachsenenalter auf spezifische Störungen in einzelnen Subphasen der frühesten Kindheit (Horner, 1984).

Diese entwicklungstheoretische Position wurde aber zweifach erschüttert. Eine Kritik betraf das Verständnis der „Vergangenheit" im psychoanalytischen Therapieprozeß und den behaupteten Erkenntnisgewinn entwicklungspsychologischer Ergebnisse hierbei. So wollte Schafer (1983) in der Rekonstruktion der individuellen Vergangenheit eines Patienten nicht ein Enthüllen einer präexistenten historischen Realität, sondern eine kreative Konstruktion im Hier und Jetzt der psychoanalytischen Beziehung erkennen. Persönliche Gegenwart und Vergangenheit erschienen ihm als ein zeitloser Modus des Verstehens, als eine „narrative Strategie", die auf ein neues Kohärenzgefühl im Erleben der eigenen Biographie ziele. Brenner (1987) wies auf die bleibende Reorganisation der frühkindlichen Erfahrungen auf der ödipalen Stufe hin. Er erachtete den Nutzen von Beobachtungsdaten aus den Entwicklungsanfängen für die psychoanalytische Arbeit mit erwachsenen Patienten als höchst begrenzt.

Eine andere Kritik betraf die theoretische Fundierung der psychoanalytisch konzipierten Beobachtungsstudien selbst.

Sie wurde unter den Stichworten einer „Adultomorphisierung" und „Psychopathologisierung" frühkindlicher Entwicklungsprozesse v. a. in der Auseinandersetzung mit den Ergebnissen Mahlers vorgetragen (Peterfreund, 1978). Die stärkste Herausforderung lag aber in den Einsichten der Kleinkindforschung, wie sie in prominentester Form von Stern (1985) und Emde (1988) formuliert wurden. Hier entstand ein völlig neuartiges Bild von einem zu erstaunlich differenzierten affektiven Austauschformen und Wahrnehmungsleistungen befähigten Säugling. Diese hohe Kompetenz ließ auf eine frühe subjektive Strukturiertheit des kindlichen Erlebens im Kontext fortlaufender Interaktionen mit der Mutter schließen und widersprach zentralen entwicklungstheoretischen Vorannahmen der klassischen Psychoanalyse.

4. Integrationsversuch und Ausschau

Es ergaben sich zahlreiche Konsequenzen für die psychoanalytische Behandlungspraxis wie für eine eigenständige psychoanalytische Entwicklungspsychologie. Eine kritische Auseinandersetzung mit den Befunden der Kleinkindforschung führte Lichtenberg (1983) zu einer bedeutsamen Revision der psychoanalytischen Sicht vor allem auf die präverbalen Entwicklungsabschnitte. Über eine differenzierte Betrachtung der Affektentwicklung formulierte er eigenständige Motivationssysteme (Regulierung physiologischer Bedürfnisse, Bindung und primäre Gruppenzugehörigkeit, explorative Selbstbehauptung, aversive und aggressive Selbstabgrenzung, sinnliche und sexuelle Lust) innerhalb einer sich sukzessiv entfaltenden Selbstorganisation des Kindes.

Mit dem Fokus auf konflikthafte Interaktionsstörungen einerseits, auf ständig neu zu erwerbende Integrationsmechanismen andererseits bietet sich in einem modifizierten selbstpsychologischen Modell ein vorteilhafter Rahmen für den Austausch von traditionellen psychoanalytischen Einsichten und empirischen Ergebnissen an (Basch, Lichtenberg und Sander, 1988). Hierbei erweist sich die Methode der empathischen Beobachtung als richtungsweisend. Es läßt sich selbst eine „Adultomorphisierung" frühkindlicher Erlebnis- und Verhaltenszustände durch sich einfühlende Eltern als entwicklungsbestimmende Bedeutungszuschreibung reflektieren, die subjektiven „Arbeitsmodellen", also bewußten wie unbewußten Anteilen ihrer Erwachsenenpersönlichkeit entstammen (Brazelton und Cramer, 1990).

Begreift man die innerseelische Entwicklung eines Individuums als lebenslang währende, dialektische Vermittlungsarbeit zwischen Motiven einer identitätsstiftenden Selbstbehauptung und einer intimitätsfördernden Bindung an Partner, ergibt sich nicht nur die Möglichkeit einer Versöhnung der Standpunkte des objektbeziehungstheoretischen und des selbstpsychologischen Modells (Bloom-Feshbach und Bloom-Feshbach, 1987). Es wird auch eine wichtige Erweiterung des epigenetischen Modells von Erikson möglich (Franz und White, 1985).

In der psychoanalytischen Behandlungspraxis werden entwicklungstheoretisch fundierte Hierarchiemodelle psychischer Funktionsweisen formuliert, die den präverbalen Einflüssen eine besondere Beachtung schenken, auch therapeutische Interventionen „jenseits der Interpretation" nahelegen. Diese ermöglichen eine differenzierte psychoanalytische Betrachtung von psychopathologischen Zustandsbildern, ohne auf ein lineares Fixations-Regressionsmodell zu rekurrieren (Gedo, 1979, 1988). Ein kritischer Blick auf das Bemühen eines Patienten, für sich eine kohärente Lebensgeschichte zu gewinnen, deckt entscheidende entwicklungspsychologische Syntheseleistungen in der Gedächtnisorganisation und im Erleben der persönlichen Zeit auf. Er läßt andererseits auch bedeutsame Umschichtungen innerhalb des Lebenszyklus erkennen, die therapierelevant sind (Cohler, 1989).

Literaturempfehlungen

Leichtman, M. (1990). Developmental psychology and psychoanalysis: I. The context for a revolution in psychoanalysis. Journal of the American Psychoanalytic Association, 38, 915–950.

Lichtenberg, J. D. (1989). Psychoanalysis and motivation. Hillsdale, NJ: Analytic Press.
Pine, F. (1985). Developmental theory and clinical process. New Haven: Yale University Press.
Ogden, T. H. (1986). The matrix of the mind. Object relations and the psychoanalytic dialogue. Northvale, NJ: Jason Aronson.
Singer, J. L. (1988). The psychoanalytic theory in the context of contemporary psychology: The Helen Block Lewis Memorial Address. Psychoanalytic Psychology, 5, 95–125.
Tyson, Ph. & Tyson, R. L. (1990). Psychoanalytic theories of development: An integration. New Haven: Yale University Press.
Zeanah, C. H., Anders, T. F., Seifer, R. & Stern, D. N. (1989). Implications of research on infant development for psychodynamic theory and practice. Journal of the American Academy of Child and Adolescent Psychiatry, 28, 657–668.

26. *Psychoanalytische Psychosomatik*

Michael von Rad

1. Definition und Begriffsumfeld

Psychosomatik ist die Wissenschaft und Heilkunde von den gegenseitigen Beziehungen psychosozialer und körperlicher Vorgänge in ihrer Bedeutung für Gesundheit und Krankheit von Menschen. Damit wird eine doppelte Aufgabe artikuliert: „Psychosomatische Medizin ist ein relativ neuer Name für eine Form der Medizin, die so alt ist wie die Heilkunde selbst. Es handelt sich um keine Spezialität, sondern um eine Betrachtungsweise, die alle Disziplinen der Medizin ... betrifft: eine Betrachtungsweise, die nicht etwa dem Körperlichen weniger, sondern dem Seelischen mehr Beachtung schenkt" (Weiss und English, 1943, S. 3). Der Anspruch zielt hier also auf den Status einer Grundlagenwissenschaft, die für alle medizinischen Disziplinen von Relevanz ist und einen bestimmten Zugang zum Kranken vertritt. Im Fall der psychoanalytischen Psychosomatik ist dieser Zugang geprägt von der Theorie und Praxis der Psychoanalyse, wobei z. B. die spezifischen Konzepte des unbewußten Konfliktes, der Ichentwicklung sowie der Abwehrorganisation besondere Bedeutung erlangt haben. Zum anderen stellt Psychosomatische Medizin in ihrer historischen Entwicklung (in Europa mehr als in Amerika) auch eine Subdisziplin der Medizin dar, die besonders in Diagnostik und Therapie spezifische (vorzugsweise psychotherapeutische) Maßnahmen zur Anwendung bringt und in dieser Hinsicht zum Teil gegen ihren erklärten Willen auch zu einem Spezialfach der Medizin geworden ist.

2. Historische Entwicklung

Inwieweit es im Altertum bereits eine psychosomatische Medizin im engeren Sinn gab, ist umstritten. Berühmt ist Platos früher Dialog „Charmides", in dem Sokrates einem jungen Mann, der an Kopfweh leidet, sagt, daß man, wenn es den Augen wieder gut werden solle, den ganzen Leib, und wenn es diesem gut gehen solle, auch den Leib nicht ohne die Seele behandeln dürfe. Denn von der Seele gehe alles, sowohl Gutes als Böses, aus, für den Körper und den ganzen Menschen. Die Seele aber müsse durch „gute Reden" behandelt werden.

Den Begriff „psychosomatisch" benützte erstmals der Dichter S. T. Coleridge, deutlich bevor er in der Fachliteratur bei Heinroth (1818), einem Arzt der romantischen Medizin, die viele körperliche Erkrankungen aus (sündhaften) Leidenschaften heraus erklärte, wieder auftaucht. Mit dem Begriff „psycho-somatisch" war aber von Anfang an auch eine Gegenbewegung zum Leib-Seele-Dualismus in der Medizin verbunden.

Die Geburtsstunde der psychoanalytischen Psychosomatik wird heute allgemein mit dem Vortrag des Wiener Psychoanalytikers P. Federn datiert, der 1913 erstmals eine erfolgreiche psychoanalytische Behandlung eines Asthmatikers publizierte, auf der Grundlage der neurosenpsychologischen Vorarbeiten S. Freuds. Nun setzte zunächst ein breiter Siegeszug der psychoanalytischen Psychosomatik ein, der die verschiedensten körperlichen Störungen nach dem Neurosenmodell zu verstehen und behandeln sich bemühte. Noch vor einigen Jahrzehnten wurde „psychosomatisch" fast im gleichen Sinn wie „psychogen" verstanden. Dabei klang aber oft auch etwas Abwertendes mit, als würden diese Kranken sich ihre Störungen mehr oder minder „einbilden". Zweifellos gibt es eine Reihe rein seelisch ausgelöster Körperstörungen wie z. B. bestimmte Schwindelerscheinungen und Aphonien oder manche sexuelle Störungen (Konversionssymptome; s. u.). Jedoch zeigt solche Störungen nur ein kleiner Teil der Patienten, die heute von der psychosomatischen Medizin betreut werden.

Etwas später machte sich dann eine Tendenz bemerkbar, „psychosomatisch" die Beschwerdebilder zu nennen, bei denen mit den Methoden der organischen Medizin kein pathologischer Befund nachzuweisen war. Es handelt sich dabei um die Vielzahl der Kranken – manche Statistiken sprechen von 30–50 % der Patienten in der Allgemeinmedizin – mit Störungen, die man funktionell zu nennen sich angewöhnt hat –, womit angedeutet werden soll, daß es sich dabei um eine Störung der Funktion und nicht des zellulären Substrates handelt (zum Beispiel die sogenannte vegetative Dystonie, viele Arten von Kopf- und Rückenschmerzen, Herzbeschwerden, Schlafstörungen, Durchfällen usw.).

Schließlich gab es eine Zeit, in der die psychosomatische Medizin eine bestimmte Gruppe von Erkrankungen als zu ihrem Gebiet gehörig erachtete und dementsprechend auch mit einer bestimmten Auswahl von Diagnosen identifiziert wurde. Hierher gehören eine Reihe von Erkrankungen, die oft als die „Heiligen Sieben" tituliert werden (Asthma bronchiale, Ulcus pepticum, Colitis ulcerosa, essentielle Hypertonie, Neurodermitis und bestimmte allergische Reaktionen, die primär chronische Polyarthritis sowie die Hyperthyreose). Hier wurde also psychosomatische Medizin eingegrenzt auf eine bestimmte Anzahl von Erkrankungen, bei denen im Körperlichen eine Disposition und oft schwerwiegende Störung vorlagen, für deren Entstehung und Verlauf jedoch seelische Einflüsse als entscheidend oder doch zumindest gravierend angesehen wurden.

3. Grundlinien gegenwärtiger Psychosomatik

All diese Einteilungen und Eingrenzungen der psychosomatischen Medizin sind heute verlassen worden. Psychosomatisch gestört ist nicht der Kranke ohne pathologischen Organbefund und „psychosomatisch" kann auch eine Erkrankung nicht allein deshalb sein, weil sie zu einer bestimmten Lokalisation oder Diagnosegruppe gehört, bei der sich nach dem gegenwärtigen Kenntnisstand häufig relevante psychosoziale Faktoren finden, die für die Entstehung und den Verlauf der Erkrankung bedeutsam sind. Man muß dazu feststellen, daß nicht jedes Asthma und nicht jede Colitis „psychosomatisch“ ist, und umgekehrt gibt es eine Fülle sogenannt klassischer Organerkrankungen (z. B. Infektionskrankheiten oder die coronare Herzerkrankung), bei denen psychosoziale Gesichtspunkte eine hoch bedeutsame Rolle spielen, obwohl organisch ein eindeutig definierter pathologischer Befund vorliegt.

Man kann also dieses Prinzip der modernen psychosomatischen Medizin in Abwandlung einer Formulierung von Krehl folgendermaßen fassen: Es gibt eine Unzahl psychosomatisch Kranker, aber keine psychosomatischen Krankheiten (dieser Begriff ist ohnehin obsolet, wenn auch alltagspraktisch: gemeint sind in der Regel körperliche Erkrankungen, für deren Entstehung und Verlauf neben somatischen auch psychosoziale Faktoren relevant sind).

Für die psychosomatische Medizin ist das Individuum als Person nicht mehr reduzierbar. Das bedeutet, daß es nicht zu umgehen ist, sich mit dem einzelnen Kranken, seinen Erlebnissen, seiner Vergangenheit und seiner Zukunftserwartung zu beschäftigen. Es ist dies ein alter Gedanke, der aber erst heute in das allgemeinärztliche Bewußtsein Einzug findet: „Die Einführung des Subjektes in die Pathologie bzw. die Medizin“ (Viktor von Weizsäcker, 1940). Bei der Entstehung und dem Verlauf der verschiedensten Erkrankungen können eine seelische Krise, ein Zusammenbruch, eine neu gefundene Hoffnung den Krankheitsverlauf ganz wesentlich formen, ja oft von ausschlaggebender Bedeutung für eine positive oder negative Wendung sein. Die Diagnose „psychosomatisch“ muß also positiv gestellt werden, d. h. sie muß sich stützen auf die Kenntnis eines psychologischen Befundes, der die Entstehung einer körperlichen Störung, z. B. an Stelle eines ungelösten Konfliktes, verständlich macht.

Einer der beliebtesten Gründe, die für den Ausbruch solcher Erkrankungen geltend gemacht werden, ist mit dem Begriff Streß (Selye, 1974) umschrieben worden. Obwohl in diesen Beobachtungen auch ein Stück Wahrheit liegt, ist es nach den Erfahrungen der modernen psychoanalytischen Psychosomatik eben nicht ein allgemeiner Überlastungsfaktor, sondern es sind die ganz persönlichen, individuellen

Probleme der Lebensentwicklung, der Fixierungen in ganz bestimmten Lebensbereichen, die sich im Rahmen einer biographischen Krise zu einem für diesen Patienten unlösbaren Konflikt verdichten, der dann unter anderem im Körperlichen ausgetragen wird. Es geht also um den positiven Nachweis des engen Zusammenhanges zwischen Erkrankung und Lebensgeschichte, wobei einem zeitlichen Zusammentreffen von Beginn der Symptomatik und lebensgeschichtlich greifbaren Konflikt eine wichtige Bedeutung zukommt.

Diagnostisch und therapeutisch hat sich dabei von höchster Bedeutung erwiesen, die Auslösesituation einer Erkrankung sorgfältig zu eruieren, ihre innere Dynamik und ihre äußeren Umstände zu erfassen, um dann entscheiden zu können, inwieweit die Erkrankung im Rahmen der Lebensentwicklung dieses Patienten einen psychologisch verstehbaren sinnvollen Stellenwert innehat oder nicht. Es ist dies die Frage, die Viktor von Weizsäcker so formuliert hat: „Warum gerade hier, warum gerade jetzt?" Solche Schwellen-, Versuchungs- oder Versagungssituationen können vor allem dann eine auslösende Bedeutung haben, wenn sie den Stellenwert eines konflikthaften ambivalent erlebten Geschehens haben. Wichtig ist hier nicht der objektive Befund des äußeren Ereignisses, sondern das subjektive Erleben dieses Kranken, für den nach seinen Wertmaßstäben, seiner Erziehung zwei widersprüchliche Impulse, die sich nicht unterdrücken lassen, miteinander kämpfen.

4. Psychoanalytische Fragestellungen in der Psychosomatik

Obwohl sich Sigmund Freud und die Psychoanalyse selbst zunächst ganz auf Neurosen beschränkt hatten, haben psychoanalytisch inspirierte Internisten und Psychiater entschlossen versucht, eine „verstehende Psychosomatik" inmitten der traditionell materialistischen Medizin aufzubauen. Dabei sind zwei sehr verschiedene Forschungslinien erkennbar. Die eine forscht nach spezifischen seelischen Konstellationen und Konflikten, die zu spezifischen körperlichen Störungen führen. So ordnete der bedeutendste Vertreter dieser Richtung, Franz Alexander (1950) bestimmte unbewußte „spezifische psychodynamische Konfliktsituationen“ bestimmten Erkrankungen zu und unternahm teilweise erfolgreich Schritte zur empirischen Validierung seiner Hypothesen. Er ging damit erstmals über das noch von Freud vorgelegte „Konversionsmodell“ hinaus, demzufolge bei einer Reaktivierung eines unbewußten, ödipalen Konfliktes eine Verschiebung psychischer Energie (Libido) von der Besetzung seelischer zur Besetzung körperlicher Prozesse stattfindet, mit dem Ergebnis, daß in dem neuentstandenen körperlichen Symptom der ursprünglich zugrunde liegende Triebwunsch wie auch dessen Verbot in einem Kompromiß verschlüsselt, jedoch verstehbar zum Ausdruck kommen. Aber viele Körpersymptome, darauf hat besonders Alexander hingewiesen, sind psychisch ganz „leer“ und ohne primären symbolischen Ausdrucksgehalt, obwohl sie doch ganz offensichtlich erst auf dem Hintergrund einer biographischen Konfliktkonstellation entstanden waren. Deshalb versuchen andere Psychoanalytiker, wie z. B. Engel und Schmale (1978), die enge Bindung des Freudschen Konversionsmodells an den verstehbaren Ausdrucksgehalt des Körpersymptoms zu lockern: bei psychosomatischen Störungen sei der Zeitpunkt und der Ort der Symptomentstehung im Sinne einer Konversion ausdrucksvoll und verstehbar, nicht aber das körperliche Symptom selbst.

Die andere Forschungslinie war von einem fast gegenteiligen Phänomen beeindruckt: der psychischen Ähnlichkeit vieler psychosomatisch Kranker mit den verschiedensten Organstörungen. So beschrieb J. Ruesch (1948) bereits detailliert und differenziert eine „infantile“ Persönlichkeitsorganisation – geringe Fähigkeit zum verbalen Gefühlsausdruck, Phantasieschwäche, spezifisch symbiotische Objektbeziehungen und auffallende soziale Überangepaßtheit (Pseudonormalität) – die er für das „Kernproblem“ vieler psychosomatisch Kranker hielt und die seitdem immer wieder z. B. als „pensée operatoire“ (Marty und de M'Uzan, 1963) oder als „Alexithymie“ (Nemiah und Sifneos, 1970), dem Begriff, der sich durchgesetzt hat, untersucht und bestätigt wurde. Wichtiger aber war noch, daß die Analytiker dieser Forschungslinie die genannte Persönlichkeitsstruktur als ein Mangelsyndrom, ein Entwicklungsdefizit erkannten. Wurde bislang das Symptom analog dem Konversionsmodell als regressives Phänomen gedacht, so erscheint es in dieser Sichtweise als das Ergebnis nicht ausreichend stattgefundener Progression. Es entsteht eine defizitäre Ichstruktur, die es dem Individuum im Konfliktfall nicht möglich macht, diesen mit psychischen Mitteln zu lösen. Umstritten bis heute ist die Frage Overbecks (1977): „Das psychosomatische Symptom – psychische Defizienzerscheinung oder generative Ich-Leistung?"

5. Gegenwärtige Forschungsthemen und Ausblick

Geht man davon aus, daß ungeachtet der diametralen Interpretationen beide Forschungslinien auf validen Beobachtungen und Erfahrungen gründen, dann liegt eine Zukunftsaufgabe auf der Hand: Unter welchen Bedingungen, bei welchen Menschen, mit welchen Störungen, gewinnt Spezifisches gegenüber dem Unspezifischen entscheidenden Einfluß, und wie wirken sich die sicher unterschiedlichen Mischungsverhältnisse aus? Alexanders Spezifitätshypothese ist in dieser Form viel zu allgemein und so sicher nicht haltbar – aber alle erfahrenen Psychosomatiker kennen Untergruppen großer Krankheitsentitäten, für die sich möglicherweise schon immer spezifischere Hypothesen formulieren ließen. Umgekehrt ist die Tatsache, daß die Alexithymie eben nicht, wie anfangs vermutet, das „psychosomatische Phänomen" darstellt, sondern bei Gesunden bis zu schwer körperlich Kranken an Teilen nahezu aller Bevölkerungsgruppen beobachtet wurde, nur eine Herausforderung zu erforschen, unter welchen Bedingungen eine solche psychische Struktur zum Erkrankungsrisiko wird.

Kritisch ist besonders der psychoanalytischen Psychosomatik anzulasten, daß sie viel zu sehr mit rein psychologischen Fragen beschäftigt war und dabei den somatischen Teil ihres Aufgabengebietes sträflich vernachlässigte. Sie muß ihr längst überholtes, viel zu undifferenziertes Körperbild revidieren, will sie nicht – wo gerade in der Neuroendokrinologie und Psychoimmunologie dramatische Umwälzungen vor sich gehen – den Dialog mit den medizinischen Disziplinen wieder abreißen lassen. Eine zukünftige Forschungsaufgabe liegt deshalb in der Untersuchung von „Mediatoren", die bei der Umsetzung von Wahrnehmungen und Gefühlen in körperliche Prozesse wirksam werden. Es wäre auch wichtig, daß die psychoanalytische Psychosomatik ihren Beitrag leistet zu der überall mehr in den Vordergrund drängenden Frage, was uns denn gesund hält – im Gegensatz zu der bislang fast ausschließlichen Fixierung auf die Ursachen dessen, was uns krank macht.

Bei der Behandlung psychosomatisch Kranker kommt in Abstimmung mit etwa notwendigen somatischen Behandlungsformen die gesamte Breite psychotherapeutischer Maßnahmen zur Anwendung, die auf den einzelnen Kranken abgestimmt sein müssen (z. B. Einzel-, Gruppen- oder Familienpsychotherapie; aufdeckende, supportive oder mehr übende Verfahren). Wichtig sind psychoanalytisch inspirierte, semi- oder nonverbale Therapieformen wie die Konzentrative Bewegungstherapie, die analytische Gestaltungstherapie oder die Musiktherapie. Insgesamt haben sich gegenüber den klassischen psychoanalytischen Therapieformen spezifische Modifikationen als notwendig erwiesen, die der häufig anzutreffenden mangelnden Selbstwahrnehmung, der Unfähigkeit, sich emotional auszudrücken, sowie der Phantasiearmut, wie sei bei vielen psychosomatisch Kranken angetroffen wird, Rechnung tragen (v. Rad, 1983).

Literaturempfehlungen

Ahrens, S. (Hg.) (1990). Entwicklung und Perspektiven der Psychosomatik in der Bundesrepublik Deutschland. Berlin: Springer.

Bräutigam, W. P., Christian, M. & Rad, M. v. (Hg.) (1976). Psychosomatische Medizin. Stuttgart: Georg Thieme, 5. Auflage 1992.

Kapfhammer, H.-P. (1985). Psychoanalytische Psychosomatik. Neuere Ansätze der psychoanalytischen Entwicklungspsychologie und Objektbeziehungstheorie. Berlin: Springer.

Klußmann, R. (1986). Psychosomatische Medizin. Eine Übersicht. Berlin: Springer.

27. *Psychoanalytische Sozialpsychologie*

HEINER KEUPP

1. Zum Gegenstand und Erkenntnisinteresse analytischer Sozialpsychologie

Wie alle Richtungen der Sozialpsychologie untersucht auch die analytische Sozialpsychologie das Erleben und Handeln der Subjekte im gesellschaftlichen Lebenszusammenhang. Sie untersucht die sozialen Regulationsprinzipien alltäglicher Lebensprozesse. Sie erforscht die Bedeutung gesellschaftlicher Selbstverständlichkeiten als solche Regulationsmechanismen, und sie richtet ihr besonderes Interesse auf die Frage, wie sich solche Mechanismen in die motivationale Basisstruktur von Subjekten so einschleifen können, daß sie – auf der Oberfläche des Verhaltens betrachtet – wie „natürliche" Bedürfnisse erscheinen können.

Analytische Sozialpsychologie fragt aber auch umgekehrt danach, wie sich die Subjekte ihre Teilhabe am gesellschaftlichen Lebensprozeß dadurch sichern, daß sie eigene Motive und Bedürfnisse – also ihre „Naturseite" – in die Gestaltung von sozialen Rollen und Tätigkeiten einbringen. In Abgrenzung zu anderen sozialpsychologischen Theorieansätzen läßt sich als das Spezifikum der analytischen Sozialpsychologie eine dialektische Vermittlung von individuellen und sozialen Prozessen ansehen, die sowohl milieutheoretisch-soziologistische als auch biologistisch-individualistische Reduktionismen überwindet (s. Mertens und Fuchs, 1978). *Vermittlung* individueller und gesellschaftlicher Prozesse heißt, daß die Naturmomente menschlicher Subjektivität und ihre Vergesellschaftung sich nicht fein säuberlich in der

Analyse voneinander scheiden lassen. Sie werden im individuellen Sozialisationsprozeß amalgamiert. In einer klassischen Formulierung hat Klaus Horn diesen Gedanken so gefaßt: In kritischer Distanz zu einem soziologisierenden Subjektbegriff fordert er ein Festhalten an Kategorien, die die Naturseite des Menschen zur Sprache bringen sollen (z. B. Triebe oder die phylogenetische Ausstattung des Ichs mit den Apparaten der Wahrnehmung und Motilität). Aber: „wir bekommen diese Naturmomente nie rein, nie an sich, sondern nur in verschiedener gesellschaftlicher vermittelter Gestalt zu Gesicht. Deshalb ist dieses Naturmoment nur als sozialisationsvermitteltes formulierbar" (1970, S. 143). An anderer Stelle betont Klaus Horn die Bedeutung der Naturausstattung des Subjekts und zugleich die Tatsache, daß sie immer zugleich auch „gesellschaftlich bearbeitet" ist. Aber sie gehe nie „in diesen Formen ihrer Bearbeitung" auf (1974, S. 168).

Im Rahmen einer analytischen Sozialpsychologie müssen zwei Sachverhalte theoretisch verknüpft werden. Über diese Verknüpfung lassen sich ihre Gegenstandsbereiche mit Karola Brede (1989) programmatisch so zusammenfassen:

> „(1) die Motivik, mit der das Individuum an den gesellschaftlichen Handlungszusammenhängen, welche es beeinflussen will, teilhat, sowie (2) der seelische Bereich im Individuum, der aufgrund der sozialen Teilhabe so verändert wird, daß ein neuer Handlungsentwurf, eine Aktion die Folge ist. Analytische Sozialpsychologie schreibt sozialen Gebilden, in die die Individuen gleichsam hineingestellt sind und an denen sie mit Wünschen und Motiven teilhaben, Einfluß auf einen spezifischen Bereich psychischen Geschehens zu. Die Vorgänge in diesem Bereich, behauptet sie zusammen mit der Psychoanalyse, folgten einer Logik eigener Art, nämlich der Logik des Unbewußten. Daher geht der Einfluß des Gesellschaftlichen auf diesen Bereich mit einem Perspektivenwechsel von der Soziologie zur Psychoanalyse, von der der soziologischen zur psychoanalytischen Gegenstandslogik einher." (S. 150)

Das Erkenntnisinteresse der vorherrschenden experimentellen Sozialpsychologie richtet sich auf die Erklärung eingeschliffener sozialer Regelmäßigkeiten und auf die sozialintegrativen Prozesse. Auf Störungen dieser Prozesse ist sie erkenntnistheoretisch nicht eingestellt, und methodisch werden sie als „Störvariablen“ aus dem Forschungsprozeß ausgegrenzt. Zur Erklärung von Rissen, Brüchen und Eruptionen, die die Oberfläche alltäglicher Verkehrsformen erreichen, hat sie kaum etwas beizutragen. Im Unterschied dazu, rechnet die analytische Sozialpsychologie mit dem symptomatischen Auftreten von Widersprüchen. Ihr Erkenntnisinteresse zielt auf die Rekonstruktion von gesellschaftlichen Prozessen, die auf der sozialen Oberfläche „Normalität“ und funktionierende Alltäglichkeit ermöglichen; sie fragt zugleich aber nach dem Kompromißcharakter dieser Alltagsnormalisierungen und nach den unbewußt virulent bleibenden Anteilen der Kompromisse. Auf diese Anteile systematisch zu achten, die wissenschaftliche „Spurensuche“ auf sie zu richten und Methoden zu ihrer Entschlüsselung zu entwickeln, ist Anliegen der analytischen Sozialpsychologie.

Letztlich ist aber der Prüfstein für die Erklärungskraft sozialpsychologischer Paradigmen der analytischen Sozialpsychologie wie auch ihrer Konkurrenten, ihre Bereitschaft und Fähigkeit, die faktischen und immer wieder drohenden Rückfälle in die Barbarei erklären zu können oder wenigstens sich ihnen deutend zu nähern. Das zentrale Problem, das sich dann stellt, liegt ja gerade darin, daß in eine Welt scheinbar gesicherter zivilisierter Rationalität das „Dämonische“, das völlig Irrationale, einbricht, „daß die Zivilisation ihrerseits das Antizivilisatorische hervorbringt und es zunehmend verstärkt“, wie es Adorno so einprägsam formuliert hat (Adorno, 1969, S. 85). Für mich ist eine sozialpsychologische Faschismus-Analyse auch und gerade heute der Prüfstein für die „Leistungsfähigkeit“ von Sozialpsychologie. Es ist nichts gewonnen, wenn sich Sozialpsychologie als theoretische Verdoppelung der gelungenen Ausblendungen und Verkürzungen, der „Pseudokonkretheit“ des Alltagsbewußtseins bestätigt. Vielmehr kommt es in den Worten von Marie Jahoda darauf an, „das Unsichtbare sichtbar zu machen“ (Fryer, 1986, S. 108). Zur Bewältigung dieser Aufgabe ist das konzeptuelle Potential der analytischen Sozialpsychologie unverzichtbar. Das bedeutet einerseits, immer wieder auf die Freudschen Analysen selbst zurückzugreifen, sie aber andererseits sozialwissenschaftlich zu lesen und zu rezipieren. In meinem Verständnis ist sie – angelehnt an Peter Brückners (1972, S. 12) Formulierung – „sozialwissenschaftlich, ehe sie 'psychologisch' wird".

Mit dieser Position ist auch eine kritische Abgrenzung gegenüber einer klinischen Verkürzung oder einem „Medicozentrismus" der Psychoanalyse (vgl. Parin und Parin-Matthey, 1983) verbunden, die – gemessen am Freudschen Anspruch – zu einem Verlust kultur- und sozialkritischer Potentiale führt. Aber auch eine naive Anwendung individualpsychologischer Ansätze auf gesellschaftliche und politische Phänomene scheitert notwendigerweise an dem oben formulierten Vermittlungsanspruch. Klaus Horn (1968) hat das differenziert herausgearbeitet:

> „Psychoanalytische Sozialpsychologie sollte klinisch differenzierte Individualpsychologie sein. Das ist aber nicht so zu verstehen, daß Kategorien der Metapsychologie und der klinischen Technik auf Gesellschaftlich-Historisches unmittelbar anzuwenden seien. Dieses methodische Mißverständnis der Psychoanalyse ist zu vermeiden. Eine hier vorgeschlagene Zusammenarbeit zwischen Psychoanalyse und den anderen Sozialwissenschaften muß vielmehr im Bewußtsein der gesellschaftlichen Vermittlung des Widerspruchs zwischen Individuum und Gesellschaft gerade darauf reflektieren, daß diese gesellschaftliche Vermittlung des Widerspruchs bei der unmittelbaren Übertragung psychopathologischer Kategorien auf gesellschaftliche Phänomene im Wege steht. Man kann den Vorwurf, die Psychoanalyse habe sich um Soziologisches zu wenig gekümmert, nicht aus der Welt schaffen, indem man – die Eigengesetzlichkeit soziologischer Phänomene mißachtend – die für den klinischen Gebrauch entwikkelten Kategorien wie quasisoziologische verwendet und dadurch Gesellschaft als bloße Emanation des Unbewußten behandelt." (S. 898)

Die psychoanalytische Sozialpsychologie hat ihren paradigmatischen Kern natürlich in Freuds Werk; in eher explizierter Weise in seinen kulturtheoretischen und massenpsychologischen Arbeiten, aber implizit ist sein gesamtes theoretisches Gebäude von einer spezifischen Vorstellung der Subjekt-Gesellschaft-Dialektik geprägt. In der Frühgeschichte der psychoanalytischen Bewegung waren es vor allem Paul Federn, Siegfried Bernfeld, Wilhelm Reich, Otto Fenichel und Hans Blüher, die sich um eine Explikation der psychoanalytischen Sozialpsychologie verdient gemacht haben. Entscheidenden Anteil an der Begründung einer interdisziplinär verankerten analytischen Sozialpsychologie haben Erich Fromm, Theodor W. Adorno und Herbert Marcuse, die zu der Schule der Kritischen Theorie gehörten. Der Faschismus hat im deutschsprachigen Raum insbesondere den Strang einer sich sozialkritisch verstehenden Psychoanalyse – und zu ihm gehörte in erster Linie die analytische Sozialpsychologie – abgeschnitten. Es waren vor allem die aus der Emigration zurückkehrenden Max Horkheimer und Theodor W. Adorno, die personell und fachlich eine schmale Kontinuitätsbrücke schufen. Gestärkt und ausgebaut wurde sie vor allem von Alexander Mitscherlich – nicht zuletzt mit seinem einflußreichen Buch „Auf dem Weg zur vaterlosen Gesellschaft. Ideen zur Sozialpsychologie" (1963), seinen stadtkritischen Arbeiten und mit dem mit seiner Frau Margarete gemeinsam verfaßten Werk „Die Unfähigkeit zu trauern" (1967) – und seinen Schülern Peter Brückner, Alfred Lorenzer, Klaus Horn und Thomas Leithäuser, die vor allem in der für die sozialkritische Tradition der Psychoanalyse sensiblen Phase der Studentenbewegung zu ihrer kreativen Wiederaufnahme und Weiterentwicklung beigetragen haben. In diesem Zusammenhang sind vor allem auch Helmut Dahmer, der 1980 ein zweibändiges Werk zur analytischen Sozialpsychologie herausgegeben hat, Hans Kilian, Igor Caruso und die Züricher EthnopsychoanalytikerInnen Paul Parin, Goldy Parin-Matthèy, Fritz Morgenthaler, Mario Erdheim und Maja Nadig zu nennen.

2. Freud und die „analytische Sozialpsychologie"

Eine psychoanalytische Sozialpsychologie hat ihre Wurzeln bei Freud selbst. In seinem 1921 veröffentlichten Werk „Massenpsychologie und Ich-Analyse" schrieb Freud einleitend:

> „Die Individualpsychologie ist zwar auf den einzelnen Menschen eingestellt und verfolgt, auf welchen Wegen derselbe die Befriedigung

> seiner Triebregungen zu erreichen sucht, allein sie kommt dabei nur selten, unter bestimmten Ausnahmebedingungen, in die Lage, von den Beziehungen dieses einzelnen zu den anderen Individuen abzusehen. Im Seelenleben des Einzelnen kommt ganz regelmäßig der Andere als Vorbild, als Objekt, als Helfer und als Gegner in Betracht und die Individualpsychologie ist daher von Anfang an auch gleichzeitig Sozialpsychologie in diesem erweiterten, aber durchaus berechtigten Sinne." (1921c, S. 73)

Diese Aussage ist deshalb von besonderer Bedeutung, weil es die häufig vorgenommene Absteckung von „claims" im Steinbruch des Gesamtwerkes in die eigentlich klinisch-psychoanalytischen und die kulturtheoretischen und „völkerpsychologischen" Arbeiten als fragwürdig erscheinen läßt. Herbert Marcuse hat es in schlichter Eindeutigkeit so formuliert: „Freuds Psychologie des Individuums ist ihrem eigentlichen Wesen nach Sozialpsychologie" (1965, S. 21). Allerdings keine Sozialpsychologie des heute vorherrschenden Typus, dessen Anliegen auf die begriffliche Modellierung bruchloser Sozialintegration zielt, auf die Zustimmung produzierende Einfädelung in das jeweils bestehende System. Der „Stachel Freud" (Görlich, 1980) sitzt genau dort, wo Sozialpsychologie die Idylle ihres „Integrationstheorems" entfaltet.

Adorno hat sich immer wieder für eine Bewahrung des aus seiner Sicht radikalen Kerns der Psychoanalyse ausgesprochen, den er in dem prinzipiellen Konflikt zwischen grundlegenden Bedürfnissen der Person, ihren Trieben und den gesellschaftlich-kulturell erzwungenen Einschränkungen der Bedürfnisbefriedigung sieht. In seiner Theorie entwikkelt Freud keinen Ansatz, der diesen Konflikt positiv aufheben würde. Und genau dies macht ihn für Adorno zu einem der großen Denker: „Die Größe *Freuds* besteht wie die aller radikalen bürgerlichen Denker darin, daß er solche Widersprüche unaufgelöst stehen läßt und es verschmäht, systematische Harmonie zu prätendieren, wo die Sache selber in sich zerrissen ist" (1952, S. 16). Aus dieser Einschätzung wird auch Adornos explizite Kritik an der Neoanalyse verständlich, die ihre Revision der Freudschen Position als sozialpsychologisch verstanden sehen will: „Anstatt erst das Individuum aus den gesellschaftlichen

Prozessen herauszuschneiden, um dann ihren formenden Einfluß zu beschreiben, hätte eine analytische Sozialpsychologie in den tiefsten Mechanismus des Einzelmenschen bestimmende gesellschaftlichen Kräfte aufzudecken“ (1952, S. 7).

In solchen fundamentalistischen Formulierungen zum Anspruch analytischer Sozialpsychologie wird eine Haltung deutlich, die an den „handelsüblichen“ Varianten von Sozialpsychologie spurlos vorübergegangen ist: Die immer gestellte Frage nach einer möglichen „genuinen Unvereinbarkeit subjektiver Lebensansprüche mit gesellschaftlichen Anforderungen“ (Holzkamp, 1984, S. 33). Wichtig ist dabei, daß diese Unvereinbarkeit nicht als ontologische Aussage formuliert wird, sondern im Sinne einer Befragung konkreter gesellschaftlicher Verhältnisse und ihres jeweils herrschenden Verständnisses von der Bedeutung subjektiver Wünsche und Bedürfnisse. Die Freudsche Antithese zu jener Integrationsmechanik, die in denkbar verschiedensten begrifflichen Verkleidungen als Hauptstrom sozialpsychologischer Theorienbildung die Landschaft theoretisch beherrscht, verstehe ich als eine permanente provokative Unruhe gegenüber allen theoretischen und gesellschaftlich-praktischen Ansätzen, die von einer gelungenen Versöhnung individueller Ansprüche und gesellschaftlicher Anforderungen ausgehen bzw. sie behaupten.

In der „Dialektik der Aufklärung“ haben Horkheimer und Adorno die Freudsche Kulturkritik zu einem zivilisationskritischen Gesamtpanorama ausgebaut. Ist in ihm nicht das Freudsche kulturtheoretische Erbe bestens aufgehoben? Bleibt denn dann noch etwas für konkrete Fragestellungen der Sozialpsychologie übrig? Freud selbst hat diese Frage durch sein Werk positiv beantwortet. Vor allem in „Massenpsychologie und Ich-Analyse“ hat er gezeigt, welche psychodynamischen Prozesse einzelne Subjekte in einen kollektiven Zusammenhang einbinden können. Im Resultat entstehen gesellschaftliche Phänomene, die allen sozialpsychologischen Integrationstheoretikern das von ihnen reklamierte empirische Beweismaterial reichlich liefern. In der Lesart von Adorno hat Freud aufzeigen können, wie Menschen durch die identifikatorische libidinöse Einbindung in sie versklavende Herrschaftszusammenhänge Haltungen entwickeln, die als innerstes Einverständnis mit der gegen ihre Interessen gerichtete Herrschaftsform erscheinen können. Das sei eine hellsichtige Vorweganalyse faschistischer Herrschaft gewesen.

3. Erich Fromms Programm „analytischer Sozialpsychologie"

Erich Fromm hat mit seinem Aufsatz „Zur Methode und Aufgabe einer analytischen Sozialpsychologie" im Jahre 1932 explizit das Programm einer psychoanalytisch fundierten Sozialpsychologie formuliert. Mit dem Schritt „von der Personalpsychologie zur Sozialpsychologie" sollte der Versuch unternommen werden, „mit den Mitteln der Psychoanalyse den geheimen Sinn und Grund der im gesellschaftlichen Leben so augenfälligen irrationalen Verhaltensweisen ... zu finden" (1980, S. 13).

Die klassische sozialwissenschaftliche Frage „Wie ist soziale Ordnung möglich?" wird von der analytischen Sozialpsychologie durch Aussagen über die „innere Vergesellschaftung" beantwortet. Sie konkretisiert in der empirischen Analyse von gesellschaftlich produzierten Sozialcharakteren eine Aussage Freuds, die fast auch von Norbert Elias stammen könnte: „... aller innerer Zwang, der sich in der Entwicklung der Menschen geltend macht, [war] ursprünglich, d. h. in der Menschheitsgeschichte nur äußerer Zwang" (1915b), S. 333). Der „autoritäre" oder, wie Fromm ihn ursprünglich benannte, der „sadomasochistische Charakter" macht eine Verinnerlichung gesellschaftlicher Herrschaftsstrukturen, nämlich den Faschismus, verständlich, deren Resultat nicht nur eine ängstliche, sondern eine durchaus lustvolle Unterwerfungsbereitschaft ist. Die Subjekte sind nicht nur Opfer, die die Herrschaftsordnung leidvoll erdulden, sondern sie haben selbst etwas davon: den psychoökonomischen Gewinn sozusagen. Diese Form der „inneren Vergesellschaftung" ist ein unerläßliches Erklärungskonstrukt, wenn wir die Frage beantworten wollen, wie es der Faschismus geschafft hat, die „Herzen" und

„Köpfe" der Menschen für sich zu gewinnen. Wie Adorno in seiner brillanten Analyse „Die Freudsche Theorie und die Struktur der faschistischen Propaganda" aufzeigt, ist der Erfolg der nationalsozialistischen Agitation im wesentlichen darauf zurückzuführen, daß sie sich ungeheuer effektiv die „libidinöse Struktur" (Fromm, 1980, S. 40) des vorherrschenden Charaktertypus zunutze gemacht hat. Erst die Analyse dieser „libidinösen Struktur der Gesellschaft" kann uns nach der Auffassung der analytischen Sozialpsychologie aufzeigen, was eine Gesellschaft „im Innersten" zusammenhält; sie bildet – in der Terminologie Erich Fromms – den „Kitt": „Es sind die libidinösen Kräfte der Menschen, die gleichsam den Kitt formieren, ohne den die Gesellschaft nicht zusammenhielte, und die zur Produktion der großen gesellschaftlichen Ideologien in allen kulturellen Sphären beitragen" (ebd., S. 35).

4. Analytische Sozialpsychologie heute

Die Entstehung der analytischen Sozialpsychologie ist entscheidend von jener Krise der kapitalistischen Gesellschaftsordnung geprägt, die zum Faschismus führte. Wie können wir das damals akkumulierte Potential heute nutzen?

Bei dem Sprung in die Gegenwart greife ich noch einmal auf eine Frommsche Aussage zurück, die ebenfalls aus seinem klassischen Aufsatz zur Begründung einer analytischen Sozialpsychologie stammt:

> „Mit dem Wachsen der objektiven Widersprüche innerhalb der Gesellschaft, mit der beginnenden stärkeren Zersetzung einer bestimmten Gesellschaftsform treten auch gewisse Veränderungen in der libidinösen Struktur der Gesellschaft ein, traditionelle, die Stabilität der Gesellschaft erhaltende Bindungen verschwinden, traditionelle Gefühlshaltungen ändern sich. Libidinöse Kräfte werden zu neuen Verwendungen frei und verändern damit ihre soziale Funktion. Sie tragen nun nicht mehr dazu bei, die Gesellschaft zu erhalten, sondern sie führen zum Aufbau neuer Gesellschaftsformationen, sie hören gleichsam auf, Kitt zu sein." (S. 39)

Diese Formulierung könnte durchaus auch als zeitgenössische Deutung tiefreichender gesellschaftlicher Wandlungsprozesse herangezogen werden, die die Signatur der westdeutschen Gesellschaft qualitativ verändern. Diese Deutungen gehen von einer spezifischen gesellschaftlichen Umbruchperiode aus, in der sich die durchschnittliche Relation vom einzelnen Subjekt zur Gesellschaft auf einem neuen Niveau einregelt. Elias spricht hier von „Wandlungen der Wir-Ich-Balance" (1987, S. 207) in Richtung einer stärkeren Gewichtung von Ich- gegenüber Wir-Identitäten. Die Aufmerksamkeit der Sozialwissenschaften richtet sich zunehmend auf die Veränderungen gesellschaftlicher Lebensformen, die zu einem qualitativ neuen Schub von Individualisierung führen. Weitreichende ökonomische und technologische Umgestaltungen der spätkapitalistischen Gesellschaften haben zu einer konsequenzenreichen „Freisetzung" aus festgefügten Lebensformen und Sinnzusammenhängen geführt. Das zeitgenössische Subjekt erlebt einen Verlust selbstverständlich vorhandener Kontexte, in denen die Koordination für den eigenen Lebensentwurf und für die Bewältigung alltäglicher Lebenssituationen relativ stabil vorgegeben waren. Hier stoßen wir auf die gesellschaftlichen Ursachen für das zunehmende Fragwürdigwerden von Selbstverständlichkeiten, also von gesicherten Orientierungsleitfäden für den Alltag. Diese individualisierenden Freisetzungsprozesse führen zur allmählichen Auflösung von klassenspezifischen Kollektiverfahrungen, ohne daß sich die Strukturen sozialer Ungleichheit entscheidend verändert hätten.

Die hier beschriebene „Erosionskrise" (Negt, 1984) spätkapitalistischer Vergesellschaftung, deren „Markenzeichen" es ja gerade ist, daß sie vereinheitlichende soziale Bezüge abschmilzt, macht es erheblich schwieriger, mit einer Kategorie wie „Gesellschaftscharakter" weiter zu arbeiten. Die entsprechenden Versuche, wie etwa die Formulierung eines „narzißtischen Sozialcharakters", beweisen eher, daß der theoretische Grenznutzen solcher Konstruktionen längst überschritten ist. Der Auszug aus dem „Gehäuse der Hörigkeit", wie es klassischerweise vom „autoritären Charakter" gebildet wurde, ist kein Umzug, der es erlauben würde, mit der Beschreibung der neuen Wohnstatt auch die darin wohnende Charakterformation zu typisieren.

Die Erklärungsfolien der analytischen Sozialpsychologie sind von diesem Prozeß ebenfalls zentral betroffen, doch das bedeutet in keiner Weise, daß ich ihren Gedankenstrom nicht nutzen würde. Vom „Veralten der Psychoanalyse", um die Formel von Herbert Marcuse aufzugreifen, sind einige Deutungsmuster betroffen, denen die entsprechende Realität abhanden gekommen ist (z. B. der im Erziehungsprozeß als Normenvermittler dominante Vater). Geblieben ist das Interesse an Problemen und Phänomenen, die auf Prozesse verweisen, die „dicht unter der Oberfläche des geordneten zivilisatorischen Lebens" ablaufen (Adorno, 1969, S. 88). Unvorhersehbare gesellschaftliche Brüche (wie der Prozeß der deutschen Vereinigung) lassen etwas erahnen von jener psycho- und soziodynamischen Virulenz, die hinter die Kulissen unseres Alltagsbewußtseins verbannt ist, ohne dort an Wirksamkeit zu verlieren.

Literaturempfehlungen

Dahmer, H. (Hg.) (1980). Analytische Sozialpsychologie. 2 Bände. Frankfurt/M.: Suhrkamp.

Fromm, E. (1970). Analytische Sozialpsychologie und Gesellschaftstheorie. Frankfurt/M.: Suhrkamp.

Institutsgruppe Psychologie der Universität Salzburg (Hg.) (1984). Jenseits der Couch. Psychoanalyse und Sozialkritik. Frankfurt/M.: Fischer.

Leithäuser, Th. & Volmberg, B. (1988). Psychoanalyse in der Sozialforschung. Opladen: Westdeutscher Verlag.

Lohmann, H.-M. (Hg.) (1984). Die Psychoanalyse auf der Couch. Frankfurt/M.: Qumran.

Mitscherlich, A. (1963). Auf dem Weg zur vaterlosen Gesellschaft. Ideen zur Sozialpsychologie. München: Piper.

Psychoanalytisches Seminar Zürich (Hg.) (1989). Die Gesellschaft auf der Couch. Psychoanalyse als sozial-wissenschaftliche Methode. Frankfurt/M.: Athenäum.

Zepf, S. (Hg.) (1993). Die Erkundung des Irrationalen. Bausteine einer analytischen Sozialpsychologie nebst einigen Kulturanalysen. Göttingen: Vandenhoeck & Ruprecht.

28. *Empirische Psychoanalyseforschung*

Rainer Schors

1. Ziele und Methoden

Die empirische Forschung in der Psychoanalyse umfaßt eine Reihe von Aktivitäten, die mit unterschiedlichen Mitteln versuchen, dem Theoriegebäude der Psychoanalyse ein überprüfbares wissenschaftliches Fundament zu geben. Der wissenschaftstheoretische Status der Psychoanalyse als nomothetische oder hermeneutische Wissenschaft ist weiter Gegenstand heftiger Diskussionen (Westmeyer, 1978; Möller, 1979; Thomä und Kächele, 1985; Tress, 1985; siehe auch Kapitel 13 und 14), vor allem was die psychoanalytische Praxis in Form der psychoanalytischen Therapie anbelangt. Für diesen Forschungsbereich sind in den letzten Jahren vor allem die Grundannahmen (z. B. metapsychologischer, entwicklungspsychologischer oder klinischer Herkunft) als Voraussetzung des Erkennens in den Mittelpunkt der Aufmerksamkeit gerückt. Genauso wie auch der naturwissenschaftliche Forscher beim Experimentieren von gewissen Voraussetzungen ausgehen muß, z. B. eine unabhängige Variable auf eine bestimmte Art und Weise zu operationalisieren, so lassen sich auch beim psychoanalytischen Praktiker trotz des Postulats der gleichschwebenden Aufmerksamkeit bestimmte theoretische Voranahmen identifizieren.

Ein Grundproblem erschwert die klinische und wissenschaftliche Diskussion: psychoanalytische Begriffe haben einen Hof von Unschärfe, der in der Forschung nur durch möglichst klare Definitionen (Operationalisierung) eingrenzbar ist. Ein weiterer Präzisierungsvorschlag geht dahin, nicht nur Ergebnisse darzustellen, sondern auch den Weg (z. B. Konsensbildungsprozesse) zu zeigen, auf dem die Daten gewonnen wurden, um für außenstehende Beurteiler der Forschungsergebnisse Einflußgrößen (etwa aus der Gruppendynamik) erkennbar zu machen.

Ziel der empirischen Forschung ist, über das individuelle Urteil hinaus zu untersuchen, was „wirklich" geschieht und wie weit dieses Geschehen mit der Theorie übereinstimmt oder nicht, also die Untersuchung der klinischen Praxis in ihren Auswirkungen auf den Patienten (Effekte) einerseits und dem, was diese Effekte hervorgebracht hat (Theorie und Behandlungstechnik) andererseits. Damit stand zunächst entweder die Veränderung des Patienten oder die Aktivität des Therapeuten im Mittelpunkt des Interesses. Erst in neuerer Zeit wird die Dyade, also die wechselseitige Beeinflussung (Interaktion), Gegenstand der Forschung – als Konsequenz aus der Erkenntnis, daß die Anwendung der Behandlungstechnik nicht unabhängig von Einflüssen des Patienten auf den Therapeuten erfolgt.

Entsprechend der großen Breite und Komplexität des psychoanalytischen Theoriesystems arbeitet die empirische Forschung in verschiedenen Bereichen mit unterschiedlichen Zielsetzungen und vielfältigen Methoden an heterogenen Daten und Materialien, deren Gewinnung bereits einen wesentlichen Teil der Forschungsaktivität darstellt und deren Auswahl und Qualität die Aussagekraft einer Untersuchung wesentlich beeinflußt.

Aufgrund der Breite der Anwendungsgebiete (Einzel-, Gruppen-, Familientherapie) und der Fülle der Fragen (zu Indikation, therapeutischem Prozeß, Evaluation, Dokumentation) ist das Methodenarsenal sehr umfangreich (u. a. Video- und Tonbandprotokolle, Prozeßnotizen, Fragebogen, klinische Einstufungen, manuelle und maschinelle Inhaltsanalyse von Stundentransskripten; vgl. Köhnken et al., 1979; Kächele und Schors, 1981; Czogalik et al., 1985; Cierpka und Nordmann, 1987; Dahl et al., 1988; Tress, 1988; Tschuschke und Czogalik, 1990).

2. Historische Entwicklung – Vergleichende Psychotherapieforschung

Die ersten Jahrzehnte der Psychotherapieforschung, deren Beginn in den 30er Jahren liegt, waren der Aufgabe gewidmet, zu beweisen, daß Psychoanalyse wirksam ist und die behandelten Patienten sich besser entwickeln als unbehandelte Kontrollgruppen oder Empfänger von Placebos (sog. Rechtfertigungsstudien). Dieser Beweis gilt inzwischen als erbracht (Dahl et al., 1988; Kächele, 1992).

Die nächste große Frage – welche Therapieform ist die bessere – führte zu einer Fülle von Therapieerfolgs-Vergleichsstudien bis zum Anfang der 80er Jahre. In der vergleichenden Psychotherapieforschung geht es um die Frage, welche spezifischen (schul- bzw. theoriegebundenen) Faktoren und welche unspezifischen (für alle Therapiearten gleichen) Elemente der Behandlungstechnik in der jeweiligen Therapie wirksam sind.

Diese Studien ergaben, daß sich der Zustand eines Drittels der Patienten sehr gut gebessert, der eines weiteren Drittels mäßig gebessert und der des letzten Drittels wenig gebessert hatte, gleich geblieben war oder sich verschlechtert hatte – und zwar *unabhängig* von der theoretischen Orientierung der Behandler. Solche Ergebnisse und die Ergebnisse mehrerer Metaanalysen (d.h. systematischer Vergleiche einer größeren Anzahl von Psychotherapiestudien und ihrer Ergebnisse, z.B. Luborsky et al., 1975) führten zu der Erkenntnis, daß die nivellierenden Einflüsse von Gruppenvergleichs-Statistiken der Komplexität der Fragestellung nicht angemessen sind. Außerdem wurde vermutet, daß die Uniformität der Ergebnisse auf methodische Mängel vieler Studien (Meyer, 1990; Tschuschke und Czogalik, 1990) zurückzuführen ist und damit ein „Uniformitätsmythos" geschaffen wurde. Grawe, Bernauer und Oonati (1990) führten eine Metaanalyse durch, in der sie Bewertungskriterien für Psychotherapiestudien analog einem psychologischen Test entwickelten, und kamen damit zu durchaus differenzierenden Ergebnissen. Vermutungen gehen dahin, daß die Gemeinsamkeiten der Schulen größer sind als die Unterschiede und die Varianz innerhalb der Schulen (durch die Person des Therapeuten) größer ist als zwischen ihnen. Daraus ergibt sich – neben den methodischen Problemen – ebenfalls eine Abkehr vom Modell der vergleichenden Psychotherapiestudie alten Musters und eine Hinwendung zur Erforschung der Aktivität des Therapeuten, wie sie von Thomä und Kächele (1985, 1988) gefordert wird. Des weiteren verweisen die bisherigen Erfahrungen auf die Notwendigkeit der Kombination von Prozeß- und Ergebnisforschung, die wiederum aufgrund ihrer Komplexität vorläufig nur an Einzelfällen vorgenommen werden kann (Dahl et al., 1988; Grawe, 1988; Tschuschke und Czogalik, 1990).

3. Aktuelle Forschungsgebiete

3.1 Makroperspektive – Versorgungsforschung und Manuale

Die Darstellung gegenwärtiger Forschungsaktivitäten läßt sich sowohl nach dem Inhalt wie nach der verwendeten Methode ordnen. Unabhängig davon, ob die zeitliche Makroperspektive in Jahrzehnten (wie in der Menninger-Studie) oder die Mikroperspektive in Sekundenbruchteilen (wie in der Affektforschung) gemessen wird, das Ziel der Forschung gilt immer einem tieferen Verständnis des therapeutischen Prozesses und den besten Bedingungen seiner Anwendung in der Praxis. Heute ist im Sinne einer differentiellen Indikationsstellung zu forschen; eine entsprechende Fragestellung könnte lauten: Welchem Patienten mit welcher Symptomatik können wir in welcher Zeit und mit welcher Methode am besten helfen? Neben der Anzahl der Beteiligten (Einzel-, Paar-, Gruppentherapie) ist die Therapiedauer ein wesentliches Einteilungskriterium für die verschiedenen Behandlungsformen (Krisenintervention, Kurztherapie, mittelfristige und Langzeittherapie). Die Frage nach der günstigsten Behandlungsdauer ist noch nicht befriedigend gelöst, auch wenn sich mit der Finanzierung der Psychotherapie durch die Krankenkassen eine den Vereinbarungen zwischen der Kassenärztlichen Bundesvereinigung und den Bundesverbänden der Krankenkassen (Faber und Haarstrick, 1989) folgende Praxis etabliert hat. Diesen Bereich der Psychotherapieforschung, der in inniger Wechselwirkung mit sozialen Rahmenbedingungen steht, kann man als „Versorgungsforschung" bezeichnen (Kächele, 1990).

Aufgrund der zunehmend biologischen Denkweise in der Psychiatrie und der Orientierung der Psychotherapieforschung an der Arzneimittelprüfung wurde in den USA gefordert, daß psychotherapeutische Techniken lehrbar, lernbar und objektiv überprüfbar sein sollten. Daraus ergab sich die Entwicklung von „Handanweisungen" für Therapeuten, die es möglich machten, anhand von Videos oder Tonbandprotokollen von Psychotherapiesitzungen zu prüfen, ob der Therapeut den technischen Empfehlungen dieser Therapieschule folgt oder nicht. Drei solcher Manuale sind auf diese Weise entstanden: Klerman et al. (1984), Luborsky (1984), Strupp und Binder (1984). Diese Arbeiten sind auch ein Beweis dafür, daß der Rückfluß von Forschungsergebnissen in die Klinik möglich und wirksam ist. Die früher beklagte Tatsache, daß die Forschung die klinische Praxis nicht beeinflusse, wird heute auch von kritischen Beobachtern nicht mehr aufrechterhalten (Dahl et al., 1988). Dies gilt auch für die Langzeitstudie der Menninger Foundation von 1952 bis 1982, wohl die aufwendigste Studie zur Psychoanalyse und analytischen Psychotherapie, die von Wallerstein (1986) zusammengefaßt wurde. Ziel dieser an „42 Behandlungs-Lebensläufen" durchgeführten Studie war vor allem die Frage nach Ähnlichkeiten und Unterschieden zwischen Psychoanalyse und dynamischer Psychotherapie mit deren möglichen Konsequenzen für theoretische Fragen und die differentielle Indikation. In einem kritischen Kommentar stellt Wallerstein (1990) fest, daß die jeweiligen Verfahren nicht in reiner Form durchführbar, ihre Grenzen fließend und die Indikationskriterien nicht eindeutig bestimmbar sind. Analytische Verfahren enthalten nach Wallerstein mehr stützende Elemente als bisher angenommen, und die Behandlungserfolge beruhen wohl eher auf diesen als auf den aufdeckenden Elementen. Dadurch wird ein Vergleich erneut interessant, denn die Untersuchungen von Grawe und seiner Arbeitsgruppe (1988, 1990a, 1990b) haben ergeben, daß neben der Psychoanalyse nur noch die Verhaltenstherapie hinsichtlich ihrer Wirksamkeit (Effektstärke) und theoretischen Fundierung den Anspruch eines wissenschaftlich begründeten Therapieverfahrens stellen kann. Alle anderen Therapieschulen, einschließlich der ebenfalls wirksamen, aber theoretisch nicht fundierten Gesprächstherapie, halten diesem Doppelanspruch nicht stand.

3.2 Mikroperspektive – Inhaltsanalyse, Affektforschung, Computersimulation

Ein von der Methode her definierter Forschungsbereich ist die *Inhaltsanalyse*, die sich auch computerunterstützter Techniken bedient (Mergenthaler, 1986). In der BRD wurde durch die Ulmer Textbank ein international genutzter Korpus von Psychotherapietexten geschaffen, welches die Untersuchung einer Vielzahl von Fragestellungen erlaubt, die von formalen Maßen der Sprache bis zur Erfassung von emotionaler Einsicht reichen (Dahl et al., 1988). Die Tonbandprotokollierung von Therapien und ihre Verbatimverschriftung werden inzwischen als Standard gefordert, die Nachteile durch den Verzicht auf die averbalen Informationen werden dabei in Kauf genommen. Die *Affektforschung* hingegen hat sich auf die minutiöse Untersuchung mimischer Signale anhand von Videoaufnahmen spezialisiert und interessante Ergebnisse zur Kenntnis der Affekte bei verschiedenen Krankheitsbildern erbracht (Krause, 1983). In Fortsetzung dieses Zuganges wird nicht mehr nur der Patient untersucht, sondern die Korrespondenz affektiver Abläufe und deren Abwehr in der Interaktion zwischen Patient und Therapeut, was einen weiteren Fortschritt in bezug auf die Erkenntnis wechselseitiger Beeinflussung in der therapeutischen Situation darstellt. Ein anderer Forschungszweig, der sich modernster Technologie bedient, ist die *Computersimulation* von psychischen Abläufen, z. B. Traumsequenzen (Moser et al., 1980), oder kognitiver Prozesse mit Hilfe der Artificial Intelligence (Leuzinger-Bohleber und Kächele, 1988), die jedoch in ihren Ergebnissen eher enttäuscht hat, da die Komplexität psychischer Abläufe noch größer ist als die derzeit verfügbaren Möglichkeiten ihrer Abbildung.

4. Zukunftsperspektiven

Die künftige Forschung wird sich an der Frage der differentiellen Indikation und Wirksamkeit einzelner Verfahren und der Befolgung behandlungstechnischer Regeln seiner Schulrichtung durch den Therapeuten orientieren. Da die Verbindung zwischen Prozeßverlauf und Ergebnisdokumentation methodisch noch nicht befriedigend hergestellt wurde, muß hier noch viel Arbeit geleistet werden. Die Kombination von Prozeß- und Ergebnisforschung kann zunächst an Einzelfallstudien erprobt werden; dieses Wissen wird dann systematisiert (kumulative Einzelfallforschung) und auf größere Kollektive übertragen. Ein weiteres schwieriges Arbeitsfeld ist mit dem Bestreben verbunden, die Ergebnisse der Mikroperspektiven und der Makroperspektiven zueinander in Beziehung zu setzen, um so die forschungspraktisch notwendige Trennung wieder rückgängig zu machen, damit wir zu einer einheitlichen Theorie und einem tieferen Verständnis der Praxis gelangen können. Die Forschung in der stationären Psychotherapie und die Einflüsse von Institutionen auf diagnostische und therapeutische Entscheidung sowie auf den Therapieprozeß steckt noch ganz in den Anfängen (Buchholz, 1993). Um die internationale Zusammenarbeit in der Psychotherapie-Forschung zu fördern, haben einige in der Internationalen Gesellschaft für Psychotherapie-Forschung (SPR, Society for Psychotherapy Research) zusammengeschlossene Wissenschaftler vierzig aktuelle Forschungsprogramme von nationaler und internationaler Bedeutung zusammengetragen (Beutler und Crago, 1991).

Literaturempfehlungen

Dahl, H., Kächele, H. & Thomä, H. (1988). Psychoanalytic process research strategies. Berlin: Springer.

Garfield, S. L., & Bergin, A. E. (Eds.) (1986). Handbook of psychotherapy and behavior change (3rd ed.) New York: Wiley.

Grawe, K., Caspar, F., Ambühl, H. (1990b). Differentielle Psychotherapieforschung: Vier Therapieformen im Vergleich. Zeitschrift für klinische Psychologie 19, 4, ganzes Heft.

Kächele, H., & Schors, R. (1981). Ansätze und Ergebnisse psychoanalytischer Therapieforschung. In U. Baumann, H. Berbalk & G. Seidenstücker (Hg.): Klinische Psychologie, Trends in Forschung und Praxis (S. 209–257). Bd. 4, Bern: Huber.

Luborsky, L., Crits-Christoph, P., Mintz, J. & Auerbach, A. (1990). Who will benefit from psychotherapy? New York: Basic Books.

29. *Säuglings- und Kleinkindforschung*

Matthias Baumgart

Die Ergebnisse der neueren Säuglings- und Kleinkindbeobachtung haben dazu geführt, daß in den letzten Jahren viele Vorstellungen über die präverbale Entwicklung ins Wanken geraten sind. Lange Zeit waren überwiegend Fragen nach den vermuteten *Phantasien* des Kindes das Thema der psychoanalytischen Entwicklungspsychologie: Man meinte, der Säugling finde aus einer (halluzinatorischen) Phantasiewelt allmählich zur Realität. Die für das erste Lebensjahr wenig überzeugenden Verbindungen zwischen Beobachtungen und solchen theoretischen Schlußfolgerungen führten jedoch allmählich zu Unbehagen (Klein, 1981).

Die neuere Säuglingsforschung untersucht viel konkretere Fragen, wie etwa: Was kann ein Säugling wahrnehmen? Kann er sein Verhalten steuern? Wie reagiert er auf seine Mitmenschen? Wie entwickelt sich der Austausch zwischen Eltern und Kind?

Zentral ist daher in der neueren Säuglingsforschung die detaillierte *Beobachtung einzelner Interaktionsabfolgen,* und die davon beeinflußten Theorien handeln von den vermuteten intrapsychischen Auswirkungen *realer Interaktionen* (Lichtenberg, 1983; 1989; Stern, 1985; Schüssler und Bertl-Schüssler, 1992 a, b). Man sollte allerdings nicht übersehen, daß viele der Kompetenzen des Säuglings, auf denen die theoretischen Überlegungen fußen, nur mit großem technischen Aufwand erfaßbar sind (Videoaufzeichnung, Bild-für-Bild-Mikroanalyse). Am Anfang des Lebens kann man den Entwicklungs„dialog“ und seine möglichen Entgleisungen offenbar nur mit dem „Vergrößerungsglas“ erkennen.

1. Die Fähigkeiten des Neugeborenen

Für einen „Dialog" ist der Säugling schon von Geburt an durch *Wahrnehmungs- und Unterscheidungsfähigkeiten* viel besser gerüstet als man bisher vermutete: Das Neugeborene ist nicht autistisch. Ein Neugeborenes erkennt seine Mutter am Geruch und an der Stimme, von deren Klang es sich etwa leichter beruhigen läßt als von den Worten einer fremden Frau. Auch scheinen Neugeborene schon zu wissen, daß es in der Richtung, aus der ein Geräusch kommt, meist etwas zu sehen gibt: sie wenden z. B. ihren Kopf einer Schallquelle zu. Es gibt in vielen Bereichen offenbar eine intuitive Vorkenntnis darüber, daß Stimulation aus verschiedenen Sinnesmodalitäten gestalthaft zusammengehört. Solche modalitätsübergreifenden Fähigkeiten sind mittlerweile recht gut untersucht, und auch sie erleichtern die Orientierung gegenüber dem menschlichen Objekt. Daher hat das Baby schon wenige Monate nach der Geburt eine klare Vorstellung davon, daß die Eltern immer mit der gleichen, vertrauten Stimme sprechen: Wenn man diese Verknüpfung durch experimentelle Manipulationen löst, wenden Säuglinge verunsichert ihren Blick ab (vgl. dazu Spelke und Cortelyou, 1981).

Im Kontakt mit den Eltern wird die zunächst noch flüchtige Interaktionsbereitschaft des Säuglings strukturiert. Schon beim Neugeborenen geht es dabei nicht nur um Lust (= Entspannung) und Unlust (= Spannung), sondern darum, Übergänge zwischen physiologischen Organisationszuständen, den sogenannten „states" (aufmerksame Wachheit, ruhige Wachheit, REM-Schlaf, NREM-Schlaf, Schreien; vgl. Emde und Robinson, 1979) *in der Beziehung* zu bewältigen. Der Säugling schläft nicht einfach ein, wenn er gesättigt ist, sondern er schaut noch eine Weile „interessiert" umher und orientiert sich. Das können ihm die Eltern durch körperliche Unterstützung ebenso erleichtern wie den einigermaßen streßfreien Rückzug aus der Wachheit.

2. Affektsozialisation

Auf die *körperlich-homöostatische* Beziehungsarbeit aufbauend, setzt nach einigen Wochen eine spezifische *Affektsozialisation* ein.

Sie stützt sich auf zwei Voraussetzungen beim Säugling: erstens neigt er von Geburt an dazu, Affektausdrücke zumindest ansatzweise zu „imitieren" (Field, 1985); zweitens ist für ihn die Erfahrung der eigenen Wirksamkeit höchst lustvoll, was z. B. das ausdauernde Spiel mit Mobiles verdeutlicht. Diese Lust können die Eltern befriedigen, wenn sie ihren Kindern mit vereinfachter Sprache, ausgeprägten Sprachmelodien und „Orchestrierung" von Sprache und Bewegungen den Einstieg in einen affektiven Protodialog mit vorhersehbarer Stimuluswelt anbieten. Die Eltern imitieren den Säugling dabei häufiger als umgekehrt, sie „spiegeln" ihn gewissermaßen und geben ihm so im Rahmen „intuitiver elterlicher Fürsorge" (Papoušek und Papoušek, 1987) die Möglichkeit, aktiv im Dialog wirksam zu werden. Es entstehen freirhythmische, tanzartige Interaktionsstrukturen (Brazelton und Als, 1979), auf deren Höhepunkten sich Eltern und Kind lustvoll und präzise aufeinander abgestimmt einmal abwechselnd, einmal synchron bewegen. So kann das Kind zu verstehen beginnen, daß eigene und fremde Gefühle verläßlich zueinander passen und daß es darauf Einfluß nehmen kann. Kindern von depressiven oder überstimulierenden Eltern bleibt diese Urvertrauen schaffende Erfahrung verschlossen: Dementsprechend sind Kinder depressiver Mütter apathischer (Field et al., 1988), während Kinder überstimulierender Mütter sich verzweifelt der Interaktion zu entziehen versuchen, weil die Mutter auf aversive Signale nicht reagiert (Beebe und Stern, 1977). Auch der Umgang mit negativen Affekten hat also möglicherweise Folgen für das Empfinden der eigenen Wirksamkeit: Untersuchungen zum Bindungsverhalten konnten zeigen, daß Säuglinge, deren Mütter im ersten Lebensvierteljahr schnell reagierten, wenn das Kind schrie, am Ende des ersten Lebensjahres am wenigsten weinten und eventuellen Unmut auf differenziertere mimische und gestische Weise ausdrückten (vgl. Bretherton, 1987). Allerdings ist eine gewisse

Erfahrung mit negativen Affekten notwendig, damit das Kind seine Fähigkeiten zur Selbstregulierung entwickeln kann (Demos, 1986).

Auf die Sozialisation der Affekte innerhalb der Beziehung bauen Interaktionsformen zwischen Mutter und Kind auf, die im besten Falle die Löslösung des Kindes fördern, wobei das Kind gleichsam ein „emotionales Band“ zur Mutter aufrechterhält. Die Qualität der früheren Interaktion hat hierbei Auswirkungen darauf, wie gut das Kind später die Mutter als sichere, bei Streß trostspendende Basis nutzen kann, beeinflußt also die Qualität des „attachment“ (einen Überblick über den Forschungsstand gibt Bretherton, 1987). Das Kind, das sich krabbelnd, später schon laufend von seiner Mutter entfernt, ist nicht autonom, sondern es braucht, besonders in unvertrauten Situationen, die sogenannte „Affektabstimmung“ (Stern, 1985): Dabei begleitet z. B. die Mutter die Aktivitäten des Kleinkinds mit Lautäußerungen, die dem Rhythmus der Bewegungen des Kindes folgen. Ohne Abstimmung versiegt die Aktivität des Kindes. Beim „social referencing“ (Emde, 1983) beobachtet das spielende Kind gezielt den Affekt der Mutter, wenn ihm eine Situation unklar ist, und gleicht seinen Gefühlsausdruck dem der Mutter an, was natürlich auch seine Unternehmungslust beeinflußt. Daß die Umwelt dabei zur affektiv unklaren Bedrohung werden kann, wenn die Eltern infolge eigener Ängste nach außen gerichtete Aktivitäten nicht fördern können, daß dann also kein „Übergangsraum“ entsteht, ist ebenso einleuchtend wie die Überlegung, daß Entspannung zum bedrohlich „regressiven“ Zustand wird, wenn nur rastlose Aktivität von versichernder Affektabstimmung begleitet ist.

In jedem Fall aber bildet sich ein strukturiertes Gefüge von Erwartungen und affektiver Gestimmtheit gegenüber der belebten und unbelebten Welt heraus. Was bedeuten nun diese Ergebnisse für die Theorie?

3. Impulse für die Theorie

Einigkeit besteht darüber, daß der Säugling nicht aus einer narzißtischen Phantasiewelt allmählich zur Wirklichkeit findet: der Säugling kann schon früh so interagieren, daß es seiner *kindlichen Realität* angemessen ist, er kann Personen und Umstände wiedererkennen, bevorzugen und meiden, aber es gibt keinerlei Befunde darüber, daß er sich abwesende Objekte symbolisch vorstellen, sie *evozieren* kann – was eine Voraussetzung für das Phantasieren wäre (vgl. Lichtenberg, 1983, S. 71 ff.). Dementsprechend haben sich die Vorstellungen über die ersten *Repräsentanzen* des Kindes verändert. Man vermutet, daß es sich dabei um präsymbolische Erwartungs- und Verhaltensmuster handelt, welche die realen Erfahrungen des Säuglings mit der Umwelt abbilden. Stern (1985) spricht daher von „generalisierten Interaktionsrepräsentationen". Sie werden aktiviert, wenn Aspekte einer bekannten, prototypisch gespeicherten Beziehungssituation auftauchen: Die den früheren Erfahrungen entsprechenden Affekte und Verhaltenstendenzen werden dabei wirksam.

Wie soll man diese Repräsentanzen mit bisherigen psychoanalytischen Begrifflichkeiten in Verbindung bringen? Für Stern (1985) handelt es sich dabei um Tiefenschichten des Selbstempfindens (senses of self), die in den Beziehungen der frühen Kindheit angelegt werden, sich aber zeitlebens neben und teilweise unabhängig von einem späteren verbalen Selbst weiterentwickeln. Lichtenberg (1983) dagegen versucht, in seiner Analyse der Frühentwicklung den Begriff des Selbst zu vermeiden und spricht stattdessen von einer „biologischen, neurophysiologischen und verhaltensbezogenen Stufe der Organisation", aus der sich in der zweiten Hälfte des zweiten Lebensjahres das „Selbst als Leitfigur" herauskristallisiert, wenn das Kind symbolisch zu repräsentieren beginnt. Hier wirkt also die Säuglingsforschung nicht nur *informierend*, sondern auch sinnvoll *irritierend*, indem sie weitere Begriffserklärungen innerhalb der Psychoanalyse erzwingt: Soll man, so muß man sich jetzt fragen, erst von einem „Selbst" sprechen, wenn das Kind *sich selbst* symbolisch begreifen kann? Oder ist ein Kind schon

„ganz es selbst“, wenn es unmittelbar affektiv-körperlich erleben kann und zielgerichtet handelt – auch wenn es nicht versteht, was es tut?

Die Säuglingsforschung kann die theoretische Irritation, die sie erzeugt, keineswegs aus eigener Kraft auflösen. Beobachtungen können die Kontroverse um den Begriff des Selbst, der auf nichtbeobachtbare subjektive Erfahrungen abzielt und darüber hinaus von verschiedenen theoretischen Schulen in ganz verschiedener Bedeutung verwendet wird, nicht entscheiden. Hier wird die Empirie überstrapaziert (vgl. Zuriff, 1992).

Unstrittig bleibt jedenfalls, daß präsymbolische Repräsentanzen immer auch mit Verhaltenstendenzen verbunden sind. Daher verändern die Ergebnisse der Säuglingsforschung auch die psychoanalytischen Vorstellungen über die *Motivation*. Verhaltenstendenzen werden primär als affektiv *geprägt*, nicht als triebhaft *determiert* angesehen (vgl. Emde, 1988 a; Schüssler und Bertl-Schüssler, 1992 b): Affekt und interaktionaler Ablauf werden auf der Grundlage der primären kindlichen Objektbezogenheit in der Beziehung zu den Eltern verknüpft. Strenggenommen sind also die Motivationsmodelle, die sich aus der Forschung ergeben, *dyadisch*, im Gegensatz zum monadischen Spannungsreduktionsmodell der klassischen Triebtheorie. Sander (1983) hat sogar vorgeschlagen, Mutter und Säugling als *ein* in Entwicklung befindliches System zu analysieren. Freilich wird in dieser Dyade nur *eine* Motivationsstruktur primär sozialisiert: die des Kindes. Lichtenberg (1989) unterscheidet hierbei fünf in der Beziehung strukturierte Motivationssysteme: physiologische Regulierung, Bindung–Zuneigung, Exploration–Selbstbehauptung, Aversion und Sinnlichkeit–Sexualität.

Im Lichte der neuen Forschung scheint es also unvermeidlich, die Vorstellung aufzugeben, daß die Motivation des Kindes einem *monadisch gedachten* Es entspringt: Die Strukturen, die Verhalten antreiben, sind vielmehr ein im Austausch zwischen Eltern und Kind erarbeitetes *Sozialisationsprodukt*. Das Es ist also „ein Komplex hergestellter Interaktionsformen“, wie es Lorenzer (1974) schon vor vielen Jahren formuliert hat.

Die Lehren der psychoanalytischen Metapsychologie sind damit keineswegs überflüssig geworden. Man muß allerdings davon ausgehen, daß die psychischen Strukturen und Triebe, wie sie die Metapsychologie beschreibt, sich erst im Laufe des Sozialisationsprozesses als sekundäre Bildungen auf der Grundlage affektiver Reaktionsbereitschaften organisieren (Kernberg, 1990; Baumgart, 1994). Zur Erklärung der Frühentwicklung – in deren Rahmen sie erst entstehen – sind sie damit untauglich.

4. Klinische Aspekte

Für die Frage nach der Bedeutung solcher präverbaler psychischer Strukturen für die klinische Arbeit ist entscheidend, inwiefern die frühen Beziehungsrepräsentanzen im klinischen Alltag in Formen auftreten, die nur mit Wissen über die Säuglingsforschung erkannt und bearbeitet werden können (vgl. Dowling und Rothstein, 1989). Kaum zu bestreiten ist das für einige Aspekte nonverbalen Verhaltens, des Wiederholungszwanges und der negativen therapeutischen Reaktion und für körperliche Regulationsdefizite. In diesen Bereichen können präsymbolische Reste direkt klinisch in Erscheinung treten, die auf der Grundlage bisheriger Theorien nicht angemessen erfaßbar waren.

Zu weitgehend ist aber wohl die von Stern (1985) erhobene Forderung, rekonstruierte Entwicklungsgeschichten müßten grundsätzlich mit den Ergebnissen der beobachtenden Säuglingsforschung kompatibel sein. Auch das verlockende Versprechen, die Modelle der Säuglingsforschung könnten „Zeitersparnis und Vertrauen in den therapeutischen Forschungsprozeß“ (a. a. O., S. 364) ermöglichen, ist ein zweischneidiges Schwert: Wenn man nämlich die Psychoanalyse allzu eng an die Säuglingsforschung bindet, besteht die Gefahr, daß die Untersuchung der Eigendynamik unbewußter Phantasien verarmt: Das ältere Kind kann gerade in Reaktion auf unbefriedigende reale Interaktionen – wie sie die Säuglingsforschung erfassen kann – Phantasien aufbauen, die es von der Wirklichkeit entfernen (vgl. Baumgart, 1991). Eine vorschnelle Anbindung an die Schablonen der

Realität könnte deren Bearbeitung erschweren. Der Einfluß der Säuglingsforschung sollte nicht dazu führen, daß mögliche Divergenzen zwischen realem Vorgang und subjektiver Verarbeitung unterschlagen werden.

Literaturempfehlungen

Baumgart, M. (1991). Psychoanalyse und Säuglingsforschung: Versuch einer Integration unter Berücksichtigung methodischer Unterschiede. Psyche, 45, 780–809.

Dowling, S. & Rothstein, A. (Eds.) (1989). The significance of infant observational research for clinical work with children, adolescents, and adults (Workshop series of the American Psychoanalytic Association, Monograph 5). Madison, CN: International Universities Press.

Emde, R. N. (1988a). Die endliche und die unendliche Entwicklung. I. Angeborene und motivationale Faktoren aus der frühen Kindheit. Psyche, 1991, 45, 745–779.

Emde, R. N. (1988b). Die endliche und die unendliche Entwicklung. II. Neuere psychoanalytische Theorie und therapeutische Überlegungen. Psyche, 1991, 45, 890–913.

Lichtenberg, J. D. (1983). Psychoanalyse und Säuglingsforschung. Übers. v. Matthias Baumgart. Heidelberg: Springer 1991.

Lichtenberg, J. D. (1989). Psychoanalysis and motivation: A view from psychoanalysis and infant research. Hillsdale, NJ: Analytic Press.

Schüssler, G. & Bertl-Schüssler, A. (1992a). Neue Ansätze zur Revision der psychoanalytischen Entwicklungstheorie. I. Das Konzept von D. N. Stern. Zeitschrift für Psychosomatische Medizin und Psychoanalyse, 38, 77–87.

Schüssler, G. & Bertl-Schüssler, A. (1992b). Neue Ansätze zur Revision der psychoanalytischen Entwicklungstheorie. II. Das Konzept von J. D. Lichtenberg und Grundsätze einer psychoanalytischen Entwicklungstheorie. Zeitschrift für Psychosomatische Medizin und Psychoanalyse, 38, 101–114.

Stern, D. (1985). Die Lebenserfahrung des Säuglings. Übers. v. Wolfgang Krege. Stuttgart: Klett-Cotta, 1992.

VI. Klinische Psychoanalyse

30. Weiterentwicklung der psychoanalytischen Behandlungstechnik

Christa Rohde-Dachser

1. Einleitung

Die Weiterentwicklung der von Freud begründeten und in seinen technischen Schriften (Freud, 1911e, 1912b, 1913c) dargestellten Technik der Psychoanalyse ist sicherlich keine lineare. Dies läßt sich bereits an der Geschichte des psychoanalytischen Abstinenzgebots erkennen, das von Freud sehr oft flexibel gehandhabt wurde (Cremerius, 1984), um von seinen Schülern dann zu einem rigiden Verbotskatalog umgedeutet zu werden, bis in den letzten zwei Jahrzehnten der „aktive Analytiker" den „spiegelnden" abzulösen begann (Thomä, 1981). Diese und andere Veränderungen ereigneten sich innerhalb der *klinischen Theorie der Psychoanalyse*, die für Gill (1976) und Klein (1976) auch die einzig notwendige Theorie der Psychoanalyse ist und die die Gemeinschaft der Psychoanalytiker einigenden Annahmen enthält.

Veränderungen innerhalb dieser klinischen Theorie der Psychoanalyse dürften heute wohl vor allem in der Gewichtung des *Beziehungsaspektes* innerhalb der psychoanalytischen Behandlungsmethode liegen. Damit ergeben sich auch veränderte Akzentsetzungen in der *Interpretation der Übertragung* und *Gegenübertragung*, der *Trauminterpretation* und der Einbeziehung von *Ergebnissen der Säuglingsforschung* in die psychoanalytische Theoriebildung (Mertens, 1990/91).

2. Veränderungen in der Sicht von Übertragung und Gegenübertragung

Um den Wandel im klinischen Verständnis der Übertragung zu illustrieren, kann man mit Cooper zwischen einem „historischen" und einem „modernistischen" Modell der Übertragung (Cooper, 1987, S. 81) unterscheiden. In dem „historischen" (klassischen) Modell wird die Übertragung als neurotische *Wiederholung der Vergangenheit* verstanden, als eine realitätsunangepaßte Verwechslung von Vergangenheit und Gegenwart. Die *Übertragungsdeutung* zielt deshalb hier vorrangig darauf ab, Vergangenheit und Gegenwart voneinander zu differenzieren und den Patienten damit gleichzeitig zum Verzicht auf seine Übertragungswünsche zu bewegen, die in diesem traditionellen Verständnis immer *infantile* Wünsche sind. Die Aufmerksamkeit des Analytikers ist wesentlich *retrospektiv* gerichtet; die Übertragung dient der Rekonstruktion der „infantilen Neurose", die auf diesem Wege aufgedeckt und überwunden werden soll.

Im Gegensatz dazu fokussiert das „modernistische Modell" vor allem das Hier und Jetzt des Übertragungsgeschehens als eine *neue* Beziehung in der Gegenwart, die in einem positiven Sinne regulatorische Funktionen für das emotionale Erleben und das Verhalten des Patienten übernimmt. Sandler und Sandler (1983) haben in diesem Zusammenhang die Unterscheidung zwischen dem *Vergangenheits-* und dem *Gegenwartsunbewußten* eingeführt; dabei enthält das Gegenwartsunbewußte die zu *aktuellen Wünschen und Phantasien* aufbereiteten (nur indirekt zu erschließenden) Inhalte des *Vergangenheitsunbewußten*. Die „infantile Neurose", deren Aufdeckung und Deutung im Zentrum des historischen Modells stehen, bekommt damit den Rang einer unter vielen, im Gegenwartsunbewußten wirksamen Phantasien. Gleichzeitig wird der Analytiker, der im alten Modell vor allem in beobachtender und deutender Funktion in Erscheinung trat, zu einem aktiven Teilnehmer der therapeutischen Dyade. Mit der Übertragungsinterpretation will der Analytiker dem Patienten helfen, die in der Übertragung auftauchenden, meist mit Beschämung, Angst und Schuldgefühlen verbundenen Wünsche und Phantasien nicht etwa aufzugeben, sondern in ihrer Bedeutung für das *Hier und Jetzt* zu erkennen und zu akzeptieren. Aus der im historischen Modell angestrebten *Rekonstruktion* der Vergangenheit wird damit eine von Patient und Analytiker gemeinsam erarbeitete, sinngebende *Konstruktion*, ein „Narrativ" (Spence, 1982), das seine Rechtfertigung nicht mehr aus seinem objektiven Wahrheitsgehalt, sondern vor allem aus seiner sinnstiftenden Funktion bezieht. Ganz ähnlich sehen Weiss et al. (1977) die Übertragungsinszenierungen ihrer Patienten nicht primär als eine Wiederauflage der Vergangenheit, sondern als ein unbewußtes Probehandeln, das die therapeutische Beziehung auf die Möglichkeit der gefahrlosen Erprobung neuer Pläne und Verhaltensweisen des Patienten testen soll.

Auf dem Hintergrund eines derart veränderten Übertragungskonzeptes bekommt auch die in der Psychoanalyse lange Zeit hindurch eher als Störfaktor betrachtete „Gegenübertragung" eine neue Bedeutung (Mertens, 1991). Paula Heimann war es, die als erste nicht nur die Fiktion vom idealiter „neutralen", d. h. durch die Übertragungsangebote des Patienten nicht irritierbaren Analytiker infrage stellte, sondern darüber hinaus den *Wert der Gegenübertragungs-Reaktionen* für das Verständnis des Patienten hervorhob (Heimann, 1950). Andere Autoren haben daraus das Konzept der *internalisierten Objektbeziehungen* entwickelt, welche in der therapeutischen Situation eine Reinszenierung erfahren (Kernberg, 1975; Sandler, 1988). Dem Analytiker werden dabei wechselnde Rollen zugewiesen; seine „Bereitschaft zur Rollenübernahme" (Sandler, 1976) wiederum bildet die Voraussetzung dafür, daß die Inszenierung stattfinden kann.

Hier fügt sich auch das Konzept des „szenischen Verstehens" ein, wie es insbesondere von Argelander (1970) entwickelt wurde. „Szenisches Verstehen" heißt hier, daß der Analytiker sich mit gleichschwebender Aufmerksamkeit auf die „Szene" einstellt, die der Patient (mit dem Analytiker als Mitspieler) auf der Bühne der therapeutischen Beziehung zur Darstellung bringt. Der Analytiker versucht dabei *introspektiv* (d. h. durch Verwertung seiner Gegenübertragungsreaktionen), den Bedeutungsgehalt der Szene zu erfassen, ohne sich diesen emotionalen Zugang durch theoretische Vorannahmen welcher psychoanalytischen Schulrichtung auch immer von vornherein zu verstellen.

3. Die Trauminterpretation

Freuds Hypothese, daß Träume der infantilen Wunscherfüllung dienen, so daß infantile Wünsche für das Auftreten der Träume notwendig sind, wird von neueren Traumforschungen nicht bestätigt. Diese unterstützen vielmehr die von Freud in Betracht gezogene, dann aber verworfene Hypothese, daß Träume schlafend gewonnene Erkenntnisse sind, die unsere gegenwärtigen Aufgaben und Befürchtungen widerspiegeln, aber auch den Versuch, Probleme zu lösen und zu meistern (Eagle, 1984, S. 227). Die Gestaltung der Trauminhalte entspricht den wesentlichen Zügen der Persönlichkeit (Cohen, 1976). Dazu gehören auch die für den Träumer habituellen Abwehroperationen. Die im Traum wirksam werdenden Wünsche stammen primär aus der Gegenwart (nach Sandler dem Gegenwartsunbewußten), wobei aktuelle und vergangene Wünsche sich auf vielfältige Weise miteinander verflechten.

Darüber hinaus hat der Traum eine *kommunikative Funktion*, mit der sich der Patient seinem Analytiker präsentiert. Von daher wird er immer auch zu einem Mittel der *Selbstdarstellung*, die sich auf den Zustand des Selbst, den Widerspruch zwischen Selbstkonzept und realem Selbst oder auch auf den Wunsch nach Spiegelung eines bisher abgewehrten Selbstanteils beziehen kann. Die Deutung des manifesten Trauminhalts klärt und differenziert so immer auch das Bild des Träumers, das dieser von sich selbst entworfen hat und nun dem Analytiker präsentiert. Das gleiche gilt für die im manifesten Traum praktizierten zukunftsbezogenen Probehandlungen, die damit weniger als Wunscherfüllung denn als Problemlösungskompetenz des Träumers (und des dem Analytiker zugewiesenen Anteils) zu verstehen sind (Rohde-Dachser 1983; Thomä und Kächele, 1985).

4. Der Einfluß der Säuglingsbeobachtung

In der letzten Zeit integriert die Psychoanalyse zunehmend auch Daten der Säuglingsbeobachtung in ihre eigene Theorie und Behandlungspraxis (Mertens, 1990). Die Beobachtungen der Säuglingsforscher zentrieren sich um das Bild eines Säuglings, der bereits mit einem Repertoire von Verhaltensmustern auf die Welt kommt, die ihn nicht nur zur Aufnahme zwischenmenschlicher Beziehungen prädisponieren, sondern es ihm auch ermöglichen, diese Beziehungen von Anfang an aktiv mitzugestalten (Lichtenberg, 1983; Stern, 1985).

Die *therapeutischen* Implikationen dieser Rezeption sind heute weitreichend, wenn auch nicht immer klar expliziert. Sie dürften mit einer theoretischen Verschiebung des Bildes der Menschennatur einhergehen, die hier nicht mehr als ein Organismus verstanden wird, welcher primär von Triebbefriedigung und Spannungsminderung angetrieben wird, sondern von der Suche und dem Bedürfnis nach einem Objekt (vgl. Eagle, 1984, S. 227). Dieses Bedürfnis realisiert sich zuerst in der Beziehung zwischen dem Säugling und seiner Betreuungsperson *(infant-caregiver-relationship)*, in aller Regel also in der frühen Mutter-Kind-Beziehung. Hier entwickeln sich auch die basalen persönlichen *Beziehungsstile*, welche das spätere Beziehungsverhalten eines Menschen, wenn auch nicht unveränderlich, bestimmen (vgl. Emde, 1988). Voraussetzung für eine günstige Entwicklung ist ein phasenadäquates Aufeinander-Abgestimmtsein von Mutter und Säugling, das Stern mit dem Terminus *„affect-attunement"* belegt (Stern, 1985).

Überträgt man diese Befunde auf die psychoanalytische Situation, gewinnt auch das Zueinander-Passen von Analytiker und Patient eine neue Bedeutung. Emde (1988) ebenso wie Stern (1985) heben die Notwendigkeit der *emotionalen Verfügbarkeit des Analytikers* hervor. Gleichzeitig bleibt festzuhalten, daß der Säugling der Säuglingsforscher *nicht* unbedingt auch der Säugling der Psychoanalyse ist. Psychoanalytiker sind in ihren Therapien wesentlich mit den Auswirkungen und der Rekonstruktion einer *traumatisierten* Kindheit befaßt. Aus dieser professionellen Praxis erwächst fast zwangsläufig das Bild eines kleinen Kindes, das von schweren Konflikten, Verlassenheitsängsten, Neid und Aggression geschüttelt ist, sich vielleicht sogar chronisch in einem Zustand hochgradiger Erregung *(high-tension state)* befindet, in dem es keine Beruhigung erfährt. Der Säuglingsbeobachter befaßt sich demgegenüber mit einem Säugling im Zustand wacher Aufmerksamkeit (*alert awakefulness)*, in dem der Säugling sein Interesse aktiv der Welt zuwendet und seine Kompetenzlust entfaltet. So kann es geschehen, daß der Säugling der Psychoanalyse, der, sozusagen per Konstitution, von Haß- und Neidgefühlen und den dazugehörigen Phantasien umgetrieben und dabei gleichzeitig von Verfolgungsängsten geschüttelt wird, sich mit dem Bild der Säuglingsforscher nur schwer zur Deckung bringen läßt. Es scheint, als richteten beide Forschungsrichtungen ihr Hauptaugenmerk auf ganz verschiedene Aspekte der conditio humana. Bestimmte Rückwirkungen auf einige der innerhalb der psychoanalytischen Entwicklungspsychologie bis jetzt kaum hinterfragten Thesen scheinen aber anzustehen. Dazu gehört die Aufgabe der These vom primären Narzißmus des Kindes (Freud, 1914c), von einer anfänglichen autistischen Phase des Kindes und von der „Symbiose zwischen Mutter und Kind" als Ereignis der ersten fünf Lebensmonate (Mahler et al., 1975) und von der Spaltung als einer Abwehroperation, die bereits die präverbalen Erfahrungen des Kindes prägt (Kernberg, 1975; Dornes 1993).

Hier dürfte zwischen Psychoanalyse und Säuglingsbeobachtung in nächster Zeit auch ein für die klinische Theorie der Psychoanalyse mit Sicherheit fruchtbarer Dialog entstehen.

Literaturempfehlungen

Argelander, H. (1970). Das Erstinterview in der Psychotherapie. Darmstadt: Wissenschaftliche Buchgesellschaft.
Cremerius, J. (1984). Vom Handwerk des Psychoanalytikers. Das Werkzeug der psychoanalytischen Technik. 2 Bde. Stuttgart: frommann-holzboog.
Dornes, M. (1993). Der kompetente Säugling. Frankfurt/M.: Fischer
Eagle, M. E. (1984). Neuere Entwicklungen in der Psychoanalyse. Eine kritische Würdigung. München: Verlag Internationale Psychoanalyse 1988.
Lichtenberg, J. D. (1983). Psychoanalyse und Säuglingsforschung. Berlin: Springer 1991.
Mertens, W. (1990/91). Einführung in die psychoanalytische Therapie. 3 Bde. Stuttgart: Kohlhammer.
Stern, D. N. (1985). Die Lebenserfahrung des Säuglings. Stuttgart: Klett-Cotta 1992.
Thomä, H. & Kächele, H. (1985). Lehrbuch der psychoanalytischen Psychotherapie. Bd. 1: Grundlagen. Berlin.

31. Epidemiologie psychogener Erkrankungen

Matthias Franz und Heinz Schepank

1. Einleitung

Die psychoanalytische Krankheitstheorie beschreibt für die psychogenen Erkrankungen Konflikte in der Frühkindheit, Störungen der triebhaften Selbst-Objektdifferenzierung, die Introjektion traumatisierender Objektanteile bzw. Interaktionserfahrungen mit der Ausbildung Ich-struktureller Defizite und anpassungsmindernder Abwehrmechanismen als maßgebliche Ursachen. Zur symptomatischen Manifestation eines Konfliktes in Form einer psychogenen Erkrankung kommt es, wenn eine adaptive Abwehrformation in einer spezifisch-konflikthaften Versuchungs-Versagungs-Situation insuffizient wird. Da psychogene Erkrankungen regelmäßig auch den interaktionellen Bereich tangieren, beinhaltet die tiefenpsychologische Beziehungsdiagnostik auch die Berücksichtigung der szenischen und emotionalen Übertragungsdynamik.

Die Etikettierung einer Erkrankung als „psychogen" sollte in epidemiologischen Studien unabhängig von der theoretischen Orientierung der Untersucher nach Ausschluß einer organischen Ursache anhand deskriptiver klinischer Kriterien erfolgen. Als psychogene Erkrankungen in diesem Sinne gelten Psychoneurosen, Charakterneurosen, Suchterkrankungen und psychosomatische Störungen.

Definition und epidemiologische Erfassung psychogener Erkrankungen sind aufgrund einiger Besonderheiten komplexer Natur. Zunächst erschwert das *breitgefächerte Inanspruchnahmeverhalten* psychogen erkrankter Patienten die epidemiologische Erforschung der psychogenen Erkrankungen. Für diese Patientengruppe existiert noch keine so eindeutige und effektive Zugangsregulation zu entsprechender therapeutischer Fachkompetenz wie z. B. für psychotische oder traumatologische Patienten. Die häufige Inanspruchnahme außer- und paramedizinischer Einrichtungen und Therapieangebote ist mitverursacht durch Uninformiertheit und die Unfähigkeit neurotischer Patienten, im konflikthaften Bereich angstfrei wahrnehmen und rational handeln zu können. Im medizinischen Versorgungsbereich trägt eine organische Attribuierung zu einem somatischen Management von psychogenen Präsentiersymptomen und deren Chronifizierung bei. Aufgrund der resultierenden weit verbreiteten inadäquaten Inanspruchnahme nicht indizierter Therpieangebote eignen sich klinische oder administrative Studien an einer Inanspruchnahmeklientel nicht zur Erforschung von Häufigkeit, Verteilung und Verlauf der psychogenen Erkrankungen.

Darüber hinaus zeigen psychogene Erkrankungen eine große *Variationsbreite von Beginn und Dauer der Symptomatik.* Psychogene Symptome können multipel und zeitgleich, isoliert oder in zeitlicher Abfolge wechselnde Manifestationen desselben Konfliktes sein. Z. B. können herzneurotischer Anfall, Medikamentenabusus, depressive Verstimmung, Magenbeschwerden und Beziehungskonflikte die verschiedenen Symptome *eines* psychogen erkrankten Patienten sein. Schließlich ist die *inter- und intraindividuell wechselhafte Ausprägungsschwere* von psychogenen Erkrankungen zu beachten. Von schwerster körperlicher (vital bedrohliche Kachexie bei A. nervosa), psychischer (neurotische Depression mit Suizidalität) oder sozialkommunikativer (soziale Deprivation bei Suchterkrankung) Beeinträchtigung gibt es alle Übergänge bis hin zu leichten, umschriebenen psychogenen Störungen.

2. Epidemiologische Grundbegriffe

Bedingt durch die unterschiedliche Berücksichtigung dieser Verlaufscharakteristika schwanken die Prävalenzraten epidemiologischer Untersuchungen für psychogene Erkrankungen zwischen 0,1 % und 60 %. Deshalb werden hier noch einmal die wesentlichen Grundbegriffe und Gütekriterien epidemiologischer Forschung genannt.

Die *deskriptive Epidemiologie* erfaßt Häufigkeit und Verteilung bestimmter Krankheitsbilder, die *analytische Epidemiologie* zielt auf eine Aufdeckung korrelativer oder kausaler Zusammenhänge, die *experimentelle Epidemiologie* untersucht hypothesengeleitet Fragen z. B. zur Therapieforschung (Interventionsstudien etc.). In jedem Fall muß die *Zielgruppe* der zu untersuchenden Probanden (Stichprobe) exakt definiert sein. Um die wahre – nicht die behandelte – Häufigkeit einer psychogenen Erkrankung zu ermitteln, sind *repräsentative Felduntersuchungen* mit zufallsgezogenen Probanden notwendig. Bezogen auf die Anzahl der Untersuchten erhält man die Rate der Erkrankten zu einem bestimmten Zeitpunkt: *Prävalenz*. Aufgrund des wechselhaften Verlaufes der psychogenen Erkrankungen ist die Unterscheidung von Stichtagsprävalenz und Periodenprävalenz wichtig. Als *Inzidenz* wird die Rate der *Neu*erkrankungen in Prozent der Gesamtbevölkerung bezogen auf einen Zeitabschnitt bezeichnet. Zur Bestimmung der Prävalenz und Inzidenz sind klare Kriterien für eine Falldefinition und Fallidentifikation nötig. Zur *Falldefinition* sind eine eindeutige Diagnose (qualitatives Kriterium), ein Prävalenzabschnitt (zeitliches Kriterium) sowie die instrumentelle Erfassung der Ausprägungsschwere mit cut-off-Point (quantitatives Kriterium) erforderlich. Die *Fallidentifikation* erfolgt konkret unter Einsatz der gewählten Untersuchungsinstrumente durch einen Experten im Verlauf eines Interviews. Zum Verständnis des komplexen Bedingungsgefüges einer psychogenen Erkrankung ist die Berücksichtigung des psychodynamischen Beziehungsaspektes wesentlich. Deshalb stellt auch das *tiefenpsychologische Interview* ein wichtiges Untersuchungsinstrument dar. Gerade im konflikthaften Bereich besteht oft eine hohe Abwehr und Verleugnungstendenz auch beim Ausfüllen *soziodemographischer* oder *psychometrischer Fragebögen. Vollständigkeit und Qualität der Datengewinnung* müssen deshalb durch das Untersuchungsdesign und eine hohe *fachliche Kompetenz trainierter Untersucher* sichergestellt sein.

Wichtige Gütekriterien epidemiologischer Untersuchungen von psychogenen Erkrankungen sind also: Repräsentativität, zufallsbestimmte Probanden, eindeutig definierte Zielgruppe, exakte Falldefinition und Fallidentifikation, ausreichend hohe Probandenzahl, kombinierter Einsatz ausreichend valider psychometrischer und psychodynamischer Untersuchungsinstrumente, qualifizierte Untersucher.

3. Ergebnisse

Nur wenige aufwendige Untersuchungen genügen den genannten Gütekriterien, weshalb die angegebenen Prävalenzraten für psychogene Erkrankungen sogar in repräsentativen epdemiologischen Studien eine hohe Varianz aufweisen.

Einschlägige Studien in westlichen Industriestaaten führten zu deutlich unterschiedlichen Resultaten. In der Midtown-Manhattan-Studie I und II – ermittelte Risikoindikatoren: höheres Alter, Scheidung, niedriger sozio-ökonomischer Status der Eltern während der Kindheit, Partnerlosigkeit bei Männern – (Langner und Michael, 1963; Srole und Fischer, 1986), der Stirling County Study (Leighton et al., 1963) und der Untersuchung von Hagnell (1966, 1970) wurden Prävalenzraten für funktionelle psychosomatische Beschwerden gemeinsam mit neurotischen Störungen zwischen 13 % und 80 % angegeben. Neugebauer und Dohrenwend (1980) teilen in einer Literaturstudie (24 Feldstudien aus Nordamerika und Europa) eine Schwankungsbreite für Neurosen und Persönlichkeitsstörungen in der Gesamtbevölkerung von 1 % bis über 60 % an. Im großangelegten Epidemiologic Catchments Area Program (ECA) des National Institute of Mental Health der USA, einer psychiatrischen Feldstudie an verschiedenen Großstadtstichproben, wurde 1984 für alle psychiatrisch relevanten Diagnosen eine 6-Monats-Prävalenz zwischen 16 % und 24 % festgestellt. Bei den Männern wurden Alkoholabusus und Persönlichkeitsstörungen, bei den Frauen Phobien und depressive Episoden als häufigste Erkrankungen diagnostiziert. Die Diagnose „somatization“ wurde – bezogen auf eine lebenslange Prävalenz – möglicherweise aus methodischen Gründen unrealistisch gering nur für 0,1 % der gesamten Stichprobe vergeben (Regier et al., 1984; Robins et al., 1984; Myers et al., 1984). In der Nachfolgeuntersuchung des ECA (Robins und Regier, 1991) wurden diese Befunde im wesentlichen repliziert. 11,6 % der Gesamtstichprobe erfüllten die im Vergleich zur Diagnose „somatization disorder“ weiter gefaßten Kriterien (DSM-III) des „somatization syndrome“. Die 1-Jahres-Prävalenzraten betrugen für die Phobien

8,8 %, generalisierte Ansterkrankungen 3,8 %, Zwangserkrankungen 1,7%, Drogen- und Alkoholabhängigkeit 8,8% und für (antisoziale) Persönlichkeitsstörungen 1,2 %.

Dilling et al. (1984) und in der Folgeuntersuchung Fichter et al. (1990) fanden in einer Feldstudie in einem ländlichen Bereich der Bundesrepublik Deutschland eine Punktprävalenz für neurotische oder psychosomatische Erkrankungen von 30,4 % bzw. 22,6 % der Erwachsenenbevölkerung. Von diesen waren aus *psychiatrischer* – nicht unbedingt auch aus psychosomatischer Sicht – lediglich 14,4 % bzw. 11,4 % behandlungsbedürftig. Persönlichkeitsstörungen wurden bei 4,2 % der Probanden bzw. 7,7 % der Probanden der Nachfolgeuntersuchung, Suchterkrankungen bei 5,5 % bzw. 8,5 % diagnostiziert. Ein erhöhtes Erkrankungsrisiko wiesen partnerlose Unterschichtangehörige und Frauen auf. Frauen überwogen deutlich bei den neurotischen und psychosomatischen Erkrankungen, die Männer hingegen bei Alkoholproblemen.

In Allgemeinarztpraxen betrug die Punktprävalenz für Psychoneurosen, Persönlichkeitsstörungen und funktionell-psychosomatische Störungen 12 % (Strotzka et al., 1969) bzw. 21,2 % (Zintl-Wiegand et al., 1980). Risikoindikatoren waren sozialer Abstieg, Ehelosigkeit bei Männern und Ehekonflikte bei Frauen. Bei den Frauen bestanden häufiger Depressionen und psychogene Herzbeschwerden, bei den Männern überwogen Persönlichkeitsstörungen. In Untersuchungen stationärer Patientenkollektive von Allgemeinkrankenhäusern werden Prävalenzraten psychogener Erkrankungen zwischen 37 % und 45 % mitgeteilt (Künsebeck et al., 1984; Gathmann und Friedmann, 1987; Stuhr und Haag, 1989).

Schepank (1987, A-Studie) untersuchte 600 Probanden hinsichtlich der Prävalenz psychogener Erkrankungen (Mannheimer Stadtbevölkerung der Jahrgänge 1935/45/55). Die Probanden wurden von psychodynamisch geschulten und klinisch-psychosomatisch erfahrenen Ärzten und Psychologen interviewt und unter Einsatz zahlreicher sozialempirischer und psychometrischer Instrumente untersucht. Die wahre Punktprävalenz für die Fälle betrug 26 % (Psychoneurosen 7,2 %, Charakterneurosen 5,7 %, Suchterkrankungen 1,5 %, psychosomatische Erkrankungen 11,6 %). Die häufigsten Symptome waren innere Unruhe, Suchtverhalten, depressive Verstimmungen und Ängste. Bei den Fällen überwogen die Frauen (1,9/1). Unterschichtzugehörigkeit, unangenehme Lebensereignisse, Partnerlosigkeit, Beziehungskonflikte, frühkindliche Belastungen waren bei den Fällen häufiger als bei den Nicht-Fällen. Eine Indikation für eine psychotherapeutische Behandlung bestand bei 22,8 % der Probanden. Die Hälfte von diesen erschien für eine Psychotherapie motiviert bzw. motivierbar. Die Folgeuntersuchung (Schepank, 1990, B-Studie) replizierte die wesentlichen Ergebnisse. 20 % der Probanden wechselten die Falleigenschaft. Frauen überwogen unter den Fällen nicht mehr so deutlich, eine Tendenz, die sich auch in anderen Längsschnittuntersuchungen zeigte (Srole, 1975; Lehtinen et al., 1981; Fichter et al., 1990). Die sozialwissenschaftlichen Konstrukte „belastende Lebensereignisse" und „verschlechterte Supportstruktur" erbrachte zwischen 6 % und 24 % Varianzaufklärung der vorliegenden psychogenen Beeinträchtigung.

Seit 1989 wird in einer weiteren Folgeuntersuchung (C-Studie) mit den Mitteln der experimentellen Epidemiologie an der Aufklärung ätiologisch relevanter Bedingungsfaktoren psychogener Erkrankungen gearbeitet (Franz et al., 1993b). 240 der 528 Probanden der B-Studie wurden ein drittes Mal untersucht. Bei diesen Probanden bestand eine mittelgradige psychogene Beeinträchtigung und demzufolge eine voraussichtlich zu erwartende relativ hohe intraindividuelle Langzeitverlaufsvarianz der psychogenen Beeinträchtigung, wodurch eine bessere Identifikation von Ursache-Wirkungs-Zusammenhängen ermöglicht werden sollte. Zur weiteren Erhöhung der intraindividuellen Verlaufsvarianz erhielten 100 Probanden bei bestehender Indikation ein Angebot von psychodynamischer Psychotherpie. 33 % der Probanden nahmen an, was im Vergleich zur spontan eigeninitiativen Inanspruchnahme von Psychotherapie in dieser Risikopopulation (3 % bezogen auf ein Prävalenzintervall von einem Jahr) einer Verzehnfachung der Inanspruchnahme von Psychotherapie entsprach. Der sogenannte Yavis-Stereotyp war in der Gruppe der Annehmer statistisch nicht signifikant überrepräsentiert. Dies bedeutet, daß auch ältere, männliche oder Unterschichtpatienten durchaus häufig ein Psychotherapieangebot für sich nutzen können, wenn dieses *frühzeitig ausgesprochen* wird (Franz et al., 1990).

In ersten Teilauswertungen der C-Studie deutet sich an, daß das tiefenpsychologisch konzipierte Konstrukt „Persönlichkeit" einen größeren Einfluß auf psychogene Beeinträchtigung ausübt als kritsche Lebensereignisse und soziale Unterstützung. Darüber hinaus erlauben die erhobenen Daten inzwischen auch Aussagen zum Spontanverlauf psychogener Erkrankungen. Ausprägungsschwere und Fallrisiko zeigen über 10 Jahre hinweg eine hohe Stabilität. Im gruppenstatistischen Mittel nahm die psychogene Beeinträchtigung sogar zu. Anhand der Verlaufsdynamik ließen sich jedoch verschiedene Subgruppen (Verbesserungen, wechselhafte Verläufe, überwiegend jedoch Verschlechterungen) in der untersuchten Feldstichprobe differenzieren. Es zeigte sich, daß in erster Linie Persönlichkeitsfaktoren und kindliche Früherfahrungen zwischen positiven (internale Kontrollüberzeugungen, geringere Depressivität und Nervosität, relativ reifere Abwehrorganisation und Objektbeziehungsfähigkeit) und negativen Verläufen (relativ stärkere frühkindliche Belastungen, Verhaltensauffälligkeiten und Ängste) differenzierten.

Insgesamt ergeben sich also auch aus epidemiologischer Perspektive starke Hinweise auf die ätiologische Bedeutung des Konstruktes Persönlichkeit und der Primärsozialisation für das Ausmaß und den eher schlechten Langzeitspontanverlauf psychogener Erkrankungen.

Literaturempfehlungen

Dilling, H., Weyerer, S. & Castell, R. (1984). Psychische Erkrankungen in der Bevölkerung. Stuttgart: Enke.

Franz, M., Schiessl, N., Manz, R., Fellhauer, R., Schepank, H. & Tress, W. (1990). Zur Problematik der Psychotherapiemotivation und der Psychotherapieakzeptanz. Psychotherapie, Psychosomatik, Medizinische Psychologie, 40, 369–374.

Franz, M., Schepank, H., Reister, G. & Schellberg, D. (1993a). Epidemiologische Befunde zum Langzeitspontanverlauf psychogener Erkrankungen über 10 Jahre. Psychotherapie, Psychosomatik, Medizinische Psychologie (im Druck).
Franz, M., Schellberg, D. & Schepank, H. (1993b). Epidemiologische Befunde zur Ätiologie psychogener Erkrankungen. Psychotherapie, Psychosomatik, Medizinische Psychologie (im Druck).
Schepank, H. (1987). Psychogene Erkrankungen der Stadtbevölkerung. Heidelberg: Springer.
Schepank, H. (Hg.) (1990). Verläufe. Heidelberg: Springer.
Srole, L. (1975). Measurement and classification in sociopsychiatric epidemiology: Midtown Manhattan Study (1954) and Midtown Manhattan Restudy (1974). Journal of Mental Health and Social Behavior 16, 347–364.
Srole, L. & Fischer, A. K. (1986). Gender, generations, and well-being: the Midtown Manhattan Longitudinal Study. In L. Erlenmeyer-Kinnling & N. E. Miller (Eds.), Lif-span Research on the Prediction of Psychopathology (S. 239–246). Hillsdale NJ: Erlbaum.
Stuhr, U. & Haag, A. (1989). Eine Prävalenzstudie zum Bedarf an psychosomatischer Versorgung in den allgemeinen Krankenhäusern Hamburgs. Psychotherapie, Psychosomatik, Medizinische Psychologie, 39, 273–281.

32. Psychoanalyse und analytische Psychotherapie

Wolfgang Mertens

„Ich mache eine Analyse“, sagt der Laie, und auch der Fachmann differenziert in seinem Sprachgebrauch nicht immer und nicht genau zwischen Psychoanalyse und Therapie bzw. psychoanalytischer Psychotherapie. Seit den 50er Jahren wird auf Symposien und Fachtagungen heftig darüber diskutiert, was die Unterschiede zwischen diesen beiden Behandlungsformen sind (z. B. Eissler, 1953; Gill, 1954; Rangell, 1954; Stone, 1954). Sind z. B. die aus der Psychoanalyse abgeleiteten Verfahren, wie die (psycho)analytische Psychotherapie, oder die tiefenpsychologisch fundierte Psychotherapie noch als psychoanalytisch zu bezeichnen, oder haben sie mit der ursprünglichen Auffassung Freuds nur noch wenig Gemeinsamkeiten? Ist es tatsächlich so, daß in der Psychoanalyse ausschließlich die Deutung des Unbewußten, in den anderen Therapieformen hingegen eher Faktoren wie Unterstützung, Tröstung, Suggestion eine Rolle spielen, so daß die Verfechter der reinen Psychoanalyse abschätzig von einer „Übertragungsheilung“ oder von einer korrigierenden emotionalen Erfahrung sprechen, die nur so lange anhalte, wie die therapeutische Beziehung andauert? Gibt es denn die reine, die tendenzlose Psychoanalyse mit vier bis fünf Wochenstunden überhaupt noch, und wenn ja, wer kann sich diese noch leisten? Ist es überhaupt sinnvoll, Psychoanalyse von psychoanalytischer Psychotherapie fein säuberlich abgrenzen zu wollen, oder geht es hierbei eher um Haltungen, die auf einem Kontinuum angesiedelt sind?

1. Warum überhaupt die therapeutische Anwendung der Psychoanalyse?

In „Wege der psychoanalytischen Therapie" denkt Freud (1919a) über die Zukunft der Psychoanalyse als Therapie nach und hofft, daß irgendwann einmal genügend Psychoanalytiker ausgebildet seien, die dann an „Ordinationsinstituten" in fester Anstellung arbeiten und den „Armen" seelische Hilfeleistung zukommen lassen werden:

„Dann wird sich für uns die Aufgabe ergeben, unsere Technik den neuen Bedingungen anzupassen. Ich zweifle nicht daran, daß die Triftigkeit unserer psychologischen Annahmen auch auf den Ungebildeten Eindruck machen wird, aber wir werden den einfachsten und greifbarsten Ausdruck unserer theoretischen Lehren suchen müssen... Wir werden auch sehr wahrscheinlich genötigt sein, in der Massenanwendung unserer Therapie das reine Gold der Analyse reichlich mit dem Kupfer der direkten Suggestion zu legieren... Aber wie immer sich auch diese Psychotherapie fürs Volk gestalten, aus welchen Elementen sie sich zusammensetzen mag, ihre wirksamsten und wichtigsten Bestandteile werden gewiß die bleiben, die von der strengen, der tendenzlosen Psychoanalyse entlehnt worden sind." (S. 193/94)

Ob diese Prognose und Option Freuds in allen Punkten Wirklichkeit geworden sind, ist Gegenstand erheblicher Kontroversen. Zwar ist eine Vielzahl therapeutischer Verfahren als Krankenkassenleistung in Deutschland nunmehr seit über 20 Jahren möglich, so daß die Psychoanalyse z. B. als analytische Psychotherapie und tiefenpsychologisch fundierte Psychotherapie dem „Volk" zugänglich geworden ist, doch inwieweit hierbei eine Legierung des reinen Goldes stattgefunden hat, darüber gehen die Auffassungen ziemlich weit auseinander. Sagen die einen, daß die medizinisch-therapeutischen Anwendungsformen der Psychoanalyse bereits zu einer Degenerierung der Psychoanalyse als Wissenschaft geführt haben, weil z. B. recht und schlecht ausgebildete Ärzte (mit der Möglichkeit zum Erwerb der ärztlichen Zusatzbezeichnung „Psychotherapie" und nunmehr auch mit der Facharztbezeichnung „Arzt für psychotherapeutische Medizin“) die zumindest in Deutschland fast schon zum Modeberuf gewordene Tätigkeit des Psychotherapeuten ausüben können – so entgegnen die anderen, daß erstens auch die analytische Psychotherapie und tiefenpsychologisch fundierte Therapie psychoanalytisch im strengen Sinn gehandhabt werden können, daß zweitens die medizinisch-therapeutischen Anwendungen angesichts der heutigen Klientel unbedingt notwendig seien und daß drittens trotz gewisser Modifikationen der „strengen, tendenzlosen Psychoanalyse“ die Legierung des Goldes nur eine geringfügige sei. Letzteres trifft, so muß allerdings einschränkend gesagt werden, gewiß nicht auf die Tätigkeit derjenigen Psychotherapeuten zu, die sich im Schnellverfahren mit psychoanalytischen Kenntnissen und Fertigkeiten z. B. im Rahmen des Zusatztitels „Psychotherapie“ vertraut gemacht haben.

Im folgenden geht es jedoch nicht um die Qualität der therapeutischen Tätigkeit im Rahmen des Zusatztitels „Psychotherapie“ oder des neuen Facharztes, sondern um die Unterscheidung zwischen Psychoanalyse und psychoanalytischer Psychotherapie.

2. Was will die „strenge, die tendenzlose Psychoanalyse“?

Ist das Festhalten an der Psychoanalyse als wissenschaftlicher Psychoanalyse, die sich ihren Blick durch kein pragmatisches, ehrgeiziges, medizinisch-therapeutisches Erkenntnisinteresse trüben lassen möchte, eine elitäre Haltung von psychoanalytischen Grundlagenforschern, die von Haus aus jeder Form der Anwendung Skepsis entgegenbringen? Eine arrogante Einstellung honoriger Universitätsprofessoren oder Klinikleiter, die sich ihre psychoanalytischen Hände nicht mit dem Schreiben von Krankenkassengutachten fürs „Volk“ schmutzig machen wollen und diese Arbeit lieber anderen überlassen? Oder gibt es gewichtige Argumente für die „strenge“ Psychoanalyse? Was sind deren Vorzüge im Unterschied zu den therapeutischen „Legierungen“ (vgl. Schubart, 1991, S. 263 f.)?

Die strenge, die tendenzlose Psychoanalyse kann die Erkenntnishaltung der gleichschwebenden Aufmerksamkeit optimal verwirklichen, weil sie durch nichts und niemanden gezwungen wird, ihre Aufmerksamkeit zu fokussieren; sie hat es nicht nötig, z. B. eine Fokusformel im Rahmen einer Fokaltherapie rasch zu finden, sie kann sich somit Zeit lassen, sie braucht sich nicht an die lineare Zeitvorstellung anzupassen. „Gerade weil wir innerhalb der gesellschaftlichen Zeit-Definition operieren, müssen wir beständig die 'psychoanalytische Zeit' gegen die gesellschaftliche Zeit-Definition etablieren und verteidigen" (Nedelmann und Reiche, 1990, S. 215). Das analytische Verstehen und Durcharbeiten unbewußter Konflikte benötigt einen geschützten Phantasieraum, und deshalb gilt: „Die Herstellung einer – therapeutisch gehandhabten und zeitlich gleichwohl begrenzten – zyklischen 'Zeitlosigkeit' ist eine Grundvoraussetzung zur Herstellung des inneren Phantasieraums des Analysanden" (Nedelmann und Reiche, 1990, S. 215).

Die Psychoanalyse ist niemandes Knecht, weder muß sie sich den Psychotherapie-Richtlinien beugen, noch vor irgendeiner staatlichen Instanz Koteau machen. In ihrer Unabhängigkeit kann sie eine genuin psychoanalytische Einstellung zu gesellschaftlichen Vorgängen bewahren: sich kritisch zu Institutionen verhalten, deren Einflüsse nicht selten neurotisierend sind. Sie ist somit auch frei von den Zwängen einer Kassenregelung, die unter der Prämisse von wirtschaftlicher Effizienz einen genau definierten zeitlichen Rahmen und Zielkatalog vorgibt und somit möglicherweise tendenziell krankmachende Strukturen verfestigt, anstatt sie aufzulösen.

Sie braucht sich nicht nach jeder Stunde – oder spätestens beim nächsten Kassenverlängerungsantrag – zu fragen, ob der Patient nun schon mehr Objektkonstanz, Ambivalenztoleranz, weniger Abwehr aufweise, ob seine Empathie und Liebesfähigkeit zugenommen haben, er durchsetzungsfähiger geworden sei u. s. f. All dieses Schielen nach Fortschritt, Reife und Entwicklung, die sich nach Auffassung anderer Therapierichtungen am besten noch messen lassen sollten, ist nicht nur überflüssig, sondern auch schädlich.

Denn die psychoanalytische Haltung will nichts verändern, sondern das Unbewußte des Analysanden tendenzlos erforschen. Sie will nichts wieder gutmachen, keine Bedürfnisbefriedigung vornehmen, nicht die bessere Mutter oder der liebevollere Vater sein: sie kann sich selbstbeschränken auf die bescheidene Rolle des Forschers. Während der Heiler nach Schubart (1991) entweder den Irrsinn in sich selbst heilen möchte oder Omnipotenzphantasien agiert, für seinen Zuspruch und Trost geliebt werden möchte und letztlich dafür Dankbarkeit erwartet, kann der psychoanalytische Forscher mit seiner Begrenztheit leben. „Ein Helfer dagegen muß nicht den Verlust von Omnipotenz betrauern, er hofft, sie in seinem therapeutischen Vorhaben erhalten zu können. Er braucht den Schmerz nicht zu erleben, den die Anerkennung möglicher Unveränderbarkeit gewachsener Strukturen mit sich bringt, er bemüht sich um dessen Verhinderung und Beseitigung durch seine Hilfe. Demgegenüber beschränkt sich der mit dem Primat des Forschens identifizierte Psychoanalytiker – wenn irgend möglich – auf die Untersuchung und Benennung unbewußter Konflikte und Phantasien, wie sie sich in der Übertragungs/Gegenübertragungsbeziehung abbilden, ohne über seine Präsenz und Verläßlichkeit im Analysieren hinaus Hoffnung zu vermitteln" (Schubart, 1991, S. 270).

Ein Psychoanalytiker mit dieser genuin psychoanalytischen Einstellung weiß nicht, was gesund und was krank ist, wo die Perversion anfängt und die Psychose aufhört. Er braucht kein Strukturniveau zu bestimmen, das Überschreiten des Angelpunktes bestimmter Ich-Funktionen zu diagnostizieren oder gar globale Krankheitsstrukturen zum Zwecke des Kassengutachtens zu identifizieren.

3. Eine nüchtern pragmatische Sicht

Cremerius (1990) versucht, den Nachweis zu führen, daß Psychoanalytiker der Deutschen Psychoanalytischen Vereinigung (DPV) und der Internationalen Psychoanalytischen Vereinigung (IPV) Potemkinsche Dörfer aufbauen, wenn sie den Eindruck erwecken wollen, daß die institutionalisierte

Psychoanalyse ausschließlich hochfrequente Langzeitanalysen durchführen würde. Auf Argumente niederländischer und nordamerikanischer Autoren zurückgreifend, zeigt er auf, daß die veränderte Klientel schon seit längerem zu einer Modifizierung der psychoanalytischen Therapie geführt hat, daß die Zahl der Patienten, die sich überhaupt noch eine hochfrequente Langzeitanalyse finanziell leisten können, immer mehr zurückgeht, und daß (in Deutschland) im Rahmen der Richtlinien-Psychotherapie schließlich psychoanalytische Psychotherapie anzuwenden ist und nicht eine hochfrequente Langzeitanalyse. Cremerius vermutet, daß hochfrequente Langzeitanalysen überwiegend nur noch als Lehranalysen (von DPV-Mitgliedern) durchgeführt werden, wobei die Lehranalytiker zumeist Hochschulprofessoren, Klinikdirektoren oder Institutsleiter seien, die nahezu ausschließlich Lehranalysen durchführen. Gegen die Idealisierung von Fallvorstellungen von über 1000stündigen Analysen auf Kongressen, in denen auf beeindruckende Art der Umgang mit psychotischen Phantasien eines tief regredierten Patienten vorgeführt wird, setzt Cremerius (1990) die nüchterne Sichtweise des real praktizierenden analytischen Psychotherapeuten. Dieser ist, so Cremerius, keineswegs des Glaubens, daß er mindere Arbeit angesichts seiner Kollegen mit hochfrequenten Langzeitanalysen verrichtet, sondern geht im Gegenteil davon aus, daß seine Therapieform zu positiven Therapieergebnissen führt. Man sollte auch einmal die Ergebnisse von Wallerstein (1986) studieren, der anhand des groß angelegten Menninger-Psychotherapie-Projekts zu der Einschätzung gelangte, daß nicht nur die streng gehandhabte Psychoanalyse strukturelle Änderungen zur Folge hat. Cremerius (a. a. O.) verweist auf das „Massenexperiment der Lehranalyse“, das trotz Vervielfachung der Stundenzahl gegenüber den 20er und 30er Jahren den erwünschten Erfolg einer größeren Effizienz offensichtlich nicht erbracht habe. Aber auch Cremerius (a. a. O., S. 13) bedauert andererseits, daß wegen des allmählichen Verschwindens der hochfrequenten Langzeitanalyse intensivere analytische Erfahrungen gar nicht mehr gemacht werden können und „ein hochdifferenziertes Forschungsinstrument bald nicht mehr zur Verfügung stehen wird“. Warum sollte dann aber nicht diese Form der Erfahrung und Forschung zumindest in Gestalt der Lehranalyse gerettet werden können?

Erfolgte die psychoanalytische Kur zu Freuds Zeiten noch „täglich mit Ausnahme der Sonntage und der großen Festtage, also für gewöhnlich sechsmal in der Woche" (Freud, 1913c, S. 459), um eine möglichst große Kontinuität zu gewährleisten, so führte die Emigration der Psychoanalyse in die angelsächsische Welt wegen des „happy weekend" zu fünf Stunden in der Woche, und die wieder etablierte Psychoanalyse in der BRD favorisierte vier Wochenstunden, vermutlich wegen des freien Ärztemittwochs (vgl. Nedelmann und Reiche, 1990). Diese Autoren vermuten, daß die Tendenz einer weiteren Reduktion der Therapie auf drei, zwei oder gar nur noch eine Stunde zu gravierenden Folgen für die Weiterbildung führen kann und befürchten, daß die schleichende Anpassung an das Effizienzdenken „die Repräsentanz der Psychoanalyse in uns zu zerstören" droht (S. 215). (Die Autoren nehmen hierbei Bezug auf eine von der Deutschen Gesellschaft für Psychotherapie, Psychosomatik und Tiefenpsychologie (DGPT) 1986 in Auftrag gegebene empirische Untersuchung zur Ermittlung versorgungsrelevanter Daten und einiger Kriterien des beruflichen Selbstverständnisses – wobei Mitglieder der DGPT, der Deutschen Psychoanalytischen Vereinigung (DPV), der Deutschen Psychoanalytischen Gesellschaft (DPG) und der Deutschen Gesellschaft für Analytische Psychologie (DGAP) befragt wurden. Aufgrund dieser Studie ergab sich das erstaunliche Ergebnis, daß zwar Analysen mit vierstündiger Wochenfrequenz zu 93 % von DPV-Mitgliedern durchgeführt wurden, aber insgesamt nur 7,1 % der Therapien ausmachen, während das Gros aller Patienten ein- bis zweistündige Therapien aufweist). So gesehen, könnten bereits die nur mehr 7,1 % vierstündiger Analysen (dokumentiert in der Praxisstudie) ein Indikator für die immer geringer werdende psychoanalytische Identität sein. Aus einer tiefen Besorgnis heraus weisen Nedelmann und Reiche (1990) deshalb auch darauf hin, daß in den Einwänden gegen die höhere Stundenfrequenz bereits der kollektive Widerstand gegen die Psychoanalyse überhaupt zum Ausdruck kommt, die als Wissenschaft und Therapieform sich der subjektiven Phantasiewelt eines Menschen in einer einzigartigen Gründlichkeit und Geduld annimmt. In unserer, am äußeren Schein und Erfolg festgemachten Welt, in der alles schnell geschehen soll, muß ein solches Verfahren von vornherein Mißtrauen und Ablehnung hervorrufen.

4. Fazit

Jenseits aller Idealisierungen der strengen, tendenzlosen Psychoanalyse muß darüber nachgedacht und geforscht werden, was die Psychoanalyse von der analytischen Psychotherapie, aber natürlich auch von übrigen Anwendungsformen (wie z. B. der tiefenpsychologisch fundierten Psychotherapie, dynamischen Psychotherapie [Dührssen, 1972], psychoanalytisch-interaktionellen Therapie [Heigl-Evers und Heigl, 1988] u. a. m.) tatsächlich unterscheidet. Auch die analytische Psychotherapie arbeitet gezielt und systematisch an und mit der Übertragung, verwendet Klärung und Deutung als vorrangige Mittel und hält eine technische Neutralität aufrecht. Auch für sie gilt, daß unreflektierte, magische Heilserwartungen auf unbearbeitete Omnipotenzphantasien und nicht bewältigten Haß und Verzweiflung zurückgehen können und als Gegenübertragungsagieren des Analytikers eingestuft werden müssen. Auch in der strengen, tendenzlosen Psychoanalyse ist der Analytiker gegen solche narzißtischen Versuchungen selbstverständlich nicht gefeit, und Berichte von Analysanden könnten hierzu eine aufschlußreiche Materialsammlung erbringen. Sicherlich stimmt es, daß die Psychoanalyse vom Druck äußerer Anpassungsbedingungen befreit ist, aber ist es nicht auch eine allzu arglose Idealisierung, zu meinen, daß es jemals eine erwartungsfreie psychoanalytische Haltung geben könnte? Ist Wissenschaft erwartungsfrei? Wird hier nicht einem übermenschlichen Ideal – nichts zu wollen, nichts zu begehren – das Wort geredet? Und stimmt diese Auffassung überhaupt mit neueren Befunden zur transaktionellen Verschränktheit von Übertragung und Gegenübertragung überein? Impliziert die Redeweise von der tendenzlosen Psychoanalyse immer noch die – längst schon veraltete – erkenntnistheoretische Haltung einer Subjekt-Objekt-Spaltung, d. h. einer objektiven Erkenntnismöglichkeit? Sind Psychoanalytiker nicht besser damit beraten, wenn sie statt dessen von der Notwendigkeit ausgehen, ihren permanenten Einfluß auf die Äußerungen ihres Analysanden zu reflektieren, wobei es keine Rolle spielt, ob der Betreffende drei oder vier Wochenstunden in die Analyse kommt (obwohl die vier- oder fünf stündige Frequenz bei manchen, aber sicherlich nicht bei allen Analysanden eine stärkere Kontinuität und damit eine Erleichterung der Möglichkeit, Übertragung zu erkennen und zu analysieren, mit sich bringen kann)? Und sind wir uns tatsächlich angesichts vielfältiger Kontroversen über die Bedeutung der Art und Weise der Übertragungsanalyse, der verschiedenen Wirkfaktoren wie Deutung, Beziehung, Identifikation, schon so sicher darüber, was eine tiefgreifende und intensive Einsichten zur Folge habende Psychoanalyse nun wirklich ist? Schon ein flüchtiger Blick auf empirische Forschungsergebnisse verdeutlicht, daß eine lege artis durchgeführte Psychoanalyse in der Regel zwar einen therapeutischen Nutzen erbringt, analytische Kriterien, wie z. B. die Durcharbeitung einer Übertragungsneurose, aber eher selten erfüllbar sind, wobei sich die Analysierbarkeit eines Patienten trotz sorgfältiger Indikationsstellung – überhaupt erst nach vielen Behandlungsstunden einschätzen läßt (vgl. Kantrowitz et al., 1986, 1987a,b; Mertens, 1990). Wie die Befunde des Menninger-Projekts (Wallerstein, 1986) gezeigt haben, gibt es sowohl bleibende Veränderungen ohne Einsicht als auch Patienten, die viele Einsichten haben, aber nur geringe strukturelle Veränderungen aufweisen (vgl. Hohage, 1990).

Trotz all dieser realistischen Bedenken gegenüber einer allzu strikten Abgrenzung von Psychoanalyse und analytischer Psychotherapie kann es aber keinen Zweifel daran geben, daß die z. B. von Schubart (1991) und Nedelmann und Reiche (1990) skizzierte psychoanalytische Haltung äußerst wertvoll und für die Zukunft der Psychoanalyse von großer Wichtigkeit ist. Nichts spricht auch dagegen, sie denjenigen Menschen angedeihen zu lassen, die den Kriterien von Analysierbarkeit entsprechen und die bereit sind,

Zeit und Geld dafür aufzubringen. Daß eine hochfrequente Langzeitanalyse nicht für jeden therapiewilligen Patienten indiziert ist und daß auch die anderen Therapieformen ihre Berechtigung und ihren Nutzen haben, ist ebenfalls unbestritten.

Der jüngst vom Bundesausschuß der Ärzte und Krankenkassen gefaßte Beschluß, zukünftig in der kassen- und vertragsärztlichen Versorgung bei Durchführung von psychoanalytischer Therapie eine Begrenzung auf drei Behandlungsstunden pro Woche vorzunehmen (und die Durchführung von vierstündigen Analysen – selbst wenn der Patient die vierte Stunde selbst bezahlen würde –, mit Verlust der Kassenzulassung zu belegen), macht sich das Argument zunutze, daß der wissenschaftliche Nachweis einer spezifischen Indikation und einer größeren therapeutischen Wirksamkeit einer vier- oder fünfstündig durchgeführten Analyse bislang noch nicht erbracht worden sei. Dabei wird aber übersehen, daß die nicht auf den unmittelbaren Heilungserfolg schielen müssenden hochfrequenten Psychoanalysen neben ihrer noch im einzelnen zu präzisierenden Indikation bei manchen Patienten eine unverzichtbare Forschungsmöglichkeit darstellen, der die Psychoanalyse als Theorie und praktische Anwendung seit vielen Jahren ihre Existenz verdankt (vgl. Ermann, 1993). Mit Hilfe von einstündigen tiefenpsychologisch orientierten Beratungsgesprächen wäre gewiß die Psychoanalyse nicht zu jener Theorie expandiert, die sie heute weltweit darstellt. Die erfolgte Änderung der Psychotherapie-Richtlinien ist deshalb nicht nur ein bedauerlicher Eingriff in die Behandlungsfreiheit, sondern auch eine nicht zu tolerierende Einschränkung der psychoanalytischen Grundlagenforschung, die ganz gewiß nicht im Labor stattfindet.

Literaturempfehlungen

Blomeyer, R. (1990). Richtlinien Psychotherapie und Psychoanalyse oder Die hinreichend gute Mutter. Forum der Psychoanalyse, 6, 187–198.

Cremerius, J. (1990). Die hochfrequente Langzeitanalyse und die psychoanalytische Praxis. Utopie und Realität. Psyche, 44, 1–29.

Heigl-Evers, A & Nitzschke, B. (1991). Das Prinzip „Deutung" und das Prinzip „Antwort" in der psychoanalytischen Therapie. Anmerkungen zur theoretischen Begründung zweier therapeutischer Angebote, die an unterschiedliche Patientengruppen gerichtet sind. Zeitschrift für psychosomatische Medizin und Psychoanalyse, 37, 115–127.

Hoffmann, S. O. (1990). Ist die „rite" Psychoanalyse wirklich Psychotherapie im Sinne der Richtlinien? Forum der Psychoanalyse, 6, 163–166.

Janssen, P. L. & Paar, G. H. (Hg.) (1989). Reichweite der psychoanalytischen Therapie. Berlin: Springer.

Jonghe, F. de, Rijnierse, P. & Janssen, R. (1992). The role of support in psychoanalysis. Journal of the American Psychoanalytic Association, 40, 475–499.

Kernberg, O. (1993). Psychodynamische Therapie bei Borderline-Patienten. Stuttgart: Huber.

König, H., Schraivogel, P. & Wegner, P. (1993). Zur Praxis der analytischen Psychotherapie jenseits der 300-Stunden-Grenze. Forum der Psychoanalyse, 9, 35–45.

Nedelmann, C. (1990A). Die Psychoanalyse als Krankenbehandlung in der kassenärztlichen Versorgung. 1. Teil: Ein Kommentar zu den Psychotherapie-Richtlinien. Forum der Psychoanalyse, 6, 1–14.

Nedelmann, C. (1990B). Die Psychoanalyse als Krankenbehandlung in der kassenärztlichen Versorgung. 2. Teil. Ein Leitfaden zur Antragstellung. Forum der Psychoanalyse, 6, 147–162.

Nedelmann, C. & Reiche, R. (1990). Analyse und Analysieren im Spiegel einer empirischen Studie. Psyche, 44, 202–217.

Rüger, U. (1990). Was ist Psychoanalyse? Forum der Psychoanalyse, 6, 166–168.

Schubart. W. (1990). Psychoanalyse als Utopie – ihre Anwendungsform als Realität? Psyche. 44, 1025–1035.

Schubart, W. (1991). Psychoanalyse und ihre Anwendungen – Zur Identität des Psychoanalytikers. Zeitschrift für psychoanalytische Theorie und Praxis, VI, 260–276.

Weinshel, E. M. (1992). Therapeutic technique in psychoanalysis and psychoanalytic psychotherapy. Journal of the American Psychoanalytic Association, 40, 327–347.

Wallerstein, R. S. (1990). Psychoanalyse und Psychotherapie. Psyche, 44, 967–994.

33. *Psychoanalytisches Arbeitsbündnis*

Jürgen Körner

1. Begriff und Geschichte

Patient und Psychoanalytiker gehen ein Arbeitsbündnis ein, wenn sie die Regeln der gemeinsamen Arbeit (z. B. über die Stundenfrequenz, das Liegen auf der Couch und die freie Assoziation) vereinbaren und die psychoanalytische Methode (die Arbeit in der Übertragung und am Widerstand, die Abstinenz) verwirklichen. Über die äußerlichen Merkmale der psychoanalytischen Situation hinausgehend bezeichnet der Begriff „Arbeitsbündnis" aber auch eine Beziehungsform von besonderer Qualität: eine stabile, dauerhafte therapeutische Beziehung, welche die gemeinsame Arbeit auch in Zeiten hoher Belastung und tiefen Widerwillens erlaubt.

Das Konzept vom Arbeitsbündnis, welches in dieser Weise eine spezifische Beziehungsform definiert und damit über die Summe der Regeln und Vereinbarungen hinausgeht, trifft eine Unterscheidung zu der Übertragungsbeziehung: Während diese von neurotischen, vielleicht infantilen Erlebens- und Handlungsmustern durchsetzt ist, sollte jene von relativ vernünftigen, zielorientierten Absichten und Handlungen geprägt sein.

Der Begriff „Arbeitsbündnis" und seine Varianten („therapeutisches Bündnis", „Behandlungsbündnis" oder „Behandlungsvertrag") erschienen erst spät in der Literatur zur psychoanalytischen Methode und Technik. Freud verwendete keinen dieser Begriffe, legte aber in seinen „technischen" Schriften in den Jahren von 1912 bis 1915 durchaus nahe, innerhalb der Übertragungsbeziehung verschiedene „Komponenten" voneinander zu unterscheiden: Eine neurotische, welche als Widerstand wirke und analysiert werden müsse, von der „leistungsfähigen" Komponente, die „bewußtseinsfähig" und „unanstößig" sei. Auch wenn Freud an keiner Stelle den Versuch macht, die Übertragungsbeziehung von einer nicht-übertragungshaften Arbeitsbeziehung in einem ontologischen Sinne zu trennen, läßt er doch erkennen, daß die therapeutische Beziehung einen „ordentlichen Rapport" einschließen muß; der Patient soll an den Arzt „attachiert" sein, schon deswegen, um eine „Arbeitsteilung" im Prozeß der Analyse zu ermöglichen.

Die Arbeiten späterer Autoren (Sterba, 1934; Zetzel, 1956; Greenson und Wexler, 1969) vertiefen die Unterscheidung zwischen Arbeitsbündnis und Übertragungsbeziehung, indem sie zwei qualitativ verschiedene Beziehungsformen einander gegenüberstellen. Eine solche qualitative Unterscheidung zwischen Arbeitsbeziehung und Übertragungsbeziehung wird vor allem von der ichpsychologischen Tradition der Psychoanalyse (Hartmann, 1964) gestützt. Denn die Lehre von den relativ autonomen Ich-Funktionen eignet sich sehr gut zur Erklärung des Phänomens, daß ein Patient trotz intensiver Übertragungskonflikte und regressiver Bedürfnisse fähig bleibt, ein stabiles Arbeitsbündnis aufrechtzuerhalten.

Einige Kritiker der ichpsychologischen Auffassung hingegen wenden sich grundsätzlich gegen eine qualitative Unterscheidung zwischen einer Arbeitsbeziehung und einer Übertragungsbeziehung (z. B. Brenner, 1979; Körner, 1989). Andere halten – mehr aus erkenntnispraktischen oder „technischen" Gründen – an dem Arbeitsbündniskonzept fest; allerdings sei die Arbeitsbeziehung auch eine Form der Übertragung, nämlich diejenige, in welcher der Patient auf „erfolgreiche Beziehungsaspekte der frühen Entwicklung" (Sandler, Dare und Holder, 1973, S. 27) zurückgreife. So sei es gleichzeitig möglich, in der Übertragung einen inneren (ehemals sozialen) Konflikt zu re-externalisieren und eine auch in Krisen stabile, an den Zielen der gemeinsamen Arbeit orientierte Beziehung zum Analytiker aufrechtzuerhalten.

2. Die Nützlichkeit des Arbeitsbündniskonzeptes für Methode und Technik der Psychoanalyse

Die gegenwärtige Diskussion des Arbeitsbündniskonzeptes gilt freilich weniger der metapsychologischen Frage nach der Unterscheidbarkeit von Arbeits- und Übertragungsbeziehung im ontologischen Sinne. Wichtiger und für die Praxis folgenreich ist die Diskussion der kritischen Frage, inwieweit die „Zweigleisigkeit" von Übertragungsbeziehung und Arbeitsbündnis „für die Wirksamkeit des psychoanalytischen Verfahrens eher zum Nachteil als zum Vorteil ausschlägt" (Deserno, 1990, S. 6).

Allgemein gilt die Fähigkeit des Analysanden, ein Arbeitsbündnis auch unter belastenden Umständen aufrechtzuerhalten, als eine der wesentlichen Voraussetzungen für die psychoanalytische Behandlungsarbeit. Z. B. könnte es ein Patient von vornherein ablehnen, seine Assoziationen mitzuteilen, weil er befürchtet, daß der Analytiker seine Mitteilungen in böser Absicht gegen ihn verwendete. Patienten mit „strukturellen Ich-Störungen" (Fürstenau, 1977) lassen solche „Übergriffe" einer Übertragungsphantasie auf das Arbeitsbündnis zuweilen erkennen. Ihnen mag es an jenen hinreichend positiven Beziehungserfahrungen der frühen Kindheit fehlen, welche dem Erwachsenen eine stabile und belastbare soziale Beziehung ermöglichen. In diesen Fällen wäre es das erste Ziel psychotherapeutischer Arbeit, dem Patienten bei der Entwicklung basaler Beziehungsfähigkeit behilflich zu sein, bevor eine psychoanalytische Psychotherapie begonnen werden kann. Eine passager auftretende Färbung des Arbeitsbündnisses durch die Übertragung ist hingegen gar nicht vermeidbar; sie zeigt nur an, daß die Vorstellung einer vernünftigen, zielorientierten Arbeitsbeziehung ähnlich wie die Konzepte der *freien Assoziation*, der *gleichschwebenden Aufmerksamkeit* und vor allem der *Abstinenz* (Körner & Rosin, 1985) – streng genommen- utopisch sind.

Die Nützlichkeit des Arbeitsbündniskonzeptes erweist sich also zunächst darin, daß es für die Entscheidungen zur Diagnostik und Indikation herangezogen werden kann. Sein Wert für die Praxis des Analysierens aber ist durchaus umstritten. Der Vorteil, den es zu bieten scheint, indem es beiden Beteiligten hilft, die Voraussetzungen und Grundlagen der gemeinsamen Arbeit zu sichern, verkehrt sich in den Augen einiger Autoren (Brenner, 1979; Deserno, 1990; Körner, 1990) in einen gravierenden Mangel. Er legt nämlich nahe, jene Aspekte der gemeinsamen Beziehung dem psychoanalytischen Verstehen zu entziehen, die von vornherein als rational und vernünftig in bezug auf die Ziele der Therapie (vor-)verstanden werden. Insofern trifft die Kritik von Drews und Brecht (1975) an der ichpsychologischen Theorie über die relativ autonomen Ichfunktionen auch das Konzept des Arbeitsbündnisses. Beide Konzepte begrenzen die kritisch-psychoanalytische Arbeit auf jene Beziehungsaspekte, die (von welchem Standpunkt aus?) als infantil oder neurotisch identifiziert werden.

So kann es durchaus geschehen, daß Analytiker und Analysand wesentliche Teile der Übertragungsbeziehung unanalysiert lassen, indem sie sie dem Arbeitsbündnis zuordnen. Die Herkunft des Arbeitsbündniskonzeptes etwa in den Schriften von Sterba (1934) (er verwendete bereits den Begriff „therapeutische Allianz“) legt eine solche Befürchtung durchaus nahe (vgl. Körner, 1990).

Ein anderes kritisches Argument richtet sich gegen die objektivierende Betrachtungsweise, welche das Konzept vom Arbeitsbündnis erkennen läßt. Während der Analytiker die Übertragung subjekthaft, in einer Interpretation der therapeutischen Situation versteht, erkennt er das Arbeitsbündnis des Patienten nur aus der Distanz eines quasi unbeteiligten Beobachters. Dem widerspricht aber die Auffassung, daß alle Aspekte einer therapeutischen Beziehung – auch das Arbeitsbündnis – von beiden beteiligten Personen gemeinsam ausgestaltet werden.

Schließlich ist das Arbeitsbündniskonzept ideologieverdächtig; entgegen einer an sich kritischen Haltung der Psychoanalyse schließt es eine positive Vorstellung darüber ein, welches Handeln in bezug auf die psychoanalytische Methode „normal“, „angemessen“ und „nicht-neurotisch“ ist. Eine solche Bestimmung gerät rasch zur Ideologie; und mit guten Gründen nimmt die Psychoanalyse für sich in Anspruch, „negativ“ (Jacoby, 1975) zu jedem Konsens über

Normalität zu stehen. Nur dadurch, daß sie mit Hilfe der Regeln der freien Assoziation und gleichschwebenden Aufmerksamkeit die Konventionen außer Kraft setzt (Deserno, 1990), kann sie die Entwicklungsmöglichkeiten eines Patienten auch jenseits der Erfordernisse einer Gesellschaft gestern und heute erfahrbar machen.

3. Perspektiven

Die Einwände gegen das hier diskutierte Arbeitsbündniskonzept richten sich alle – aus unterschiedlicher Perspektive – gegen die qualitative Unterscheidung zwischen einer übertragungsgetönten, subjekthaften Übertragungsbeziehung und einer „vernünftigen“, objektivierbaren Arbeitsbeziehung. Vorteile des Arbeitsbündniskonzeptes können aber – abgesehen von seiner Nützlichkeit für diagnostische und indikatorische Entscheidungen – darin gesehen werden, daß es ein produktives Spannungsverhältnis zur Übertragungsbeziehung aufbaut. So sehr nämlich die Regeln der freien Assoziation und der gleichschwebenden Aufmerksamkeit die Möglichkeit eröffnen, in der Beziehung von Übertragung und Gegenübertragung eine gänzlich subjekthafte Welt zu entwerfen, so sehr bedarf diese therapeutische Beziehung eines Gegenübers, eines Widerspruchs. Ähnlich wie das Kleinkind unter dem Eindruck der Forderungen sozialer Realität beginnt, sich aus der subjekthaften Primärbeziehung zu lösen und eine Objektkonstanz zu entwickeln, ist es im therapeutischen Prozeß förderlich, wenn der Patient mit seiner Übertragungsphantasie und seinen – vielleicht infantilen – Beziehungswünschen in Widerspruch gerät zu jenem Ausschnitt gesellschaftlicher Realität, welchen das Arbeitsbündnis repräsentiert.

Von entscheidender Bedeutung ist dabei, daß das Arbeitsbündnis weder dem Analytiker allein „gehört“ noch Ausdruck einer gegebenen, unveränderlichen sozialen Realität ist. Im ersten Falle wäre das Arbeitsbündnis der Willkür des Analytikers (und seinem Gegenübertragungswiderstand) unterworfen, im zweiten Falle stünde es „unerreichbar“ außerhalb der gemeinsamen, kritischen Arbeit an unbewußten Phantasien und Konflikten. Produktiv aber wirkt das Arbeitsbündnis als ein Teil des „Rahmens" (Green, 1975; Körner, 1990), der die analytische Situation umgibt, als das „Dritte", Exzentrische außerhalb der beiden Pole von Übertragung und Gegenübertragung.

Literaturempfehlungen

Brenner, C. (1979). Working alliance, therapeutic alliance, and transference. Journal of the American Psychoanalytic Association, 27, 137–157.

Deserno, H. (1990). Die Analyse und das Arbeitsbündnis. München, Wien: Verlag Internationale Psychoanalyse.

Green, A. (1975). Analytiker, Symbolisierung und Abwesenheit im Rahmen der psychoanalytischen Situation. Psyche, 29, 503–541.

Körner, J. (1990). Übertragung und Gegenübertragung – eine Einheit im Widerspruch. Forum der Psychoanalyse, 6, 87–104.

Sandler, J. Dare, C. & Holder, A. (1973). Die Grundbegriffe der psychoanalytischen Therapie. Stuttgart: Klett-Cotta.

34. Psychoanalytische Deutung

Hans-Volker Werthmann

Die „Deutung“ (engl. u. frz.: interpretation) ist die typische Interventionsform der psychoanalytischen Therapie. Sie ist die Mitteilung, die der Analytiker dem Analysanden über einen vermuteten seelischen Zusammenhang macht, z. B. über die „Bedeutung“ eines Symptoms, die Symbolik eines Traumes oder den Inhalt von etwas Verdrängtem. Der Ausdruck „Deutung“ ist von Freud (1900a) mit einem provozierenden Unterton in die Wissenschaftssprache eingeführt worden. Mit der Wahl des Titels „Die Traumdeutung“ läßt er „erkennen, an welche Tradition der Auffassung der Träume ich anknüpfen möchte“ (S. 100), nämlich an die damals außerwissenschaftliche und laienhafte, daß der Traum sich „deuten“ läßt, indem sein „Sinn“ angegeben wird. Ursprünglich wird also der Begriff der Deutung in einem nicht-therapeutischen Sinne gebraucht, der einen wissenschaftlichen Arbeitsvorgang beschreibt. Freud hat ihm aber „keine Definition gegeben, und er dient [ihm] von Anfang an für verschiedene wissenschaftliche Operationen, fast als Synonym für Erklären, Verstehen, Erraten“ (Bernfeld, 1932, S. 450). Der Deutungsvorgang bezieht sich demnach zunächst auf den Verständnisprozeß im Kopf des Analytikers, der sich in „gleichschwebender Aufmerksamkeit“ den „freien Assoziationen“ des Analysanden zuwendet. Diese ordnen sich dem Analytiker nach bestimmten Zusammenhängen, so wie jeder Akt des Zuhörens in einem Gespräch ein ständiges tentatives Strukturieren von Material erfordert, welches ohne diesen strukturierenden Eingriff ein zusammenhangloses Chaos bliebe. Das Besondere an der psychoanalytischen Deutung ist ihr Suchen nach Zusammenhängen, die vom Produzenten des Materials nicht intendiert, sondern ihm selbst verborgen, d. h. „unbewußt" sind. Alle wissenschaftlichen Probleme und Kontroversen um die Psychoanalyse haben einen Bezug zum Deuten als einem derart strukturierenden, um „Verstehen" bemühten Akt. Er ist zum einen auf die Erlebnisinhalte eines konkreten Individuums gerichtet, zum anderen ist er die Erkenntnisgrundlage für die Abstraktionen und Theorien der Psychoanalyse. Er ist einerseits ein privater, subjektiver Vorgang im Psychoanalytiker, andererseits folgt er als methodologisch idealisierter Strukturierungsvorgang bestimmten Regeln einschließlich logischer Schlußfolgerungen, die sich bis zu einem gewissen Grade objektivieren lassen.

1. Psychoanalyse – eine Interpretationswissenschaft?

In der wissenschaftstheoretischen Debatte um die Psychoanalyse wird daher gefragt, ob sie als eine hermeneutische Wissenschaft aufzufassen sei (z. B. Möller, 1978). Zu dieser Diskussion haben „Erkenntnis und Interesse" von Habermas (1968), „Die Interpretation" von Ricoeur (1969) und die Schriften Lacans (deutsch seit 1973) beigetragen. Lorenzer (1974) hat daran gearbeitet, die Psychoanalyse als eine materialistische Sozialwissenschaft und als eine „Tiefenhermeneutik" auszuweisen. Argelander (1979) sieht die „kognitive Organisation psychischen Geschehens" als Grundlage der von Freud in seinen sogenannten technischen Regeln gefaßten psychoanalytischen Hermeneutik. Codignola (1986) versteht die Deutung in Abhängigkeit von der psychoanalytischen Situation und hält eine psychoanalytische Hermeneutik außerhalb derselben nicht für möglich. Eine andere Gruppe von Autoren will die Psychoanalyse den nomothetischen Wissenschaften zugesellen und sie aus dieser Perspektive kritisieren (z. B. Grünbaum, 1988) oder nimmt einen vermittelnden Standpunkt ein, von dem aus die Psychoanalyse am Einzelfall überwiegend hermeneutisch arbeitet, die Aussagenlogik ihrer Erkenntnis aber nomothetisch aufgefaßt werden könnte. Voraussetzung dafür wäre eine definitorische Eingrenzung von im engeren Sinne psychoanalytischen Aussagen (Werthmann, 1982). Körner

(1985) weist darauf hin, daß in psychoanalytischen Erklärungs- und Verstehensprozessen kausale, intentionale und verstehende Modalitäten ineinandergreifen. – Ob nun die weitere wissenschaftstheoretische Diskussion auch in Zukunft in der Alternative nomothetisch versus hermeneutisch geführt wird oder nicht, Übereinstimmung scheint unter den psychoanalytischen Autoren jedenfalls dahingehend zu bestehen, daß die Psychoanalyse sich nicht einfach am Hermeneutikverständnis anderer Disziplinen orientieren kann.

2. Deuten als therapeutische Handlung

Zum therapeutischen Vorgang wird das Deuten, wenn der vom Analytiker gefundene Zusammenhang dem Analysanden in Form einer verbalen Intervention mitgeteilt wird. Die Deutung soll einen verlorengegangenen Erlebniszusammenhang wiederherstellen (das Vergessene in Erinnerung rufen, das Verdrängte bewußtmachen) oder aber gar einen nie erlebten Zusammenhang erstmals „konstruieren". Voraussetzung für die Deutung als therapeutischem Akt und als „höchste Instanz in der Hierarchie der für die Psychoanalyse charakteristischen Prinzipien" (Bibring, 1954) ist, daß Sprache und Sprechen in der Psychoanalyse kein „Sprechen über" sind, Sprache also weder „leeres Sprechen" (Lacan) noch bloßes Medium ist, sondern identisch wird mit unmittelbarem psychischem Vollzug, mit „Abreagieren", „Durcharbeiten", mit Erlangen von „Einsicht" (Rangell, 1981). Eine für die psychoanalytische Auffassung der Deutung zentrale Arbeit ist die von Strachey aus dem Jahre 1934. Seine modellhafte Vorstellung von einer verändernden Deutung (mutative Interpretation) beinhaltet zwei Phasen. In der ersten Phase wird dem Analysanden gezeigt, daß sein Widerstand beim Assoziieren mit seiner Angst vor dem Analytiker zusammenhängt, auf den er sein Über-Ich projiziert hat, welches gegen seine unbewußten verdrängten Impulse gerichtet ist. In einer zweiten Phase lernt der Analysand allmählich, seine Projektionen zurückzunehmen, d. h. zwischen dem Analytiker als Phantasieobjekt und als Realobjekt zu unterscheiden. Aus Stracheys Konzept ist ablesbar, warum die mutative Deutung als Übertragungsdeutung aufgefaßt werden muß: weil die unmittelbaren seelischen Regungen des Analysanden (im vielbeschworenen „Hier und Jetzt"), d. h. seine Wünsche und Ängste, sich per Projektion auf den Analytiker richten. Gegenstand des psychoanalytischen Untersuchungs- und Behandlungsverfahrens ist daher nicht die reale äußere Situation des Patienten oder die reale Beziehung zwischen Analysand und Analytiker, sondern die phantasierte Situation. Strachey kommt deswegen auch zu der das Abstinenzprinzip verdeutlichenden Schlußfolgerung: „Es ist eine paradoxe Tatsache, daß der beste Weg, das Ich des Patienten in der Fähigkeit, Phantasie und Realität zu unterscheiden, zu stärken der ist, die Realität soviel als möglich fernzuhalten" (S. 505).

3. Deutungsprozeß, technische Schematismen und „wildes Deuten"

Die umfangreiche Literatur über die Deutung muß allerdings auch unter dem Aspekt eines ständigen Ringens um ein angemessenes Verständnis dieses Begriffs gelesen werden, welches sich – wie überhaupt in Fragen der sogenannten „Technik" – gegen vereinseitigende Tendenzen richtet. Obwohl es richtig ist, daß die Deutung die differentia specifica der Psychoanalyse im Vergleich zu anderen Verfahren ist, kann sie leicht eine unangemessene Betonung erhalten, wenn sie als ein isoliertes Element der psychoanalytischen Situation aufgefaßt wird. Nicht die Deutung als isolierter verbaler Akt ist wichtig, sondern das Prinzip der Deutung in der psychoanalytischen Situation. Nicht die glänzende verbale Einzelaktion eines begnadeten psychoanalytischen Intellekts wird im Normalfall einen mutativen Effekt haben, sondern der geduldige kontinuierliche Deutungsprozeß, welcher im einzelnen auch Interventionen beinhalten mag, die im engeren Sinne keine Deutungen sind (vgl. Greenson [1973] über „Klarifikationen" und „Konfrontationen") und die inhaltlich keine perfekten Feststellungen sein mögen, sondern vorläufige Vermutungen, Deutungsvorschläge (Specht, 1981), bis hin zu „inexakten Interpretationen“ (Glover, 1931). Außerhalb des Deutungsprozesses wird die Deutung leicht zur „wilden Psychoanalyse“ (Freud, 1910), oder der Psychoanalytiker setzt sich selbst unter einen „Deutungszwang“, den schon Ferenczi und Rank (1924) beklagen mußten. Die „tiefe Deutung“, d.h. das direkte Ansprechen verdrängter Impulse und Phantasien ohne Berücksichtigung der momentanen Ich-Situation des Patienten, kann ebenso desolat wirken wie ein falsches Verständnis der Übertragungsdeutung, welches den Psychoanalytiker veranlassen mag, alles und jedes in das Klischee eines akuten Übertragungsverständnisses zu pressen (vgl. Sandler ebd. 1973, S. 103). Es mag behilflich sein, auch hier eher vom Übertragungsprinzip im Deutungsprozeß zu sprechen als von Übertragungsdeutung. Das Gleiche gilt natürlich für die sogenannte Widerstandsanalyse. In der klassischen Kontroverse zwischen Reich (1933) und Reik (1933) empfahl Reich auf dem Hintergrund seiner Vorstellung vom „Charakterpanzer“, daß die Analyse an der „Schichtung“ der Widerstände zu orientieren sei. Dagegen wandte sich Reik mit großer Vehemenz, weil er ein Schubladendenken befürchtete, welches den Analytiker hindere, sich für „Überraschungen“ offenzuhalten. Der Analytiker müsse lernen, auch sein eigenes Nicht-Wissen zu ertragen. Das Nicht-Deuten ist deswegen manchmal ebenso schwer und ebenso wichtig wie das Deuten.

4. Deuten und nicht-interpretative Elemente der psychoanalytischen Intervention

Das Verständnis von Deutung ist nicht davon abzulösen, wie Psychoanalyse in einem bestimmten wissenschaftshistorischen Abschnitt verstanden wird. Die letzten Jahrzehnte psychoanalytischer Forschung und Praxis sind zweifellos durch die Beschäftigung mit Störungen gekennzeichnet, die als, „nicht-klassische“, „frühe“, „narzißtische“, als „strukturelle Ich-Störungen“, „Borderline-Störungen“ oder anders bezeichnet werden. Das unmittelbare technische Problem in diesem Zusammenhang war, ob zusätzliche nicht-interpretative „Parameter“ (Eissler, 1953) in die psychoanalytische Situation eingeführt werden müssen. Manche Autoren, besonders Kleinianische (vgl. Rosenfeld, 1990), verneinen dies, während andere neue Formen des Umgangs mit Störungen erwägen, die dem klassischen Neurosentyp nicht zu entsprechen scheinen. Sie stützen sich hierbei z. B. auf Balints Überlegungen zur Behandlung der „Grundstörung“, Spitz' „diatrophische Haltung“, Winnicotts „holding function“ oder Kohuts Betonung der Rolle der Empathie. Die Kontroverse um diese neuen Ansätze scheint sich auf zwei Ebenen abzuspielen. Auf der einen Ebene geht es um die theoretische Erfassung und Erklärung der in Frage stehenden Störungsphänomene. Auf der zweiten Diskussionsebene geht es um die Frage, ob die „nicht-interpretativen“ Elemente der Technik sozusagen additiv der klassischen Behandlungssituation hinzugefügt werden müssen, oder ob sie „schon immer“ dazugehört haben und lediglich in einem falschen „neo-klassischen“ (Stone, 1981) Psychoanalyseverständnis in Vergessenheit geraten waren. Für letztere Auffassung ließe sich Rycrofts Beschreibung (1956) ins Feld führen: „Zusätzlich zu jeder expliziten Aussage beispielsweise über die Phantasien oder Abwehrmechanismen enthält sie [die Deutung] eine Aussage über den Analytiker selbst und seine Haltung gegenüber dem Patienten. Sie drückt aus: 'Ich bin noch da. Ich habe dir zugehört. Ich verstehe, worüber du sprichst. Ich erinnere mich an das, was du gestern gesagt hast, vorige Woche, letzten Monat, voriges Jahr. Ich bin sehr interessiert, dir zuzuhören, zu erinnern und zu verstehen'“ (S. 427). In der Deutung selbst und nicht separat davon sind demnach die „holding function“, die Empathie und sogar die „reale“ Persönlichkeit des Analytikers (Rosenfeld, 1972) zu finden.

Literaturempfehlungen

Argelander, H. (1979). Die kognitive Organisation psychischen Geschehens. Ein Versuch zur Systematisierung der kognitiven Organisation in der Psychoanalyse. Stuttgart: Klett-Cotta.

Codignola, E. (1986). Das Wahre und das Falsche. Essay über die logische Struktur der psychoanalytischen Deutung. Frankfurt/M.: Fischer.

Greenson, R. (1973). Technik und Praxis der Psychoanalyse. Stuttgart: Klett-Cotta.

Körner, J. (1985). Vom Erklären zum Verstehen in der Psychoanalyse. Untersuchungen zur psychoanalytischen Methode. Göttingen: Vandenhoeck & Ruprecht.

Lorenzer, A. (1974). Die Wahrheit der psychoanalytischen Erkenntnis. Ein historisch-materialistischer Entwurf. Frankfurt/M.: Suhrkamp.

Möller, H.-J. (1978). Psychoanalyse – erklärende Wissenschaft oder Deutungskunst? München: Fink.

Rosenfeld, H. (1990). Sackgassen und Deutungen. Therapeutische und antitherapeutische Faktoren bei der psychoanalytischen Behandlung von psychotischen, Borderline- und neurotischen Patienten. München: Verlag Internationale Psychoanalyse.

Sandler, J., Dare, O. & Holder A. (1973). Die Grundbegriffe der psychoanalytischen Therapie. Stuttgart: Klett-Cotta.

Stone, L. (1981). Notes on the noninterpretative elements in the psychoanalytic situation and process. Journal of the American Psychoanalytic Association, 29, 89–118.

Strachey, J. (1934). Die Grundlagen der therapeutischen Wirkung der Psychoanalyse. Internationale Zeitschrift für Psychoanalyse, 21, 486–516.

Werthmann, H.-V. (1982). Zur Anwendung des Hempel-Oppenheim-Schemas der wissenschaftlichen Erklärung auf die Psychoanalyse. Psyche, 36, 888–907.

35. Übertragung und Gegenübertragung

Andreas Hamburger

1. Historisches

Seit Freud die direktive hypnotische Suggestion verlassen hatte und zur Technik der freien Assoziation übergegangen war, wurde deutlich, wie emotional aufgeladen die therapeutische Situation für den Patienten war. Freud empfand das zunächst allerdings als störendes Hindernis und deutete es als „falsche Verknüpfung": „... daß die Kranke davor zurückschreckt, daß sie aus dem Inhalte der Analyse auftauchende peinliche Vorstellungen auf die Person des Arztes überträgt" (Freud und Breuer, 1895d, S. 308). Mit zunehmender analytischer Erfahrung und vertiefter Theoriebildung wurde der Übertragungsbegriff jedoch erweitert. In der „Traumdeutung" wird er als psychischer Mechanismus der „Affektübertragung" beschrieben. Der Übertragungsbegriff im Sinne eines innerpsychischen Mechanismus der Verknüpfung von Wahrnehmungen mit Erinnerungen wurde später sehr verallgemeinert und könnte heute eine psychoanalytische Kognitions- und Kommunikationstheorie begründen. Im Fall Dora beschrieb Freud die Übertragung dann behandlungstechnisch, als „schwierigstes Stück der technischen Arbeit", aber auch als ihr „größtes Hilfsmittel": Übertragungen sind „Neuauflagen, Nachbildungen von den Regungen und Phantasien, die während des Vordringens der Analyse erweckt und bewußt gemacht werden sollen, mit einer für die Gattung charakteristischen Ersetzung einer früheren Person durch die Person des Arztes" (Freud, 1905e, S. 179). Eine deutliche Wendung in Richtung auf eine interpersonelle Theorie der Übertragung kann man, wohl nach einer Anregung von Ferenczi, um das Jahr 1910 feststellen: in diesem Jahr findet sich Freuds erste Bemerkung über die *Gegenübertragung:* „Während der Patient sich an den Arzt hängt, unterliegt ja der Arzt einem ähnlichen Prozeß, der Gegenübertragung. Diese Gegenübertragung muß vom Arzt vollständig überwunden werden; das allein macht ihn psychoanalytisch mächtig. Das macht ihn zum vollkommen kühlen Objekt, um das der andere liebend sich bewerben muß" (Freud in: Nunberg und Federn, 1977, S. 407). Vielleicht um diese zunächst als Geheimsache behandelte Einsicht in die Beteiligung des Analytikers abzumildern, betonte Freud gleichzeitig die Ubiquität der Übertragung: „Die Psychoanalyse schafft sie also nicht, sie deckt sie bloß dem Bewußtsein auf" (1910a, S. 55). 1912 unterschied Freud die beziehungsfördernde mild-positive Übertragung von der Übertragung unbewußter aggressiver und libidinöser Impulse, die sich „zum Widerstand in der Kur eignet", betonte jedoch gleichzeitig den „unschätzbaren Dienst", den auch die letzteren Übertragungsphänomene dem Analytiker erweisen, nämlich „die verborgenen und vergessenen Liebesregungen der Kranken aktuell und manifest zu machen." (Freud, 1912b). 1914 beschrieb er die Konsequenz daraus: Nicht das Erinnern bringt das eigentlich unbewußte Material zutage, sondern das Agieren in der Übertragung. „Das Wiederholen während der analytischen Behandlung", sagt Freud, „heißt ein Stück realen Lebens heraufbeschwören", und er sieht den Kern der analytischen Technik bezüglich des Patienten darin, „... allen Symptomen der Krankheit eine neue Übertragungsbedeutung zu geben, seine gemeine Neurose durch eine *Übertragungsneurose* zu ersetzen" (Freud, 1914g). Obwohl damit die Grundlage einer psychoanalytischen Beziehungstheorie gelegt war, wurde noch lange Zeit nur die Theorie der Übertragung, nicht aber der Gegenübertragung weiter ausgebaut. Erst 1948 wurde von Racker der Begriff der *Gegenübertragungsneurose* formuliert. Ein öffentliches Eingeständnis der gefühlsmäßigen Beteiligung des Analytikers wäre in den Anfangsjahren der Psychoanalyse noch zu riskant gewesen. Ferenczi wagte sich 1918 als einziger vor: Er warnte vor der bloßen Verdrängung von Gegenübertragungsgefühlen und forderte „eine fortwährende Oszillation zwischen freiem Spiel der Phantasie und kritischer Prüfung" (Ferenczi, 1919, S. 283).

War es ein Zufall, daß erst eine Frau das Thema öffentlich ausführlich zu behandeln wagte? Helene Deutsch unterschied erstmals Gegenübertragung als Identifizierung mit dem infantilen Ich von Gegenübertragung als „Komplementäreinstellung" (Deutsch, 1926, S. 423). Sie diskutierte die unbewußten Mechanismen, die zu den beiden Formen der Gegenübertragung führen und erklärte, nicht die Gegenübertragung sei das Behandlungshindernis, sondern nur der Verdrängungswiderstand im Analytiker, der ihn an die unbewußte Komplementäreinstellung fixiere und dadurch „die freie Beweglichkeit der Übertragungswelle stört" (a. a. O., S. 424).

Die weitere Entwicklung des Begriffspaares kann man retrospektiv in drei Linien einteilen: Die erste (Ferenczi, Balint, Sullivan, Langs) betrachtet Übertragung und Gegenübertragung als Kontinuum, als interpersonelles Feld; die Situation tritt dabei gegenüber der Psychogenese in den Vordergrund. Die zweite (Ferenczi, M. Klein, Heimann, Racker) betrachtet Gegenübertragung als reaktiv, als innerpsychischen Indikator der Beziehung. Die dritte (Fenichel, A. Reich) beharrt weitgehend auf dem Standpunkt, daß Gegenübertragung weder eine Seite der Übertragung noch eine normale Reaktion auf diese sei, sondern Ausdruck der eigenen, inadäquaten Übertragung des Analytikers, wobei aus Selbst- und Kontrollanalyse dieser Übertragung auch Aufschluß über den Patienten gewonnen werden kann. Als Minimalkonsens der Autoren kann man die *Indikatorfunktion* der Gegenübertragung festhalten. Die Divergenz der Standpunkte liegt im Blickwinkel der Beschreibung (Feld vs. innerpsychischer Vorgang) und in der Bewertung einer säuberlichen Trennung zwischen reaktiver und neurotischer Gegenübertragung.

In den sechziger Jahren drehte sich eine umfangreiche Diskussion um die Abgrenzung von Übertragung – Gegenübertragung und Arbeitsbündnis, die aus heutiger Sicht wie die Suche nach dem archimedischen Punkt außerhalb der Übertragung erscheint. Seit – zumindest in der Fachliteratur – die gefühlsmäßige Beteiligung des Analytikers am analytischen Prozeß nicht mehr das Odium der unzüchtigen Annäherung oder der Verzerrung der Einfälle des Patienten trägt, scheint die scharfe Abgrenzung zwischen reaktiver und neurotischer Gegenübertragung nicht mehr so aufgeladen zu sein, so daß eine nüchterne terminologische Klärung möglich ist. Moeller (1977) schlägt vor, als Gegenübertragung nur die nicht-neurotische, reaktive Haltung zu bezeichnen, in Abgrenzung von der Realbeziehung und der Übertragung des Analytikers. Eine Klassifikation von Übertragungs- und Gegenübertragungsphänomenen wird freilich immer Probleme der Zuordnung aufwerfen; wahrscheinlich ist es vielversprechender, davon auszugehen, daß Übertragung und Gegenübertragung, komplementär und konkordant, neurotisch und nichtneurotisch, generell und reaktiv etc. ubiquitäre Deutungsperspektiven sind, die mit mehr oder minder großem Erkenntnisgewinn auf jeden Einfall des Analytikers und des Patienten angewendet werden können.

2. Klinische Beschreibung

Freud unterschied 1912 klinisch zwischen positiver und negativer *Übertragung*, wobei er die positiven Übertragungsgefühle in bewußte und unbewußte aufgliederte (Freud, 1912b, S. 371). Seine Tochter Anna Freud führte eine weitergehende Klassifizierung von Übertragungsphänomenen ein: sie unterschied die Übertragung libidinöser Regungen (z. B. Liebes-, Haß-, Eifersuchtsgefühle gegenüber dem Analytiker), die Übertragung von Abwehr (z. B. masochistische Unterwerfung, ichsyntone Gefügigkeit) und das Agieren in der Übertragung. Im Gegensatz zu dieser Klassifikation bestimmter Phänomene steht die holistische Auffassung der englischen Schule um Melanie Klein, der zufolge alles in der psychoanalytischen Situation Übertragung im Sinne einer Wiederholung infantilen Beziehungserlebens ist. In der Literatur dieser psychoanalytischen Richtung werden Partialobjektübertragungen beschrieben. Besonderen Einfluß hat in der neueren Diskussion der Begriff der projektiven Identifizierung gewonnen (siehe Kap. 20: Abwehr).

Schon bei Freud war das Vorhandensein der Fähigkeit zur Übertragung Kriterium der Abgrenzung von Übertragungsneurosen (hier nicht im behandlungstechnischen, sondern im nosologischen Sinn!) und narzißtischen Neurosen und damit Kriterium der Therapierbarkeit. Dieses Kriterium ist inzwischen obsolet. Es wurden vielfältige Formen von Übertragungen bei Psychosen (Searles, 1979; Boyer, 1967), Borderline- und narzißtischen Persönlichkeitsstörungen (Kernberg, 1975, 1984, 1988; Kohut, 1971, 1977; Stern, 1957; u.a.) sowie bei psychosomatischen Erkrankungen beschrieben (Sperling, 1967). Kohut unterscheidet phänomenologisch bei narzißtischen Persönlichkeitsstörungen Formen der Spiegel-, Zwillings-, Verschmelzungs- und Selbstobjektübertragung (Kohut, 1971).

Die klinische Beschreibung der *Gegenübertragung* wurde zunächst von Helene Deutsch (1926) differenziert: sie unterschied zwischen komplementärer Übertragung und Identifizierung mit dem infantilen Ich des Patienten. 1927 unterschied Glover zwischen positiver und negativer Gegenübertragung und führte den Begriff des Gegenübertragungswiderstandes ein. 1948 untersuchte Racker das Phänomen der Gegenübertragungsneurose und konstatierte ödipale und invertiert-ödipale Gegenübertragungsneurosen (Racker, 1953).

In der Nachfolge von Sullivan, der die feldtheoretische Sicht der Zusammengehörigkeit von Übertragung und Gegenübertragung betonte, differenzierte Langs (1978) drei Kommunikationsstile oder Formen des Zusammenspiels von Übertragung und Gegenübertragung, nämlich symbolische Kommunikation, Abfuhr und Abwehr. Wie konkret das unbewußte Zusammenspiel von Übertragung und Gegenübertragung sich auswirken kann, hat Langs drastisch am Beispiel der „psychotherapeutischen Verschwörung" aufgezeigt (Langs, 1982). Spezifische typische Gegenübertragungen wurden für Psychosen (Winnicott, 1945; Little, 1960; Searles, 1979), Psychosomatosen (Sperling, 1967), für Borderline- (Rohde-Dachser, 1983, Teil D) und narzißtische Persönlichkeiten (Kohut, 1971; Kernberg, 1974; Spotnitz, 1979) beschrieben. Die Rolle der Gegenübertragung bei der Indikationsstellung wurde von Dantlgraber (1982) hervorgehoben. Besondere Beachtung fanden Gegenübertragungs-Träume des Analytikers (vgl. Zwiebel, 1984; Lester u. a., 1989).

3. Handhabung von Übertragung und Gegenübertragung

Freud bemerkte bei der Darstellung seines Falles „Dora", daß Symptome, die in der *Übertragung* weitere Nahrung fanden, erst mit deren Auflösung verschwanden. Übertragung macht sich also als Widerstand in der Behandlung bemerkbar. Andererseits fördert mild-positive Übertragung das Arbeitsbündnis und hilft, Widerstände zu überwinden. Drittens wiederholt sie „zwanghaft ehrlich" (Lorenzer, 1970b, S. 200) die verdrängte Beziehungsrepräsentanz, so daß es sinnvoll ist, „das Wachsen und Werden der Übertragung von Anfang an zu beobachten" (Freud, 1913c, S. 457). Je nach Auffassung des Übertragungsbegriffes wird die Übertragung in der analytischen Situation unterschiedlich gehandhabt. Faßt man sie – wie Freud – als innerpsychisches Wiederholungsgeschehen auf, so resultiert eine therapeutische Haltung, die möglichst jede Störung der „Übertragungsentwicklung" vermeidet. Geht man davon aus, daß Übertragung eine Seite des interpersonellen Geschehens ist, also mitbestimmt wird durch die Bedingungen des analytischen Settings und der Person des Analytikers, so wird man seine therapeutische Haltung und auch das Setting flexibler wählen. Die Reflexion auf die enge Verzahnung von Übertragung und Gegenübertragung reduziert freilich wieder den Gedanken an die Variierbarkeit der analytischen Technik: Variationen des Settings sind oft von unbewußten Gegenübertragungen veranlaßt. Auch die schulenspezifische Überzeugung von der Präsenz bestimmter Übertragungsinhalte bestimmt den Umgang mit der Übertragung: so werden Anhänger der britischen Objektbeziehungstheorie schnell Teilobjektübertragungen deuten, während ein Selbstpsychologe Kohutscher Provenienz von vornherein versuchen wird, den Patienten empathisch spiegelnde Resonanz zu vermitteln, weil er von der Annahme ausgeht, daß jede Analyse bereits mit dem vermißten Glanz im Auge der Mutter beginnt.

Übertragungsdeutungen gelten in der Psychoanalyse allgemein als wesentlicher therapeutischer Faktor; Strachey beschreibt sie als Kern der „mutativen Deutung“ (siehe Kap. 34: Psychoanalytische Deutung). In der Übertragungsneurose inszeniert der Patient schon nach Freudscher Auffassung den Kern seiner Neurose und macht sie damit der Deutung im Hier und Jetzt zugänglich (vgl. Mertens, 1990, Bd. 1).

Der Umgang mit der *Gegenübertragung* blieb lange Zeit auf den Versuch beschränkt, sich von ihr zu befreien. Erst seit ihrer Neubewertung in den fünfziger Jahren (Heimann, 1950; Racker, 1953 u. a.) wurde sie als ebenso wertvoller Indikator wie die Übertragung angesehen. Little (1951) plädiert für die Mitteilung der Gegenübertragung an den Patienten in bestimmten Situationen. Deutungen können nach Racker (1958) den Anteil des Mitagierens des Analytikers mit umfassen. Eine besondere Technik, die sich allerdings nicht durchgesetzt hat, empfiehlt Alexander, nämlich das bewußte Einsetzen von Gegenübertragungsgefühlen zur „planvollen Herstellung eines emotionalen Behandlungsklimas“ (vgl. Heigl, 1960).

4. Metapsychologie der Gegenübertragung

Jenseits ihrer klinischen Relevanz haben die Theorien der Übertragung und Gegenübertragung auch wichtige Implikationen für die Metapsychologie, also für die psychoanalytische Theorie der Struktur der Psyche. Hatte Helene Deutsch noch einen unbekannten unbewußten Kommunikationsweg angenommen, der die Analogien der unbewußten Phantasien in Übertragung und Gegenübertragung erklären sollte, so neigten spätere Theoretiker deutlich zu einer systemischen Theoriebildung. Diese Tendenz wurde schon von Sullivan und Langs zu der radikalen Formulierung einer Feldtheorie verdichtet. Die Gefahr dabei ist, daß die interpersonelle Ebene der Realbeziehung vorschnell gleichgesetzt wird mit der Ebene der intrapsychischen Objektrepräsentanzen. Modelle der Verzahnung von unbewußten Beziehungsphantasien in der Realbeziehung finden sich bei Muck (1978), Lorenzer (1970b) und Bauriedl (1980).

Literaturempfehlungen

Fließ, R. (1942). The metapsychology of the analyst. Psychoanalytic Quarterly, 11, 211–227.
Heigl, F. (1960). Über Bedeutung und Handhabung der Gegenübertragung. Literaturübersicht und grundsätzliche Gesichtspunkte. Zeitschrift für Psychosomatische Medizin, 6(2), 110–123.
Mertens, W. (1981). Psychoanalyse (Kap. 4). Stuttgart: Kohlhammer, 4. Aufl. 1992.
Mertens, W. (1990/91). Einführung in die psychoanalytische Behandlungstechnik. 3 Bde. Stuttgart: Kohlhammer.
Moeller, M. L. (1977). Zur Theorie der Gegenübertragung. Psyche, 31, 142–166.
Peters, U. H. (1977). Übertragung – Gegenübertragung. München: Kindler.
Racker, H. (1978). Übertragung und Gegenübertragung. Studien zur psychoanalytischen Technik. Basel: Reinhardt.
Thomä, H. & Kächele, H. (1985). Lehrbuch der psychoanalytischen Therapie Bd. 1 (besonders Kap. 2 und 3). Berlin, Heidelberg, New York: Springer.

36. *Fokaltherapie – Krisenintervention – psychoanalytische Beratung*

Marianne Leuzinger-Bohleber und
Michaela Grüntzig-Seebrunner

1. Einleitung

Der psychoanalytischen Kurztherapie ist es – im Gegensatz zu ihrer Schwester, der „großen Psychoanalyse" – bis heute nicht gelungen, zu einer Selbstverständlichkeit innerhalb des Behandlungsspektrums der Psychoanalytiker zu werden. Dies ist umso erstaunlicher, da sie doch über eine ebenso lange Tradition wie das Standardverfahren verfügt, denken wir nur an einige ihrer „Väter" wie Sigmund Freud selbst, Wilhelm Stekel, Sandor Ferenczi, Franz Alexander und Thomas French. Die psychoanalytische Kurztherapie ist aber auch heute noch Gegenstand heftiger Kontroversen. Viele Psychoanalytiker betrachten es geradezu als Paradoxie, den psychoanalytischen Prozeß von vornherein zeitlich limitieren zu wollen. Andere hingegen sehen in diesem kurztherapeutischen Setting die Chance, spezielle Themen wie den Umgang mit Zeit (z. B. Lebenszeit), Trennung und Tod optimal psychoanalytisch bearbeiten zu können. Von den einen als Möglichkeit gepriesen, endlich psychoanalytisches Wissen und therapeutische Erfahrungen breiteren, weniger privilegierten Bevölkerungskreisen zugänglich zu machen, wird die psychoanalytische Kurztherapie von anderen angeprangert, sie „verrate" die Substanz der Psychoanalyse und opfere den sie auszeichnenden Erkenntnisanspruch einem ausschließlich therapeutischen Anliegen.

Diese Kontroversen liegen u. a. in der engen Verknüpfung psychoanalytischer Kurztherapie mit dem Thema „Psychoanalyse in Institutionen" begründet, schon wegen des

Faktums, daß sich fast ausschließlich Psychoanalytiker intensiver mit diesem Thema auseinandersetzen, die in Institutionen tätig sind (vgl. Leuzinger-Bohleber, 1985). Z. B. arbeitete einer der Pioniere der psychoanalytischen Kurztherapie, Malan, an der Tavistock-Klinik in London, einer Institution, die im Gegensatz zu der benachbarten Hampstead Clinic von Anna Freud stark unter einem psychotherapeutischen Versorgungsdruck steht (vgl. dazu u. a. Malan, 1979). Beeindruckend an den Publikationen von Malan ist sein Versuch, vorhandene psychoanalytische Ressourcen in der Institution (z. B. die Teamsupervision von Michael Balint) für seine kurztherapeutische, klinische und empirische Arbeit zu nutzen und dabei in diesen Therapien die kritische Substanz der Psychoanalyse zu erhalten.

Heute existieren verschiedene kurztherapeutische Konzepte in der psychoanalytischen Praxis nebeneinander, die wir kurz im Überblick darstellen möchten.

In der nachfolgenden Tabelle werden alle Verfahren als psychoanalytisch bezeichnet, die in irgendeiner Weise die psychoanalytische Theorie anwenden. Die Verfahren, die in ihrer Technik ebenfalls als psychoanalytisch gelten können, weil Widerstand, Übertragung und Gegenübertragung systematisch beachtet, analysiert und interpretiert werden, werden in der Tabelle als Verfahren mit „analytischer Grundhaltung“ bezeichnet.

2. Psychoanalytische Kurzverfahren: Übersicht

Verfahren	Definition (Indikation und Ziel)	übliche therapeutische Haltung	Dauer
psychoanalytische Notfalltherapie	Kurzpsychotherapie in besonderen Dringlichkeits- und Krisensituationen mit dem Ziel einer sofortigen Abhilfe von Symptomen oder Fehlanpassungen. Der Patient hat dekompensiert und ist unfähig, die akute Notsituation zu bewältigen.	aktiv, stützend; deutend nur falls unbedingt erforderlich	1–3 Sitzungen

Verfahren	Definition (Indikation und Ziel)	übliche therapeutische Haltung	Dauer
Kriseninterventionen	Kurzpsychotherapie mit dem Ziel der Bewältigung einer aktuellen Krise. Der Patient steht in Gefahr, durch spezifischen inneren oder äußeren Streß zu dekompensieren und kann deshalb die Krise nicht aus eigener Kraft bewältigen.	aktiv, stützend; psychodynamische Bedeutung der Krise wird, wenn möglich, gedeutet	1–5 Sitzungen
psychoanalytische Kurztherapie	Umfaßt als Sammelbegriff eine Reihe von stark verkürzten Formen der traditionellen Psychotherapie.	analytische Grundhaltung und Deutungstechnik	5–50 Sitzungen
psychoanalytische Fokaltherapie	Form der Kurztherapie, die mittels einer spezifischen Technik einen fokussierten Konflikt des Patienten bearbeitet mit der Intention, auch unbewußte Bedeutungen der aktuellen Problematik zu erhellen.	analytische Grundhaltung und spezifische Deutungstechnik	10–30 Sitzungen
psychoanalytische Adoleszenztherapie	Eine Modifikation der Fokaltherapie, basierend auf psychoanalytischen Erkenntnissen zur Adoleszenz (vgl. Krejci & Bohleber, 1982). Leuzinger-Bohleber & Mahler, 1993).	analytische Grundhaltung, jedoch spielt die Realbeziehung eine größere Rolle und führt zu einer aktiveren Haltung des Therapeuten. Die Übertragung wird selten gedeutet.	10–30 Sitzungen
psychoanalytische Beratung	Sammelbegriff für Beratungen in verschiedenen institutionellen Settings mit unterschiedlichen Patienten und divergierenden Zielvorstellungen, die auf psychoanalytischen Erkenntnissen beruhen, z. B. Erziehungsberatung, motivierende Beratung, stützende Beratung (vgl. Grüntzig & Meyer, 1978).	aktive Haltung, i. d. R. keine Deutungen	5–50 Sitzungen

3. Fokaltherapie – eine spezifische Form psychoanalytischer Kurztherapie

Die Fokaltherapie ist z. Zt. die psychoanalytische Kurztherapie mit dem höchsten Anspruch und der am besten ausgearbeiteten Behandlungstechnik. Sie will *„fokussiert“* auf den zentralen aktuellen Konfliktbereich, wie mit einem Scheinwerfer, in die Tiefe dringen und auch vorbewußte und unbewußte Dimensionen dieser Konflikte mit psychoanalytischen Mitteln beleuchten. Die zeitliche Begrenzung erfordert zwar eine *„horizontale Einschränkung“* der Breite möglicher Konflikte des Patienten auf einen ausgewählten, „fokussierten“, aber im *vertikalen* Bereich gehen wir nicht von einer Einschränkung aus: hier soll nicht an der Oberfläche, an der Eisbergspitze der Probleme verharrt werden. Die *Hypothese* dabei ist, daß solch eine „tiefe, fokale“ psychoanalytische Bearbeitung eines Konfliktbereiches eine weitergehende Veränderung der psychischen Strukturen der Patienten bewirken kann – die vermehrte Tiefeneinsicht des Patienten kann auch in andere Konfliktbereiche „diffundieren“. Wie im systemtheoretischen Denken kommt es zu einer Veränderung des gesamten Systems, falls ein Teilsystem eine Modifikation erfährt.

Die Fokaltherapie zeichnet sich folglich nicht durch Bescheidenheit in ihrer Zielsetzung aus! Sie ist auch in ihrer Praxis sehr anstrengend und anspruchsvoll, aber auch interessant und spannend. Zudem ist immer wieder eindrucksvoll, wie störungsanfällig sie bei persönlichen, fachlichen, aber auch institutionellen Konflikten ist. Wir können hier auf diese spannende und relevante Wechselwirkung von Therapie und Institution nicht eingehen; wir haben sie an anderer Stelle ausführlicher diskutiert (vgl. dazu auch Davanloo, 1980; Grüntzig und Meyer, 1978; Klüwer, 1976; Leuzinger-Bohleber, 1985; Malan, 1976 und Sifneos, 1981, ausführliche Falldarstellung in Leuzinger-Bohleber, a. a. O., S. 54–94).

In Abgrenzung zu anderen psychoanalytischen Kurzverfahren wird die Fokaltherapie durch die psychoanalytische Bearbeitung eines „Fokus“ definiert. Was ist nun ein solcher „Fokus“? Generell verstehen wir darunter *einen abgrenzbaren Konfliktbereich, dessen Bearbeitung zum Ziel der thera-*

peutischen Arbeit wird. Aufgrund einer Anregung von Fritz Morgenthaler haben wir selbst den Fokus als *„vorherrschende Tendenz der Konfliktneigung“* definiert. Malan (1976) faßte den Fokus als „ein verbindendes Thema, das zum Ausgangspunkt der Deutungsarbeit wird“ (S. 7, Übersetzung M. L.-B.). Malan vertritt bekanntlich die radikale These, daß der Erfolg einer Fokaltherapie um so eher gewährleistet sei, je „psychoanalytischer“ die Behandlungstechnik des Therapeuten ist. Dies spiegelt sich auch darin, daß er sich in seiner Beschreibung der Behandlungstechnik auf einen Klassiker der psychoanalytischen Literatur bezieht, das Buch zur psychoanalytischen Behandlungstechnik von Karl Menninger (1958), in dem er anhand des „Einsichtsdreiecks“ die Vollständigkeit einer Deutung illustriert. Diese ist dann vollständig, wenn es gelingt, analoge Konfliktstrukturen in den drei Bereichen „aktuelle Beziehungssituation“, „frühinfantile Situation“ und „Übertragungssituation“ aufzuzeigen. In direkter Übereinstimmung damit versuchen wir auch in der Deutungsarbeit der Fokaltherapie, aktuelle, lebensgeschichtliche und Übertragungsmanifestationen des fokalen Konfliktes sukzessiv miteinan-

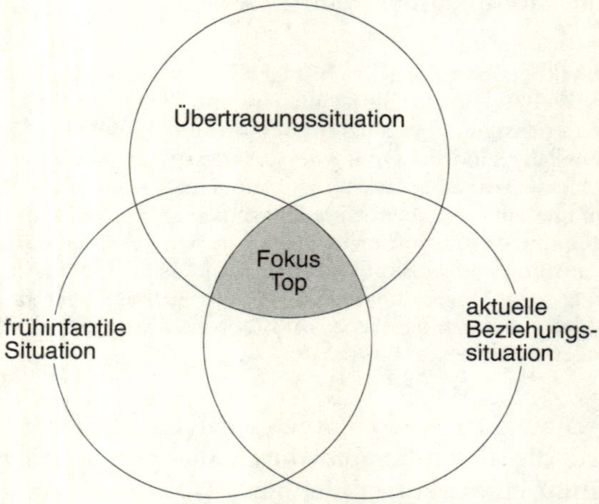

Abb. 1. Fokus – Einsichtsdreieck – Thematic Organization Point (TOP)

der zu verknüpfen und dadurch eine Einsicht in den unbewußten Konflikt zu bewirken. Graphisch kann folglich der „Fokus“ als der sich überlappende Teil von drei Themenkreisen verstanden werden. (Eine ähnliche Konzeption ist das CCRT [Core Conflictual Relationship Theme] von Luborsky.)

Uns hat in jüngster Zeit beschäftigt, daß sich aus einer psychoanalysefremden Disziplin, der Cognitive Science, die sich u. a. intensiv mit der Erforschung von Gedächtnisstrukturen beschäftigt (übrigens mit einer empirischen Forschungsmethodologie, die für uns Psychoanalytiker immer relevanter erscheint), eine präzisierende Bestätigung des doch relativ vagen Konzeptes des „Fokus“ ergibt. Schank (1982) hat, ausgehend von der inzwischen gut erforschten Konzeption der „frames“, postuliert, daß Wissen im Gedächtnis kontextspezifisch gespeichert ist und auch dementsprechend nur durch ähnliche Kontextstrukturen in einer aktuellen Situation abgerufen werden kann. Er definierte in diesem Zusammenhang die sogenannten TOPs (*T*hematic *O*rganization *P*oint). Entscheidend ist nun, daß durch analoge Strukturen in einer aktuellen Situation das unter dem entsprechenden TOP gespeicherte Wissen *i. d. R. ohne Bewußtsein der Person aktiviert wird und aktuelles Wahrnehmen, Verhalten und Erleben bestimmt.* In der neuesten Diskussion wird u. a. von Rosenfield (1988) und Edelman (1989, 1992/95) die Relevanz des situativen Kontextes, in dem „Gedächtnis und Erinnerung konstruiert werden“, noch mehr als in den erwähnten Arbeiten der „klassischen Cognitive Science“ (Schank u. a.) hervorgehoben. Damit stützen diese Autoren indirekt die Auffassung der Bedeutung der Übertragungssituation für das Evozieren von Erinnerungen, das Wiederbeleben pathogener Objektbeziehungen und für therapeutische Veränderungen (auch in Fokaltherapien) in der psychoanalytischen Fachliteratur der letzten Jahre (vgl. dazu u. a. Pfeifer u. Leuzinger-Bohleber, 1995).

Nun gehen wir bei der Fokaltherapie von der Hypothese aus, daß sich im aktuellen Konflikt grundlegende, unbewußte Strukturen manifestieren: der *„Fokus“ ist nichts anderes als eine idiosynkratische, aber unbewußte Gedächtnisstruktur, die die Wahrnehmung und das Verhalten in aktuellen Problemsituationen (z. B. Beziehungssituationen) ohne Wissen des Patienten steuert.* Die therapeutische Arbeit besteht darin, auf einem differenzierten Niveau die latenten Strukturen der Konflikte herauszufinden, mit dem Ansprechen dieser Strukturen relevante Erinnerungsprozesse zu provozieren und dadurch die dazu gehörenden infantilen Konfliktstrukturen dem Bewußtsein des Patienten wieder zugänglich zu machen. Wir haben in einer anderen Arbeit diesen Prozeß detailliert beschrieben und darin aufgezeigt, warum aufgrund dieser Konzepte und Empirie, im Gegensatz zu manchen Polemiken von seiten der Verhaltenstherapie, „Einsicht“ eine unabdingbare Voraussetzung für verhaltensändernde Lernprozesse ist (Pfeifer und Leuzinger-Bohleber, 1986).

4. Indikation

Es existieren heute verschiedene Konzepte der psychoanalytischen Fokaltherapie, die nach Indikation und Technik in drei Gruppen eingeteilt werden können: der *konservative*, der *radikale* und der *liberale* Ansatz (vgl. Kutter, 1981). Autoren der konservativen Gruppe indizieren psychoanalytische Fokaltherapie nur bei Patienten mit leichteren Neurosen und kurzer Symptomdauer oder bei Patienten in einer aktuellen Krise, die über gute Ichfunktionen wie eine nicht zu starre Abwehr, gute Intelligenz, hohe Motivation und gute Introspektionsfähigkeit verfügen und die eine positive Reaktion auf Probedeutungen erkennen lassen. Es handelt sich hierbei also um typische YAVIS (*y*oung, *a*ttractive, *v*erbal, *i*ntelligent, *s*uccessful)-Patienten (vgl. Blaser, 1977). Fokussiert werden durchweg Konflikte im Umkreis des Ödipus-Komplexes; prägenitale Störungen werden als Kontraindikation betrachtet. Behandlungstechnisch wird versucht, eine positive Übertragung herzustellen; die negative Übertragung wird nach Möglichkeit vermieden. Weiter werden „tiefe“ Deutungen, d. h. weit in die Kindheit zurückreichende, frühe Deutungen und Übertragungsdeutungen als nicht angemessen beurteilt (nach Malan [1979]: „Nichtübertragungstechnik“).

Dieser Auffassung widersprechen Autoren der *radikalen* Gruppe: Malan (1976) belegt in seiner Untersuchung an der Tavistock-Clinic, daß auch Patienten mit schweren, langjährigen Störungen fokaltherapeutisch behandelt werden können. Entscheidend ist vor allem, ob der Patient fähig ist, auf eine Fokussierung seiner Konflikte einzugehen, positiv auf Deutungen reagiert und hoch motiviert ist. Solche Patienten weisen bei einer fokaltherapeutischen Behandlung eine gute Prognose auf; für sie kann dieses Verfahren als Therapie der Wahl angesehen werden. Technisch haben jene Behandlungen den größten Erfolg, bei denen der Therapeut enthusiastisch und mit großem emotionalem Engagement für den Patienten arbeitet und in denen es ihm gelingt, den fokussierten Konflikt in der Übertragungssituation zu deuten und die Verbindung zu der entscheidenden genetischen Erfahrung aufzuzeigen.

Eine Zwischenstellung nehmen Fokaltherapeuten der *liberalen* Gruppe ein, die ebenfalls vor allem YAVIS-Patienten als geeignet für die Fokaltherapie betrachten und davor warnen, Patienten mit vorwiegend prägenitalen Störungen, etwa Borderline-Patienten oder Patienten mit narzißtischen Persönlichkeitsstrukturen, fokaltherapeutisch zu behandeln. Ihre Technik ist aber nicht nur stützend, wie bei der konservativen Gruppe, sondern vorsichtig, abtastend – „analytisch" in dem Sinne, als nur mit dem Patienten zusammen die Richtigkeit von Deutungen eruiert werden kann.

In Übereinstimmung mit Autoren der radikalen Gruppe messen wir selbst in unserem eigenem Indikationskonzept globalen Kriterien wie Intelligenz, Symptomdauer, Diagnose, sozialer Schicht und Alter des Patienten nur wenig Bedeutung für die Indikation zur Fokaltherapie bei. Neben der *„Fokalisierbarkeit"* der Problematik betrachten wir als *minimale Voraussetzung* auf seiten des Patienten eine *hohe Motivation*, in der Behandlung mitzuarbeiten, und die *Fähigkeit, das therapeutische „splitting" zu vollziehen*. Fehlt ein gesunder Ichanteil, der sich mit dem Therapeuten gegen den neurotischen Anteil verbünden kann, so ist eine Fokalbehandlung kontraindiziert. Eine starre Abwehrstruktur, in der primitive Abwehrmechanismen wie Projektion und Verleugnung vorherrschend sind, stellt ebenfalls eine Kontraindikation dar. Als *erleichternde Faktoren* sehen wir das Vorhandensein weiterer intakter Ichfunktionen (wie differenzierte Beobachtungsfähigkeit für emotionale Prozesse, Kreativität, Flexibilität, gute Frustrationstoleranz) und das Sich-Einstellen einer spontanen positiven Übertragung an. Die *minimale Voraussetzung* auf seiten des Therapeuten betrifft die Möglichkeit, die eigene Gegenübertragungsreaktion auf den Patienten rasch und differenziert wahrnehmen und für die Deutungsarbeit nutzbar machen zu können. Eine fundierte analytische Ausbildung die Möglichkeit zu fortlaufenden Kontrollen mit Kollegen bilden hierfür die Grundlage. *Erleichternd* wirken auf seiten des Therapeuten langjährige therapeutische Erfahrungen, aber auch Experimentierfreudigkeit und Engagement. (Für eine ausführliche Diskussion dieses Fragenkomplexes vgl. Grüntzig & Meyer 1978, S. 1072–87.

5. Einschätzung des Verfahrens

Vor allem die psychoanalytische Fokaltherapie (evtl. auch andere kurztherapeutische Verfahren) ermöglicht es

Psychoanalytikern, sich der Arbeit in öffentlichen Institutionen nicht einfach zu verweigern, sondern innerhalb ihrer Grenzen therapeutisch zu arbeiten, ohne auf das kritische Potential der Psychoanalyse zu verzichten. Allerdings ist diese therapeutische Praxis u. E. eine Gratwanderung, besteht doch dauernd die Gefahr, sich mit institutionellen Anliegen zu sehr zu identifizieren. Dann könnte z. B. ein unkritisch gehandhabter Effizienzbegriff den alten psychoanalytischen Grundsatz verdunkeln, nämlich das Anrecht des Subjekts auf ein Verstehen seiner Motive gegen alle Effizienz- und Anpassungszwänge festzuhalten (vgl. dazu u. a. Marcuse, 1965).

Literaturempfehlungen

Davanloo, H. (Ed.) (1980). Short-term psychotherapy. New York: Jason Aronson.

Klüwer, R. (1971). Erfahrungen mit der psychoanalytischen Fokaltherapie. Psyche, 25, 932–947.

Leuzinger-Bohleber, M. (1985). Psychoanalytische Kurztherapien. Zur Psychoanalyse in Institutionen. Opladen: Westdeutscher Verlag.

Malan, D. H. (1979). Individual psychotherapy and the science of psychodynamics. London: Butterworth.

Strupp, H. H., Binder, J. L. (1991). Kurzpsychotherapie. Stuttgart: Klett-Cotta.

37. Psychoanalytische Gruppentherapie

Peter Kutter

1. Definition

Psychoanalytische Gruppentherapie entspricht methodisch einer Kombination zweier psychoanalytischer Verfahren: zum einen der Psychoanalyse des einzelnen (Psychoanalyse), zum anderen der Analyse der Gruppe (Gruppenanalyse). In zweidimensionaler Perspektive werden gleichzeitig Individuum und Gruppe beachtet. Hierbei ist ein Oszillieren zwischen einer gleichsam mikroskopischen Perspektive gegenüber dem einzelnen und einer makroskopischen Sicht gegenüber der Gruppe als Ganzes erforderlich, was eine besondere Kompetenz des Leiters erfordert.

2. Geschichtliches

2.1 Walter Schindler

Schindler (1980) sah in der Gruppe eine Wiederbelebung der Familiensituation mit dem Leiter als Vater, den anderen als Geschwistern und der Gruppe als „Mutter-Imago".

2.2 Bion

Bion (1971) verstand die Gruppe als einheitliches Phänomen gegenüber dem Leiter als Zentralfigur. Die „Arbeitsgruppe" ist dabei in der Lage, Ziele zu definieren und konstruktiv zu verfolgen. Im Gegensatz dazu ist die sogenannte „Grundannahmegruppe" durch unbewußte Prozesse in charakteristischer Weise beeinträchtigt. Allein dadurch, daß der Einzelne im Rahmen der Gruppe mit anderen zusammensitzt, werden sonst nicht vorhandene Ängste mobilisiert, die typische Abwehrbewegungen auslösen. Die Ängste beziehen sich dabei auf früh erlebte, tief verdrängte Wünsche nach Abhängigkeit vom Leiter (Abhängigkeitsgruppe), zerstörerische Prozesse zwischen Gruppe und Leiter (Kampf/Flucht-Gruppe) und genitale Phantasien (Paarbildungsgruppe).

3. Aktuelle Konzepte

3.1 Foulkes

Foulkes (1978) übt über die „London Group Analytic Society" den größten Einfluß auf die aktuelle Szene der Gruppenpsychotherapie aus. Er gibt praktikable Hinweise zur Durchführung von Therapiegruppen. Im Gegensatz zu Bion empfiehlt Foulkes keine geschlossenen Gruppen, sondern „slow open groups", in deren Verlauf progressive Teilnehmer ausscheiden und durch neu hinzukommende ersetzt werden. Die dabei unvermeidlichen Trennungsprozesse sind gut geeignet, nicht gelöste Verlust-Probleme zu aktualisieren und der Analyse zugänglich zu machen. Außenkontakte werden als ungünstig angesehen. Dem Leiter obliegt es, Zeit und Raum zur Verfügung zu stellen, eine entsprechende „Atmosphäre" zu schaffen und den Gruppenprozeß psychoanalytisch zu begleiten und, wenn nötig, zu interpretieren. Dabei gibt es keine festen Regeln. Es bleibt eher der Kunst des Leiters überlassen, ob er, je nach seiner Einschätzung der Gesamtlage der Gruppe und der einzelnen Mitglieder, eine Gruppendeutung gibt, einen bestimmten Teilnehmer anspricht oder beides miteinander kombiniert.

Foulkes berücksichtigt insofern *soziologische* Gesichtspunkte, als er die Pluralität der Gruppensituation, die gemeinsame „Matrix" der Teilnehmer und das „Netzwerk", das jeden Teilnehmer mit dem anderen verbindet, besonders beachtet. Sein Konzept ist aber auch *psychoanalytisch*, denn Übertragung und Widerstand werden nicht vernachlässigt.

Auch Träume spielen, wie in der Einzelanalyse, eine nicht geringe Rolle. Als „gruppenspezifisch" werden gemeinsame Reaktionen aller Teilnehmer auf ein und dasselbe Ereignis beschrieben; z. B. Homöostase, multiple Übertragung, Gruppenabwehr, Agieren, Untergruppenbildung und das Sündenbockphänomen (vgl. Kadis et al., 1982).

3.2 Heigl-Evers und Heigl

In Deutschland setzten sich vor allem Heigl-Evers und Heigl (1978) für eine Weiterentwicklung und Differenzierung der analytischen Gruppenpsychotherapie ein. Im „Göttinger Modell" sind psychoanalytische und sozialpsychologische Begriffe integriert (Minimalstrukturierung, freie Interaktion, drei Ebenen [bewußt, vorbewußt und unbewußt], psychosoziale Abwehrmanöver unter Berücksichtigung von Position, Funktion und Rolle der einzelnen). Dabei werden eine interaktionelle, tiefenpsychologisch fundierte (analytisch orientierte) und eine eigentlich psychoanalytische Gruppentherapie als jeweils eigenständig zu definierende Verfahren unterschieden.

4. Technik

Gruppen- oder Einzeldeutungen: Die Problematik, ob Gruppendeutungen oder Deutungen gegenüber einzelnen gegeben werden, ist heute insofern gelöst, als beide Aspekte berücksichtigt werden, denn jedes Gruppenmitglied ist in einer jeweils gegebenen Situation gleichzeitig Individuum und Mitglied der Gruppe.

Die drei Funktionen des Leiters:

1. In hermeneutischer Perspektive zu *verstehen* und zu interpretieren;
2. Mimik und Gestik der Gruppenmitglieder zu *beobachten* und
3. zu *erklären*, auf welche reaktivierten infantilen Beziehungsmuster die entstandenen Gruppenphänomene zurückgeführt werden können.

5. Grundkonstellationen

Wegen der Komplexität der Gruppe und der Vielfalt der sich im Laufe eines Gruppenprozesses entwickelnden Abläufe ist es günstig, folgende häufig vorkommende Grundkonstellationen zu beachten:

- Die *Wiederbelebung ödipaler Konflikte* mit Haß und Eifersucht zwischen Männern und Frauen;
- die *Auseinandersetzung mit den abwesenden oder „schwachen" Vätern*;
- die *frühe Mutter-Kind-Beziehung*;
- die *narzißtische Gruppe*.
  In Gruppen mit Teilnehmern, die überwiegend an narzißtischen Persönlichkeitsstörungen leiden, werden leicht das von Kohut (1973) beschriebene „grandiose Selbst" ebenso wiederbelebt wie die „idealisierten Elternimagines";
- *Borderline-Gruppe*.
  Gruppen, an denen Borderline-Fälle teilnehmen, mobilisieren die von Kernberg (1978) beschriebenen „internalisierten primitiven Objektbeziehungen", wobei es zu einer Aufspaltung von „nur guten" und „nur bösen" Anteilen in der Gruppe mit Untergruppenbildung kommt.

6. Anwendungen

Encounter-Gruppen: Unter dem Einfluß der klientenzentrierten Gesprächstherapie entwickelten sich die Encounter-Gruppen (Rogers, 1974), in denen es mehr auf Erlebnis und Begegnung ankommt als auf analytische Aufarbeitung des Erlebten.

Politische Gruppen: Richter (1972) sorgte für eine Anwendung des Gruppenprinzips im Bereich von *Sozial-, Familien- und Öffentlichkeitsarbeit*.

Selbsterfahrungsgruppen: Ein weiterer Anwendungsbereich ist die „Selbsterfahrungsgruppe", sowohl im privaten wie im professionellen Bereich einschließlich der Universität (Kutter und Roth, 1981) mit dem Ziel der Erweiterung der Selbst- und Fremdwahrnehmung.

Paar-Gruppen: Auch *Paare* können in der Gruppe behandelt werden, wobei besonders die von Willi (1975) beschriebenen „Kollusionsmuster“ Gegenstand der Analyse sind.

Cotherapie: Die Leitung einer Gruppe durch zwei Experten hat sich besonders in der Paargruppentherapie bewährt. Die zweidimensionale Betrachtung mit Oszillieren zwischen mikroskopischer und makroskopischer Wahrnehmung kann dann personell vikariierend aufgeteilt werden. Die beiden Leiter müssen allerdings gut aufeinander eingespielt sein, um die unvermeidlichen Übertragungs- und Gegenübertragungs-Prozesse nach Schluß der Sitzung analysieren zu können (Heising und Wolff, 1976).

7. Abschließende Einschätzung

Die psychoanalytische Gruppen*therapie* ermöglicht die Behandlung einer großen Zahl von Patienten in ein und derselben Zeiteinheit. Die Kosten stehen dabei in einer realistischen Relation zu dem zu erwartenden Erfolg. Es verwundert daher nicht, daß das Verfahren der Gruppentherapie im Anwendungsbereich der Krankenversorgung in großem Umfang durchgeführt wird. Dazu kommen zahlreiche Anwendungsmöglichkeiten im *nicht-therapeutischen* Bereich von Selbsterfahrungsgruppen, Selbsthilfegruppen und politischen Gruppen. Dabei erscheinen die Bereiche der Aus-, Weiter- und Fortbildung sozialer Berufe mit Gruppenmethoden als weiter ausbaufähig.

Literaturempfehlungen

Battegay, R. (1974). Der Mensch in der Gruppe. Bern: Huber.

Finger-Trescher, U. (1991). Wirkfaktoren der Einzel- und Gruppenanalyse. Stuttgart: frommann-holzboog.

Heigl-Evers, A. (1978). Konzepte der analytischen Gruppenpsychotherapie. 2. Auflage. Göttingen: Vandenhoeck & Ruprecht.

Kadis, A. L. et al. (1982). Praktikum der Gruppenpsychotherapie. Stuttgart: frommann-holzboog.

König, K. & Lindner, W. (1991). Psychoanalytische Gruppentherapie. Göttingen: Vandenhoeck & Ruprecht.
Kutter, P. (1976) Elemente der Gruppentherapie. Göttingen: Vandenhoeck & Ruprecht.
Kutter, P. (1985). Methoden und Theorien der Gruppenpsychotherapie. Stuttgart: Frommann-Holzboog.
Sandner, D. (1978). Psychodynamik in Kleingruppen. München: Reinhardt.
Schindler, W. (1980). Die analytische Gruppen-Therapie nach dem Familien-Modell. München: Reinhardt.
Yalom, I. D. (1989). Theorie und Praxis der Gruppentherapie. 3. Auflage. München: Pfeiffer.

38. Psychoanalytische Familientherapie

THEA BAURIEDL

1. Zur Geschichte

Im Laufe dieses Jahrhunderts traten in fast allen Wissenschaften Begriffe wie System, Struktur, Netz, Beziehung, Interdependenz, Information und Kommunikation in den Vordergrund, so auch in der Psychologie, in der Psychotherapie allgemein und speziell in der Psychoanalyse. Obwohl die Psychoanalyse seit ihren Anfängen *systemtheoretische* Vorstellungen (Freuds Bild vom „psychischen Apparat" mit den „Instanzen" Es, Ich und Überich – die Entwicklung des Kindes in der Beziehung zu Vater und Mutter – der Ödipuskomplex – das Zusammenspiel von Übertragung und Gegenübertragung in der therapeutischen Beziehung) enthielt, entwickelten sich die ersten Anfänge der Familientherapie doch außerhalb der Psychoanalyse im engeren Sinne.

Die psychodynamisch orientierte *Schizophrenieforschung* in den USA (vor allem Bateson und Mitarbeiter bzw. Nachfolger am Palo-Alto-Institut) führte in den 50er Jahren zu der Erkenntnis, daß die schizophrene Erkrankung eines Familienmitglieds auf die Art der Interaktionen in der Familie, insbesondere zwischen („schizophrenogener") Mutter und dem später erkrankenden Kind, zurückgeführt werden kann. Bateson und Mitarbeiter entwickelten die *„Double-Bind-Theorie"* (Bateson et al., 1956), wonach die schizophrene Erkrankung darauf zurückzuführen ist, daß das Kind widersprüchlichen Aufforderungen (von der Qualität: „Komm' her – bleib' weg!") ausgeliefert ist, die es als Widerspruch nicht erkennen kann, weil eine Botschaft verbal, die andere nonverbal gegeben wird. Da das Kind sich dieser „Beziehungsfalle“ nicht entziehen kann, muß es eine andere Form der „Befreiung“ finden, die sich vor allem in der Ablösungsphase als schizophrene Erkrankung manifestiert.

Diese wichtige Theorie wurde von der klassischen Psychoanalyse kaum zur Kenntnis genommen. Mit Ausnahme von Searles, der aus ihr eine fruchtbare Theorie der Gegenübertragung bei der Behandlung Schizophrener entwickelte (1955, 1956), hielt man diese erste psychodynamische Interaktionstheorie für psychoanalysefremd, wurde sie doch von ihren Vertretern als *„Kommunikationstheorie“* bezeichnet und äußerten sich diese (vor allem Watzlawick, 1972; Watzlawick et al., 1974) der Psychoanalyse gegenüber doch äußerst polemisch, indem sie vor allem die Theorie des Unbewußten und der Abwehrmechanismen lächerlich zu machen versuchten.

Innerhalb der Psychoanalyse entwickelte Richter (1963, 1970) im deutschen Sprachraum die ersten Vorstellungen über ein psychodynamisches Verständnis der Beziehungen zwischen Eltern und Kindern, das vor allem auf den unbewußten Aufträgen und Rollenzuweisungen der Eltern an die Kinder aufbaute und die Gesamtfamilie als Patient begriff. Ich selbst (Bauriedl, 1980, 1983) konzipierte unter dem Begriff *Beziehungsanalyse* Vorstellungen zu einer psychoanalytischen Familientherapie, die auf einem dialektisch-emanzipatorischen Veränderungsmodell beruhen. In Göttingen entwickelten Sperling und Mitarbeiter (1982) die sog. *Mehrgenerationen-Familientherapie*, der das Konzept der „unsichtbaren Loyalitäten“ von Boszormenyi-Nagy und Spark (1973) zugrundeliegt. Psychoanalysenahe Interaktionstheorien entwickelten auch Boszormenyi-Nagy (1965), Stierlin (1971) und Willi (1975).

2. Was wird als „System“ verstanden?

Zur klärenden Unterscheidung kann man an alle familientherapeutischen Ansätze drei Fragen stellen, die sich darauf beziehen, was jeweils als System verstanden wird und welche

Position der Therapeut in bezug auf das System einnimmt:

1. Wird das *System* als ein Zusammenspiel von Interaktionen verbaler und nonverbaler Art verstanden, die nur von außen beobachtet werden (das Individuum als „black box"), oder wird das System als Zusammenspiel bewußter und unbewußter Wünsche, Ängste und Abwehrmechanismen der einzelnen Familienmitglieder und der ganzen Familie verstanden?
2. Werden die im Familiensystem wirksamen Kräfte nur als der Aufrechterhaltung des Status quo dienend (homöostatisch) verstanden, oder werden diese Kräfte nach dem Konzept des Freudschen Wiederholungszwangs dialektisch verstanden, und zwar sowohl homöostatisch als auch emanzipatorisch (aufgrund des „natürlichen Auftriebs des Unbewußten" nach Veränderung drängend)?
3. Steht der Therapeut (idealerweise) außerhalb des Systems, oder steht er eo ipso innerhalb des Systems, in seiner Gegenübertragung betroffen von und beteiligt an der Aufrechterhaltung und gleichzeitig immer auch an der Veränderung des Status quo?

3. Der therapeutische Eingriff

Entsprechend dem unterschiedlichen Verständnis dessen, was als „das System" angesehen wird und in welcher Position der Therapeut relativ zum System gesehen wird, unterscheidet sich das therapeutische Vorgehen und das Selbstverständnis der Therapeuten:

1. Versteht man das System als eine Vielfalt individueller und kollektiver unbewußter Szenen, dann wird man psychoanalytisch aufdeckend nach der Methode des *szenischen Verstehens* (Argelander, 1970, 1982, 1983) vorgehen und das interaktionelle Verhalten der Familienmitglieder vor allem in seiner *Bedeutung* für die unbewußte Szene untersuchen, in der man sich zusammen mit den Familienmitgliedern befindet und die man gemeinsam mit diesen aufzuklären versucht. Nicht primär die

Interaktionen bzw. das Verhalten der Familienmitglieder sind dann zu verändern, sondern die abgewehrten Inhalte (vor allem Wünsche und Ängste) sind aufzudecken, was zu einem veränderten Verhalten und soweit möglich auch zur Auflösung störender *Symptome* führt.

2. Versteht man die im System wirksamen Kräfte dialektisch jeweils als Kompromißbildung zwischen Veränderungswunsch (Leidensdruck) und Angst vor Veränderung, dann wird man seine Interpretationen auf diesen Sachverhalt beziehen und nicht *gegen* das (Abwehr-)System vorgehen; der Veränderungsimpuls ist ja schon in dem System und in den einzelnen Familienmitgliedern vorhanden und erkennbar, er braucht also nicht von außen eingebracht zu werden. Versteht man aber das Ziel des Systems ausschließlich homöostatisch, dann muß man (eventuell durch paradoxe Interventionen) vermeiden, daß ein Veränderungsimpuls von außen die beharrenden Kräfte des Systems nur verstärkt. Soweit psychoanalytisch aufdeckend gearbeitet wird, geht es auch nicht um die Herstellung eines wie auch immer gearteten Sollzustands, der strategisch zu erreichen wäre, sondern um die gemeinsame *Analyse des Istzustandes*, in dem die Wünsche nach Veränderung und Befreiung als wesentliche Beweggründe angesehen werden. Man arbeitet dann mit dem scheinbaren Paradoxon der Psychoanalyse, daß jeder Mensch seine innere (Abwehr-)Struktur dann am ehesten verändern kann, wenn er das Gefühl hat, so sein zu dürfen wie er ist und wie er sich immer vollständiger zu erfahren lernt.
3. Glaubt man nicht an einen archimedischen Punkt außerhalb des Familiensystems, von dem aus man dieses System aus den Angeln heben könnte, dann entwickelt man Vorstellungen darüber, wie ein einzelner (der Analytiker) als Teil des gemeinsamen therapeutischen Systems „von innen“ zu dessen Veränderung beitragen könnte. Der Therapeut nützt als Mit-Erlebender und Mit-Leidender seine Gegenübertragung als Möglichkeit, die im Moment bestehende Spannung zwischen Veränderungswunsch und -angst wahrzunehmen und stellt sich z. B. selbst die Frage: Was muß *ich* tun, damit es mir hier

und jetzt in der Beziehung zu meinen Patienten besser geht? Durch diese Fragestellung hebt er das gemeinsame unbewußte Beziehungsmuster auf: Wenn *du* anders wärest, würde es mir besser gehen. So wird die unglückliche Verklammerung zwischen den Familienmitgliedern, in die der Analytiker durch Übertragung und Gegenübertragung einbezogen wurde, prinzipiell aufgelöst. Die Mechanismen der *projektiven Identifikation* werden deutend und/oder handelnd (*Handlung* hier im Sinne einer inneren Veränderung des Analytikers) in Frage gestellt. Freilich setzt diese Haltung voraus, daß man zutiefst davon überzeugt ist, daß es keinem Menschen *auf Kosten* des anderen wirklich gut gehen kann. Nur unter dieser Voraussetzung ist das (depressive, oft unbewußte Selbst-)Mißverständnis der Psychoanalyse aufzulösen, nach dem es den Patienten dann gut geht, wenn der Therapeut möglichst viel Unangenehmes von seiten der Patienten aushalten (im Sinne von: ohne Reaktion ertragen) kann.

4. Verschiedene Ansätze in der Familientherapie

Neben verschiedenen pragmatischen und eklektischen Ansätzen in der Familientherapie, die häufig auf Methoden der humanistischen Psychologie aufbauen, stehen sich theoretisch und methodisch in diesem Feld vor allem die sogenannte *systemische Familientherapie* (Selvini et al., 1975, 1992; Stierlin, 1977) und die psychoanalytische Familientherapie (Richter, 1963, 1970; Bauriedl, 1980, 1983; Sperling et al., 1982) gegenüber. Die in den oben dargestellten Fragen enthaltenen konzeptuellen und methodischen Unterschiede betreffen im wesentlichen diese beiden Ansätze. In meinem *„beziehungsanalytischen“ Konzept* habe ich die Double-Bind-Theorie mit meiner psychoanalytischen Theorie der intrapsychischen *Ambivalenzspaltung* (Bauriedl, 1980, 1982) verbunden. Die Verbindung von intrapsychischen mit interpsychischen Vorgängen zu einem Gesamtsystem entsteht theoretisch dadurch, daß ich die intrapsychische „Ursache“ der doppelten Botschaften, die eine

Person aussendet, als Ausdruck von deren intrapsychischer Ambivalenz zwischen Wünschen und Ängsten verstehe, nach dem Prinzip: „Komm' her zu mir, aber bleib' lieber weg, denn ich habe zu viel Angst, wenn du kommst, obwohl ich nichts lieber möchte als das." Gerade bei schwer gestörten Patienten (Psychosen oder Borderline-Strukturen) und deren Familien ist es für den Analytiker wichtig, diese innere Ambivalenz als innere Spannung im eigenen Bewußtsein zusammenzuhalten, weil sie dort am stärksten dazu tendiert, immer wieder auseinanderzufallen und sich polarisierend unter den einzelnen Familienmitgliedern zu verteilen.

Die Tendenz, strategisch distanziert vorzugehen, wird innerhalb und außerhalb der Psychoanalyse häufig mit der scheinbar geringeren *Effektivität* des psychoanalytischen Vorgehens begründet. Dieser Position liegt aus meiner Sicht im jeweiligen Moment oder auch grundsätzlich ein Mißverständnis psychoanalytischer *Abstinenz* zugrunde, die häufig als „passives Nachfolgen" definiert wird. Diese Abstinenzdefinition erweist sich in der psychoanalytischen Familientherapie besonders deutlich als obsolet (Bauriedl, 1980, S. 51 ff.), weil hier der therapeutische Mißerfolg in prägnanter Weise als Ausdruck einer Verschmelzung des Therapeuten mit den Patienten erkennbar wird. Die Nichtunterscheidbarkeit als Charakteristikum pathologischer Beziehungen zwischen den Familienmitgliedern, aber auch zwischen Therapeut und Familie drückt sich sowohl in Form scheinbarer Gleichheit von Wünschen und Ängsten (Identifikation als interpersonaler Abwehrmechanismus) als auch in Form von polarisierender Gegnerschaft (Ambivalenzspaltung bzw. projektive Identifikation) aus.

Zur Ausbildung

Diese Erkenntnis wirkt sich auf die *Ausbildung* in psychoanalytischer Familientherapie aus. Notwendige Grundlage einer solchen Ausbildung ist in jedem Fall eine eigene Analyse und zusätzlich eine längere Phase der *„Familienselbsterfahrung"* im Sinne einer spezifischen Lehranalyse, die die aus der Ursprungsfamilie übertragenen Wahrnehmungs- und Reaktionsmuster und die eigene Rolle im Familiensystem der Herkunftsfamilie bewußtwerden läßt, so daß sich der Therapeut/die Therapeutin jeweils in seiner/ihrer persönlichen Identität, also getrennt von den Familienmitgliedern, wiedererkennen kann. Außerdem ist während der Ausbildung und auch jede familientherapeutischen Arbeit begleitend eine auf dem Prinzip der Toleranz (nicht korrigierend, sondern behutsam analysierend) beruhende kollegiale Supervision nötig, da die Tendenzen, unbewußt mit dem Familiensystem zu verschmelzen, hier besonders groß sind und oft nur in der Arbeit mit Kollegen erkannt und dadurch aufgelöst werden können.

Literaturempfehlungen

Bauriedl, Th. (1980). Beziehungsanalyse – Das dialektisch-emanzipatorische Prinzip der Psychoanalyse und seine Konsequenzen für die psychoanalytische Familientherapie. Frankfurt/M.: Suhrkamp.

Bauriedl, Th. (1983). Das systemische Verständnis der Familiendynamik in der Psychoanalyse. Praxis der Psychotherapie und Psychosomatik, 28, 255–266.

Bauriedl, Th. & Wirsching, M. (1985). Psychoanalytische Familientherapie. In Th. F. Hau & F. Wyatt (Hg.), Therapeutische Anwendungen der Psychoanalyse (S. 170–180). München: Urban & Schwarzenberg.

Buchholz, M. B. (1983). Psychoanalytische Familientherapie. In K. Schneider (Hg.), Familientherapie in der Sicht psychotherapeutischer Schulen (S. 188–209). Paderborn: Junfermann.

Buchholz, M. B. & Huth, W. (1983). Zur Kritik systemischer Familientherapie. Psychoanalyse, 4, 2/3, 187–215.

Massing, A. (Hg.) (1990). Psychoanalytische Wege in der Familientherapie. Berlin: Springer.

Richter, H. E. (1970). Patient Familie. Reinbek: Rowohlt.

Wirsching, M. & Stierlin, H. (1982). Krankheit und Familie. Stuttgart: Klett-Cotta.

39. Psychoanalytische Paartherapie

GERTRUD WENDL-KEMPMANN

In dem Maße, in dem Forscher innerhalb der Psychoanalyse anfingen, sich über die Psychodynamik des Individuums hinaus auch für zwischenmenschliche Vorgänge und deren Rückkoppelungseffekte zu interessieren (siehe Kap. 37: psychoanalytische Gruppentherapie; Kap. 38: Familientherapie; Kap. 41: Balintgruppen), begann auch das Interesse für Beziehungsstrukturen innerhalb der Partnerschaften (Willi, 1972, 1975; Preuß, 1973). Die Forschung richtet sich seit etwa 1970 u. a. auf die Entstehung, den Zustand und die Heilung von Störungen auch von Paarbeziehungen.

Wohl als Reaktion auf die früher zu einseitige Bearbeitung der intrapsychischen Genese eines Konflikts gibt es derzeit in der Paar- und Familientherapie eine Tendenz, die Aufmerksamkeit nahezu ausschließlich auf interpsychische Vorgänge im Hier und Jetzt zu richten. Bei dieser Sichtweise werden spezifische Reifungsstadien – sowohl unter triebdynamischem Aspekt wie unter dem Aspekt der Objektbeziehungstheorie – als Basis für individuelle und zwischenmenschliche Konflikte neuerdings übersehen.

Diese in allgemeinen Kommunikationswissenschaften anzutreffende Akzentuierung des Hier und Jetzt des Austragens von Konflikten (Stierlin, 1971; Selvini-Palazzoli, 1977) rückt die (systemische) Paar- und Familientherapie in die Nähe von verhaltenstherapeutischem Verständnis und läßt entsprechende Skepsis im Bereich psychoanalytischen Selbstverständnisses aufkommen. Es ist jedoch durchaus möglich und sinnvoll, unter Einbeziehung auch des noch unbewußten Materials aus der jeweiligen Genese der Partner, also mit psychoanalytischer Identität des Therapeuten, die intra- und interpsychischen Vorgänge in Partnerkonflikten als komplexe und sich gegenseitig weitgehend bedingende Abläufe zu verstehen und therapeutisch anzugehen.

1. Zum psychoanalytischen Verständnis von Beziehungsstrukturen

1.1 Bezug auf Phasen der Libidoentwicklung

Unter triebdynamischem Gesichtspunkt stammt die eingebrachte Erlebnisweise der Partner aus allen Phasen der Libidoentwicklung. Präödipale und ödipale Triebschicksale wie auch die Prägungen in der Latenz und Pubertät spielen entscheidende Rollen für die Erlebnis- und Gestaltungsweise von Paarbeziehungen. Ob man mit Freud (und, in diesem Punkt erweitert, Schultz-Hencke) vom schizoiden und depressiven Charakter, mit Balint von philobatischem und oknophilem Erleben oder mit Mahler von Übertragungserleben aus der symbiotischen oder Loslösungs-/Individuationsphase spricht: diese Begriffe beschreiben mit je etwas unterschiedlicher Färbung doch gleichermaßen wesentliche Erlebnisweisen, die spezifische Strukturen in Paarbeziehungen konstituieren.

Darüber hinaus erweitern Begriffe aus der Neurosenlehre die Skala des Bezugsrahmens, in dem Phänomene von Partnerkonflikten wahrgenommen werden können. Auch anale und hysteriforme Fixierungen und Abwehrformen werden ursächlich für Streit und die Art der Lösungsversuche. In diesem Sinn erschien uns (Wendl-Kempmann und Wendl, 1986) aufschlußreich, auch auf der Basis der Libidoentwicklung zu untersuchen, wie sich das Aufeinandertreffen gleicher bzw. unterschiedlicher Strukturen (Rückkoppelungseffekte) sowohl in Paarbeziehungen wie auch im Scheidungsverfahren auswirken. Z. B. wird bei Fixierung an orales Erleben im weitesten Sinn darum gestritten, wer Kind bleiben darf bzw. komplementär dazu, wer Mutter/Vater – auch im Sinne eines durch die Rolle geschenkten Wertzuwachses – repräsentieren darf bzw. muß. Wenn Konfliktlösungen noch aus analer Prägung versucht werden, ist das Thema der Ehe, wer recht bzw. unrecht hat. Bei ödipaler

Fixierung geht es um den latenten Kampf, wem die größere Bewunderung gebührt.

Willi (1972) beschreibt Phänomene der Partnerkonflikte, die sich weder an der Phasenlehre aus der Triebtheorie noch an der Objektbeziehungstheorie orientieren, sondern z. T. unbewußte Kollusionsmuster aufdecken. An der speziellen Beobachtung von Vorgängen in Partnerschaften entwickelte er ein zusätzliches Wahrnehmungsnetz.

1.2 Bezug auf die Entwicklung der Objektbeziehungen

In den vergangenen Jahrzehnten hat die Beobachtung der verschiedenen Stadien des Erlebens von Objektbeziehungen (siehe Kap. 8: Objektbeziehungstheorien) eines Individuums innerhalb der Narzißmusforschung einen festen Stellenwert im neueren psychoanalytischen Verständnis erhalten. Bei Beziehungsproblemen spielt der individuelle Verlauf und derzeitige Stand dieser Entwicklung natürlich eine zentrale Rolle.

Die Klienten, die eine psychoanalytische Paartherapie aufsuchen, schwanken zumeist zwischen dem Stadium des primären Narzißmus und dem Stadium der bedürfnisbefriedigenden Objekte. Auch wenn sie in anderen Bereichen ihrer Person oft durchaus ausgereiftere Strukturen entwikkelten, unter der Belastung einer unausweichlichen Zweierbeziehung regredieren sie auf frühe Muster der Objektbeziehung und vertreten ihre Erwartungen aus dieser Position in der Therapie zunächst ich-synton. Sie haben die Phase einer verläßlichen Objektkonstanz nicht erreicht, können den Partner, mindestens bei Belastung, nicht als eigenständiges Individuum mit oft konträren Strebungen erleben. Sie halten die Spannung zum andersartigen Gegenüber nicht aus.

Borderline-Elemente der Abspaltung und Projektion eigener Anteile auf den Partner treten in Paarbeziehungen viel häufiger auf, als wir sie in Einzelanalysen zu sehen bekommen. Die Anforderung, in vielen Fällen Kompromißlösungen entwickeln und durchhalten zu müssen, mobilisiert die Abwehr nach frühem Muster.

2. Partnerkonflikte und Somatisierungen

Ein psychoanalytisch arbeitender Paartherapeut hat immer auch mit Überweisungen aus Kliniken und Arztpraxen zu tun. Der überweisende Kollege hat dann psychosomatische Erscheinungen diagnostiziert, deren Ursachen aus seiner Sicht vorwiegend in einer dauernd vergiftenden Paarbeziehung liegen. Er verspricht sich von einer fokalen Arbeit an der Konfliktstelle rascheren Erfolg als von Einzelanalysen der jeweils Beteiligten. Hier liegt dann die berechtigte Indikation für Paartherapie auch bei somatischen Erkrankungen.

Z. B. könnten irreale und deshalb zur Dauerfrustration verurteilte Erwartungen bei einem Klienten nicht allgemein, also bezogen auf viele Menschen und Situationen, ausgebildet sein. Sie machen sich gewissermaßen gebündelt an der Ehefrau fest, in Übertragung früher Verwöhnungen oder Versagungen durch die Mutter. Die klassische Somatisierung in diesem Fall ist dann das Magengeschwür. Ihm könnte sicher auch eine gute Einzelanalyse helfen. Für den Paartherapeuten wird aber u. U. sichtbar, wie die Ehefrau dieses Patienten an der Aufrechterhaltung seiner Fehlerwartungen unbewußt mitwirkt. Ihre latente Verlustangst wird vermieden, solange sie von nicht befriedigten Erwartungen attackiert wird. Sie hat also ein zunächst unbewußtes, aber sehr wirksames Eigeninteresse, den krankmachenden Beziehungsmodus aufrechtzuerhalten: ihr unsicheres Selbstwertgefühl bleibt ihr selbst verborgen, wird nicht virulent. Durch die Analyse des Zusammenspiels dieser Kräfte kann dann u. U. auch eine körperliche Erkrankung tatsächlich schneller geheilt werden.

3. Psychoanalytische Heilungsschritte in der Paartherapie

3.1 Einzelpaare

Voraussetzung für eine erfolgreiche Paartherapie ist auf seiten der Klienten eine ausreichende Motivation beider Partner, die Fähigkeit, auf Fokussierung ihrer Probleme einzugehen, sowie Deutungen zu verarbeiten.

Je nach Fall und Problematik wird zu Beginn gemeinsam mit dem Paar entweder eine bestimmte Stundenzahl festgesetzt (etwa 10 Sitzungen) oder die Zeitdauer der Therapie zunächst offen gelassen. Da die Krankenkassen in der BRD Paartherapien derzeit nicht finanzieren, ist die Einschränkung durch reale Finanzierungsgrenzen immer auch gegeben.

Der Fokus der Behandlung setzt sich jeweils neu zusammen aus der (mitgebrachten) unterschiedlichen Sicht des Beziehungskonflikts und der mehr oder weniger harten Streitsituation, die in der Sitzung aktuell aufkommt, beides möglichst in Relation gesehen zur Vorprägung aus der Genese beider Partner. Gelingt es dem Therapeuten z. B., die affektiv aufgeladene aktuelle Situation zu verstehen und in Zusammenhang mit der unterschiedlichen Genese beider Partner zu deuten, wird zumeist eine entscheidende Entlastung erreicht. Oft ist auch der Zwischenschritt nötig, daß der Therapeut vorübergehend mit der gleichen Übertragung belegt wird wie der/die Partner/in, um dann nach einfühlsamer Deutungsarbeit erlebnisnah und überzeugend schließlich auch den Konflikt zwischen den Partnern zu lösen. Die neue Erfahrung, daß es Einfühlung ohne Verurteilung gibt, ist hier ebenso heilend wie in Einzelanalysen.

Voraussetzung der Eignung zum Paartherapeuten ist die Fähigkeit, sich nicht parteiisch benutzen zu lassen, sondern bei aller Empathie die eigene analytische Sichtweise nie aufzugeben. Analytiker, die nicht mit Paaren arbeiten, sind – außer in extremen Übertragungszeiten – nicht in gleicher Weise mit aktuell ausgetragenem Streit konfrontiert. Ein Therapeut, der sowohl mit Einzelpatienten als auch mit Paaren arbeitet, bemerkt an seinen Gegenübertragungszuständen, daß jeweils unterschiedliche Funktionen in ihm abgerufen werden, wenn er mit einem oder mit zwei Menschen arbeitet. In einer Zweierbeziehung ist zeitweise schon die Empathie einer guten Symbiosemutter hilfreich. In einer Dreierbeziehung braucht der Therapeut in jedem Fall die trianguläre Standfestigkeit seiner möglichst ausgereiften eigenen ödipalen Entwicklung, zusätzlich zur Empathiefähigkeit einer guten frühen Mutter.

3.2 Paargruppentherapie

Wie bei jeder Gruppentherapie (siehe Kap. 37: Gruppentherapie) ist die Zusammenstellung der Paargruppe ein wesentlicher Faktor für den Heilerfolg. Kriterien der Zusammenstellung sind für mich vier Paare mit etwa gleichem Differenzierungsgrad bei unterschiedlicher Symptomatik. Im Vorgespräch mit den einzelnen Paaren sondiere ich, wer sich wohl auch sonst untereinander „etwas zu sagen" hätte. Das Ergebnis solcher Zusammenstellung ist, daß sich in fast allen Fällen die Gruppe nach Beendigung der Therapie noch Jahre in unregelmäßigen Abständen ohne Therapeut trifft, um die begonnene Arbeit, etwa neu auftretende Paarkonflikte gemeinsam akzeptierend zu lösen, vertrauensvoll weiterzuführen. Da ein Gruppenziel u. a. darin besteht, als Therapeut überflüssig zu werden, erscheint dieser Verlauf sehr akzeptabel.

Paargruppen werden z. T. geschlossen, z. T. halb offen geführt. Für mich hat sich bewährt, anfangs die bindende Zusage zu einjähriger Teilnahme (eine Doppelstunde wöchentlich) zu verlangen, damit zuverlässig ein analytischer Prozeß in Gang kommt. Danach erarbeitet die Gruppe, ob bzw. wie lange sie weiter bestehen soll. Da nach einem Jahr die „Ernte" der Arbeit erlebt wird, kommt es fast immer auf Wunsch der Teilnehmer zu Verlängerungen auf weitere ein bis zwei Jahre.

Die Effektivität von Paargruppentherapie wird durch das Mitwirken eines Co-Therapeuten erhöht. Die Teilnehmer können modellhaft erleben, wie unterschiedliche Perspektiven nicht automatisch rivalisierend bekämpft werden müssen, sondern bereichernd wirken können.

In Paargruppen gibt es nahezu keine Anlaufzeiten, kein Schweigen. Das in der Woche angesammelte Material drängt nach Verarbeitung.

Ein nicht zu übersehender Heilfaktor der Paargruppen gegenüber Einzeltherapie besteht in der gemeinsam erlebten Relativierung von Konflikten. Auch der natürliche Rollenwechsel in einer Gruppe: aktiver Vortrag eigener Konflikte und Rezeption und Verarbeitung sozusagen im „Windschatten" der Spannung eines anderen Paares, entwickelt kommunikative Fähigkeiten, die dann der Paarbeziehung zugute kommen. In der „Windschattenposition“ wird die eigene Abwehr nicht in gleicher Weise mobilisiert, und so werden wichtige Erfahrungen anderer leichter auf das eigene Erleben übertragbar.

Das Übungsfeld Gruppe legt besonders nahe, eigenes Erleben ernst zu nehmen, ohne es absolut zu setzen, sich also in Relation zum oft andersartigen Erleben der übrigen Teilnehmer wahrzunehmen. Dadurch wird die Beziehungsfähigkeit auch zum eigenen Partner erhöht. Durch die Gruppenarbeit wird so ein wichtiger Schritt aus zunächst quälender Abhängigkeit etwa gegenüber der Gruppe, dem Analytiker und dem Partner in Richtung auf eigene Begegnungsfähigkeit initiiert.

4. Ziele der Paartherapie

Bezogen auf die Erwartung der Klienten sollte bereits im Vorgespräch deutlich werden, daß mit der geplanten Therapie weder eine Tendenz verfolgt wird, die beschädigte Paarbeziehung zu kitten, noch die, eine Trennung zu erreichen. Analytisches Selbstverständnis heißt auch hier: den derzeitigen Zustand einschließlich bisher unbewußter Dynamik so präzise wie möglich zu klären, damit eine reifere Entscheidung der Partner möglich wird, die auch mit ihren Folgen durchgehalten werden kann.

Wünschenswert wäre, daß sich auch Analytiker in Einzelanalysen mit Problemen der Partnerbeziehung intensiver auseinandersetzen würden. Die Gefahr einseitiger Identifizierung mit dem Patienten zum Schaden seiner Paarbeziehung würde sich reduzieren.

Literaturempfehlungen

Preuß, H. G. (1973). Ehepaartherapie. Beitrag zu einer psychoanalytischen Partnertherapie in Gruppen. München: Kindler.

Selvini-Palazzoli, M. (1977). Paradoxon und Gegenparadoxon. Stuttgart: Klett-Cotta.

Stierlin, H. (1971). Von der Psychoanalyse zur Familientherapie. Stuttgart: Klett-Cotta.

Wendl-Kempmann, G. & Wendl, Ph. (1986). Partnerkrisen und Scheidung. Ursachen, Auswirkungen und Verarbeitung aus psychoanalytischer und richterlicher Sicht. München: Beck.

Willi, J. (1972). Die Kollusion als Grundbegriff für Ehetherapie. Gruppendynamik, 6, 147–154.

Willi, J. (1975). Die Zweierbeziehung. Reinbek: Rowohlt.

40. Die Kinderpsychoanalyse

KARIN SCHNEIDER-HENN

1. Historische Entwicklung

Ohne Zweifel kann Freud für sich auch das Verdienst in Anspruch nehmen, die Kinderanalyse erfunden zu haben. Seine „Analyse der Phobie eines fünfjährigen Knaben" (1909b) ist als erster Bericht einer Kindertherapie in die Geschichte der Psychoanalyse eingegangen. Freud selbst diente die Behandlung des „Kleinen Hans", der aufgrund verdrängter ödipaler Ängste an einer Pferdephobie litt, wohl in erster Linie der Beweisführung zu seiner Theorie über die Zusammenhänge zwischen kindlicher Sexualität und der Neurose von Erwachsenen.

So war die seelische Erkrankung des kleinen Hans – und nicht etwa deren Behandlung – für Freud das Objekt der wissenschaftlichen Begierde, denn Analytiker und Patient trafen sich nur ein einziges Mal zu einer Konsultation; die Therapie wurde auf der Basis von Aufzeichnungen des Vaters, mit brieflichen oder mündlichen Antworten Freuds, vom Vater des kleinen Patienten erfolgreich durchgeführt.

Seine ursprünglich in der Arbeit mit erwachsenen Patienten gewonnenen Erkenntnisse über das kindliche Triebleben, die neue Entwicklungstheorie anhand der erogenen Zonen und die Entdeckung des unbewußten Seelenlebens schienen damals eine Veränderung der bisherigen Pädagogik geradezu herauszufordern: Freuds Schüler folgerten, daß über eine aufklärende, offene Erziehung des Kindes eine neurotische Erkrankung beim späteren Erwachsenen vermieden bzw. abgeschwächt werden könne. So hielt Sandor Ferenczi auf dem ersten Internationalen Psychoanalytischen Kongreß in Salzburg (1908) einen Vortrag über „Psychoanalyse und Erziehung"; interessierte sich Jung in Zürich aufgrund der Beobachtung seiner eigenen Kinder für das gleiche Thema; hatte der amerikanische Pädagoge und Psychologe Stanley G. Hall Freud und Jung 1909 zu Vorträgen in die USA eingeladen; erarbeitete der Pfarrer Oskar Pfister in der Schweiz die Methode der „Pädanalyse" zur Behandlung von Jugendlichen; führte sein Schüler Hans Zulliger die Arbeit mit Kindern in Spieltherapien fort. In Wien baute Alfred Adler eine Reihe von Erziehungsberatungsstellen auf; dort versuchten auch Siegfried Bernfeld im „Kinderheim Baumgarten" und August Aichhorn in einer Erziehungsanstalt für „verwahrloste" Jugendliche und im „Verein zur Führung von Knabenhorten" die neuen psychoanalytischen Erkenntnisse pädagogisch umzusetzen.

Diese enge Verknüpfung zwischen Psychoanalyse und Pädagogik dokumentierte sich ebenfalls in den Schriften der ersten Kinder- und Jugendlichenanalytikerin, Hermine Hug-Hellmuth, die ambulante Spieltherapien im Zuhause ihrer Patienten durchführte, ab 1919 als Analytikerin in der heilpädagogischen Abteilung der Wiener Kinderklinik arbeitete, dem „Kursprogramm für die Angehörigen pädagogischer Berufe" vorstand und 1923 die Leitung der Erziehungsberatungsstelle des Psychoanalytischen Ambulatoriums übernahm. Ihre Rolle als führende Kinderanalytikerin war damals unbestritten (vgl. Graf-Nold, 1988), und als Karl Abraham, Max Eitingon und Ernst Simmel 1920 in Berlin die „Poliklinik für psychoanalytische Behandlung nervöser Krankheiten" mit einem angeschlossenen Ausbildungsinstitut eröffneten, hielt Hermine Hug-Hellmuth dort bereits vier Monate später einen „pädagogischen Kurs".

Etwa ab 1918 nahm Anna Freud an den Sitzungen der Vereinigung teil; sie arbeitete als Grundschullehrerin und hatte zu jenem Zeitpunkt ihre Analyse bei Freud begonnen. 1922, nach ihrer Aufnahme in die Vereinigung, analysierte sie die ersten Kinderpatienten.

Im selben Jahr gründete die Wiener Psychoanalytische Vereinigung ihr Ambulatorium und 1925 ein Ausbildungsinstitut unter Helene Deutsch, Siegfried Bernfeld und Anna Freud nach dem Berliner Modell. Aus ihrer Vorlesungstätigkeit entstanden Anna Freuds Hauptwerke, z. B. 1927 die

„Einführung in die Technik der Kinderanalyse“ oder 1936 „Das Ich und die Abwehrmechanismen“. Gleichzeitig gab sie mit August Aichhorn, Siegfried Bernfeld und Willi Hoffer die „Zeitschrift für Psychoanalytische Pädagogik“ heraus, die 1938 eingestellt wurde und nach dem Krieg als „The Psychoanalytic Study of the Child“ wieder erschien.

In Budapest hatte Melanie Klein, nach einer Analyse bei Ferenczi, ihre kinderanalytische Tätigkeit aufgenommen, die sie von 1921 bis 1926 als Karl Abrahams Schülerin in Berlin (neben Berta Bornstein und Ada Müller-Braunschweig) und von 1926 an bis zu ihrem Lebensende in London fortsetzte. Ihre erste Kinderanalyse führte sie bei ihrem fünfjährigen Sohn Erich („Fritz“) durch und referierte 1919 über diese Behandlung vor der Ungarischen Psychoanalytischen Vereinigung.

„Die Erkenntnis, die ich durch diese Analyse gewann, hat den Verlauf meines ganzen Wirkens beeinflußt“, schrieb Klein (1972, S. 14). Die Behandlung ihres Sohnes fand in seinem Zimmer, mit seinen Spielsachen statt: „Das Kind drückte von Anfang an seine Phantasien und Ängste hauptsächlich im Spiel aus, während ich beständig deutete .... Diese Methode entspricht dem fundamentalen Prinzip des freien Assoziierens“ (ebd.). Auf der Basis dieser ersten Therapieerfahrung entwickelte Melanie Klein nun in offener Rivalität mit Anna Freud ihre psychoanalytische Theorie.

2. Behandlungstechnische Differenzen bei Anna Freud und Melanie Klein

Aus dem aggressiven Umgang mit Spielmaterial, das Kleins Ansicht nach in der Übertragung ihrer zwei- bis dreijährigen Analysanden frühe Objektbeziehungen repräsentierte, schloß sie auf einen von Geburt an bestehenden Konflikt zwischen Liebe und Haß, zwischen zärtlichen und zerstörerischen Impulsen, symbolisiert in Teilobjekten wie der geliebten „guten“ und real vom Säugling angegriffenen „bösen“ mütterlichen Brust.

Auf diese Weise ergab sich für sie das Bild der Mutter als „Ur-Verfolgerin ..., die als inneres und äußeres Objekt den kindlichen Körper angreift …", den Buben kastrierend oder ihn ebenso wie das Mädchen eigener Körperinhalte beraubend (S. 26). Klein war der „Überzeugung, daß psychotische (d. h. paranoide und depressive) Ängste der infantilen Neurose zugrundeliegen … und in gewissem Maße Teil der normalen infantilen Entwicklung sind …" (a. a. O., S. 26). Sie unterteilte die orale Phase in zwei Entwicklungsstadien, welche ihrer Meinung nach während des ganzen Lebens latent vorhanden und immer bereit zur Reaktivierung sind: Die paranoid-schizoide und die depressive Position. Bei der allmählichen Integration der guten und bösen bzw. geliebten und gehaßten Aspekte des Objekts in das Ich beobachtete Klein das Auftauchen depressiver Ängste, und sie wählte deshalb für diese Phase in der zweiten Hälfte des ersten Lebensjahres den Begriff der „depressiven Position".

Einen wesentlichen Streitpunkt in der fachlichen Auseinandersetzung zwischen Klein und A. Freud bildete Kleins Vorverlegung der Entstehung von Ödipuskomplex und Über-Ich auf die Zeit der „depressiven Position". Als Auslöser dieser Entwicklung sah Klein orale Frustration an, einmal aufgrund äußerer Faktoren, zum anderen wegen einer dem Kind eigenen „Unfähigkeit, die Säugebefriedigung zu genießen" (1973, S. 158).

Aus den unterschiedlichen Ansichten über kindliche Entwicklung und Ursprung der Neurose ergaben sich bei Klein und A. Freud natürlich auch unterschiedliche Behandlungstechniken.

Während A. Freud von einer „Modifizierung der klassischen Behandlungstechnik" ausging, bestand für Klein keine wesentliche Differenz zwischen der Deutungsarbeit in Kinder- oder Erwachsenenanalysen, auch wenn sie einräumte, daß es wichtig sei, dem erwachsenen Ich genauso wie dem kindlichen Ich je nach Entwicklungsstand angemessen zu begegnen. Für sie waren positive und negative Übertragungserscheinungen sofort wirksam und verlangten nach „tiefen" Deutungen. Diese dienten zunächst der Reaktivierung und anschließenden Entlastung von oraler Aggression und sadistischen Impulsen, die nicht zuletzt von Neid- und Haßgefühlen aufgrund der „unbewußten Kenntnis" des oral phantasierten elterlichen Koitus abstammten (1973, S. 166).

In dieser Hinsicht vertrat A. Freud eine andere Meinung, auch wenn sie später einige ihrer Ansichten über die modifizierte Behandlungstechnik für Kinderanalysen revidierte, z. B. jene der „nicht-analytischen Einleitungsphase". Sie meinte, daß Kinder schwerer zu analysieren seien als Erwachsene, denn Kinder zeigten häufig nur einen geringen Leidensdruck und damit keine eigene Motivation für eine analytische Behandlung; noch wenig Fähigkeit zu Selbstbeobachtung, Reflexion und Einsicht; je nach Alter wenig Sinn für Wahrhaftigkeit; eine niedrige Angst- und Frustrationsschwelle, unsichere Objektkonstanz und eine deshalb immer wieder gefährdete Übertragungsbeziehung. Auch die kindliche Vorliebe, zu handeln statt zu sprechen, sah sie als Hindernis in der psychoanalytischen Kur. Damit nicht genug, läßt die „unvermeidliche Einmischung der Eltern" eine Kinderanalyse als schwierig erscheinen. „Es ist nicht leicht, unter diesen Umständen eine Technik zu schaffen, die den Grundforderungen der klassischen Psychoanalyse entspricht: Widerstand und Übertragungsphänomene zu deuten, Verdrängungen und Regressionen aufzuheben, vernünftige, adaptive Maßnahmen an die Stelle primitiver, pathogener Abwehrmechanismen zu setzen und allgemein die Ichfunktion zu stärken und das seelische Gebiet zu erweitern, über welches das Ich seine Kontrolle ausüben kann" (A. Freud in Sandler et al., 1980, S. 9).

3. Motivation des Kindes und Zielsetzung des Psychotherapeuten

Die Bedeutung einer gründlichen psychodiagnostischen Untersuchung nach metapsychologischen Kriterien vor Beginn der Behandlung wird von A. Freud immer wieder hervorgehoben. Beispielsweise läßt sich eine infantile Angstsymptomatik unter dem dynamischen Gesichtspunkt der angewandten Abwehrmechanismen und unter dem ökonomischen Aspekt des psychischen Aufwands zur erfolgreichen Bewältigung betrachten, ebenso wie vom genetischen

Standpunkt aus nach der typischen Zugehörigkeit zu einer bestimmten Entwicklungsphase. Nicht zuletzt stellt sich die Frage der Bedeutung eines Angstkonfliktes für die psychische Struktur des Kindes. Es geht insgesamt um die Feststellung von psychosexueller Reifung, die Einschätzung der Ich-Organisation und Auskunft über das Niveau der Objektbeziehungen.

Tatsächlich unterscheidet sich die Einleitungsphase einer Kinderanalyse von jener des Erwachsenen, da in den meisten Fällen der elterliche Leidensdruck oder soziale Probleme in Kindergarten oder Schule den Auslöser zur geplanten Psychotherapie bilden und die Eigenmotivation des Kindes anfangs vergleichsweise gering ist. So dient die einleitende Untersuchungsphase mit der intensiven Selbstdarstellung des Kindes im Gebrauch *seiner* Mittel, im Spiel und schöpferischen Gestalten, auch ihm selbst zur Entdeckung seiner seelischen Befindlichkeit und zum Aufbau der Motivation für die Behandlung, zur Einführung in die analytische Methode und dem Abschluß eines Paktes.

Selbst unter den günstigsten Bedingungen sind Motivation und Arbeitsbündnis im Verlauf der analytischen Kur eines Kindes immer wieder gefährdet, und es darf nicht versäumt werden, beides von Zeit zu Zeit gemeinsam zu restituieren. Die Tatsache, daß es sich in Abhängigkeit von den Eltern befindet, hat das Kind in die Analyse gebracht – und kann es plötzlich wieder daraus entfernen. Widerstände, negative Übertragung sind nicht nur zwischen Analytiker und Analysand, sondern ebenso zwischen Analytiker und Eltern zu bearbeiten. Selbst eine positive Übertragung kann aufgrund von Loyalitätskonflikten des Kindes den Eltern gegenüber oder wegen eigener Bedürftigkeiten der Eltern und deshalb eifersüchtigen Regungen zu Kind und Analytiker hin Abbruchtendenzen auslösen. Diese Gefahr besteht vor allem, wenn ein Therapeut der häufigen Gegenübertragungsversuchung unterliegt, sich als bessere Mutter oder besserer Vater zu fühlen und unbewußt auch die Eltern wie Kinder behandelt. Eine therapeutische Stärkung der Elternfunktion aber fördert das gemeinsame Ziel einer Kinderpsychoanalyse: „... die Verhinderung von Hemmungen und Entwicklungsstillstand, die Beseitigung beengender Regressionen und Kompromißbildungen und dadurch die Freisetzung der spontanen, vorwärtsdrängenden Energien des Kindes“ (A. Freud, 1987, Bd. 9, S. 2410).

Auch im analytischen Prozeß mit Kindern oder Jugendlichen gelten die Grundregeln der freien Assoziation und Traumarbeit zur Entdeckung des Unbewußten, die Deutung von Übertragungsgefühlen, Abwehr und Widerstands-Verhalten. Ebenso gehören Wiederholung und Rekonstruktion vergangener (traumatischer) Erlebnisse selbstverständlich zum Inhalt einer jeden Analyse, mit dem Ziel der bewußten Klärung, Einsicht, Bewältigung.

Aber weil das Denken des Kindes konkret, vereinfachend und gegenwartsbezogen ist, verschiebt sich in seiner Analyse die Balance zwischen Aufklärung und Erleben mehr in die Richtung von Erleben, d. h. affektiver Erfahrungen. Schon das Setting trägt dazu bei: Analytiker und Patient befinden sich im Blickkontakt miteinander und – von direkter Emotionalität und motorischem Ausdruck des Kindes abhängig – zeitweise in relativ dichter, körperlicher Nähe.

So muß der Analytiker mit dem kindlichen Agieren, Denken und Fühlen vertraut sein, um sich intuitiv und sensibel auf das im freien Spiel, in Phantasien, Träumen und in der schöpferischen Gestaltung auftauchende unbewußte Material einlassen zu können (vgl. Anthony, 1982). Vom Kinderanalytiker wird nicht allein Spiegeln, sondern wahrhaftige Resonanz erwartet; da das infantile Unbewußte noch relativ nahe an der Oberfläche liegt und das Kind mit großer Angst vor dem Zusammenbruch seiner Strukturen auf eindringliche Angriffe der Ich-Abwehr reagiert, braucht es die Gewißheit, daß ihm der Analytiker als echte Person begegnet und ihm bei der Unterscheidung zwischen Phantasie und Realität zur Seite steht, um ambivalente Gefühle und entgegengesetzte Triebkräfte klären zu helfen.

4. Die drei Ebenen der psychotherapeutischen Beziehung

Die Realebene der therapeutischen Beziehung ist zu jeder Zeit wirksam und wird vom Kind immer wieder getestet, nicht zuletzt im Vergleich zwischen Analytiker und Bezugspersonen. Besonders am Anfang der Behandlung geht der junge Patient in seiner bisher im Umgang mit Erwachsenen erprobten, realitätsgerechten Weise auf den Analytiker zu – vielleicht mißtrauisch oder Orientierung suchend, abwartend oder gleichgültig, aktiv oder distanzlos. Je nach seinen Anlagen und seiner psychischen Reifung wird das Kind versuchen, die unbekannte, vermutlich Angst auslösende Situation des Therapiebeginns für sich zu bewältigen und dabei eine Vorstellung vom Analytiker zu entwickeln (zu bestätigen), die das Arbeitsbündnis entscheidend beeinflussen wird.

Nun bewegt sich der psychotherapeutische Dialog in einer Kinderanalyse aber nicht allein im Spannungsfeld zwischen Real- und Übertragungsbeziehung, sondern das Kind führt eine dritte, sehr persönlich geprägte Bezugsebene ein, die der „Externalisierung" seiner inneren Bilder (Haar, 1983). Während die Realebene der Beziehung den Umgang des Kindes mit der aktuellen Situation und der spezifischen Person des Therapeuten charakterisiert, versteht Haar unter der „Externalisierungsebene" jene Beziehungsstufe innerhalb der analytischen Kur, auf der das Kind Phantasiefiguren ins Spiel bringt (z. B. Cowboy, Sheriff, Gangster) und dem Therapeuten Regieanweisungen erteilt (du solltest jetzt der ... sein, das ... machen und ... sagen). Solche Zuschreibungen von „Selbstaspekten (Vorstellungen, Normen, Triebanteilen)" an den Therapeuten entsprechen vielleicht auch der Übertragung von (vergangenen) Objekterfahrungen; vor allem aber enthalten sie eigene innere Es-, Ich- und Überich-Anteile des jungen Patienten, die nun im Sinne einer projektiven Identifikation auf der Symbolebene externalisiert und über korrigierende emotionale Erfahrungen mit dem Analytiker wieder in das Selbst des Kindes re-integriert werden. Auf der Externalisierungsebene handelt der Kinderpatient vergleichbar zur analytischen Grundregel, nämlich seinen Assoziationen folgend; er setzt sie aber handelnd ins Spiel um und erwartet hier die Begegnung mit dem Analytiker-Partner. Von diesem wird eine therapeutische Ich-Spaltung verlangt, wenn er „... in seiner Haltung flexibel zwischen diagnostischer Distanz und empathischem Miterleben hin- und hergehen und dem Kind Anteil an dieser Fähigkeit geben muß" (Haar, 1983, S. 19). Über die sensible Wahrnehmung von averbalen Signalen, mit Hilfe seiner Gegenübertragungsgefühle und im Vertrauen auf die Wirksamkeit der schöpferischen Phantasien, die evtl. noch seiner eigenen Kindheit entstammen, versucht der Psychotherapeut, die verschlüsselten Inhalte auf der Externalisierungsebene zu verstehen, sie im Spiel zu klären, in Deutung umzusetzen und so ins Bewußtsein des Kindes zu heben (vgl. Anthony, 1982).

Auch in bezug auf das Übertragungsgeschehen ergibt sich ein wesentlicher Unterschied zwischen Erwachsenen- und Kinderanalyse. Da die primären Bezugspersonen im aktuellen psychischen Erleben des Kindes noch eine entscheidende Rolle spielen und die Konsolidierung der inneren Objekte keineswegs abgeschlossen ist, werden auf den Analytiker vorwiegend gegenwärtige Beziehungserlebnisse übertragen. Der neurotische Konflikt kann sozusagen noch *in statu nascendi* entdeckt und behandelt werden. Gleichwohl treten auch in Kinderanalysen Übertragungsreaktionen auf, die von früheren Objekterfahrungen geprägt sind und beim Therapeuten in unbewußter Wiederholungsinszenierung des Patienten korrespondierende Gegenübertragungsgefühle auslösen, die ihm als diagnostisches Werkzeug entscheidende Hilfe leisten. Im Umgang mit den Übertragungsphänomenen selbst ergibt sich kein Unterschied zur Erwachsenenanalyse; Ängste, Widerstände, frühkindliche Wünsche des Analysanden müssen bearbeitet, gedeutet werden, um die neurotischen Beziehungskonstellationen zu verändern und neue Erfahrungen zu ermöglichen.

Ausmaß und Gehalt der Externalisierungsebene sind abhängig von den verschiedenen Alters- bzw. Entwicklungsstufen des Kindes. Für einen Vierjährigen ist sein Spiel das wichtigste Ausdrucksmittel seelischer Befindlichkeiten, während ein Vierzehnjähriger nur in regressiven Momenten auf die Phantasie- und Handlungsebene zurückgreifen wird. Deshalb unterscheiden sich die Analysen von Kindern und Jugendlichen in diesem wesentlichen Bereich.

Noch bis vor kurzem galt die Zeit der Adoleszenz vorwiegend als jene der „Wiederauflage des Ödipuskomplexes“ und als Lebensabschnitt, der die Bewältigung alter Konflikte zur Aufgabe hat, ehe der Jugendliche in die Welt der Erwachsenen eintreten kann. Heute wird diese Entwicklungsstufe unter dem Aspekt der Festigung einer sozialen, individuellen und geschlechtsspezifischen Identität gesehen, mit speziellen Störungsanfälligkeiten, die gerade dieser Altersstufe eigen sind.

Die Adoleszenz „stellt jenes kritische Stadium dar, in dem die sexuellen und moralischen Leidenschaften ihrer Erfüllung zustreben und zur Reife gelangen. Am Ende dieser Entwicklung überschreitet der Jugendliche die Grenzen der Familie und tritt in die Gesellschaft ein“ (Kaplan, 1988, S. 11). In diesen knappen Sätzen umreißt Kaplan einen dramatischen Entwicklungsabschnitt des jungen Menschen, der nun Kindheit und Erwachsenenalter miteinander verbindet. Im Zuge der sexuellen Reifung des Jugendlichen und im wachsenden Bewußtsein, Kinder zeugen bzw. empfangen zu können, geschieht die innere und äußere Ablösung von den primären Bezugspersonen, die Hinwendung zum gegengeschlechtlichen Partner, die Entidealisierung der Eltern – nicht zuletzt zur Vermeidung von Inzestgefahr.

Hier liegen auch die Schwierigkeiten einer Jugendlichen-Psychoanalyse: In einer Zeit der Progression werden regressive Prozesse eingeleitet; in einer Phase der Trennung von den ödipal-verführerischen Elternobjekten bindet sich der Jugendliche an eine Mutter- oder Vaterübertragungsfigur, die nun die idealisierten oder inzestuösen Anteile übernimmt. Hier ist ein sehr behutsames Vorgehen erforderlich (vgl. auch Blos, 1962,1985; Laufer und Laufer, 1984).

In jedem Fall – ob der Psychoanalytiker nun eine Kinder- oder eine Jugendlichenbehandlung durchführt – er wird bei jungen Menschen Zeuge seelischer und körperlicher Reifung, begleitet auch reales Wachstum. Gerade dieser ganzheitliche Erfahrungsbereich macht die Arbeit mit Kindern und Jugendlichen nicht nur schwierig, sondern auch schöpferisch.

Literaturempfehlungen

Anthony, E. J. (1982). The comparable experience of a child and adult analyst. Psychoanalytic Study of the Child, 37, 339–366.
Blos, P. (1985). Sohn und Vater. Diesseits und jenseits des Ödipuskomplexes. Stuttgart: Klett-Cotta 1990.
Freud, A. (1922–1980). Die Schriften der Anna Freud. Frankfurt: Fischer 1987.
Graf-Nold, A. (1988). Der Fall Hermine Hug-Hellmuth. Eine Geschichte der frühen Kinder-Psychoanalyse. München: Verlag Internationale Psychoanalyse.
Haar, R. (1983). Die therapeutische Beziehung in der Kinder- und Jugendlichenpsychotherapie – Überlegungen zur Behandlungstechnik. Arbeitskreis DGPT/VAKJP für anal. Psychoth. bei Kindern u. Jugendl. Heft 2 (1987), 13–30.
Kaplan, L. J. (1984). Abschied von der Kindheit. Stuttgart: Klett-Cotta 1988.
Klein, M. (1962). Das Seelenleben des Kleinkindes und andere Beiträge zur Psychoanalyse. Reinbek: Rowohlt 1972.
Laufer, M. & Laufer, M. E. (1984). Adoleszenz und Entwicklungskrise. Stuttgart: Klett-Cotta 1989.
Sayers J. (1991). Mothering psychoanalysis. Helene Deutsch, Karen Horney, Anna Freud, Melanie Klein. London: Hamish Hamilton (dt.: Mütterlichkeit in der Psychoanalyse. Helene Deutsch, Karen Horney, Anna Freud, Melanie Klein. Stuttgart: Kohlhammer 1994).

41. Balint-Gruppen

Jürgen Körner

1. Gegenstand und Historie

Die Balint-Gruppe bietet Ärzten, Psychologen und Angehörigen anderer sozialer Berufe Gelegenheit, konflikthafte berufliche Beziehungen zu Patienten, Klienten oder Ratsuchenden im Gespräch durchzuarbeiten und sich verständlich zu machen. Die Mitglieder einer Balint-Gruppe arbeiten psychoanalytisch: Sie achten auf nicht-bewußte Mitteilungen in der Gruppe, betrachten das Gruppengeschehen als *Widerspiegelung* der vorgestellten sozialberuflichen Beziehung und berücksichtigen, daß jede Einsicht in Beziehungskonflikte gegen *Lernbarrieren* und *Widerstände* (Rosin, 1980/81) durchgesetzt werden muß.

Der Psychoanalytiker Michael Balint, ein Schüler Ferenczis, begann im Jahre 1949 damit, praktischen Ärzten ein „Forschungsseminar“ an der Tavistock-Klinik in London anzubieten. Schon Jahre zuvor hatte er gemeinsam mit seiner Frau Enid Balint Trainingsgruppen für Fürsorger (Eheberater) geleitet. Ziel seiner Gruppenarbeit war es, dem einzelnen Arzt zu helfen, Einsichten in die psychologischen Probleme seiner alltäglichen Praxis zu gewinnen und diese Einsichten auch im Sinne eines „begrenzten, aber wesentlichen Wandels“ der eigenen Persönlichkeit zu nutzen. Der Arzt sollte insbesondere seine eigenen Konfliktbereitschaften, „Standardreaktionen“ und berufsspezifisch verfestigten Haltungen erkennen und – soweit möglich und sinnvoll – auch ändern. Balint wußte um die Wirksamkeit der „Droge Arzt“, beabsichtigte aber nicht, die von ihm entwickelte Gruppenmethode für die Weiterbildung zum Beruf des Psychotherapeuten oder Psychoanalytikers einzusetzen.

Michael Balint legte keine vollständige Konzeptualisierung seiner Methode vor; seine sehr lebendig und anschaulich geschriebenen Beiträge (Balint, 1964; Balint et al., 1966) und die Zeugnisse derjenigen Gruppenleiter, die bei ihm selbst lernen konnten, belegen, wie einfallsreich und flexibel er seine eigene Methode anwandte. Der Mangel an gründlichen und umfassenden Arbeiten über die Balint-Gruppenmethode (erst Rosin legte im Jahre 1989 die erste vollständige Konzeptualisierung und Literatursammlung vor) führte dazu, daß zahlreiche Varianten psychoanalytisch orientierter Supervisons- und Selbsterfahrungsgruppen das Etikett „Balint-Gruppe" tragen durften. Insofern ist es – trotz ansteigender Zahl spezifischer Publikationen – immer noch vonnöten, die Methode und Technik der Balint-Gruppe herauszustellen und von ähnlichen Methoden der Supervision und der Fallarbeit abzugrenzen.

2. Die Methode der Balint-Gruppe

Man könnte die Methode der Balint-Gruppe dadurch charakterisieren, daß sie in eigentümlicher Weise „zwischen" der einer psychoanalytischen Selbsterfahrungsgruppe und einer tiefenpsychologisch orientierten Fallbesprechungsgruppe steht. Diese Zwischenstellung ergibt sich daraus, daß die Balint-Gruppe einerseits ihre Aufmerksamkeit auf die Arbeit an dargestellten beruflichen Beziehungskonflikten konzentriert, andererseits aber dem einzelnen im Rahmen dieser fokussierten Auseinandersetzung auch eine Selbsterfahrung ermöglicht. Das Gruppenmitglied gewinnt *Einsicht* in seine persönlichen, konflikthaften, zuweilen unbewußten Gründe für problematisch erlebte soziale Berufsbeziehungen. Andererseits wird die Selbsterfahrung nicht zum Selbstzweck der Balint-Gruppenarbeit. Geschieht es etwa, daß ein Gruppenmitglied den Wunsch äußert, einen inneren Konflikt, dessen er in der Gruppenarbeit gewahr wurde, intensiver und auch im Hinblick auf die eigene Biographie zu bearbeiten, wird er in der Regel auf die Möglichkeit verwiesen, dieses Thema mit Hilfe eines Psychoanalytikers oder Psychotherapeuten durchzuarbeiten.

Häufig ist es sehr schwierig, einen gangbaren Weg „zwischen" den Polen einer Selbsterfahrungsgruppe und einer fallorientierten Diskussionsrunde zu finden (vgl. Alberti und Rosin, 1984). Auch ist es notwendig, daß die Balint-Gruppe einen jeweils eigenen Arbeitsstil findet, der bei wöchentlichen Sitzungen erst nach ein oder zwei Jahren eine konstante Charakteristik annimmt. In jedem Falle aber muß sie eine Methode entwickeln, die das Verständnis für konflikthafte sozialberufliche Beziehungen ermöglicht, dabei die Fähigkeit zur „patientenzentrierten Selbsterfahrung" (Rosin) nutzt und – quasi als Nebeneffekt – zu wünschbaren „Umstellungen" (Balint) in der Persönlichkeit der Gruppenteilnehmer führt.

Michael Balints patientenzentrierte Selbsterfahrung muß primär als eine *Fortbildungsmethode* verstanden werden. Sie wendet sich daher in der Regel an Teilnehmer, die ihre Berufsausbildung schon abgeschlossen haben. Sie sollen sich in ihrem Beruf so gefestigt fühlen, daß sie die Verunsicherungen ertragen können, welche die patientenzentrierte Selbsterfahrung ihnen zumutet. Außerdem setzt die Methode der Balint-Gruppe, insbesondere die Arbeit an Widerspiegelungsphänomenen im Gruppenprozess, voraus, daß das einzelne Gruppenmitglied bereit ist, seine Aufmerksamkeit auf die vorgestellte sozialberufliche Beziehung zu konzentrieren. Ein Gruppenmitglied aber, dessen Aufmerksamkeit sehr stark von eigenen, unerledigten Konflikten beansprucht würde, richtete zwangsläufig den Fokus seiner Wahrnehmung auf die Widerspiegelung seiner Konflikte in der aktuellen Situation der Balint-Gruppe; seine Arbeit konzentrierte sich darauf, eigene Konflikte im Lichte der dargestellten sozialberuflichen Beziehung zu betrachten. Tatsächlich aber soll es umgekehrt sein: Im Mittelpunkt steht die konflikthafte Beziehung zwischen einem Gruppenmitglied und einem Patienten, Klienten oder Ratsuchenden; sie wird im Lichte der Wahrnehmungsstereotype, Konfliktbereitschaften und Wiederholungszwänge der beteiligten Personen betrachtet und verstanden.

Dennoch fehlt es nicht an Vorschlägen, die Balint-Gruppenmethode auch für die Weiterbildung zum Psychotherapeuten oder gar für die Ausbildung von Studierenden einzusetzen. Es gibt „Junior-Balint-Gruppen" (Luban-Plozza, 1974), Balint-Gruppen mit Medizin-Studenten (Bräutigam, Knauss und Wolf, 1983), mit Studierenden der Psychologie (Kutter, 1988) und Sozialpädagogik (Körner, 1990). Die Ergebnisse dieser Versuche, die Balint-Gruppenmethode schon für Aus- oder Weiterbildungszwecke zu verwenden, sind durchaus widersprüchlich; jedenfalls ist eine generelle Ablehnung der Balint-Gruppe als Weiterbildungsmethode – wie Argelander sie aus grundsätzlichen Erwägungen heraus (1988) vorträgt – wohl nicht gerechtfertigt. Weitere Forschung müßte in diesem Punkt Klarheit bringen.

3. Technik der Balint-Gruppe

Die Technik der Arbeit in Balint-Gruppen orientiert sich an den Methoden psychoanalytischer Gruppenarbeit. Die Gruppengröße schwankt in der Regel zwischen acht und zwölf Teilnehmern; eine Ausnahme stellen „Großgruppen" dar (vgl. Stucke, 1988). Balint-Gruppen sind in der Regel in bezug auf die Berufe ihrer Mitglieder homogen zusammengesetzt. Nicht selten finden sich Mitglieder eines Teams z. B. in einem Krankenhaus zu einer Balint-Gruppe zusammen; das jedoch führt häufig dazu, daß institutionelle Konflikte in die Arbeit an der Arzt-Patienten-Beziehung eingewoben werden (vgl. Rappe-Giesecke, 1988). Eine derartige Vermischung kann es erforderlich machen, daß der Gruppenleiter die Balint-Gruppenarbeit für ein oder zwei Sitzungen unterbricht, um – mit einer anderen Arbeitsvereinbarung – die institutionellen Konflikte, welche als Hindernis für die Balint-Gruppenarbeit auftraten, zu bearbeiten (vgl. Schlösser, 1989).

Im Rahmen dieser kurzen Darstellung kann nicht ausführlich auf einzelne „technische" Aspekte der Balint-Gruppenarbeit eingegangen werden (vgl. dazu Luban-Plozza, 1974; Nedelmann und Ferstl, 1989; Rosin, 1989; Roth, 1984). An dieser Stelle soll es genügen, einige Aspekte des Leiterverhaltens zu diskutieren.

Wie in einer psychoanalytischen Selbsterfahrungs- oder Therapiegruppe ist auch der Balint-Gruppenleiter ein „Hüter“ der Arbeitsvereinbarungen. Diese Aufgabe ist in der Balint-Gruppe besonders schwierig. Denn was im Hinblick auf die Methode als Problem des Weg-Findens „zwischen“ Selbsterfahrung und Fallbesprechung zu meistern ist, muß „technisch“ mit Hilfe komplizierter Arbeitsvereinbarungen erreicht werden: Die Balint-Gruppenmitglieder mögen „frei“ assoziieren – aber im Hinblick auf die vorgestellte sozialberufliche Beziehung. Sie sollen regressive Prozesse (vor allem im Sinne einer „formalen“ Ich-Regression) zulassen, jedoch nur insoweit, als sie dem Verständnis der zunächst unverstandenen Beziehungen dienen. Die Einsichten, welche das Gruppenmitglied gewinnen kann, gelten primär dem verborgenen Beziehungskonflikt; dieser wird im „Hier und Jetzt“ geklärt; rekonstruktive Verknüpfungen mit lebensgeschichtlich zurückliegenden Gründen für spezifische Konfliktbereitschaften gehören nicht in die Arbeit einer Balint-Gruppe.

Der Gruppenleiter hat also die Aufgabe, die Arbeitsweise der Balint-Gruppe, ihr Regressionsniveau und die thematische Ausrichtung ihrer Beiträge so zu steuern, daß der Fokus auf die produktive Bearbeitung der sozialberuflichen Beziehung gerichtet bleibt. Er selbst ist in der Regel nicht an der Sammlung von Phantasien, Gedanken, Handlungsimpulsen und Körperwahrnehmungen beteiligt, lenkt aber die Aufmerksamkeit der Gruppe auf thematisch bedeutsame Zusammenhänge zwischen den Beiträgen und dem vorgetragenen „Fall“. Er verfolgt das Ziel, dem einzelnen, der eine konflikthafte berufliche Beziehung vorträgt, und der Gruppe zu spezifischen Einsichten zu verhelfen: Einsichten in die Stereotypien übertragungshafter Konfliktbereitschaften und Standardreaktionen und Einsichten in die wechselseitige Bezogenheit von Übertragung und Gegenübertragung sowohl in der vorgestellten Beziehung als auch im Gruppengeschehen hier und jetzt.

4. Perspektiven

Die Balint-Gruppenmethode ist eine sehr verbreitete Fortbildungsmethode, und in der psychotherapeutischen Weiterbildung für Ärzte ist sie ein obligatorischer Teil des Curriculums. Trotz rasch wachsender Zahl einschlägiger Publikationen ist ein Mangel an Forschungsarbeiten über Methode, Technik und vor allem über die Ergebnisse der Balint-Gruppenmethode unverkennbar. Im Hinblick auf die Methode scheint es notwendig, die vielfältigen Praxisformen, welche unter dem Begriff „Balint-Gruppe" firmieren, zu systematisieren und die Balint-Gruppenmethode von ähnlichen Methoden zur tiefenpsychologisch orientierten Fallbesprechung, zur Selbsterfahrungsgruppe, zur Teamsupervision und Institutionsberatung abzugrenzen.

Im Hinblick auf die Effekte der Balint-Gruppenarbeit ist ausgedehnte Forschungsarbeit notwendig. Die bislang vorliegenden Methoden und Ergebnisse (Rosin und Heigl-Evers, 1988) geben zwar Hinweise auf die Wirksamkeit der Balint-Gruppenmethode, eindeutige Nachweise der Überlegenheit dieses Gruppenverfahrens gegenüber anderen Methoden der Supervision stehen aber noch aus. Allerdings mußte in der jüngeren Vergangenheit auch erst Klarheit im Hinblick auf die adäquate Forschungsmethodik geschaffen werden: Die „klassische" outcome-Forschung, wie sie bei der Beurteilung von therapeutischen Methoden lange Zeit angebracht schien, kann sich als Forschungsmethode über Balint-Gruppen gar nicht bewähren. Es ist sicher, daß nur die den Prozeß der Balint-Gruppenarbeit begleitenden Methoden (z. B. inhaltsanalytische Untersuchungen, vgl. Naujoks, 1988) den Prozeß der Balint-Arbeit angemessen darstellen können.

Die zahlreichen offenen Forschungsfragen kontrastieren mit der breiten Akzeptanz, welche die Balint-Gruppenmethode bei Ärzten, Psychologen, Theologen, Richtern, Pädagogen, Krankenschwestern und vielen anderen Sozialberuflern gefunden hat. Man darf daraus schließen, daß diese Methode subjektiv hoch wirksam ist und bei vielen ihrer Teilnehmer, die großenteils freiwillig und auf eigene Kosten mitarbeiten, zu durchaus befriedigenden Ergebnissen führt.

Literaturempfehlungen

Argelander, H. (1988). Balint-Gruppen – ein Fortbildungs- und Forschungskonzept. Die Balint-Gruppe in Klinik und Praxis, 1, 58–69.

Balint, M. (1964). Der Arzt, sein Patient und die Krankheit. Stuttgart: Klett-Cotta, 8. Auflage 1993.

Nedelmann, C. & Ferstl H. (1989). Die Methode der Balint-Gruppe. Stuttgart: Klett-Cotta.

Rosin, U. & Heigl-Evers, A. (1988). Empirisches Forschen von Balint-Gruppen: Methoden und Ergebnisse. Die Balint-Gruppe in Klinik und Praxis, 1, 142–165.

Rosin, U. (1989). Balint-Gruppen: Konzeption – Forschung – Ergebnisse. Die Balint-Gruppe in Klinik in Praxis, 3.

Roth, J. K. (1984). Hilfe für Helfer: Balint-Gruppen. München: Piper.

42. *Psychoanalyse in der Klinik*

Paul L. Janssen

1. Ausgangssituation

Psychoanalyse in der Klinik wird hier verstanden als Anwendung psychoanalytischer Behandlungsprinzipien in der stationären Psychotherapie. Die Geschichte der methodischen Entwicklung psychoanalytisch orientierter stationärer Psychotherapie ist die Geschichte der Entwicklung eines ursprünglich ausschließlich für die ambulante Zweierbeziehung konzeptualisierten Verfahrens über die psychoanalytische Gruppentherapie und die therapeutische Gemeinschaft zu einer eigenständigen stationären psychoanalytischen Therapie. Dies ist ein langer Prozeß, in dem das Verständnis von therapeutischer Beziehung, im speziellen von Übertragung und Gegenübertragung, eine zentrale Rolle spielt. Die Reflexion institutioneller Behandlungsbedingungen, aber auch die Weiterentwicklung der psychoanalytischen Theorie und Behandlungstechnik haben dafür entscheidende Impulse gegeben. Soziodynamische und organisationsdynamische Aspekte mußten bei der Formulierung von Essentials für eine stationäre psychoanalytische Behandlung berücksichtigt werden.

Jede psychoanalytische Therapie läßt sich durch ein spezielles Setting charakterisieren. Dieses Setting stellt den Rahmen für den therapeutischen Prozeß dar. In der ambulanten Praxis, in der die psychoanalytische Behandlungstechnik entwickelt wurde, wird ein Setting zum Ausgangspunkt der Behandlung gewählt, in dem die in der Übertragung reaktivierten infantilen Konflikte, sozusagen „Neuauflagen“ dieser Konflikte, in der dyadischen Beziehung zur Darstellung kommen können. Die Tendenz des Menschen, frühe infantile Beziehungen in der Beziehung zum Therapeuten zu wiederholen, findet nun im Krankenhaus unter komplexen Rahmenbedingungen, sowohl hinsichtlich der Personen wie auch hinsichtlich der Settingsangebote, statt.

2. Rahmenbedingungen im Krankenhaus

Die Rahmenbedingungen im Krankenhaus sind von den therapeutischen Zielsetzungen, aber auch von nicht-therapeutischen Belangen des Krankenhauses wie Wirtschaftlichkeit, Aufnahme- und Entlassungsmodalitäten, Behandlungsdauer, Einfluß von Verwaltungsstrukturen und Aufgaben des Krankenhauses bestimmt. Darüber hinaus hat der Psychoanalytiker im Krankenhaus nur eine eingeschränkte Verfügungsgewalt über die nicht-therapeutischen Belange wie z. B. die Sicherung der Wirtschaftlichkeit.

Des weiteren geschieht die Anwendung der Psychoanalyse in der Klinik in einem multipersonalen Beziehungsfeld, in der Gruppensituation im Krankenhaus. Im ambulanten Setting richten sich die Informationen und Prozesse auf einen Therapeuten, im stationären Setting hingegen werden multipersonale Beziehungen in Form verschiedener Interaktionsmöglichkeiten zu verschiedenen Therapeuten (Ärzte, Diplom-Psychologen, Schwestern, Pflegern, Musik- und Maltherapeuten, Bewegungstherapeuten u. a.) und mit der Patientengruppe wirksam.

Im ambulanten Setting ist der therapeutische Raum von dem Lebens- und Berufsraum getrennt. Durch die beruflichen Tätigkeiten und die Aktivitäten im sozialen Umfeld ist der Tag des Patienten strukturiert. Dies fällt im Krankenhaus weitgehend weg. Weiterhin sind Therapeuten und Stationspersonal jederzeit verfügbar, wohingegen in der ambulanten Praxis der Therapeut nur begrenzt, z. B. vier Stunden pro Woche zur Verfügung steht.

Diese Aspekte machen deutlich, daß gegebene Rahmenbedingungen sowohl die therapeutischen Beziehungsebenen wie den therapeutischen Prozeß im Krankenhaus prägen. Der Psychoanalytiker im Krankenhaus muß sowohl die

Essentials der psychoanalytischen Therapie, wie Arbeit am Widerstand, an der Übertragung und Gegenübertragung, ebenso wie die nicht-therapeutischen Bedingungen des Krankenhauses in ein Konzept integrieren. Die Analyse der verschiedenen stationären Psychotherapiekonzeptionen, die psychoanalytisch begründet sind, ergab, daß neben den institutionellen Bedingungen auch analytisch-therapeutische Grundpositionen die Organisationsformen des therapeutischen Raumes prägen (Janssen, 1987). Im wesentlichen lassen sich drei Entwicklungslinien in den Konzeptionen unterscheiden.

2.1 Psychoanalyse ohne Gestaltung des stationären Zusammenlebens der Patienten

Eine erste Anwendung der Psychoanalyse in der Klinik ist geprägt von der Isolierung der therapeutischen Beziehung von den übrigen Behandlungsmaßnahmen auf der Station. Solche Anwendungsformen wurden, entsprechend dem Vorbild der ambulanten psychoanalytischen Praxis, von dem Primat der Psychoanalyse als der höchst persönlichen Beziehung zum Therapeuten bestimmt. Der stationäre Aufenthalt wurde wegen des Schweregrades der Erkrankung in Kauf genommen, z. B. bei erforderlichen somatischen Behandlungen, zum Schutz vor Agieren, vor Alkohol- und Medikamentenmißbrauch oder vor antisozialem Verhalten. Der stationäre Raum wurde jedoch nicht sozio- oder gruppentherapeutisch genutzt. Die Trennung von Behandlung auf der Station und psychoanalytischer Therapie schien zur Aufrechterhaltung des therapeutischen Bereichs notwendig. Der Therapeut sollte zwar alle Informationen aus dem stationären Bereich erhalten, aber ohne Wissen des Patienten nichts aus der Behandlung dem Personal der Station mitteilen. In diesen Konzepten wird der gruppendynamische Faktor, der in jeder stationären Behandlung auf die eine oder andere Weise zur Wirkung kommt, konsequent aus den Settingsüberlegungen ausgeblendet. Dies führt zur Verzerrung der Übertragungsprozesse in den dualen Beziehungen zum Therapeuten.

2.2 Bipolarität von Therapieraum und Realraum

Die Konzeptionen, die Therapieraum und Realraum trennen, beinhalten gewissermaßen den Versuch, die Idee der therapeutischen Gemeinschaft in die psychoanalytische Behandlung zu integrieren. Nach der Idee von der therapeutischen Gemeinschaft im Krankenhaus ist das gesamte Krankenhaus als therapeutisches Setting zu verstehen (vgl. Hilpert et al., 1981). Das Konzept der Bipolarität in der klinischen Psychotherapie wurde von Enke (1965) für die stationäre Psychotherapie formuliert. Es wird eine Gruppenpsychotherapie von einer Soziotherapie auf der Station unterschieden. Die Soziotherapie orientiert sich an der Realität der Station. Das Personal ist aufgefordert, sich realitätsorientiert zu verhalten. Im Therapieraum hingegen wird analytisch-therapeutisch, d. h. interpretativ gearbeitet. Der gestaltungs- und bewegungstherapeutische Raum wird meist dem soziotherapeutischen Raum zugeordnet. Die Zuordnung der Berufsgruppen geschieht zu den einzelnen Räumen; sie haben festgelegte Aufgaben.

Die Zielsetzung solcher Konzeptionen ist es, die Übertragungsprozesse im therapeutischen Raum zu zentrieren, Übertragungsspaltungen und Ich-schwächende Regressionen zu vermindern. Die Übertragungen auf Personen des Realraums konnten, wie sich immer wieder zeigte, jedoch nicht verhindert, allenfalls übersehen werden, da die Patienten mit der Aufnahme in einem multipersonalen Beziehungsfeld interagieren und entsprechend ihrer unbewußten Beziehungsdynamik auch ihre signifikanten Objekte in diesem Feld wählen. Dies führte in den letzten 20 Jahren zu der Entwicklung integrativer Therapiekonzeptionen, die stärker die Teambehandlung in den Vordergrund rückten.

2.3 Integration der therapeutischen Beziehungsfelder in eine Gesamtbehandlungskonzeption

Integrative Konzepte (vgl. Janssen, 1987) organisieren das multipersonale Beziehungsfeld in der Gruppensituation im

Krankenhaus als Netzwerk von therapeutischen Beziehungen, in denen die *dispergierenden Übertragungsprozesse* sich manifestieren können. Besonders strukturell Ich-gestörte Patienten, die ihre primitiven Übertragungen innerhalb des gesamten multipersonalen Beziehungsfeldes entfalten, können nach diesem Konzept effizient behandelt werden.

Aus diesem Verständnis der Entwicklung von Übertragungsprozessen im stationären Raum folgen bestimmte Prinzipien der Organisation des Behandlungsteams. Die therapeutischen Beziehungen werden nicht polarisiert, sondern jeder hat in seinem Interaktionsfeld eine beziehungsdynamisch und therapeutisch begründete Funktion, ist für die Aufrechterhaltung seines therapeutischen Settings und die realen Erfordernisse der Station verantwortlich. Des weiteren ist jedes Beziehungsfeld ein eigenständiger Bereich, der in der Gesamtkonzeption eine bestimmte therapeutische Aufgabe wahrnimmt. Bei unterschiedlichen Aufgabenstellungen strukturiert also das gesamte Behandlungsteam den therapeutischen Prozeß des Patienten. In dem Behandlungsteam werden die therapeutischen Interaktionen mit Hilfe des Leiters des Teams, des beratenden Psychoanalytikers, analysiert und integriert.

Das Behandlungsteam mit seinen verschiedenen Beziehungsebenen kann die dispergierenden Übertragungen aufnehmen und bearbeiten. Die Zielsetzung ist, daß der Patient in dem multipersonalen, therapeutischen Beziehungsnetz seine internalisierten pathologischen Objektbeziehungen im „Hier und Jetzt“ reinszenieren kann und mit Hilfe der Therapeuten Einblick in seine infantilen, pathogenen Objektbeziehungen gewinnt, um über neue Einsichten und Erfahrungen in den therapeutischen Beziehungen eine innere Veränderung einleiten zu können.

Wenn auch die therapeutischen Aufgaben vom Team insgesamt wahrgenommen werden, so hat doch jede Berufsgruppe eine eigene, mit den übrigen Aufgaben abgestimmte therapeutische Funktion. Drei Ebenen des therapeutischen Angebotes werden unterschieden:

1. die Ebene der physischen „Holding-Function“: direkter körperlicher Kontakt in medizinischen Untersuchungen, Behandlungen durch den Arzt, Versorgung durch das

Pflegepersonal und körperbezogene, übende Bewegungstherapie;
2. die Ebene der extraverbalen Symbolbildung in der Mal- und Musiktherapie;
3. die Ebene des interpretativen Durcharbeitens der Inszenierungen des Patienten in der psychoanalytischen Gruppen- und Einzeltherapie.

Diese verschiedenen Behandlungsebenen werden von dem Patienten verschieden genutzt. In der verbalen und handelnden Reinszenierung seiner inneren Konflikte steht ihm ein therapeutischer Raum zur Verfügung, der von der Gewährung der Bedürfnisse nach Zuwendung und den versorgenden Diensten einer frühen Mutter (1. Ebene) und der Abschwächung dieser Bedürfnisse über Symbolbildung malerischer, musikalischer (2. Ebene) und sprachlicher (3. Ebene) Art geschieht. Auf diese Weise kann der strukturell Ich-gestörte zu Individuation kommen und sich von den primären Objekten loslösen.

3. Abschließende Einschätzung

Die anfängliche und teilweise noch anzutreffende Skepsis der Psychoanalytiker, die Institution Krankenhaus als Ort psychoanalytischer Behandlungen zu wählen, ist durch die Einsichten in die Möglichkeiten und Grenzen stationärer Psychotherapie gemildert worden. Die Psychoanalytiker konnten nach und nach die Institution Krankenhaus als einen Behandlungsort akzeptieren, ihn sogar für bestimmte Patienten für unverzichtbar halten. Insbesondere für die strukturell Ich-gestörten Patienten und psychosomatisch Erkrankten ist die stationäre psychoanalytische Behandlung ein wichtiges therapeutisches Stadium in der Abmilderung ihrer Ich-Defizite. Die stationäre psychoanalytische Therapie kann einen wichtigen Beitrag zur Behandlung psychisch und psychosomatisch Kranker leisten.

Literaturempfehlungen

Becker, H. U. & Senf, W. (1988). Praxis der stationären Psychotherapie. Stuttgart: Thieme.

Enke, H. (1965). Bipolare Gruppenpsychotherapie als Möglichkeit psychoanalytischer Arbeit in der stationären Psychotherapie. Zeitschrift für Psychotherapie und medizinische Psychologie, 15, 116–121.

Ermann, M. (1982). Regression in der stationären-analytischen Psychotherapie. Zeitschrift für Psychosomatische Medizin und Psychoanalyse, 28, 176–138.

Heigl-Evers, A., Henneberg-Mönch, U., Odag, C. & Standke, G. (Hrsg.) (1986). Die Vierzigstundenwoche für Patienten. Göttingen: Vandenhoeck & Ruprecht.

Hilpert, H., Schwarz, R. & Beese, F. (Hg.) (1981). Psychotherapie in der Klinik. Berlin: Springer.

Hoffmann, S. O., Brodthage, H., Trimborn, W. & Stemmer, Th. (1981). Stationäre psychoanalytische Psychotherapie als eigenständige Behandlungsform. In F. Heigl & H. Neun (Hg.), Psychotherapie im Krankenhaus (S. 35–40). Göttingen: Vandenhoeck & Ruprecht.

Janssen, P. L. (1987). Psychoanalytische Therapie in der Klinik. Stuttgart: Klett-Cotta.

Lohmer, M. (1988). Stationäre Psychotherapie bei Borderlinepatienten. Berlin: Springer.

Schepank, H. & Tress, W. (Hg.) (1988). Die stationäre Psychotherapie und ihr Rahmen. Berlin: Springer.

VII. Anwendungen der Psychoanalyse

43. Psychoanalyse und Politik

THEA BAURIEDL

1. Zum Begriff der „politischen Psychoanalyse“

Der Begrif politische Psychoanalyse stellt für manche eine Tautologie dar; sie halten Psychoanalyse ohnehin für politisch bedeutsam und verstehen deshalb nur schwer, weshalb das Adjektiv überhaupt nötig sei. Für andere ist dieser Begriff ein Widerspruch in sich, da nach ihrem Verständnis Psychoanalyse und Politik nichts miteinander zu tun haben. Psychoanalyse ist für sie eine Technik der Selbstreflexion, die ausschließlich im privaten Bereich angewandt werden kann und zur Heilung von bestimmten psychischen Erkrankungen dienen soll. Politik dagegen stelle unweigerlich die Machtfrage; hier gehe es nicht um Selbstreflexion, sondern um die Durchsetzung von („handfesten“) Interessen. Psychoanalytische Selbstreflexion sei in der Politik eher hinderlich. Da sie grundsätzlich verunsichernd wirke, schwäche sie die hier gefragte Durchsetzungsfähigkeit und sei deshalb im politischen Bereich weder brauchbar noch erwünscht, im Gegenteil, es sei ein Ausdruck von Größenphantasien mancher Psychoanalytiker, durch das Einbringen psychoanalytischen Denkens in die Politik „die Welt heilen" zu wollen.

Diese beiden Positionen geben das Spannungsfeld wieder, in dem man sich befindet, wenn man sich mit der Verbindung von Politik und Psychoanalyse beschäftigt. In der Ablehnung psychoanalytischen Denkens in der Politik sind sich konservative Psychoanalytiker mit konservativen Politikern einig. Aber auch die Idealisierung der Psychoanalyse als „Heilsbotschaft für die Politik" vereint unkritische Positionen innerhalb und außerhalb der Psychoanalyse.

Die Kontroverse um die Frage, ob und in welcher Art sich die Psychoanalyse und die Psychoanalytiker in das gesellschaftliche und politische Geschehen einmischen dürfen bzw. müssen, ist so alt wie die Psychoanalyse selbst; (sie ist beschrieben bei Schülein, 1983, vgl. auch Parin, 1978, und Bauriedl, 1984). In Freuds Arbeiten sind beide Interessen vertreten: Psychoanalyse als *Kulturanalyse*, die durch Aufklärung unbewußter Anteile des gesellschaftlichen Bewußtseins repressive Strukturen in Frage stellt, und Psychoanalyse als Analyse des einzelnen, die auch hier auf Unbewußtheit beruhende Symptome und Beziehungsstörungen aufzulösen hilft.

Die Begegnung zwischen Psychoanalyse und Politik löst auf beiden Seiten Ängste aus, bedeutet diese Begegnung doch nicht weniger als eine Verbindung von Handeln und Reflektieren. In der Psychoanalyse besteht gelegentlich die Tendenz, jedes Handeln weit von sich zu weisen, es pauschal als „Agieren" abzuwerten; in der Politik dagegen wird die Reflexion, das In-Beziehung-Setzen der Handlung zur Person des Handelnden, oft als „Psychologismus" entwertet und abgelehnt. Es scheint, daß in beiden Bereichen handelndes Reflektieren bzw. reflektiertes Handeln als ein Widerspruch erlebt wird.

Psychoanalytiker, die „hinter der Couch hervorkommen" und ihre persönliche und gleichzeitig psychoanalytisch fundierte Meinung in der Öffentlichkeit sprechend und handelnd vertreten, geraten in Konflikte, denen sie hinter der Couch nicht ausgesetzt sind. Einerseits macht aufklärendes Denken grundsätzlich Angst, da es die zur Angstbewältigung hergestellte Unbewußtheit aufhebt. Andererseits handelt ein solcher Psychoanalytiker zumeist ohne Auftrag: Er befindet sich nicht einer Person gegenüber, die sich aufgrund ihres Leidensdrucks mit der Bitte um Hilfe an ihn gewandt hat, sondern Vertretern einer Gesellschaft, in der der Leidensdruck durch vielfältige Handlungsinteressen und Aktivitäten verdrängt wird.

Trotz all dieser Schwierigkeiten der Begegnung zwischen Psychoanalyse und Politik wurde das öffentliche Denken seit den ersten Ansätzen der Psychoanalyse von deren besonderer Art des Denkens stark beeinflußt. Wenn auch Freud seine Erkenntnisse über die sexuelle Verführung von Kindern durch Erwachsene offiziell zurücknahm, um sich aus dem Schußfeld der empörten Kritik zu retten, so wäre doch die jetzt im Gang befindliche Aufklärung über die Häufigkeit und Schädlichkeit solchen Mißbrauchs nicht denkbar ohne psychoanalytisches Wissen und Denken. Aber auch in vielen anderen Feldern konnten psychoanalytische Erkenntnisse direkt oder indirekt zur Aufklärung und damit zur Auflösung „selbstverschuldeter Unmündigkeit" beitragen. Neue politische Konzepte wie das der „Sicherheitspartnerschaft" (Konfliktpartner können nicht gegeneinander, sondern nur miteinander sicher und zufrieden werden, und dazu ist eine Einfühlung in die Ängste des Gegners nötig), Überlegungen über die Ursachen und die Folgen fehlender Trauerarbeit in der Vergangenheitsbewältigung (A. und M. Mitscherlich, 1967), oder Überlegungen zur Entstehung und zur Funktion von *Feindbildern* (Feindbilder sind subjektiv bedingte „Bilder", es handelt sich nicht um „objektive Feinde") sind ohne das Gedankengut der Psychoanalyse in unserer Gesellschaft nicht vorstellbar.

Freilich ist dabei zu berücksichtigen, daß die Beeinflussung von Politik und Psychoanalyse eine gegenseitige ist. Auch die Entwicklung der Psychoanalyse, ihrer Theorien und ihrer therapeutischen Methoden ist beeinflußt vom Wandel des gesellschaftlichen Bewußtseins. Manche der in der heutigen Psychoanalyse wichtigen Theorien konnten zu Freuds Zeiten noch nicht gedacht werden, sie lagen damals noch nicht „in der Luft". Die gegenseitige Befruchtung von Psychoanalyse und Politik kann aber nur in der Begegnung stattfinden. Wo sich beide Partner voreinander als vor „dem ganz anderen“ zurückziehen bzw. dieses „ganz andere“ für wertlos erklären, erleiden beide einen Verlust.

Ich meine deshalb, daß der Begriff „politische Psychoanalyse“ in einem doppelten Sinn zu verstehen ist: Es geht einerseits um die Psychoanalyse der Politik, d. h. um die Aufklärung unbewußter Phantasien im politischen und gesellschaftlichen Feld, und andererseits was häufig übersehen wird um die Politik der Psychoanalyse, d. h. um die Frage, inwieweit psychoanalytische Theorien das Alltagsbewußtsein nur wiederspiegeln und dadurch bestätigen, oder inwieweit sie dieses Bewußtsein und die in ihm enthaltenen Abwehrmechanismen überschreiten und dadurch aufklärend in Frage stellen. Nur soweit ihr diese Infragestellung gelingt, kann Psychoanalyse in einer Gesellschaft fruchtbar werden und sich selbst fruchtbar weiterentwickeln aber dazu muß sie die Gesellschaft kennen (lernen), in der sie lebt.

2. Forschungsansätze

Dieses Kennenlernen geschieht unter anderem in der *Forschung* zur politischen Psychoanalyse, die ebenfalls eine lange Tradition hat. Freuds kulturtheoretische Schriften (1921c, 1930a, 1933b) gehören ebenso hierher wie die Arbeiten von Groß (1913, 1916), Fenichel (1923–1946), Bernfeld (1926), Reich (1933) und später die Arbeiten zur *analytischen Sozialpsychologie*: Horn (1972), Dahmer (1973) und Lorenzer (1986).

Kennzeichnend für die verschiedenen Forschungsmethoden im Bereich der politischen Psychoanalyse ist das *qualitative* Vorgehen. Da das psychoanalytische Verständnis der Psychodynamik und auch der Soziodynamik komplexe Zusammenhänge erfaßt und vor allem auch die unbewußte Gegenläufigkeit aller Positionen berücksichtigt, kann in diesem Bereich nicht mit quantifizierenden Methoden gearbeitet werden. Die *qualitativen Methoden* umfassen Studien einzelner Autoren, die vor dem Hintergrund ihrer psychoanalytischen Erfahrung ein bestimmtes gesellschaftliches

Problem reflektieren (z. B. Parin und Parin-Matthèy, 1978–1985, und Richter, 1979); sie umfassen aber auch *qualitative Interviews* mit zumeist nicht repräsentativ ausgewählten Interviewpartnern sowie die qualitative Auswertung von Gruppengesprächen, die in den letzten Jahren vor allem von Leithäuser und Volmerg (1988) in Bremen entwickelt wurde und in modifizierter Form auch im Institut für Politische Psychoanalyse München angewandt wird.

Um das Eingebundensein des Forschers/der Forscherin in die gesellschaftliche Normenstruktur mit ihren spezifischen Unbewußtheiten und seine/ihre Abhängigkeit von den in der je persönlichen Geschichte erworbenen Abwehrmechanismen deutlich werden zu lassen, wird zunehmend die Methode der *psychoanalytischen Forschungssupervision* angewandt. Sie stellt den Bezug zwischen Persönlichkeit, gesellschaftlicher Position und Erkenntnisinteresse her und macht so auch die Relativität der Forschungsergebnisse erkennbar. Eine weitere Modifizierung der traditionellen Forschungspraxis besteht in dem Versuch, die „beforschten Objekte", also die Vertreter bestimmter gesellschaftlicher Gruppen (z. B. politische Parteien, Polizisten, Demonstranten, Frauen nach der Abtreibung), deren unbewußte Phantasien untersucht werden, in den Forschungsprozeß weitgehend einzubeziehen bzw. ihnen die wesentlichen Ergebnisse der Forschung mitzuteilen. Durch beide Methoden relativiert sich der scheinbare Außenstandpunkt der Forscher, und die Forschung wird zur Interaktion.

Dazu ist es nötig, schon bei der Formulierung der Fragestellung, aber auch bei der Formulierung der Ergebnisse eine allgemeinverständliche Sprache zu wählen und die Ängste und Abwehrmechanismen der untersuchten Personen zu berücksichtigen. Forschungsergebnisse, die nicht öffentlich mitgeteilt werden (können), verfehlen ihren aufklärenden Sinn. Wenn auch die Absicht, die Ergebnisse mitzuteilen, die „Freiheit" der Forscher einzuschränken scheint, so hat sie doch auch eine Bereicherung des Forschungsprozesses zur Folge: Die „Gegenübertragung" der Forscher (ihr *Erkenntnis- und Handlungsinteresse*) wird deutlicher bewußt, und die Gefahr einer Pathologisierung der beforschten Personengruppe nimmt ab zugunsten eines einfühlsameren Konfliktverständnisses und einer differenzierten Beschreibung emanzipatorischer Anliegen in der untersuchten Gruppe. Hier wird deutlich, daß psychoanalytische *Abstinenz* nicht bedeutet, Abstand zu halten und „objektiv" zu bleiben, sondern in fruchtbaren Kontakt zu kommen.

Literaturempfehlungen

Bauriedl, Th. (1986). Die Wiederkehr des Verdrängten. Psychoanalyse, Politik und der einzelne. München: Piper.

Bauriedl, Th. (1987). Politische Psychoanalyse als angewandte Psychoanalyse – Probleme und Möglichkeiten. ANMERKUNGEN aus dem Institut für Politische Psychoanalyse München, Heft 3, 67–85.

Bauriedl, Th. (1988). Das Leben riskieren. Psychoanalytische Perspektiven des politischen Widerstands. München: Piper.

Bauriedl, Th. (1988). Feindbilder – Bilder gegen die Angst. ANMERKUNGEN aus dem Institut für Politische Psychoanalyse München, Heft 7, 68–84. Und in: W. R. Vogt (1990). (Hg.), Mut zu Frieden (S. 319–333). Darmstadt: Wissenschaftliche Buchgesellschaft.

Erdheim, M. (1982). Die gesellschaftliche Produktion von Unbewußtheit. Frankfurt/M.: Suhrkamp.

Horn, K. (1989). Politische Psychologie. Frankfurt/M.: Nexus.

Langer, M. (1986). Von Wien bis Managua. Wege einer Psychoanalytikerin. Freiburg i. Br.: Kore.

Mitscherlich, A. (1968). Die Idee des Friedens und die menschliche Aggressivität G. S. Bd. V (S. 343–362). Frankfurt/M.: Suhrkamp.

Parin, P. & Parin-Matthèy, G. (1986). Subjekt im Widerspruch. Frankfurt/M.: Syndikat.

Richter, H. E. (1982). Zur Psychologie des Friedens. Reinbek: Rowohlt.

44. Psychoanalyse und Literatur

Andreas Hamburger

Das Verhältnis, das die Psychoanalyse mit der Literatur unterhält, ist ebenso aufregend wie in die Jahre gekommen. Auf mancherlei Art haben die beiden es miteinander getrieben; hier sollen, ohne Anspruch auf Vollständigkeit, einige Positionen dargeboten werden.

1. Psychoanalyse rezipiert Literatur

Freuds zentrale Begriffe stammen z. T. aus der Literatur oder Literaturtheorie. In seinem Werk finden sich Hinweise auf Aristoteles, Goethe, Grillparzer, Heine, E. T. A. Hoffmann, Keller, Ibsen, C. F. Meyer, Nietzsche, Schopenhauer, Shakespeare, Sophokles, Strindberg, Zola, um nur einige herauszugreifen. Eine Analyse von Freuds Privatlektüre (Brückner, 1975) zeigt uns Freud als vielseitigen Leser; seine Rezeption der zeitgenössischen literarischen und wissenschaftlichen Schriften erweist ihn als „Kind seiner Zeit" (Brandell, 1961). Als Freud auf die Grenzen der strikt naturwissenschaftlichen Methode für die Erforschung des menschlichen Seelenlebens stieß, blieb er nicht, wie andere, stehen, erklärte nicht alles naturwissenschaftlich nicht Faßbare für irrelevant. Vielmehr brachte er an dieser Stelle die Geduld auf, sein weiteres Leben bewußt einem „Umweg" zu widmen: der individuierenden Rekonstruktion einzelner Lebensgeschichten. Bald kam er zu der Einsicht, „daß die Krankengeschichten, die ich schreibe, wie Novellen zu lesen sind..." (Freud und Breuer, 1895d, 227). Im psychoanalytischen Schrifttum, vor allem im Erscheinungszeitraum der Zeitschrift Imago (1912–1936, einige wichtige Aufsätze wiederabgedruckt in Fischer 1980) tauchen immer wieder Belege aus der schönen Literatur auf, die psychoanalytische Theoreme bestätigen sollen. Literatur wurde in dieser Zeit, in der Geisteswissenschaftler zum engsten Kreis der Psychoanalyse gehörten, als Argument für die Bestätigung psychoanalytischer Theorie benützt. Zwischen dem Analytiker und dem „Dichter" bestand ein kollegialer Bezug. Daneben freilich findet sich auch die umgekehrte Haltung, den Dichter als Patienten zu behandeln und z. B. in Grabbes Werkes nach dessen prägenitaler Sexualität zu forschen (Bergler, 1934).

2. Psychoanalyse interpretiert Literatur

Viele psychoanalytische Literaturinterpretationen sind von der Literaturwissenschaft mit großer Skepsis aufgenommen worden, doch lösten sie auch eine kreative Diskussion aus, sowohl was die Einzeldeutungen als auch was die ästhetische Theorie und die Methodenfrage betraf. Die Psychoanalyse hat eine Reihe von Modellen der *kreativen Persönlichkeit* entwickelt, von denen das bekannteste wohl der Begriff der *Sublimierung* ist. Sublimierung ist zunächst die Ablenkung verpönter libidinöser Triebaspekte (z. B. homosexueller Impulse) durch Verbindung mit Ichtrieben in gesellschaftlich akzeptierter Kulturarbeit. Sie kann aber auch in Verbindung mit der narzißtischen Besetzung des Ich abgeleitet werden (Freud, 1923b). Kohut (1974) betrachtet Kreativität und künstlerische Produktivität als Umwandlungen bzw. Ausläufer des archaischen Narzißmus im Größenselbst und der idealisierten Elternimago und unterstreicht in seiner selbstpsychologischen Phase (1977) die „funktionale Freiheit" des gesunden Selbst, die für kreative Erfüllung erforderlich ist. Auch Melanie Klein sieht in der Kreativität einen Akt der Wiedergutmachung, im Gegenzug zu den aggressiv-destruktiven Phantasien der frühen paranoid-schizoiden Position. Chasseguet-Smirgel (1975, 1984) behandelt den Begriff in ihrer Theorie der Perversion, die sie sehr grundlegend als die vom Kind gehegte (und von der Mutter genährte) Omnipotenzillusion definiert, in der Generations-

und Geschlechtsunterschiede, ja Unterschiede schlechthin geleugnet und annulliert, anale Objekte idealisiert und ästhetisiert werden. Auch das Kunstwerk kann als analer Ersatzphallus bzw. Fetisch dienen. Im Falle der authentischen Sublimierung dagegen ist das Kunstwerk Ausdruck eines reifen, aus der Identifikation mit dem väterlichen Objekt erwachsenen Ich-Ideals (vgl. auch Zagermann, 1985).

Die *Methoden der psychoanalytischen Literaturinterpretation* lassen sich mit Rutschky (1981) einteilen in ein Therapie- und ein Kooperationsmodell. Bei Freud finden sich beide Zugangsweisen zur Literatur einträchtig nebeneinander: die Analyse von Autoren (nach dem Therapie- oder Patientenmodell), wobei deren Werke als Symptome verstanden und gedeutet werden, und die Analyse von Werken, wobei deren Autoren (nach dem Kooperations- oder Kollegenmodell) als sublime Psychologen verstanden werden. Beide wurden in der Folge weiter ausgeführt. Methodisch lassen sich die psychoanalytischen Literaturinterpretationen unterscheiden nach ihrem Bezug auf den *Autor*, den Text*inhalt*, die Text*form* und die *Rezeption*. Grundsätzlich ist, wie Wolff (1975, S. 441) hervorhebt, Psychoanalyse nicht auf persönlichkeits- oder inhaltsbezogene Aspekte reduziert; jedes im Rezeptionsvorgang wahrnehmbare Phänomen kann psychoanalytisch dechiffriert werden, wozu durchaus auch Formelemente zählen.

Die Analyse der *Dichterpersönlichkeit* schließt an die voranalytische psychiatrische Pathographie an (vgl. Cremerius, 1971), ist aber methodisch differenzierter (vgl. Groeben 1972, S. 39ff.). Die Psychoanalyse der Dichterpersönlichkeit will nicht Abnormität anprangern, sondern unbewußte Strukturen und Wirkungszusammenhänge rekonstruieren. Trotz einer ganzen Reihe beeindruckender psychoanalytischer Autoren-Monographien (z. B. Eissler 1963 über Goethe) bleibt der Anspruch methodisch fragwürdig, aus biographischen und autobiographischen Quellen psychoanalytische Einsichten über einen Autor zu gewinnen. Psychoanalyse untersucht nicht externe Realitäten, sondern „reale Phantasien“, also das oftmals scharf von diesen abweichende, von unbewußten bzw. infantilen Phantasien beeinflußte Erleben. Aus „objektiven“ (auch autobiographischen) Quellen zu schöpfen ist also oft vergeblich, will man die Struktur des Verdrängten rekonstruieren.

Hingegen entziehen sich die auf den *Text* bezogenen psychoanalytischen Literaturinterpretationen der Frage, ob das, was der Text offenbart, nun dem realen Autor bewußt war oder nicht, ob es mit seinen Triebschicksalen verknüpft ist oder nicht. Oder sie favorisieren das „kollegiale" Modell, indem sie unterstellen, der Autor habe eben jene unbewußten Strukturen gestalten wollen. Innerhalb dieses weiten Bereichs textbezogener psychoanalytischer Interpretationen gibt es jedoch deutliche Methodendifferenzen. Die in der Frühzeit der psychoanalytischen Literaturinterpretation noch gängige *Symboldeutung* ist inzwischen weitgehend obsolet. Freud selbst verwendet den Begriff des Symbols nur wenige Jahre lang in der Weise, wie er heute noch oft mit „freudscher" Symbolik assoziiert wird, nämlich daß bestimmten Vorstellungsinhalten invariante unbewußte Bedeutungen zuzuordnen seien. Schon seit 1914 warnte Freud vor einer vorschnellen Symboldeutung und wies darauf hin, daß die Deutung von Traumsymbolen nur über die freien Assoziationen des Träumers möglich ist. Nicht jedes Würstchen ist ein Phallus (vgl. auch Jones 1916). Freud räumt jedoch ein, daß es, insbesondere im Bereich der Sexualsymbolik, kulturspezifische Invarianzen gibt, die im individuellen Unbewußten bereitliegen (vgl. Hamburger, 1987, Kap. 3.4.2). Seither wurde der psychoanalytische Symbolbegriff differenziert und in Auseinandersetzung mit der sprachanalytischen Philosophie und der Zeichentheorie neu formuliert (v. a. Lorenzer, 1970A). In der Literaturinterpretation hat sich die direkte Deutung invarianter Symbole nur in der jungianischen Tiefenpsychologie erhalten.

Während manche Autoren davon ausgehen, daß die psychoanalytische Krankheits- und Persönlichkeitstheorie auf den *Inhalt* literarischer Texte direkt angewendet werden könne, z. B. in der Analyse von Romanfiguren („war Kohlhaas neurotisch?"), lehnen andere dies strikt ab mit der Begründung, nicht der Inhalt, sondern die *Form* sei Gegenstand der Literaturanalyse. Freud selbst (1916/17) handelt die Form noch unter dem Stichwort „Vorlust" ab: sie dient der Verlockung zur Lektüre und zur Verpackung der

Inhalte. Mit der Ausarbeitung der psychoanalytischen Ichpsychologie wurden die formalen Aspekte des literarischen Textes mehr ins Zentrum gerückt und als synthetische Ichleistung verstanden. Dabei kann Form als spezifische Abwehr (Holland, 1968) gesehen werden oder als literaturspezifisches Kommunikationsmedium (vgl. Pietzcker, 1978, Chasseguet-Smirgel, 1969). Der letztere Standpunkt wird auch im Kontext der strukturalistischen Methodik vertreten. Als Ergebnis der differenzierteren Methodendiskussion und der rezeptionsästhetischen Strömungen in der Literaturwissenschaft kam in neuerer Zeit die *Psychoanalyse der Rezeption literarischer Texte* in den Mittelpunkt (vgl. Schönau, 1986).

Einen wesentlichen Beitrag zur Kritik der Literaturpsychoanalyse liefert Alfred Lorenzer (1986) mit seinen Überlegungen zur methodischen Begründung der Anwendung von Psychoanalyse in den Kulturwissenschaften. Seine Grundhypothese lautet: Methodentransfer, nicht Inhaltstransfer. Nicht die klinischen und persönlichkeitstheoretischen Einsichten der Psychoanalyse sind es, die auf literarische Texte angewendet werden können, sondern ihre Erkenntnismethode. Der Therapietext ist vom Analytiker beeinflußt, unwiederholbar, sein Verstehen zielt auf eine Änderung des Patienten. Der literarische Erzähltext dagegen liegt fest, ist wiederholbar, sein Verstehen zielt auf eine Änderung des Interpreten. Beide enthalten einen verborgenen Hintersinn, eine *unbewußte* Bedeutung. Der latente Sinn des Textes ist sein utopisches Potential: Literatur behandelt gesellschaftlich notwendige, emanzipatorische Interaktionsentwürfe. Die therapeutische Psychoanalyse bezieht das „Wie" des Mitteilens, das szenische Arrangement mit ein, das durch seine sinnliche, „präsentative" Symbolik auf die leibnäheren unbewußten Interaktionsformen verweist. Durch seine Teilhabe an den evozierten Szenen (siehe Kap. 35: Übertragung und Gegenübertragung) kann der Analytiker den unbewußten Hintersinn verstehen und verbalisieren, weil er selbst (theoriegeleitete) lebenspraktische Vorannahmen hat, mit denen er die angebotenen Szenen lückenfüllend interpretiert und diese Interpretation in hermeneutischer Zirkelbewegung immer aufs neue relativiert. Lorenzer (1981) spricht von einem „pulsierenden Wechselprozeß". Auch das literarische Werk enthält neben seiner vordergründigen Sprachsymbolik unterschwellige Diskurse, die sich im „Wie" der Präsentation verraten. Im Falle der Kulturanalyse kann die Deutungsarbeit allerdings nicht an der privaten Kindheit ansetzen: An die Stelle des Bezugs auf die Infantilgenese tritt der Bezug auf gesellschaftliche Normen, auf die „typische" Sozialisation.

3. Psychoanalyse inspiriert Literatur

Die Freudsche Psychoanalyse war aber nicht nur Rezipient und Interpret von Literatur sie wurde auch ihrerseits von Schriftstellern rezipiert und interpretiert. Freuds Schriften wurden gelesen, einzelne Analytiker bildeten oft schillernde Bezugspunkte in Literatenkreisen (wie z. B. Otto Groß und seine Wirkung auf Kafka, vgl. Anz 1984). Der Herausforderung der psychoanalytischen Menschensicht stellten sich praktisch alle bedeutenden Autoren nach Freud, wenn auch nicht immer in zustimmendem Sinn. Es gibt im Werk vieler Schriftsteller deutliche Hinweise auf eine eingehende Freud-Rezeption; H. Broch, A. Döblin, H. Hesse, R. Hülsenbeck, E. Keyserling, E. Mühsam, A. Muschg, R. Musil, A. Nin, A. Turel, P. Weiß, A. Zweig u. a. haben sich selbst einer Analyse unterzogen (Cremerius, 1987). Das Verhältnis der Literaten zur Psychoanalyse blieb oft zwiespältig (Döblin), tragisch-ambivalent (Musil) oder polemisch ablehnend (Nabokov).

Berührungspunkte zwischen Psychoanalyse und Literatur finden sich nicht nur, wo *Psychoanalyse als Thema der Literatur* auftritt, wenn also z. B. Psychoanalytiker als Romanfiguren auftauchen (wie im „Zauberberg" von Thomas Mann), sondern vor allem in der *Parallelität der Themen von Literatur und Psychoanalyse*: Beide widmen sich der individuierenden Rekonstruktion menschlichen Erlebens und Verhaltens unter bestimmten Bedingungen. Literatur entwirft Szenarien, in denen Menschen miteinander umgehen, und sie entwirft sie unter dem ästhetischen Postulat der Neuschöpfung. Literatur bietet stets neue, über das Bekannte hinausweisende Lösungen oder Fortschreibungen ihrer selbstinszenierten Vorwürfe. Ähnlich Psychoanalyse: sie rekonstruiert in der Koproduktion von Analysand und Analytiker szenische Entwürfe, die unter der Bedingung entstehen, daß sie das erlebte „Material" in neue, überraschende und zukunftsweisende Konstellationen einfügen. Es ergibt sich aus dieser Parallele oftmals eine thematische Analogie von psychoanalytischen Rekonstruktionsprozessen zu zeitgenössischen Literaturen.

Doch geht die Analogie noch über die thematische Berührung hinaus: Schon Freud (1920b) bemerkte, daß die *Methode der freien Assoziation* der literarischen Produktion einiger Dichter, zugrundelag. Er zitiert Friedrich Schiller, der es für abträglich hält, wenn der Verstand die „zuströmenden Ideen gleichsam an den Toren schon zu scharf mustert" (vgl. auch Steinbauer, 1987, Kap. 8.3). Joyce und Döblin, bei denen die Technik des Bewußtseinsstroms zentral wurde, standen unter dem Einfluß der psychoanalytischen Assoziationstechnik. Die dadaistischen Experimente, die „écriture automatique" beriefen sich direkt auf Freud.

4. Psychoanalyse als Literatur?

Psychoanalyse ist Teil eines literarischen Gesundheitsdiskurses, der mit vielen Bezügen bis in die Romantik zurückverfolgt werden kann (vgl. Obermeit, 1980), aber auch in der Gegenwart andauert (vgl. Anz, 1989). Zwar grenzt sie sich diesem gegenüber immer wieder durch Berufung auf ihren Wissenschaftsstatus ab, doch bleibt unverkennbar, daß ein Moment von literarischer Schöpfung schon in ihrer Keimzelle, nämlich im Behandlungszimmer, eine Rolle spielt. Auch ihre Veröffentlichungen (wenigstens die besseren) sind nicht frei von literarischer Qualität: seien es die „Krankengeschichten wie Novellen", sei es die stilistische Eigenart Freudscher Rhetorik, die Anlaß gegeben hat, Freud als Schriftsteller zu bezeichnen (Muschg, 1930; Schönau 1968; Mahony, 1982). Und nicht nur Freud und seine Schüler werden als Literaten betrachtet, auch ihre Patienten: Schon

Freud (1909c) spricht vom „Familienroman der Neurotiker“, und Fara und Cundo (1981) meinen, in Millionen psychoanalytischen Sitzungen schreibe eine bürgerliche Klasse sich ihren eigenen Roman. Neue Aktualität gewinnt diese These auf dem Hintergrund der sozialpsychologischen Diskussion um das *Narrativ*. In diesem Zusammenhang wird Psychoanalyse wieder aktuell als Paradigma für ein neues Wissenschaftsverständnis: Wissenschaft erzählt Geschichten, sie verknüpft Erfahrungen zu Berichten, die plausibel sind und interessieren. Die Psyche sei selbst als narratives Prozeßgeschehen zu beschreiben, als permanenter innerer Erzählvorgang. Das „Ich“ ist Erzähler, das „Selbst“ Protagonist eines im bewußten und unbewußten Phantasiestrom stets neu formulierten Narrativs (Mancuso, 1986; Crites, 1986). Auch Meltzer (1983; Meltzer und Harris Williams, 1988) kommt aufgrund psychoanalytisch-klinischer und metapsychologischer Überlegungen zu dem Schluß, daß das Unbewußte als ein im Kern ästhetischer Prozeß aufgefaßt werden kann. Ähnlich wie Winnicott (1971) im „intermediären Raum“ zwischen Mutter und Kind poetische Prozesse ansiedelt, in denen das Kind sich sein Objekt „erfindet“, sieht Meltzer in den kreativen Phantasien des Kindes über den Innenraum des mütterlichen Objekts den Ursprung des Seelenlebens.

Literaturempfehlungen

Cremerius, J. u. a. (Hg). (1990). Zur Psychoanalyse der literarischen Form(en). Freiburger Literaturpsychologische Gespräche Band 9. Würzburg: Königshausen & Neumann.

Lorenzer, A. (1986). Tiefenhermeneutische Kulturanalyse. In ders. (Hg.), Kultur-Analysen. Psychoanalytische Studien zur Kultur. Frankfurt/M.: Fischer (mit weiteren Originalbeiträgen, die die Anwendung der von Lorenzer definierten Methode demonstrieren).

Pfeiffer, J. (1989). Literaturpsychologie 1945–1987. Eine systematische und annotierte Bibliographie. Würzburg: Königshausen & Neumann.

Pietzcker, C. (1985). Einführung in die Psychoanalyse des literarischen Kunstwerks am Beispiel von Jean Pauls „Rede des toten Christus“. 2. Aufl. Würzburg: Königshausen & Neumann.

Rutschky, M. (1981). Lektüre der Seele. Eine historische Studie über die Psychoanalyse der Literatur. Frankfurt/M.: Ullstein.
Schönau, W. (1988). Die Konturen einer psychoanalytischen Literaturwissenschaft werden sichtbar. Merkur, 42 (9/10), 813–826 (in diesem Merkur-Heft auch weitere Beiträge zur Literaturpsychoanalyse).
Wolff, R. (1975). Versuch einer Systematik/Weiterführende Bibliographie. In ders. (Hg), Psychoanalytische Literaturkritik (S. 414–468). München: Fink. (In diesem Reader sind viele ansonsten in Deutschland schwer greifbare oder weniger rezipierte Grundlagentexte abgedruckt.)

VIII. Psychoanalyse in anderen Ländern

45. Psychoanalyse in Lateinamerika

Raúl Páramo-Ortega

1. Einleitende Bemerkungen

Als grundlegende, offensichtliche Tatsache sei erwähnt, daß die Psychoanalyse im deutschen Sprachraum Ende des vorigen Jahrhunderts und aus dem Judentum entstanden ist. Die spätere Verpflanzung auf den lateinamerikanischen Kontinent erzeugte notwendigerweise ein *Kulturprodukt*, das sozusagen aus zweiter Hand kommt. Das wirft einige grundsätzliche Fragen auf. Ist es möglich, die Psychoanalyse von einer Kultur auf eine andere zu übertragen? Wie stark ist die *psychoanalytische Denkweise* mit der deutschen Sprache verknüpft? (vgl. Blum, 1986; Anzieu, 1986; Grubrich-Simitis, 1986). Wenn wir die erste Frage bejahen, muß die Antwort auf die zweite Frage lauten, daß man die Psychoanalyse nur insoweit übertragen kann, als der Freudsche Originaltext kongenial übersetzbar ist. Hans Füchtner (1985, S. 1152), kommt nach seinen Erfahrungen in Brasilien zu der Auffassung, daß jede Kultur „tatsächlich ihre eigene Psychoanalyse hat". Ich selbst vertrete die Ansicht, daß, wenn man von Psychoanalyse spricht, unbedingt ein Adjektiv hinzugefügt werden müßte, nämlich englische Psychoanalyse, französische Psychoanalyse usw. (Páramo-Ortega, 1991).

In diesem Zusammenhang soll jedoch nicht unerwähnt bleiben, daß Freuds Verdienst gerade darin besteht, über die kulturellen Unterschiede hinweg Fundamentales, „... die allgemeine menschliche [vor allem unbewußte] Triebanlage" erforscht zu haben (Freud, 1933a, 194). Dies erklärt sich auch dadurch, daß er in einer kulturell und *sprachlich pluralistischen Gesellschaft* geboren und aufgewachsen ist. Vergessen wir hier nicht bezüglich anderer Kulturen und Sprachen die lehrreichen Untersuchungen von Paul Parin im nicht-europäischen Milieu (Parin et al., 1971, 1983), die ihn dazu geführt haben, stark europäisch geprägte Anschauungen zu relativieren und seinen „eurozentrischen Hochmut" abzubauen (Parin et al., 1983, S. 16). Ähnliche Erfahrungen hat Werner Kemper (1973) in Brasilien und Argentinien gesammelt.

Der lateinamerikanische Erdteil ist übrigens keineswegs ein homogener Kontinent. Ein guter Kenner Lateinamerikas, der mexikanische Schriftsteller Carlos Fuentes, spricht eher von Indo-Afro-Ibero-Amerika. Es sollte also in Betracht gezogen werden, daß es mindestens zwei Arten von Nationen gibt: Diejenigen, welche als Basis eine frühere Hochkultur besitzen und deren Bevölkerung heutzutage stark durch Eingeborene repräsentiert ist, und die anderen, welche diese Charakteristiken nicht haben. Der tatsächliche gemeinsame Faktor aller lateinamerikanischer Nationen ist nicht, wie man häufig hört, Sprache und Religion, sondern die alles umfassende Katastrophe, der systematische Genozid, der mit der Eroberung des „neuen" Kontinents begonnen hat. Die Ausmaße dieses Holocausts sind schwer zu begreifen; das bemerkt man vor allem an dem Widerstand, unbestrittene, gut dokumentierte historische Tatbestände wahrzunehmen (Haring, 1947; Gerbi, 1982 u. v. a.).

Diese Katastrophe wirkt sich bis zum heutigen Tag auf jeden Lateinamerikaner aus und prägt dessen gesamte Kultur. Dieses *Grundtrauma des Lateinamerikaners* existiert m. E. in *„kultureller Unbewußtheit"* (Erdheim, 1982,

S. 220) und steht in engem Zusammenhang mit den psychischen Komponenten der nie endenden Unterentwicklung des Kontinents. Das bedeutet nicht, daß dieses Trauma als Entschuldigung oder als Alibi benutzt werden soll oder mit Resignation aufgenommen werden muß.

2. Die Rezeption Freuds in Lateinamerika

Der erste Kontakt des lateinamerikanischen Kontinents mit der Psychoanalyse kam anscheinend über den von Freud (1914, S. 69) selbst erwähnten G. Greve, „einen (wahrscheinlich deutschen) Arzt aus Chile", zustande. Auch ein Arzt aus Lima, Honorio Delgado, wurde 1915 (ein Jahr danach) auf Freuds Werke aufmerksam. Im Jahre 1922 widmet der mexikanische Arzt und Philosoph José Torres Orozco, der sich früher auch mit Nietzsche in der Originalsprache auseinandergesetzt hat, Freud einige Essays, welche jedoch in seinem Land kein Echo fanden. Allende Navarro aus Chile absolvierte seine psychoanalytische Ausbildung in der Schweiz und kehrte 1925 in seine Heimat zurück. Im Jahre 1927 gründete Durval Marcondes in Sao Paulo eine *Sociedad Brasileira de Psicoanálisis*, die sich bald wieder auflöste. Die erste überdauernde psychoanalytische Gesellschaft wurde 1942 in Buenos Aires gegründet; 1949 die zweite in Chile; in Uruguay 1955; in Mexiko 1957; danach 1959 in Kolumbien und 1969 in Venezuela. Freud wurde also in Lateinamerika u. a. wegen der Sprachbarriere erst spät und aus zweiter Hand aufgenommen. Die psychoanalytische deutsch geschriebene Literatur fand und findet auch heute noch fast keine Beachtung. Anstelle Freudscher Texte treten die Übersetzer J. Strachey, Lopez Ballesteros und Luis Etcheverry als wahre Lehrer der Psychoanalyse auf.

2.1 Einige Pioniere

Genannt werden sollen diejenigen deutschsprechenden Psychoanalytiker, die bei der Verpflanzung der Psychoanalyse nach Lateinamerika eine Rolle gespielt haben. Adelheid

Koch aus dem Berliner Institut (Lehranalyse bei Otto Fenichel) hat sich 1936 als erste nach Sao Paulo begeben. Heinrich Racker (1910–1961), geborener Pole, war ein Pionier der Psychoanalyse in Argentinien. Maria Langer (1914–1988), die ihre Ausbildung in Wien begann, ließ sich 1942 in Buenos Aires nieder und übte von dort aus einen starken Einfluß auf mehrere Länder aus: auf Uruguay, Mexiko, Brasilien, Nicaragua bis hin zu Kuba. Der Berliner Psychoanalytiker Werner Kemper (geb. 1899) (s. Kemper 1973, 331) hatte einen tiefen und langandauernden Einfluß (von 1948 bis 1967) auf die Psychoanalyse Lateinamerikas (vor allem in Brasilien und Argentinien). Angel Garma war der einzig spanisch Sprechende der damaligen Pionierepoche, der direkten Kontakt mit dem Originaltext Freuds hatte. Er absolvierte seine Ausbildung in Berlin (Lehranalyse bei Theodor Reik) und spielte ab 1938 eine führende Rolle in der Psychoanalyse Brasiliens, Argentiniens und Uruguays.

3. Nennenswerte Literatur und auswärtige Einflüsse

Die erste regelmäßig in Buenos Aires herausgegebene Zeitschrift ist ab 1943 die *Revista de Psicoanálisis*. In der ersten Nummer finden wir einen Aufsatz von einem der Pioniere, Céles Ernesto Cárcamo (Ausbildung in Paris), sowie Übersetzungen aus dem Englischen von Franz Alexander und Melanie Klein. Letztere hat einen beträchtlichen Teil ihres Werkes in dieser Zeitschrift auf Spanisch veröffentlichen lassen. Wenn wir einen Blick in die in Lateinamerika publizierten Bücher und Zeitschriften werfen, so wird deutlich, daß die Psychoanalyse aus den Vereinigten Staaten (Gill, Kris, Kernberg, Kohut, Menninger, Rangell, Rapaport, Schafer, Sullivan), England (Bion, Fairbairn, Melanie Klein, Winnicott) und Frankreich (Lacan, Laplanche, Lebovici) einen großen Einfluß hat. Der Einfluß Lacans nimmt zu: Seit etwa 1974 ist eine Exilantenströmung, vor allem von Lacanianern, aus südlichen Ländern Lateinamerikas nach Mexiko, zu beobachten, die in der Hoffnung, sich finanziell zu verbessern, umsiedeln.

Wenn ich gezwungen wäre, an dieser Stelle vier, und nur vier wichtige lateinamerikanische Bücher zu nennen, würde ich folgende erwähnen:

1. Santiago Ramírez, Mexiko (Ausbildung in Buenos Aires): „Der Mexikaner. Die Psychologie seiner Motivationen" (Mexico Stadt, Ediciones Pax, 1959);
2. Heinrich Racker, Argentinien: „Übertragung und Gegenübertragung" (Buenos Aires, Editorial Paidos, 1960);
3. Horacio Etchegoyen, Argentinien (Ausbildung in London): „Theorie der psychoanalytischen Technik" (Buenos Aires, Amorrortu Editores, 1986);
4. César Rodríguez Rabanal, Perú (Ausbildung in Frankfurt): „Psychoanalyse in Slums" (Caracas, Nueva Sociedad, 1989).

4. Schlußbemerkung

Es kann vernünftigerweise nicht erwartet werden, daß die schwierige geistige, kulturelle und nicht zuletzt ökonomische Lage des lateinamerikanischen Kontinents ohne negative Effekte auf den Berufsstand des Psychoanalytikers bleiben könnte. Im großen und ganzen kann man von einer progressiven Verarmung der Bevölkerung in Lateinamerika sprechen, die mit dem absinkenden Niveau unseres Berufes Hand in Hand geht. Es versteht sich von selbst, daß trotz allem auch einige solide und seriöse Psychoanalytiker/-innen anzutreffen sind.

Literaturempfehlungen

Bosse, H. (1987). Diebe, Lügner, Faulenzer. Zur Ethno-Hermeneutik von Abhängigkeit und Verweigerung in der Dritten Welt. Frankfurt: Syndikat.

Cesio, F. (1976). Psychoanalyse in Südamerika. In: Die Psychologie des 20. Jahrhunderts, Bd. 2 (S. 1265–1278). Zürich: Kindler.

Füchtner, J., de Souza, Ch. & Füchtner, H. (1980). Die Psychoanalyse in Brasilien. Psyche, 34, 812–824.

Füchtner, H. (1984). Traurige Psychotropen. Psyche, 38, 615–626.

Haring, C. H. (1947). The Spanish Empire in America. Boston: Harcourt Brace Jovanovish.
Páramo-Ortega, R. (1991). Freud in Mexiko. Zur Geschichte der Psychoanalyse in Mexiko. München: Quintessenz.

Teil B

Anhang

A. Institutionelle und ausbildungsmäßige Aspekte

1. Psychoanalyse in der therapeutischen Versorgung. Richtlinienpsychotherapie und Delegationsverfahren

Gert Halbach
Andreas Hamburger

1. Historischer Überblick

„Irgend einmal wird das Gewissen der Gesellschaft erwachen und sie mahnen, daß der Arme ein ebensolches Anrecht auf seelische Hilfeleistung hat wie bereits jetzt auf lebensrettende chirurgische“ (Freud, 1919a, S. 192).

Bestrebungen in Richtung auf eine therapeutische Breitenwirkung: Mit der Einrichtung von Polikliniken in Berlin (1920) und Wien trat die Psychoanalyse in der institutionalisierten medizinischen Versorgung öffentlich in Erscheinung. Neue Impulse in Richtung einer psychosomatischen Medizin gingen später von Viktor v. Weizsäcker und Alexander Mitscherlich aus. *Psychoanalyse und medizinische Versorgung in Deutschland:* 1924 wurde die psychoanalytische Heilbehandlung in die Preußische Gebührenordnung (PREUGO), 1925 in die Allgemeine Deutsche Gebührenordnung für Ärzte (ADGO) aufgenommen. 1957 wurde ein ärztlicher Zusatztitel „Psychotherapie“ und 1978 ein weiterer Zusatztitel „Psychoanalyse“, 1992 ein Gebiet:

Psychotherapeutische Medizin geschaffen. Ins System der gesetzlichen *Krankenversicherung* trat die Psychoanalyse dennoch erst später ein: 1946 wurde in Berlin das Zentralinstitut für psychogene Erkrankungen der Versicherungsanstalten von Schultz-Hencke und Kemper gegründet. In der Deutschen Gesellschaft für Psychotherapie und Tiefenpsychologie (DGPT, gegr. 1949) bildete sich 1958 eine Sozialrechtskommission, die für die kassenrechtliche Anerkennung warb. Nach zähen Verhandlungen, die vor allem mit den Namen Haarstrick und Faber verbunden sind (vgl. Baumeyer, 1971; Haarstrick, 1974; Faber und Haarstrick, 1989), wurden 1967 die ersten Psychotherapierichtlinien in Kraft gesetzt, in denen die Leistungspflicht der gesetzlichen Krankenversicherungen für analytische bzw. tiefenpsychologisch fundierte Psychotherapie festgestellt und geregelt wurde. Hilfreich war dabei die AOK-Studie von A. Dührssen, die anhand einer katamnestischen Untersuchung an 1.004 Patienten nach analytischer Psychotherapie einen hochsignifikanten Rückgang der Arztbesuche und Krankenhaustage pro Jahr nachwies (Dührssen, 1961). Die Richtlinien wurden bis zum heutigen Tag mehrfach überarbeitet und aktualisiert. Voraussetzung für die Einführung der Psychotherapie in das Versorgungssystem war die *Anerkennung der Neurose als Krankheit:* Die Sozialgesetzgebung des ausgehenden 19. Jh. und die Reichsversicherungsordnung (RVO) von 1911 definierten Krankheit zunächst nur als regelwidrigen Körper- oder Geisteszustand, der Behandlungsbedürftigkeit und/oder Arbeitsunfähigkeit zur Folge hat. Neue Krankheitsbilder und ein neues Gesundheitsbewußtsein erforderten einen neuen juristischen Krankheitsbegriff, der in den sechziger Jahren sehr kontrovers diskutiert wurde. Nach und nach wurden auch Krankheitsfrühstadien bzw. -vorläufer einbezogen und eine Vertiefung des Krankheitsbegriffs im Sinne einer „Abweichung von der durch das Leitbild des gesunden Menschen geprägten Norm" erreicht. In wichtigen Gutachen und Urteilen des Bundessozialgerichts aus den Jahren 1960, 1962, 1964 und 1970 wurde die „seelische Fehlhaltung (Neurose) als Krankheit im krankenversicherungsrechtlichen Sinne" anerkannt (vgl. Haarstrick, 1974, 66f; Faber, 1981; Moersch, 1983,

S. 170). Sie bildeten die rechtliche Grundlage für die Aufnahme der Psychotherapie in den Leistungskatalog der Krankenversicherungen. Gleichzeitig kam damals aber auch eine inhaltliche *Kontroverse um den psychoanalytischen Krankheitsbegriff* auf. Aus sozialpsychologischer Sicht wurde die Gleichsetzung von abweichendem Verhalten/Erleben mit Krankheit kritisiert und davor gewarnt, daß ein therapeutischer Umgang damit eine Ausgrenzung darstelle (zu diesem sog. „Labeling Approach" vgl. Keupp, 1979; s.a. Nedelmann und Horn, 1976). Zusätzlich hatte die Psychoanalyse ihr Konfliktmodell psychischer Krankheit auch gegen die frühe Verhaltenstherapie zu verteidigen.

Im Lauf der Zeit hat sich die Psychoanalyse nicht nur qualitativ, sondern auch quantitativ zu einem bedeutenden Träger psychotherapeutischer Versorgung entwickelt. Die *Rolle der Laienanalytiker,* also das Problem, ob Psychoanalyse als Heilverfahren auch von Nicht-Ärzten ausgeübt werden darf, ist im Lauf dieser Entwicklung immer wieder zum Streitpunkt geworden (vgl. Leupold-Löwenthal, 1984). Freud nahm eindeutig Stellung: „Die Ausübung der Psychoanalyse erfordert viel weniger ärztliche Schulung als psychologische Vorbildung und freien menschlichen Blick" (Freud, 1913b; vgl. auch 1926e). Innerhalb der Internationalen Psychoanalytischen Vereinigung kam es zu heftigem Streit über die Frage, ob Nichtärzte zur psychoanalytischen Ausbildung zugelassen werden dürften. Diese Frage ist bis heute nicht entschieden worden; sie wird in den verschiedenen Fachgesellschaften unterschiedlich gehandhabt. Die *berufsrechtliche Situation der nichtärztlichen Psychoanalytiker* in Deutschland wurde nicht zuletzt durch die Einführung des Heilpraktikergesetzes (1939) prekär: nach dem Buchstaben des Gesetzes sind nur Ärzte und Heilpraktiker berechtigt, psychotherapeutische Heilverfahren durchzuführen. Ein immer wieder geplantes Psychotherapeutengesetz, das dieser unrealistischen Rechtslage abhelfen sollte, ist bisher nicht zustandegekommen; dafür regelt seit 1967 ein Delegationsverfahren die Kooperation zwischen nichtärztlichen und ärztlichen Psychoanalytikern (s.u.). Seit 1989 sind erneut Vorbereitungen für eine gesetzliche Regelung im Gange, über deren Ergebnis allerdings bei Drucklegung des vorliegenden Bandes noch nicht abschließend referiert werden kann. Seit 1926 gab es eine Gesellschaft für *ärztliche Psychotherapie,* die der Psychoanalyse einen nur marginalen Bereich in einem polypragmatischen Therapieverständnis einräumte und seitdem die Einführung einer unspezifischen Gebietsbezeichnung forderte. Erst 1967 kam es zur Einführung eines Bereichs Psychotherapie und einer entsprechenden Zusatzbezeichnung. Obwohl diese gegenüber der Gebietsbezeichnung mit geringerem Rang ausgestattet ist, wurde dadurch in der ärztlichen Weiterbildungsordnung ein eigener Tätigkeitsbereich festgeschrieben, der die Besonderheit der Kenntnisse herausstellte. Im Gegensatz zur gemeinsamen curricularen Weiterbildung von Ärzten und Diplom-Psychologen an den Weiterbildungsinstituten können die ärztlichen Zusatztitel auch durch Weiterbildungs-„Bausteine" erworben werden. 1978 wurde ein zweiter ärztlicher Zusatztitel „Psychoanalyse" geschaffen. Beide erhielten 1984 die Zulassung als Kassen- bzw. Vertragsarzt. Eine berufsrechtliche Weiterentwicklung der „Psychotherapie" erfolgt 1992 mit den Einführung der Gebietsbezeichnung „Psychotherapeutische Medizin". Die *Psychiatrie* in Deutschland findet gegenüber der Psychoanalyse in Theorie und Praxis schwer eine eindeutige Einstellung. Niedergelassene Nervenärzte führen zu 43% den Zusatztitel „Psychotherapie", weniger als 5% den Zusatztitel „Psychoanalyse", verwenden aber nur 7% ihrer Tätigkeit für psychotherapeutische Behandlungen. Etwa jeder vierte Patient eines Analytikers wurde von einem niedergelassenen Nervenarzt überwiesen (DGPPT, 1988).

Zum Stand der psychoanalytisch-psychotherapeutischen Versorgung: 1987 waren ca. 4.000 Psychotherapeuten in der (damaligen) BRD in der kassenärztlichen Versorgung tätig; etwa 1.500 davon waren ausgebildete Psychoanalytiker, von denen im Grundberuf 52% Ärzte, 38% Psychologen und 10% aus anderen Grundberufen sind. 51% der psychologischen Psychoanalytiker haben eine im Durchschnitt 7jährige Weiterbildung an einem von der DGPT anerkannten Institut abgeschlossen. Sie arbeiten in der Regel in freier Praxis und zu etwa einem Drittel in Kliniken, Hochschulen, Weiterbildungseinrichtungen und anderen Institutionen. In freier

Praxis werden überwiegend Therapien mit einer Sitzungsfrequenz von 1 bis 3 Sitzungen pro Woche angeboten, seltener höherfrequente Therapien. Im Jahre 1988 läßt sich der Versorgungsbeitrag der Psychoanalytiker nach der Statistik der kassenärztlichen Bundesvereinigung auf ca. 47.000 Patienten ansetzen. Dem steht ein *Bedarf* in knapp doppelter Höhe gegenüber (vgl. Schepank, 1987; Dührssen, 1987). Versorgungsmängel finden sich vor allem hinsichtlich der Unterrepräsentation von Patienten, die außerhalb der Ballungsgebiete leben, sowie von Unterschichtpatienten und alten Menschen (alle Daten nach der Prognos-Studie, DGPPT 1988. Zur Kritik vgl. Brede, 1989; Nedelmann und Reiche, 1990). Nach dem *Beitritt der ehemaligen DDR* zur BRD im Oktober 1990 ergab sich eine neue Situation. In der DDR war die Psychotherapie in Form eines Facharzt- und Fachpsychologentitels institutionalisiert, Psychoanalyse aber wurde – als ideologisch verdächtig – nicht gelehrt. Nun, da der Wert einer soliden psychoanalytischen Kompetenz wieder erkannt worden ist, breitet sie sich in Ausbildung und therapeutischer Praxis in den neuen Bundesländern aus.

2. Verankerung der Psychoanalyse im kassenärztlichen Versorgungssystem. Psychotherapie-Richtlinien, Gutachter- und Delegationsverfahren

Nach dem Krieg gab es etwa 240 ärztliche und 150 psychologische Psychoanalytiker in Deutschland. Ihre Behandlungen wurden erstattet nach dem sog. „Münchner Modell“ (je ein Honorardrittel Selbstbeteiligung, Krankenkassen und (für ihre Mitglieder) die BfA praktisch ohne zeitliche Begrenzung). Das Münchner Modell bot nur eine Kannleistung, nicht aber einen rechtlichen Anspruch des Patienten an seine Krankenkasse. In den oben genannten Verhandlungen um die *Psychotherapie-Richtlinien* wurde in drei Phasen (1967, 1976, 1987) das heute gültige Modell der Richtlinienpsychotherapie geschaffen. Es regelt die Voraussetzungen (Begriff der seelischen Krankheit, psychotherapeutische Intervention, Diagnostik etc.), die Behandlungsformen) tiefenpsychologisch fundierte Psychotherapie, analytische Psychotherapie, Verhaltenstherapie, psychosomatische Grundversorgung), die Anwendungsformen (Einzel-, Gruppentherapie, Erwachsenen- und Kinder- bzw. Jugendlichentherapie), Anwendungbereiche (Indikation, Leistungsbeschränkungen), Leistungsumfang, das Antrags- und Gutachterverfahren sowie Qualifikationsanforderungen und die Zusammenarbeit im Delegationsverfahren. Aufgrund dieser Richtlinien werden die Einzelheiten in Vereinbarungen zwischen der Kassenärztlichen Bundesvereinigung und den Bundesverbänden der Krankenkassen geregelt (sämtliche Texte und Erläuterungen in Faber und Haarstrick, 1989). Der *konkrete Ablauf des Antragsverfahrens* am Beispiel einer analytischen Einzelpsychotherapie eines erwachsenen Patienten sieht derzeit so aus: nach den Vorgesprächen, in denen eine Therapieentscheidung gefallen und eine biographische Anamnese erhoben worden ist, stellt der Patient einen Formular-Antrag auf Feststellung der Leistungspflicht für Psychotherapie an seine Krankenkasse. Der Psychotherapeut erstellt einen Bericht dazu, in dem Anamnese, psychischer Befund, Psychodynamik der neurotischen Erkrankung, neurosenpsychologische Diagnose, Behandlungsplan und Prognose ausgeführt sind. Wenn der Psychotherapeut Psychologe ist, geht dieser Bericht an den delegierenden ärztlichen Psychotherapeuten, der den Patienten persönlich sehen, die Indikation feststellen und zur medizinischen Krankheitsanamnese und Differentialdiagnose Stellung nehmen muß. Von diesem wird der Antrag an die Kasse eingereicht, wobei der Bericht in verschlossenem Umschlag beiliegt und von der Krankenkasse ungeöffnet und anonym (der Bericht trägt keine Personendaten, sondern nur eine chiffrierte Kennziffer) an einen Gutachter für Psychoanalyse weitergereicht wird. Das Antragsverfahren muß bei Fortführung der analytischen Psychotherapie nach 160 Sitzungen wiederholt werden. Eine weitere Verlängerung über 240 Sitzungen hinaus (in der Regel bis zur Höchstgrenze von 300 Sitzungen) wird unter besonderen Bedingungen gewährt. Für den konkreten psychoanalytischen Prozeß bedeutet diese Regelung eine gewisse externe Strukturierung. Die Analyse findet im Schutz einer zahlenden Institution statt, aber auch im Bewußtsein, daß die Leistungspflicht der Kasse in aller Regel bei 240 Sitzungen endet und der Patient dann, wenn er seine Analyse noch nicht als abgeschlossen empfindet, selbst zahlen muß. Man darf nicht vergessen, daß die Richtlinienpsychotherapie ein Kompromiß ist, der aufgrund von Erfahrungswerten und realen wirtschaftlichen Beschränkungen erarbeitet wurde. Ein Selbstbeteiligungssystem wurde in den Diskussionen der sechziger Jahre aus versicherungsrechtlichen Gründen noch abgelehnt. Es gab um die Frage der Kassenfinanzierung von Psychoanalysen immer wieder kontroverse Debatten (vgl. Cremerius, 1981; Nedelmann, 1990; Thömä und Kächele, 1985).

3. Psychoanalyse im stationären Bereich, in Beratung und Supervision

Die Tätigkeit von Psychoanalytikern im *stationären Bereich,* in den USA seit Jahrzehnten gang und gäbe, hat in Deutschland zugenommen. 27% aller Analytiker arbeiten in stationären Versorgungseinrichtungen, 4% in Heimen. Zu einem geringeren Teil dürfte diese Tätigkeit die immerhin vermehrt übliche Durchführung von Balintgruppen und Supervisionen im Bereich psychiatrischer Kliniken umfassen; der Hauptanteil betrifft die stationären Einrichtungen für *Psychosomatische Medizin,* die seit dem Krieg an vielen Universitäten entstanden sind, sowie private Fachkliniken. Besonders betont werden muß hier die psychosomatische Universitätsmedizin, die, ausgehend von der Universitätsklinik Heidelberg (Mitscherlich), die Psychoanalyse am deutlichsten in der akademischen Medizin verankert. Neuerdings hat jedoch die starke Position der Psychoanalyse in der Psychosomatik wieder Angriffe herausgefordert (zur sog. Wissenschaftsrat-Kontroverse vgl. Hoffmann und Thomä, 1986; Becker, 1987; Hoffmann, 1990). Ein interessantes Ergebnis der bereits zitierten Prognos-Studie bestand darin, zahlenmäßig zu belegen, wie viele vollausgebildete

Psychoanalytiker in *psychosozialen Einrichtungen* tätig sind. In Ambulanzen (8,9%), Beratungsstellen und sozialen Diensten (15,2%), Heimen (3,5%) und sonstigen Einrichtungen (9,9%) arbeiten insgesamt mehr als ein Drittel der Psychoanalytiker. Dazu kommt die *Supervisionstätigkeit* und Leitung von Selbsterfahrungsgruppen.

4. Kritische Stimmen

Der zunehmenden klinischen Orientierung der Psychoanalyse wird oft auch eine Tendenz zur *Medizinalisierung* und zur *Vernachlässigung der psychoanalytischen Kulturtheorie* vorgeworfen, insbesondere ein Verkümmern politischer Stellungnahme (Parin, 1978; vgl. de Boor und Moersch, 1978). Sicher hat dieser Aspekt der Psychoanalyse durch die Anbindung an das psychotherapeutische Versorgungssystem oft nicht die ihm gebührende Beachtung gefunden. Andererseits hat die psychoanalytische Kulturtheorie, Persönlichkeits- und Sozialpsychologie eine beachtliche Entwicklung genommen (siehe Kap. 27: Psychoanalytische Sozialpsychologie). Die Akzentverschiebung innerhalb der Psychoanalyse und ihren Institutionen (siehe Kap. 56: Kritik der institutionalisierten Psychoanalyse) in Richtung auf Therapie birgt die Gefahr, daß kulturkritische und politische Anliegen der Psychoanalyse vernachlässigt werden; sie mag auch die Gefahr einer Verdünnung der Therapiemethode selbst heraufbeschwören (vgl. Becker und Becker, 1984). Über die Medizinalisierung hinaus ließe sich darin, daß viele Psychoanalytiker sich mehr um konkrete Heilmaßnahmen als um Kulturkritik bemühen, freilich auch eine epochale Abwehr bedrückender Einsicht in das real bedrohte Leben auf der Erde, eine „Apokalypseblindheit“ (Nedelmann, 1982) erkennen. Die Anpassung der Psychoanalyse an das Gesundheitssystem hat sie anfälliger gemacht für die Aufgabe ihres eigenen, „tragischen“ Menschenbildes zugunsten der Zielvorstellung eines angepaßten Ichs (Parin, 1990). Psychoanalyse als Bestandteil des Versorungssystems wird darauf zu achten haben, die eigene Identität zu wahren.

Literaturempfehlungen

Faber, F. R. & Haarstrick, R. (1989). Kommentar Psychotherapie-Richtlinien. Neckarsulm: Jungjohann. 3. Aufl. 1993.

Cremerius, J. (1981). Die Präsenz des Dritten in der Psychoanalyse. Zur Problematik der Fremdfinanzierung. Psyche, 35, 1–45.

Dührssen, A. (1987). Historischer Rückblick zu den Psychotherapie-Richtlinien. Zeitschrift für Psychosomatische Medizin und Psychoanalyse, 33, 318–322.

Halbach, G. & Werthmann, H.-V. (1990). Psychologische Psychoanalytiker: Berufsbild – Organisationen – Berufspolitik. Report Psychologie, 15, 19–23.

Janssen, P. L. (1993). Von der Zusatzbezeichnung „Psychotherapie" zur Gebietsbezeichnung „Psychotherapeutische Medizin". Zeitschrift für Psychosomatische Medizin und Psychoanalyse, 1993, 95–117.

2. *Die Ausbildung zum Psychoanalytiker*

Ulrich Streeck

1. Einleitung

> „Wenn Du ein wirklicher Psychoanalytiker sein möchtest, so mußt Du eine große Liebe zur Wahrheit besitzen, sowohl zur wissenschaftlichen als auch zur persönlichen Wahrheit, und Du mußt diese Wahrheit höher achten als jedes Unbehagen beim Auffinden unangenehmer Tatsachen, ob sie zur Außenwelt gehören oder zu Deiner eigenen inneren Person. Außerdem meine ich, daß ein Psychoanalytiker ... Interessen ... haben sollte, die über die Grenzen des medizinischen Bereiches hinausgehen ... für Tatsachen, die zur Soziologie, Religion, Literatur ... [und] Geschichte gehören ..., sonst wird sein Blick ... für seinen Patienten zu beengt bleiben ... abgesehen von den Anforderungen, die in den Instituten an die Kandidaten gestellt werden." (A. Freud, zit. nach Kohut, 1977, S. 100).

Mit diesen Worten antwortete Anna Freud auf den Brief eines etwa 14jährigen Jungen, der sie angesichts seines Planes, wie sein Vater Psychoanalytiker zu werden, um ihren Rat gefragt hatte.

Als 1920 die erste psychoanalytische Poliklinik durch Max Eitington in Berlin gegründet wurde, maß Freud dieser Einrichtung auch für Zwecke der psychoanalytischen Ausbildung „hohe praktische Bedeutung" bei: „Dieses Institut bemüht sich einerseits, die analytische Therapie weiten Volkskreisen zugänglich zu machen, andererseits übernimmt es die Ausbildung von Ärzten zu praktischen Analytikern in einem Lehrkurs, welcher die Bedingung einschließt, daß der Lernende an sich selbst eine Psychoanalyse vollziehen läßt" (Freud, 1924, S. 419f.).

Ein Jahr später entstand ein weiteres Institut in Wien, an dem ebenfalls „Unterricht in der Psychoanalyse" erteilt wurde (Freud, 1926, S. 260).

Richtlinien für die psychoanalytische Ausbildung gab es noch nicht; wer motiviert war, Psychoanalytiker zu werden, wurde zur Ausbildung zugelassen (Khan, 1977; Lipton, 1988). Allerdings sollte der angehende Psychoanalytiker – so wurde seit der Mitte der zwanziger Jahre erwartet – neben der Lehranalyse – ein Begriff, der auf Eitington zurückgeht – auch praktische Erfahrungen in der Behandlung von Patienten unter Anleitung erwerben und gute theoretische Kenntnisse haben, besonders solche vom Unbewußten. Seit dieser Zeit gehört die Trias von *Lehranalyse, Kontrollanalyse* und Theorie zu den Grundpfeilern der Ausbildung zum Psychoanalytiker (Brocher, 1970).

2. Richtlinien für die Ausbildung zum Psychoanalytiker

Gegenwärtig gibt es in Deutschland 37 *Institute*, an denen Ärzte und Psychologen zu Psychoanalytikern ausgebildet werden. „Laien" können seit 1976 nicht mehr zur Ausbildung zugelassen werden. Die Ausbildung an den Instituten orientiert sich an den *Weiterbildungsrichtlinien* der Deutschen Gesellschaft für Psychoanalyse, Psychotherapie, Psychosomatik und Tiefenpsychologie (DGPT) sowie den *Ausbildungsrichtlinien* der psychoanalytischen Fachgesellschaften*.

Damit auch solche Psychoanalytiker an der kassenärztlichen Versorgung seelisch Kranker teilnehmen können, die im Grundberuf keine Ärzte sind, müssen sie an einem Institut ausgebildet worden sein, das von der kassenärztlichen Bundesvereinigung anerkannt ist. Dieser Anerkennung werden Kriterien zugrundegelegt, die hinsichtlich ihres Anforderungsniveaus mit den Weiterbildungsrichtlinien der

* Das sind die Deutsche Psychoanalytische Gesellschaft (DPG), die Deutsche Psychoanalytische Vereinigung (DPV), die auf C. G. Jung zurückgehende Deutsche Gesellschaft für analytische Psychologie (DAGP) und die Deutsche Gesellschaft für Individualpsychologie (DGIP), die ihre theoretische Orientierung von Alfred Adler herleitet.

DGPT weitgehend übereinstimmen. Insofern wird die Qualität der Ausbildung von Psychoanalytikern an anerkannten Instituten zweifach garantiert, sowohl über die Einhaltung der Weiterbildungsrichtlinien der DGPT bzw. der psychoanalytischen Fachgesellschaften wie auch über die Anerkennungskriterien der kassenärztlichen Bundesvereinigung.

Ärztliche Psychoanalytiker müssen, um analytische Psychotherapie als Kassenleistung erbringen zu können, die Zusatzbezeichnung „Psychoanalyse" führen, die nach Richtlinien der jeweiligen Landesärztekammern erteilt wird.

Einrichtungen, an denen eine qualifizierte psychoanalytische Ausbildung ganztägig durchgeführt werden kann, wie sie Freud mit seiner Utopie von psychoanalytischen Hochschulen vorgeschwebt haben mögen und wie sie auch von Anna Freud und neuerdings von Thomä (1990) empfohlen werden, gibt es gegenwärtig nicht.

3. Inhalte der psychoanalytischen Weiterbildung

Die psychoanalytische Ausbildung dauert im Durchschnitt 6 bis 8 Jahre und erfolgt in der Regel berufsbegleitend. Bewerber müssen sich mehreren Interviews unterziehen, mit denen die Eignung festgestellt werden soll. Die Auffassungen darüber, welche Voraussetzungen zukünftige Psychoanalytiker mitbringen und welche Kriterien somit der Beurteilung der Eignung zugrundegelegt werden sollten, sind recht heterogen (Mitscherlich-Nielsen, 1970). Eigenschaften wie Empathie und Introspektionsfähigkeit, Flexibilität und der Zugang zum eigenen Unbewußten gelten überwiegend als günstige Voraussetzungen; auffällig unauffällige, angepaßte, betont „normale" Bewerber, die bei den Instituten gelegentlich nach einer psychoanalytischen Ausbildung nachfragen, sind dagegen für den Beruf des Psychoanalytikers oft ungeeignet, weil sie in der sozialen und beruflichen Realität zwar meist gut funktionieren, aber nicht selten einen nur spärlichen Bezug zu ihrer inneren, seelischen Welt haben.

3.1 Die theoretische Ausbildung

Die theoretische Ausbildung umfaßt das umfangreiche Gebiet der allgemeinen und speziellen psychoanalytischen Krankheitslehre, die Theorien der psychoanalytischen Behandlungstechnik, die Entwicklungspsychologie und die Psychologie des Traumes, dem als Weg zum Unbewußten nach wie vor große Bedeutung zukommt. Psychoanalyse ist nicht nur Krankheitslehre und Therapie, sondern Wissenschaft von den nichtbewußten seelischen Prozessen; zu deren Verständnis bedarf es auch konkreter Anschauung von der Vielfalt des Ausdrucks und der Wirkung des seelisch Unbewußten. Freud wollte deshalb neben der Biologie und den psychiatrischen Krankheitsbildern auch Kulturgeschichte, Mythologie, Religionspsychologie und Literaturwissenschaft gelehrt wissen (Freud, 1926, S. 281).

Heute gehören zur theoretischen Ausbildung von Psychoanalytikern darüberhinaus Erkenntnisse über unbewußte Dimensionen sozialer Interaktion und interpersoneller Prozesse in Familien und Gruppen sowie gesellschaftlicher Prozesse. Eine in dieser Weise breite, in verschiedenen Disziplinen verankerte theoretische Ausbildung von Psychoanalytikern wirkt der Gefahr reduktionistischer Klinifizierung und einseitiger Medizinalisierung dieser Wissenschaft entgegen.

3.2 Die Lehranalyse

Weil „... jeder Psychoanalytiker nur so weit kommt, als seine eigenen Komplexe und Widerstände es gestatten“ (Freud, 1912, S. 108), unterzieht er sich einer eigenen Analyse, der *Lehranalyse*. Hier holt er sich zum einen „... die Überzeugung von der Existenz und Wirkungsweise des Unbewußten ... [und] erwirbt sich seine wissenschaftliche Überzeugung von der Gültigkeit der analytischen Behauptungen am eigenen Leibe“ (A. Freud, 1970, S. 556). Weiter erfährt der zukünftige Psychoanalytiker in seiner eigenen Analyse, wie behandlungstechnische Regeln und Empfehlungen, über die er sich theoretisches Wissen erworben hat, in die psychoanalytische Praxis umgesetzt werden können. Und schließlich ermöglicht ihm die Lehranalyse und deren Fortsetzung als *Selbstanalyse* eben jene „eigenen Komplexe und inneren Widerstände" zu erkennen und zu überwinden, wie sie bei ihm in der Behandlung seiner Patienten auftreten.

In den Anfängen der Psychoanalyse dauerte die Lehranalyse manchmal nur einige Wochen, gelegentlich bis zu einem Jahr. So schrieb Freud 1909 an Ferenczi: „Eitington ist hier, geht zweimal in der Woche mit mir nach dem Nachtmahl spazieren und läßt sich dabei analysieren." In der Folgezeit wurden an die Lehranalyse zunehmend höhere Erwartungen gestellt. Von Ferenczi kam die Forderung, daß der Analytiker „... auch die verstecktesten Schwächen der eigenen Persönlichkeit kennen und beherrschen ..." müsse. Notwendigerweise nahm unter solcher Zielsetzung auch die Dauer der Lehranalyse zu, so daß Balint sich bereits 1954 veranlaßt sah, kritisch auf die unrealistischen Anforderungen hinzuweisen, die mit einer derartigen „Supertherapie" einhergingen (Balint, 1954, S. 690 f.). Die Diskussion um die Dauer der Lehranalyse dauert gegenwärtig an.

In therapeutisch-technischer Hinsicht unterscheidet sich eine Lehranalyse nicht wesentlich von einer therapeutischen Analyse. In Lehranalysen ist der Analytiker meist jedoch nicht nur eine Figur für vielfältige *Übertragungen* im therapeutischen Prozeß; er tritt am *Ausbildungsinstitut* für den Analysanden auch als erkennbare, reale Person in Erscheinung. Damit wirkt die äußere, faktische Realität in Lehranalysen anders als in therapeutischen Analysen unter Umständen einschränkend in den therapeutischen Raum hinein. Deshalb geht das Bestreben dahin, den Raum der eigenen Analyse des zukünftigen Psychoanalytikers möglichst weit von den übrigen psychoanalytischen Ausbildungsbereichen getrennt zu halten.

3.3 Die Kontrollanalyse

Obwohl die *Kontrollanalyse* in der psychoanalytischen Ausbildung einen wichtigen Platz hat (Lebovici, 1983;

Widlöcher, 1983), ist vergleichsweise wenig darüber geschrieben worden. Es geht dabei nicht nur um „Supervision", ein Begriff, der in der amerikanischen Psychoanalyse gebräuchlich ist, sondern neben den didaktischen und kontrollierenden Funktionen auch um eine Fortsetzung der Lehranalyse.

So wie der angehende Chirurg das Operieren ausreichend gut erlernt, indem er Operationen selbst durchführt, während ihm ein erfahrener Lehrer zur Seite steht, erlernt der angehende Psychoanalytiker sein Handwerk, indem er von einem fortgeschrittenen Stadium seiner psychoanalytischen Ausbildung ab Patienten selbst untersucht, diagnostiziert und behandelt, während er sich darüber in dichten und regelmäßigen Abständen mit einem erfahrenen Psychoanalytiker bespricht. Anders als der Lehrer, der dem angehenden Chirurgen beim Operieren hilft, seinem Schüler sagt, was er falsch und wie er es richtig macht, wird der Kontrollanalytiker den angehenden Psychoanalytiker nur ausnahmsweise auf Fehler im Sinne eines „richtig" und „falsch" hinweisen; Psychoanalyse durchzuführen besteht nicht darin, technische Anweisungen und Regeln zu befolgen. Die gemeinsame Arbeit von angehendem Psychoanalytiker und Kontrollanalytiker besteht vielmehr darin zum einen, daß die „eigenen Komplexe und Widerstände" des behandelnden Analytikers entdeckt und verstanden werden, die sich in der Behandlung des Patienten bemerkbar machen. Das vertieft zugleich das Verständnis des angehenden Psychoanalytikers für das eigene Unbewußte, wie es sich auf das Erleben der Beziehung zum Patienten auswirkt. Zum anderen hat der Kontrollanalytiker für den Psychoanalytiker in Ausbildung auch Modellfunktionen, indem seine eigene psychoanalytische Verständnisweise und u. U. auch die Art, wie er selbst mit diesem Patienten psychoanalytisch gearbeitet hätte, erkennbar werden.

Zur praktischen Ausbildung von Psychoanalytikern gehören neben dem Erlernen diagnostischer Fähigkeiten und dem Erlernen der *psychoanalytischen Methode* sowie der analytischen Psychotherapie auch von der Psychoanalyse abgeleitete therapeutische Verfahren wie psychoanalytische *Kurztherapie* und *Fokaltherapie*, manchmal auch *analytische*

Gruppentherapie. Die Ausbildung zum *Kinder- und Jugendlichen-Psychotherapeuten* ist dagegen ein besonderer Weiterbildungszweig mit eigenen Weiterbildungsrichtlinien.

4. Schlußbemerkung

Die klinische Anwendung auch der von der Psychoanalyse abgeleiteten therapeutischen Verfahren setzt hohe psychoanalytische Kompetenz und einen sicheren Stand des Psychotherapeuten auf dem Boden der Psychoanalyse voraus, ohne den sein therapeutisches Handeln leicht theorielos und beliebig wird. In der Ausbildung zum Psychoanalytiker wird im gelungenen Fall nicht nur psychoanalytische Kompetenz erworben, sondern auch eben dieser sichere Stand, eine gesicherte *psychoanalytische Identität*, die am ehesten an der von Anna Freud erwähnten Liebe zur Wahrheit auch gegen vielfältigen Anpassungsdruck festzuhalten erlaubt.

Literaturempfehlungen

Balint, M. (1954). Analytische Ausbildung und Lehranalyse. Psyche, 6, 689–699.

Freud, A. (1970). Probleme der Lehranalyse. Psyche, 24, 565–576.

Kernberg, O. F. (1985). Institutional Problems of Psychoanalytic Education. Journal of the American Psychoanalytic Association, 33, 799–834.

Kohut, H. (1977). Die Begutachtung von Bewerbern um die psychoanalytische Ausbildung. In ders., Introspektion, Empathie und Psychoanalyse (S. 89–102). Frankfurt/M.: Suhrkamp.

Lipton, S. D. (1988). An argument in favor of making training analysis voluntary rather then mandatory. The Annual of Psychoanalysis, XVI, 11–17.

Mitscherlich-Nielsen, M. (1970). Was macht einen guten Analytiker aus? Psyche 24, 577–599.

Streeck, U. & Werthmann H.-V. (Hg.) (1992). Lehranalyse und psychoanalytische Ausbildung. Göttingen: Vandenhoeck & Ruprecht.

Thomä, H. (1990). Idee und Wirklichkeit der Lehranalyse. Ein Plädoyer für Reformen. Unveröffentlichtes Manuskript.

B
Literatur

Abelin, E. L. (1971). The role of the father in the separation-individuation process. In J. B. McDevitt & C. F. Settlage (Eds.), Separation-individuation (229–252). New York: International Universities Press.

Abelin, E. L. (1976). Some further observations and comments on the earliest role of the father. International Journal of Psycho-Analysis, 56, 293–302.

Abelin, E. L. (1986). Die Theorie der frühkindlichen Triangulation. In J. Storck (Hg.), Das Vaterbild in Kontinuität und Wandlung (S. 45–72). Stuttgart: frommann-holzboog.

Abraham, K. (1921). Äußerungsformen des weiblichen Kastrationskomplexes. In Psychoanalytische Studien, Bd. 2 (S. 69–99). Frankfurt/M.: Fischer 1971.

Abrams, S. (1977). The genetic point of view: Antecedents and transformations. Journal of the American Psychoanalytic Association, 25, 417–425.

Abrams, S. (1983). Development. Psychoanalytic Study of the Child, 38, 113–139.

Adler, A. (1908). Das Zärtlichkeitsbedürfnis des Kindes. In ders., Heilen und Bilden (S. 63–66). Frankfurt/M.: Fischer 1973.

Adler, A. (1920). Zur Rolle des Unbewußten in der Neurose. In ders., Praxis und Theorie der Individualpsychologie. Frankfurt/M.: Fischer, 4. Auflage 1974.

Adler, A. (1929). Neurosen. Frankfurt/M.: Fischer 1981.

Adler, A. (1933A). Vom Ursprung des Strebens nach Überlegenheit und des Gemeinschaftsgefühles. In ders., Psychotherapie und Erziehung, Bd. 3 (S. 21–32). Frankfurt/M.: Fischer 1983.

Adler, A. (1933B). Vor- und Nachteile des Minderwertigkeitsgefühles. In ders., Psychotherapie und Erziehung, Bd. 3 (S. 33–39). Frankfurt/M.: Fischer 1983.

Adorno, Th. W. (1969). Erziehung nach Auschwitz. In ders., Stichworte. Kritische Modelle 2 (S. 85–101). Frankfurt/M.: Suhrkamp 1969.

Adorno, Th. W. (1972). Zum Verhältnis von Soziologie und Psychologie. In ders., G. S. Bd. 8 (S. 42–62). Frankfurt/M.: Suhrkamp.

Ainsworth, M. D. S, Blehar, M. C., Waters, E. & Wall, S. (1978). Patterns of attachment; A psychological study of a strange situation. Hillsdale, NJ: Lawrence Erlbaum.

Alberti, L. & Rosin, U. (1984). Die Grenze der Selbsterfahrung ist erreicht: Was dann? Psychosomatische Medizin, 5, 304–307.

Alexander, F. & French, T. M. (1946). Psychoanalytic therapy: Principles and application. New York: Ronald Press.

Alexander, F. (1950). Psychosomatic Medicine. New York: Norton.

Aly, G. & Heim, S. (1991). Vordenker der Vernichtung. Auschwitz und die deutschen Pläne für eine neue europäische Ordnung. Hamburg: Hoffmann & Campe.

Andreas-Salomé, L. (1990). Das „zweideutige" Lächeln der Erotik. Texte zur Psychoanalyse. Freiburg i. Br.: Kore.

Anthony, E. J. (1982). The comparable experience of a child and adult analyst. Psychoanalytic Study of the Child, 37, 339–366.

Anz, Th. (1984). Jemand mußte Otto G. verleumdet haben. Kafka, Werfel, Otto Groß und eine „psychiatrische Geschichte". Akzente, 31, 184–191.

Anz, Th. (1989). Gesund oder krank? Medizin, Moral und Ästhetik in der deutschen Gegenwartsliteratur. Stuttgart: J. B. Metzlersche Verlagsbuchhandlung.

Anzieu, D. (1986). Der Einfluß der Kultur des deuschen Sprachraums auf Freuds Denken. Jahrbuch der Psychoanalyse, 19, 15–36.

Anzieu, D. (1990a,b). Freuds Selbstanalyse. Bd. I und II. München: Verlag Internationale Psychoanalyse.

Argelander, H. (1970). Das Erstinterview in der Psychotherapie. Darmstadt: Wissenschaftliche Buchgesellschaft.

Argelander, H. (1971). Ein Versuch zur Neuformulierung des primären Narzißmus. Psyche, 25, 358–373.

Argelander, H. (1988). Balint-Gruppen: Ein Fortbildungs- und Forschungskonzept. Die Balint-Gruppe in Klinik und Praxis, 1, 58–69.

Arieti, S. (1974). Individual psychotherapy of schizophrenia. In S. Arieti & E. B. Brody (Eds.), American handbook of psychiatry, vol. 3 (pp. 627–651). New York: Basic Books.

Arlow, J. A. & Brenner, C. (1964). Psychoanalytic concepts and the structural theory. New York: International Universities Press.

Bachrach, H. M. (1989). On specifying the scientific methodology of psychoanalysis. Psychoanalytic Inquiry, 9, 282–304.

Badinter, E. (1986). Ich bin Du. Die neue Beziehung zwischen Mann und Frau oder Die androgyne Revolution. München: Piper 1987.

Bänninger-Huber, E., Moser, U. & Steiner, F. (1990). Mikroanalytische Untersuchung affektiver Regulierungsprozesse in Paar-Interaktionen. Zeitschrift für Klinische Psychologie, 19, 123–143.

Bänninger-Huber, E. (1992). Prototypical affective microsequences in psychotherapeutic interaction. Psychotherapy Research, 2, 291–306.

Balint, M. (1935). Zur Kritik der Lehre von der prägenitalen Libidoorganisation. In: ders., Die Urformen der Liebe und die Technik der Psychoanalyse (47–68). Frankfurt/M.: Fischer 1969.

Balint, M. (1947). Über das psychoanalytische Ausbildungssystem. In ders., Die Urformen der Liebe und die Technik der Psychoanalyse (S. 307–333). Bern: Huber-Klett 1966.

Balint, M. (1954). Analytische Ausbildung und Lehranalyse. Psyche, 6, 689–699.

Balint, M. (1959). Angstlust und Regression. Stuttgart. Klett-Cotta, 3. Auflage 1991.

Balint, M. (1964). Der Arzt, sein Patient und die Krankheit. Stuttgart: Klett-Cotta, 8. Auflage 1993.

Balint, M. (1968). Therapeutische Aspekte der Regression: Die Theorie der Grundstörung. Stuttgart: Klett-Cotta 1970.

Balint, M., Balint, E., Gosling, R. & Hildebrand, P. (1966). A study of doctors. London: Tavistock Publications.

Basch, M. F., Lichtenberg, J. D. & Sander, L. W. (1988). Reflections on self-psychology and infancy. Empathy and theory. In A. Goldberg (Ed.), Frontiers in self psychology. Progress in self psychology, vol. 3 (pp. 55–77). Hillsdale, NJ.: Lawrence Erlbaum.

Baumeyer, F. (1971). Zur Geschichte der Psychoanalyse in Deutschland. Zeitschrift für Psychosomatische Medizin, 17, 203–240.

Baumgart, M. (1994). Die psychoanalytische Metapsychologie im Lichte der Säuglingsforschung: Verwerfen oder überdenken? In F. Pedrina, M. Mögel, E. Garstick & E. Burkard (Hg.), Spielräume. Begegnungen zwischen Kinder- und Erwachsenenanalyse (51–82). Tübingen: edition discord.

Bauriedl, Th. (1980). Beziehungsanalyse. Das dialektisch-emanzipatorische Prinzip der Psychoanalyse und seine Konsequenzen für die psychoanalytische Familientherapie. Frankfurt/M.: Suhrkamp.

Bauriedl, Th. (1984). Geht das revolutionäre Potential der Psychoanalyse verloren? Zur politischen Bedeutung der Psychoanalyse und zum politischen Engagement der Psychoanalytiker. Psyche, 30, 489–515.

Becker, H. (1987). Der kurze Sommer der Psychoanalyse. Anmerkungen zu einem aktuellen Streit. Psyche, 41, 254–262.

Becker, H. & Becker, S. (1984). „Höllensonne haben Sie wohl keine?" – Zur Legierung des Goldes. In H.-M. Lohmann (Hg.), Die Psychoanalyse auf der Couch (S. 234–255). Frankfurt/M.

Becker, H. & Senf, W. (1988). Praxis der stationären Psychotherapie. Stuttgart: Thieme.

Beebe, B. & Stern, D. N. (1977). Engagement-disengagement and early object experiences. In M. Freedman & S. Grand (Eds.), Communicative structures and psychic structures (pp. 35–55). New York: Plenum Press.

Beese, F. (1987). Psychoanalyse in Deutschland Rückblick und Perspektiven. In G. Rudolf, U. Rüger & H. H. Studt (Hg.). Psychoanalyse der Gegenwart (S. 15–29). Göttingen: Vandenhoeck & Ruprecht.

Beese, F. (1988). Das neo-psychoanalytische Konzept Schultz-Henckes aus psychoanalytischer Sicht. In G. Rudolf & U. Rüger (Hg.), Die Psychoanalyse Schultz-Henckes (S. 57–67). Stuttgart: Thieme.

Beland, H. (1987). Wie verstehen Sie sich selbst? DPV-Informationen, 2, 9–14.

Benjamin, J. (1988). Die Fesseln der Liebe. Psychoanalyse, Feminismus und das Problem der Macht. Basel: Roter Stern 1990.

Benjamin, L. S. (1974). Structural analysis of social behavior. Psychological Review, 81, 392–425.

Bergin, A. E. & Lambert, M. (1970). The evaluation of therapeutic outcomes. In S. L. Garfield & A. E. Bergin (Eds.), Handbook of psychotherapy and behavior change (pp. 157–213). New York: Wiley & Sons (2. Auflage 1978).

Bergler, E. (1934). Zur Problematik des „oralen" Pessimisten. Demonstriert an Christian Friedrich Grabbe. Imago, 20, 330–376 (wiederabgedruckt bei Fischer 1980, S. 221–277).

Bergmann, M. S. (1966). The intrapsychic and communicative aspects of the dream. Their role in psychoanalysis and psychotherapy. International Journal of Psycho-Analysis, 47, 356–363.

Bernfeld, S. (1926). Sozialismus und Psychoanalyse. Der Kampf. Sozialdemokratische Monatsschrift, 19, 385–389.

Bernfeld S. (1932). Der Begriff der Deutung in der Psychoanalyse. Zeitschrift für angewandte Psychologie, 42, 448–497.

Bernstein, B. (1970). Soziale Struktur: Sozialisation und Sprachverhalten. Amsterdam: de Munter.

Beutler, L. E. & Crago, M. (Eds.). (1991). Psychotherapy research. An international review of programmatic studies. Washington: American Psychological Association.

Bibring, E. (1954. Psychoanalysis and the dynamic psychotherapies. Journal of the American Psychoanalytic Association, 2, 745–770.

Bion, W. (1957). Zur Unterscheidung von psychotischen und nichtpsychotischen Persönlichkeiten. In E. Bott-Spillius (Hg.), Melanie

Klein heute, Bd. 1 (S. 75–99). München: Verlag Internationale Psychoanalyse 1990.
Bion, W. R. (1971). Erfahrungen in Gruppen und andere Schriften. Frankfurt/M.: S. Fischer.
Bird, B. (1968). On candidate selection and its relation to analysis. International Journal of Psycho-Analysis, 49, 513–526.
Blanck, G. & Blanck, R. (1974). Ego Psychology: Theory and practise. New York: Columbia University Press 1974 (dt.: Angewandte Ich-Psychologie. Stuttgart: Klett-Cotta, 5. Auflage 1991).
Blanck, G. & Blanck, R. (1979). Ego Psychology II. New York: Columbia University Press 1979 (dt.: Ich-Psychologie II. Stuttgart: Klett-Cotta, 2. Auflage 1989).
Blaser, A. (1977). Der Urteilsprozeß bei der Indikationsstellung zur Psychotherapie. Bern: Huber.
Bloom-Feshbach, J. & Bloom-Feshbach, S. (1987). The psychology of separation and loss. San Francisco: Jossey-Bass.
Blos, P. (1962). Adoleszenz. Eine psychoanalytische Interpretation. Stuttgart: Klett-Cotta, 5. Auflage 1992.
Blos, P. (1985). Sohn und Vater. Diesseits und jenseits des Ödipuskomplexes, Stuttgart: Klett-Cotta 1990.
Blum, H. P. (1986). Der Einfluß der Kultur des deutschen Sprachraumes auf Freuds Denken. Jahrbuch der Psychoanalyse, 19, 11–14.
Boehm, F. (1930 bzw. 1960). Über den Weiblichkeitskomplex des Mannes. Psyche, 14, 38–59.
de Boor, C. & Moersch, E. (1978). Stellungnahme zu P. Parins „Kritischer Glosse". Psyche, 32, 400–402.
Bovenschen, S. (1979). Die imaginierte Weiblichkeit. Exemplarische Untersuchungen zu kulturgeschichtlichen und literarischen Präsentationen des Weiblichen. Frankfurt/M.: Suhrkamp.
Bowlby, J. (1969). Attachment and loss, vol. 1. London: Hogarth Press.
Boyer, L. B. (1967). Psychoanalytic treatment of characterological and schizophrenic disorders. New York: Science House (dt.: Die psychoanalytische Behandlung Schizophrener. München: Kindler 1976).
Brandell, G. (1961). Sigmund Freud: Kind seiner Zeit. München: Kindler 1976.
Brauns, H.-P. & Schöpf, A. (1989). Freud und Brentano. Der Medizinstudent und der Philosoph. In B. Nitzschke (Hg.), Freud und die akademische Psychologie. Beiträge zu einer historischen Kontroverse (S. 40–79). München: Psychologie Verlags Union.
Bräutigam, W. (1990). Die mich loben..., die mich tadeln... D. E. Zimmer, H. Platta und die Psychoanalyse. Psyche, 44, 757–764.
Bräutigam, W., Knauss, W. & Wolf, H. H. (Hg.) (1983). Erste Schritte in der Psychotherapie. Erfahrungen von Medizinstudenten, Patienten und Ärzten mit Psychotherapie Michael Balint als Lehrer. Berlin: Springer.

Brazelton, T. B. & Als, H. (1979). Four early stages in the development of mother-infant-interaction. Psychoanalytic Study of the Child, 34, 349–369.

Brazelton, T. B. & Cramer, B. G. (1990). The earliest relationship. Parents, infants, and the drama of early attachment. Reading: Addison-Wesley. (dt.: Die frühe Bindung. Die erste Beziehung zwischen dem Baby und seinen Eltern. Stuttgart: Klett-Cotta 1991).

Brecht K. & Drews, S. (1975). Psychoanalytische Ich-Psychologie. Frankfurt/M.: Suhrkamp.

Brecht, K., Brecht, V., Hermanns, L., Kaminer & Juelich, D. (1985). „Hier geht das Leben auf eine sehr merkwürdige Weise weiter." Zur Geschichte der Psychoanalyse in Deutschland. Hamburg: Kellner.

Brede, K. (1989). Der interdisziplinäre Charakter analytischer Sozialpsychologie. In Psychoanalytisches Seminar Zürich (Hg.), Die Gesellschaft auf der Couch (S. 143–165). Frankfurt/M.: Athenäum.

Brede, K. (1989). Zur gesundheitspolitischen Institutionalisierung der Psychoanalyse. Die „Praxisstudie" und ihre „Kurzfassung". Psyche, 43, 1044–1057.

Brenner, C. (1979). Working alliance, therapeutic alliance and transference. Journal of the American Psychoanalytic Association, 27, 137–157.

Brenner, Ch. (1976). Psychoanalytic technique und psychic conflict. New York: International Universities Press. (dt. Praxis der Psychoanalyse. Frankfurt/M.: Fischer 1979).

Brenner, Ch. (1987). Zit. nach Lichtenberg, J. D., Infant studies and clinical work with adults. Psychoanalytic Inquiry, 7, 311–330.

Brentano, F. (1893). Anhang zum Vortrag „Über die Zukunft der Philosophie". In O. Kraus (Hg.) (1968), Über die Zukunft der Philosophie (S. 51–81). Hamburg: Meiner.

Bretherton, I. (1987). New perspectives on attachment relations: Security, communication, and internal working models. In J. D. Osofsky (Ed.), Handbook of infant development (pp. 1061–1100). New York: Wiley, 2nd edition.

Brocher, T. (1970). Aktuelle Probleme der psychoanalytischen Ausbildung in den USA. Psyche, 24, 611–637.

Brodthage, H. & Hoffmann, S. O. (1981). Die Rezeption der Psychoanalyse in der Psychologie. In J. Cremerius (Hg.), Die Rezeption der Psychoanalyse in der Soziologie, Psychologie und Theologie im deutschsprachigen Raum bis 1940 (S. 135–253). Frankfurt/M.: Suhrkamp.

Brückner, P. (1972). Zur Sozialpsychologie des Kapitalismus. Frankfurt/M.: Europäische Verlagsanstalt.

Brückner, P. (1975). Sigmund Freuds Privatlektüre. Köln: Horst.

Buchholz, M. (1990). Die Rotation der Triade. Forum der Psychoanalyse, 6, 116–134.

Buchholz, M. (1993). Probleme und Strategien qualitativer Psychotherapieforschung in klinischen Institutionen. Psyche, 47, 148–179.

Bühler, K. (1927). Die Krise der Psychologie. Jena: Gustav Fischer.

Butler, J. (1990). Das Unbehagen der Geschlechter. Frankfurt/M.: Suhrkamp 1991.

Caspar, F. (1987). Was ist aus der guten alten Verhaltensanalyse geworden? In ders. (Hg.), Problemanalyse in der Psychotherapie. Bestandsaufnahme und Perspektiven. Tübingen: DGVT.

Caspar, F., Rothenfluh, T. & Segal, Z. (1992). The appeal of connectionism to clinical psychology. Clinical Psychology Review, 12, 719–762.

Chasseguet-Smirgel, J. (Hg.) (1964). Psychoanalyse der weiblichen Sexualität. Frankfurt/M.: Suhrkamp.

Chasseguet-Smirgel, J. (1970). Letztes Mal in Marienbad. Zur Methodologie der psychoanalytischen Erschließung des Kunstwerks. Psyche, 24, 801–826; auch in: A. Mitscherlich (Hg.): Psycho-Pathographien 1. Schriftsteller und Psychoanalyse, (S. 182–213). Frankfurt/M.: Suhrkamp 1972.

Chasseguet-Smirgel, J. (1975). Freud und die Weiblichkeit. Einige blinde Flecken auf dem dunklen Kontinent. In dies., Zwei Bäume im Garten. Zur psychischen Bedeutung der Vater- und Mutterbilder (S. 1–26). München: Verlag Internationale Psychoanalyse 1988.

Chasseguet-Smirgel, J. (1975). L'idéal du Moi. Essai psychoanalytique sur la maladie d'Idéalité. Paris: Tchou (dt.: Das Ich-Ideal. Psychoanalytischer Essay über die Krankheit der Idealität. Frankfurt/M.: Suhrkamp 1987).

Chasseguet-Smirgel, J. (1984). Creativity and perversion. London: Free Association Books (dt.: Kreativität und Perversion. Frankfurt/M.: Nexus 1986).

Chasseguet-Smirgel, J. (Hg.) (1986a). Wege des Anti-Ödipus. Frankfurt/M.: Syndikat/EVA.

Chasseguet-Smirgel, J. (1986b). Sexuality and mind. New York: New York Universities Press.

Chasseguet-Smirgel, J. (1986c). Zwei Bäume im Garten. Zur psychischen Bedeutung der Vater- und Mutterbilder. München: Verlag Internationale Psychoanalyse 1988.

Chasseguet-Smirgel, J. (1986d). Die Bedeutung der Introjektion des väterlichen Penis. Grundlage der Identifizierung des des Erwerbs der männlichen Identität. In J. Stork (Hg.), Das Vaterbild in Kontinuität und Wandlung. Zur Rolle und Bedeutung des Vaters aus psychoanalytischer Betrachtung und in psychoanalytischer Reflexion (S. 93–110). Stuttgart: frommann-holzboog.

Chertok, L. & Stengers, I. (1989). Le coeur et la raison. L'hypnose en question, de Lavoisier à Lacan. Paris: Payot./A critique of psychoanalytic reason. Hypnosis as a scientific problem from Lavoisier to Lacan. Stanford, CA: Standford University Press 1992.

Chodorow, N. (1978). Das Erbe der Mütter. Psychoanalyse und Soziologie der Geschlechter. München: Frauenoffensive 1985.

Cierpka, M. & Nordmann, E. (Hg.) (1987). Methoden in der Familienforschung. Berlin: Springer.

Clancey, W. J. (1991). The frame of reference problem in the design of intelligent machines. In K. Van Lehn (Ed.), Architectures for intelligence. The 22nd Carnegie Mellon Symposium on Cognition (pp. 357–423). Hillsdale, NJ: Erlbaum.

Clippinger, J. H. Jr. (1977). Meaning and discourse. Baltimore, MD: John Hopkins University Press.

Cocks, G. (1985). Psychotherapy in the Third Reich. The Göring Institut. New York: Oxford University Press.

Cohler, B. J. (1980). Adult developmental psychology and reconstruction in psychoanalysis. In S. I. Greenspan & G. H. Pollock (Eds.), The course of life: Psychoanalytic contributions toward understanding personality development. Vol. III: Adulthood and the aging process (pp. 149–199). Washington, DC: Government Printing Office.

Cohler, B. J. (1987). Approaches to the study of development in psychiatric education. In S. H. Weissman & R. J. Thurnbald (Eds.), The role of psychoanalysis in psychiatric education (pp. 225–269). Madison, Connecticut: International Universities Press.

Cohler, B. J. (1989). Psychoanalysis and education. Motive, meaning and self. In K. Field, B. J. Cohler & G. Wool (Eds.), Learning and education: Pschoanalytic perspectives (pp. 11–83). Madison, Connecticut: International Universities Press.

Colby, K. M. & Stoller, R. J. (1988). Cognitive science and psychoanalysis. Hillsdale, NJ: The Analytic Press.

Colby, K. M. (1981). Modeling a paranoid mind. The behavioral and brain sciences, 4, 515–560.

Console, W. (1963). A study of one hundred consecutive applications. Report to the American Psychoanalytic Association. Zit. nach Bird (1968).

Cooper, A. M. (1986). Toward a limited definition of psychic trauma. In A. Rothstein (Ed.), The reconstruction of trauma (pp. 41–56). Workshop Series of the American Psychoanalytic Association, Monograph 2.

Cooper, A. M. (1987). Changes in psychoanalytic ideas: Transference interpretation. Journal of the American Psychoanalytic Association. 35, 77–98.

Cramer, B. G. & Stern, D. N. (1988). Evaluation of changes in mother infant brief psychotherapy. Infant Mental Health Journal, 9, 20–45.

Cremerius, J. (Hg.) (1971). Neurose und Genialität. Frankfurt/M.: Fischer.

Cremerius, J. (1981). Die Präsenz des Dritten in der Psychoanalyse. Zur Problematik der Fremdfinanzierung. Psyche, 35, 1–45.

Cremerius, J. (1984). Vom Handwerk des Psychoanalytikers. Das Werkzeug der psychoanalytischen Technik. 2 Bde. Stuttgart: frommann-holzboog.

Cremerius, J. (1986). Spurensicherung. Die „Psychoanalytische Bewegung" und das Elend der psychoanalytischen Institution. Psyche, 40, 1063–1091.

Cremerius, J. (1987). Der Einfluß der Psychoanalyse auf die deutschsprachige Literatur. Psyche, 41, 39–54.

Cremerius, J. (1987). Wenn wir als Psychoanalytiker die psychoanalytische Ausbildung organisieren, müssen wir sie psychoanalytisch organisieren. Psyche, 41, 1067–1096.

Cremerius, J. (1989). Lehranalyse und Macht. Forum, 5, 190–208.

Cremerius, J. (1990). Die hochfrequente Langzeitanalyse und die psychoanalytische Praxis. Utopie und Realität. Psyche, 44, 1–29.

Crites, St. (1986). Storytime: Recollecting the past and projecting the future. In T. R. Sarbin (Ed.), Narrative Psychology. The storied nature of human conduct (pp- 152–173). New York: Praeger.

Cushman, P. (1990). Why the self is empty: Toward a historically situated psychology. American Psychologist, 45, 599–611.

Czogalik, D., Ehlers, W. & Teufel, R. (Hg.) (1985). Perspektiven der Psychotherapieforschung: Einzelfall Gruppe Institution. Freiburg i. Br.: Hochschulverlag.

Dahl, H. (1974). The measurement of meaning in psychoanalysis by computer analysis of verbal contexts. Journal of the American Psychoanalytic Association, 22, 37–57.

Dahl, H. (1988). Frames of mind. In H. Dahl, H. Kächele & H. Thomä (Eds.), Psychoanalytic process research strategies (pp. 51– 66). Berlin: Springer.

Dahl, H., Kächele, H. & Thomä, H. (Eds.) (1988). Psychoanalytic process research strategies. Berlin: Springer.

Dahmer, H. (1973). Libido und Gesellschaft. Frankfurt/M.: Suhrkamp.

Dahmer, H. (1989). Psychoanalyse ohne Grenzen. Freiburg i. Br.: Kore.

Dantlgraber, J. (1982). Bermerkungen zur subjektiven Indikation für Psychoanalyse. Psyche, 30, 193–225.

Davanloo, H. (Ed.) (1989). Short-term-psychotherapy. New York: Jason Aronson.

Davidson, D. (1983). A coherence theory of truth and knowledge. In D. Henrich (Hg.), Kant oder Hegel? (S. 423–438). Stuttgart: Klett-Cotta.

De Board, R. (1978). The psychoanalysis of organizations. A psychoanalytic approach to behaviour in groups and organizations. London: Tavistock (2. Aufl. 1985).

Dement, W. & Kleitmann, N. (1957). The relation of eye movements during sleep to the study of dreaming. Journal of Experimental Psychology, 53, 339–346.

Demos, V. (1986). Crying in early infancy: An illustration of the motivational function of affect. In T. B. Brazelton & M. W. Yogman (Eds.), Affective development in infancy (pp. 39–73). Norwood, NJ.: Ablex Publishing.

Deneke, F.-W. (1989). Das Selbst-System. Psyche, 43, 577–608.

Derrida, J. (1967). Die Schrift und die Differenz. Frankfurt/M.: Suhrkamp 1976.

Deserno, H. (1990). Die Analyse und das Arbeitsbündnis. München: Verlag Internationale Psychoanalyse.

Dettmering, P. (1981). Narzißtische Konfigurationen in Robert Musils „Der Mann ohne Eigenschaften". Psyche, 35, 1122–1135.

Deutsch, H. (1926). Okkulte Vorgänge während der Psychoanalyse. Imago, 12, 418–433.

Deutsch, H. (1944/45). Psychologie der Frau. Eschborn: Fachbuchhandlung für Psychologie, 2. Aufl. 1988.

Deutsche Psychoanalytische Gesellschaft (Hg.) (1930). 10 Jahre Berliner Psychoanalytisches Institut Poliklinik und Lehranstalt. Wien: Internationaler Psychoanalytischer Verlag.

Devereurx, G. (1953). Why Oedipus killed Laios. A note on the complementary oedipus complex. International Journal of Psycho-Analysis, 32, 132–141.

DGPPT (Hg.) (1988). Psychoanalytische Tätigkeit in der Bundesrepublik Deutschland. Ergebnisse einer empirischen Studie – Praxisstudie –, im Auftrag der DGPPT verfaßt von Rudolf Schmid. Köln: DGPPT.

Dilling, H. Weyerer, S. & Castell, R. (1984). Psychische Erkrankungen in der Bevölkerung. Stuttgart: Enke.

Dinnerstein, D. (1976). Das Arrangement der Geschlechter. Stuttgart: Deutsche Verlagsanstalt 1979.

Dollard, J. & Miller, N. E. (1950). Personality and psychotherapie. An analysis in terms of learning, thinking, and culture. New York: Wiley & Sons.

Drews, S. & Brecht, K. (1975). Psychoanalytische Ich-Psychologie. Frankfurt/M.: Suhrkamp.

Dührssen, A. (1962). Katamnestische Ergebnisse bei 1004 Patienten nach analytischer Psychotherapie. Zeitschrift für psychosomatische Medizin, 8, 94–113.

Dührssen, A. (1972). Analytische Psychotherapie in Theorie, Praxis und Ergebnissen. Göttingen: Vandenhoeck & Ruprecht.

Dührssen, A. (1984). Ein Jahrhundert Psychoanalytische Bewegung in Deutschland. Göttingen: Vandenhoeck & Ruprecht.

Dührssen, A. (1987). Historischer Rückblick zu den Psychotherapie-Richtlinien. Zeitschrift für Psychosomatische Medizin und Psychoanalyse, 33, 318–322.

Dührssen, A. (1988a). Dynamische Psychotherapie. Berlin: Springer.

Dührssen, A. (1988b). Schultz-Henckes Stellung in der wissenschaftsgeschichtlichen Situation seiner Zeit. In G. Rudolf & U. Rüger (Hg.), Die Psychoanalyse Schultz-Henckes (S. 8–14). Stuttgart: Thieme.

Dührssen, A. & Jorswieck, E. (1965). Eine empirisch-statistische Untersuchung zur Leistungsfähigkeit psychoanalytischer Behandlungen. Nervenarzt, 36, 166–169.

Eagle, M. (1984). Neuere Entwicklungen in der Psychoanalyse. Eine kritische Würdigung. München: Verlag Internationale Psychoanalyse 1988.

Eagle, M. (1991). The nature of theory change in psychoanalysis. Bologna, Italy, June 24–28, 1991.

Eckes-Lapp, R. (1980). Psychoanalytische Traumtheorie und Traumininterpretation. Grundlagen für den Umgang mit Träumen und Symbolen. Göttingen: Vandenhoeck & Ruprecht.

Edelman, G. E. (1989). The remembered present. A biological theory of consciousness. New York: Basic Books.

Edelman, G. E. (1992). Bright air, brilliant fire. On the matter of the mind. New York: Basic Books (dt.: Göttliche Luft, vernichtendes Feuer. Wie der Geist im Gehirn entsteht. München: Piper 1995).

Eissler, K. (1953). The effects of the structure of the ego on psychoanalytic technique. Journal of the American Psychoanalytic Association, 1, 104–143.

Eissler, K. R. (1963). Goethe. A psychoanalytic study. 1775–1786, Detroit (dt.: Goethe. Eine psychoanalytische Studie. 2 Bde. Basel: Stroemfeld/Roter Stern 1983/1985).

Eissler, K. (1968). Zur Notlage unserer Zeit (Ein Schreiben an Herrn Prof. Alexander Mitscherlich anläßlich seines 60. Geburtstages). Psyche, 22, 641–657.

Elias, N. (1987). Die Gesellschaft der Individuen. Frankfurt/M.: Suhrkamp.

Ellenberger, H. F. (1973). Entdeckung des Unbewußten. Bern: Huber.

Elliger, T. J. (1986). S. Freud und die akademische Psychologie. Ein Beitrag zur Rezeptionsgeschichte in der deutschen Psychologie (1895–1945). Weinheim: Deutscher Studien Verlag.

Emde, R. N. & Robinson, J. (1979). The first two months. Recent research in psychobiology. In. J. D. Noshpitz (Ed.), Basic handbook of child psychiatry, vol. 1 (pp. 72–105). New York: Basic Books.

Emde, R. N. (1983). The prerepresentational self and its affective core. Psychoanalytic Study of the Child, 38, 165–192.

Emde, R. N. (1988). Development terminable and interminable. I.: Innate and motivational factors from infancy. II.: Recent psychoanalytic theory and therapeutic considerations. The International Journal of Psycho-Analysis, 69, 23–42, 283–296.

Engel, G. L. (1977). The need for a new medical model: A challenge to biomedicine. Science, 196, 129–136.

Enge, H. (1965). Bipolare Gruppenpsychotherapie als Möglichkeit psychoanalytischer Arbeit in der stationären Psychotherapie. Zeitschrift für Psychotherapie und medizinische Psychologie, 15, 116–121.

Erdelyi, M. H. (1985). Psychoanalysis. Freud's cognitive psychology. New York: W. H. Freeman.

Erdheim, M. (1982). Die gesellschaftliche Produktion von Unbewußtheit. Frankfurt/M.: Suhrkamp.

Erikson, E. H. (1950). Growth and crisis of the healthy personality. In ders., Identity and the life cycle (pp. 50–100). New York: International Universities Press.

Erikson, E. H. (1954). Das Traummuster der Psychoanalyse. Psyche, 8 (1955), 561–604.

Erikson, E. H. (1956). The problem of ego identity. In ders., Identity and the life cycle (pp. 101–164). New York: International Universities Press.

Erikson, E. H. (1959). Identity and the life cycle. Psychological Issues, Monograph 1, 1–171. New York: International Universities Press (dt.: Identität und Lebenszyklus. Frankfurt/M.: Suhrkamp 1966).

Ermann, M. (1982). Regression in der stationären analytischen Psychotherapie. Zeitschrift für Psychosomatische Medizin und Psychoanalyse, 28, 176–188.

Ermann, M. (1985). Die Fixierung in der frühen Triangulierung. Forum der Psychoanalyse, 1, 93–110.

Ermann, M. (1987). Die Persönlichkeit bei psychovegetativen Störungen. Berlin: Springer.

Ermann, M. (1989a). Das Dreieck als Beziehungsform. Praxis der Psychotherapie und Psychosomatik, 34, 261–269.

Ermann, M. (1989b). Unbewußte Phantasien in der Nachkriegsgeschichte der deutschen Psychoanalyse. In H.-V. Werthmann (Hg.), Die unbewußte Phantasie (S. 11–21). München: Pfeiffer.

Ermann, M. (1993). Leserbrief: Psychotherapie. Zu der Bekanntmachung der Kassenärztlichen Bundesvereinigung „Psychotherapie-Richtlinien" in Heft 10/1993. Deutsches Ärzteblatt, 90, Heft 26/26, 1325–1326.

Erwin, E. (1981). The truth about psychoanalysis. The Journal of Philosophy, LXXVIII, 10, 549–560.

Eschenröder, Ch. (1986). Hier irrte Freud. Zur Kritik der psychoanalytischen Theorie und Praxis. München: Psychologie Verlagsunion, 2. Auflage.

Eysenck, H. J. (1952). The effect of psychotherapy. An evaluation. Journal of Consulting Psychology, 16, 319–324.

Eysenck, H. J. (1985). Sigmund Freud: Niedergang und Ende der Psychoanalyse. München: List.

Faber, F. R. & Haarstrick, R. (1989). Kommentar Psychotherapie-Richtlinien. Neckarsulm: Jungjohann, 2. Aufl. 1991.

Fairbairn, W. R. D. (1952). Psychoanalytic studies of the personality. London. Tavistock Publications & Routledge & Kegan Paul.

Fairbairn, W. R. D. (1954). An object-relations theory of the personality. New York: Basic Books.

Fara, G. & Cundo, P. (1981). Psicoanalisi, romanzo borghese. Florenz: Martinelli (dt.: Psychoanalyse, ein bürgerlicher Roman. Basel: Stroemfeld/Roter Stern 1983).

Farrell, B. A. (1981). The standing of psychoanalysis. Oxford: Oxford University Press.

Fast, I. (1984). Von der Einheit zur Differenz. Psychoanalyse der Geschlechtsidentität. Berlin: Springer 1991.

Federn, P. (1952). Ego-Psychology and the psychoses. New York: Basic Books (dt.: Ich-Psychologie und die Psychosen. Übers. v. Walter und Ernst Federn. Bern: Huber 1956).

Fenichel, O. (1923–1946). Psychoanalyse und Gesellschaft. Aufsätze 1923–1946. Frankfurt/M.: Roter Druckstock 1972.

Fenichel, O. (1930). Statistischer Bericht über die therapeutische Tätigkeit 1920–1930. In Deutsche Psychoanalytische Gesellschaft (Hg.), 10 Jahre Berliner Psychoanalytisches Institut Poliklinik und Lehranstalt. Wien: Internationaler Psychoanalytischer Verlag.

Fenichel, O. (1945). The psychoanalytic theory of neurosis. New York: Norton (dt.: Psychoanalytische Neurosenlehre. Übers. v. Klaus Laermann. Olten: Walter 1975).

Ferenczi, S. & Rank, O. (1924). Entwicklungsziele der Psychoanalyse. München: Internationaler Psychoanalytischer Verlag.

Ferenczi, S. (1910/11). Zur Organisation der psychoanalytischen Bewegung. In M. Balint (Hg.), Schriften zur Psychoanalyse (S. 48–58). Frankfurt/M.: Fischer 1970.

Ferenczi, S. (1919). Zur psychoanalytischen Technik. Internationale Zeitschrift für Psychoanalyse, 5 (wiederabgedruckt in: Ferenczi, S., Schriften zur Psychoanalyse, Bd. 1 (S. 272–283). Frankfurt/M.: Fischer.

Ferenczi, S. (1913). Entwicklungsstufen des Wirklichkeitssinnes. In ders., Schriften zur Psychoanalyse I (S. 148–163). Frankfurt/M.: Fischer 1970.

Ferenczi, S. (1933). Sprachverwirrungen zwischen den Erwachsenen und dem Kind. In ders., Schriften zur Psychoanalyse, Bd. 2. Frankfurt/M.: Fischer 1972.

Ferenczi, S. (1982). Schriften zur Psychoanalyse, Bd. 1 und 2. Frankfurt/M.: Fischer.

Fichter, M. M., Witzke, W., Weyerer S., Meller, I., Rehm, J., Dilling, H. & Hippius, H. (1990). Ergebnisse der oberbayrischen Verlaufsuntersuchung. In M. H. Schmidt (Hg.), Fortschritte in der psychiatrischen Epidemiologie (S. 91–116). Weinheim: VCH Verlagsgesellschaft.

Field, T. (1985). Neonatal perception of people: Maturational and individual differences. In T. Field & N. A. Fox (Eds.), Social perception in children (pp. 31–52). Norwood, NJ.: Ablex Publishing.

Field, T., Healy B., Goldstein, S., Perry, S., Bendell, D., Schanberg, S., Zimmermann, E. A. & Kuhn, C. (1988). Infants of depressed mothers show „depressed" behavior even with non-depressed adults. Child Development, 59, 1569–1579.

Fischer, G. (1981). Wechselseitigkeit. Bern: Huber.

Fischer, J. (Hg.). (1980). Psychoanalytische Literaturinterpretationen. Aufsätze aus „Imago. Zeitschrift für Anwendung der Psychoanalyse auf die Geisteswissenschaften" (1912–1937). München: Deutscher Taschenbuch Verlag; Tübingen: Max Niemeyer Verlag.

Fisher, S. & Greenberg, R. P. (1985). The scientific credibility of Freud's theory and therapy. New York: Basic Books.

Flew, A. (1956). Philosophy and analysis. In H. Feigl & M. Scriven (Eds.), Minnesota Studies in the Philosophy of Science, Vol. 1 (pp. 155–172). Minnesota: Minnesota University Press.

Fliegel, Z. O. (1986). Die Entwicklung der Frau in der psychoanalytischen Theorie: Sechs Jahrzehnte Kontroverse. In J. L. Albert (Hg.), Psychoanalyse der Frau jenseits von Freud (S. 11–40). Berlin: Springer 1991.

Fosshage, J. (1983). The psychological function of dreams. A revised psychoanalytic perspective. Psychoanalysis and Contemporary Thought, 6, 641–669.

Foulkes, S. H. (1974). Praxis der gruppenanalytischen Psychotherapie. München: Reinhard.

Franz, M., Schellberg, D. & Schepank, H. (1993b). Epidemiologische Befunde zur Ätiologie psychogener Erkrankungen. Psychotherapie, Psychosomatik, Medizinische Psychologie (im Druck).

Franz, C. E. & White, K. M. (1985). Individuation and attachment in personality development: Extending Erikson's theory. Journal of Personality, 53, 224–256.

Franz, M., Schepank, H., Reister, G. & Schellberg, D. (1993a). Epidemiologische Befunde zum Langzeitspontanverlauf psychogener Erkrankungen über 10 Jahre. Psychotherapie, Psychosomatik, Medizinische Psychologie (im Druck).

Franz, M., Schiessl, N., Manz, R., Fellhauer, R., Schepank, H. & Tress, W. (1990). Zur Problematik der Psychotherapiemotivation und der Psychotherapieakzeptanz. Psychotherapie, Psychosomatik, Medizinische Psychologie, 40, 369–374.
Freeman, T. (1985). Nosography and theory of the schizophrenics. International Journal of Psycho-Analysis, 66, 237–243.
French, M. (1977). Frauen. Reinbek: Rowohlt 1982.
French, Th. M. (1954). The integrative process in dreams. The integration of behavior, vol. 2. Chicago: University of Chicago Press.
Freud, A. (1927). Einführung in die Technik der Kinderanalyse. Basel: Reinhardt 1966.
Freud, A. (1936). Das Ich und die Abwehrmechanismen. Wien: Internationaler Psychoanalytischer Verlag.
Freud, A. (1938). Probleme der Lehranalyse. Psyche, 24 (1970), 565–576.
Freud, A. (1966–70). Probleme der psychoanalytischen Ausbildung und therapeutischen Technik. Die Schriften der Anna Freud, Bd. I, VIII, IX. Frankfurt/M.: Fischer 1987.
Freud, S. (1887–1904). Briefe an Wilhelm Fließ 1887–1904. Frankfurt/M.: Fischer 1986.
Freud, S. (1894a). Die Abwehr-Neuropsychosen. GW I, 59–74.
Freud, S. (1895d). Studien über Hysterie. GW I, 75–312.
Freud, S. (1896b). Weitere Bemerkungen über die Abwehr-Neuropsychosen. GW I, 379–403.
Freud, S. (1896c). Zur Ätiologie der Hysterie. GW I, 425–459.
Freud, S. (1900a). Die Traumdeutung. GW II/III.
Freud, S. (1901b). Zur Psychopathologie des Alltagslebens. GW IV.
Freud, S. (1905d). Drei Abhandlungen zur Sexualtheorie. GW V, 27, 33–145.
Freud, S. (1905e) Bruchstücke einer Hysterie-Analyse. GW V, 161–286.
Freud, S. (1909b). Analyse der Phobie eines fünfjährigen Knaben. GW VII, 241–377.
Freud, S. (1909c). Der Familienroman der Neurotiker. GW VII, 227–231.
Freud, S. (1910a). Über Psychoanalyse. GW VIII, 1–60.
Freud, S. (1910k). Über „wilde" Psychoanalyse. GW VIII, 118–125.
Freud, S. (1911c). Psychoanalytische Bemerkungen über einen autobiographisch beschriebenen Fall von Paranoia (Dementia paranoides). GW VIII, 239–316.
Freud, S. (1911e). Die Handhabung der Traumdeutung in der Psychoanalyse. GW VII, 350–357.
Freud, S. (1912–13a). Totem und Tabu. GW IX.
Freud, S. (1912a). Nachtrag zu einem autobiographisch beschriebenen Fall von Paranoia (Demetia paranoides). GW VIII, 317–320.

Freud, S. (1912b). Zur Dynamik der Übertragung. GW VIII, 364–374.
Freud, S. (1912e). Ratschläge für den Arzt bei der psychoanalytischen Behandlung. GW VIII, 376–387.
Freud, S. (1913b). Geleitwort zu O. Pfister: Die psychoanalytische Methode. GW X, 448–450.
Freud, S. (1913c). Weitere Ratschläge zur Technik der Psychoanalyse: 1. Zur Einleitung der Behandlung. GW VIII, 453–478.
Freud, S. (1914c). Zur Einführung des Narzißmus. GW X, 138–170.
Freud, S. (1914d). Zur Geschichte der psychoanalytischen Bewegung. GW X, 43–113.
Freud, S. (1914g). Weitere Ratschläge zur Technik der Psychoanalyse: 2. Erinnern, Wiederholen und Durcharbeiten. GW X, 125–136.
Freud, S. (1915b). Zeitgemäßes über Krieg und Tod. GW X, 324–355.
Freud, S. (1915c). Triebe und Triebschicksale. In: GW X, 210–232.
Freud, S. (1915e). Das Unbewußte. GW X, 264–303.
Freud, S. (1916–17). Vorlesungen zur Einführung in die Psychoanalyse. GW XI.
Freud, S. (1919a). Wege der psychoanalytischen Therapie. GW XII, 181–194.
Freud, S. (1920a). Über die Psychogenese eines Falles von weiblicher Homosexualität. GW XII, 271–302.
Freud, S. (1920g). Jenseits des Lustprinzips. GW XIII, 1–69.
Freud, S. (1921c). Massenpsychologie und Ich-Analyse. GW XIII, 71–161.
Freud, S. (1923a). „Libidotheorie" „Psychoanalyse". GW XIII, 211–233.
Freud, S. (1923b). Das Ich und das Es. GW XIII, 234–289.
Freud, S. (1924d). Der Untergang des Ödipuskomplexes. GW XIII, 395–402.
Freud, S. (1924f). Kurzer Abriß der Psychoanalyse. GW XIII.
Freud, S. (1925d). Selbstdarstellung. GW XIV, 31–96.
Freud, S. (1925j). Über einige psychische Folgen des anatomischen Geschlechtsunterschieds. GW XIV. 19–30.
Freud, S. (1926d). Hemmung, Symptom und Angst. GW XIV, 111–205.
Freud, S. (1926e). Die Frage der Laienanalyse. GW XIV, 207–286.
Freud, S. (1927a). Nachwort zur Frage der Laienanalyse. GW XIV, 287–296.
Freud, S. (1927c). Die Zukunft einer Illusion. GW XIV, 325–380.
Freud, S. (1930a). Das Unbehagen in der Kultur. GW XIV, 419–506.
Freud, S. (1931b). Über die weibliche Sexualität. GW XIV, 517–537.

Freud, S. (1933a). Neue Folge der Vorlesungen zur Einführung der Psychoanalyse. GW XV.

Freud, S. (1933b). Warum Krieg? GW XVI, 13–27.

Freud, S. (1937b). Die endliche und die unendliche Analyse. GW XVI, 57–99.

Freud, S. (1939a). Der Mann Moses und die monotheistische Religion. GW XVI, 103–246.

Freud, S. (1940). An outline of psychoanalysis. Standard Edition, vol. 23. London: Hogarth Press 1964.

Freud, S. (1940a). Abriß der Psychoanalyse. GW XVII, 67–138.

Freud, S. (1940e). Die Ich-Spaltung als Abwehrvorgang. GW XVII, 57, 59–62.

Freud, S. (1950a). Aus den Anfängen der Psychoanalyse. Briefe an Wilhelm Fließ, Abhandlungen und Notizen aus den Jahren 1887–1902. Frankfurt/M.: Fischer, 2. korr. Aufl. 1975.

Freud, S. (1950c). Entwurf einer Psychologie. GW Nachtragsband, 387–477.

Freud, S. (1960a). Briefe 1873–1939. Hrsg. von Ernst Freud und Lucie Freud. Frankfurt/M.: S. Fischer, 3. Auflage 1980.

Freud, S. (1985c). Briefe an Wilhelm Fließ 1887–1904. Hg. von J. M. Masson. Bearb. der deutschen Fassung von Michael Schröter. Frankfurt/M.: S. Fischer.

Freud, S. (1989). Jugendbriefe an Eduard Silberstein 1871–1881. Frankfurt/M.: Fischer.

Freud, S. & Breuer, J. (1893A). Über den psychischen Mechanismus hysterischer Phänomene. Vorläufige Mitteilung. GW I, 81–98.

Freud, S. & Jung, C. G. (1974A). Briefwechsel. Hrsg. von W. McGuire & W. Sauerländer. Frankfurt/M.: Fischer.

Friedman, R. M., Lerner, L. (Hg.) (1986). Zur Psychoanalyse des Mannes. Berlin: Springer 1991.

Friedrich, V. (1990). Der 13. Internationale Psychoanalytische Kongreß 1934 Seine Bedeutung in der psychoanalytischen Bewegung. Dokumentation. In T. N. Gidal, Die Freudianer auf dem 13. Internationalen Psychoanalytischen Kongreß 1934 in Luzern (S. 154–171). München: Verlag Internationale Psychoanalyse.

Fromm, E. (1932). Über Methode und Aufgabe einer analytischen Sozialpsychologie: Bemerkungen über Psychoanalyse und historischen Materialismus. In ders., Analytische Sozialpsychologie und Gesellschaftstheorie. Frankfurt/M.: Suhrkamp 1980.

Fromm-Reichmann, F. (1950). Priniciples of intensive Psychotherapy. Chicago: University of Chicago Press.

Fromm-Reichmann, F. (1959). Psychoanalysis and Psychotherapy. Selected papers. Chicago: University of Chicago Press.

Fryer, D. (1986). The social psychology of the invisible: An interview with Marie Jahoda. New Ideas of Psychology, 4, 197–118.

Füchtner, H. (1985). Erwiderung auf die Stellungnahme von Galina Schneider. Psyche, 39, 1150–1154.

Furman, E. (1986). On trauma. When is the death of a parent traumatic? Psychoanalytic Study of the Child, 41, 191–208.

Fürstenau, P. (1977). Die beiden Dimensionen des psychoanalytischen Umgangs mit strukturell ich-gestörten Patienten. Psyche, 31, 197–206.

Fürstenau, P. (1979). Zur Theorie psychoanalytischer Praxis. Stuttgart: Klett-Cotta.

Galatzer-Levy, R. M. (1988). On working through: A model from artificial intelligence. Journal of the American Psychoanalytic Association, 36, 125–151.

Garfield, S. L. (1980). Psychotherapy. An eclectic approach. New York: Wiley.

Gathmann, P. & Friedmann, A. (1987). Differential-diagnostical and management difficulties in 3354 psychosomatic/psychiatric patients referred to a psychosomatic department in a general hospital setting. In G. N. Christodoulou (Hg.), Psychosomatic Medicine. New York: Plenum Press.

Gay, P. (1989). Freud Eine Biographie für unsere Zeit. Aus dem Amerikanischen von Joachim A. Frank. Frankfurt/M.: Fischer.

Gedo, J. E. (1979). Beyond interpretation. New York: International Universities Press.

Gedo, J. E. (1988). The mind in disorder. Psychoanalytic models of pathology. Hillsdale, NJ.: The Analytic Press.

Gedo, J. E. & Goldberg, A. (1973). Models of the mind. A psychoanalytic theory. Chicago: University of Chicago Press.

Gerbi, A. (1982). La disputa del nuevo mundo. 2. Auflage. FCE Mexiko (orig. italienisch 1955).

Geuter, U. & Nitzschke, B. (1989). Freud und Stern. „Jene merkwürdige Bewegung, die sich Psychoanalyse nennt...“. In B. Nitzschke (Hg.), Freud und die akademische Psychologie. Beiträge zu einer historischen Kontroverse (S. 108–136). München: Psychologie Verlags Union.

Geuter, U. (1984). Die Professionalisierung der deutschen Psychologie im Nationalsozialismus. Frankfurt/M.: Suhrkamp.

Gill, M. M. (1954). Psychoanalysis and exploratory psychotherapy. Journal of the American Psychoanalytic Association, 2, 771–797.

Gill, M. M. (1976). Die Metapsychologie ist keine Psychologie. Psyche, 38 (1984), 961–992.

Glover, E. (1927). Lecturs on technique in psychoanalysis (4). International Journal of Psycho-Analysis, 8, 504–520.

Glover, E. (1931). The therapeutic effect of inexact interpretation. International Journal of Psycho-Analysis, 12, 397–411.

Goldschmidt, O. (1986). A contribution to the subject of „Psychic Trauma“ based on the course of psychoanalytic short therapy. International Review of Psycho-Analysis, 13, 181–199.

Göring, M. H. (1936). Weltanschauung und Psychotherapie. Zentralblatt für Psychotherapie, 9, 290–296.

Görlich, B. (1980). Der Stachel Freud. Beiträge und Dokumente zur Kulturismus-Kritik. Frankfurt/M.: Suhrkamp.

Graf-Nold, A. (1988). Der Fall Hermine Hug-Hellmuth. Eine Geschichte der frühen Kinder-Psychoanalyse. München: Verlag Internationale Psychoanalyse.

Grawe, K. (1988). Zurück zur psychotherapeutischen Einzelfallforschung. Zeitschrift für klinische Psychologie, 17, 1–7.

Grawe, K., Bernauer, F. & Donati, R. (1990a). Psychotherapien im Vergleich: Haben wirklich alle einen Preis verdient? Psychotherapie und Medizinische Psychologie, 40, 102–114.

Grawe, K., Caspar, F. & Ambühl, H. (1990b). Differentielle Psychotherapieforschung: Vier Therapieformen im Vergleich. Zeitschrift für klinische Psychologie, 19 (4).

Green, A. (1975). Analytiker, Symbolisierung und Abwesenheit im Rahmen der psychoanalytischen Situation. Psyche, 29, 503–541.

Green, A. (1983). Narcissisme de vie, narcissisme de mort. Paris: Les Editions de Minuit.

Greenberg, J. R. & Mitchell, S. A. (1983). Object relations in psychoanalytic theory. Cambridge, MA: Harvard University Press.

Greenson, R. R. & Wexler, M. (1969). The non-transference relationship in the psychoanalytic situation. International Journal of Psychoanalysis, 50, 25–47.

Griffin, S. (1978). Frau und Natur. Das Brüllen in ihr. Frankfurt/M.: Suhrkamp 1987.

Groeben, N. (1972). Literaturpsychologie. Literaturwissenschaft zwischen Hermeneutik und Empirie. Stuttgart: Kohlhammer.

Grossmann, W. I. & Stewart, W. A. (1977). Penis envy: From childhood wish to developmental metaphor. In H. P. Blum (Ed.), Female psychology. Contemporary psychoanalytic views. New York: International Universities Press.

Groß, O. (1913). Die Einwirkung der Allgemeinheit auf das Individuum. Die Aktion vom 22. 11. 1913, 1091–1095.

Groß, O. (1916). Vom Konflikt des Einzelnen und des Fremden. Die freie Straße Nr. 4.

Grotstein, J. S. (1977). The psychoanalytic concept of schizophrenia. International Journal of Psycho-Analysis, 58, 427–452.

Grubrich-Simitis, I. (1986). Gedanken über Freuds Beziehung zur deutschen Sprache und Aufklärungstradition. Jahrbuch der Psychoanalyse, 19, 54–67.

Grünbaum, A. (1984). The foundations of psychoanalysis: A philosophical critique. Berkeley: University of California Press (dt.: Die Grundlagen der Psychoanalyse. Eine philosophische Kritik. Übers. v. Ch. Kolbert. Stuttgart: Reclam 1988).

Grünbaum, A. (1986). Is Freud's theory well-founded? Behavioral and Brain Sciences, 9, 266–284.

Grünbaum, A. (1987). Psychoanalyse in wissenschaftstheoretischer Sicht. Konstanz: Universitätsverlag.

Grünbaum, A. (1988). Die Grundlagen der Psychoanalyse. Eine philosophische Kritik. Stuttgart: Reclam.

Grünbaum, A. A. (1928). Die Idee der Psychoanalyse und die Erkenntnistheorie. In H. Prinzhorn & K. Mittenzwey (Hg.), Krisis der Psychoanalyse (S. 196–212). Leipzig: Der Neue Geist Verlag.

Grunberger, B. (1971). Vom Narzißmus zum Objekt: Frankfurt/M.: Suhrkamp 1976.

Grunberger, B. (1974). Gedanken zum frühen Über-Ich. Psyche, 28, 508–529.

Grunberger, B. (1983). Narziß und Anubis. München: Verlag Internationale Psychoanalyse 1988.

Grunert, U. (1975). Der Analytiker im Initialtraum. Psyche, 29, 865–889.

Grunert, U. (1982). Selbstdarstellung und Selbstentwicklung im manifesten Traum. Jahrbauch der Psychoanalyse, 14, 179–209.

Grüntzig, M. & Meyer, M. (1978). Die fokussierende Beratung. Psyche, 22, 1059–1088.

Guntrip, H. (1961). Personality structure and human interaction. London: Hogarth Press.

Guntrip, H. (1968). Schizoid phenomena, object relations and the self. New York: International Universities Press.

Guntrip, H. (1971). Psychoanalytic theory, therapy, and the self. New York: Basic Books.

Haar, R. (1983). Die therapeutische Beziehung in der Kinder- und Jugendlichenpsychotherapie Überlegungen zur Behandlungstechnik. Arbeitskreis DGPT/VAKJP für analytische Psychotherapie bei Kindern und Jugendlichen. Heft 2 (1987), 13–30.

Haarstrick, R. (1974). Die Psychoanalyse in der Berufs- und Gesundheitspolitik der letzten 25 Jahre. In DGPPT (Hg.), Das Selbstverständnis des Psychoanalytikers. Vorträge auf dem Kongreß der Deutschen Gesellschaft für Psychotherapie, Psychosomatik und Tiefenpsychologie 1974 in München. Berlin: DGPPT.

Habermas, J. (1968). Erkenntnis und Interesse. Frankfurt/M.: Suhrkamp, 4. Auflage 1977.

Haesler, L. (1992). Das „Projekt Jena" Zum Versuch einer Neubegründung der Psychoanalyse an einer alten deutschen Universität.

Zeitschrift für psychoanalytische Theorie und Praxis, Sonderheft, 22–36.
Hagnell, O. (1966). A prospective study of the incidence of mental disorders. Stockholm: Scandinavian Universities Books.
Hagnell, O. (1970). The incidence and duration of episodes of mental illness in a total population. In E. H. Hare & J. K. Wing (Eds.), Psychiatric Epideomiology. London: Oxford University Press.
Hamburger, A. (1987). Der Kindertraum und die Psychoanalyse. Ein Beitrag zur Metapsychologie des Traums. Regensburg: Roderer.
Hämmerling-Balzert, C. (1978). Grundlagen, Probleme und Ergebnisse der psychoanalytischen Therapie. In L. J. Pongratz (Hg.), Handbuch der Psychologie, Bd. 8, 2. Halbbd.: Klinische Psychologie (S. 1884–1910). Göttingen: Hogrefe.
Haring, C. H. (1947). The Spanish empire in America. Boston: Harcourt Brace Jovanovich.
Harlow, H. F. (1958). The nature of love. American Psychologist, 13, 673–685.
Hartmann, H. & Kris, E. (1945). The genetic approach in psychoanalysis. The Psychoanalytic Study of the Child, 1, 11–30.
Hartmann, H. (1927). Die Grundlagen der Psychoanalyse. Stuttgart: Klett-Cotta, Neuausgabe 1972.
Hartmann, H. (1939). Ich-Psychologie und Anpassungsproblem (wiederabgedruckt, Stuttgart: Klett-Cotta, 5. Aufl. 1982).
Hartmann, H. (1950). Comments on the psychoanalytic theory of the ego. In ders., Essays on Ego Psychology. New York: International Universities Press 1964 (dt.: Bemerkungen zur psychoanalytischen Theorie des Ichs. In ders., (Hg.), Ich-Psychologie (S. 119–144). Stuttgart: Klett-Cotta 1972).
Hartmann, H. (1964). Bemerkungen zur psychoanalytischen Theorie des Ichs. Psyche, 1964/65, 18, 330–481.
Hartmann, H. (1964). Essays on ego-psychology. Selected problems in psychoanalytic theory. New York: International Universities Press (dt.: Ich-Psychologie. Studien zur psychoanalytischen Theorie (S. 181–204). Übers. v. Ruth S. Eissler. Stuttgart: Klett-Cotta 1972).
Häsing, H., Stubenrauch, H. & Ziehe, T. (Hg.) (1979). Narziß – Ein neuer Sozialisationstypus? Bensheim: Päd. extra, 4. Auflage 1981.
Heidelberger, M. (1993). Die innere Seite der Natur. Gustav Theodor Fechners wissenschaftlich-philosophische Weltauffassung. Frankfurt/M.: Klostermann.
Heigl-Evers, A. (1972). Konzepte der analytischen Gruppenpsychotherapie. Göttingen: Vandenhoeck & Ruprecht.
Heigl-Evers, A. (1978). Konzepte der analytischen Gruppenpsychotherapie. Göttingen: Vandenhoeck & Ruprecht, 2. Auflage.
Heigl-Evers, A. & Heigl, F. (1979). Die psychosozialen Kompromißbildungen als Umschaltestelle innerseelischer und zwischenmensch-

licher Beziehungen. Gruppenpsychotherapie und Gruppendynamik, 14, 310–325.

Heigl-Evers, A. & Heigl, F. (1988). Zum Prinzip „Antwort" in der psychoanalytischen Therapie. In R. Klußmann, W. Mertens & F. Schwarz (Hg.), Aktuelle Themen der Psychoanalyse (S. 85–97). Berlin: Springer.

Heigl-Evers, A., Heigl, F. & Ott, J. (Hg.) (1993). Lehrbuch der Psychotherapie. Stuttgart: Fischer.

Heigl-Evers, A. & Schepank, H. (Hg.) (1980/82). Ursprünge seelisch bedingter Krankhheiten. 2 Bde. Göttingen: Vandenhoeck & Ruprecht.

Heigl-Evers, A. & Streeck, U. (1985). Psychoanalytisch-interaktionelle Therapie. Psychotherapie und Medizinische Psychologie, 35, 176–182.

Heimann, P. (1950). On countertransference. International Journal of Psycho-Analysis, 31, 81–84.

Heinroth, J. C. A. (1918). Lehrbuch der Störungen des Seelenlebens. Leipzig: F. C. W. Vogel 1977.

Heising, G. & Wolff, E. D. (1976). Cotherapie in Gruppen. Göttingen: Vandenhoeck & Ruprecht.

Heisterkamp, G. (1990). Konturen einer tiefenpsychologischen Analyse originärer Lebensbewegungen. Teil I und II. Zeitschrift für Individualpsychologie, 15, 83–85 und 163–176.

Heisterkamp, G. (1991a) Zur Körperarbeit in der analytischen Psychotherapie. Praxis der Psychotherapie und Psychosomatik, 36, 77–87.

Heisterkamp, G. (1991b). Freude und Leid frühkindlicher Lebensbewegungen. Empirische Säuglingsforschung und tiefenpsychologische Entwicklungstheorien. In T. Ahrens & U. Lehmkuhl (Hg.), Beiträge zur Individualpsychologie, Bd. 14. München: Reinhardt.

Hennigsen, F. (1990). Psychisches Trauma – Psychische Realität. Zeitschrift für psychoanalytische Theorie und Praxis, 5, 204–227.

Henry, W. P., Schacht, T. E. & Strupp, H. H. (1986). Structural analysis of social behavior: Application to a study of interpersonal outcome. Journal of Consulting and Clinical Psychology, 54, 27–31.

Henseler, H. (1973). Zur Entwicklung und Regulation des Selbstwertgefühles: Die psychoanalytische Theorie des narzißtischen Systems. In: D. Ohlmeier (Hg.), Psychoanalytische Entwicklungstheorie (S. 51–68). Freiburg: Albers.

Henseler, H. (1975). Die Suizidhandlung unter dem Aspekt der psychoanalytischen Narzißmustheorie. Psyche, 36, 788–812.

Hentschel, U. & Smith, G. (1980). Experimentelle Persönlichkeitspsychologie. Die Wahrnehmung als Zugang zu diagnostischen Problemen. Wiesbaden: Akademische Verlagsgesellschaft.

Herzog, J. (1980). Sleep disturbance and father hunger in 18–28 month old boys: the Erlkönig syndrome. Psychoanalytic Study of the Child, 35, 219–233.

Herzog, J. (1982). On father hunger: the father's role in the modulation of aggressive drive and fantasy. In S. H. Cath, A. R. Gurwitt & J. M. Ross (Eds.) Father and child (pp. 163–174). Boston: Little, Brown and Co.

Hilpert, H., Schwarz, R. & Beese, F. (Hg.) (1981). Psychotherapie in der Klinik. Berlin: Springer.

Hirsch, M. (1988). Pseudo-ödipale Dreiecksbeziehungen. Forum der Psychoanalyse, 4, 139–152.

Hoffmann, S. O. (1983). Die niederfrequente psychoanalytische Langzeittherapie. In ders. (Hg.), Deutung und Beziehung. (S. 183–193). Frankfurt/M.: Fischer.

Hoffmann, S. O. (1990). Die realisierte Utopie einer leistungsfähigen psychosomatischen Universitätsklinik (RUPK). Erforderliche Zahlen, Kapazitäten und Mentalitäten. In S. Ahrens (Hg.), Entwicklung und Perspektiven der Psychosomatik in der Bundesrepublik Deutschland (S. 117–123). Berlin: Springer.

Hoffmann, S. O., Brodthage, H., Trimborn, W. & Stemmer, Th. (1981). Stationäre analytische Psychotherapie als eigenständige Behandlungsform. In F. Heigl & H. Neun (Hg.), Psychotherapie im Krankenhaus (S. 35–40). Göttingen: Vandenhoeck & Ruprecht.

Hoffmann, S. O., Schepank, H. & Speidel, H. (1990). Denkschrift zur Lage der psychosomatischen Medizin und Psychotherapie. Herausgegeben im Auftrag der Konferenz der Leitenden Fachvertreter für Psychosomatische Medizin und Psychotherapie an den Universitäten der Bundesrepublik Deutschland.

Hoffmann, S. O. & Thomä, H. (1986). Zur Lage der klinischen Forschung in psychosomatischer Medizin und Psychotherapie. Entgegnung zu den Empfehlungen des Wissenschaftsrates zur klinischen Forschung in den Hochschulen. In Psychotherapie, Psychosomatik, Medizinische Psychologie, 36, 356–359.

Hofstadter, D. R. (1988). Das Erwachen aus dem Booleschen Traum, oder: Subkognition als Rechenvorgang. In ders., Metamagicum (S. 687–725). Stuttgart: Klett-Cotta.

Hohage, R. (1990). Emotionale Einsicht als therapeutischer Wirkfaktor. In V. Tschuschke & D. Czogalik (Hg.), Psychotherapie – Welche Effekte verändern? Zur Frage der Wirkmechanismen therapeutischer Prozesse (S. 205–221). Berlin: Springer.

Holder, A. & Dare, C. (1982). Narzißmus, Selbstwertgefühl und Objektbeziehungen. Psyche, 36, 788–812.

Holland, N. (1968). The dynamics of literary response. New York: Oxford University Press (dt. Teilübersetzung des Abschnittes „form as defense“: Form als Abwehr. In R. Wolff (Hg.), Psychoanalytische Literaturkritik (S. 355–378). München: Fink.

Hölzer, M., Kächele, H., Mergenthaler, E. & Luborsky, L. (1991). Vocabulary measures for the evaluation of therapy-outcome: Studying the transcripts from the Penn Psychotherapy Project (PPP). Unveröffentliches Manuskript.

Holzkamp, K. (1984). Die Bedeutung der Freudschen Psychoanalyse für die marxistisch fundierte Psychologie. Forum Kritische Psychologie, Bd. 13, 15–40.

Horkheimer, M. & Adorno, Th. W. (1947). Dialektik der Aufklärung. Frankfurt/M.: Fischer.

Horn, K (1968). Fragen einer psychoanalytischen Sozialpsychologie. Psyche, 22, 896–911.

Horn, K. (1972). Psychoanalyse Anpassungslehre oder Kritische Theorie des Subjekts. In H.-P. Gente (Hg.), Marxismus Psychoanalyse Sexpol (S. 116–159). Frankfurt/M.: Fischer.

Horn, K. (1974). Das Psychoanalytische als Teil eines sozialwissenschaftlichen Krankheitskonzepts. In M. Muck et al., Informationen über Psychoanalyse (S. 134–180). Frankfurt/M.: Suhrkamp.

Horn, K. (Hg.) (1972). Gruppendynamik und der subjektive Faktor. Repressive Entsublimierung und politisierende Praxis. Frankfurt/M.: Suhrkamp.

Horner, A. J. (1984). Object relations and the developing ego in therapy. Revised and expanded edition. New York, London: Jason Aronson.

Horney, K. (1923). Zur Genese des weiblichen Kastrationskomplexes. In dies., Die Psychologie der Frau (S. 10–25). Frankfurt/M.: Fischer 1967.

Irigaray, L. (1974). Speculum Spiegel des anderen Geschlechtes. Frankfurt/M.: Suhrkamp 1980.

Jacobson, E. (1964). The self and the object world. New York: International Universities Press (dt. Das Selbst und die Welt der Objekte. Frankfurt/M.: Suhrkamp 1973).

Jacobson, E. (1971). Depression. Comparative studies of normal, neurotic, and psychotic conditions. New York: International Universities Press (dt.: Depression. Eine vergleichende Untersuchung normaler, neurotischer und psychotisch-depressiver Zustände. Übers. v. Heinrich Deserno. Frankfurt/M.: Suhrkamp 1977).

Jacoby, R. (1975). Negative Psychoanalyse und Marxismus. Psyche, 29, 961–990.

Jaeggi, E. (1987). Einen Goldschatz bewahren – das Problem der Integration verschiedener Therapien in die Psychoanalyse. In M. Springer-Kremser & R. Eckstein (Hg.), Wahrnehmung, Fantasie, Wirklichkeit (S. 52–70). Wien: Deuticke.

Jaeggi, E. (1989). Die Vorrangigkeit des Weges vor dem Ziel oder: Beziehung und Deutung im Vergleich von Verhaltenstherapie und

Tiefenpsychologie. In T. Reinelt & W. Datler (Hg.), Beziehung und Deutung im psychotherapeutischen Prozeß aus der Sicht verschiedener Schulen (S. 161–180). Berlin: Springer.

Jaeggi, E. Rohner, R. & Wiedemann, P. M. (1990). Gibt es auch Wahnsinn, hat es doch Methoden. Eine Einführung in die klinische Psychologie aus sozialwissenschaftlicher Sicht. München: Piper.

Jakobson, R. (1956). Aufsätze zur Linguistik und Poetik. Frankfurt/M.: Ullstein 1979.

Janssen, P. L. (1987). Psychoanalytische Therapie in der Klinik. Stuttgart: Klett-Cotta.

Jiminéz, J. P. (1988). Die Wiederholung des Traumas in der Übertragung. Katharsis oder Durcharbeiten? Forum der Psychoanalyse, 4, 186–203.

Joffe, W. G. & Sandler, J. (1967). Über einige begriffliche Probleme im Zusammenhang mit dem Studium narzißtischer Störungen. Psyche, 21, 151–165.

Jones, E. (1916). The theory of symbolism. British Journal of Psychology, 9, 181–229. Überarbeitete Fassung in Jones, E. (1918), Papers on Psycho-Analysis. 2. Aufl. London (dt.: Die Theorie der Symbolik. Übersetzt von Hanns Sachs (1919). Wiederabgedruckt in: Jones, E., Die Theorie der Symbolik und andere Aufsätze (S. 50–114). Frankfurt/M.: Ullstein 1978).

Jones, E. (1927). The early development of female sexuality. International Journal of Psycho-Analysis, 8, 459–472.

Jones, E. (1953–57). Das Leben und Werk von Sigmund Freud. 3 Bände. Bern: Huber 1960–1962.

Jones, E. (1960). Das Leben und Werk von Sigmund Freud, Bd. 1. Die Entwicklung zur Persönlichkeit und die großen Entdeckungen, 1856–1900. Bern: Hans Huber.

Jung, C. G. (1934). Zur gegenwärtigen Lage der Psychotherapie. Zentralblatt für Psychotherapie, 7, 1–16.

Kächele, H. (1990). Wie lange dauert Psychotherapie? Psychotherapie, Psychosomatik und Medizinische Psychologie, 40, 148–151.

Kächele, H. (1992). Psychoanalytische Therapieforschung 1930–1990. Psyche, 46, 259–285.

Kächele, H. (1992). Von der klinischen zur systematischen Forschung. In W. Tress (Hg.), Psychosomatische Medizin und Psychotherapie in Deutschland. (S. 73–82). Göttingen: Vandenhoeck & Ruprecht.

Kächele, H., & Schors, R (1981). Ansätze und Ergebnisse psychoanalytischer Therapieforschung. In U. Baumann, H. Berbalk & G. Seidenstücker (Hg.), Klinische Psychologie, Trends in Forschung und Praxis (S. 209–257). Bern: Huber.

Kadis, A. L. (1982). Praktikum der Gruppen-Psychotherapie. Stuttgart: fromman-holzboog.

Kantrowitz, J. L. et al. (1986). Affect availability, tolerance, complexity, and modulation in psychoanalysis: Follow-up of a longitudinal, prospective study. Journal of the American Psychoanalytic Association, 34, 525–555.

Kantrowitz, J. L. et al. (1987a). Changes in the level and quality of object relations in psychoanalysis: Follwo-up of a longitudinal prospective Study. Journal of the American Psychoanalytic Association, 35, 33–46.

Kantrowitz, J. L. et al. (1987b). The role of reality testing in psychoanalysis: Follow-up of 22 cases. Journal of the American Psychoanalytic Association, 35, 367–386.

Kantrowitz, J. L., Katz, A. L. & Paolito, F. (1990a). Follow-up of psychoanalysis five to ten years after termination: I. Stability of change. Journal of the American Psychoanalytic Association 38: 471–496.

Kantrowitz, J. L., Katz, A. L. & Paolito, F. (1990b). Follow-up of psychoanalysis five to ten years after termination, II. Development of self-analytic function. Journal of the American Psychoanalytic Association, 38, 637–650.

Kantrowitz, J. L., Katz, A. L. & Paolito, F. (1990c). Follow-up of psychoanalysis five to ten years after termination, III. The relation between the solution of the transference and the patient-analyst match. Journal of the American Psychoanalytic Association, 38, 651–678.

Kanzer, M. (1955). The communicative function of the dream. International Journal of Psycho-Analysis, 36, 260–266.

Kaplan, L. J. (1984). Abschied von der Kindheit. Stuttgart: Klett-Cotta 1988.

Kätzel, S. (1990). Überlegungen zu einem „Freud-Dokument". Luzifer-Amor, Zeitschrift zur Geschichte der Psychoanalyse, 3 (5), 164–167.

Kemper, W. (1973). Südamerika. In L. F. Pongratz (Hg.), Psychotherapie in Selbstdarstellungen (S. 327–345). Bern: Huber.

Kernberg, O. F. (1970). Eine psychoanalytische Klassifikation der Charakterpathologie. In ders., Objektbeziehungen und Praxis der Psychoanalyse (S. 139–160). Stuttgart: Klett-Cotta, 5. Auflage 1992.

Kernberg, O. F. (1974). Further contributions to the treatment of narcissistic personalities. International Journal of Psycho-Analysis, 55, 215–240.

Kernberg, O. F. (1975). Borderline conditions and pathological narcissism. New York: Jason (dt.: Borderline-Störungen und pathologischer Narzißmus. Frankfurt/M.: Suhrkamp 1978).

Kernberg, O. F. (1976). Object relations theory and clinical psychoanalysis. New York: Jason Aronson (dt.: Objektbeziehungen und Praxis der Psychoanalyse. Stuttgart: Klett-Cotta, 5. Auflage 1992).

Kernberg, O. F. (1980). Internal world and external reality: Object relations theory applied. New York: Jason Aronson (dt.: Innere Welt und äußere Realität. Anwendungen der Objektbeziehungstheorie. München: Verlag Internationale Psychoanalyse 1988).

Kernberg, O. F. (1980). Mahler's developmental theory: A correlation. In ders., Internal world and external reality (pp. 105–117). New York: Jason Aronson.

Kernberg, O. F. (1984). Changes in the nature of psychoanalytic training. Structure of the training and standards of the training. In R. S. Wallerstein (Ed.), Changes in analysts and in their training. The International Psychoanalytic Association Monograph Series, 4, 56–62.

Kernberg, O. F. (1984). Severe personality disorders: Psychotherapeutic strategies. New Haven: Yale University Press (dt.: Schwere Persönlichkeitsstörungen. Stuttgart: Klett-Cotta, 4. Auflage 1992).

Kernberg, O. F. (1985). Institutional problems of psychoanalytic education. Journal of the American Psychoanalytic Association, 33, 799–834.

Kernberg, O. F. (1987). An ego-psychology object relations theory approach to the transference. Psychoanalytic Quarterly, 56 (1), 197–221.

Kernberg, O. F. (1988). Probleme mit der Übertragung bei schweren Charakterpathologien – ichpsychologische und objektbeziehungstheoretische Aspekte. In P. Kutter, R. Páramo-Ortega & P. Zagermann (Hg.), Die psychoanalytische Haltung (S. 305–330). München: Verlag Internationale Psychoanalyse.

Kernberg, O. F. (1988). Object relations theory in clinical practice. Psychoanalytic Quarterly, 57 (1), 481–504.

Kernberg, O. F. (1990). New perspectives in psychoanalytic affect theory. In R. Plutchik & H. Kellerman (Eds.), Emotion. Theory, research and experience (Vol. 5, pp. 115–131). New York: Academic Press.

Kets de Fries, M. F. R. (1980). Organizational paradoxes. Clinical approaches to management. New York: International Universities Press.

Keupp, H. (Hg.) (1979). Normalität und Abweichung. Fortsetzung einer notwendigen Kontroverse. München: Urban & Schwarzenberg.

Khan, M. R. (1963). Das kumulative Trauma In ders., Selbsterfahrung in der Therapie (S. 50–70). Übersetzt von Barbara Brumm. München: Kindler 1977.

Khan, M. R. (1977). Selbsterfahrung in der Therapie. München: Kindler.

Kind, J. (1988). Selbstobjekt Automat. Forum der Psychoanalyse, 4, 116–138.

Kirkpatrick, S., Gelatt, C. & Vecchi, M. (1983). Optimization by simulated annealing. Science, 220, 671–680.

Kirschner, S. (1990). The assenting echo: Anglo-American values in contemporary psychoanalytical developmental psychology. Social Research, 57 (4), 821–857.

Klein, G. S. (1976). Psychoanalytic theory: An exploration of essentials. New York: International Universities Press.

Klein, M. (1927) Frühstadien des Ödipuskonfliktes. In dies., Frühstadien des Ödipuskonfliktes. Frühe Schriften 1928–1945 (S. 7–21). Frankfurt/M. 1985

Klein, M. (1932). Die Psychoanalyse des Kindes. München: Kindler 1973.

Klein, M. (1935). A contribution to the psychogenesis of manicdepressive states. In dies. (1948), Contributions to psychoanalysis, 1921–1945 (pp. 282–310). London: Hogarth Press.

Klein, M. (1940). Mourning and its relation to manic-depressive states. In dies. (1948), Contributions to psychoanalysis. 1921–1945 (pp. 311–338). London: Hogarth Press.

Klein, M. (1945). The Oedipus complex in the light of early anxieties. In dies., (1948), Contributions to Psychoanalysis (pp. 377–390). London: Hogarth Press.

Klein, M. (1946). Notes on some schizoid mechanisms. In J. Riviere (Ed.) (1952), Development in psychoanalysis. London: Hogarth Press.

Klein, M. (1957). Envy and gratitude. New York: Basic Books.

Klein, M. (1960/61). Über das Seelenleben des Kleinkindes. Psyche, 14, 284–316.

Klein, M. (1962). Das Seelenleben des Kleinkindes und andere Beiträge zur Psychoanalyse. Reinbek: Rowohlt 1972.

Klein, M. (1981). On Mahler's autistic and symbiotic phases. An exposition and evaluation. Psychoanalysis and Contemporary Thougt, 4, 69–105.

Klerman, G. L. Weissman, M. M., Rounsaville, B. J. & Chevron, E. S. (1984). Interpersonal psychotherapy of depression. New York: Basic Books.

Kline, P. (1981). Fact and fantasy in Freudian theory. London: Methuen.

Klüwer, R. (1971). Erfahrungen mit der psychoanalytischen Fokaltherapie. Psyche, 25, 932–947.

Klüwer, R. (1976). Psychoanalytische Fokaltherapie. Die Psychologie des 20. Jahrhunderts, Bd. 3 (S. 1135–1142). Zürich: Kindler.

Klüwer, R. (1983). Agieren und Mitagieren. Psyche, 37, 828–840.

Köhler, L. (1990). Neuere Ergebnisse der Kleinkindforschung. Ihre Bedeutung für die Psychoanalyse. Forum der Psychoanalyse, 6, 32–51.

Köhler, Th. (1989). Abwege der Psychoanalyse-Kritik. Zur Unwissenschaftlichkeit der Anti-Freud-Literatur. Frankfurt/M.: Fischer.

Köhler, Th. (1990). Das Werk Sigmund Freuds. Bd. 1: Von der hypnotischen Suggestionsbehandlung zur Theorie des Traumes. Heidelberg: Asanger, 2. Auflage.

Köhnken, G., Seidenstücker, G. & Baumann, U. (1979). Zur Systematisierung von Methodenkriterien für Psychotherapiestudien. In U. Baumann, H. Berbalk & Seidenstücker, G. (Hg.), Klinische Psychologie, Trends in Forschung und Praxis (S. 72–128). Bern: Huber.

Kohut, H. (1966). Formen und Umformungen des Narzißmus. Psyche, 20, 561–587.

Kohut, H. (1971). The analysis of the self. New York: International Universities Press (dt.: Narzißmus. Eine Theorie der Behandlung narzißtischer Persönlichkeitsstörungen. Frankfurt/M.: Suhrkamp 1973).

Kohut, H. (1972). Thoughts on narcissism and narcissistic rage. Study of the Child, 27, 360–400.

Kohut, H. (1972). Überlegungen zum Narzißmus und zur narzißtischen Wut. Psyche, 27, 513–554, 1973.

Kohut, H. (1974). Kreativität, Charisma, Gruppenpsychologie. Gedanken zu Freuds Selbstanalyse. Psyche, 29, (1975), 681–720. Wiederabgedruckt in: ders. (1975), Die Zukunft der Psychoanalyse (S.93–139). Frankfurt/M.: Suhrkamp.

Kohut, H. (1977). Die Begutachtung von Bewerbern um eine psychoanalytische Ausbildung. In ders., Introspektion, Empathie und Psychoanalyse (S. 89–102). Frankfurt/M.: Suhrkamp.

Kohut, H. (1977). The restoration of the self. New York: International Universities Press (dt.: Die Heilung des Selbst. Frankfurt/M.: Suhrkamp 1979).

Kohut, H. (1984). How does analysis cure? Chicago: University of Chicago Press (dt.: Wie heilt die Psychoanalyse? Frankfurt/M.: Suhrkamp 1987).

König, W. H. (1981). Zur Neuformulierung der psychoanalytischen Metapsychologie: Vom Energie-Modell zum Informations-Konzept. In W. Mertens (Hg.), Neue Perspektiven der Psychoanalyse (S. 83–123). Stuttgart: Kohlhammer.

Körner, J. & Rosin, U. (1985). Das Problem der Abstinenz in der Psychoanalyse. Forum der Psychoanalyse, 1, 25–47.

Körner, J. & Rudolf; G. (1990). Psychoanalyse. Die Psychotherapie zum Ende des 20. Jhd. im deutschsprachigen Bereich Eine Übersicht. Zeitschrift für Psychosomatische Medizin, 36, 104–107.

Körner, J. (1989). Kritik der therapeutischen Ich-Spaltung. Psyche, 48, 385–396.

Körner, J. (1990). Balint-Gruppen mit Pädagogik-Studenten im Praktikum. Bericht über einen mißlungenen Versuch. Die Balint-Gruppe in Klinik und Praxis, 4, 146–158.

Körner, J. (1990). Übertragung und Gegenübertragung eine Einheit im Widerspruch. Forum der Psychoanalyse, 6, 87–104.

Koukkou, M. & Leuzinger-Bohleber, M. (1992). Psychoanalysis and neuropsychophysiology: A look at case material from the two theoretical perspectives. An interdisciplinary understanding of some basic psychoanalytic concepts. In M. Leuzinger-Bohleber, H. Schneider & R. Pfeifer (Eds.), „Two butterflies on my head ..“. Psychoanalysis in the interdisciplinary scientific dialogue (pp. 133–177). Berlin: Springer.

Koukkou, M. & Lehmann, D. (1980). Psychophysiologie des Träumens und der Neurosentherapie: Das Zustands-Wechsel-Modell, eine Synopsis. Fortschritte der Neurologie und Psychiatrie, 48, 324–350.

Krause, R. (1983). Zur Onto- und Phylogenese des Affektsystems und seine Beziehungen zu psychischen Störungen. Psyche, 37, 1016–1043.

Krecji, E. & Bohleber, W. (1982). Spätadoleszente Konflikte. Göttingen: Vandenhoeck & Ruprecht.

Kris, E. (1956). The recovery of childhood memories in psychoanalysis. Psychoanalytic Study of the Child, 11, 54–88.

Kris, A. O. (1977). Either/or dilemmas. Psychoanalytic Study of the Child, 32, 91–117.

Kris, A. O. (1984). The conflicts of ambivalence. Psychoanalytic Study of the Child, 39, 213–234.

Kris, A. O. (1988). Some clinical applications of the distinction between divergent and convergent conflicts. International Journal of Psycho-analysis, 69, 431–441.

Kuiper, P. C. (1962). Probleme der psychoanalytischen Technik in bezug auf die passiv-feminine Gefühlseinstellung des Mannes, das Verhältnis der beiden Ödipuskomplexe und die Aggression. Psyche, 16, 321–344.

Künsebeck, H. W., Lemper, W. & Freyberger, H. (1984). Häufigkeit psychischer Störungen bei nicht-psychiatrischen Klinikpatienten. Deutsche Medizinische Wochenschrift, 109, 1438–1442.

Kurthen, M. (1989). Noch einmal: Ist die Psychologie eine Wissenschaft? Fundamentalismus und Kohärentismus als „Wissenschaftstheorien“ der Psychoanalyse. Zeitschrift für psychosomatische Medizin und Psychoanalyse, 35, 241–255.

Kutter, P. & Roth, J. R. (1981). Psychoanalyse an der Universität. München: Kindler.

Kutter, P. (1976). Elemente der Gruppentherapie. Göttingen: Vandenhoeck & Ruprecht.

Kutter, P. (1977). Konzentrierte Psychotherapie auf psychoanalytischer Grundlage. Psyche, 31, 957–974.

Kutter, P. (1981). Psychoanalytische Kurztherapie. Indikationen und Interventionstechnik. Jahrbuch der Psychoanalyse, 12, 178–191.

Kutter, P. (1988). Balint-Gruppen mit Psychologie-Studenten. Erfahrungen an der Universität. Die Balint-Gruppe in Klinik und Praxis, 1, 98–109.

Kutter, P. (1989). Moderne Psychoanalyse. München: Verlag Internationale Psychoanalyse.

Kutter, P. (Hg.) (1985). Methoden und Theorien der Gruppen-Psychotherapie. Stuttgart: frommann-holzboog.

Lacan, J. (1966). Ecrits. Paris: Editions du Seuil.

Lacan, J. (1973 ff.). Schriften. Olten: Walter.

Lamb, M. (Ed.) (1976). The role of the father in the child development. New York: Wiley.

Langner, T. S. & Michael, S. T.: (1963). Life stress and mental health. The Midtown Manhattan Study. Collier McMillan, Thomas AC Rennie series in social psychiatry, vol. 2. London: The Free Press of Glencoe.

Langs, R. (1978). Technique in transition. New York: Jason Aronson.

Langs, R. (1982). The psychotherapeutic conspiracy. New York: Jason Aronson (dt.: Die psychotherapeutische Verschwörung. Stuttgart: Klett-Cotta 1987).

Laplanche, G. & Pontalis, G. B. (1967). Vokabular der Psychoanalyse, 2 Bde. Frankfurt/M.: Suhrkamp 1972.

Lasch, C. (1979). Das Zeitalter des Narzißmus. München: Bertelsmann 1982.

Laufer, M. & Laufer, M. E. (1984). Adoleszenz und Entwicklungskrise. Stuttgart: Klett-Cotta 1989.

La Pierre, R. (1974). The Freudian Ethic. Westport, Connecticut: Grennwood Press.

Lazar, R. A. (1988). Vorläufer der Triangulierung. Forum der Psychoanalyse, 4, 28–39.

Lebovici, S. (1983). Supervision in French psychoanalytic education. Its history and evolution. The Annual of Psychoanalysis, Vol. XI, 79–89.

Lefèbvre, H. (1974). Kritik des Alltagslebens, Bd. 1. München: Hanser.

Lehtinen, V. & Väisänen, E. (1981). Epidemiology of psychiatric disorders in Finland. A five-year follow-up. Social Psychiatry, 16, 171–180.

Leighton, D. C., Harding, J. S., McLin, D. B., Hughes, C. C. & Leighton, A. H. (1963). Psychiatric findings of the Stirling Country Study. American Journal of Psychiatry, 119, 1021–1026.

Leithäuser, Th. & Volmerg, B. (1988). Psychoanalyse in der Sozialforschung. Opladen: Westdeutscher Verlag.

Leithäuser, Th. (1976). Kapitalistische Produktion und Vergesellschaftung des Alltags. In Th. Leithäuser & W. R. Heinz (Hg.),

Produktion, Arbeit, Sozialisation (S. 48–68). Frankfurt/M.: Suhrkamp.

Lempa, G. (1988). Zur psychoanalytischen Theorie der psychotischen Symptombildung. Universität Frankfurt. Unveröffentlichte Dissertation.

Lester, E. P., Jodoin, R. & Robertson, B. M. (1989). Countertransference dreams reconsidered: a survey. International Review of Psycho-Analysis, 16, 305–314.

Leupold-Löwenthal, H. (1984). Zur Geschichte der „Frage der Laienanalyse. Psyche, 38, 97–110.

Leuzinger-Bohleber, M. (1985). Psychoanalytische Kurztherapien. Zur Psychoanalyse in Institutionen. Opladen: Westdeutscher Verlag.

Leuzinger-Bohleber, M. (1987). Veränderung kognitiver Prozesse in Psychoanalysen. Bd. 1: Eine hypothesengenerierende Einzelfallstudie. Berlin: Springer.

Leuzinger-Bohleber, M. (1989). Veränderung kognitiver Prozesse in Psychoanalysen. Bd. 2: Fünf aggregierte Einzelfallstudien. Berlin: Springer.

Leuzinger-Bohleber, M. & Kächele, H. (1988). From Calvin to Freud: Using an artificial intelligence model to investigate cognitive changes during psychoanalysis. In H. Dahl, H. Kächele & H. Thomä (Eds.), Psychoanalytic process research strategies (pp. 291–305). Berlin: Springer.

Leuzinger-Bohleber, M. & Mahler, E. (Hg.) (1993). Phantasie und Realität in der Spätadoleszenz. Gesellschaftliche Veränderungen und Entwicklungsprozesse bei Studierenden. Opladen: Westdeutscher Verlag.

Levin, D. C. (1969). The self: A contribution to its place in theory and technique. International Journal of Psycho-Analysis, 50, 41–51.

Levinger, G. & Clark, J. (1961). Emotional factors in the forgetting of word associations. Journal Abnormal & Social Psychology, 62, 99–105.

Levinson, H. (1976). Psychological man. Cambridge, Mass.: The Levinson Institute.

Lewin, B. & Ross, H. (1960). Psychoanalytic education in the United States. New York: Norton.

Lichtenberg, J. D. (1983). Psychoanalysis and infant research. Hillsdale, NJ.: The Analytic Press (dt.: Psychoanalyse und Säuglingsforschung. Übers. v. Matthias Baumgart. Berlin: Springer 1991).

Lichtenberg, J. D. (1987). Die Bedeutung der Säuglingsbeobachtung für die klinische Arbeit mit Erwachsenen. Zeitschrift für psychoanalytische Theorie und Praxis, 2, 123–147.

Lichtenberg, J. D. (1989a). Modellszenen, Affekte und das Unbewußte. In E. S. Wolf, A. und P. Ornstein, J. D. Lichtenberg & P. Kutter, Selbstpsychologie. Weiterentwicklungen nach H. Kohut (S. 73–106). München: Verlag Internationale Psychoanalyse.

Lichtenberg, J. D. (1989b). Psychoanalysis and motivation. Hillsdale, NJ.: The Analytic Press.
Lichtenstein, H. (1964). The role of narcisissm in the emergence and maintenance of a primary identity. International Journal of Psychoanalysis, 45, 49–56.
Lindner, A. (1858). Lehrbuch der empirischen Psychologie als induktiver Wissenschaft. Wien: Gerold, 2. Auflage 1868. (Die Erstauflage erschien unter dem Titel: Lehrbuch der empirischen Psychologie nach genetischer Methode. Wien: Cilli.)
Lipton, S. D. (1988). An argument in favor of making training analysis voluntary rather than mandatory. The Annual of Psychoanalysis, Vol. XVI, 11–17.
Little, M. (1951). Counter-transference and the patient's response to it. International Journal of Psycho-Analysis, 32, 32–40.
Little, M. (1960). Counter-transference. British Journal of Medical Psychology, 33, 29–31.
Lockot, R. (1985). Erinnern und Durcharbeiten. Zur Geschichte der Psychoanalyse und Psychotherapie im Nationalsozialismus. Frankfurt/M.: Fischer.
Lockot, R. (1991).
Loewald, H. W. (1960). On the therapeutic action of the psychoanalysis. International Journal of Psycho-Analysis, 58, 463–472.
Loewald, H. W. (1980). Papers on psychoanalysis. New Haven: Yale University Press.
Loewald, H. W. (1985). Oedipus complex and development of self. Psychoanalytic Quarterly, 54, 435–443.
Loewald, H. W. (1986). Das Dahinschwinden des Ödipuskomplexes. In ders., Psychoanalyse. Aufsätze aus den Jahren 1961–1979 (S. 377–400). Stuttgart: Klett-Cotta.
Lohmann, H.-M. (Hg.) (1984). Psychoanalyse und Nationalsozialismus. Beiträge zur Bearbeitung eines unbewältigten Traumas. Frankfurt/M.: Fischer.
Lorenzer, A. (1970a). Kritik des psychoanalytischen Symbolbegriffs. Frankfurt/M.: Suhrkamp, 2. Aufl. 1972.
Lorenzer, A. (1970b). Sprachzerstörung und Rekonstruktion. Vorarbeiten zu einer Metatheorie der Psychoanalyse. Frankfurt/M.: Suhrkamp.
Lorenzer, A. (1972). Entwurf einer materialistischen Sozialisationstheorie. Frankfurt/M.: Suhrkamp.
Lorenzer, A. (1973). Über den Gegenstand der Psychoanalyse oder: Sprache und Interaktion. Frankfurt/M.: Suhrkamp.
Lorenzer, A. (1974). Die Wahrheit der psychoanalytischen Erkenntnis. Ein historisch-materialistischer Entwurf. Frankfurt/M.: Suhrkamp.
Lorenzer, A. (1977). Psychoanalyse als kritisch-hermeneutisches Verfahren. Wiederabgedruckt in ders. (1977), Sprachspiel und Interak-

tionsformen. Vorträge und Aufsätze zu Psychoanalyse, Sprache und Praxis (S. 105–129).

Lorenzer, A. (1984). Intimität und soziales Leid. Frankfurt/M.: Fischer.

Lorenzer, A. (1986). Tiefenhermeneutische Kulturanalyse. In ders. (Hg.), Kulturanalysen, 11–98. Frankfurt/M.: Fischer.

Lorenzer, A. (1989). Plädoyer für eine psychoanalytische Hochschule. In H. Bareuther, H.-J. Buch, D. Ohlmeier & T. Plänkers (Hg.), Forschen und Heilen. Auf dem Weg zu einer psychoanalytischen Hochschule. Beiträge aus Anlaß des 25jährigen Bestehens des Sigmund-Freud-Instituts (S. 31–46). Frankfurt/M.: Suhrkamp.

Lubahn-Plozza, B. (1974). Junior-Balint-Gruppen als Ausbildung zur Beziehungsdiagnostik. In ders. (Hg.), Praxis der Balint-Gruppen (S. 93–99). München: Lehmanns.

Luborsky, L. (1984). Principles of psychoanalytic psychotherapy: A manual for supportive-expressive treatment. New York: Basic Books.

Luborsky, L., Crits-Christoph, P., Mintz, J. & Auerbach, A. D. (1988). Who will benefit from psychology? Predicting therapeutic outcomes. New York: Basic Books.

Luborsky, L., Singer, B. & Luborsky, L. (1975). Comparative studies of psychotherapies. Archives of General Psychiatry, 32, 995–1008.

Maccoby, M. (1976). The gamesman: The new corporate leaders. New York: Simon & Schuster.

Maccoby, M. (1976). The gamesman: The new corporate leaders. New York: Simon & Schuster.

MacKinnon, D. W. & Dukes, W. E. (1964). Repression. In L. Postman (Ed.), Psychology in the making. New York: Knopf.

Mahler, M. S. (1979). Selected papers. New York: Aronson.

Mahler, M. S. & Furer, M. (1968). On human symbiosis and the vicissitudes of individuation. New York: International Universities Press.

Mahler, M. S., Pine, F. & Bergmann, A. (1975). The psychological birth of the human infant: Symbiosis and individuation. New York: Basic Books (dt.: Die psychische Geburt des Menschen. Symbiose und Individuation. Frankfurt/M.: Fischer 1978.

Mahony, P. J. (1982). Freud as a writer, dt.: Der Schriftsteller Sigmund Freud. Frankfurt/M.: Suhrkamp 1988.

Main, M., Kaplan, N. & Cassidy, J. (1985). Security in infancy, childhood and adulthood: A move to the level of representation. In I. Bretherton & E. Waters (Eds.), Growing points in attachment theory and research. Monograph Social Research Child development, Serial 209, 50, 1–2, 66–104.

Malan, D. H. (1976). The frontier of brief psychotherapie. New York: Plenum Press.

Malan, D. H. (1979). Individual psychotherapy and the science of psychodynamics. London: Butterworth.

Mancuso, J. (1986). The acquisition and use of narrative grammer structure. In Th. R. Sarbin (Ed.), Narrative psychology. The storied nature of human conduct (pp. 91–110). New York: Praeger.

Marcuse, H. (1965a). Das Veralten der Psychoanalyse. In ders., Kultur und Gesellschaft II (S. 85–107). Frankfurt/M.: Suhrkamp.

Marcuse, H. (1965b). Triebstruktur und Gesellschaft. Frankfurt/M.: Suhrkamp.

Matussek, P. (1985). Herstellung von Übertragung in der Psychoanalyse von Schizophrenen. In H. Stierlin, L. C. Wynne & M. Wirsching (Hg.), Psychotherapie und Sozialtherapie der Schizophrenie (S. 185–193). Berlin: Springer.

May-Tolzmann, U. (1990). Ich- und Narzißmustheorie zwischen 1914 und 1922 im Spiegel der Internationalen Zeitschrift für ärztliche Psychoanalyse. Psyche, 44, 689–723.

McDougall, J. (1978). Plädoyer für eine gewisse Anormalität. Frankfurt/M.: Suhrkamp 1985.

Meltzer, D. (1983). Dream-life. A re-examination of the psychoanalytical theory and technique. Strath Tay, Scotland: Clunie Press (dt.: Traum-Leben. Eine Überprüfung der psychoanalytischen Theorie und Technik. München: Verlag Internationale Psychoanalyse, 1988).

Meltzer, D. (1986). Aesthetic conflict: Its place in developmental process. Unveröffentlichtes Vortragsmanuskript.

Meltzer, D. & M. Harris Williams (1988). The apprehension of beauty. The role of aesthetic conflict in development, violence and art. Strathay, Scotland: Clunie Press.

Menninger, K. (1958). Theory of psychoanalytic technique. New York: Basic Books.

Mentzos, S. (1980). Hysterie. München: Kindler.

Mentzos, S. (1982). Neurotische Konfliktverarbeitung. Frankfurt/M.: Fischer.

Mentzos, S. (1988). Die präpsychotische Struktur unter psychoanalytischen Gesichtspunkten. In W. Janzarik (Hg.), Persönlichkeit und Psychose (S. 18–28). Stuttgart: Enke.

Mentzos, S. (1991). Psychodynamische Modelle in der Psychiatrie. Göttingen: Vandenhoeck & Ruprecht.

Mergenthaler, E. (1986). Die Ulmer Textbank. Berlin: Springer.

Mertens, W. (Hg.) (1981). Neue Perspektiven der Psychoanalyse. Stuttgart: Kohlhammer.

Mertens, W. (Hg.) (1983). Psychoanalyse. Ein Handbuch in Schlüsselbegriffen. München: Urban & Schwarzenberg.

Mertens, W. (1990/91). Einführung in die psychoanalytische Therapie, 3 Bde. Stuttgart: Kohlhammer.

Mertens, W. (1992). Entwicklung der Psychosexualität und der Geschlechtsidentität. Bd. 1. Stuttgart: Kohlhammer.

Mertens, W. (1993). Entwicklung der Psychosexualität und der Geschlechtsidentität. Bd. 2. Stuttgart: Kohlhammer.

Mertens, W. & Fuchs, G. (1978). Krise der Sozialpsychologie? Zur Krisendiskussion über die theoretischen und methodischen Grundlagen der Sozialpsychologie. München: Ehrenwirth.

Meyer, A. E. (1990). Kommunale Faktoren in der Psychotherapie als Erklärung für nicht grob unterschiedliche Ergebnisse. Ein Mythos mehr in der Psychotherapieforschung? Psychotherapie, Psychosomatik und Medizinische Psychologie, 40, 152–157.

Meyer, A. E. (Hg.) (1981). The Hamburg short psychotherapy comparison experiment. Psychotherapie und Psychosomatik, 35, 79–207.

Michaelis, D. (1990). Eigentlich ist alles schon gedacht und gesagt warum handeln wir nicht? In S. Zepf (Hg.) (1990), „Wer sich nicht bewegt, der spürt auch seine Fesseln nicht." Anmerkungen zur gegenwärtigen Lage der Psychoanalyse (S. 191–214). Frankfurt/M.: Nexus.

Miller, A. (1983). Du sollst nicht merken. Frankfurt/M.: Suhrkamp.

Minsky, M. (1975). A framework for representing knowledge. In P. H. Winston (Ed.), The psychology of computer vision (pp. 211–277). New York: McGrawHill.

Mitchell, S. A. (1988). Relational concepts in psychoanalysis: An integration. Cambridge, Mass./London: Harvard University Press.

Mitchell, S. A. (1988). Relational concepts in psychoanalysis. Cambridge, MA: Harvard University Press.

Mitscherlich, A. (1963). Auf dem Weg zur vaterlosen Gesellschaft. Ideen zur Sozialpsychologie. München: Piper.

Mitscherlich-Nielsen, M. (1962). Probleme der psychoanalytischen Technik in bezug auf die passiv-feminine Gefühlseinstellung des Mannes. Psyche, 16, 345–354.

Mitscherlich-Nielsen, M. (1972). Was macht einen guten Analytiker aus? Psyche, 24, 577–599.

Mitscherlich, M. (1985). Die friedfertige Frau. Frankfurt/M.: Fischer.

Mitscherlich, M. (1990). Über die Mühsal der Emanzipation. Frankfurt/M.: Fischer.

Mitscherlich, A. & Mitscherlich, M. (1967). Die Unfähigkeit zu trauern. München: Piper.

Modell, A. (1984). Psychoanalysis in a new context. New York: International Universities Press.

Moeller, M. L. (1977). Zur Theorie der Gegenübertragung. Psyche, 31, 142–166.

Möller, H. J. (1979). Zur wissenschaftstheoretischen Kritik an der psychoanalytischen Theorie. Nervenarzt, 50, 157–164.

Morgenthaler, F. (1984). Traumdiagnostik. Zur Bedeutung der formalen und strukturellen Gesichtspunkte. In H.-M. Lohmann (Hg.), Die Psychoanalyse auf der Couch (S. 269–292). Frankfurt/M.: Qumran.

Morgenthaler, F. (1986). Der Traum. Fragmente zur Theorie und Technik der Traumdeutung. Frankfurt/M.: Qumran.

Möring, P. & Neraal, T. (Hg.) (1991). Psychoanalytisch orientierte Familien- und Sozialtherapie. Opladen: Westdeutscher Verlag.

Moser, T. (1987). Der Psychoanalytiker als sprechende Attrappe. Frankfurt/M.: Suhrkamp.

Moser, T. (1989a). Körpertherapeutische Phantasien. Frankfurt/M.: Suhrkamp.

Moser, T. (1990). Formen der Gegenübertragung in der psychoanalytisch orientierten Körpertherapie. Psychoanalyse im Widerspruch, 2, 42–65.

Moser, U. (1964). Zur Abwehrlehre. Jahrbuch der Psychoanalyse, Bd. 3 (S. 56–83). Bern: Huber.

Moser, U. (1989). Wozu eine Theorie der Psychoanalyse? Gedanken zum Problem der „Metapsychologie". Zeitschrift für psychoanalytische Theorie und Praxis, 4, 154–174.

Moser, U. (1991). Vom Umgang mit Labyrinthen. Praxis und Forschung in der Psychoanalyse – eine Bilanz. Psyche, 45, 315–334.

Moser, U., Pfeifer, R., Schneider, W. & Zeppelin, I. von (1980). Computersimulation von Schlaftraumprozessen. Berichte Nr. 6 der Interdisziplinären Konfliktforschungsstelle der Universität Zürich.

Moser, U., Pfeifer, R., Schneider, W. & Zeppelin, I. von (1983). Experiences with computer simulation of dream processes. In W. P. Koella (Ed.), Sleep 1982 (pp. 30–44). Basel: Karger.

Moser, U., Schneider, W. & von Zeppelin, I. (1991). The regulation of cognitive-affective processes: A new psychoanalytic model. In U. Moser & I. von Zeppelin (Eds.), Cognitive-affective processes. New ways of psychoanalytic modelling. Berlin: Springer.

Muck, M. (1978). Psychoanalytische Überlegungen zur Struktur menschlicher Beziehungen. Psyche, 32, 211–228.

Müller-Pozzi, H. (1982). Trauma und Neurose. In R. Berna-Glanz & P. Dreyfus (Hg.), Trauma, Konflikt, Deckerinnerung (S. 102–120). Stuttgart: frommann-holzboog.

Müller-Pozzi, H. (1985). Identifikation und Konflikt. Die Angst vor Liebesverlust und der Verzicht auf Individuation. Psyche, 39, 877–904.

Muschg, W. (1930). Freud als Schriftsteller. München: Kindler 1975.

Myers, J. K., Weissmann, M. M., Tischler, C. L., Holzer, III C. E., Leaf, P. J., Orvaschel, H., Anthony, J. C., Boyd, J. H., Burke, J. D., Kramer, M. & Stolzmann, R. (1984). Six-month prevalence of psychiatric disorders in three communities. Archive of General Psychiatry, 41, 959–967.

Nagera, H. (Hg.) (1974). Psychoanalytische Grundbegriffe. Eine Einführung in Sigmund Freuds Terminologie und Theoriebildung. Frankfurt/M.: Fischer.

Naujoks, W. (1988). Inhaltsanalytische Untersuchung einer Balint-Gruppe mit Krankenschwestern. Die Balint-Gruppe in Klinik und Praxis, 2, 158–171.

Nedelmann, C. (1982). Zur Vernachlässigung der psychoanalytischen Kulturtheorie. Psyche, 36, 385–400.

Nedelmann, C. (1990a). Die Psychoanalyse als Krankenbehandlung in der kassenärztlichen Versorgung. 1. Teil: Ein Kommentar zu den Psychotherapie-Richtlinien. Forum der Psychoanalyse, 6, 1–14.

Nedelmann, C. (1990b). Die Psychoanalyse als Krankenbehandlung in der kassenärztlichen Versorgung. 2. Teil. Ein Leitfaden zur Antragstellung. Forum der Psychoanalyse, 6, 147–162.

Nedelmann, C. & Ferstl, H. (1989). Die Methode der Balint-Gruppe. Stuttgart: Klett-Cotta.

Nedelmann, C. & Horn, K. (1976). Gesellschaftliche Aufgaben der Psychotherapie. Psyche, 30, 827–853.

Nedelmann, C. & Reiche, R. (1990). Analyse und Analysieren im Spiegel einer empirischen Studie. Psyche, 44, 202–217.

Negt, O. (1984). Lebendige Zeit, enteignete Zeit. Frankfurt/M.: Campus.

Neugebauer, R., Dohrenwend, B. P. & Dohrenwend, B. S. (1980). Formulation of hypotheses about the true prevalence of functional psychiatric disorders among adults in the United States. In B. P. Dohrenwend, B. S. Dohrenwend, M. Schwartz-Gould, B. Link, R. Neugebauer & R. Wunsch-Hitzig (Eds.), Mental Illness in the United States (S. 45–94). New York: Praeger.

Nitzschke, B. (1985). Der eigene und der fremde Körper. Bruchstücke einer psychoanalytischen Gefühls- und Beziehungstheorie. Tübingen: Konkursbuchverlag Claudia Gerke.

Nitzschke, B. (Hg.) (1989). Freud und die akademische Psychologie. Beiträge zu einer historischen Kontroverse. München: Psychologie Verlags Union.

Nitzschke, B. (1990a). Zum Diskurs über die „Sexualität" in zeitgenössischen psychoanalytischen Entwürfen. In S. Zepf (Hg.), „Wer sich nicht bewegt, der spürt auch seine Fesseln nicht". Anmerkungen zur gegenwärtigen Lage der Psychoanalyse (S. 155–190). Frankfurt/M.: Nexus.

Nitzschke, B. (1990b). Psychoanalyse und Macht im „Dritten Reich" – Versuche, die historische Realität oder wenigstens einige (Rettungs-)Phantasien zu rekonstruieren. In S. Zepf (Hg.), „Wer sich nicht bewegt, der spürt auch seine Fesseln nicht". Anmerkungen zur gegenwärtigen Lage der Psychoanalyse (S. 243–272). Frankfurt/M.: Nexus.

Nitzschke, B. (1991). Psychoanalyse als „un"-politische Wissenschaft. Die politischen Konsequenzen der „Weltanschauungs"-Debatte vor 1933 für das Verhalten einiger offizieller Repräsentanten der deutschen (DPG) und internationalen (IPV) Psychoanalyse während der Zeit des „Dritten Reiches". Zeitschrift für Psychosomatische Medizin und Psychoanalyse, 37, 31–44.

Noy, P. (1979). The psychoanalytic theory of cognitive development. Psychoanalytic Study of the Child, 34, 169–216.

Nunberg, H. & Federn, E. (Hg.) (1967). Protokolle der Wiener Psychoanalytischen Vereinigung, Bd. 2. Frankfurt/M.: Fischer 1977.

Nunberg, H. (1929). Die synthetische Funktion des Ich. In P. Kutter & P. Roskamp (Hg.), Psychologie des Ich (S. 30–49). Darmstadt: Wissenschaftliche Buchgesellschaft 1974.

Obermeit, W. (1980). Das unsichtbare Ding, das Seele heißt. Die Entdeckung der Psyche im bürgerlichen Zeitalter. Frankfurt/M.: Syndikat.

Ogden, T. H. (1986). The matrix of the mind. Object relations and the psychoanalytic dialogue. Nothvale, NJ.: Jason Aronson.

Ogden, T. H. (1988). Die projektive Identifikation. Forum der Psychoanalyse, 4, 1–21.

Oliner, M. M. (1988). Cultivating Freud's garden in France. Northvale, NJ.: Jason Aronson.

Olivier, Ch. (1980). Jokastes Kinder. Die Psyche der Frau im Schatten der Mutter. Düsseldorf: Claassen 1984.

Opatow, B. (1989). Drive theory and the metapsychology of experience. International Journal of Psycho-Analysis, 70, 645–660.

Palombo, S. (1978). Dreaming and memory. New York: Basic Books.

Pao, P.-N. (1979). Schizophrenic disorders. Theory and treatment from a psychodynamic point of view. New York: International Universities Press.

Papoušek, H. & Papoušek, M. (1987). Intuitive parenting: A dialectic counterpart to the infants integrative competence. In J. D. Osofsky (Ed.), Handbook of infant development (pp. 669–720). New York, Wiley.

Páramo-Ortega, R. (1991). Freud in Mexiko. Zur Geschichte der Psychoanalyse in Mexiko. München: Quintessenz.

Parin, P. (1978). Warum die Psychoanalytiker so ungern zu brennenden Zeitproblemen Stellung nehmen. In ders., Der Widerspruch im Subjekt (S. 7–19). Frankfurt/M.: Syndikat.

Parin, P. (1990). Die Beschädigung der Psychoanalyse in der angelsächsischen Emigration und ihre Rückkehr nach Europa. Psyche, 44, 191–201.

Parin, P. & Parin-Matthèy, G. (1978–1985). Subjekt im Widerspruch. Aufsätze 1978–1985. Frankfurt/M.: Syndikat.

Parin, P. & Parin-Matthèy, G. (1983). Medicozentrismus in der Psychoanalyse eine notwendige Revision der Neurosenlehre und ihrer Relevanz für die Theorie der Behandlungstechnik. In S. O. Hoffmann (Hg.), Deutung und Beziehung (S. 86–106). Frankfurt/M.: Fischer.

Parin, P., Morgenthaler, F. & Parin-Matthèy, G. (1963). Die Weißen denken zuviel. Psychoanalytische Untersuchungen bei den Dogon in Westafrika. Zürich: Artemis.

Parin, P., Morgenthaler, F. & Parin-Matthèy, G. (1971). Fürchte deinen Nächsten wie dich selbst. Frankfurt/M.: Suhrkamp.

Perls, F. (1976). Gestalttherapie in Aktion. Stuttgart: Klett-Cotta, 7. Auflage 1993.

Peter, H. (1989). Integration von Psychoanalyse und Bioenergetik in der Person und Rolle des Therapeuten. In Schweizerische Gesellschaft für Bioenergetische Analyse und Therapie (Hg.), Körper und Seele (S. 11–23). Dortmund: Alternativ-Verlag.

Peterfreund, E. (1978). Some critical comments on psychoanalytic conceptualizations of infancy. The Journal of Psycho-Analysis, 59, 427–441.

Peterfreund, E. (1990). On the distinction between clinical process and clinical content theories. Psychoanalytic Psychology, 7, 1–12.

Pfeifer, R. & Verschure, P. (1992). Beyond rationalism: symbols, patterns and behaviour. Connection Science, 4, 313–325.

Pfeiffer, R. & Leuzinger-Bohleber, M. (1985). Applications of cognitive science methods to psychoanalysis: A case study and some theory. International Review of Psychoanalysis, 13, 221–240.

Pfeiffer, R. & Leuzinger-Bohleber, M. (1991). A dynamic view of emotion with an application to the classification of emotional disorders. In M. Leuzinger-Bohleber, H. Schneider & R. Pfeiffer, „Two butterflies on my head". Psychoanalysis in the scientific dialogue (pp. 215–243). Berlin: Springer.

Pfeiffer, R. & Leuzinger-Bohleber, M. (1995). „Ich warf mich voll Angst auf den Boden…" (Traumdetail einer Analysandin). Sensomotorische Aspekte des Gedächtnisses. Erscheint in Materialien aus dem Sigmund Freud Institut. Münster: LIT Verlag.

Piaget, J. (1923). La penseé symbolique et la penseé de l'enfant. Archives de Psychologie, 18, 273–304.

Pietzcker, C. (1978). Zur Psychoanalyse der literarischen Form. In S. Goeppert (Hg.), Perspektiven psychoanalytischer Literaturkritik. Freiburg: Rombach (wiederabgedruckt in ders., Trauma, Wunsch und Abwehr. Würzburg: Königshausen & Neumann 1985. S. 191–215).

Pine, F. (1985). Developmental theory and clinical process. New Haven, London: Yale University Press.

Pine, F. (1990). Die vier Psychologien der Psychoanalyse und ihre Bedeutung für die Praxis. Forum der Psychoanalyse, 6, 232–249.

Plänkers, T. (1986). Anmerkungen zu Integrationsversuchen von Psychoanalyse und Verhaltenstherapie. Verhaltenstherapie und psychosoziale Praxis, 2, 199–209.

Platon, Charmides. Stuttgart: Reclam 1977.

Politzer, H. (1974). Hatte Ödipus einen Ödipuskomplex? München: Piper.

Polkinghorne, D. E. (1992). Postmodern epistemology of practice. In S. Kvale (Ed.), Psychology and postmodernism (pp. 146–165). London: Sage.

Pollack, W. S. (1989). Schizophrenia and the self: Contributions of psychoanalytic self-psychology. Schizophrenia Bulletin, 15, 311–322.

Pollock, G. H. & Ross, J. M. (Hg.) (1988). The Oedipus Papers. Classics in psychoanalysis. Monogr. 6, Madison, Conn.: International Universities Press.

Popper, K. R. (1963). Conjectures and Refutations. London: Routledge and Kegan Paul.

Posner, M. I. (Ed.). Foundations of cognitive science. Cambridge, MA: MIT Press.

Preyer, W. T. (1882). Die Seele des Kindes. Berlin: Springer/VEB Deutscher Verlag der Wissenschaften, Nachdruck 1989.

Racker, H. (1953). Die Gegenübertragungsneurose. In ders., Übertragung und Gegenübertragung. München: Reinhardt 1978.

Racker, H. (1958). Klassische und gegenwärtige Technik der Psychoanalyse. In ders., Übertragung und Gegenübertragung. München. Reinhardt 1978.

Rangell, L. (1954). Similarities and differences between psychoanalytic and dynamic psychotherapy. Journal of the American Psychoanalytic Association, 2, 734–744.

Rangell, L. (1955). The role of the parent in the oedipus complex. Bulletin of the Menninger Clinic, 19, 9–15.Rangell, L. (1973). Die Aggression und der Ödipuskomplex. Psyche, 37, 193–204.

Rangell, L. (1981). From insight to change. Journal of the American Psychoanalytic Association, 29, 119–141.

Rapaport, D. (1959). Die Struktur der psychoanalytischen Theorie. Versuch einer Systematik. Stuttgart: Klett 1960.

Rapaport, D. & Gill, M. M. (1959). The points of view and assumptions of metapsychology. The International Journal of Psycho-Analysis, 40, 153–162.

Rappe-Giesecke, C. (1988). Möglichkeiten und Grenzen der Balint-Gruppenarbeit mit Teams. Die Balint-Gruppe in Klinik und Praxis. 1, 166–181.

Regier, D. A., Myers, J. K., Kramer, M., Robins, L. N., Blazer, D. G., Hough, R. L., Eaton, W. W. & Locke, B. Z. (1984). The NIMH epidemiologic catchments area program. Archive of General Psychiatry, 41, 934–941.

Reich, W. (1931). Charakteranalyse. Wien: Selbstverlag.

Reich, W. (1933). Massenpsychologie des Faschismus. Köln: Kiepenheuer & Witsch 1971.

Reich, W. (1935). Der Ausschluß Wilhelm Reichs aus der Internationalen Psychoanalytischen Vereinigung. Zeitschrift für Politische Pychologie und Sexualökonomie, 2, 54–61.

Reiche, R. (1972). Ist der Ödipuskomplex universell? Kursbuch 29, 159–176.

Reiff, H. (1988). Die trianguläre Struktur von Körper, Körperschema und Körperbild. Forum der Psychoanalyse, 4, 216–228.

Reik, Th. (1935). New ways in psycho-analytic technique. International Journal of Psycho-Analysis, 14, 321–334.

Richter, H. E. (1972). Die Gruppe. Reinbek: Rowohlt.

Richter, H. E. (1979). Der Gotteskomplex. Reinbek: Rowohlt.

Richter, H. E. (1989). Die hohe Kunst der Korruption. Erkenntnisse eines Politik-Beraters. Hamburg: Hoffmann & Campe.

Ricoeur, P. (1965). L'interprétation Essai sur Freud. Paris: Payot (dt.: Die Interpretation. Ein Versuch über Freud. Frankfurt/M.: Suhrkamp 1969.

Ricoeur, P. (1974). Hermeneutik und Psychoanalyse: Konflikt der Interpretationen II. München: Kösel.

Robins, L. N., Helzer, J. E., Weissman, M. M., Orvaschel, H., Gruenberg, E., Burke, J. D. & Regier, D. A. (1984). Lifetime prevalence of specific psychiatric disorders in three sites. Archive of General Psychiatry, 41/10, 949–958.

Robins, L. N. & Regier, D. A. (Hg.) (1991). Psychiatric disorders in America. New York: Free Press.

Rogers, C. R. (1974). Encounter Gruppen. München: Kindler.

Rohde-Dachser, Ch. (1983a). Das Borderline-Syndrom. Bern: Huber, 3. durchgesehene Auflage 1990.

Rohde-Dachser, Ch. (1983b). Träume in der Behandlung von Patienten mit schweren Ich-Störungen. In M. Ermann (Hg.), Der Traum in der Psychoanalyse und analytischer Psychotherapie (S. 107–119). Berlin: Springer.

Rohde-Dachser, Ch. (1987). Ausformungen der ödipalen Dreieckskonstellation bei narzißtischen und bei Borderline-Störungen. Psyche, 41, 773–789.

Rohde-Dachser, Ch. (1990a). Feindbilder in der Psychoanalyse und in psychoanalytischen Gesellschaften. Forum der Psychoanalyse, 6, 135–146.

Rohde-Dachser, Ch. (1990b). Weiblichkeitsparadigmen in der Psychoanalyse. Psyche, 44, 32–53.

Rohde-Dachser, Ch. (1991). Expedition in den dunklen Kontinent. Weiblichkeit im Diskurs der Psychoanalyse. Heidelberg: Springer.

Rohrmeyer, F. (1982). Langzeiterfolge psychosomatischer Therapien. Berlin: Springer.

Rosenfeld, F. (1981). Zur Psychoanalyse psychotischer Zustände. Frankfurt/M.: Suhrkamp.

Rosenfeld, H. (1972). A critical appreciation of James Strachey's paper of the nature of the therapeutic action of psychoanalysis. International Journal of Psycho-Analysis, 53, 453–461.

Rosenfeld, H. A. (1966). Psychotic states. A psychoanalytical approach. New York: International Universities Press. (dt.: Zur Psychoanalyse psychotischer Zustände. Übers. v. Charlotte Kahleyß-Neumann. Frankfurt/M.: Suhrkamp 1981.

Rosenfield, I. (1988). The intervention of memory. New York: Basic Books.

Rosenzweig, S. (1986). Freud and experimental psychology. The emergence of idiodynamics. New York: McGraw-Hill.

Rosin, U. & Heigl-Evers, A. (1988). Empirisches Forschen von Balint-Gruppen: Methoden und Ergebnisse. Die Balintgruppe in Klinik und Praxis. 1, 142–165.

Rosin, U. (1980/81). Lernbarrieren und Widerstände in der Balint-Gruppenarbeit mit Psychiatern. Gruppenpsychotherapie und Gruppendynamik, 16, 360–382.

Rosin, U. (1989). Balint-Gruppen: Konzeption, Forschung, Ergebnisse. Die Balint-Gruppe in Klinik und Praxis, 3.

Ross, J. M. (1982). Oedipus revisited. Laius and the „laius complex". Psychoanalytic Study of the Child, 37, 169–200.

Roth, J. H. (1984). Hilfe für Helfer: Balint-Gruppen. München. Piper.

Rothenfluh, Th. (1988). Von der Diagnose zum situativen Modell: Ein wissensbasierter Ansatz für die Modellierung des diagnostischen Prozesses in der Psychiatrie am Beispiel der Borderlinestörung. Unveröffentlichte Dissertation: Universität Zürich.

Rotmann, M. (1978). Die Bedeutung des Vaters in der Wiederannäherungsphase. Psyche, 32, 1105–1147

Roudinesco, E. (1990). Jacques Lacan & Co. Chicago: University of Chicago Press.

Rubovits-Seitz, P. F. D. (1992). Interpretative methodology: Some problems, limitations, and remedial strategies. Journal of the American Psychoanalytic Association, 40, 139–168.

Rudnitztky, P. L. (1987). Freud and Oedipus. New York: Columbia University Press.

Rudolf, G. & Rüger, U. (Hg.) (1988). Die Psychoanalyse Schultz-Henckes. Stuttgart: Thieme.

Rüger, U. (1993). Gruppenpsychotherapeutische Methoden. In A. Heigl-Evers, F. Heigl & J. Ott (Hg.) (1993). Lehrbuch der Psychotherapie (S. 435–460). Stuttgart: Fischer.

Rumelhart, D. E. (1989). The architecture of mind: A connectionist approach. In M. I. Posner (Ed.), Foundations of cognitive science (pp. 133–159). Cambridge, MA: MIT Press.

Rutschky, M. (1981). Lektüre der Seele. Eine historische Studie über die Psychoanalyse der Literatur. Frankfurt/M.: Ullstein.

Rycroft, Ch. (1956). The nature and function of the analyst's communication to the patient. International Journal of Psycho-Analysis, 37, 469–472.

Sander, L. W. (1983). Polarity, paradox, and the organizing process in development. In J. Call, E. Galenson & R. Tyson (Eds.), Frontiers of infant psychiatry (pp. 333–346). New York: Basic Books.

Sandler, J. & Sandler, A.-M. (1983). The „second censorship", the „three box model" and some technical implications. International Journal of Psycho-Analysis, 64, 413–425.

Sandler, J. (1976). Gegenübertragung und Bereitschaft zur Rollenübernahme. Psyche, 30, 297–305.

Sandler, J. (1987). From safety to superego: Selected papers of Joseph Sandler. New York: Guilford Press.

Sandler, J. (Hg.) (1988). Projection, identification, projective identification. London: Karnac Books 1989.

Sandler, J., Dare, C. & Holder, A. (1973). Die Grundbegriffe der psychoanalytischen Therapie. Stuttgart: Klett-Cotta, 5. Auflage 1991.

Sandler, J., Dreher, A. U., Drews, S., Fischer, R., Klüwer, R., Muck, M., Vogel, H. & Will, C. (1987). Psychisches Trauma. Ein psychoanalytisches Konzept im Theorie-Praxis-Zusammenhang. Materialien aus dem Sigmund-Freud-Institut, Nr. 5.

Sandler, J., Kennedy, H. & Tyson, R. (1980). Kinderanalyse. Gespräche mit Anna Freud. Frankfurt/M.: Fischer.

Sandner, D. (Hg.) (1986). Analytische Gruppenpsychotherapie mit Schizophrenen. Göttingen: Vandenhoeck & Ruprecht.

Sayers, J. (1991). Mothering psychoanalysis. Helene Deutsch, Karen Horney, Anna Freud, Melanie Klein. London: Hamish Hamilton.

Schafer, R. (1976). A new language for psychoanalysis. New Haven: Yale University Press. (dt.: Eine neue Sprache für die Psychoanalyse. Stuttgart: Klett-Cotta 1982).

Schafer, R. (1978). Language and insight. New Haven: Yale University Press.

Schafer, R. (1983). The analytic attitude. New York: Basic Books.

Schank, R. C. (1982). Dynamic memory. Cambridge: Cambridge University Press.

Scharfenberg, J. (1973). Narzißmus, Identität und Religion. Psyche, 27, 949–966.

Schepank, H. (1974). Erb- und Umweltfaktoren bei Neurosen. Berlin: Springer.

Schepank, H. (1987). Psychogene Erkrankungen der Stadtbevölkerung. Eine epidemiologisch-tiefenpsychologische Feldstudie in Mannheim. Berlin: Springer.

Schepank, H. (Hg.) (1990). Verläufe. Heidelberg: Springer.

Schepank, H. & Tress, W. (1988). Die stationäre Psychotherapie und ihr Rahmen. Berlin: Springer.

Schindler, W. (1980). Die analytische Gruppentherapie nach dem Familienmodell. München: Reinhardt.

Schlösser, A.-M. (1989). Nachrichten aus dem Raubtierkäfig. Balint-Gruppenarbeit in der forensischen Psychiatrie. Die Balint-Gruppe in Klinik und Praxis, 4, 159–168.

Schmidbauer, W. (1977). Die hilflosen Helfer. Reinbek: Rowohlt.

Schneider, H. & Wüthrich, U. (1991). A model based on theories of self-organizing processes as a tool for the investigation of change in psychotherapy. In M. Leuzinger-Bohleber, H. Schneider & R. Pfeifer (Eds.), „Two butterflies on my head." Psychoanalysis in the scientific dialogue (pp. 245–256). Berlin: Springer.

Schönau, W. (1968). Sigmund Freuds Prosa. Stuttgart. Metzler.

Schönau, W. (1986). Auf dem Wege zu einer psychoanalytischen Rezeptionstheorie. In J. Cremerius u.a. (Hg.), Freiburger literaturpsychologische Gespräche, Bd. 5, Würzburg: Königshausen & Neumann.

Schorr, A. (1984). Die Verhaltenstherapie. Ihre Geschichte von den Anfängen bis zur Gegenwart. Weinheim: Beltz.

Schubart, W. (1990). Psychoanalyse als Utopie – ihre Anwendungsform als Realität? Psyche, 44, 1025–1035.

Schubart, W. (1991). Psychoanalyse und ihre Anwendungen – Zur Identität des Psychoanalytikers. Zeitschrift für psychoanalytische Psychotherapie und Praxis, 6, 260–276.

Schülein, J. A. (1981). Sinnprobleme in Industriegesellschaften am Beispiel der Jugendsekten. In ders. et al. (Hg.), Politische Psychologie (S. 13–38). Frankfurt/M.: Campus.

Schülein, J. A. (1983). Psychoanalyse und Politik. In Mertens, W. (Hg.), Psychoanalyse Ein Handbuch in Schlüsselbegriffen (S. 273–281). München: Urban & Schwarzenberg.

Schultz, H. (1973). Zur diagnostischen und prognostischen Bedeutung des Initialtraumes in der Psychotherapie. Psyche, 27, 749–769.

Schultz, U. & Hermanns, L. (1987). Das Sanatorium Schloß Tegel Ernst Simmels. Zur Geschichte und Konzeption der ersten psychoanalytischen Klinik. Psychotherapie und Medizinische Psychologie, 37, 58–67.

Schultz-Hencke, H. (1927). Einführung in die Psychoanalyse. Jena: Fischer. Unveränderter Nachdruck Göttingen: Vandenhoeck & Ruprecht 1972.

Searles, H. P. (1979). Countertransference and related subjects. New York: International Universities Press.

Sears, R. R. (1944). Experimental analysis of psychoanalytic phenomena. In J. McV. Hunt (Ed.), Personality and the behavior disorders, vol. 1. New York: Ronald Press.

Selvini-Palazzoli, M., Cirillo, S., Selvini, M., Sorrentino, A. M. (1992). Die psychotischen Spiele in der Familie. Stuttgart: Klett-Cotta.

Seyle, H. (1974). Stress without distress. Philadelphia: Lippincott.

Shakow, D. & Rapaport, D. (1964). The influence of Freud on American psychology. New York: International Universities Press.

Shevrin, H. (1988). Unconscious conflict: A convergent psychodynamic and electrophysiological approach. In: M. J. Horowitz (Ed.), Psychodynamics and cognition. Chicago: University of Chicago Press.

Sies, C. & Brocher, T. (1990). Maturana und die Psychoanalyse. In U. Streeck & H.-V. Werthmann (Hg.), Herausforderungen für die Psychoanalyse. Diskurse und Perspektiven (S. 307–321). München: Pfeiffer.

Sifneos, P. E. (1981). Short-term dynamic psychotherapy: Its history, its impact and its future. Psychotherapie & Psychosomatics, 35 (4), 224–229.

Silberschatz, G. & Curtis, J. T. (1986). Clinical implications of research on brief psychotherapy, II. How the therapist helps or hinders therapeutic progress. Psychoanalytic Psychology, 3, 27–37.

Silberschatz, G., Curtis, J. T., Fretter, P. B. & Kelly, T. J. (1988). Testing hypotheses of psychotherapeutic change processes. In H. Dahl, H. Kächele & H. Thoma (Eds.), Psychoanalytic process research strategies (pp. 129–145). Berlin: Springer.

Silverman, L. H. (1983). The subliminal psychodynamic activation method: Overview and comprehensive listing of studies. In J. Masling (Ed.), Empirical study of psychoanalytic theories, vol. 1 (pp. 69–100). Hillsdale, NJ: Lawrence Erlbaum.

Singer, J. L. (1988). Psychoanalytic theory in the context of contemporary psychology: The Helen Block Lewis Memorial Address. Psychoanalytic Psychology, 5, 95–125.

Skinner, B. F. (1954). Kritik psychoanalytischer Begriffe und Theorien. In E. Topitsch (Hg.), Logik der Sozialwissenschaften (S. 454–463). Köln: Kiepenheuer & Wisch, 4. Auflage 1967.

Sloane, R. B. et al. (1975). Psychotherapy versus behavior therapy. Cambridge: Harvard University Press. (dt.: Analytische Psychotherapie und Verhaltenstherapie. Stuttgart: Enke, 1981).

Sokoloff, B. (1971). The permissive society. New Rochelle, NY.: Arlington House.

Specht, E. K. (1981). Der wissenschaftstheoretische Status der Psychoanalyse. Das Problem der Traumdeutung. Psyche, 35, 761–787.

Spelke, E. S. & Cortelyou, A. (1981). Perceptual aspects of social knowing: Looking and listening in infancy. In M. E. Lamb & L. R. Sherrod (Eds.), Infant social cognition (pp. 61–84). Hillsdale, NJ.: Erlbaum.

Spence, D. P. (1982). Narrative truth and historical truth. Meaning and interpretation in psychoanalysis. New York: Norton.

Spence, D. P. (1987). The Freudian metaphor. Toward paradigm change in psychoanalysis. New York: Norton.

Sperling, E., Massing, A., Reich, G., Georgi, H. & Wöbbe-Mönks, E. (1982). Die Mehrgenerationen-Familientherapie. Göttingen: Vandenhoeck & Ruprecht.

Sperling, M. (1967). Transference neurosis in patients with psychosomatic disorders. Psychoanalytic Quarterly, 36, 342–355. Spiegel einer empirischen Studie. Psyche, 44, 202–217.

Spotnitz, H. (1979). Narcissistic countertransference. Contemporary Psychoanalyse, 15, 545–559.

Srole, L. (1975). Measurement and classification in sociopsychiatric epidemiology: Midtown Manhattan Study (1954) and Midtown Manhattan Restudy (1974). Journal of Mental Health and Social Behavior, 16, 347–364.

Srole, L. & Fischer, A. K. (1986). Gender, generations, and well-being: the Midtown Manhattan Longitudinal Study. In L. Erlenmeyer-Kinnling & N. E. Miller (Eds.), Life-span Research on the Prediction of Psychopathology (S. 239–246). Hillsdale NJ: Erlbaum.

Stegmüller, W. (1969). Probleme und Resultate der Wissenschaftstheorie, Bd. 1. Berlin: Springer.

Steiner, J. (1985). Turning a blind eye: the cover up for oedipus. International Review of Psycho-Analysis, 12, 161–172.

Steiner, J. (1990). The retreat from truth to omnipotence in Sophocles' Oedipus at Colonus. International Review of Psycho-Analysis, 17, 227–237.

Stekel, W. (1885). Ueber Coitus im Kindesalter. Wiener Medizinische Blätter, 18, 247–249.

Stekel, W. (1911). Die Sprache des Traumes. Wiesbaden: Bergmann.

Sterba, R. (1934). Das Schicksal des Ichs im therapeutischen Verfahren. Internationale Zeitschrift für Psychoanalyse, 20, 66–73.

Stern, A. (1957). The transference in the borderline group of neuroses. Journal of the American Psychoanalytic Association, 5, 348–350.

Stern, D. N. (1985). The interpersonal world of the infant. A view from psychoanalysis and developmental psychology. New York: Basic Books (dt.: Die Lebenserfahrung des Säuglings. Stuttgart: Klett-Cotta, 2. Auflage 1992.

Stern, W. (1901). Buchbesprechung: Freud, S., Die Traumdeutung. Zeitschrift für Psychologie und Physiologie der Sinnesorgane, 26, 130–133.

Sterren, D. van der (1952). The king oedipus of Sophocles. The International Journal of Psycho-Analysis, 33, 343–350.

Sterren, D. van der (1974). Ödipus. Nach den Tragödien des Sophokles. Eine psychoanalytische Studie. München: Kindler.

Stierlin, H. (1975). Von der Psychoanalyse zur Familientherapie. Stuttgart: Klett-Cotta.

Stone, L. (1954). The widening scope of indications for psychoanalysis. Journal of the American Psychoanalytic Association, 2, 567–594.

Stork, J. (1974). Fragen an den Vater. Freiburg: Alber.

Stork, J. (Hg.) (1986). Das Vaterbild in Kontinuität und Wandlung. Stuttgart: frommann-holzboog.

Strotzka, H., Leitner, I., Czerwenka-Wenkstetten, G., Graupe, S. R. & Simon, M. D. (1969). Kleinburg. Eine sozialpsychiatrische Feldstudie. Wien: Österreichischer Bundesverlag für Unterricht, Wissenschaft und Kunst.

Strupp, H. H. & Binder, J. L. (1984). Psychotherapy in a new key. New York: Basic Books (dt.: Kurzpsychotherapie. Stuttgart: Klett-Cotta, 2. Auflage 1993).

Strupp, H. H. (1986). Psychotherapy: Research, practice, and public policy (How to avoid dead ends). American Psychologist, 41 (2), 120–130.

Strupp, H. H. (1989). Can the practitioner learn from the researcher? American Psychologist, 44, 717–724.

Stucke, W. (1988). Die Balint-Großgruppe. Die Balint-Gruppe in Klinik und Praxis, 1, 88–97.

Stuhr, U. & Haag, A. (1989). Eine Prävalenzstudie zum Bedarf an psychosomatischer Versorgung in den allgemeinen Krankenhäusern Hamburgs. Psychotherapie, Psychosomatik, Medizinische Psychologie, 39, 273–281.

Sullivan, H. S. (1953). The interpersonal theory of psychiatry. New York: Norton.

Sullivan, H. S. (1962). Schizophrenia as a human process. New York: Norton.

Sulloway, F. J. (1982). Freud Biologie der Seele. Jenseits der psychoanalytischen Legende. Hohenheim: Maschke.

Teller, V. & Dahl, H. (1986). The microstructure of free association. Journal of the American Psychoanalytic Association, 34, 763–798.

Thomä, H. (1963/64). Die Neo-Psychoanalyse Schultz-Henckes. Eine historische und kritische Betrachtung. Psyche, 17, 44–79, 83–128.

Thomä, H. (1980). Auf dem Weg zum Selbst. Psyche, 34, 221–245.

Thomä, H. (1981). Schriften zur Praxis der Psychoanalyse: Vom spiegelnden zum aktiven Analytiker. Frankfurt/M.: Suhrkamp.

Thomä, H. (1984). Der Beitrag des Psychoanalytikers zur Übertragung. Psyche, 38, 29–62.

Thomä, H. (1986). Psychohistorische Hintergründe typischer Identitätsprobleme deutscher Psychoanalytiker. Forum der Psychoanalyse, 2, 59–68.

Thomä, H. (1990). Idee und Wirklichkeit der Lehranalyse. Ein Plädoyer für Reformen. Unveröffentlichtes Manuskript.

Thomä, H. & Kächele, H. (1985/88). Lehrbuch der psychoanalytischen Therapie, Bd. 1: Grundlagen. Bd. 2: Praxis. Berlin: Springer.

Thomä, H. & Kächele, H. (1987). Psychoanalytic practice. Principles, vol. 1. Berlin, New York: Springer.

Thornton, E. M. (1983). Freud and cocaine. The Freudian fallacy. London: Blond & Briggs.

Torok, M. (1964). Die Bedeutung des „Penisneides" bei der Frau. In J. Chasseguet-Smirgel (Hg.), Psychoanalyse der weiblichen Sexualität (S. 192–232). Frankfurt/M.: Suhrkamp 1974.

Tress, W. (1985). Psychoanalyse als Wissenschaft. Psyche, 39, 385–412.

Tress, W. (1986). Das Rätsel der seelischen Gesundheit. Traumatische Kindheit und früher Schutz gegen psychische Störungen. Vandenhoeck & Ruprecht.

Tress, W. (1987a). Die intentionale Beschreibung als Grundfigur psychoanalytischer Erkenntnis. Psychotherapie und medizinische Psychologie, 37, 133–141.

Tress, W. (1987b). Sprache Person Krankheit. Berlin: Springer.

Tress, W. (1988). Forschung zu psychogenen Erkrankungen zwischen klinisch-hermeneutischer und gesetzeswissenschaftlicher Empirie: Sozialempirische Marker als Vermittler. Psychotherapie und Medizinische Psychologie, 38, 269–275.

Tress, W. (1989). Adolf Grünbaum und die psychoanalytische Wahrheit. In F.-W. Eickhoff & W. Loch (Hg.), Jahrbuch der Psychoanalyse, Bd. 25 (S. 167–199). Stuttgart: frommann-holzboog.

Tress, W. (Hg.) (1993). SASB. Die Strukturale Analyse Sozialen Verhaltens – SASB. Heidelberg: Asanger.

Tress, W., Henry, W. P., Strupp, H. H., Reister, G. & Junkert, B. (1990). Die strukturale Analyse sozialen Verhaltens (SASB) in Ausbildung und Forschung. Ein Beitrag zur „funktionellen Histologie" des psychotherapeutischen Prozesses. Zeitschrift für Psychosomatische Medizin und Psychoanalyse, 36, 240–257.

Treurniet, N. (1980). On the relations between the concepts of self and ego in Kohut's psychology of the self. International Journal of Psychoanalysis, 61, 325–336.

Tschuschke, V. & Czogalik, D. (Hg.) (1990). Psychotherapie. Welche Effekte verändern? Berlin: Springer.

Turkle, S. (1988). Artificial intelligence and psychoanalysis: A new alliance. In S. R. Graubard (Ed.), The artificial intelligence debate. False starts, real foundations (pp. 241–268). Cambridge, MA: MIT Press.

v. Rad, M. (1983). Alexithymie. Empirische Untersuchungen zur Diagnostik und Therapie psychosomatisch Kranker. Berlin: Springer.

Van Lehn, K., Brown, J. S. & Greeno, J. (1984). Competitive argumentation in computational theories of cognition. In W. Kintsch, J. R. Miller & P. G. Polson (Eds.), Methods and tactics in cognitive science (pp. 235–262). Hillsdale, NJ: Erlbaum.

Varela, F. J. (1990). Kognitionswissenschaft – Kognitionstechnik. Frankfurt/M.: Suhrkamp.

Vogt, R. (1986). Psychoanalyse zwischen Mythos und Aufklärung oder das Rätsel der Sphinx. Frankfurt/M.: Edition Qumran/Campus.

Volmberg, B. (1978). Identität und Arbeitserfahrung. Eine theoretische Konzeption zu einer Sozialpsychologie der Arbeit. Frankfurt/M.: Suhrkamp.

Wachtel, P. L. (1977). Psychoanalysis and behavior therapy. New York. (dt.: Psychoanalyse und Verhaltenstherapie. Stuttgart: Klett-Cotta, 1981.

Wallerstein, R. S. (1986). Forty-two lifes in treatment. A study of psychoanalysis and psychotherapy. New York: Guilford Press.

Wallerstein, R. S. (1990). Zum Verhältnis von Psychoanalyse und Psychotherapie. Psyche, 44, 967–994.

Wallerstein, R. S (1991). Psychoanalytic education and research: A transformative proposal. Psychoanalytic Inquiry, 11, 196–226.

Ware, R. C. (1984). C. G. Jung und der Körper: Vernachlässigte Möglichkeiten der Therapie? In U. Sollmann (Hg.), Bioenergetische Analyse (S. 225–251). Essen: Synthesis.

Weber, M. (1982). Gesammelte Aufsätze zur Wissenschaftslehre. Tübingen: Mohr.

Wegman, C. (1985). Psychoanalysis and cognitive psychology. London: Academic Press.

Weinert, A. B. (1987). Lehrbuch der Organisationspsychologie. München: Psychologie Verlags Union.

Weiss, E. & English, O. S. (1943). Psychosomatic Medicine. Philadelphia: Saunders.

Weiss, J., Sampson, H. & The Mount Zion Psychotherapy Research Group (1986). The psychoanalytic process: Theory, clinical observation, and empirical research. New York: Guilford Press.

Weiss, J., Sampson, H. et al. (1977). Research on the psychoanalytic process I: A comparison of the two theories about analytic neutrality. Psychotherapy Research Group, Department of Psychiatry. Mount Zion Hospital & Medical Center, Bulletin Nr. 3.

Weitzman, B. (1967). Behavior therapy and psychotherapy. Psychological Review, 74, 300–317.

Weizsäcker, V. v. (1940). Der Gestaltkreis. Stuttgart: Thieme.

Westmeyer, H. (1978). Wissenschaftstheoretische Grundlagen Klinischer Psychologie. In U. Baumann, H. Berbalk & G. Seidenstücker (Hg.), Klinische Psychologie, Trends in Forschung und Praxis (S. 108–132). Bern: Huber.

Widlöcher, D. (1983). The supervisee and the supervisor: Interpretations and interventions. The Annual of Psychoanalysis, XI, 91–98.

Willi, J. (1975). Die Zweierbeziehung. Reinbek: Rowohlt.

Winnicott, D. (1945). Die primitive Gefühlsentwicklung. In ders., Von der Kinderheilkunde zur Psychoanalyse (S. 57–74). München: Kindler 1976.

Winnicott, D. W. (1951). Übergangsobjekte und Übergangsphänomene. Psyche, 23, 666–682, 1969.

Winnicott, D. W. (1958). Collected papers: Through paediatrics to psychoanalysis. New York: Basic Books.

Winnicott, D. W. (1965). The maturational process and the facilitating environment. New York: International Universities Press.

Winnicott, D. W. (1971a). Playing and reality (dt.: Vom Spiel zur Kreativität. Stuttgart: Klett-Cotta, 6. Aufl. 1992).

Winnicott, D. W. (1971b). Kreuzidentifizierung und zwischenmenschliche Beziehung. In ders., Vom Spiel zur Kreativität (S. 136–155). Stuttgart: Klett-Cotta, 6. Auflage 1992.

Winograd, T. & Flores, F. (1989). Erkenntnis, Maschinen, Verstehen. Zur Neugestaltung von Computersystemen. Berlin: Rotbuch.

Wittgenstein, L. (1958). Philosophische Untersuchungen. Frankfurt/M.: Suhrkamp 1974.

Wittmann, L. (1980). Verhaltenstherapie und Psychodynamik. Therapeutisches Handeln jenseits der Schulgrenzen. Weinheim: Beltz.

Wright, G. H. v. (1974). Erklären und Verstehen. Frankfurt/M.: Suhrkamp.

Zagermann, P. (1985). Ich-Ideal, Sublimierung, Narzißmus. Die Theorie des Schöpferischen in der Psychoanalyse. Darmstadt: Wissenschaftliche Buchgesellschaft.

Zaleznik, A. (1975). Das menschliche Dilemma der Führung. Wiesbaden: Gabler.

Zepf, S. & Hartmann, S. (1989). Psychoanalytische Praxis und Theoriebildung: Verstehen und Begreifen. Berlin: Springer.

Zepf, S. & Hartmann, S. (1990). Anmerkung III. Die soziale Funktion des psychoanalytischen Theoriepluralismus. In S. Zepf (Hg.) (1990). „Wer sich nicht bewegt, der spürt auch seine Fesseln nicht." Anmerkungen zur gegenwärtigen Lage der Psychoanalyse (S. 81–97). Frankfurt/M.: Nexus.

Zeppelin, I. v. & Moser, U. (1987). Träumen wir Affekte? Forum der Psychoanalyse, 3, 143–152 und 227–237.

Zetzel, E. (1956). Current concepts of transference. International Journal of Psycho-Analysis, 37, 369–376.

Zilberg, N. J., Wallerstein, R. S., Dewitt, K. N., Hartley, D. & Rosenberg, S. E. (1991). A conceptual analysis and strategy for assessing structural change. Psychoanalysis and Contemporary Thought, 14, 317–342.

Zintl-Wiegand, A., Cooper, B. & Krumm, B. (1980). Psychisch Kranke in der ärztlichen Allgemeinpraxis: Eine Untersuchung in der Stadt Mannheim. Weinheim: Beltz.

Zuriff, G. E. (1993). Theoretisches Schlußfolgern und die „neueren psychoanalytischen Theorien über den Säugling". Psyche, 1993, 47, 1153–1171.

Zwiebel, R. (1984). Zur Dynamik des Gegenübertragungs-Traums. Psyche, 38, 193–213.

Zwiebel, R. (1988). Einige Bemerkungen über die Rolle der projektiven Identifizierung in der analytischen Beziehung. In P. Kutter, P. Páramo-Ortega & P. Zagermann (Hg.), Die psychoanalytische Haltung (S. 259–277). München: Verlag Internationale Psychoanalyse.

C
Auswahlliste wichtiger psychoanalytischer Zeitschriften

Deutsche Zeitschriften

Psyche

Begründet von Alexander Mitscherlich, Hans Kunz und Felix Schottlaender. Herausgegeben von Margarete Mitscherlich-Nielsen, Helmut Dahmer und Lutz Rosenkötter (bis 1991), ab 1992 von Margarete Mitscherlich. Leitender Redakteur: Hans-Martin Lohmann.

Nach Kriegsende gegründet und im Jahr 1993 im 47. Jahrgang, erscheint monatlich ein Heft dieser angesehenen Zeitschrift im Verlag Klett-Cotta.

In der Psyche werden neben klinischen und sozialpsychologisch-psychoanalytischen Themen häufig auch kulturphilosophische und soziologische Arbeiten veröffentlicht. So wurde die Psyche zu einer interdisziplinär orientierten Zeitschrift, deren Auflagenhöhe zuletzt 7000 Stück erreichte.

Forum der Psychoanalyse. Zeitschrift für klinische Theorie und Praxis

Herausgeber: F. Beese, T. Brocher, H. Enke, M. Ermann, P. Fürstenau, A. Heigl-Evers, S. O. Hoffman, H. Kächele, K. König, J. Körner, E. Moersch, Th. Seifert, A. Springer. Schriftleitung: Michael Ermann, Sven Olaf Hoffmann und Jürgen Körner. Erscheint seit 1985 vierteljährlich im Springer-Verlag, Berlin.

Als Reaktion auf die etwas „kopflastige" und manchen medizinisch vorgebildeten Psychoanalytikern zu soziologisch orientierte Psyche, in der auch lange Zeit DPG-Analytiker nicht so recht als Autoren willkommen waren, und mit einem deutlich klinischen Akzent entstand das „Forum der Psychoanalyse", das sich in neun Jahren zu einer angesehenen psychoanalytischen Fachzeitschrift und damit durchaus auch zu einer Konkurrenz für die Psyche entwikkelt hat.

Zeitschrift für Psychosomatische Medizin und Psychoanalyse

Herausgeber: R. Adam, W. Bräutigam, A. Dührssen, M. Geyer, F. Heigl, E. Jorswieck, G. Rudolf, U. Rüger, H. Schepank, W. Tress. Schriftleitung: Ulrich Rüger. Erscheint im 39. Jahrgang (1993) vierteljährlich beim Verlag für Medizinische Psychologie im Verlag Vandenhoeck & Ruprecht in Göttingen.

In dieser für die psychoanalytische Psychosomatik wichtigen Zeitschrift veröffentlichen zum Großteil die der deutschen Neo-Psychoanalyse Schultz-Henckes und seiner Schüler verpflichteten Analytiker, wie z. B. Dührssen, Heigl-Evers, Heigl, Rudolf, Schepank, Zander. Die Zeitschrift vertritt eine empirische Psychosomatik mit psychoanalytischer Orientierung und zielt auf eine Verbreitung und Diskussion psychosomatischer Theorieansätze und Untersuchungsergebnisse. Im Unterschied zur Psyche, in der auch kultur- und gesellschaftskritische Beiträge veröffentlicht werden, liegt bei dieser Zeitschrift der Hauptakzent mehr im klinisch empirischen Bereich.

Jahrbuch der Psychoanalyse

Herausgeber: H. Beland, F.-W. Eickhoff, W. Loch, E. Meistermann-Seger, H.-E. Richter, G. Scheunert. Schriftleitung: F.-W. Eickhoff, W. Loch. Bislang sind 30 Bände erschienen (bis 1981 im Verlag Huber, Bern, und ab 1982 im Verlag Frommann-Holzboog in Stuttgart).

Gegliedert in „Klinische Beiträge“, „wissenschaftsphilosophische Aspekte“ und „Beiträge zur angewandten Psychoanalyse“ enthält das Jahrbuch Veröffentlichungen renommierter deutschsprachiger Psychoanalytiker.

Der Psychotherapeut

Herausgeber: P. Buchheim, M. Cierpka, P. Dettmering, M. Ermann, P. Hahn, R. Hohage, F. Schwarz, Th. Seifert, F. T. Zimmer. Schriftleitung: R. Karcher-Reiners. Erscheint seit 1955 zweimonatlich im Springer-Verlag, Heidelberg.

Als „Schwesterzeitschrift“ des Forums steht diese Zeitschrift allen psychotherapeutischen Richtungen offen, wobei in den letzten Jahren psychoanalytische Beiträge ein deutliches Übergewicht haben. Stark praxisorientiert ist sie vor allem auf die Weiterbildungsbelange von Ärzten, die den Zusatztitel in Psychotherapie anstreben, orientiert. Sie ist deshalb auch Organ der Lindauer Psychotherapiewochen, wo sich alljährlich drei- bis viertausend Teilnehmer, hauptsächlich bestehend aus Ärzten und Diplom-Psychologen, zur Weiterbildung treffen.

Zeitschrift für Psychoanalytische Theorie und Praxis

Herausgeber und Redaktion: S. Drews, T. Ettl, H. Groen-Prakken, B. Raguse, J. Ubbles.

Erscheint seit 1986 im Van Gorcum Verlag, Assen, Niederlande.

Wie auch das Forum der Psychoanalyse wurde diese Zeitschrift als Ergänzung zur stark soziologisch und kulturtheoretisch ausgerichteten Psyche geplant. Sie intendiert deshalb einen stärker klinischen Bezug; Themen der psychoanalytischen Behandlungstechnik, geschrieben von internationalen Autoren, stehen im Vordergrund dieser seit 1991 auch in einer anspruchsvolleren Aufmachung erscheinenden Zeitschrift.

Kinderanalyse

Gegründet 1993; Hrsg. von J. Stork. Redaktion: R. Hocke, A. v. Schelling, G. Scholze, A.-L. Thaler. Erscheinungsweise: jährlich 4 Hefte bei Klett-Cotta in Stuttgart.

Diese neue Zeitschrift für die Anwendung der Psychoanalyse in Psychotherapie und Psychiatrie des Kindes- und Jugendalters wird von dem vor allem durch seine internationalen „Biedersteiner Symposien und Kolloquien" in den letzten Jahren bekanntgewordenen Leiter der Poliklinik für Kinder- und Jugendpsychotherapie, Jochen Stork, herausgegeben. Der Herausgeber intendiert mit Kinderanalyse eine Anwendung der Psychoanalyse in Psychotherapie und Psychiatrie des Kindes- und Jugendalters. Neben Originalarbeiten und Übersetzungen werden in dieser Zeitschrift auch historische Arbeiten mit einer ausführlichen Kommentierung veröffentlicht.

Praxis der Kinderpsychologie und Kinderpsychiatrie

Gegründet 1952, Hrsg. von R. Adam, A. Dührssen, E. Jorswieck, M. Müller-Küppers, F. Specht. Erscheinungsweise: jährlich zehn Hefte im Verlag für Medizinische Psychologie, Vandenhoeck und Ruprecht, Göttingen und Zürich.

Diese Zeitschrift mit Ergebnissen aus Psychoanalyse, Psychologie und Familientherapie wendet sich hauptsächlich an praktizierende Kinder- und Jugendlichen-Psychotherapeuten mit psychoanalytischer Ausbildung und enthält praxisnahe Schilderungen und Problemdiskussionen aus dem klinischen Alltag.

Gruppenpsychotherapie und Gruppendynamik

Gegründet 1967; Hrsg. v. R. Battegay, A. M. Däumling; H. Enke, H. Friedrich, P. Fürstenau, A. Heigl-Evers, K. König, D. Ohlmeier, R. Schindler, H. Strotzka, A. Uchtenhagen. Erscheint vierteljährlich im Verlag für Medizinische Psychologie, Vandenhoeck und Ruprecht, Göttingen und Zürich.

Diese hauptsächlich von Psychoanalytikern herausgegebene Zeitschrift mit Beiträgen zur Sozialpsychologie und therapeutischen Praxis von Gruppen ist das offizielle Organ des Deutschen Arbeitskreises für Gruppenpsychotherapie und Gruppendynamik (DAGG) und wendet sich hauptsächlich an analytische Gruppentherapeuten. Veröffentlicht werden Beiträge zur Theorie und Praxis der Gruppenpsychotherapie und Informationen über berufspolitische Entwicklungen.

Luzifer-Amor. Zeitschrift zur Geschichte der Psychoanalyse

Herausgeber: Hanna Gekle, Gerd Kimmerle.

Erscheint 1993 im sechsten Jahrgang, halbjährlich im edition diskord Verlag, Tübingen.

Diese Zeitschrift bemüht sich um ein Wachhalten des Interesses an der Geschichte der Psychoanalyse und stellt ein interdisziplinäres Forum für alle Wissenschaftler bereit, denen an historischen, wissenschaftsbiographischen und -psychologischen Fragestellungen im Bereich der Psychoanalyse gelegen ist. Eines der letzten Hefte z. B. hatte psychoanalytische Hitlerdeutungen zum Inhalt.

Zeitschrift für Sexualforschung

Herausgeber: S. Becker, M. Dannecker, M. Hauch, F. Pfäfflin, G. Schmidt, E. Schorsch, V. Sigusch. Erscheint seit 1988 vierteljährlich im Ferdinand Enke Verlag, Stuttgart. Im Beirat u. a.: J. Cremerius, M. Erdheim, M. Mitscherlich-Nielsen, P. Parin, R. Reiche.

Diese Zeitschrift veröffentlicht empirische und klinische Forschungsarbeiten aus dem Bereich der Sexualwissenschaft sowie Studien zur Theorie der menschlichen Sexualität. Zwar keine psychoanalytische Zeitschrift im engeren Sinn, ist sie dennoch für Psychoanalytiker sehr informativ, vor allem wegen ihrer metatheoretischen, ideologie- und gesellschaftskritischen Haltung gegenüber einer ontologisierenden und biologisierenden Sichtweise menschlicher Sexualität. Übersichtsarbeiten, Texte aus dem Archiv der Sexualwissenschaft sowie sexualpolitische Beiträge vermitteln ein informatives Spektrum. Diese Zeitschrift zeichnet sich durch sorgfältige Redigierung und Serviceleistungen für den Leser, wie z. B. englische Abstracts und Angabe von Schlüsselworten, aus.

Anglo-amerikanische Zeitschriften

The International Journal of Psycho-Analysis

Herausgeber: D. Tucket und T. Hayley. Editorial Board: G. Baruch, C. Bollas, R. Britton, M. Burgner, A. Couch, P. Fonagy, A. Limentani, I. Menzies, D. Pines. Erscheint im 74. Jahrgang seit 1920 bei Bailliere Tindall, 35 Red Lion Square, London WC 1, 4SG.

Die 1920 von Ernest Jones unter der Leitung von Sigmund Freud gegründete Zeitschrift gilt zusammen mit der International Review of Psycho-Analysis als eine der angesehensten internationalen Fachzeitschriften. Freud, Ferenczi, Klein, Erikson, Winnicott, Balint, Rosenfeld, Segal haben in dieser Zeitschrift ihre Arbeiten vorgestellt; Kernberg, Sandler, Wallerstein sind die derzeitigen prominenten Autoren dieses Journals.

The International Review of Psycho-Analysis

Herausgeber: D. Tuckett und T. Haley, London.
Editorial Board: G. Baruch, C. Bollas, R. Britton, M. Burgner, A. Couch, P. Hildebrand, A. Limentani, I. Menzies, D. Pines. Erscheint im 20. Jahrgang seit 1974 bei Bailliere Tindall, 35 Red Lion Square, London WC 1, 4SG.

Die 1974 von Joseph Sandler gegründete und als Erweiterung des International Journal gedachte Zeitschrift behandelt vor allem Anwendungen der Psychoanalyse auf andere wissenschaftliche Disziplinen, wie Literatur und Kunst sowie Fragen der Ausbildung und der Geschichte der Psychoanalyse. Sie enthält regelmäßig Übersetzungen von im Original nicht englischsprachigen Arbeiten von hohem Rang.

Journal of the American Psychoanalytic Association

Herausgeber: Th. Shapiro, O. F. Kernberg, R. N. Emde. Erscheint seit 1953 vierteljährlich bei International Universities Press, Inc., 59 Boston Post Road, Madison CT.

Als offizielles Organ der Amerikanischen Psychoanalytischen Vereinigung informiert die Mehrzahl der Aufsätze den Leser über den neuesten Stand der psychoanalytischen Metapsychologie, klinischer Fragestellungen und in letzter Zeit vor allem auch entwicklungspsychologischer Themen.

The Psychoanalytic Study of the Child

Herausgeber: A. S. Solnit, P. B. Neubauer, S. Abrams, A. S. Dowling. Erscheint seit 1945 jährlich bei Yale University Press, New Haven, CT. und London.

Neben klinischen Beiträgen, angewandter Psychoanalyse und jeweiligen Rahmenthemen, wie z. B. Narzißmus, Adoption, Scheidung usw. weist diese Zeitschrift einen deutlichen Schwerpunkt auf entwicklungspsychologischen Themen von der Kindheit bis zum (späten) Erwachsenenalter auf.

Psychoanalysis and Contemporary Thought

Herausgeber: L. Goldberger, erscheint seit 1978 vierteljährlich bei International Universities Press. Inc., 59 Boston.

Diese Zeitschrift hat sich als Nebenprodukt des vielbeachteten Jahrbuchs „Psychoanalysis and Contemporary Science“ entwickelt und fördert die Verbreitung von psychoanalytischen Arbeiten, die den interdisziplinären Dialog mit anderen Wissenschaften, wie z. B. Neurophysiologie, Psychologie, Sozialwissenschaften, Biologie u. a. m. suchen.

Psychoanalytic Inquiry

Herausgeber: Joseph, D. Lichtenberg, Melvin Bornstein und Donald Silver.

Erscheint seit 1981 vierteljährlich bei The Analytic Press, Inc., 365 Broadway, Hillsdale, New Jersey O7642. Diese Zeitschrift kommt einem langgehegten Wunsch nach einem Diskussionsforum psychoanalytischer Themen entgegen. In einer Heftnummer werden wichtige psychoanalytische Theoriekonzepte, Forschungsmethoden, klinische Fragestellungen von namhaften Fachleuten diskutiert und mit einem einleitenden Vorwort und einem zusammenfassenden Nachwort versehen. Themen der letzten Jahre waren z. B. Geschwisterbeziehungen, Schwangerschaft, Übertragungsneurose, Anwendungen der Kleinkindforschung auf die psychoanalytische Behandlung Erwachsener, der Einfluß der Theorie auf die Behandlungstechnik, psychoanalytische Behandlung junger Erwachsener, Methodologie in psychoanalytischer Forschung, Veränderungsprozesse, Wirksamkeit von Psychoanalyse und Psychotherapie, Neurophysiologie und Psychoanalyse u. a. m.

Psychoanalytic Psychology

Herausgeber: Bertram J. Cohler; erscheint vierteljährlich bei Lawrence Erlbaum Associates, Inc., 365 Broadway, Hillsdale NJ 07642. In dieser im zehnten Jahrgang erscheinenden Zeitschrift der Abteilung für Psychoanalyse der Amerikanischen Psychologischen Vereinigung arbeiten z. B. Psychoanalytikerinnen wie Judith Alpert, Beatrice Beebe, Wilma Bucci, Morris Eagle, Robert Holt, Joseph Masling, Fred Pine, Doris Silvermann, Paul Wachtel und Arnold Wilson mit. Die einzelnen Beiträge dienen vor allem der Auseinandersetzung der Psychoanalyse mit der modernen Psychologie. Ensprechend dieser Zielsetzung finden sich in dieser

Zeitschrift schwerpunktsmäßig eher Themen mit einer empirischen Forschungsmethodologie und theoretisch konzeptuelle Arbeiten.

The Psychoanalytic Review

Herausgeber: Martin Schulman; erscheint vierteljährlich bei Guilford Publications, Inc. 72 Spring Street, New York, N. Y. 10012, New York. Die höchst renommierte Zeitschrift wurde 1913 von William Alanson White und Smith Ely Jeliffe gegründet und 1958 mit der jungen Zeitschrift „Psychoanalysis" vereinigt. Als Organ der National Psychological Association for Psychoanalysis vertritt sie die spezifisch amerikanische psychoanalytische Bewegung. Neben Themen der Theorie, Methode und Klinik werden in ihr auch Reviews von zeitgenössischen Filmen und Büchern veröffentlicht. In dieser Zeitschrift finden sich Beiträge von z. B. Robert Stolorow, Frank Lachmann, W. W. Meissner, Martin Bergmann, Theodore Lidz.

The Psychoanalytic Quarterly

Herausgeber: O. Renik, erscheint seit 1932 vierteljährlich in eigenem Verlag, The Psychoanalytic Quarterly Inc., 175 Fifth Avenue, Rm. 517 New York, N. Y. 10010–7799.

Die 1932 als ihrem Selbstverständnis nach erstes dogmatisch freudianisches Organ in Amerika gegründete Zeitschrift veröffentlich Aufsätze renommierter Psychoanalytiker vor allem über theoretische Grundlagen und Anwendungen der Freudschen Psychoanalyse.

The Annual of Psychoanalysis

Herausgeber: G. H. Pollock (ab 1984: A. Goldberg) erscheint seit 1973 im Verlag International Universities Press, ab 1989 im Verlag The Analytic Press.

Das vom psychoanalytischen Institut in Chicago herausgegebene Jahrbuch widmet der Theorie, der klinischen Praxis und allgemeinen Anwendungen der Psychoanalyse einen breiten Raum. Veröffentlichungen hervorragender Psychoanalytiker führten dazu, daß dieses Jahrbuch einen international guten Ruf erhalten hat.

The Journal of the American Academy of Psychoanalysis

Herausgeber: Jules R. Bemporad. Beratender Herausgeber: Morton B. Cantor. Die 1973 von Silvano Arieti begründete Zeitschrift erscheint vierteljährlich bei Guilford Publications, Inc. 72 Spring Street, New York, N. Y. 10012, New York.

Die 1956 gegründete Academy of Psychoanalysis versteht sich als zwischen den einzelnen Schulen vermittelndes Diskussionsforum der Psychoanalytischen Gemeinschaft. Sie versucht vor allem auch in einen Diskurs mit wichtigen Nachbarwissenschaften und psychoanalytischen Anwendungen zu treten, wie z. B. mit der Neurophysiologie, Psychopharmakologie, Entwicklungspsychologie, Gruppen-, Ehe-, und Familienpsychotherapie, Psychohistorie und Frauenforschung.

The American Journal of Psychoanalysis

Herausgeber: Douglas H. Ingram; 1941 von Karen Horney gegründet; erscheint vierteljährlich bei Human Sciences Press, Inc., 233 Spring Street, New York, N. Y. 10013–1578.

Die Zeitschrift vertritt die Auffassung der Karen Horney Schule in Theorie und Klinik der Psychoanalyse. Großen Raum nehmen dabei die Anwendungen der Horneyschen Psychoanalyse auf Gesellschaft, Geschichte und Literatur ein.

Französische Zeitschriften

Revue Française de Psychoanalyse

Herausgeber: Claude Le Guen, Mitherausgeber: Gerard Bayle, Jean Cournut. Erscheint seit 1927 zweimonatlich bei Presses Universitaires de Frances, 108 Boulevard Saint Germain, 75279 Paris.

Diese traditionsreiche Zeitschrift ist das Publikationsorgan der Société Française de Psychoanalyse, in der alle Tagungs- und Seminarvorträge, bevor sie gehalten werden, vorgestellt und diskutiert werden. Aus diesem Grunde sind manche Beiträge zwar recht originell und heuristisch wertvoll, aber für den mit der französischen Psychoanalyse noch nicht so gut vertrauten Leser auch relativ schwierig. In dieser Zeitschrift veröffentlichen z. B. Diatkine, Grunberger, Kestenberg, Lebovici.

La Psychiatrie de L'Enfant

Redaktion: J. de Ajuriaguerra, M. Brenot, R. Cahn, C. Chabert, P. Denis, R. Diatkine, B. Golse, P. Jeammet, S. Lebovici. Erscheint seit 1958 im Verlag Presses Universitaires de France, 108 Boulevard Saint-Germain, 75006 Paris.

Diese, auch international anerkannte Zeitschrift repräsentiert in ihren Beiträgen die für Frankreich typische enge Verbindung von Kinder-Psychoanalyse und Kinder-Psychiatrie.

Skandinavische Zeitschriften

The Scandinavian Psychoanalytic Review

Herausgeber: Lis Lind, Mitherausgeber: M. Lotz (Dänemark), A. Kumento (Finnland), A. Zachrisson (Norwegen). Erscheint seit 1978 bei Munkgaard Internationals Publisher, 35 Norre Sogade, DK-1016 Copenhagen K, mit zwei Heften pro Jahr.

Als gemeinsames Organ der psychoanalytischen Vereinigungen Dänemark, Finnland, Norwegen und Schweden befaßt sich die Zeitschrift vor allem mit der Entwicklung der Psychoanalyse in Skandinavien.

D
Namensverzeichnis

E
Sachverzeichnis

F
Angaben zu den Autorinnen und Autoren

Information zur Person:

Baumgart, Matthias, geb. 1958, Dipl.-Psych., wissenschaftlicher Mitarbeiter im Institut für Psychologie (Abteilung klinische Psychologie, Arbeitsgruppe Prof. Mertens) der Universität München von 1986 bis 1991. Derzeit Beratungstätigkeit an der ökumenischen Beratungsstelle für Eltern, Kinder und Jugendliche in Gröbenzell bei München und an der Beratungsstelle des Studentenwerks in München. Arbeit an einer Dissertation im Themenbereich „Psychoanalyse und Säuglingsforschung". Adresse: Tassilostr. 14, 82131 Gauting.

Bauriedl, Thea, geb. 1938, Studium der Psychologie (Dipl.-Psych., Dr. phil., Priv.-Doz. für Klinische Psychologie an der Universität München) und Ausbildung zur Psychoanalytikerin; Lehranalytikerin an der Akademie für Psychoanalyse München, Leiterin der Weiterbildung in psychoanalytischer Paar- und Familientherapie ebenda, Leiterin des Instituts für politische Psychoanalyse München, Arbeit in freier psychoanalytischer Praxis; Arbeitsschwerpunkte: Wissenschaftstheoretische Fragen der Psychoanalyse, psychoanalytische Paar- und Familientherapie, politische Psychoanalyse, psychoanalytische Aspekte der Supervision. Veröffentlichungen: Beziehungsanalyse (1980); Zwischen Anpassung und Konflikt (1982); Psychoanalyse ohne Couch (1985); Die Wiederkehr des Verdrängten (1986); Das Leben riskieren (1988). Adresse: Lützowstr. 27, 81245 München.

Cremerius, Johannes, geb. 1918, Dr. med., Studium der Philosophie, Psychologie, Medizin; Facharzt für Innere Medizin, Psychiatrie und Neurologie; Psychoanalytiker; O. Professor em. Universität Freiburg. Ehemaliger Ärztl. Direktor der Abteilung Psychotherapie und Psychosomatische Medizin, ebenda. Arbeitsschwerpunkte: Psychotherapie, Psychoanalyse, Psychosomatische Medizin. Wichtige Veröffentlichungen: Prognose funktioneller Syndrome (1968); Zur Theorie und Praxis der Psychosomatischen Medizin (1978); Vom Handwerk des Analytikers (1984). Adresse: Obere Schneeburgstr. 24, 79111 Freiburg i. Br.

Eagle Morris N., geb. 1928, ist Vorstand der Abteilung für Psychologie an der York University in North York, Ontario (Canada). Nachdem er den Grad eines Ph. D. in Klinischer Psychologie an der Universität von New York erworben hatte, war er u. a. Direktor des Programms Klinische Psychologie am Forschungszentrum für Seelische Gesundheit der Universität New York, und lehrte in Cambridge, Berkeley und Pittsburgh; zusätzlich zu seinen Lehr- und Forschungsaufgaben unterhält Morris N. Eagle eine psychoanalytische Privatpraxis. Veröffentlichungen auf deutsch: Neuere Entwicklungen in der Psychoanalyse (1988). Adresse: The Ontario Institute for Studies in Education. 252 Bloor Street West, Toronto, Ontario, M5S 1 V6, Canada.

Ermann, Michael, geb. 1943, Dr. med., Professor für Psychosomatische Medizin und Psychotherapie an der Universität München, Vorstand der Abteilung für Psychotherapie und Psychosomatik der Psychiatrischen Universitätsklinik, Psychoanalytiker (DPG); Arbeitsschwerpunkte: Psychodynamik und Behandlungen von Patienten mit präödipalen Störungen, insbesondere Patienten des „mittleren Strukturniveaus“, Krankheitsbewältigung, Psychophysiologie des Träumens. Wichtige Veröffentlichungen: die Persönlichkeit bei psychovegetativen Störungen (1987); Schriftleiter des „Forums der Psychoanalyse“. Adresse: Nußbaumstr. 7, 80336 München.

Franz, Matthias, geb. 1955, Medizinstudium (Dr. med.), Arzt für Neurologie und Psychiatrie, Psychoanalytiker, stellv. Projektleiter innerhalb des SFB 258 der DFG an der Psychosomatischen Klinik am Zentralinstitut für Seelische Gesundheit Mannheim; Arbeitsschwerpunkte: Psychosomatik neurologischer Erkrankungen, Epidemiologie psychogener Erkrankungen (Inanspruchnahme von Psychotherapie). Adresse: Psychosomatische Klinik am Zentralinstitut für Seelische Gesundheit, J 5, 68159 Mannheim.

Grüntzig-Seebrunner, Michaela, geb. 1944, Psychologin, lic. phil. I; seit 1981 in freier psychotherapeutischer Praxis in Zürich und Mitarbeit in der Psychologischen Beratungsstelle für Frauen, Zürich; Arbeitsschwerpunkt: Psychoanalyse und Feminismus. Adresse: Haldenbachstraße 2, CH-8006 Zürich.

Halbach, Gert, geb. 1926, Dipl.-Psych., Studium in Berlin und München, Zusatzausbildung an der Akademie für Psychoanalyse und Psychotherapie München, niedergelassener Psychoanalytiker; Arbeitsschwerpunkte u. a. Gesundheits- und Berufspolitik für psychologische Psychotherapeuten. Wichtige Veröffentlichungen: Die Konzentrationslagerhaft und ihre Folgen (mit Matussek 1971). Adresse: Höslstr. 19, 81927 München.

Hamburger, Andreas, geb. 1954, Dr. phil., Dipl.-Psych., Studium der Germanistik (1. Staatsexamen) und Psychologie; Akademischer Rat am Institut für Psychologie der Universität München bis 1992; Psychoanalytiker in freier Praxis; Arbeitsschwerpunkte: Psychoanalytische Traumforschung, Psychoanalyse der sprachlichen Sozialisation, Literatur und Psychoanalyse. Ein Beitrag zur Metapsychologie des Traums (1987); Psychoanalyse der sprachlichen Sozialisation (in Vorbereitung). Adresse: Maria-Antonienweg 4, 82418 Murnau.

Heisterkamp, Günter, geb. 1937, Lehramtsstudium, Erste und Zweite Lehrerprüfung, Dipl.-Psych., Dr. phil.,

Professor für Psychologie an der Universität GHS Essen; Psychoanalytiker (DGIP), Lehranalytiker und Dozent am Alfred Adler Institut Düsseldorf; Certified Bioenergetic Therapist (CBT). Arbeitsschwerpunkte: Klinische und Pädagogische Psychologie. Adresse: Universität GHS Essen, FB 2, Universitätsstr. 11, 45141 Essen.

Hohl, Joachim, geb. 1947, Dipl.-Psych., Dipl.-Soz., Dr. phil., Psychoanalytiker in freier Praxis; wissenschaftlicher Angestellter am Psychologischen Institut der Universität München; Arbeitsschwerpunkte: Psychoanalytische Sozialpsychologie, Sozialgeschichtliche Konstitution von Subjektivität. Adresse: Psychologisches Institut der Universität München, Abteilung für Sozialpsychologie, Leopoldstr. 13, 80802 München.

Jaeggi, Eva, geb. 1934, studierte Psychologie, Philosophie und Geschichte in Wien; Assistentin an der Sozialforschungsstelle Dortmund, anschließend jahrelang praktisch-psychologische Tätigkeiten als Beraterin/Therapeutin; Ausbildung in Verhaltenstherapie, Lehrtherapeutin; zur Zeit psychoanalytische Ausbildung in Berlin. 1978 Habilitation im Fach Klinische Psychologie, seit 1978 Professorin für Klinische Psychologie an der TU Berlin. Adresse: Institut für Psychologie, Dovestr. 1–5, 10587 Berlin.

Janssen, Paul Lambert, geb. 1937, Prof. Dr. med., Studium der Medizin, Psychologie und Philosophie, Arzt für Neurologie und Psychiatrie, Psychoanalytiker, Lehranalytiker (DPV, DGPT), Gruppenlehranalytiker (DAGG); Professor für Psychosomatische Medizin und Psychotherapie der Ruhr-Universität Bochum; Leitender Arzt der Westfälischen Klinik für Psychiatrie und der Abteilung für Psychotherapie und Psychosomatik; Arbeitsschwerpunkte: stationäre psychoanalytische Psychotherapie, Gruppenpsychotherapie, Mal- und Musiktherapie, Borderlinestörungen, psychosomatische Erkrankungen, psychosomatische Urologie und Sexualstörungen. Adresse: Westfälische Klinik für Psychiatrie, Marsbruchstraße 179, 44287 Dortmund.

Jeron, Michael, geb. 1953, Dipl.-Psych. M.A. (phil.), Psychoanalytiker (DGPT); Studium der Philosophie und der Psychologie in München, dort auch Ausbildung zum Psychoanalytiker an der Akademie für Psychoanalyse und Psychotherapie; 1982–1986 Mitarbeiter der Poliklinik für Kinder- und Jugendlichenpsychotherapie (Leitung: Prof. Dr. J. Stork), seither Psychoanalytiker in eigener Praxis; Lehraufträge an der Akademie für Psychoanalyse und Psychotherapie und an der Universität München, Fakultät für Psychologie und Pädagogik, Institut für Klinische Psychologie/Psychoanalyse (Leitung: Prof. Dr. W. Mertens). Adresse: Herzogstandstr. 24, 81539 München.

Kapfhammer, Hans-Peter, geb. 1952, Dipl.-Psych., Dr. med., Facharzt für Psychiatrie und Neurologie, Weiterbildung zum Psychoanalytiker; Klinischer Oberarzt an der Psychiatrischen Klinik der Universität München, Leiter des Konsiliardienstes der Psychiatrie am Klinikum Großhadern; Arbeitsschwerpunkte: Interdisziplinäre Psychosomatik, Psychosoziale Entwicklung und seelische Problematik im jungen Erwachsenenalter, Verlauf von psychotischen Erkrankungen im Wochenbett. Wichtige Veröffentlichungen: Psychoanalytische Psychosomatik (1985). Adresse: Kazmairstraße 27, 80339 München.

Kernberg, Otto F., Prof., M. D., ist Medizinischer Direktor des New York Hospital – Cornell Medical Center, Lehranalytiker am Psychoanalytischen Forschungs- und Ausbildungszentrum der Columbia University und Professor für Psychiatrie an der medizinischen Fakultät der Cornell University. Zu seinen früheren Aufgaben gehörte u. a. die Leitung des Psychotherapy Research Project der Menninger Foundation. Er ist Herausgeber des Journal of the American Psychoanalytical Association und Vizepräsident der Internationalen Psychoanalytischen Vereinigung. Arbeitsschwerpunkte: Objektbeziehungstheorie, Borderline-Störungen und Narzißmus. Wichtige Veröffentlichungen auf deutsch: Borderline-Störungen und pathologischer Narzißmus (1978); Objektbeziehungen und Praxis der Psychoanalyse (1981); Innere Welt und äußere Realität (1988a); Schwere Persönlichkeitsstörungen. Theorie, Diagnose, Behandlungsstrategien (1988b); Psychodynamische Therapie bei Borderline-Patienten (1993); Aggression bei Persönlichkeitsstörungen und Perversionen (1994). Adresse: New York Hospital Center, Westchester Division, 21 Bloomingdale Rd., White Plains, N.Y. 10605, USA.

Keupp, Heiner, geb. 1943, Studium der Psychologie, Soziologie und Pädagogik in Frankfurt, Erlangen und München. Nach Diplom, Promotion und Habilitation in Psychologie seit 1978 Hochschullehrer für Sozial- und Gemeindepsychologie an der Universität München. Forschungsschwerpunkte: Psychiatriereform, Struktur und Funktion sozialer Netzwerke, Identitätsbildung und Gesundheitsförderung. Letzte Veröffentlichungen: Psychosoziale Praxis im gesellschaftlichen Umbruch (1987); Soziale Netzwerke (1987); Riskante Chancen (1988); Verunsicherungen (1989); Handbuch der Qualitativen Sozialforschung (1991) und Zugänge zum Subjekt (1993). Adresse: Institut für Psychologie, Universität München, Leopoldstraße 13, 80802 München.

Köhler, Lotte, geb. 1925, Dr. med., Lehr- und Kontrollanalytikerin der DPV, Mitglied der Schweizerischen Gesellschaft für Psychoanalyse, Gründerin der René A. Spitz-Gesellschaft zur Förderung der Psychoanalyse e. V., München. Interessen- und Veröffentlichungsschwerpunkte: Frühkindliche Entwicklung und Selbstpsychologie. Im Rahmen letzterer Teilnahme an den in den USA stattfindenden Selbstpsychologie-Konferenzen und persönliche Supervision bei Heinz Kohut. Adresse: Pienzenauerstraße 91, 81925 München.

Köhler, Thomas, geb. 1949, Priv.-Doz. Dr. med., Dr. phil., Dipl.-Psych., Dipl.-Math.; Hochschullehrer am Psychologischen Institut III (Klinische Psychologie) der Universität Hamburg; Arbeitsschwerpunkte: Psychosomatik, Psychophysiologie, experimentelle Überprüfung psychoanalytischer Hypothesen, Geschichte der frühen Psychoanalyse. Wichtige Veröffentlichungen: Psychosomatische Krankheiten (1985, 2. Auflage 1989); Das Werk Sigmund Freuds. Band 1 (1987, 2. Auflage 1990); Abwege der Psychoanalyse-Kritik (1989). Adresse: Psychologisches Institut III, Von-Melle-Park 5, 20146 Hamburg.

Körner, Jürgen, geb. 1943, Dipl.-Psych., Dr. disc. pol., Lehr- und Kontrollanalytiker der DPG und DGPT; Professor am Institut für Kleinkind-, Erwachsenen- und Sozialpädagogik der Freien Universität Berlin; Arbeitsschwerpunkte: Methode und Methodologie der Psychoanalyse, Balint-Gruppenarbeit, Psychoanalytische Pädagogik. Adresse: Institut für Kleinkind-, Erwachsenen- und Sozialpädagogik der Freien Universität Berlin, Arnimallee 12, 14195 Berlin.

Kutter, Peter, geb. 1930, Dr. med., seit 1974 Professor für Psychoanalyse im Fachbereich Psychologie der J. W. Goethe-Universität Frankfurt am Main. Arbeitsgebiete: Psychoanalyse, Psychotherapie, Gruppen-Psychotherapie, Psychosomatik, Psychosen. Wichtige Veröffentlichungen: Sozialarbeit und Psychoanalyse (1974), Elemente der Gruppentherapie (1976), Psychoanalyse in der Bewährung (1985), Psychoanalytische Interpretationen und empirische Methoden (1985), Leidenschaften (1989), Moderne Psychoanalyse (1989), Psychoanalysis International, a guide to psychoanalysis throughout the world (1992). Adresse: Institut für Psychoanalyse, Fachbereich Psychologie, Johann-Wolfgang-v.-Goethe-Universität Frankfurt am Main, Postfach 11 19 32, 60594 Frankfurt/M.

Leuzinger-Bohleber, Marianne, geb. 1947, Dr. phil. habil., Professorin für Psychoanalyse am Fachbereich Erziehungs- und Humanwissenschaften an der Gesamthochschule/Universität Kassel; Arbeitsschwerpunkte: Klinische und empirische Forschung in der Psychoanalyse,

Adoleszenz, psychoanalytische Entwicklungspsychologie, Angewandte Psychoanalyse. Wichtige Veröffentlichungen: Veränderung kognitiver Prozesse in Psychoanalysen (1987, 1989); Psychoanalytische Kurztherapien. Zur Psychoanalyse in Institutionen (1985). Adresse: GhK/Universität Kassel, FB 1, Heinrich-Plett-Str. 40, 34132 Kassel.

Mentzos, Stavros, geb. 1930, Prof. Dr. med., Psychiater und Psychoanalytiker; Leiter der Abteilung Psychotherapie/Psychosomatik an der Universität Frankfurt/Main. Veröffentlichungen über Hysterie, neurotische Abwehr, Angstneurose, psychodynamische Modelle in der Psychiatrie, Psychotherapie bei Psychosen u. a. Adresse: Klinik der Johann-Wolfgang-v.-Goethe-Universität Frankfurt/Main, Zentrum für Psychiatrie, Heinrich-Hoffmann-Str. 10, 60590 Frankfurt/M.

Mertens, Wolfgang, geb. 1946 in Hamburg, Dipl.-Psych., Psychoanalytiker (DGPT). Ab 1982 Professor für Klinische Psychologie mit Schwerpunkt Psychoanalyse an der LMU München. Weiterbildungsleiter an der Akademie für Psychoanalyse und Psychotherapie (gegr. 1946) in München. Arbeitsschwerpunkte: Psychoanalytische Entwicklungspsychologie, interdisziplinäre Forschung in der Psychoanalyse, psychoanalytische Methodologie und Behandlungstechnik. Veröffentlichungen über sozialpsychologische und psychoanalytische Themen, wie z. B. Einführung in die psychoanalytische Therapie in drei Bänden im Kohlhammer-Verlag. Adresse: Ludwig-Maximilians-Universität München, Fakultät für Psychologie und Pädagogik, Leopoldstr. 13, 80802 München.

Nitzschke, Bernd, geb. 1944 in Dresden, Dipl.-Psych., Dr. phil., Psychoanalytiker (DGPT) in eigener Praxis und Lehranalytiker am Institut für Psychoanalyse und Psychotherapie Düsseldorf E. V.; Arbeitsschwerpunkte: Geschichte und Theorie der Psychoanalyse, Erleben der Geschlechterdifferenz. Wichtige Veröffentlichungen: Der eigene und der fremde Körper Bruchstücke einer psychoanalytischen Gefühls- und Beziehungstheorie (1985); Sexualität und Männlichkeit Zwischen Symbiosewunsch und Gewalt (1988); Freud und die akademische Psychologie Beiträge zu einer historischen Kontroverse (Hg., 1989). Adresse: Winkelsfelder Str. 5, 40477 Düsseldorf.

Páramo-Ortega, Raúl, geb. 1935 in Mexiko (D. F.), Dr. med., studierte Medizin in Guadalajara (Mexiko); psychoanalytische Ausbildung im Wiener Arbeitskreis für Tiefenpsychologie; Gründer der Studiengruppe Sigmund Freud (1979) und Herausgeber der Zeitschrift „Cuadernos Psicoanalyticos". Interessengebiete: Gesellschaftskritik, Gegenübertragung. Veröffentlichungen: Das Unbehagen an der Kultur (1985); Die psychoanalytische Haltung/ Hg. mit P. Kutter und P. Zagermann, (1988). Adresse: Justo Sierra 2135, 44650 Guadalajàra/Mexico.

von Rad, Michael, geb. 1939, Studium der Medizin, Professor für Psychosomatische Medizin und Psychotherapie; Direktor des Instituts und der Poliklinik für Psychosomatische Medizin, Psychotherapie und Medizinische Psychologie der Technischen Universität München und Chefarzt der Abteilung für Psychosomatische Medizin Psychotherapie des Städt. Krankenhauses München-Harlaching. Arbeitsschwerpunkte: Therapie psychosomatisch Kranker; Nachuntersuchungen. Wichtige Veröffentlichungen: Alexithymie (1984). Adresse: Institut und Poliklinik für Psychosomatische Medizin, Psychotherapie und Medizinische Psychologie der Technischen Universität, Langerstr. 3, 81675 München.

Reister, Gerhard, geb. 1951, Dr. med., Psychoanalytiker (DGPT, DAGG), Leitender Oberarzt der Klinik für Psychosomatische Medizin und Psychotherapie der Heinrich-Heine-Universität Düsseldorf; Arbeitsschwerpunkte: Epidemiologie psychogener Erkrankungen, Protektionsforschung, Konzepte stationärer Psychotherapie, Psychotherapie-Prozeßforschung, Abwehrmechanismen, Psychoanalyse und Musik. Adresse: Klinik für Psychosomatische Medizin und Psychotherapie der Heinrich-Heine-Universität Düsseldorf, Bergische Landstraße 2, 40629 Düsseldorf.

Rohde-Dachser, Christa, geb. 1937, Dr. biol. hum. habil., seit 1987 Professorin am Institut für Psychoanalyse der Universität Frankfurt, vorher langjährige klinische, Lehr- und Supervisionstätigkeit an der Psychiatrischen Klinik der Medizinischen Hochschule Hannover; Lehr- und Kontrollanalytikerin der Deutschen Psychoanalytischen Gesellschaft. Veröffentlichungen zu klinischen Themen (Monographie „Das Borderline-Syndrom", 4. Aufl. 1989) und zu Themen im Grenzgebiet von Soziologie und Psychoanalyse u. a. „Expedition in den dunklen Kontinent. Weiblichkeit im Diskurs der Psychoanalyse" (1991). Adresse: Colmarstr. 2, 30559 Hannover.

Rüger, Ulrich, geb. 1941, Studium der Medizin (Dr. med.), Psychiater und Psychoanalytiker, Professor für Psychosomatik und Psychotherapie an der Georg-August-Universität Göttingen; Arbeitsschwerpunkte: Verlaufs-, Ergebnis- und katamnestische Überprüfung psychotherapeutischer Behandlungen, kombinierte und modifizierte Psychotherapieverfahren, Krankheitsbewältigung (Coping). Wichtige Veröffentlichungen: Die stationär-ambulante Gruppenpsychotherapie (1981); Neurotische und reale Angst (1984); Coping Theoretische Konzepte, Forschungsansätze, Meßinstrumente (1990 mit Blomert und Förster). Adresse: Georg-August-Universität Göttingen, Abteilung Psychosomatik und Psychotherapie, von Seibold-Str. 5, 37075 Göttingen.

Schepank, Heinz, geb. 1930, Prof. Dr. med., Studium der Medizin und Psychologie, internistische und psychoanalytische Weiterbildung, Lehranalytiker; Ärztl. Direktor der Psychosomatischen Klinik am Zentralinstitut für Seelische Gesundheit Mannheim (seit 1975); Arbeitsschwerpunkte und Veröffentlichungen zu: Ätiologie und Pathogenese psychogener Erkrankungen; Epidemiologie; Stationäre Psychotherapie; Psychosomatik/Psychotherapie; Psychotherapeutische Versorgung; Transkulturelle

Psychosomatik. Adresse: Postfach 12 21 20, Quadrat J 5, 68072 Mannheim.

Schneider, Henri, geb. 1949, Studium der Klinischen Psychologie (Dr. phil.), arbeitet an einer Habilitationsschrift über die Bedeutung von Theorien selbstorganisierender Prozesse für die Psychoanalyse; Forschungsgebiete: Veränderung in der Psychotherapie; implizites Wissen von Psychotherapeuten. Veröffentlichungen: Die Theorie Piagets: ein Paradigma für die Psychoanalyse? (1981); Auf dem Weg zu einem neuen Verständnis des psychotherapeutischen Prozesses (1983). Adresse: Goldauerstr. 42, CH-8006 Zürich.

Schneider-Henn, Karin, geb. 1942, Studium an der Fachhochschule für Sozialpädagogik München, Arbeit mit behinderten Kindern, Diplom für Montessori-Pädagogik; Weiterbildung zur Analytischen Kinder- und Jugendlichenpsychotherapeutin an der Akademie für Psychoanalyse und Psychotherapie in München, Tätigkeit in eigener Praxis, Schwerpunkt: Eßstörungen; Buchveröffentlichung: Die hungrigen Töchter (1988, 2. Aufl. 1990). Ausbildung in Analytischer Paar- und Familientherapie bei Thea Bauriedl; Dozentin, Supervisorin und Leiterin des Weiterbildungsbereiches zum Analytischen Kinder- und Jugendlichenpsychotherapeuten an der Akademie für Psychoanalyse und Psychotherapie in München. Adresse: Ismaninger Str. 74, 81675 München.

Schöpf, Alfred, geb. 1938, Prof. Dr. phil., Lehrstuhl II des Instituts für Philosophie der Universität Würzburg; Studium der Philosophie, Pädagogik, Psychologie, Klassischen Philologie und Theologie; seit 1986 praktizierender Psychoanalytiker; Arbeitsschwerpunkte: Wissenschaftstheorie der Psychoanalyse, Geschichte des Unbewußten, Entstehung der Moral, Philosophische Anthropologie, Sozialphilosophie, Ethik. Veröffentlichungen: Augustinus. Einführung in sein Philosophieren (1970); Sigmund Freud (1982). Adresse: Alberts-Leiten-Weg 36, 97080 Würzburg.

Schors, Rainer, geb. 1944, Studium der Medizin, Promotion 1970; leitender Oberarzt der Abteilung für Psychosomatische Medizin und Psychotherapie im Städt. Krankenhaus München-Harlaching. Arbeitsschwerpunkte: stationäre Psychotherapie, chronische Schmerzsyndrome, Eßstörungen, Krisenintervention. Mitarbeit an Thomä/Kächele (Hg.), Lehrbuch der psychoanalytischen Therapie, Bd. 1 (Grundlagen, 1985) und 2 (Praxis, 1988). Adresse: Abteilung für Psychosomatische Medizin und Psychotherapie, Städt. Krankenhaus München-Harlaching, Sanatoriumsplatz 2, 81545 München.

Schrader, Christiane, geb. 1954, Dipl.-Psych., klinisch-psychologische und psychotherapeutische Tätigkeit, insbes. im Bereich Psychosomatik; Forschungs- und Lehrtätigkeit; z. Zt. Weiterbildung zur Psychoanalytikerin. Arbeitsschwerpunkte: Psychoanalytische Traumakonzeptionen, psychoanalytische Entwicklungspsychologie, psychoanalytisch orientierte Beratung und Kurztherapie. Veröffentlichungen: Zus. mit Sandler et al.: Psychisches Trauma. Ein psychoanalytisches Konzept im Theorie-Praxis-Zusammenhang (Materialien aus dem Sigmund-Freud-Institut; Nr. 5, 1957). Adresse: Am Spitzenpfad 9, 63303 Dreieich-Götzenhain.

Schwarz, Frank, geb. 1941, Dr. med., Arzt für Nervenheilkunde, Psychoanalytiker in eigener Praxis, freier Mitarbeiter an der Forschungsstelle für Psychiatrie in München, 1. Vorsitzender und Direktor der Akademie für Psychoanalyse und Psychotherapie e. V. München, Dozent und Lehranalytiker der Akademie, Lehrbeauftragter für Psychotherapie und Psychosomatik an der Ludwig-Maximilians-Universität München; Forschungsschwerpunkte: Behandlungstechnik und Ergebnisforschung bei der analytischen Einzel-, Gruppen- und Familientherapie schizophrener Psychosen, Persönlichkeitsstörungen bei Depressiven. Adresse: Lochhamerstr. 123b, 81477 München.

Streeck, Ulrich, geb. 1944, Dr. med. habil., Studium der Medizin, Soziologie und Sozialpsychologie, apl. Professor für das Fach Psychotherapie und Psychosomatik an der Medizinischen Fakultät der Universität Göttingen; Ärztlicher Direktor des Fachkrankenhauses für psychogene und psychosomatische Krankheiten Tiefenbrunn. Arbeitsschwerpunkte u. a.: Psychoanalytisch-orientierte stationäre Psychotherapie, psychoanalytische Diagnostik. Adresse: 37124 Rosdorf, Tiefenbrunn bei Göttingen.

Tress, Wolfgang, Prof. Dr. med. Dr. phil., Arzt für Psychiatrie, Diplompsychologe, Psychoanalytiker (DGPT, DPG, DAGG), Ärztlicher Leiter des Klinischen Instituts und der Klinik für Psychosomatische Medizin und Psychotherapie der Heinrich-Heine-Universität Düsseldorf; Arbeitsschwerpunkte: Erkenntnistheorie in der Psychoanalyse, empirische Psychotherapie-Prozeßforschung, stationäre Psychotherapie, Epidemiologie psychogener Erkrankungen (speziell: protektive Faktoren), psychosomatische Grundversorgung. Wichtige Veröffentlichungen: Sprache Person Krankheit (1987); Das Rätsel der seelischen Gesundheit (1986); Stationäre Psychotherapie und ihr Rahmen (Mitherausgeber, 1987). Adresse: Klinik für Psychosomatische Medizin und Psychotherapie der Heinrich-Heine-Universität Düsseldorf, Bergische Landstraße 2, 40629 Düsseldorf.

Wahl, Heribert, geb. 1945, Dipl.-Psych., Dr. theol. habil., Ausbildung zum Psychoanalytiker (DPV), Priv.-Doz., Akademischer Oberrat am Lehrstuhl für Pastoraltheologie, Ludwig-Maximilians-Universität München; Arbeits- und Interessensgebiete: Religions- und Pastoralpsychologie, psychoanalytische Selbstpsychologie, Symboltheorie. Veröffentlichungen: Christliche Ethik und Psychoanalyse (1980); Narzißmus? Von Freuds Narzißmustheorie zur Selbstpsychologie (1985); Glaube und symbolische Erfahrung (1994). Adresse: Stolzingstr. 33, 81927 München.

Wendl-Kempmann, Gertrud, geb. 1924, Studium der Malerei und Graphik, anschließend Kunsterziehung, Oberstudienrätin, Weiterbildung in Psychoanalyse, Psychoanalytikerin; Arbeitsschwerpunkte: eigene Praxis, Lehranalysen, Fortbildung für Juristen, analytische Paartherapie (einzeln und in Gruppen). Veröffentlichung: Partnerkrisen und Scheidung (mit Philipp Wendl, 1986). Adresse: Rembrandtstr. 6, 81245 München.

Werthmann, Hans-Volker, geb. 1938, Dipl.-Psych., Psychoanalytiker (DPV, DGPT); seit 1975 Professor am Institut für Psychoanalyse im Fachbereich Psychologie der Johann-Wolfgang-v.-Goethe-Universität Frankfurt/Main. Veröffentlichungen zu Themen der Klinischen Psychologie, Psychotherapie, Wissenschaftstheorie der Psychoanalyse. Adresse: Theodorenstr. 12 a, 65180 Wiesbaden.

Donald Meltzer:
Der psychoanalytische Prozess
Mit einem Nachwort zu den Weiterentwicklungen bis heute

Aus dem Englischen von Ingeborg Dieckmann.
Mit einem Begleitwort von Ross A. Lazar
1994. 217 Seiten, Leinen, ISBN 3-608-91674-1

Dieses Buch, ein Klassiker der postkleinianischen Literatur, zeugt vom großen Interesse, das die Schule Melanie Kleins und deren Nachfolger genießt.

Es stellt ein Konzept vor, das als Naturgeschichte des psychoanalytischen Prozesses zu verstehen ist, und eine natürliche Reihenfolge psychoanalytisch beobachtbarer Phänomene in den Blick rückt, die in jeder psychoanalytischen Behandlung zum Vorschein kommen. Zugrunde liegen Erfahrungen, die vom Autor aus dem kinderanalytischen Spielzimmer gewonnen wurden und die er auf die Behandlung von erwachsenen Patienten anwendet.

Die deutsche Publikation dieses Buches regt Kinderanalytiker und Psychoanalytiker für Erwachsene an, sich mit den weitreichenden Gedanken wie auch mit den konkreten technischen Vorschlägen Meltzers auseinanderzusetzen.

Der Autor hat für die deutsche Ausgabe ein theoretisches »update« verfaßt, das hier zum erstenmal veröffentlicht wird.

VERLAG INTERNATIONALE PSYCHOANALYSE

Vera King:
Die Urszene der Psychoanalyse

Adoleszenz und Geschlechterspannung im Fall Dora

1995. 404 Seiten, Leinen, ISBN 3-608-91755-1

King untersucht die Bedeutung von Adoleszenz und Geschlechterspannung im Schöpfungsprozeß der Psychoanalyse. Im Zentrum der Rekonstruktion des Theoriebildungsprozesses steht der Fall Dora, die erste große psychoanalytische Fallgeschichte, in der Freud in der analytischen Auseinandersetzung mit einer adoleszenten jungen Frau das Verhältnis von Traum, Neurose und Sexualität neu entfaltete und die Übertragung »entdeckte«. Der Fall Dora wird dabei als Urszene der Psychoanalyse entziffert, aus der heraus Freud u. a. seine Theorie der Weiblichkeit entwickelt hat.

Im ersten Teil des Buches zeichnet King wesentliche Linien der Rezeptionsgeschichte nach und präzisiert die Methode der Interpretation. Im zweiten Teil wird eine ausführliche Reinterpretation der Fallgeschichte und der in ihr entfalteten Übertragungsprozesse unternommen.

Im dritten Teil erfolgt eine interpretative Einbettung des Falls Dora in das Mosaik der die Psychoanalyse konstituierenden Schriften. So werden die einzelnen Schritte der Entstehung der Psychoanalyse im Hinblick auf die Bedeutung der Geschlechterspannung und die Bedeutung der Fallgeschichte als Adoleszenzgeschichte nachvollzogen.

Im letzten Teil schließen sich Ausführungen zur Bedeutung der Ursprungs- und Urszenenphantasien in der adoleszenten Entwicklung an. Abschließend werden Überlegungen entworfen zu einem radikalisierten Verständnis der Übertragung als Schöpfungsprozeß, bei dem die Fähigkeit zur Symbolisierung der Urszene im Sinne einer schöpferischen Triade erarbeitet wird.